U0651117

# 船山易学集成

## 周易内传

（清）王夫之 撰

郑同 点校

上

九州出版社 JIUZHOUPRESS｜全国百佳图书出版单位

**图书在版编目（CIP）数据**

船山易学集成：全二册/（清）王夫之撰；郑同点
校. —北京：九州出版社，2022.8
　ISBN 978-7-5225-1070-5

　Ⅰ . ①船… 　Ⅱ . ①王… 　②郑… 　Ⅲ . ①王夫之
（1619—1692）—哲学思想—研究 　Ⅳ . ①B249.25

　中国版本图书馆 CIP 数据核字（2022）第 132872 号

**船山易学集成**

| | |
|---|---|
| 作　　者 | （清）王夫之 撰　郑同 点校 |
| 责任编辑 | 王文湛 |
| 出版发行 | 九州出版社 |
| 地　　址 | 北京市西城区阜外大街甲 35 号（100037） |
| 发行电话 | （010）68992190/3/5/6 |
| 网　　址 | www. jiuzhoupress.com |
| 印　　刷 | 三河市九洲财鑫印刷有限公司 |
| 开　　本 | 720 毫米×1000 毫米　　16 开 |
| 印　　张 | 48.75 |
| 字　　数 | 701 千字 |
| 版　　次 | 2022 年 10 月第 1 版 |
| 印　　次 | 2022 年 10 月第 1 次印刷 |
| 书　　号 | ISBN 978-7-5225-1070-5 |
| 定　　价 | 158.00 元（全二册） |

★版权所有　侵权必究★

# 点校说明

一、全书上下二册，称为《船山易学全书集成》，收入王夫之全部易学著作六种：《周易内传》《周易内传发例》《周易外传》《周易大象解》《周易稗疏》《周易考异》。

二、本次点校所采用底本，为《船山全书》本。参校本为《四库全书》本、太平洋书局本、世界书局本、岳麓书社出版之《船山全书》本。

三、此次整理工作包括标点、文字处理和校勘工作。全书文字改用简体横排。

四、本书根据现行新的标点用法，并结合古籍整理标点的通例，对全书进行统一规范的标点。但全书不使用破折号、省略号、着重号、专名号，正文中不使用间隔号。如引用典籍中书名与篇名并列时，一律在中间加中圆点以别之。如《乾·九二》《乾·九二·象》等。

五、文字处理。汉字简化字以国家文字工作委员会发布的《文字使用规范条例》《简化字总表》《第一批异体字整理表》为基准，以《辞海》和《汉语大字典》为依据。未尽之处，依古籍整理通例处理。所有文字，凡能简化者，一律简化。古体字、不规范字，一律改为规范简化字。但正文中，为避免歧义，个别繁体字、异体字予以保留，不作简化处理。

# 目　录

## 周易内传

# 周易内传发例

# 周易外传

## 周易大象解

## 周易稗疏

# 周易考异

周

易

内

传

# 周易内传卷一上

## 上 经 乾 坤

伏羲氏始画卦，未有《易》名。夏曰《连山》，商曰《归藏》，犹筮人之书也。文王乃本伏羲之画，体三才之道，推性命之原，极物理人事之变，以明得吉失凶之故，而《易》作焉。《易》之道虽本于伏羲，而实文王之德与圣学之所自著也。

易者，互相推移以摩荡之谓。《周易》之书，乾坤并建以为首，《易》之体也；六十二卦错综乎三十四象而交列焉，《易》之用也。纯乾纯坤，未有易也；而相峙以并立，则易之道在，而立乎至足者为《易》之资。屯、蒙以下，或错而幽明易其位，或综而往复易其几，互相易于六位之中，则天道之变化、人事之通塞尽焉。而人之所以酬酢万事、进退行藏、质文刑赏之道，即于是而在，故同道也，失则相易而得，得则相易而失，神化不测之妙，即在庸言庸行一刚一柔之中。大哉！易之为道！天地不能违之以成化，而况于人乎！

阴阳者，定体也，确然隤然为二物而不可易者也；而阳变阴合，交相感以成天下之賾蘊者，存乎相易之大用。以蓍求之，而七、八、九、六。无心之动，终合揆于两仪之象数。唯万物之始，皆阴阳之撰。夫人之情，皆健顺之几。天下无不可合之数，无不可用之物，无不可居之位，特于其相易者各有趋时之道，而顺之则吉，逆之则凶。圣人所以显阴阳之仁，而诏民于忧患者，存乎《易》而已矣。故曰："忧悔吝者存乎介。"介者，错综相易之几也。此《易》之所以名，而义系焉矣。

后世纬书，徇黄老养生之邪说，谓有太初，有太始，有太易，滋甚。《易》在乾坤既建之后，动以相易。若阴阳未有之先，无象无体，而何所易耶？邵子"画前有《易》"之说，将无自彼而来乎！

经者，七十子之徒以古圣所作者谓之经，孔子所赞者谓之传，尊古之辞也。分上、下者，以分简策而均之。说详《发例》。

# 乾

乾上
乾下

乾。元亨利贞。

乾，气之舒也。阴气之结，为形为魄，恒凝而有质。阳气之行于形质之中外者，为气为神，恒舒而毕通，推荡乎阴而善其变化，无大不居，无小不入，其用和煦而靡不胜，故又曰"健"也。此卦六画皆阳，性情功效皆舒畅而纯乎健。其于筮也，过揲三十有六，四其九，而函三之全体，尽见诸发用，无所倦吝，故谓之乾。

《周易》并建乾、坤为太始，以阴阳至足者统六十二卦之变通。古今之遥，两间之大，一物之体性，一事之功能，无有阴而无阳，无有阳而无阴，无有地而无天，无有天而无地，不应立一纯阳无阴之卦；而此以纯阳为乾者，盖就阴阳合运之中，举其阳之盛大流行者言之也。六十二卦有时，而乾、坤无时。乾于大造为天之运，于人物为性之神，于万事为知之彻，于学问为克治之诚，于吉凶治乱为经营之盛，故与坤并建，而乾自有其体用焉。

元、亨、利、贞者，乾固有之德，而功即于此遂者也。"元"，首也；取象于人首，为六阳之会也。天下之有，其始未有也，而从无肇有，兴起舒畅之气，为其初几。形未成，化未著，神志先舒以启运，而健莫不胜，形化皆其所昭彻，统群有而无遗，故又曰"大"也。成性以后，于人而为"仁"；温和之化，恻怛之几，清刚之体，万善之始也。以函育民物，而功亦莫侔其大矣。"亨"，古与烹、享通。烹饪之事，气彻而成熟；荐享之礼，情达而交合；故以为"通"义焉。乾以纯阳至和至刚之德，彻群阴而欣合之，无往不遂，阴不能为之碍也。"利"者，功之遂、事之益也。乾纯用其舒气，遍万物而无所吝者，无所不宜，物皆于此取益焉。物莫不益于所自始，乾利之也。"贞"，正也。天下唯不正则不能自守：正斯固矣，故又曰正而固也。纯阳之德，变化万有而无所偏私，因物以成物，因事以成事，无诡随，亦无屈挠，正而固矣。

乾本有此四德，而功即于此效焉。以其资万物之始，则物之性情皆受其条理，而无不可通；唯元故亨，而亨者大矣。以其美利利天下，而要与以分之所宜，故其利者皆其正；而唯其正万物之性命，正万事之纪纲，则抑以正而利也。其在占者，为善始而大通、所利皆贞而贞无不利之象，德、福同原而不爽，非小人所得而与焉。就德而言之为四；就功而言之，亨唯其元，而贞斯利，理无异也。此卦即在人事，亦莫非天德，不可言利于正。天道之纯，圣德之成，自利而自正，无不正而不利之防。若夫人之所为，利于正而不利于不正，则不待筮而固然，未有不正而可许之以利者也。

初九，潜龙勿用。

“初”者，筮始得之爻。“上”，卦成而在上也。“九”者，过揲之策三十六，以四为一则九也。于象则一，而函三奇之画。一，全具其数；三，奇而成阳；三三凡九。阴，左一，右一，中缺其一；三二而为六。阳，清虚浩大，有形无形皆彻焉，故极乎函三之全体而九。阴，聚而吝于用，则虽重浊，而中固虚以受阳之施，故象数皆有所歉而俭于六。“初”、“上”先言卦位，而后言象数；“初”为位所自定，“上”所以成卦也。“二”“三”“四”“五”，先言象数，而后言位。初画已定六画之规模，听数之来增以成象也。

伏而不见之谓“潜”。“龙”，阳升而出，阳降而蛰，绝地而游，乘气而变，纯阳之物也。乾，纯阳，故取象焉。六爻成而龙德始就，乃随一爻而皆言龙者，六爻相得以成象，虽在一爻，全体已具，亦可以见爻之未离乎象也。《易》参三才而两之。初、二，地位；三、四，人位；五、上，天位；其常也。而易之为道，无有故常，不可为典要；唯乾、坤为天地之定位，故分六爻为三才。初在地之下，龙之蛰乎地中者也，故曰“潜龙”。

“勿”者，戒止之辞。“勿用”，为占者言也。龙之为道，潜则固不用矣，无待止也。占者因其时，循其道，当体潜为德而勿用焉。才德具足于体而效诸事之谓用。既已为龙，才盛德成，无不可用，而用必待时以养其德。其于学也，则博学不教，内而不出；其于教也，则中道而立，引而不发；其于治也，则恭默思道，反身修德；其于出处也，则处畎亩之中，乐尧舜之道；其于事功也，则遵养时晦，行法俟命；其于志行也，则崇朴尚质，宁俭勿奢。《易》冒天下之道，唯占者因事而利用之，则即占即学。卦有小大，若此类卦之大者，皆可推而通之。唯夫富贵利达，私意私欲之所为，初非潜龙，其干求闻达，不可谓之用，非《易》所屑告者。张子曰："易为君子谋，不为小人谋。"凡象爻之有戒辞者，放此。

　　九二，见龙在田，利见大人。

　　"见龙"之"见"，贤遍反。下"见龙""可见""未见"，并同。

　　"见"者，道行而昭示天下之谓。"田"，地上也，人之所养也。以重画言之，出乎地上；以内贞外悔言之，得内卦之中，德著于行，有为之象也。六画之卦，因三画而重之；分三才之位，自画者筮者相积之数而言也。已成乎卦，则又有二卦相承之象焉。故《大象》以"云雷"言屯之类，就其既成之象而言也。变动不居，为道屡迁，而非术士之以一例测者比也。龙之德，圣人也；其位，天子也。初之"潜"，学圣之功，养晦之时。三、四之"惕"、"跃"，不履中位，为圣修之序，升闻受命之基。君子所有事，故正告以其爻之道。二、五居中，皆为君位之定，圣道之成，非占者所敢当，则告以龙之"见"，而占者所利见也。伊尹受汤之币聘，颜子承夫子之善诱，其此象与！而时有大人，愚贱皆利戴以承其德施，亦通焉。若以利禄干进取者，见小人而邀其荣宠，渎占得此，为灾而已矣。余卦放此。

　　九三，君子终日乾乾，夕惕若，厉无咎。

　　"乾乾"，乾而又乾，健之笃也。"惕若"，忧其行之过健而有戒也。"厉"，危也。凡言"无咎"者，皆宜若有咎而无之也。三、四皆人位，而人依乎地以立功，三尤为人事焉，故于此言君子之道。内卦已成，乾道已定，故曰"终日"。九二德施已普，而三尤健行不已，必极其至，故曰"乾乾"。然阳刚已至，安于外卦之下，虽进而不敢骤达于天，唯恐不胜其任，故曰"夕惕若"。其象与上九同，则过于进而不已，危道也，故"厉"。"厉"则咎矣。以"惕若"内省其"乾乾"，是以"无咎"。君子希圣之功，竭才求进，其引天下为己任也，无所疑贰；然刚于有为者，唯恐动而有咎，方

"乾乾"而即"惕若"，知圣域之难登、天命之难受也。君子之德如此其敏以慎，而但言"无咎"；德至圣人，犹以无大过为难也。凡言"无咎"，小大非一，此则就君子寡过之深心而言也。

九四，或跃在渊，无咎。

"四"超出于下卦之上，故曰"跃"。居上卦之下，仰承二阳而为退爻，以阳处阴，故又曰"在渊"。或跃也，或在渊也，疑而未决。志健而虑深，则其跃也，不以躁进为咎；其在渊也，不以怯退为咎；两俱似咎而皆无咎也。未达一间而"欲罢不能"，止不如进也；"欲从末由"，进而止也。"上帝临女，勿贰尔心"，止不如进也；"俟时而后兴"，进而止也。处此者，君子忧患之府，圣人慎动之几，唯纯乾为道而介其时，乃能胜之。甚矣，免于咎之难也！

九五，飞龙在天，利见大人。

纯乾之德，积清刚而履天位，天下莫测其所自，在己亦非期必而至；唯不舍其健行，一旦自致，故为"飞"之象焉。豁然一贯而天德全，天祐人助而王业成，道行则揖让而有天下，道明则教思垂于万世，占者弗敢当，学者亦弗敢自信，故为圣人作而天下"利见"之象。唯君子为能利见之，则虽尧、舜、周、孔之已没，乐其道而愿学焉，亦利见也。若小人革面以遵路，亦可为寡过之民。

上九，亢龙有悔。

"亢"，自高而抑物之谓。行之未有大失，而终不慊于心，之谓"悔"。卦之六爻，初、三、五，三才之正位也；二、四、上，重爻非正位，而上为天之远于人者。三爻皆阴，非阳所利，特二居地位，利于上升，故为多誉之爻，且于贞、悔二象为得中。四、上不然，上尤不切于人用。龙德，履天位而极矣，上则无余地矣。积策至于二百一十六，无余数矣。天地阴阳之撰，位与数皆无余焉，更健行不已，将何往乎？德极其刚，行极其健，非无一时极盛之观，而后且有悔。然不损其龙德者，自强不息，尽其大正，则悔所不恤，圣人固不以知罪易其心也。此爻于理势皆君子之所戒，唯学问之道不然，愤乐而不知老之将至，任重道远，死而后已，不以亢悔为忧。故《文言》专言天道人事，而不及圣学。

用九，见群龙无首，吉。

"用九"，六爻皆九，阳极而动也。旧说以为筮得乾者，六爻皆动，则占此爻。"用"者，动而见于行事之谓。筮法：归奇为不用之余，过揲为所用之数。六爻过揲之策皆四其九。归奇之十三，不成象数而不用。其所用以合天道、占人事者，皆九也，故曰"用九"。

"见"者，学《易》者明其理，占《易》者知其道，因而见天则以尽人能，则吉。六爻皆具象数之全，秉至刚之德，各乘时以自强。二、五虽尊履中位，而志同德齐，相与为群，无贵贱之差等。既为群矣，何首何从之有？"无首"者，无所不用其极之谓也。为潜，为见，为跃，为飞，为亢，因其时而乘之耳。规其大，尤慎其小；敦其止，尤敏其行；一以贯之，而非执一以强贯乎万也。博学而详说，乃以反约；无适无莫，而后比于义。能见此者，庶几于自强不息之天德，而吉应之矣。

邪说诐行，皆有首而违天则者也。如近世陆、王之学，窃释氏立宗之旨，单提一义，秘相授受，终流为无忌惮之小人，而凶随之，其炯鉴已。王弼附老氏"不敢为天下先"之，说谓"无首"为藏头缩项之术，则是孤龙而丧其元也。《本义》因之，所不敢从。

《彖》曰：大哉乾元，万物资始，乃统天。

文王以全卦所具之德，统爻之变者谓之"彖"。言"《彖》曰"者，孔子释《彖辞》之所言如此也。"《象》曰"，义同。

物皆有本，事皆有始，所谓"元"也。《易》之言元者多矣，唯纯乾之为元，以太和清刚之气，动而不息，无大不届，无小不察，入乎地中，出乎地上，发起生化之理，肇乎形，成乎性，以兴起有为而见乎德；则凡物之本、事之始，皆此以倡先而起用，故其大莫与伦也。木、火、水、金、川融、山结、灵、蠢、动、植，皆天至健之气以为资而肇始。乃至人所成能，信、义、智、勇、礼、乐、刑、政，以成典物者，皆纯乾之德；命人为性，自然不睹不闻之中，发为恻怛不容已之几，以造群动而见德，亦莫非此元为之资。在天谓之元，在人谓之仁。天无心，不可谓之仁；人继天，不可谓之元；其实一也。故曰元即仁也；天人之谓也。乾之为用，其大如此，岂徒万物之所资哉！天之所以为天，以运五气，以行四时，以育万物者，莫非乾以为之元也，故曰"乃统天"。"乃"者，推其极而赞之之辞。

尝推论之：元在人而为仁，然而人心之动，善恶之几，皆由乎初念，岂"元"之定为仁哉！谓人之仁即"元"者，谓乾之元也。自然之动，不杂乎物欲，至刚也；足以兴四端万善而不伤于物者，至和也；此乃体乾以为初心者也。夫人无忌于羞恶，不辨于是非，不勤于恭敬，乃至残忍刻薄而丧其恻隐，皆由于情窳不振起之情，因仍私利之便，而与阴柔重浊之物欲相昵而安；是以随物意移，不能自强，而施强于物。故虽躁动烦劳，无须臾之静，而心之偷惰，听役于小体以怀安者，弱莫甚焉。唯其违乎乾之德，是以一念初起，即陷于非僻而成乎不仁。唯以乾为元而不杂以阴柔，行乎其所不容已，恻然一动之心，强行而不息，与天通理，则仁于此显焉。故曰元即仁者，言乾之元也，健行以始之谓也。故唯乾之元为至大也

云行雨施，品物流形。

天气行于太虚之中，细缊流动者，莫著于云；其施于地以被万物者，莫著于雨。言其著者则其轻微周密，于视不见、听不闻之中，无时不行、无物不施者，可知已。"品物"，物类不一而各成其章之谓。"流形"，理气流行于形中也。行焉施焉而无所阻，流于品物成形之中而无不贯，亨之至盛者矣。

自其资始而统天，为神化流通之宰者，则曰"元"。自其一元之用，充周洋溢，与地通彻无间，而于万物无小不达者，则谓之"亨"。故可分为二德，抑可合言之曰"大亨"。始而不可以施行，其始不大；亨非其始之所统，必有不亨。《本义》"占者大亨"之说，本与《文言》四德之旨不相悖。非乾之元，非云行雨施之亨，又何以能大亨？夫岂小人不仁无礼，徼一时之遭遇，快意以逞之为大亨乎？舍《彖传》以说《彖辞》，不信圣人，而信鬻术者之陋说哉！

大明终始，六位时成，时乘六龙以御天。乾道变化，各正性命，保合大和，乃利贞。

此通释"利""贞"之义。"大明",天之明也。"六位",六爻之位。"时成",随时而刚健之德皆成也。"六龙",六爻之阳。"乘"之者,纯乾之德,合六为一,如乘六马共驾一车也。"御",驱策而行之于轨道也。以化言之,谓之天;以德言之,谓之乾。乾以纯健不息之德,御气化而行乎四时百物,各循其轨道,则虽变化无方,皆以乾道为大正;而品物之性命,各成其物则;不相悖害,而强弱相保;求与相合,以协于太和。是乃"贞"之所以"利","利"之无非"贞"也。以圣人之德拟之,自诚而明者,察事物之所宜,一几甫动,终始不爽,自稚讫老,随时各当,变而不失其正,益万物而物不知,与天之并育并行成两间之大用,而无非太和之天钧所运者,同一利贞也。

盖尝即物理而察之:草木、虫鱼、鸟兽以至于人,灵顽动植之不一;乃其为物也,枝叶华实、柯干根荄之微,鳞介羽毛、爪齿官窍、骨脉筋髓、府藏荣卫之细,相函相辅,相就相避,相输相受,纤悉精匀,玲珑通彻,以居其性,凝其命,宣其气,藏其精,导其利,违其害,成其能,效其功,极至于目不可得而辨,手不可得而揣者,经理精微,各如其分,而无不利者无不贞焉。天之聪明,于斯昭著;人之聪明,皆秉此以效法,而终莫能及也。各如其分,则皆得其正。其明者,无非诚也,故曰"大明"也。自有生物以来,讫于终古,荣枯生死、屈伸变化之无常,而不爽其则。有物也,必有则也。利于物者,皆贞也。方生之始,形有稚壮大小、用有强弱昏明之差,而当其萌芽,即函其体于纤细之中,有所充周,而非有所增益,则终在始之中;而明终以明始,乃诚始而诚终,故曰"大明终始"而"六位时成"也。是唯纯乾之德,太和之气,洋溢浃洽,即形气以保其微弱,合其经纬,故因时奠位,六龙各效其能,以遵一定之轨,而品物于斯利焉,无不贞者无不利,故曰"时乘六龙"而"利贞"。乾之以其性情,成其功效,统天始物,纯一清刚,善动而不息,岂徒其气为之哉?理为之也。合始终于一贯,理不息于气之中也。法天者,可知利用崇德之实矣。

　　首出庶物,万国咸宁。

　　此则言圣人体乾之功用也。积纯阳之德,合一无闲,无私之至，不息之诚，则所性之几发于不容已者，于人之所当知者而先知之，于人之所当觉者而先觉之，通其志，成其务，以建元后父母之极，乾之元亨也。因而施之于天下，知无不明，处无不当，教养劝威，保合于中节之和，而天下皆蒙其利，不失其正，万国之咸宁，乾之利贞也。

凡《象传》于释《彖》之余，皆以人事终之，大小险易，各如其象之德，学《易》者可法，筮者可戒。唯乾言圣人之上治，尧舜而下、莫敢当焉，学《易》者不可躐等而失下学之素。若筮者得纯乾之卦，必所问之非义，筮人之不诚，神不屑告，而策偶成象；又或天下将有圣作物睹之征，而偶见其兆也。

《象》曰：天行健，君子以自强不息。

此所谓《大象》也。孔子就伏羲所画之卦，因其象以体其德，盖为学《易》者示择善于阴阳，而斟酌以求肖，远其所不足，而效法其所优也。数之积也，画已成而见为象，则内贞外悔，分为二象，合为一象，象于此立，德于此著焉。天、地、雷、风、水、火、山、泽，八卦之垂象于两间者也。而合同以化者，各自为体，皆可效法之以利用。君子观于天地之间而无非学，所谓希天也。故异于《彖》，而专以天、地、雷、风、水、火、山、泽之相袭者示义焉。

"天行"云者，朱子谓"重卦皆取重义，此独不然。天一而已，但天之行一日一周，而明日又一周，有重复之象"是也。变乾言"健"，健即乾也。或先儒传授，声相近而误尔。"以"，用也。学《易》者不一其道，六十四卦各有所用之，所谓"存乎其人，存乎德行"也。理一也，而修己治人，进退行藏，礼乐刑政，蹈常处变，情各异用，事各异趋，物各异处。学《易》者斟酌所宜，以善用其志气，则虽天地之大，而用之也专；杂卦之驳，而取之也备。此精义之学也。违其所宜用，则虽乾、坤之大德，且成乎大过，况其余乎！因卦之宜，而各专所拟议，道之所以弘也。纯乾之卦，内健而外复健，纯而不已，象天之行。君子以此至刚不柔之道，自克己私，尽体天理，发愤忘食，乐以忘忧，不知老之将至，而造圣德之纯也。强者之强，强人者也；君子之强，自强者也。强人则竞；

自强则纯。乾以刚修己，坤以柔治人。君子之配天地，道一，而用其志气者殊也。修己治人，道之大纲尽于乾、坤矣。

"潜龙勿用"，阳在下也。

此以下皆所谓《小象》，释周公之爻辞也。取一爻之画，刚柔升降、应违得失之象，与爻下之辞相拟，见辞皆因象而立也。其例有阴有阳，有中有不中，有当位有不当位，有应有不应，有承有乘，有进有退，画与位合，而乘乎其时，取义不一。所谓"周流六虚，不可为典要"，《易》道之所以尽变化也。

初九处地位之下，五阳积刚于上，立纯阳之定体，疑无不可用者；以道在潜伏，不可以亟见，故一阳兴于地下，物荣其根，为反己退藏、固本定基、居易俟命之道，位使然也。

"见龙在田"，德施普也。

"普"与溥通，周遍也。阳出地上，草木嘉谷皆载天之德，以发生而利于物，此造化德施之普也。大人藏密之功已至，因而见诸行事，即人情物理以行仁义象之，故为天下所利见，《礼》曰："先王以人情为田。"顺人情以施德，德乃周遍。以时则舜之历试，以事则文王之康功田功，以日用则质直好义、虑以下人、而邦家皆达，皆天德之下施者也。

"终日乾乾"，反复道也。

复，如字，扶又反。

三居下卦之上，乾象已成，反而自安其正，而以刚居刚；三为进爻，健行不已，行而复行，欲罢不能；故为终日乾乾、夕复惕若之象。不言"夕惕"者，省文。

"或跃在渊"，进无咎也。

四为阴位，为退爻，而以刚处之，或跃或在渊，进退不决。然体乾而近于五，可以进矣。不进本无咎，而进亦无咎也。

"飞龙在天"，大人造也。

造，如字，七到反。

"造"，至也。大人积刚健之德，至五而履乎天位，天德以凝、天命以受矣。董仲舒曰："天积众精以自刚。"积之既盛，则有不期而自至者，故曰"飞"。

"亢龙有悔"，盈不可久也。

以位言之，至上而已盈，成功者退之候。天体之运，出地之极，至百八十二度半强而复入于地。行已极而必倾，不可久之象也。以数言之，过揲之策，至三十六而止，无可复加。六爻皆极其盈，唯有减损，不能增益，数之盈不可久也。象数之自然，天不能违，况圣人乎！然圣人知其不可久，虽有悔而不息其刚健，则于龙德无损焉。

"用九"，天德不可为首也。

天无自体，尽出其用以行四时、生百物，无体不用，无用非其体。六爻皆老阳，极乎九而用之，非天德其能如此哉！天之德，无大不届，无小不察，周流六虚，肇造万有，皆其神化，未尝以一时一物为首而余为从。以朔旦、冬至为首者，人所据以起算也。以春为首者，就草木之始见端而言也。生杀互用而无端，晦明相循而无间，普物无心，运动而不息，何首之有？天无首，人不可据一端以为之首。见此而知其不可，则自强不息，终始一贯，故足以承天之吉。

文言曰：元者善之长也，亨者嘉之会也，利者义之和也，贞者事之干也。君子体仁足以长人，嘉会足以合礼，利物足以和义，贞固足以干事。君子行此四德者，故曰"乾元亨利贞"。

长，知两反。

"文"，《系传》之所谓"辞"，文王周公《彖》《爻》所系之辞也。"言"者，推其立言之意，引伸之而博言其义也。乾、坤为《易》之门，详释其博通之旨。然以此推之，余卦之义类可知矣。

元、亨、利、贞者，乾之德，天道也。君子则为仁、义、礼、信，人道也。理通而功用自殊，通其理则人道合天矣。"善之长"者，物生而后成性存焉，则万物之精英皆其初始纯备之气，发于不容已也。"嘉之会"者，四时百物，互相济以成其美，不害不悖，寒暑相为酬酢，灵蠢相为事使，无不通也。"义之和"者，生物各有其义而得其宜，物情各和顺于适然之数，故利也。"事"谓生物之事。"事之干"者，成终成始，各正性命，如枝叶附干之不迁也。

此皆以天道言也。

"体仁"者，天之始物，以清刚至和之气，无私而不容已，人以此为生之理而不昧于心，君子克去己私，扩充其恻隐，以体此生理于不容已，故为万民之所托命，而足以为之君长。"嘉会"者，君子节喜怒哀乐而得其和，以与万物之情相得，而文以美备合礼，事皆中节，无过不及也。"利物"者，君子去一己之私利，审事之宜而裁制之以益于物，故虽刚断而非损物以自益，则义行而情自和也。"贞固"者，体天之正而持之固，心有主而事无不成，所谓信以成之也。此以君子之达天德者言也。

仁、义、礼、信，推行于万事万物，无不大亨而利正，然皆德之散见者，《中庸》所谓"小德"也。所以行此四德，仁无不体，礼无不合，义无不和，信无不固，则存乎自强不息之乾以扩私去利，研精致密，统于清刚太和之心理，《中庸》所谓"大德"也。四德尽万善，而所以行之者一也，乾也。故曰"乾元亨利贞"。唯乾，而后大亨至正以无不利也。

初九曰"潜龙勿用"，何谓也？子曰：龙德而隐者也，不易乎世，不成乎名，遁世无闷，不见是而无闷，乐则行之，忧则违之，确乎其不可拔，潜龙也。

易，羊只反。乐，卢各反。

揲以求画，则六位积而卦德乃成，而观变玩占，在成卦之后，则分全体之一，而固全载本卦之德，爻也者，言其动也，故一阳动于下而即曰"龙德"。余卦准此。

"隐"有二义：以位言之，则隐居之谓；以德言之，则静所存而未见之动者也。"易"，为所移也。世有盛衰，所秉者正，世易而道不易也。事功著而名成，静修之事自信诸心而迹不显，人所无能名也。"不易乎世"，与世异趋，"遁世"也。"不成乎名"，人不知其潜行之实，"不见是"也。潜则固不行矣，而言"乐行""忧违"者，立阳刚之质以为德基，由此而行乎二、五，则利见矣；行乎三、四，则无咎矣。二、五者，乐地也；三、四者，忧地也。"违"者，远于咎之谓。其行其违，皆以刚健之德为退藏之实，故曰"确乎其不可拔"。通一卦以赞一爻之德，故虽潜而龙德已成也。

九二曰"见龙在田，利见大人"，何谓也？子曰：龙德而正中者也。庸言之信，庸行之谨，闲邪存其诚，善世而不伐，德博而化。《易》曰："见龙在田，利见大人"，君德也。

行，下孟反；下"为行"之行同。

"正中"，谓正位乎中也。以贞、悔言之，二、五为上下卦之中；以三才之位言之，二出地上，五在天下，天地之间，大化之所流行，亦中也。乾无当位不当位；天化无所不行，凡位皆其位也，中斯正矣，故曰"正中"。"庸"也者，用也，日用之言行也。"在田"，卑迩之事，因人情，达物理，以制言行，出乎身，加乎民，必信必谨，以通志而成务也，刚健以"闲邪"，执中以"存诚"。邪闲则诚可存，抑存诚于中，而邪固不得干也。程子以"克己复礼"为乾道，此之谓也。履中而在下，故曰"不伐"。以阳爻居阴位，变民物浊柔之质，反其天性，故曰"化"。凡此皆守约施博之道，德成于己而达物之情，君天下之德于此立焉。及其升乎五位，亦推此而行之尔。是以为天下之所利见，而高明广大之至德，不越乎中庸精微之实学，亦于此见矣。

九三曰"君子终日乾乾，夕惕若，厉无咎"，何谓也？子曰：君子进德修业，忠信，所以进德也；修辞立其诚，所以居业也。知至至之，可与几也；知终终之，可与存义也。是故居上位而不骄，在下位而不忧，故乾乾因其时而惕，虽危无咎矣。

龙德皆圣人之德，此言"君子"者，圣不自圣，乾惕之辞也。九二君德已成，九三益加乾惕，故曰"进德"。九二敦庸行，九三益尽人事之当为以应变，故曰"修业"。三为进爻，以阳刚处之乃大有为以涉世变之象，故德以历变而益进，业以应变而益修。乃其所以进、修者，一唯其固有之忠信以存心，而即其言行之谨信以立诚，惕若于退省之余，而不恃其健行之识力；忠信笃敬，参前倚衡，而蛮貊之邦无不可行矣。业统言行，独言"修辞"者，君子之施政教于天下者辞也，辞诚则无不诚矣。"诚"者，心之所信，理之所信，事之有实者也。变“修”言“居”者，所修之业非苟难之事，皆其可居者也。三居下卦之上，“乾”必至此而成象，故曰“至”。至此而乾道已成，人事已尽，故曰“终”。知至而必至，极天下之变，而吾敬信皆有以孚之，乃以尽精微而事豫立，故曰“可与几”，乾乾之益也。知终而终，虽上达不已，但自尽其德业，不妄冀达天造命之化，以反疏其人能，故曰“可与存义”，夕惕之志也。健行而一以惕若之心临之，应几速而守义定，圣功之密也如此，则心恒有主而不骄不忧矣。“上位”，下卦之上也。“下位”，上卦之下也。居上下之间，危地也。知几存义，一因其时，而不舍其健行惕若之心，以此履危，无咎矣。

九四曰“或跃在渊，无咎”，何谓也？子曰：上下无常，非为邪也；进退无恒，非离群也。君子进德修业，欲及时也，故无咎。

自初至三，皆象圣修之功。九二君道已尽，九三更加乾惕，以应物尽变，乾德成矣。自四以上，以学言之，则不思不勉而入圣；以时位言之，德盛道行，将出以受天命之候也。故四以上皆以功效言之。

四出下卦之上，故曰“上”；于上卦为下，故曰“下”。四，阴位，退爻也，故曰“退”；刚而不已，近乎五，故曰“进”。上而进，或跃也；下而退，或在渊也。疑而自试，虽不遽进，而无嫌于跃。要其纯健之体，行志而非从欲，则贞而不邪；与上下合德而一于健，不杂阴柔以与群龙相异，则得群而不离。“进德”谓德已进，“修业”谓业已修；前之进修，固可及时而见功。由下学而上达，非有速成之过；行法而俟命，非有侥幸之情；是以无咎。

九五曰“飞龙在天，利见大人”，何谓也？子曰：同声相应，同气相求。水流湿，火就燥，云从龙，风从虎，圣人作而万物睹。本乎天者亲上，本乎地者亲下，则各从其类也。

此明唯大人所以为天下之利见也。“同声相应”，倡之者必和也；“同气相求”感之者必动也。唯其下湿，故水流之；唯其高燥，故火就之。诚为龙，而云必从；诚为虎，而风必从。唯刚健中正之德已造其极，故见乎四支、发乎事业者，民虽未喻其藏，而无不共睹其光辉。乾之"首出庶物，万国咸宁"者，于斯而显矣。阳刚之得位以中，圣人之本也。而六爻皆纯，无有异趣，天下皆仪式圣人之德，即百世之下犹将兴起。上下五阳，拱于九五，道一风同，见之者利，德之不孤而必有邻，如三辰之依气以运而"亲上"，百昌之依形以发而"亲下"，类之相从，理气之必然者也。若共、驩、向魋、匡人之见圣如不见，斯拂人之性而自人利耳，岂理数之常哉！

上九曰"亢龙有悔"，何谓也？子曰：贵而无位，高而无民，贤人在下位而无辅，是以动而有悔也。

阳贵阴贱，上爻托处最高。"无位"者，五为天位之正，上其余气而远于人也。阴为民，下五爻皆阳，敌体相竞，"无民"也。"贤人"，谓四以下群阳。"无辅"者，众皆亲九五而从之，不为上辅也。"动"谓此爻独为老阳发用，时非其时，位非其位，贤人非其人，而仍以刚动，有悔道矣。其亢也，初不恤悔；有悔矣，而龙德不屈。伯夷所以思虞夏而悲歌，孔子所以遇获麟而反袂也。

"潜龙勿用"，下也。

位在下，故以不用自养其德。

"见龙在田"，时舍也。

舍，如字，音赦。

"舍"，止也。君德已成，时未居尊，故止于田以修其庸德；然德化虽未行，固宜为天下之所利见。

"终日乾乾"，行事也。

以刚居刚，而履人位，事方任己，不容不乾乾也。

"或跃在渊"，自试也。

或"跃"或"在渊"，出而试其可行与否，进而受命，而退不失己。圣人之行虽决之以义，而道以适于事者为极至，无嫌于姑试进退以自考，所以异于功名之士勇于行、隐遁之士果于止也。

"飞龙在天"，上治也。

位居尊上，故治化行于天下，而天下利见之。

"亢龙有悔"，穷之灾也。

位已至极，无可复进，虽尚志高卓，而灾及之。难自外生，非所宜得者，曰"灾"。

"乾元用九"，天下治也。

"乾元"，谓乾为诸卦之首，众阳齐兴，德无偏盛，君臣民庶道一风同之象也。

篇中五序《象》《爻》之辞，反复以推卦德，示《易》道之广大悉备，义味无穷，使读《易》者即约以该博，勿执典要以废道。于乾详之，而凡卦皆可类推矣。然《易》之蕴，文、周之辞已括尽无余，外此而穿凿象数，以谓《易》唯人之意求而别揣吉凶，则妄矣。

此上七节，以时位言之。


"潜龙勿用"，阳气潜藏。

体虽纯乾，而动爻则为动于地中之象，乃阳所藏密之基也。凡一爻之义，皆以其动言之，余准此。

"见龙在田"，天下文明。

阳气出于地上，百昌向荣、春光明盛之象。因此见凡卦之中，皆可与时序相应。京房之徒强配卦气，为妄而已。

"终日乾乾"，与时偕行。

阳动于进爻，乃四时日进不止之象。言"与时偕"者，天道不倚于四时，而四时皆与天为体，时之所至，天亦至也。

"或跃在渊"，乾道乃革。

内卦乾道已成，外卦阳刚复起，革之象也。天体常一，而道有变化。寒暑晦明，运不息而气异。其相承相易之际，一进一退，如在渊而跃，革以渐也。

"飞龙在天"，乃位乎天德。

天道周流于六位，唯五居中而应乎天位，乃天之大德敦化，所以行时生物之主宰运乎上，而云行雨施皆自此而出也

"亢龙有悔"，与时偕极。

"极"，至也，穷也，极其至则穷也。气数穷则天道亦变矣。

"乾元用九"，乃见天则。

数止于九；所谓十者，仍一也。故《洛书》尽于九，而《河图》中宫十五；裁有余，补不足，虚极于六，盈极于九，天地之化止于此矣。九者，已极而无可增也。唯乾纯阳，而发用之数，见乎过揲者皆九。天阳之数，无所不用，于此见天之所以为天，大极无处，小人无间，生死荣枯，寒暑晦明，灵蠢动植，燥湿坚脆，一皆阳气之充周普遍，为至极而无能越之则焉。故人之于道，唯有不足，无有有余；唯有不及，无有太过。尽心乃能知性，止至善而后德以明、民以新，故曰"圣人，人伦之至"。道二，仁与不仁而已，无得半中止之道也。君子于此，可以知天，可以尽性矣。

此上七节，以天化言之。

乾元者，始而亨者也，利贞者，性情也。

凡物与事皆有所自始，而倚于形器之感以造端，则有所滞而不通。唯乾之元，统万化而资以始，则物类虽繁，人事虽赜，无非以清刚不息之动几贯乎群动，则其始之者即所以行乎万变而通者也。利者，健行不容已之情，即以达万物之情；贞者，健行无所倚之性，即以定万物之性；所以变化咸宜而各正性命，物之性情无非乾之性情也。此以明元亨利贞皆乾固有之德，故其象占如此。元亨为始而亨，非遭遇大通之福；利贞言性情，则非利于贞而以不贞为小人戒；明矣。舍孔子之言而求文王之旨，将孔子其为凿说乎！

乾始能以美利利天下，不言所利，大矣哉！

此言四德之统于元也。"美利"，利之正也。"利天下"，无不通也。"不言所利"，无所不利之辞，异于坤之"利在牝马"，屯之"利在建侯"。当其始，倚于一端，而不能统万物始终之理，则利出于偏私，而利于此者不利于彼，虽有利焉而小矣。乾之始万物者，各以其应得之正，动静生杀，咸恻隐初兴、达情通志之一几所函之条理，随物而益之，使物各安其本然之性情以自利；非待既始之余，求通求利，而唯恐不正，从有所择而后利。此其所以为大也。

大哉乾乎！刚健中正，纯粹精也；

此言元之所以统四德，唯其为乾之元也。"中正"，以二、五言。丝无疵颣曰"纯"，米无糠秕曰"粹"，谓皆阳刚一致而不杂阴之浊滞也。阴凝滞而为形气。五行已结之体，百物已成之实，皆造化之粗迹；其太和清明之元气，推荡鼓舞，无迹而运以神，则其精者也。乾之为德，一以神用，入乎万有之中，运行不息，纯粹者皆其精，是以作大始而美利咸亨，物无不正。在人为性，在德为仁，以一心而周万理，无所懈，则无所滞。君子体之，自强不息，积精以启道义之门，无一念利欲之间，而天德王道于斯备矣。

六爻发挥，旁通情也；时乘六龙，以御天也；云行雨施，天下平也。君子以成德为行，日可见之行也。

承上文而言乾之为德，既大始而美利天下，而六爻之动，自潜而亢，有所利，有所悔，或仅得无咎，发挥不一者，何也？自卦而言，一于大正；自爻而言，居其时，履其位，动非全体，而各有其情，故旁通之。要其随变化而异用者，皆以阳刚纯粹之德，历常变之必有，而以时进其德业，则乘龙御天，初无定理，唯不失其为龙，而道皆得矣。圣人用之，则云行雨施，而以"易知"知天下之至险，险者无不可使平。君子学之，则务成乎刚健之德，以下学，以上达，以出处，以动以静，以言以行，无日无事不可见之于行，则六爻旁通，虽历咎悔而龙德不爽，唯自强之道，万行之统宗，而功能之所自集也。

潜之为言也，隐而未见，行而未成，是以君子弗用也。

"隐而未见"，以位言；"行而未成"，以道言。"未成"，谓方在笃志近思之时，不即见之成能也。"弗用"者，君子自修之序，自不急于见功。《爻》言"勿用"，以君子之道戒占者也。

君子学以聚之，问以辨之，宽以居之，仁以行之。《易》曰"见龙在田，利见大人"，君德也。

学博，则聚古今之理于心。问审，则择善而辨所宜从。宽谓容物而不自矜。仁则推爱之理而顺乎人情。四者下学之事，宜民之道，故为"在田"之象。而学问至则百王之法唯所损益，宽仁施则百姓之情皆可上达，宜为天下所利见，虽未履天位，而君德备矣。古者世子入大学以亲师考道，天子卑服而亲康功田功，皆以养成君德也。

九三重刚而不中，上不在天，下不在田，故乾乾因其时而惕，虽危无咎矣。

重，直龙反，下同。

不在天，不在田，唯其位非中也，时之危也。"重刚"，行之乾乾也。刚者，非但勇于任事，实则严以持心；不恃其健行，而知时之不中，防其所行之过，操心危则行不危矣。以位则建大猷，以乘时而未就，以学则望圣道一间之未达，成汤之"唯恐胜予"，颜子之"欲罢不能"，皆此爻之象，尽人事之极也。

九四重刚而不中，上不在天，下不在田，中不在人，故或之。或之者，疑之也，故无咎。

"重刚"，下卦已刚而此复刚；又三、四为人位，重三为四而皆刚也。"不在人"者，三为人之正位，四其余位，人道已尽，而俟天之时也。德之将熟，命之将受，决于止则自画而贰尔心，决于进则躐等而有惭德；疑而自试，必得其所安，君子体道之深心也。

夫大人者，与天地合其德，与日月合其明，与四时合其序，与鬼神合其吉凶，先天而天弗违，后天而奉天时。天且弗违，而况于人乎！况于鬼神乎！

夫，防无反。先，息荐反。后，胡豆反。

九五履天位，而刚健中正以应天行，故其德之盛如此。天地以主宰言。日月、四时、鬼神，皆天地之德，以纯粹之精，而健行得中。明不息，序不紊，刑赏不妄，人而天矣。"先天"，谓天所未有，大人开物而成务；"弗违"，气应物化而功就也。"后天"，天已垂象，因而行之；"奉天时"，时至功兴，不爽其则也。天且弗违，则人不可不见，而见之者，鬼神自应以吉。当大人之世而弗见焉，鬼神弗祐，四裔之诛自取之矣。违大人，即以违天也。《书》曰："未见圣，若不克见；既见圣，罔克由圣。"大人不世作，而圣言孔彰，乐其道者见之。非圣无法，允为自弃。勿曰生不逢尧舜之世，遂可随末俗以迁流也。

亢之为言也，知进而不知退，知存而不知亡，知得而不知丧。其唯圣人乎！知进退存亡而不失其正者，其唯圣人乎！

丧，息浪反。

进退以行言，存亡、得丧以遇言。保其固有曰存，本所无有曰亡，得所未有曰得，失其所有曰丧。刚而不止，居高而不肯下，亢也。亢之为道，率由于不知；而龙之亢，非不知也。秉刚正之德，虽知而不失也。唯若孔子，知不可为而为之，而不磷不缁者不失，乃能与于斯。忠臣孝子，一往自靖，不恤死亡之极，亦有圣人之一体，虽有悔而固为龙德；时乘之，亦所以御乱世之天也。

此上十节申释《彖》《爻》之辞，言君子体《易》之道。

# 坤

```
━━ ━━  坤上
━━ ━━  坤下
```

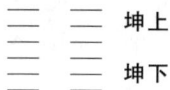

坤。元亨，利牝马之贞。君子有攸往，先迷后得主，利。西南得朋，东北丧朋，安贞吉。

丧，息浪反，下同。

隤然委顺之谓坤，阴柔之象也。此卦六爻皆阴，柔静之至，故其德为坤。凡卦有取象于物理人事者，而乾坤独以德立名；尽天下之事物，无有象此纯阳纯阴者也。阴阳二气絪缊于宇宙，融结于万汇，不相离，不相胜，无有阳而无阴、有阴而无阳，无有地而无天、有天而无地。故《周易》并建乾、坤为诸卦之统宗，不孤立也。然阳有独运之神，阴有自立之体；天入地中，地函天化，而抑各效其功能。故伏羲氏于二仪交合以成能之中，摘出其阳之成象者，以为六画之乾，而文王因系之辞，谓道之"元亨利贞"者，皆此纯阳之撰也；摘出其阴之成形者，以为六画之坤，而文王因系之辞，谓道有"元亨利牝马之贞"者，唯此纯阴之撰也；为各著其性情功效焉。然阴阳非有偏至之时，刚柔非有偏成之物。故《周易》之序，错综相比，合二卦以著幽明屈伸之一致。乾坤并立，屯蒙交运，合异于同，而经纬备；大小险易，得失之几，互观而益显。乾坤者，错以相应也。屯蒙者，综以相报也。此《周易》之大纲，以尽阴阳之用者也。余卦放此。

坤之德"元亨"，同于乾者，阳之始命以成性，阴之始性以成形，时无先后，为变化生成自无而有之初几，而通乎万类，会嘉美以无害悖，其德均也。阴，所以滋物而利之者也。然因此而滞于形质，则攻取相役，而或成乎惨害，于是而有不正者焉。故其所利者"牝马之贞"，不如乾之以神用而不息，无不利而利者皆贞也。凡言"利"者，皆益物而和义之谓，非小人以利为利之谓，后仿此。

马之健行，秉乾之气而行乎地，阳之丽乎阴者也。"牝马之贞"，与乾合德，以为正也。"君子有攸往"以下，为占者告也。乾之龙德，圣人之德；坤之利贞，君子希圣之行也。刚以自强；顺以应物。坤者，攸行之道也。君子之有所往，以阴柔为先，则欲胜理、物丧志而"迷"；以阴柔为后，得阳刚为主而从之，则合义而利。此因坤之利而申言之，谓君子之所利于坤者，"得主"而后利也。

同类相比曰"朋"。"西南""东北"，以中国地势言之。西南为梁州，崇山复岭，冰雪夏积，阴所聚也。东北，冀、营、兖、青之域，平衍而迤于海，地气之不足也。"得朋"则积阴相怙，"丧朋"则群散私党，而顺受阳施。盖阳九阴六，有余不足，自然之数；而地以外皆天，地所不足，天气充之。以其本不足者承天，而不恃其盈以躁动，则其贞也，以从一而安为贞，非以坚持不屈为贞。此因坤之贞而申言之，谓君子体坤之贞者，唯安斯吉也。

《彖》曰：至哉坤元！万物资生，乃顺承天。

阴非阳无以始，而阳藉阴之材以生万物，形质成而性即丽焉。相配而合，方始而即方生，坤之"元"所以与乾同也。"至"者，德极厚而尽其理之谓。乃其所以成"至哉"之美者，唯纯乎柔，顺天所始而即生之无违也。

坤厚载物，德合无疆。

"厚"谓重坤，象地之厚。"无疆"，天之无穷也。其始也生之，既生矣载之。天所始之万物，普载无遗，则德与天合，故与乾均为元，而"至"者即大也。

含弘光大，品物咸亨。

唯其至顺也，故能虚以受天之施，而所含者弘。其发生万物，尽天气之精英，以备动植飞潜、文章之富，其光也大矣。品物资之以昌荣，而遂其生理，无有不通，坤之"亨"所以与乾合德也。

牝马地类，行地无疆，柔顺利贞。

马之行健，本乾之象。牝秉阴柔之性，则与地为类。地顺承天，则天气施于地之中，如牝马虽阴，而健行周乎四方，此地之利贞，以守一从阳为贞也。

君子攸行，先迷失道，后顺得常。

六阴聚立，有"先迷"之象。然纯而不杂，虚静以听天之施，则固先阳后己，顺事物而得唱和生成之常道。君子体之以行，能知先之为失道，而后之为得主，则顺道而行，无不利矣。以性主情，以小体从大体，以臣顺君，以刑济赏，阴亦何不利之有哉！

**西南得朋，乃与类行；东北丧朋，乃终有庆。安贞之吉，应地无疆。**

重坤积阴，有西南地形崇复之象。然顺而又顺，趋以就下，则又有东北迤海之象。两者皆地势也，在知择而已。君子之行，不法其积阴怙党之咎，而法其委顺以承天、不自私同类之贞，则终必受天之庆矣。吉自外来曰"庆"。丧朋以从乾，安贞之吉也，君子所以应地道而德合无疆也。

《象》曰：地势坤，君子以厚德载物。

"势"，形之势也。地形高下相积，而必渐迤于下；所处卑，而物胥托于其上；皆大顺之象也。重坤者，顺德之厚。君子体坤之德，顺以受物，合天下之智愚贵贱，皆顺其性而成之，不以己之所能，责人之不逮，仁礼存心，而不忧横逆之至，物无不载也。

六十四卦之变动，皆人生所必有之事，抑人心所必有之几；特用之不得其宜，则为恶故虽乾坤之大德，而以刚健治物，则物之性违；柔顺处己，则己之道废。唯以乾自强，以坤治人，而内圣外王之道备矣。余卦之德，皆以此为统宗，所谓"易简而天下之理得"矣。

初六，履霜坚冰至。

当纯阴之下，非偶然一阴发动之象也。坚冰之至，霜所必致。履者，人履之。阴兴必盛，自然之数也。故一生，一杀，不以损天地之仁；一治，一乱，不以伤天地之义。特当其时，履其境，不容不戒，故为占者告之。

《象》曰："履霜坚冰"，阴始凝也；驯致其道，至坚冰也。

上"坚冰"二字盖衍文。《本义》按《魏志》作"初六履霜"，义亦通。凝，聚也。霜、冰皆阴之凝聚而成，在初为始尔。坚冰之至，初无异理，即此阴之凝者然也。"其道"凝而不释之道。"履霜"，《象辞》所谓"先迷"；"驯致"，则所谓"得朋"也。

六二，直方大，不习无不利。

阴之为德，端凝静处而不妄，故为"直"；奠位不移而各得其宜，故为"方"；纯乎阴，则"大"矣。直、方，其德也；大，其体也。唯直、方故能大，其大者皆直、方也。秉性自然而于物皆利，物无不载，而行无疆矣。九五，乾之盛也。六二，坤之盛也。位皆中，而乾五得天之正位而不过，坤二出于地上而阴不匮。故飞龙者，大人合天之极致；直方者，君子行地之至善也。

《象》曰：六二之动，直以方也。"不习无不利"，地道光也。

"动"谓此爻发动而见功也。有其德，则施之咸宜，配地道之乘时，发生品物，光辉普见。

六三，含章可贞，或从王事，无成有终。

六二柔顺中正，内德固，而所以发生品物者备其美。六三居其上，成乎坤体，所含者六二之章光，故虽以阴居阳，而可不失其正。三为进爻，出而图功之象。履乎阳位，故曰"从王"，《象》所谓"丧朋"而承天时行也。"或"者，不必然而然之辞。"含章"，无必于从事之志；乃因时而出，行乎其所不得不行，虽有成功而不自居。"终"，与"知终终之"之"终"，皆以内卦小成言之也。事虽从王，志在自尽其道。内卦象德，外卦象位。三者，德之终也。

《象》曰："含章可贞"，以时发也。"或从王事"，知光大也。

> 知，如字。

唯所含者内有直方之美，故以时发见而"可贞"。德之已成，时在可见，故从王事，自知其志行之光大而不失时，要以自尽其含弘之用，而非急于见功也。阴以进为美，不倦于行，所以配乾之无疆。

六四，括囊，无咎无誉。

"括囊"，藏之固也。柔居阴位，四为退爻，不求誉而避咎之道也。四与初同道，而初居地位之下，伏阴自怙；四处重阴之中而为人位，乃有意沉晦、退而自守之象，故不同于初之阴狠。

《象》曰："括囊无咎"，慎不害也。

欲退藏以免于咎，则无如避誉而不居。危言则召祸，诡言则悖道，括囊不发，人莫得窥其际，慎之至也。

六五，黄裳元吉。

"黄"者，地之正色，既异黑白之黝素，尤非青赤之炫著，于五色为得其中。衣在上而著见。裳在下，而又有帗佩以掩之；饰在中，而与衣以文质相配者也。大五居中以处上体，而柔顺安贞之德，自六二而已成。大顺之积，体天时行，若裳以配衣，深厚而美自见，宜乎其吉矣。凡言吉者，与凶相对之辞，自然而享其安之谓。"黄裳"非以求吉而固吉，故曰"元吉"。凡言"元吉"者，准此。

《象》曰："黄裳元吉"，文在中也。

"黄"，其文也；"裳"者，在中之象。

上六，龙战于野，其血玄黄。

阴亢已极，则阳必奋起。龙，阳物也。"于野"，卦外之象。阴阳各有六位。坤六阴毕见，则六阳皆隐而固在；此盛而已竭，彼伏而方兴，战而交伤，所必然矣。阳之战阴，道之将治也，而欲奋起于涸阴之世，则首发大难，必罹于害。陈胜、项梁与秦俱亡；徐寿辉、张士诚与胡俱殒。民物之大难，身任之，则不得辞其伤。《易》为龙惜，而不恤阴之将衰，圣人之情见矣。

坤卦纯阴，其道均也，而中四爻皆君子之辞，唯初、上以世运之阴幽争乱言之。盖乾坤者，本太极固有之实，各有其德，而不可相无。体道以学《易》者，法其所可用而不能极其数。二、五得中而不过；三、四人位，乃君子调变之大用所自施，故以其德言之，美者极其盛，而次亦可以寡过。初则沈处地下，上则高翔天际，而无所施其调变。故以气运言之，而为潜、为亢、为凝、为战。乃阳虽无功而过浅，君子犹可因时以守约，圣人固且逢悔而不忧；阴则初惨而不舒，上淫而不忌，是以冰之坚，玄黄之血，成乎世运之伤，此坤之初、上所以独危也。然卦体纯而不杂，则抑天数自然之致，非人事之有愆。故"坚冰"、"龙战"，皆属乎气运，而占者知命以谨微，非他卦凌杂致咎，为人事所致之孽也。是以坤之初、上，皆不言凶。

《象》曰："龙战于野"，其道穷也。

六阴皆见于象，穷极而无余，阳必起而乘之。

用六，利永贞。

六者，数之不足者也。唯安于不足，则质虽凝滞，而虚中以听阳之施，以顺为正，阴之贞也。十八变而皆得六，处于至不足之数，不如七之与八，求益以与阳争多寡。丧朋而安贞，始终如一，以资万物之生，故无不利而永得其正。

《象》曰："用六永贞"，以大终也。

阳始之，阴终之，乃成生物之利。"永贞"以顺阳，而资生万物，质无不成，性无不丽，则与乾之元合其大矣。

《文言》曰：坤至柔而动也刚，至静而德方。

"至"，谓六爻皆阴，柔静之极也。柔者，无锐往之气，委顺而听阳之施也。乃其为体，有形有质，则其与阳俱动也，异于阳之舒缓；而坚致以果于所为，生杀乘权，刚亦至焉。阴体凝定，非阳感不动，静也；而唯其至静，高下柔刚各有一定之宜而不迁，故随阳所施，各肖其成形，以为灵、蠢、动、植，终古不忒，是其德之方也。柔静者，牝道也。动而刚，虽牝而固马。方者，牝马之贞也。

按：此统刚柔动静以言阴。《系传》亦曰："立地之道，曰柔与刚。"又曰："夫坤，其静也翕，其动也辟。"动静刚柔，初非阴阳判然、各据一端而不相函之滞理，审矣。天地、水火、男女、血气，可分阴阳，而不可执道之自然者，类如此。泥于象迹名言者，将使天地相为冰炭，官骸相为仇敌，沟画而界分之，亦恶足以知道哉！

后得主而有常，

不唱而和，以听阳施，则不失柔顺之常理也。卦无阳爻，而言"得主"者，阴阳有隐见，而无有无；阴见，而阳固隐于所未见；至柔至静，则不拒阳，而阳隐为之主。

含万物而化光。

此释《象传》"含弘光大"之义，见其得主而利也。地虽块然静处，而万物之形质文章皆其所由发；感阳以化，则天下之美利备焉。"化光"，则亨利同乎天矣。"太极"第三图，土居中宫，全具太极之体，金、木、水、火皆依以生，殆此意与？而术家言天一生水，至五而始生土，其未察于天化物理，明矣。

坤道其顺乎，承天而时行！

动而刚方，天动之也。得主，得天也。化光者，天化也。唯其至顺，故承天而不滞于行，是以元亨而安贞得吉也。

积善之家，必有余庆；积不善之家，必有余殃。臣弑其君，子弑其父，非一朝一夕之故，其所由来者渐矣，由辨之不早辨也。《易》曰"履霜坚冰至"，盖言顺也。

一阴初动，未必即为凶惨，故卦之初筮，得六者三十二；亨利而吉者九，无咎者六。阴虽起，而即有阳以节宣之，则丧朋而庆矣。坤体纯阴，自一阴而上，顺其情而驯致之，遂积而不可掩。乱臣贼子，始于一念之伏，欲动利兴，不早自知其非，得朋而迷，恶日以滋，至于"龙战"，虽其始念不正，抑以积而深也。"辨之"，斯悔其非道之常，而安其贞矣。"顺"如"顺过遂非"之顺，即所谓"驯致"也。不道之念一萌，不能降心抑志，矫反于正，为君父者又不逆而折之，唯其欲而弗违，顺阴之志，无所不至，所必然矣。

直其正也，方其义也。君子敬以直内，义以方外，敬义立而德不孤。"直方大，不习无不利"，则不疑其所行也。

存之于体者曰"正"，制之于事者曰"义"。"内"以持己言，"外"以应物言。主敬则心不妄动而自无曲挠，行义则守正不迁而事各有制；天下皆敬而服之，德不孤而行之无疑矣，所以不习而无不利也。六二居中得正，敬德也；顺而不违于天则，义行也；故为坤道之盛，而君子立德之本也。坤中四爻皆以君子修德业者言之。坤无尊位，异于乾之四爻以上为乘时履位之象。《易》之道不可为典要，类如此。其以君臣隐见定爻位者，失之矣。

阴虽有美含之，以从王事，弗敢成也。地道也，妻道也，臣道也。地道无成而代有终也。

六三含六二之美于中，而为进爻，以应外卦于上，故虽坤道小成，而不自居其成，积学以待问，补过以尽忠，敬戒而无违，纯乎顺也。"代有终"者，天之所生，皆地效其材，以终天之化也。

天地变化，草木蕃；天地闭，贤人隐。《易》曰"括囊无咎无誉"，盖言谨也。

纯阴之世，阳隐而不见，天闭而不出，地闭而不纳，于时为坚冰，于世为夷狄、女主、宦寺。能隐者斯贤也，虽有嘉言善行，不当表见以取誉。姚枢、许衡以道学鸣，如李、梅冬实，亦可丑矣。六四柔得位而不敢履中，故能谨之德归之。

君子黄中通理，正位居体，美在其中，而畅于四支，发于事业，美之至也。

六五黄中之美，与二合德；敬义诚于中，形于外，无异致也，故曰"通理"。端己以居位，而盛德表见，以充实其安贞之体，则美既在中，而威仪之赫暄、文章之有斐，美无以尚矣。坤无君道，以二为内美、五为外著，君子暗然日章之德也。

若此类，唯君子占此为吉。无其德而占遇之，如《春秋传》南蒯所筮，神所弗告，著策之偶然尔。故曰："《易》为君子谋，不为小人谋。"如蒯比者，卦之吉，于己为凶。不可谓《象》《爻》不足以尽吉凶之理，而别求之术家之象数也。

阴疑于阳必战，为其嫌于无阳也，故称龙焉；犹未离其类也，故称血焉。夫玄黄者，天地之杂也，天玄而地黄。

为，于伪反。夫，防无反。

阴阳各六，十二位而向背分。阳动而见，阴静而隐，其恒也。六阴发动，乘权而行阳之道。阴向而阳背，疑于阴之且代阳而兴矣。六阳秉刚健之性，岂其终隐？阴盛极而衰，阳且出而有功；必战者，理势之自然矣。阳欲出而阴怙其势，非能不战而静退者也，乃言阴战，则阴为主；而不见阳之方兴，故卦无龙体著见，而称龙以归功于阳。《春秋》以尊及卑，以内及外，王师败绩于茅戎，不言败之者，此义也。"未离其类"者，阳虽伤，而所伤者阳中之阴也，刚健之气不能折也。故秦汉、隋唐之际，死者陈胜、杨玄感而已，皆龙之血也。阳以气为用，阴以血为体。伤在血，阴终不能伤阳，而阴衄矣。"杂"谓交伤。"玄"者，清气虚寥之色；"黄"者，浊气缊结之色。

# 周易内传卷一下

## 上经起屯讫否

## 屯

```
☵  坎上
☳  震下
```

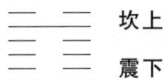

屯。元亨利贞，勿用有攸往，利建侯。

"屯"者，草芽穿土初出之名；阳气动物，发生而未遂之象也。此卦初九一阳，生于三阴之下，为震动之主。三阴，亦坤体也。九五出于其上，有出地之势；上六一阴复冒其上，而不得遂，故为屯。冬春之交，气动地中，而生达地上，于时复有风雨凝寒未尽之雪霜，遏之而不得畅；天地始交，理数之自然者也。元亨利贞，乾之四德，此卦震首得阳施，为物资始，阳气震动，于物可通；九五刚健中正，虽陷阴中而不自失，足以利物而自得其正；故乾之四德，皆能有之；此天地之始化，得天最凤者也。然虽具此四德，而于时方为屯难：初阳潜于地下，五阳陷于阴中，阳为阴覆，道不得伸，则与乾初"勿用"之时义同，而无同声同气之辅，虽在天位而不足以飞，是以"勿用有攸往"也。"利建侯"者，九五居尊，阳刚得位，而道孤逢难，必资初九之阳鼓荡迷留之群阴，乃可在险而不忧。此为大有为者王业初开，艰难未就，必建亲贤英毅者遥为羽翼，以动民心而归己，然后可出险而有功。故其合宜而利物者，在建初九以为辅也。阳，君也，而在下；又震为长子，皆元侯之象也。凡此类，取义甚大，非小事所可用。然以义推之，则凡事在艰难，资刚克之才，以济己于险，亦可通占；而困勉之学，宜资师友以辅仁，亦此理也。《易》之义类旁通，玩《象》占者所宜推广，然必依立辞之理，非术士附会《象辞》之迹以射覆，可云"易者意也"，而以饰其妖妄也。

《彖》曰：屯，刚柔始交而难生。

难，奴案反，下同。

"始交"，谓继乾坤而为阴阳相杂之始也。《周易》并建乾坤以为首，立天地阴阳之全体也。全体立则大用行，六十二卦备天道人事、阴阳变化之大用。物之始生，天道人事变化之始也。阴以为质，阳以为神，质立而神发焉。阳气先动，以交乎固有之阴，物乃以生。屯之为卦，阳一交而处乎下，以震动乎阴之藏；再交而函乎中，以主阴而施其润。其在草木，则阳方兴而欲出之象。故屯继乾坤而为阴阳之始交。以象言之，则雷动云兴，为天地蒸变、将施泽于物而未行之象。

坤立而阳交，宜以复为始，而始屯者，天包地外而入地中，天道不息之自然，阴虽繁盛，阳气自不绝于地上，有动则必有应，地中之阳兴于下，地上之阳即感而为主于中，屯以成焉。若孤阳起于群阴之下而为复者，人事之变尔。乾坤初立，天道方兴，非阴极阳生之谓，是故不以复为始交而以屯也。

"难生"，谓九五陷于二阴之中，为上六所覆蔽，有相争不宁之道焉。阳之交阴，本以和阴而普成其用，然阴质凝滞而吝于施，阳入其中，欲散其滞以流形于品物，情且疑沮而不相信任，则难之生不能免也。故六二"疑寇"，九五"屯膏"，上六"泣血"，皆难也。戡乱以定治，而民未遽服；正性以治情，而心犹交战，皆物始出土、余寒相困之象也。

动乎险中，大亨贞，雷雨之动满盈。

震动于下，坎险于上，方险而动，阳刚不为难阻，体天之健行以出而有功，所以具四德而首出咸通，得性命之正。震雷发乎地中，坎雨行乎天位，鼓动积阴而为之主，虽一阴覆上，不为衰挠，得其正则于物无不利也。此释"元亨利贞"之义。

天造草昧，宜建侯而不宁。

造，昨到反。

此以人事释"勿用有攸往，利建侯"之义。"天造"犹言天运，谓天欲开治之时也。"草"，草创也。"昧"，蒙昧也。"宁"，谓安意坦行也。一阳起于阴中，王业草创之象。九五虽居尊位，而在群阴之中，万物未睹，昧于所从；于斯时也，所恃者初九动而有为，宜建之为侯，以感人心而济险，未得快意决往，遽求定以自为功也。

《象》曰：云雷屯，君子以经纶。

坎不言水而言云者，当屯之世，阴阳初交，雨未即降，所谓"屯其膏"也。"经"者，理其绪而分之。"纶"者，比其绪而合之。雷以开导晦蒙，分阴阳之纪；云以翕合阴阳，联离异之情。经纶运于一心，不恤艰难，以济险阻，君子用屯道之"不宁"者以拨乱反治。若时际平康，可以端拱而治，则坦然与天下利见，无事图难行险，自屯以屯天下矣。

初九，磐桓，利居贞，利建侯。

"磐"，大石。"桓"，邮亭表木，午贯交植，若今之拒马，皆不动者。初九一阳处三阴之下，坚立不可动摇，潜而未行，故有此象，所谓"勿用攸往"也。"居贞"之"利"，志之定也。"利建侯"，九五宜建之以为侯也。建侯得正，则君臣交受利矣。

《象》曰：虽磐桓，志行正也。以贵下贱，大得民也。

"磐桓"而安处于下，未足以行其正也。然为震之主，当屯难之世，欲震动群阴，与之交感，以济九五于险，则志在行正，而非坐视时艰，不思有为。若其伏处阴下，则欲得三阴之心而与俱动耳。阳贵阴贱，阳君阴民，守侯度以率民事主，所以宜建之为侯也。

六二，屯如邅如，乘马班如，匪寇婚媾。女子贞不字，十年乃字。

乘，食证反，下"乘马"同。

"邅"，迟回不进。车驾四马曰"乘"。屯阳御四阴以动而涉险，故三言"乘马"。"班"，相别而往也。《春秋传》："有班马之声。"女子许嫁而字，初阳震动欲出，而二以阴居其上，止之不进，与初异志，如乘马不相随而分歧路，盖疑初九之为寇己也。夫阳欲交阴，以成生物之功，岂其相寇哉？欲相与为婚媾尔。而二倚其得中，不与之交，如女子年已及期，义当有字，而亢志不字；至于九五，阳已居尊，而下与相应，乃不得已顺以从之，如冯衍幅巾而降光武，时已过矣。所以犹为"贞"者，得位居中，非为邪也。

《象》曰：六二之难，乘刚也。"十年乃字"，反常也。

屯之所以为"难生"者，二掩初，上掩五，使不得升也。阴阳交以成生物之功，"常"也。女子之贞，非以不字为贞；"乘刚"不相下，阴志之变也。上应九五，乃反乎常，故虽晚而犹不失其正。"十年"，数之极也，天道十年而一改。

六三，即鹿无虞，唯入于林中。君子几，不如舍，往吝。

舍，如字；下同。

君猎，虞人翼兽以待射；"无虞"，鹿不可必得也。"林中"，车絓马阻之地。"舍"，止也。六三当震体之成，而为进爻；上六穷阴不相应，坎险在前，往无所获，而有所碍，故有此象。三柔而无锐往之象，类知几而能止者，故可勉以君子之道。然体震而躁进，不保其能舍，则有"往吝"之忧。穷于己之谓"吝"。

《象》曰："即鹿无虞"，以从禽也。君子舍之，往吝穷也。

求进而不知险，唯贪于从禽而躁动不已，自非君子，能无吝以致穷乎？

六四，乘马班如，求婚媾，往吉，无不利。

四与初应，而又上承九五，不专有所适，故有"班如"之象。然柔得位而为退爻，始虽疑而终必决往，与初为正应。"求婚媾"，初来求也。柔而得正，初所宜求；求而必往，四之顺德。阳动而有功，必得阴之顺受，而后生化以成，于己为"吉"，于物为"无不利"矣。

《象》曰：求而往，明也。

四有可求之美，初有待往之情，明于其当然，终解"班如"之惑。君臣朋友之际，审于所从，则无不利而吉。

九五，屯其膏，小贞吉，大贞凶。

"膏"，泽也，水之润物者也。"贞"，正物之谓。九五虽有阳刚中正之德，而为上六所掩，陷于险中，无能利于所往，盖雷动云兴，时雨不能降之象。于斯时也，委屏辅之任于初九，而因其可为者，小试正物之功，则满盈之经纶，徐收后效而吉矣。如一旦求大正于物，阴险争衡而不解，必至于凶。故虽仁义之美名，不可一旦而袭取，如春初苗芽，始出于地，遽尔茂盛，必为疾风寒雨所摧，初九微阳，不能入险而相援也。

《象》曰："屯其膏"，施未光也。

为阴所蔽也。

上六，乘马班如，泣血涟如。

涟与澜同；下同。

阳方兴而已履中位，上六独怀异志以相难，初既得民，五膏盈满，岂能终遏之哉？时过势倾，唯自悲泣而已。陨泪无声曰"泣血"。

《象》曰："泣血涟如"，何可长也！

阴留于阳生之后，势不能久，故消阻而悲泣。能建侯而得民，可不以之为忧矣。

# 蒙

```
☰☰  艮上
☰☰  坎下
```

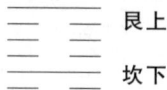

蒙。亨。匪我求童蒙，童蒙求我。初筮告，再三渎，渎则不告，利贞。

告，旧音古毒反，如字亦通。

"蒙"者，草卉丛生之谓，晦翳而未有辨也。阴阳之交也，始自屯；乃一回旋之际，阴得阳滋而盛阳为之隐，初阳进而居二，五阳往而居上，皆失其位，阳杂阴中而无纪，五为卦主，而柔暗下比于二阴，故为蒙。但以柔得中而下应乎二，阴虽盛而上能止之，以不终于昧，下听二之正己，故有亨通之道焉。"匪我求童蒙"以下，皆言处蒙之道，而归功于二也。二刚而得中，治蒙之任属焉。故内之而称"我"。"童蒙"谓五也。谓之童蒙者，鸟兽之生，得慧最夙，及长而渐流于顽戾；唯人之方童，蒙昧无识，理未曙而欲亦有所闲止而不知纵。六五之阴暗，而上有阳以止之，其象也；人之所以异于禽兽也。屯动乎险中，出以济险，治道之始也；刚得上位，君道立而可以定难也。蒙险而止之，以闲邪而抑其非僻，教道之豫也；刚在下而得中，道不可行而可明，君道诎而道在师也。礼有来学，无往教；五虚中而二以刚应之，五求二，二不求五也。"初筮告，再三渎，渎则不告"，二之所以得师道者。五求而应，初筮之告也。刚中而不枉道，渎则不告也。当告则告，不可告则不告，中道而立，使自得之，养蒙之正术，能利益于蒙。利且贞，是以亨。

《彖》曰：蒙，山下有险。险而止，蒙。

此以二体之象，释卦名之义。山在上，既不易登，而下有险，愈茫昧不知所适。然遇险而止，不涉倾危，安于未有知而不妄行，则未为善而抑未习于不善，童蒙待启之象。

"蒙亨"，以亨行时中也。

蒙之所以亨者，以方在蒙昧，而能求阳以通其蔽，资中道以止愚妄，及欲觉未觉、愤悱之时，求亨通而不自锢也。

"匪我求童蒙，童蒙求我"，志应也。

六五之志，与二相应，自然来学，不待往教，所以得亨。

"初筮告"，以刚中也。　"再三渎，渎则不告"，渎蒙也。

君子诲人不倦，而师道必严；"刚中"裁物，所以善诱。彼志在躐等，不能以三隅反，而复以一隅问者，乃全求诸人而不求诸己，愈渎则愈蒙；其蔽也贪多闻，侈奇袭，见异说而迁，必将"见金夫不有躬"，尽弃其学而陷于左道。故君子虽有不忍人蒙昧之心，必不告以渎之。

蒙以养正，圣功也。

蒙之所以能利贞者，唯以善养之而正也。筮而告，无所隐，渎而不告，不使渎，所以养蒙而正之也。中以养不中，才以养不才。优而柔之，使自得之；引而不发，能者从之。作圣之功，中道之教，存乎养之而已。此赞九二教道之至，盖蒙未有亨道，在教者之刚严而善养，乃得利贞。

《象》曰：山下出泉，蒙。君子以果行育德。

行，下孟反。

"泉"，水始出之细流，故于山下之水，不言水而言泉。泉方出山，而放乎四海，无所止息，"果"矣。曲折萦回，养其势以合小为大，"育"也。君子之行成于勇决，而德资于涵养。勇决则危行而不恤利害，涵养则成章而上达天德。宁武之愚不可及，颜子之如愚足发，皆此道也。

初六，发蒙，利用刑人，用说桎梏，以往吝。

说，吐活反。

"发"，犹始也。阴阳之交，在屯，阳生于下，方震动以出；至蒙而阴复起于下以陷阳，蒙之所自发而不易收也。九二虽有刚中之德，而为初之所桎梏，必奋然决断，绝私昵而施之以威，乃可说桎梏而往正乎五。然阴性柔，初位贱，承二而易相狎昵，未见其能决于正法也，故吝。

《象》曰："利用刑人"，以正法也。

为蒙蔽造端之孽，欲正蒙者，非施法不可。宦官宫妾，卑贱而善导人主于迷，正人君子所必治。

九二，包蒙吉。纳妇吉，子克家。

"包"亦养之之意。教道之善，取蒙者之刚柔明暗，悉体而藏之于心，调其过，辅其不及，以善养之。师道立，善人多，是以吉也。"纳妇"以下，别为一义，取象之博也。凡《象》《爻》有二义者，放此。蒙阳养阴而正之，故二、三皆有取妇之象。妇人之性柔而暗，其柔也告之，其暗也勿渎之，刚而得中，以此纳妇，家之吉也。五为妇，上其子也。揲蓍之法，下爻立而后生上爻，故上有为五子之象焉。教子者先教妇；妇慈而无溺爱，则子且才。故上九刚健，能终九二之德。包蒙之吉，以之正家，家教修而世泽长矣。

《象》曰："子克家"，刚柔接也。

父刚母柔，教养道合，故得上九克家之子。

六三，勿用取女，见金夫不有躬，无攸利。

取，七遇反，下同。

蒙，阴阳杂处而未知所择，唯怀贞者能从容以慎所从。六三阴不当位，为躁进之爻，溺阳而陷之，歆于小利而忘其正配，女子不贞之尤者也。"勿用取"，谓上九虽与为应，当决弃勿与渎也。夫人苟识之未充，辨之未审，而躁于求益，则见异而迁，惊为奇遇，忘身以徇之。曹伯悦公孙强之霸说而亡国，包显道信陆子静之禅学而髡首，其志操之邪陋，与鬻色之女同其贱，养蒙者无可施其教也。

《象》曰："勿用取女"，行不顺也。

不顺上九之正应，而贪二之近，与相溺。女德如此，乃勿取之，以远害。"顺"，《本义》作"慎"，亦可通。

六四，困蒙，吝。

四为退爻，而以柔处之，非不欲求人之我告，而初六固不能养己者，困于无闻而不足以行。不见正人，小闻正言，君子之所闵也。然此爻独得位，虽困而未自失，故吝而不凶。

《象》曰：困蒙之吝，独远实也。

远，于愿反。

阳实阴虚；实则有道于己而可以教人。卦唯此爻与阳隔远。生无道之世，日与柔暗之流俗相亲，虽有承教之心，而无可观感，故《象传》深致叹焉。

六五，童蒙吉。

虚中待教，得童蒙之正，其吉宜矣。

《象》曰：童蒙之吉，顺以巽也。

下顺乎二而听其包，上巽入乎上而受其止，有忠信之资而能好学者也。

上九，击蒙，不利为寇，利御寇。

越境攻人曰"寇"，非寇盗之谓。寇盗则不待言不利，《易》岂为盗占利不利哉！上九一阳在上，遏止二阴，"击"之象也。九二师道虽严，而位柔得中。上九居高，刚以临下，故为"击蒙"。然童蒙德本巽顺，虽知有未逮，而心无邪僻，但忧外至之恶相诱相侵，须为防护；若苛责太甚，苦以难堪，则反损其幼志。养蒙之道，止其非几，勿使狎于不顺而已矣。

《象》曰：利用御寇，上下顺也。

二与合德，五又巽以承教，则与捍外侮可矣，勿重伤之也。因此而知卦外有阴阳；有阴阳斯有同异，有同异斯有攻取。寇蒙者，卦外阴阳之变也。故上九之外有寇焉，而上御之。以综言之，泣血之屯；以错言之，未革面之小人；皆寇也，特隐而未见耳。合十二位之阴阳，以尽卦外之占，乃不穷于义类，学《易》者所当知也。

# 需

```
━━  ━━
━━━━━━    坎上
━━━━━━    乾下
```

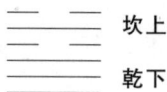

需。有孚，光亨贞吉，利涉大川。

"需"，缓而有待也。乾之三阳欲进，而为六四之阴所阻。九五阳刚，履乎中位，而陷于二阴之中，与三阳相隔。三阳待五之引己以升，九五待三阳之类至，交相待而未前，故为健行而遇险之象，不能无所需迟，而固可以需者也。"孚"者，同心相信之实也。阴与阳合配曰"应"。阴阳之自类相合曰"孚"。凡言"孚"者放此。旧说谓"应"为"孚"，非是。九五与三阳合德，虽居险中，而诚以相待，秉志光明，而情固亨通，终不失正，吉道也。此以赞九五之德。"利涉大川"，为下三阳言也；虽为四所阻，不能不有需迟，而性本健行，不畏险而自却，且有九五以为之主，非阴所能终阻，涉焉，斯合义而利矣。

《彖》曰：需，须也，险在前也。刚健而不陷，其义不困穷矣。

险在前，不容不有所待而后济。然天下之陷于险者，皆由锐志前行，而不虑险之在后，则至于困穷，讼之所以"终凶"也。险在前，知之已明而健于行，踌躇满志以有为，虑已熟而无可畏葸，见义必为，不忧其困矣。

"需有孚光亨贞吉"，位乎天位，以正中也。

九五位乎天位，足为群阳之主，而得位秉正，不以在二阴之中而生疑阻，则信著光明，亨通可俟也。

"利涉大川"，往有功也。

健以济险，虽需迟而不陷，往斯利矣。九三以近险而进，"致寇至"，然则往且犯难，而《象》云"有功"者，全体乾而有恒，则利九三独动，而不需群起立功；抑必有独撄其难者，则先动者当之。凡《象》、《爻》异占者，大率类此。所谓"变动以利言，吉凶以情迁"也。

《象》曰：云上于天，需。君子以饮食宴乐。

上，时掌反。乐，卢各反。

水不可加于天上，故变言"云"。云者，水气之清微者也。"上"，升也。地以上皆天，升高则上于天矣。云升而未降为雨，故为"需"。需者，事之贼也。君子敏则有功，无所用需；唯其于饮食宴乐也，可以饮食宴乐矣，而犹需之，故酒清殽干，终日百拜而后举逸逸之酬。后天下以乐，而后钟鼓田猎，民皆欣欣以相告，则享天下之奉而无奔欲败度之愆，此则所宜需者也。此外虽研几观变，极其审慎，而当所必为，坐以待旦，何需之有！

初九，需于郊，利用恒，无咎。

"郊"，旷远之地，与人事不相涉；需而于此，则缓不及事，一旦时至势迫，则必有咎矣。但以阳刚立乾健之基，二、三两阳皆由此而生，不改其度，有可恒之道焉。以斯为"利用"，则筹度有素，而可"无咎"。盖人事之险，固非可轻犯，然必卓然自守，而识之于心；若悠悠忽忽，以为事不及己，而与相忘，是自绝于天下矣。外缓而心不忘，斯以异于庸人之偷惰也。

《象》曰："需于郊"，不犯难行也。"利用恒无咎"，未失常也。

难，乃旦反。

远于坎险，不犯难矣。然畏难而不敢犯者，往往葸怯震悼而自丧其神。守健以自持，积刚而不变，则不失其常度，而可无咎。

九二，需于沙，小有言，终吉。

"沙"，汀渚平衍之地；欲涉者需于此，得其地矣。九二去坎险，在近远之间而得中，吉道也。其于九五，以阳遇阳，相敌而不相应，则始且疑而"小有言"；然已得中，而五以同德相孚，志在引二而与偕进，小言不足以间之，必以吉终。

《象》曰："需于沙"，衍在中也。虽小有言，以吉终也。

"衍"，余也。需于沙而得中，可进可退，自有余地也。

九三，需于泥，致寇至。

"泥"，近于水而且陷矣。九三重刚躁进，需之急而不顾所处之不安，将有非意之伤至，则唯所处之非地有以致之也。

《象》曰："需于泥"，灾在外也。自我致寇，敬慎不败也。

三阳需进，己独居前，近于险而将陷，自恃健行，不知灾之在外，宜其败矣。然志在需，而非以犯难；上六虽险，而与为正应，则敬慎持之，可以不败。盖需而在下，则怠缓已甚；三为前进之爻，无迟滞之过，但能敬慎不失，亦免于灾。虽为戒占者之辞，而爻中本有其德，非占外之通戒。凡救败皆需敬慎，岂徒需三为然哉！

六四，需于血，出自穴。

六四非需进者，而言"需于"，谓三阳于此而需也。三阳需进，九五居中以待其升，而四以阴介其间，使不能速合，阳必见攻，而阴受其伤，故为"血"。然柔而当位，上承九五而为退爻，志在出穴，下接乎阳而非相亢拒，其事苦，其情贞，在险而能出谷迁乔者也。

《象》曰："需于血"，顺以听也。

顺于阳而听其徐来，与五相合，故出险而不迷。此并"出自穴"释之，而专挈上句，《象传》立文之简也。后放此。

九五，需于酒食，贞吉。

内三爻言"需于"者，于其地而待人也。此言"需于"者，所以待，待己者也。《易》之辞简而义别，类如此。五与三阳道合，居中得位，以待其至；虽在险中，笃其情礼，期相燕好，不迫不忘，君道之正也。故吉。此言"酒食"，文与《大象》同，而义自别。《大象》观全卦之象，示学《易》者之大用；《爻》乃《象辞》旁通之情，示占者时位之宜。《大象》言"饮宴"，发愤忘食后乐之旨；此言"酒食"，明宴好待贤之义。文偶同尔。读《易》者，不可以《大象》强合于《爻辞》，类如此。

《象》曰："酒食贞吉"，以中正也。

爵禄宴好，人君驭赏之权也。位正道中，以待贤者之至，得其正而吉也。古者爵有德，禄有功，于大祭之日，酬以酒，因而命之。故言"酒食"，而禄位在其中矣。

上六，入于穴，有不速之客三人来，敬之终吉。

上居坎险之极，不能出就乎阳，"入于穴"矣。然下应九三，不忘敬顺，故获"终吉"。"三人"，三阳也。九三进，则初与二汇升矣。"不速"，谓有需而不遽进，其行迟也。此卦两言"终吉"，需之为道无速效，故必久而后吉。

《象》曰："不速之客来，敬之终吉"，虽不当位，未大失也。

"不当位"，《本义》云未详，窃谓不当需之主位也。四出穴以需；五居中以需；上六"入于穴"与三阳不相酬酢，故卦本以阳为主，而于此言客，无与延之为主也，特以顺应九三，故未失柔道，而得"终吉"。

# 讼

```
═══════  乾上
═══  ═══  坎下
```

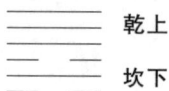

讼。有孚，窒，惕中吉，终凶。利见大人，不利涉大川。

凡势位不相敌，而负直以相亢、怀险以求伸，则讼。此卦三阳上行，有往而就消之势，已成乎否，将成乎遁；九二不恤险陷，退而下行，为主于内，以止阳于将消，其为功于乾，大矣。乾乃决志健往，不与之相应，则二怀不平之怨，而与五相讼。如卫元咺之于卫侯郑者，始于相援，而终以相亢，物情之险所以难平也。"有孚"者，二之与五合志，以实心事之也。"窒"者，为六三所间，乾阳亢往，无由自达也。其始也，唯恐阳之往而且消，自处忧危之中，以求阳而安之，"惕中"之"吉"也。至于五不我应，激而成讼，则忠信之反为悍逆，以下讼上，终于凶矣。"利见大人者"，五本中正，不以二之忤而终绝之，见之则疑忌消而志道仍合，所以利也。"不利涉大川"者，健于前行，不恤险之在后，未可坦然也。讼之凶，二任之；涉川之不利，则上九之亢而不知退也。

《彖》曰：讼，上刚下险。险而健，讼。

以上之刚，激下之险；下已险而上终怙其健，讼之所以成也。

"讼有孚窒，惕中吉"，刚来而得中也。

卦由下生，先筮得者，为内、为来；卦已小成，而再至者，为外、为往。凡言往来，自卦变言之，此据遁而言也。阳本连类以往，九二降而处内，故谓之"来"。阳欲去，而九二宁陷不往，屈己入险；"有孚"，虽"窒"而不恤忧危，吉道也。

"终凶"，讼不可成也。

始于惕，终于险，至于讼，则虽直而辱己犯上，陷于小人之道，故凶。

"利见大人"，尚中正也。

九五刚健中正，所尚者大人无私有容之道，见之则疑忌自消。

"不利涉大川"，入于渊也。

险在下曰"渊"。阳亢而不虑险，斯陷矣。

《象》曰：天与水违行，讼。君子以作事谋始。

人与己违则讼人，欲与道违则自讼，而事后追悔，心志乱而愈乖。唯于作事之始，两端交战于心，必辨其贞胜之心，毫厘不以自恕，如讼者之相讦，而后得失审，以定于画一，善恶分明，如天高水流，不相胶溷。君子之用讼，自讼于始，终不讼人也。

初六，不永所事，小有言，终吉。

"所事"，讼事也。"永"，引之使长也。初六与坎为体，二讼则己不能不与其事；而以柔居事外，固无争心，虽"小有言"，恒欲退息，与四相应，归于和好，故终得吉。

《象》曰："不永所事"，讼不可长也。虽小有言，其辩明也。

讼不可长，故"不永"而"终吉"。凡讼者之始，皆有所挟之理，未大远于正；相持而不解，则客气盛而枝词出，相引无穷，终于两败。故听讼者且贵片言之折，况讼者乎！自不欲永，则风波之辞终归昭雪，所谓"止谤莫如无辨"也。

九二，不克讼，归而逋，其邑人三百户无眚。

"不克"，不胜也。"归而逋"，退处于二阴之间以自匿也。"邑人"，谓初与三。"三百户"，尽其邑之人也。灾自外至曰"眚"。九二挟德为怨，以讼其上，固无胜理，赖九五中正，曲谅其有孚之实，原情而恕其悍，听其屈服，不加以刑，使得保其卦邑，而罪不及于初、三，皆得"无眚"，幸也。盖讼而不胜，枝蔓傍生，且有意外之祸，非遇中正如九五者，将有如卫侯郑之于元咺，祸延公子瑕，况其陪隶乎！

《象》曰："不克讼"，归逋窜也。自下讼上，患至掇也。

"掇"，犹拾也。下之事上，即有劳不见谅，而亦安于其义；挟以犯上，自取逋窜，于人其何伤乎！

六三，食旧德，贞厉，终吉。或从王事，无成。

古者仕者世禄，凡士之有田禄者，皆先世之德泽。"食旧德"，谓保其封邑也。六三柔而上进，不从九二以讼，而上从于乾，灾眚不及，善于自保者也。以与二为坎体，必为二所不满，则守正而亦危矣。然二既逋窜，五终正位，是以"终吉"。但处嫌疑之际，内为二所掣，外遇上九之亢，或思出而从王，固不能有成，可自安而不可图功之象也。

《象》曰："食旧德"，从上吉也。

"上"，谓乾也。

九四，不克讼，复即命，渝，安贞吉。

"不克"，事不成也。九四以刚居柔而为退爻，上承九五之中正，下应初六，而与二无异心，故不欲成讼；而承宣五之德命，以谕二使复受命，虽处变而自得"安贞"之吉矣。凡讼之事，皆有居间者为之起灭。二讼上，而三、四居其间，二既柔而从上，四又不欲讼而代五宣其德命，则不用刑罚，而讼者自诎服以免于眚。故人即欲讼，不与讼魁谋，而有安静正直之君子居中镇定之，则讼不长，而讼者虽刚险，亦受其和平之福矣。

《象》曰："复即命渝"，安贞不失也。

讼之不克，何失之有！

九五，讼元吉。

刚健中正，初无失德，虽为下所讼，无能为损，吉所固有也。

《象》曰："讼元吉"，以中正也。

中正者，大人之德，吉自归之，见之则利；与为讼，必逋窜矣。

上九，或锡之鞶带，终朝三褫之。

"鞶"，车饰，"带"，服饰；车服所以行赏。"或"者，侥幸偶得之辞。二之讼上，本以乾上行而不与己应为猜恨。九五中正，不与相竞；四居其间，承上意而以下告；唯上九健往之首，与二隔绝，而骄亢不屈，激成讼者也。其事若出于卫主，故或徼荣赏。而讼定以后，二既屈服，其惕中之孚且见谅于五，必恶上之酿祸而亟褫之。朝错忠而见诛，况传游艺之一岁九迁乎！

《象》曰：以讼受服，亦不足敬也。

激祸以居功，君子之贱恶之久矣。

# 师

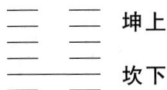

坤上
坎下

师。贞，丈人吉，无咎。

卦唯一阳，统群阴而为之主，居中而在下，大将受钺专征之象。阴盛而聚，杀之事也，故为"师"。"贞"，谓六五柔静得中而不竞。唯九伐之法，道在正人之不正，则命将专征，非过刚而黩武也。"丈人"，谓二刚中之德为壮猷之元老，以之临戎，战则必胜，故吉也。王者顺天致讨，得征之正，又命将得人，而免于凶危，然后"无咎"。不然，师之兴，咎之府也。五虽顺正，与二为应，然柔胜，嫌于不断，或委任不专，则黩武之小人且乘之以徼功而偾事。故《彖辞》虽为吉占，而有戒意。盖兵者不得已之用，不但伤生费财，且小人乘之以立功而揽权。贞而不吉，既以病国戮民；吉而不贞，又为贪功启祸。免此二者，而后师为可兴。圣人贵生恶杀，固本靖民之情，于斯见矣。

《彖》曰：师，众也。贞，正也。能以众正，可以王矣。

王，于放反。

人众则桀傲贪残者杂处不一。且兵强易骄以逞，唯柔静居中、顺理而无竞者，能用众而不诡于正，斯三王之所以王也。此明师必贞而后可无咎也。

刚中而应，行险而顺。

九二刚中，有致胜之材，而五与相应，宠任既专；二致身以行险，而承上大顺之理以伐罪吊民，则或不战而敌服，或一战而定矣。此明必丈人之吉而后可无咎也。

以此毒天下而民从之，吉又何咎矣！

总承上文而言。以正兴师，则民服其义；将得其人，则民无败死之忧。二者之道备，民所乐从，虽毒民而又何咎乎？非是而毒民，其咎大矣。

《象》曰：地中有水，师。君子以容民畜众。

地中之水，不见于外，而自安于所润。君子用此道以抚众民，以静畜动：士藏于塾，农藏于亩，贾藏于市，智愚顽廉兼容并包，养之以不扰。以之行师，有闻无声；驭众如寡，亦此道也。

初六，师出以律，否臧凶。

师之有束伍节制，相为应而不相夺伦，犹乐之有律也。"否"，不然。"臧"，善也。师一出，即当以律，乃可胜而不可败。初六乘险而处散地，反以律为不善，而恣其野掠，其败必矣。

《象》曰："师出以律"，失律凶也。

以律为不臧，则必失律矣。

九二，在师中吉，无咎。王三锡命。

以一阳而统群阴，处于险中，将在军之象也。刚而得中，得制胜之道，故吉。必其吉，而后可无咎。用兵非君子事君之正道，虽吉，免咎而已。且其所以独任为主，专制师中者，以六五柔顺虚中而与相应，故"王三锡命"，乃克有功。则其胜也，皆天子之威灵，而非可自居以为功也。

《象》曰："在师中吉"，承天宠也。"王三锡命"，怀万邦也。

六五居天位，而司天命天讨之权。九二唯承锡命之宠，故吉而无咎。且王之宠锡之者，岂以私九二而假之权哉？怀宁万邦，故代天而命德讨罪，二不得邀宠而侵权也。

六三，师或舆尸，凶。

"或"者，未定之辞。徼幸而胜者有矣；师败将殪，舆尸以归，亦其恒也，视敌何如耳。六三以柔居刚，又为进爻，才弱志强，行险妄动，故其象占如此。命将者，其可轻任之乎！

《象》曰："师或舆尸"，大无功也。

"大"，谓阳也。九二刚中，足以制胜，而三乘其上，不用命而轻进；三败，则二功亦堕。若先縠之于荀林父、王化贞之于熊廷弼是已。

六四，师左次，无咎。

师法：前左高，后右下。六四凭依坎险，故为"左"。以柔居柔，而为退爻，"次"之象也。凡师虽次止不进，前左之军必进为游弈；左次，则右后皆止。善师者不阵，故无咎。

《象》曰："左次无咎"，未失常也。

进退可据之谓"常"。

六五，田有禽，利执言，无咎。长子帅师，弟子舆尸，贞凶。

长，丁丈反。帅，所律反。并下同。

"田"，猎也。"禽"，护也。"执言"，执辞声罪以致讨也。六五柔顺得中，无贪愤之心，因彼有可伐之罪，执辞以讨，其兴师正矣。然王者之师，虽以柔胜，而用将必须刚断。五与群阴杂处，虽下应九二，而志柔不定，则方命长子帅师，而复遣弟子得以争功躁进。若初、三，皆弟子也。侥幸尝试，必致败绩。事虽正，而轻用民于死，亦凶矣。

《象》曰："长子帅师"，以中行也。"弟子舆尸"，使不当也。

五之锡命九二而使帅师，徒以其居中，位尊望重，而使之行耳，非能刚断而专任之，故使弟子参焉，而至于败。

上六，大君有命，开国承家，小人勿用。

"大君"，谓五也。"开国"，命为诸侯。"承家"，命世为大夫。上居事外，不与师旅之事。师还论功，六五命之，定爵行赏。赏虽以功为主，而抑必视其人。小人不可开国承家，而命之则贻害方大，故戒之。然小人侥幸有功，与君子等，而以志行见诎，则将有如赵汝愚之于韩侂胄者，激之而反成乎乱。故"勿用"者，宜早慎择于命将之日。上六虽柔不能断，但戒之，而无归咎之辞；责在六五，不在上六也。六五遣弟子分长子之任，虽免舆尸，亦终为咎。至于小人已有功而抑之，乃忠臣忧国、不恤恩怨之道，直道虽伸，国亦未易靖也。

《象》曰："大君有命"，以正功也。"小人勿用"，必乱邦也。

"正功"者，但正其功次。小人之"必乱邦"，非忧国远虑者不能任怨而裁抑之，故危言以戒之。

# 比

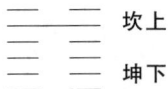

坎上
坤下

比，必二反。

**比。吉。原筮元永贞，无咎。不宁方来，后夫凶。**

相合无间之谓"比"。此卦群阴类聚，气相协，情相顺，而一阳居中，履天位，为群阴之所依附，无有杂间之者，故为比。凡物情之险阻皆生于睽离，比则吉之道也。"原"，本也。"筮"，择也。君子之交，以道合而无所昵，故曰"周而不比"。比，非能无咎者也。乃此卦群阴统于一阳，其本所择而顺从者，乃乾元之德，奠于正位而永固；则以德以位，皆所宜因而不失其亲，虽比而无咎矣。九五既为群阴之宗主，则虽自二而外，非其正应，为不宁之方而近说远来，皆相托以归附。唯上六独处于外，志欲相亢，而受"后至"之诛，是以凶。盖择主者审之于初，而不可怀疑贰于既审之后。臣之事君，弟子之从师，皆此道也。"不宁方"，犹《诗》言"不庭方"。后至称"夫"者，不能信友获上，为独夫而已。

**《彖》曰：比吉也，比辅也，下顺从也。**

比之所以为吉者，以其比五而辅之也。下顺从者，阳既居尊，群阴不敢亢也。言"下顺从"，则上六之不从而逆，其凶可见矣。

**"原筮元永贞无咎"，以刚中也。**

阳资始而后阴能成化，德位永定，而无可违。九五刚中，有可亲比之道，本所当筮择为主者，故无咎。

**"不宁方来"，上下应也。"后夫凶"，其道穷也。**

上下皆所宜应，虽后至，能终相逆乎？徒自穷而已。所应得曰"道"。

**《象》曰：地上有水，比。先王以建万国，亲诸侯。**

天下之至无间者，无如水之依地，地之承水，已亲已密。君子不以此失己而从人；唯开国之王者分土以授亲贤，恩礼周洽，以一人而统万方，则道宜于此。

初六，有孚，比之无咎。有孚盈缶，终来有他吉。

比有以相近而相亲者，二之于初、三，四之于上是也；有以相应而相合者，初之于四，二之于五，三之于上是也。初六远处于下，不亲于九五，宜有咎也；而六四密近于五，初柔顺之德，与四相合而相孚。因柔嘉之大臣，以托于大君，非结权要而为党援也，故"无咎"。地既疏远，情不易格，必有"盈缶"之诚，以信友而获上，上乃嘉予而与相比。非其正应而得恩礼，故曰"他吉"。

《象》曰：比之初六，有他吉也。

四非能与初以吉者。孚于四而得比于上，非初自能得之，因他而致也。

六二，比之自内，贞吉。

六二正应九五，而为坤顺之主，居中得位，以内比于初、三，与同归心于五，盖得人臣以人事君之道。忠贞之笃，其吉宜矣。

《象》曰："比之自内"，不自失也。

合众阴以比于上，虽以六三之挟异志，而犹欲与相联合，非失身于匪类也。

六三，比之匪人。

当群阴比阳之世，而上六独为"无首"之"后夫"，非人情，非人理矣。六三与之相应，如庄助之于淮南，萧至忠之于太平公主，不待言凶，自可知其必凶。

《象》曰："比之匪人"，不亦伤乎！

既以伤世，还以自伤，叹其害之烈也。

六四，外比之，贞吉。

四近于五，专心亲上，而外与初应，翕合疏远，使不宁之方共媚一人，其忠贞之至，吉与二同。言"外"者，四体外卦，则以内卦为外也。

《象》曰：外比于贤，以从上也。

初六托迹远而不妄说人，贤而隐者也。比之以从上，如留侯之于四皓是已。"上"谓九五。

九五，显比，王用三驱，失前禽。邑人不诫，吉。

"三驱"，天子之田不合围，三面设驱逆之车，缺其一面，不务尽获也。九五居尊得位，以统群阴，光明洞达，无有私昵，比道之至显者也。乃人情之顺逆，未可卒化，虽大舜之世，不乏三苗，将有如上六之背公死党而怀异志者。圣王于此，舍而不治，如田猎三驱，纵前禽而听其失，要何损于大顺之治哉？一隅未靖，臣民自谅其无能为而不相警诫。人有定情，无警扰乘衅之忧，故吉。

《象》曰："显比"之吉，位正中也。舍逆取顺，"失前禽"也。"邑人不诫"，上使中也。

"三驱"之法：缺其前，背我而去者则弗追，向我而来者则取之。九五听上六之为"后夫"，而不强为联合，以损恩威，故失而无伤于吉。"上使中"者，五虽周遍抚下，而与二相应，因其柔顺得中之德，任之以内比，故群阴有所托，而不以上之逆为忧。

上六，比之无首，凶。

比必有首，而后得所宗主以自立。上六背九五，而欲下比于群阴，为翕翕訿訿之小人，以罔上行私，其凶必矣。

《象》曰："比之无首"，无所终也。

小人背公营私以树党，乍合而终必离。不但初、二与四之憎恶，即相应如三，既伤以后，亦必惩祸而绝之。显比之王者，虽舍之不治，终必自溃，故舜舍三苗，而三苗终窜。凡不度德相时而好自异者，类如此占。又以示显比者，可静候其自亡也。

# 小畜

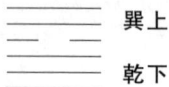

巽上

乾下

小畜，亨，密云不雨，自我西郊。

"小"谓阴也。以法象言之：天包地外，地在天中，有形有涯，无形无涯，体之大小也。以数言之：阳奇，一而函三，三其三而九，四揲之而三十六；阴偶，缺三之一而为二，三其二而为六，四揲之而为二十四；用之大小也。以时化言之：阳舒而万物盈，阴敛而群动缩，功效之大小也。故阳大而阴小。大畜、大壮、大过皆谓阳，小畜、小过皆谓阴。"畜"，止也，养也，止之所以养之也。用之有余则体且忧其不足。乾之健行，乐于施而敏于行，阴间其中以节止之所以养其有余也。艮二阴得中而谓之大畜，巽一阴而谓之小畜者，艮体阳而巽体阴也。凡卦一为主，二为从。巽一阴入于二阳之中，阴为主而得位，乾之健行方锐，而一阴以柔道止其健，五、上二阳，皆为阴用，以成巽入之德，故为小畜。"亨"谓阴亨也。柔得位，而上有二阳之助而有力，乾承其下而受其止，故亨。汉光武以柔道治天下，卒能止天下之竞而养以安，用此道也。然其为亨，能止阳而不使过，则抑未足以开物成务而化成天下，故又为"密云不雨，自我西郊"之象。雨之降，皆由地气上升，天气上覆而不得散，乃复下而为雨。此卦阴上隮于乾，阳气盛于下而不得降，但上为二阳所遏，为密云而已。乾位西北，巽位东南，自乾而巽，自西而东，晴雨之征。云自西向东者不雨，以乾阳驱阴也。言"自我"者，乾在内，故内之而称我，正阳之为主也。盖酝酿轻微，方在畜积，非德化大行之征，占者虽有亨道，而未足以行也。

《彖》曰：小畜。柔得位而上下应之，曰小畜。

六四既自得位，下以柔道畜阳，而阳不争，上有二阳，厚其力以使能入，故能以小畜大。

健而巽，刚中而志行，乃亨。

乾方健行，而能以巽入止之。九五刚中，以施其富于四，四之志乃得以行，阴之所以亨也。

"密云不雨"，尚往也。"自我西郊"，施未行也。

"尚"，上行也。阳上陟，阴不得降，故为云。随风而东，不雨之象，能止而未足以行也。

《象》曰：风行天上，小畜。君子以懿文德。

"文德"，礼乐之事，"懿"，致饰而尽美也。礼乐自上兴，无所施治于物，而以风动四方；君子以"风行天上"之理自修明于上，而无为之化，不言之教，移风易俗，不待政教而成矣。此卦《大象》与《彖》殊异，故读《易》者不可执《彖》以论《大象》，则不可执《大象》以论《爻》明矣。

初九，复自道，何其咎，吉。

复，芳服反，下同。何，胡可反，亦可如字读，义同。

"何"本负何之何，从人从可，人所可任而载之也。经传或从草，作荷华之荷，传写相承之讹。乾健受畜，而施不得行，非乾志也。初与四应而受其畜，咎将归之。乃初位在潜藏，则不往而来复，以奠其居，养阳道之微，固其道也。复既以道，虽负咎而不恤，唯守道以自安，故吉。

《象》曰："复自道"，其义吉也。

义正，则咎有所不辞。君子秉义不回，以受天下之疑谤，其究也，吉必归之。

九二，牵复，吉。

九二不与四应，非受其畜者，以初九受畜，牵引而退，使安处于中而不进。盖君从臣谏，弟听师裁，而抑志以养德之象。

《象》曰：牵复在中，亦不自失也。

受"牵"而"复"，乃得中位，虽志不克遂，而获所安止，不失刚中之正。

九三，舆说辐，夫妻反目。

说，吐活反。

"辐"，毂中植木。"反目"，恶怒而不相视也。九三重刚不中，而为进爻，志在躁进，乃为六四所畜，不能驰驱以逞，为"舆说辐"之象。刚竞不已，怒四之畜己，而不知四以柔道止之者，本以养阳德于有余，乃躁进而顾与相违，如苻坚之拒张夫人、宸濠之拒娄妃，志终不逞，而徒以自丧也。

《象》曰："夫妻反目"，不能正室也。

自处不正，安能正室？而更与争，愈趋于乱，明非妻之过，而夫之过也。

六四，有孚，血去，惕出，无咎。

去，如字，旧读上声，非是。

"有孚"者，为九五之所信也。阴阳异而言孚者，二阳合而成巽，阳从阴化，故谓之小畜，则阴阳异而孚也。六四专任畜阳之事，而巽入之德，由九五与之相孚洽，不疑其独异于阳而任之，乃能以孤阴止乾之健行，则阳实任己以畜，虽与三相违，有战争之象，而终不与竞，则"血去"矣。"惕出"，惕以出之也。以柔居柔，唯恐与阳不相入，上承九五刚中之德，而兢惕婉慎以出，此畜道之尤善者也。孟子曰"畜君何尤"，"无咎"之谓也。

《象》曰："有孚惕出"，上合志也。

"上"谓九五。不自专而与阳志合，慎之至也。

九五，有孚挛如，富以其邻。

"挛如"，相结不舍也。"以"犹与也。九五刚中，阳德方富，而与巽为体，下与四孚以辅之，而成畜阳之美，四亦藉之以富，而不忧其孤，上《象》所谓"合志"者是也。阴为卦主，故五降尊而称"邻"。

《象》曰："有孚挛如"，不独富也。

唯其信任之笃，故四能分有其富，而成畜阳之美。凡以柔止天下之躁动，必上遇刚正之主，而后获于上者乃可治下。抑其用虽柔，抑必有刚正之理在中，而后婉入而不为躁人所轻忽。三虽"反目"，而四终"血去"，岂徒然哉！

上九，既雨既处，尚德载，妇贞厉，月几望，君子征凶。

处，昌与反。载，昨再反，读如《诗》"尚输尔载"之载，下并同。

《象》言"不雨"者，自全卦之象而言也。上九言"既雨"者，自一爻之动而言也。所动在此，则视其发用之变，而不害其同。《履·六三》言"咥人"，异于《象》者，亦此义也。余卦放此。"既雨"者，重刚覆阴于下，且降而为雨，阴道行也。"既处"者，巽道已成，阳不能不止也。"尚"，物所尊也，而有专意。"载"，舟车所积之实也。重刚之稷，辅六四以施养于下，有德可恃，则不复兢惕以出，而己志行、物望塞矣。上九虽阳而体巽，其位又阴，故为"妇"、为"月"。柔而积刚，妇贞而严厉者也。月全受日之明则"望"，阳其明，阴其魄也。二阳而仅露微阴，乃"月几望"之象，亦言阴盛也。"君子"，对妇而言，谓丈夫也。巽之畜乾也，始于柔而终于刚。至于上九，阴挟德以高居，则为之君子者，虽欲有所往，而受其制，则必凶矣。母后称制，虽无失德，而非贤士大夫有为之日。陈蕃、司马温公、苏子瞻皆不明于此义，终罹于患。《易》之为戒深矣。以此推之，许衡欲行道于积阴刚骜之日，得免于凶，固无丈夫之气也。

《象》曰："既雨既处"，德积载也。"君子征凶"，有所疑也。

阴道行而见德，阳受其制，此以养之道止之，所以凶也。知止我者之养我，则不拒违弼，而德以固；知养我者之止我，则不受其羁縻，而志可行。无反目之伤，亦无征凶之虑，阳以交阴，恃此道也。"疑"，阻也。以叶韵求之，或"碍"字之误。

# 履

```
━━━━━  乾上
━ ━━━  兑下
```

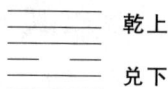

**履虎尾，不咥人，亨。**

咥，直结反，下同。

"履"，《本义》谓"蹑而进之"，是也。凡卦，皆先举卦名，而后系以象占之辞。此独不殊言履，而连"虎尾"为文。盖专言"履"，不足以尽卦之名义，必言"履虎尾"，而后卦象始显也。"同人于野"，"艮其背"，准此。为卦六三以孤阴失位，躁进而上窥乎乾，欲蹑九四，凭陵而进，乾德刚健，非所可蹑，故有此象。"不咥人"者，以全卦言之。兑之德说，既非敢与乾竞，而初、二二阳与乾合德，乾位尊高，其德刚正，不为所惑，则亦不待咥之以立威，而自不能犯。阴可以其说应之，志上通而有亨道也。

《彖》曰：履，柔履刚也。说而应乎乾，是以履虎尾，不咥人，亨。

六三之柔，履乾刚而思干之，犯非其分，本无亨道。唯初、二两阳本秉刚正，与乾道合，三不能独试其险诐，姑以说应，为求进之术，则小人欲效于君子，附贞士以向正，君子亦无深求之意，而不责其躁妄，刑戮不施，且录用之，是以能亨。若自其履刚之逆志而言之，未有能亨者也。

刚中正，履帝位而不疚，光明也。

九五以刚健中正之德，居至尊之位，非三所可凭陵。三虽妄进相干，不足以为其疚病，志量光明，坦然任之，三且技穷思反以应上，而可藉之以亨矣。

《象》曰：上天下泽，履。君子以辩上下，定民志。

"辩"与辨通。《大象》之义，与《彖》全别。旧说据此以释初、上二爻，非是。履本凶危之卦，于德无取，而阴阳既有此数，物理人情即有此道，善学《易》者，舍其本义而旁观取象，以议德行，若履，若剥，若明夷之类是已。风、火皆地类，唯泽最处卑下，与天殊绝，各履其位而不相乱。君子之于民，达志通欲，不如是之间隔，唯正名定分，礼法森立，使民知泽之必不可至于天，上刚严而下柔说，无有异志，斯久安长治之道也。三代之衰，上日降而下日升，诸侯、大夫、陪臣、处士递相陵夷，匹夫起觊觎之思，唯志不定而失其所履，虽欲辩之而不能矣。

初九，素履往，无咎。

"素"，如《中庸》"素其位"之素，如其所当然之谓。初、二非履虎尾者，而与兑为体，志柔思进，则亦有履道焉。初处卑下，而与乾合德，虽志欲往，而不躁不媚，率其素道，故可免咎。

《象》曰：素履之往，独行愿也。

自行其往之愿而已，非与三为党而干进也。

九二，履道坦坦，幽人贞吉。

"道"谓所履之路。九二刚而得中，与乾合德，进而从阳以行，坦坦乎无所疑阻，乃为六三所蔽而不能自明。盖君子不幸当小人干上之世而处其下，无能自达之象，故曰"幽人"。唯其正志以居，修身守道，与天下之凶危相忘，物自不能加害，不求吉，而守正者自无不吉矣。

《象》曰："幽人贞吉"，中不自乱也。

刚而能中，于道无失，可以坦坦于履，而不为三所乱矣。夫外物之蔽，岂能乱幽人哉？人自乱耳。以曹操之猜雄，而徐庶可行其志，贞胜故也。

六三，眇能视，跛能履。履虎尾，咥人凶。武人为于大君。

"能"，自谓能也，以一爻之动言之。柔失位而居进爻，又躁妄以上干乎阳，乾道方盛，非所能犯，还以自伤，故"咥人"而"凶"。阴之情柔而性惨，故为"武人"。"为"谓图谋而逞其妄作，若苏峻、祖约、苗傅，刘正彦是已。既言凶，而又言"武人为于大君"者，见三虽终自败亡，而志怀叵测，无忌惮而鼓乱，固君子所宜早戒也。不为小人谋，故终戒君子。

《象》曰："眇能视"，不足以有明也。"跛能履"，不足以与行也。咥人之凶，位不当也。"武人为于大君"，志刚也。

"不足以明、行"者，自恃其能，不可教诲也。"位不当"，明唯此一爻动则凶，非全卦之德。"志刚"者，志欲干阳，貌虽容说，而心怀陵犯，当早辨之，勿以其小明可取而与之行也。

九四，履虎尾，愬愬，终吉。

愬，山革反，下同。

四体乾刚而居后，"虎尾"也。与三相次，三欲进干乎五，则迫蹑乎己，有妄人不揣而见凌之象。"愬愬"，慎也。四虽虎，而以刚居柔，反仁反礼，慎静而不与较，故终不相咥而吉。

《象》曰："愬愬终吉"，志行也。

不与之较，自行其志，而孰能犯之！

九五，夬履，贞厉。

"履"，柔履刚；"夬"，刚决柔也。兑乘权则为履，乾乘权则为夬。乾阳居位，得中以临兑，以夬道应履者也。"厉"之为训，有以危而言者，"厉无咎"之类是也；有以威严为言者，"妇贞厉"之类是也。此言"贞厉"，谓其秉正而有威也。九五"刚中正"以"履帝位"，健而能断，难说而不可犯，六三虽欲履之而进，惮其威而自诎，所谓"光明而不疚"也。

《象》曰："夬履贞厉"，位正当也。

阳刚得中正之位，秉正而以威严治志刚者之妄，不待咥而自亨矣。

上九，视履考祥，其旋元吉。

"视履"，视三之履也。"旋"，反也。上九居高临下，与三相应，三方欲履上而干之，而平情顺受，俯视而见其情，不急加谴，但反求诸己，审所以消弭之道而化灾为祥，则三亦消阻旋退，以说应而不敢生凭陵之心，善以长人，吉莫大焉。

《象》曰：元吉在上，大有庆也。

三本为昔于刚，而临之有道，则无事咥之，而彼此俱亨，两受其福矣。

# 泰

```
☰☰  坤上
    乾下
```

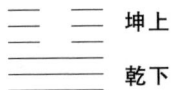

泰。小往大来，吉亨。

"泰"，大也；安也；施化甚大而相得以安也。天上地下，一定之理，而此相易以成乎泰，言其气也。卦因乎数，数自下积，故上为"往"；既成乎象，象自上垂，故下为"来"也。居之安为"吉"；行之通为"亨"。二气交通，清宁不失，故吉；由是而施化于万物，则亨。其义《象传》备矣。

《彖》曰："泰小往大来吉亨"，则是天地交而万物通也，上下交而其志同也。内阳而外阴，内健而外顺，内君子而外小人，君子道长，小人道消也。

长，知两反。

往来之义有二。自其互相酬酢者言之，则此往而彼来，阴阳易位以相应，为天气下施，地气上应，君民志感之象，亨之道也。天以清刚之气，为生物之神，而妙其变化，下入地中，以鼓动地之形质上蒸，而品物流形，无不畅遂；若否则神气不流行于形质，而质且槁。君以其心下体愚贱之情，而奠其日用饮食之质，民且上体君心，而与同忧乐；若否则各据其是以相非，貌虽应而情相离。合天化人情而言，泰之所以施化盛大而亨者见矣。

自其所处之时位言之，往者逝于外而且消，来者归于内而且长，为阴阳健顺、君子小人各得其所之象，吉之道也。内阳外阴，如春气动于内，虽有寒气在上，而生物之功必成；若否外阳内阴，则如秋日虽炎，而肃杀暗行于物内。内健外顺，志秉刚正，有为而和顺于物；若否则色厉内荏，而戕物以从欲。内君子而外小人，君子坐而论道，而小人器使；若否则疏远君子，而以小人为腹心。内之则道行而贤者汇进，善日以长；外之则谗贼不行而枉者化直，恶日以消。否皆反此。合天道人事而言，泰之所以各安所得而吉者见矣。

乃合而言之，唯阴阳邪正各得其所，故上欲下交，而无挠沮之者；下欲上交，而无抑遏之者。安于吉而后可亨，故《象》先言吉而后言亨也。

《象传》于此二卦，畅言天地万物消长通塞之机，在往来之际，所以示古今治乱道术邪正之大经，而戒人主之亲贤远奸，君子之持己以中、待物以和，至为深切。学《易》者当于此而审得失存亡之几，不可或忽。乃先儒谓《易》但为筮利害而作，非学者之先务，何其与圣人之情相违也！

《象》曰：天地交，泰。后以财成天地之道，辅相天地之宜，以左右民。

> 财与裁通。相，悉亮反。左、右，皆去声。

"裁成"地者，天也。"辅相"天者，地也。天道下济，以用地之实，而成之以道。地气上升，以效用于天，而辅其所宜。"后"则兼言裁、辅者：于天亦有所裁，而酌其阴阳之和；于地亦有所辅，而善其柔刚之用；教养斯民，佐其德而祐之以利，参而赞之，函三于一，所以立人极也。泰，君道也，非在下者所得用，故专言"后"。非王者而用泰，德位不足以配天地，而谓造化在我，为妄而已。孔子作《春秋》，行天子之事，且曰"罪我者其唯《春秋》乎"，下此者何易言也！

初九，拔茅茹，以其汇，征吉。

> 茹，音如。

"茹"，茹蘆也。"汇"，根科也。茅与茹蘆，茎皆坚韧，拔之不绝，而根科相缀。泰三阳聚于下，蟠固不解，而初九居地位之下，汇之象也。阳方兴而尚潜，未有应四之情，乃二、三两阳方升，拔之而与俱升，不得终于退藏，而必往交。时宜往而又有汲引之者，故吉。

《象》曰："拔茅""征吉"，志在外也。

"外"谓四也。时在必交，岂徒有拔之者不容不往，固宜变其潜藏之志，以出应其正应。

九二，包荒，用冯河，不遐遗，朋亡，得尚于中行。

"荒"犹荒服之荒，远处于外而不受治之象，谓六五也。阴宜居下，而反居五，据位自远于君子；九二以中道包容而应之，非勇于自任者不能，故为"冯河"。六五虽有遐心，弗遗弃也。"朋"谓初、三二阳。三阳方相与为类，以居内用事，二不坚于立党，远收六五之用，乃不偏倚而尚于中道矣。言"尚"者，道大则合于君德，二虽在下，而实君也。盖内君子外小人者，用舍之大经也。而君子得朋相尚，过于远小人，不能随材器使，则有怙党交争之害，故虽外之，而未尝不授之以位、达之以情，坦然大公，人皆自得，乃为交泰之盛。李膺、杜密不亡其朋，使邪党得乘之以相倾，习尚相沿，延及唐、宋，近逮启、祯之际，党祸烈而国随以亡，大《易》之垂训烈矣哉！

《象》曰："包荒"，"得尚于中行"，以光大也。

以刚居中，志既光大，则包荒复何所嫌？不宜复结朋以自矜矣。

九三，无平不陂，无往不复，艰贞无咎。勿恤其孚，于食有福。

"平"谓阳道坦易也。"陂"谓阴道倾险也。三阳居内而盛，阴且必生；三阴居外，成乎既往，而循环于向背之际，且自下起，故平之必陂，往之必复，自然之理势也。九三阳得位，本无有咎，而重刚过中，处盛以拒阴，有咎道焉。唯能虑陂与复，艰难守正，则免于咎。"孚"谓九二以刚与三道合而相信也。然二非树三为党者，三若怀念不舍，固相结以摈阴，则内外离析，而泰交不成。唯忘私以怀远，而应乎上，则与九二"朋亡"之义合矣。阳主治，阴主养，故曰"食"。无野人莫养君子，不摈阴而善成之，则宣力报效，受其福矣。

《象》曰："无往不复"，天地际也。

此通释全爻之辞；独挚一句者，略文。离乎地即天也。其际至密无间，而清浊殊绝，不相淆杂。九三与六四密迩，而阴阳两判，正当其际。昧者恃其清刚，谓可永固，则往者必复，还以自倾。三进上行，四退下就，交泰而后可以消险阻。艰贞者唯此之为恤，而非孚是恤，则福归之矣。内阳外阴，为时已泰，而保泰之道，唯在廓然大公，怀远招携，勿恃贤以绝物，如天地之相融浃，而不损其清宁。故内卦三阳，皆以外应为吉。君子体小人之嗜欲而以道裕之，乃上下合同，而终不至于否。若否则小人欲合于君子而非其诚，故愈相应而愈相睽，君子所宜峻拒，时异而道不同也。

六四，翩翩，不富以其邻，不戒以孚。

"翩翩"，飞而欲去之象。阳大阴小，小者不富也。六四一阴初兴而当位，未至于贫，唯与五、上为邻，故成乎"不富"。四处退爻，与阳密迩，翩翩非其本志，其下应初九，不待戒而自孚。言"孚"者，三阴皆下应，无异志也。

《象》曰："翩翩""不富"，皆失实也。"不戒以孚"，中心愿也。

"皆"者，统三阳而言之。阳实阴虚，失实故不富。"中心愿"者，虽往而非其志，志在从阳。

六五，帝乙归妹，以祉元吉。

商天子以"乙"为号者非一，此言帝乙，未详何帝。"归妹"与"女归"异。女归者，归嫁于夫家，正也。归妹者，夫就妇而归之，如后世之赘壻，变也。昏礼大定于周。商盖有男归于女，虽天子或然，故《经》两言"帝乙"。男在外，女在内，正也。阳居二，阴居五，男屈从女，而女为主于上，有"归妹"之象焉。而帝乙所归之妇，柔顺中正，不骄其君子以宜家，终膺福祉，变而不失其正也。六五阴阳易位，以柔居中，应九二得中之刚，合于帝乙之吉。

《象》曰："以祉元吉"，中以行愿也。

二、五皆得中，故可行其愿，而不忧失正。君求士，士不求君，然道合则士就君而非屈，亦此义也。

上六，城复于隍，勿用师，自邑告命，贞吝。

复，芳服反，下同。

"隍"，城下之沟无水者，城倾，则土复归于隍。上六阴处高危，其势必倾。阴阳之位十有二，向背幽明，各居其半，而循环以发见。阴倾而入，势将复从下起。三阳积下，迫阴于外，至于上六，已太荒远，无可复安，将激去而往者，又且必复，此小人被疾已甚，势且复兴之象。《易》不为小人谋，故不为阴幸而但为阳戒，言阴之将复，不可与争，但当告戒邑人，内备必至之患。然激成之势，已不可挽，虽告命得贞，而亦吝矣。占此爻者，时势如此，于爻外见意。九三艰贞乃吉，正谓此也。

《象》曰："城复于隍"，其命乱也。

疾之已甚，使居荒远倾危之地，虽自警戒，固非制治之早图。

# 否

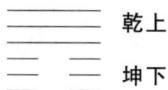

乾上
坤下

否之匪人，不利君子贞，大往小来。

"否"，塞也。"否之匪人"者，天高地下，分位本定，而邪人据地之利，尸人之功，以绝于天，小人内而后君子外，非君子之亢而不可与亲，否之者乃匪人也。君子秉刚居外，本无不正，抑何不利？小人否之，则其不利必矣。不利于君子贞，非利于小人之不贞，亦非君子可不正而利。阴据要津，君子无所往而得利，贞且不利，况可不贞乎？然君子虽不利，而固保其贞也。此言"利"者，与害相对之辞。"大往小来"，各归其位，所以否也。

《彖》曰："否之匪人，不利君子贞，大往小来"，则是天地不交而万物不通也，上下不交而天下无邦也。内阴而外阳，内柔而外刚，内小人而外君子，小人道长、君子道消也。

长，知两反。

匪人乘权，而君臣义绝。贤奸倒置，圣人之所无可如何者。故二卦反覆申明，而见治乱之相反，存乎人者如此其甚也。

《象》曰：天地不交，否。君子以俭德辟难，不可荣以禄。

辟、难皆去声。

否塞而不通，君子有德以通天下之志，无所用之。唯世之方乱，难将及己，则乡邻之斗，闭户可也。天下溺而不援，德且不欲其丰，而况禄乎！德见，则禄且及之矣。百里奚不谏虞公，孟子不复发棠，用否之道，以应否之世，不嫌绝物矣。

初六，拔茅茹，以其汇，贞吉亨。

三阴连类相挟以据内，亦有"拔茅茹以其汇"之象，而汇则别矣。初六以柔居下，不党同伐异，而起上应乎阳，故贞而得吉。其吉也，以有亨通之理而吉也。

《象》曰：拔茅贞吉，志在君也。

在上者为之君也。

六二，包承，小人吉，大人否亨。

否，如字，方九反，《象》同。

"包承"，与九五相应而承之也。"大人"，非必如乾之"大人"；对小人而言，刚正之君子也。"否"，不然之辞。小人得位行志，而能承顺乎阳而应之，吉矣。乃大人已远出乎外，不以小人之顺己而变其塞，固不以为亨也。否下三阴与上不交，而皆以应言之，盖圣人赞《易》扶阳抑阴之义，而不欲阴之怙恶以自绝，其旨深矣。

《象》曰："大人否亨"，不乱群也。

阳与阳为群。狐赤鸟黑，则君子"携手同行"，岂以小人之包承，而与君子异趋乎？泰阳居内，则以"朋亡"勿恤为吉；君子得志，不宜绝人已甚。否阳居外，则以不乱群而无取乎亨；君子失志，必不枉道从彼；而求同志以卫道，唯其时而已。

六三，包羞。

以柔居刚，而为进爻，以迩阳而求合，盖小人挟势，以媚君子者骄君子，如王驩之于孟子是已。不言其凶，《易》不为小人谋。言其可羞，示君子贱恶之。

《象》曰："包羞"，位不当也。

三非柔所当处之位，虽上承乎刚，而君子但见其可羞恶；求合之情，不足恤也。

九四，有命无咎，畴离祉。

"畴"与俦通；所相应而为伍者，谓初也。"离"，丽也。九四与阴相际，而以刚居柔，处退爻而道下行，以应初六，君子而就小人，疑有咎矣。乃上承九五，则怀柔之命出自上而非己之私；欲拔初六于汇中而消其否，初六亦资其诱掖，进而丽吉亨之祉矣。盖初虽与阴为汇，而自安卑下，其志能贞，非若二、三之骄佞，则四固不以峻拒为道，而五且任之以下济。当小人乘权之世，初进之士，不能自拔，而迹与同昏，拒之则终陷于恶，引之则可使为善。处承宣之位者，不得严立清浊之辨而锢其向化之情，所以收揽人才，使阳得与而阴自孤。此君子体国用人，道之当然也。范孟博唯不知此，以掾吏而操郡守之权，不请命而行其严厉，不能曲谅人情，以挽回匡救，漫成党锢之祸，两败俱伤，而国随之，岂非炯鉴哉！

《象》曰："有命无咎"，志行也。

承上以接下，初六"在君"之志得以上通，四乃上下交绥而无所疑沮也。

九五，休否，大人吉。其亡其亡，系于苞桑。

系，古诣反。

"休"，安处也。木丛生曰"苞"。桑根入土深固，丛生则愈固矣。九五阳刚中正，道隆位定，安处不挠，而又得四、上二阳以夹辅之，故时虽否而安处自如，大人静镇以消世运之险阻，吉道也。三阴据内以相迫，虽居尊位，权势不归，危疑交起，有"其亡其亡"之象焉；而正己择交、不改其常度。周公居东，止流言之祸而靖国家，用此道也。朱子为韩侂胄所锢，祸将不测，而静处讲学，终免于患。大人虽否，而亦何不吉之有！

《象》曰：大人之吉，位正当也。

有其德，居其位，孰能亡之哉！

上九，倾否，先否后喜。

上九远处事外，与阴绝无干涉，而九五立本已固，需时已审，则上九可行其攻击之威。三阴否隔，已肆行而无余力，六三之羞，人知贱恶，乘高而下，倾之易矣。否者倾而人心悦矣。

《象》曰：否终则倾，何可长也！

"何可长"，言不可长也。小人之伎俩已毕尽无余，天下皆憎恶之，乘时而倾之，当奋刚断，无使滋蔓也。

# 周易内传卷二上

## 上经起同人讫观

### 同人

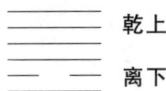
乾上
离下

同人于野，亨。利涉大川，利君子贞。

"同人"者，同于人而人乐与之同也。刚者，柔之所依，一阴固愿同于众阳；柔者，刚之所安，众阳亦欲同于一阴。凡卦之体，以少者为主。二者，同人之主也。柔而得应，无离群孤立之心，而少者，物之所贵而求者也，则五阳争欲同之矣。"于野"者，讫乎疏远，迨乎邱民，皆欲同之之谓。为众所欲同，其行必"亨"。柔非济险之道，而得刚健者乐与同心，则二之柔既足以明照安危之数，而阳刚资之以"涉大川"，必利矣。"利君子贞"者，柔居中而得位，故与物同，而无容悦诡随之失。凡应事接物者，不正而利，其邪弥甚。故《易》无有言利不贞者。君子之贞，无所不利，而此独言"利君子贞"者，以同非君子之道，则其利似非君子之贞。然"吾非斯人之徒与而谁与"，义不可得而异，唯大同斯利矣。君子之利，合义而利物也，非苟悦物情而所欲必得之谓也。

《彖》曰：同人，柔。得位、得中而应乎乾，曰同人。

具此三德，故人乐得而同之。二正应在五，不言应刚而言乾者，人之志欲不齐，而皆欲同之，则为众皆悦之乡原矣。唯不同乎其情之所应，而同乎纯刚无私之龙德，以理与物相顺，得人心之同然而合乎天理，斯为大同之德，而非苟同也。

同人曰"同人于野亨"。

《本义》曰："'同人曰'三字，衍文。"按"于野"之义未释，盖有脱误。

"利涉大川"，乾行也。

应乎乾而乾同之，刚健以济柔，故无险不可涉。

文明以健，中正而应，君子正也。唯君子为能通天下之志。

"文明"非暗私之好，刚健非柔佞之交。君子之同，同于道也。同于道，则"能通天下之志"，而天下同之。小人之所以同天下者，苟以从人之欲，而利于此者伤于彼，合于前者离于后，自以为利而非利也。

《象》曰：天与火，同人。君子以类族辨物。

火在天中，以至虚含大明，明不外发，而昭彻于中。人之贵贱、亲疏、贤愚，物之美恶、顺逆、取舍，无不分以其类而辨其情理，则于天下无不可受，而无容异矣。大明函于内，而兼容并包，以使各得明发于外，宪天敷治，而赏善惩恶，以统群有。存发之道异，上下之用殊，同人、大有，君子并行而不悖也。

初九，同人于门，无咎。

初处退藏之地，而以刚处之，动而不括，以上承六二，故一出门而即得其友。不自安于卑陋，以求合于贤而相丽为明，虽交未及远，固"无咎"也。

《象》曰：出门同人，又谁咎也！

卦自下生，故向上为"出"。"谁咎"，诘咎之者之辞。离群索居，则虽有高贤，觌面而失之。君子友天下之善士，而鄙夫日嚅嗫于户庭妇子之间，谓可以避咎，复以出门之交讥其不谨，愚矣哉！

六二，同人于宗，吝。

以全卦言之，众阳相协以求同于二，故曰"于野"。以六二之动言之，则二往同于人，而丽于二阳之间，交不能远，故为"于宗"。"同"云者，遇物而即相合之谓。二近初、三，即同之，虽有正应，不能待也，其志褊矣。是以九五号咷而兴师。

《象》曰："同人于宗"，吝道也。

君子之交，近不必比，远不必乖。是以尧亲九族，而必明俊德，施及于百姓黎民；周道亲亲，而宾三恪，怀万邦。君子友天下之善士，以为未足，考三王、俟后圣而求一揆。若规规然就所亲近者而与同，虽得其善者，亦一乡之善士而已，自困而何能行远乎？

九三，伏戎于莽，升其高陵，三岁不兴。

六二一阴得位，众阳皆欲与之同，不能遍与相应，则争必起，三、四、五所以皆有用兵之象。三密迩于二，以相丽为明，固欲私二以为己党，而忌五之为正应。五位尊谊正，不可明与之争，故"伏戎于莽"，待五之来合而邀击之。"升其高陵"，谓五也。托处尊高，灼见其情形，而三之伏戎无所施，至于"三岁不兴"，而必溃矣，五之所以大师能克也。窦融之在河西，既归心汉室，而隗嚣中梗，欲连合以拒汉，光武洞照其奸，明以诏融，河西之人谓天子明见万里，卒归汉，而嚣计遂穷，盖类于此。

《象》曰："伏戎于莽"，敌刚也。"三岁不兴"，安行也。

"敌刚"谓五以刚健居中，不能显与相敌，故伏戎以徼幸。"安行"谓五既升陵，下望知其伏，而伏不得兴，则安驱而下与二合，无所阻也。凡爻辞皆有此爻而发彼爻之义者，彼爻为卦主，而此爻乃其所际之时，所遇之事也。《易》为君子谋，不为小人谋。"伏戎于莽"之奸，其吉凶不足道，神所不告，唯明示九五之用"大师"，使知其无能为，而进克不疑。

九四，乘其墉，弗克攻，吉。

四居二、五之间，而与内卦相近，退而就下，故亦有争，同于二之情焉。"乘其墉"者，将逾三而取二也。乃以刚居柔，三方伏戎以待，则见不可攻而退，以承乎五，故吉。

《象》曰："乘其墉"，义弗克也。其吉，则困而反则也。

二非己正应，义所不得而有。始于忮求，而终于安分，既过能改之象。

九五，同人先号咷而后笑，大师克相遇。

号，平声。

九五于二，以刚之有余，济柔之不足，不特自得所应，且以引二于众阳之中，而使合于中正。三、四既争，二且有"于宗"之吝，义激所感，不能不"号咷"焉。而中正道合，三奸既露，四敛而退，疑释而相得以喜矣。拔孤阴于群争之地，非大用师不能克。五唯刚中，故能胜其任而定于一。

《象》曰：同人之先，以中直也。大师相遇，言相克也。

二、五皆中，道宜相应，理直气激，不容已于号咷矣。"相克"者，非惩伏莽之戎，则不得遇。故曹、卫折而晋、宋始合，隗嚣破而窦融始归。士苟欲亲君子，必峻拒小人，皆此义也。

上九，同人于郊，无悔。

上远于二，二已应五，其与二同者，浮慕其名，泊然相遭于逆旅而已，本无求同之志，故失亦无悔。

《象》曰："同人于郊"，志未得也。

志未相得，人同而己亦同，自谓不争，而亦恶足为有无哉！

# 大有

离上
乾下

大有，元亨。

大有者，能有众大，大谓阳也。六五以柔居尊，统群阳而为之主，其所有者皆大，则亦大哉其有矣。"元亨"者，始而亨也。群阳环聚，非易屈为己有，而虚中柔顺以怀集之，则疑阻皆消，而无不通矣。此象创业之始，以柔道通天下之志，而群贤来归，速于影响，始事之亨也。众刚效美于一人，乾道大行，故有乾元亨之德。而不言利贞者，无刚断以居中，未能尽合于义，能有众善而不能为众善之所有，则不足以利物；柔可以顺物情，而不能持天下之变，泛应群有，未一所从，则其正不固也。

此卦之德，王者以之屈群雄，绥多士，致万方之归己，而既有之后，宰制震叠、移风易俗之事未遑及焉；君子以之逊志虚衷，多闻识以广德，而既有之余，闲邪存诚，复礼执中之功犹有待焉。盖下学之初几，兴王之始事也。是以六五虽受天祐而致"易而无备"之戒焉。其辞略者，《系辞》所谓"辞有险易"，卦体简而易见，约举其占，而使人自求之也。

《彖》曰：大有，柔得尊位。大中而上下应之，曰大有。

居阳之中曰"大中"。位尊，故上下皆应。

其德刚健而文明，应乎天而时行，是以元亨。

离谓之"文明"者，阴阳相错之谓文。阴，质也；阳，文也。离阴中而阳外，其文外著，火日外景其象也。以文明之德，应天之刚健，时可行则行，而行皆亨矣，阳皆为之用也。

《象》曰：火在天上，大有。君子以遏恶扬善，顺天休命。

"遏"之、"扬"之者，乾道之健也。因天之所予而扬之，因天之所夺而遏之，离明之昭晰也。天者，理而已矣。顺理，而善恶自辨矣。火炎上，附天而明。天左旋，日右转而随天以升降；顺天而行，则明照于下，故遏扬之顺理象焉。赏罚黜陟，王者之事，而言"君子"者，若孔子作《春秋》，行天命天讨之事，非必有位也。君子成人之美，不成人之恶，亦此道尔。

初九，无交害，匪咎？艰则无咎。

"害"谓违众背明，相悖而害也。"匪咎"，诘词，犹言"岂非咎乎？"六五大明在上，虚中以统群有，众刚受命以定交，初独远处，置身深隐之地，刚傲而不上交。六五虚中延访，非有失贤之咎，则非初九之咎而谁咎乎？必若伯夷、叔齐之绝周，悲歌饿困，备尝艰苦而不恤，然后可以免咎。若严光、周党傲岸自得，非艰难之时，无艰难之心，咎其免乎？

《象》曰：大有初九，无交害也。

当大有之世，而居疏远自绝之地，则害君臣之义。

九二，大车以载，有攸往，无咎。

九二刚而居中，为群阳之所附托，皆唯其载之而行。才富望隆，归之者众，有与五分权之象，疑有咎矣。然上应六五，不居之以为己有，而往以输之于五，则迹虽专而行顺，不得以逼上擅权，辇众归己而咎之。

《象》曰："大车以载"，积中不败也。

诚信之输于五者积于中，则持盈而物莫能伤。后世唯诸葛武侯望重道隆，而集思广益，以事冲主，能有此德。

九三，公用亨于天子，小人弗克。

亨，许两反，下同。

"亨"，《本义》依《春秋传》作"享"。古"亨通""献享""烹饪"三字通用，是也。九三居内卦之上，为三阳之统率，而三为进爻，率所有之大以进于上，公领其方之小侯，修贡篚以献天子之象也。乾健而阳富，席盛满之势以上奉柔弱之主，自非恪守侯度之君子，必且专私自植。故言"小人弗克"，以戒五之慎于任人。

《象》曰："公用亨于天子"，小人害也。

小人处此则尾大不掉，天子诸侯交受其害矣。

九四，匪其彭，无咎。

"彭"，许慎说"鼓声也"。鼓声所以集众而进之。四阳运类，四居其上而与内卦相接，疑于众将归己。乃其引群阳而升者，将与之进奉九五而使之富，非号召众刚使戴己也，故虽不当位而无咎。

《象》曰："匪其彭无咎"，明辨晢也。

晢，之厉反，从折，与曾晢之晢异。

"晢"，明也。居疑贰之地，必别嫌明微，以昭君臣之定分，而后可无咎。九四与离为体，故无冒昧之过。

六五，厥孚交如，威如吉。

"厥孚"，阳自相孚也，故曰厥。"交如"，交于五也。五虚中而明于任使，其俯有群阳也，以循物无违之道，行其坦易无疑之心，众皆愿为其所有，群阳相孚以上交，道极盛矣。而又戒以"威如"则吉者，五本有德威存焉，但众刚难驭，虽大公无猜，而抑必谨上下之分以临之，益之以威，初不损其柔和之量，而无不吉也。

《象》曰："厥孚交如"，信以发志也。"威如"之吉，易而无备也。

易，以豉反。

"信"，阴德也，故《易》每于阴言信焉。虚中柔顺，乃能笃信于人而不贰。其于物多疑者，必其有成见以实其中，而刚于自任者也。六五孤阴处尊位，抚有众阳而不猜，其信至矣。"发志"，谓感发众志而使归己。"易"，和易近人。"无备"，不防其潜逼也。创业之始，感人心以和易，而久安长治之道，必建威以消萌，大有之所未逮，故不足于利贞，而又以"威如乃吉"戒之。

上九，自天祐之，吉无不利。

此爻之辞，又别一义例，所以赞六五之德至而受福也。"天"即指上而言。上九在五上，而五能有之，自天祐也，其义《系传》备矣。"吉"，以居言；"无不利"，以行言。

《象》曰：大有上吉，自天祐也。

大有而能有在上之阳，则不特人助之，而天亦祐之矣。

# 谦

$$\begin{array}{ll} \equiv\equiv & 坤上 \\ \equiv\equiv & 艮下 \end{array}$$

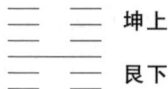

谦。亨，君子有终。

"谦"，古与慊通用，不足之谓也。此卦唯一阳浮寄于众阴之中，而不能如师、比之得中，复之振起；与剥略同，其不足甚矣，特阳未趋于泯丧而止于内耳。以其不足，伏处于三阴之下，安止而顺受之，不为中枵外侈以自剥丧，为能受益而进于善，是以君子有取焉。"亨"之为义，《彖传》备矣。又言"君子有终"者，必君子而后能终其谦也。

道之在天下也，岂有穷哉！以一人之身，藐然孤处于天地万物之中，虽圣人而不能知、不能行者多矣。其在心也，嗜欲攻取，杂进于耳目，以"惟微"之道心与之相感，势不能必其贞胜，皆孤阳介立之象也。君子知此，念道之无穷而知能之有限，故学而知其不足，教而知困，歉然望道而未之见。其于天下也，则匹夫匹妇胜予是惧，而不忍以骄亢伤之。故虽至于圣，且不自圣，以求进德于无已，而虚受万物以广其仁爱，斯则谦而有终矣。若无忌惮之小人，如老聃之教，以私智窥天地鬼神之机，持人情之好恶，欲张固翕，以其至柔驰骋天下之至刚，己愈退则物愈进，待其进之已盈，为物情之所不容，然后起而扑之，无能出其网罗者，以为妙道之归，则始于谦者终于悍，故其流为兵家之阴谋、申韩之惨刻。小人之谦，其终如是，与谦道相反；其亨也，不如其无亨矣。

五、上二爻，行师侵伐，亦谦必有之变也。故内卦言"君子"，言"贞"，而外卦但言"吉利"。

《彖》曰：谦亨，天道下济而光明，地道卑而上行。

"天道"，九三之阳也。他卦皆以三为进爻，四为退爻，唯谦一阳伏处于三阴之下，豫一阳拔出于三阴之上，因内外而分上下，故谦曰"下济"，豫曰"出地"，因象立义，所谓不可为典要也。"光明"，艮之德也。艮阳在外，其明外见。光者，明之加于物者也。地道之上行，阳降而阴自升，若阳让之使然也。阳知其不足，而犹然下以济阴之乏，其志光明，阴所共白，非小人伪为卑逊以屈天下之阴谋，故"卑而上行"，无所不顺，此其所以亨也。

天道亏盈而益谦，地道变盈而流谦，鬼神害盈而福谦，人道恶盈而好谦。

好，呼报应。恶，乌路反。

"亏盈益谦"者，物壮盛则衰槁，稚弱则增长也。"变盈流谦"者，山阜高危，则夷下随流以充溪壑也。天、地、人、神，情、理之自然，君子体之以修德，小人测之以徼利，然而其可亨一也。

谦尊而光，卑而不可踰，君子之终也。

"尊而光"，艮德也。以一阳为群阴之主，处内卦之上，止其淫泆，其道尊也。其退伏于三阴之下者，自见不足，而非以媚物，志可大白于天下，其光也。"卑而不可踰"，坤德也。天尊地卑，坤顺之德固然，而其道上行，顺理以升，山虽高，终在地中，不可逾也。君子以养己之德，而顺天下之情，志正而量弘，斯以谦始而以谦终，非君子不能也。

《象》曰：地中有山，谦。君子以裒多益寡，称物平施。

称、施皆去声。

"地中有山"者，谓于地之中而有山也。山者，地之高者，非地之外别有山也。地溥遍乎高下，山亦其所有尔。人见山之余于地，而不知山外乃地之不足，可增而不可损也。"裒"，聚也。"施"者，惠民之事。地道周行于天以下，时有所施化，多者裒聚之而益多，寡者益之使不乏，固不厚高而薄下，抑不损高以补下，各称其本然而无容私焉。故高者自高，卑者自卑，而要之均平。君子施惠于民，务大德，不市小恩。不知治道者，徇疲惰之贫民，而铲削富民以快其妒忌，酿乱之道也。故救荒者有蠲赈而无可平之粟价；定赋者有宽贷而无可均之徭役。虽有不齐，亦物情之固然也。不然，则为王莽之限田，徒乱而已矣。

初六，谦谦君子，用涉大川，吉。

卦之所以为谦者，以九三一阳处阴下，不自足而能止为义。然阴之数不足，而其德柔，故六爻俱有谦道焉。此爻之又一例也。内卦，体也，谦以修己。外卦，用也，谦以待人。君子之谦，以反己自克而求进于道，非以悦人也。故内卦两言"君子"，而外卦有戒辞焉。"谦谦"者，处不足之地，而持之以歉也。初六当潜藏之位，初学立志之始，知道之广大而知行之不逮，柔辑其心以逊志于道，君子之修也。"用涉大川"而吉者，下学而上达，日见不足则日益，虽以涉浩渺无穷之域，而驯致之，无不吉也。

《象》曰："谦谦君子"，卑以自牧也。

处位最下，而以柔为道，曰"卑"。"牧"，养也。若牧人之养牛羊，谨司其放佚而慎调其刍秣，积小以成大也。

六二，鸣谦，贞吉。

鸣音命，下同。

"鸣"，鸟相呼告也。九三为谦之主，二近而承之，上六其应；九四为豫之主，初六其应；皆相应求者也，故曰"鸣"。自见不足，呼三而告之，以求益也。二与三同体，三以阳道下济，不吝其劳；二虽求益，而当位得中，受艮之止，则鸣而不失其正，非以贫约屈节而媚非其类者也，故吉。

《象》曰："鸣谦贞吉"，中心得也。

"中心"亦志也。"天道下济"，故得益而志遂。

九三，劳谦，君子有终，吉。

"劳谦"者，有勋劳而自居不足也。三以一阳止于其位，群阴方在贫寡，己力任其劳而匡济之，乃退居三阴之下，有劳不伐，君子之所以终其德业也。老氏处錞而不敢为天下先，以避艰难而自居于泰。君子小人义利公私之别，于斯辨矣。

《象》曰："劳谦君子"，万民服也。

"民"谓阴也。劳而能谦，谦而不避其劳，下济而光明，群阴皆顺之，所以有终而吉。

六四，无不利，捣谦。

内卦谦德已成，至于四则出以接物矣。顺人情之好，避鬼神之害，柔逊退让，无不利矣。然必推广谦道，挈散而平施之，勿侮鳏寡，勿畏强御。如恃谦为善术而固守之，则为奄然求媚之乡原，逮乎物求无厌，而不容已于侵伐行师，谦不终矣。

《象》曰："无不利挈谦"，不违则也。

斟酌其可谦而顺施之，谓"则"。无不利矣，而尤必挈谦。君子之谦，非但以求利也，求得其理而平施之也。

六五，不富以其邻，利用侵伐，无不利。

阴本"不富"，然六五居中，有容畜之道，亦足以富；而上六俭吝，成其不足之势，则其为谦为少，皆"邻"使之然也。人情虽恶盈而好谦，而顽民每乘虚以欺其不竞，则欲更与谦退而不得，而侵伐之事起矣。汉文赐吴王以几杖，而吴卒反，盖类此。以其自居卑约，本无损于物，则用以侵伐，而师直为壮，无不利矣。然而非君子之道也。君子为不可犯，而乃以全天下之顽愚。不善用谦，以致称兵制胜，是鸷鸟之将击而戢翼，猛兽之将攫而卑伏，虽利，而亦险矣哉！

《象》曰："利用侵伐"，征不服也。

谦而犹不服，则征之必利，吴王所以卒死于汉文之柔。

上六，鸣谦，利用行师，征邑国。

上六虽与三为应，呼告以不足，而天道下济，终不益之。弱而无援，岂必四海之广哉，近而在国之邑，且有欺而叛之者。柔之极，必激而为惨，势且不容已于征伐。屈极必伸，可以得利；乃较之六五，害愈迫而道愈衰矣。

《象》曰："鸣谦"，志未得也。可用行师，征邑国也。

不能如六二之得志，近者且不服，则唯利于行师，征之而已。

# 豫

```
☰☰  震上
☷☷  坤下
```

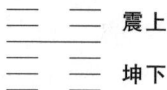

豫。利建侯行师。

"豫"，大也，快也。一阳奋兴于积阴之上，拔出幽滞之中，其气昌盛而快畅，故为豫；乃静极而动，顺以待时而有功之象。天下既顺，而建诸侯以出治；民情既顺，而讨有罪以兴师；乃王者命讨之大权，非可亵用者也。孤阳居四而失位，然而为豫者，与小畜之阳止不舒，谦之阳伏不显，正相为反。凡此类，以错综之卦互观之，义自见矣。

《彖》曰：豫，刚应而志行。顺以动，豫。

阴阳之爻，致一而动，为群爻之异所待合者，无论其位之应不应，而皆曰"应"。故同人、大有之阴，豫之阳，皆言"应"。"志行"者，出于地上而震动，无能挠之者也。坤在下以立动之基，震在上以致动之用，静函动之理，其动也皆静中之所豫，前定而不穷，内顺乎心而外顺乎物，则己志大行而物皆顺应，此其所以可豫也。

豫顺以动，故天地如之，而况建侯行师乎！天地以顺动，故日月水过而四时不忒。圣人以顺动，则刑罚清而民服。豫之时义大矣哉！

豫一阳而失其位，方静之极而忽动以快其所为，此非常之事。"建侯行师"，王者命讨之大权，所宜慎也，而以快豫行之，疑于不利。故圣人推言所以利之故，而叹其时义之大，非善体者不能用也。审其时，度其义，知豫为天地圣人不测之神化，则不敢轻于用豫，而无"鸣豫"之凶、"盱豫"之悔矣。

方静而忽动，非蹶然而兴也。日月之有昼夜，四时之有寒暑，其变大矣。帝王之用刑罚，其威赫矣。而不过不忒，适如其恒，万民咸服，各满其志者，何也？天地顺其度，圣人顺于理也。其所以顺者，静而不废动之诚，则动可忽生，而不昧其几也。坤之为德，纯乎虚静。虚者私意不生，静者私欲不乱；故虚而含实，静而善动之理存焉。虚静以听阳之时起而建功，故一旦奋兴，震惊群昧，人视为不测之恩威，而不知其理已裕于虚静之中，随所行而无不顺也。必若此，而后时不足以限之，位不足以拘之，于心无逆，于人无拂，坦然快适而无所不可，岂静昧其几，动乘于变，遽思快志者所胜任哉？唯二与四自知之而自行之，非外此者所得与也。圣人耳顺从心，无所不乐，而天下见其非常，此圣而不可知之神所以上合天道也。以是居位行志，立不测之恩威，特其见诸行事之绪余耳。

豫与复同道，而豫动于上，天道也；复动于下，人道也。以天道治人事，必审其几，故叹其"时义"之大；以人道合天德，必察其微，故叹其"见天地之心"也。

《象》曰：雷出地奋，豫。先王以作乐崇德，殷荐之上帝，以配祖考。

豫之象为"作乐"者，取雷出地而摇空有声，老氏所谓"乐出虚"也。"殷"，中也；冬至合乐于圜邱，时之中也。"配"，合也；象祖考之德以合漠也。言"先王"者，唯德、位、时三者备而后作乐，不敢亵用之以自逸豫，而只以大昭天祖之德。豫之不可轻用也如此。宋蔡京为"丰亨豫大"之说惑徽宗，以奢靡而亡；德不崇而妄作，为宋之大晟而已。

初六，鸣豫，凶。

鸣，音命，下同。

初六与九四相应，故见九四之奋兴而往告以豫。乃柔弱德既不胜，于时方在潜藏，不度时审义，妄欲取悦，志淫而才不堪，故凶。孔甲抱书以干陈涉，非道行之日，妄欲快志，其可得乎？鲁两生之所以终不出也。豫之时义，非凉德所堪，故爻多不吉。

《象》曰："初六鸣豫"，志穷凶也。

非豫之时，而欲徼人之兴以自快，其志卑陋而穷矣。

六二，介于石，不终日，贞吉。

二为坤主，柔得位而中，顺德之至者也。静正以居，而不妄动，"介于石"也。动而无静之体，非善动也。静而无动之体，非善静也。介于石，中立而不倚于物，则至正而万变不出其枢机，善恶之几不待审而自著，可以不待终日而应之速。故九四之奋兴以快所为，其本在此大正而无不吉也。

《象》曰："不终日贞吉"，以中正也。

得中则柔而不靡。寂然不动之中，大正存焉，故可感而遂通天下之故。

六三，盱豫，悔，迟有悔。

有，与又通。

"盱"，上视也。九四之动而豫，物情所震，抑物情所喜也。六三与四相近而承之，然异体不易相亲，徒瞻望而觊分其欣畅，四方奋兴，不与为缘，将自悔矣。既悔其躁动以失己，遂退沮迟滞而不相就，又且自绝于大有为之世，无以见功，时过几失，而复悔之。无定情，则无所往而不悔，不能审几故也。以柔居刚，躁而不能自立，故其象如此。

《象》曰：盱豫有悔，位不当也。

独释"盱豫"，不及"迟悔"者，始而觊望，终必迟也。柔居进爻以承刚，坤顺之道失，故无往而不悔。

九四，由豫大有得，勿疑，朋盍簪。

"由豫"，由其道而豫也。"盍"，何不也。"簪"，聚也。动于积阴之中，而非其位，若不测之动，而实则由乎天道人情之正，动以大顺，行无不快也。"大有得"者，群阴皆为阳所得也。阳一震起，阴皆效其材，而百昌无不荣。王者奋兴，而百辟皆欣戴之，以之行师，而三军皆踊跃以效命。乃所疑者，阳孤而无同志之朋耳。然阴阳之数各六，具足于两间，阴盛而阳微，阳隐而未见耳。一阳震起，出地而畅遂，群阴皆为所得，则隐而未见之阳，何所沮而不与相应求？王者顺邱民之情，崛起有为，贤者自不期而至。君子逊志于学，一旦豁然，识大识小，皆可为师。太和日流行于天坏，在人之自致，勿忧德之孤也。

《象》曰："由豫大有得"，志大行也。

四之志，本欲振起群阴而散其郁滞。静极而动，一由乎道，孰能御之？

六五，贞疾，恒不死。

"贞"，常也。四因大顺之理，奋兴于静中，势不可御。五以阴柔处其上，抑之而不能，而又不与之相得以欣畅，幽忧致疾，淹弥岁月，四虽无凌夺之心，可以不死，而生人之气亦微矣。衰周之君，徒延名号；矫廉之士，只自困穷；皆其象也。

《象》曰："六五贞疾"，乘刚也。"恒不死"，中未亡也。

九四之刚，顺道而有得，岂可乘哉！"未亡"者，待未亡耳，终亦以此而亡。

上六，冥豫，成有渝，无咎。

上远于四，时方奋起，而阴暗居上，不与俱兴，昧于豫者也。四顺以动，莫之能遏，志行而必成其功。其功既成，上不得不变其情，与之交畅。处卦之终，而其势危，其上更无闳抑之者。非若五之有中位可安，而重阴覆之，徒自苦以终身也。能自渝焉，则无咎矣。

《象》曰：冥豫在上，何可长也？

冥于豫，则违时已甚，虽欲如五之不死而不得，故必渝而后无咎。

# 随

```
═══  兑上
═ ═  震下
```

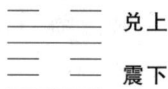

随。元亨利贞，无咎。

以下从上之谓"随"。此卦震阳生于下，以从二阴，兑阳渐长，而犹从一阴，蹑其后而顺之行故为随。阳虽随阴，而初阳得资始之气，以司帝之出，得乾元亨之德；四、五渐长，阳盛而居中，以大正而利物，得乾利贞之德。如是，则虽顺阴以升，若不能自主，如长男之随少女，而阳刚不损其健行，可以无咎。使非具四德，而系恋乎阴，以丧其刚健中正之实，则周赧、汉献之为君，唐高、宋光之为夫也，其咎大矣。

《彖》曰：随，刚来而下柔。动而说，随。

说，弋雪反。

卦以下为方生之爻，故在下曰"来"。此卦自否变，上九之阳，来而居初，以处柔下。"动而说"者，有所行而歆乎物，则刚者不能自主也。此皆随之本有咎也。

大亨贞无咎，而天下随时。

"天下随时"者，天下已成乎阴上阳下之时，而因时以与之周旋，顺乎时而不失其大正，此唯全体天德，而为圣人不磷不缁之坚白，而后无可无不可；事定、哀之主，从三桓之后，受命相从，而为圣之时，终无咎也。下此者，与时迁流，咎可免乎？《彖》备四德，《传》不言"利"者，体仁合礼而恒于正，则和义而利物。凡《彖传》释利贞，不更言利，皆准此。

随时之义大矣哉！

卦下一阳本自否变，乃"倾否"之卦。乾德屈而下，拨乱反正，唯圣人顺天道以行大用，然后可以随时，故叹其时义之大，非可轻用，以枉道从人。近世无忌惮之小人以谯周、冯道随时取容当之，则廉耻丧，而为世患深矣。

《象》曰：泽中有雷，随。君子以向晦入宴息。

雷在泽中，动而入于深隐之地，长从少，男从女，阳从阴，君子无所用之，唯因昼夜动静之恒，入而宴处以息动。以动从说，顺人之情；一张一弛，文武之道也。随，弛道也；君子因其时而后弛。不然，则朽木粪土之墙而已矣。

初九，官有渝，贞吉，出门交有功。

"官"，在上临下之称。上爻居高，而非君位，故曰官。此以卦变而言。否上之阳变为阴，而阳来居初，否上九之所谓"倾否"也。变而得正，以交于阴，故吉。否则上下不交。阳既居下，出而随当位得中之阴，"倾否"之功大矣。二在地上，而为人所由，故节二与此皆曰"门"。阴虚受阳之出，故曰"出门"。

《象》曰："官有渝"，从正吉也。"出门交有功"，不失也。

从二则阳下济，而阴保其中正。阳得位，故虽从阴而不自失。

六二，系小子，失丈夫。

卦以阳随阴为义。然倡者在前，则和者踵之，随者相逐，则在后者又进而随之。故爻之相次者，皆为相随。二之阴随阴，四之阳随阳，皆随也。阴小阳大，系恋而相属也。二随三，而失初九之交，不言咎吝而自见。

《象》曰："系小子"，弗兼与也。

二以柔顺中正，本无决于弃阳从阴之志，而既系于三，则不得复与初相倡和。人之立己处人，两端而已矣。一入于邪，则虽有善而必累于恶。损益之友，势无两交；忠佞之党，道不并立也。

六三，系丈夫，失小子。随有求得，利居贞。

阳实而阴虚，舍二从四，往求而有得矣。顾阴之从阳，道之正也，以有得而往，岂其所期望哉！能弗以有得故求而守贞，则合义而利。

《象》曰："系丈夫"，志舍下也。

内卦之阳方随己，而己舍之以从四，是以可贞。

九四，随有获，贞凶。有孚在道，以明何咎！

"获"，得其心也。五阳得位，而四随之，必获其心。乃当随之时，方竞随阴，而四独守贞以依主，苌弘之所以为晋杀，孔融之所以为操害也，虽贞而凶矣。然其所孚者，固道也，能明于倡和之义，上下之分，身虽死而志白于天下，又何咎乎！

《象》曰："随有获"，其义凶也。"有孚在道"，明功也。

"其义凶"者，谓以义而凶，舍生而取义也。"明功"者，唯辨于所从之正，故欲效功于五。

九五，孚于嘉，吉。

五以阳刚居尊位，其往随于上，非歆于利、动于欲也，阴阳翕合以成嘉礼也。四方随己，与之相孚，相率而随上，嘉合成矣，故吉。夫人即有刚健之德，处尊而得辅，亦奚必傲然自恃，不屈以明高乎？随能嘉焉，斯吉矣。

《象》曰："孚于嘉吉"，位正中也。

当位而得中，则随人而非屈。

上六，拘系之，乃从维之，王用亨于西山。

亨，许两反。

周回萦系而不释曰"维"，谓上六为五所联系，不使离也。五位至尊，更处其上者天神；人阳而神阴，故为王者享帝之象。位至高而幽，其与人相接，在有无恍惚之间，不可必得其歆享。而阳屈志尽诚以邀其眷顾，王者正己无求，无强人相合之道，唯用此道以事天而已。《礼》因名山告成于天。兑位正西，而上处高，故曰"西山"。

《象》曰："拘系之"，上穷也。

卦皆有所随。上处卦终，更无所随，穷则将托于冥漠，而不与人相接。非尽精诚以系属之，其能与人相感悦乎？阳之随阴，非道之正，故唯以王者享帝当之，与前五爻别为一义，亦所谓不可为典要也。

# 蛊

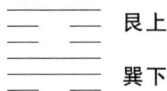

艮上
巽下

蛊。元亨。利涉大川。先甲三日，后甲三日。

先，息荐反。后，胡豆反。下同。

"蛊"之为字，从虫从皿。当伏羲之时，民用佃渔，未有粒食，奉养于人者，以皿盛虫而进之。毛羽鳞介昆，皆虫也。故伏羲以此取义，而谓之蛊。至后世粒食，民得所养，而食虫或遇毒而坏烂，故为毒为坏，非伏羲之本旨也。此卦刚上柔下，下以柔承上，为臣事君、子养父之象。皿盛鲜食而进之，下之养上，柔道也。阳尊在上，阴卑在下，与随异道；名分正，事使顺，阴竭力以事阳，天下治矣，故曰"蛊治也"，言世方治而未乱也。"元亨"者，上下各得其分，而下能致养，于时始亨也。时方极治，上下蒙安，恐将成乎偷窳，故"利涉大川"，在安思险，利在有为，涉险以建功，不可恃已治已安而自废也。"甲"者，事之始。当治之先，必有开治之功，图之迟久而后治，蛊之所以成，非易也。既已治矣，必有保治之事，深思永计以善其终，所以利涉川而保其蛊也，故申言以见慎终如始之道焉。

《彖》曰：蛊，刚上而柔下。巽而止，蛊。

"巽"者，阴顺以入，而体上之志；"止"者，上下安其位而不相凌越；养道也，治象也。

蛊元亨而天下治也。

以卦变言，泰上之阴，来居于初。泰者上下交，为治道之所自开；而蛊则阴受阳交，而承阳以致养，治之成也。天下治者，承平之世也。

"利涉大川"，往有事也。

上下蒙安，而善承上者，岂徒以顺上为得哉！必宣力以效保治之业，故不曰有功，而曰"有事"。

"先甲三日，后甲三日"，终则有始，天行也。

"行"，运行之常道也。由甲至癸，十日循环而运不息，后非永终，先者更有先焉者，天运然也。于治道之已成，必更为兴起有为以垂后，在终若始，乃合天而保治。岂徒恃四海之辑柔以奉己，而遂可晏然哉？

《象》曰：山下有风，蛊。君子以振民育德。

风在山下，入于卑下而振动之，山峙于上，以止其飘扬而勿使逾越。君子治民之道，兴起顽懦，而养其善以止其非，天下之所以治也。风以振之，山以育之，始而兴起，继以养成，教民之序也。

初六，干父之蛊，有子，考无咎，厉终吉。

蛊之为象，柔以承刚。《象》自其已然而言，则为君令臣共而朝廷治之象。周公绎思其理，以臣之事君、子之事父，一也，而臣虽柔顺，当其过亢，且有匡正革命之道；唯子之事父，先意承志，下气怡声，有隐无犯，而不伤于柔，故《爻辞》取义于父子焉。文王当纣之世，顺以奉上，而冀纣之改过以图治。周公承文王之后，道无可加，而唯继志述事，以顺承世德。故各即其体验于己者，示君臣父子之道。圣人之言，皆先行而后从者也。"干"，世也。"干父子蛊"，以养为事也。事父之道，极其柔下，不待父之慈而始敦其爱。二、三重刚在上，威严太过，父不能无咎，而子能尽其孝养，使父太刚之过不形，则蒸乂允若，而亦藉以免咎矣。是则父之严乃以成乎子之孝，终底乎大顺而吉。此一家之治象，为天下治之本也。言"考"者，通存没言之。

《象》曰："干父之蛊"，意承考也。

其屈承父志而柔以致养，发于意之诚，故虽严而愈谨。

九二，干母之蛊，不可贞。

内卦以一阴承二阳于上，有父母同养之象焉。二阴位在中，为母；三阳位在上，为父。于此二爻不言本爻之德，而言初六所以事之者，盖蛊本以阴承养乎阳为义，而所承之阳，其得失可勿论已。《易》之以本爻所值之时位发他爻之旨，若此类者众矣，在读者善通之。子之承事父母，柔顺卑下，唯命是从，蛊之正也。但二以刚居柔，母德不能安静，以顺三从之义，一一顺而下之，则且有如汉之窦后，专制内外，而权移于外戚；甚则人彘之祸，伤心含疚而不可如何。故"干母之蛊"者，有权存乎其间，因其刚而调之，期不失于敬爱而止；必以柔承之而无所裁，则害延于家国，故曰"不可贞"。

《象》曰："干母之蛊"，得中道也。

承其居中之正，而不顺其过刚之为，斯得之。

九三，干父之蛊，小有悔，无大咎。

九三以刚居刚，父之过于严而不中者。起敬起孝，虽逢其恶怒而"小有悔"，然终不失顺承之道，故无大咎。

《象》曰："干父之蛊"，终无咎也。

道尽，则心可以安矣。

六四，裕父之蛊，往见吝。

"裕"，有余之谓。子之事父，柔顺卑逊，极所以养之，岂患有余哉！然孝子尽道以事其亲，无违于礼，则无违于亲矣。而或违道悖礼，以非所得者苟从亲志之私，则将得罪于乡党州闾，贻讥于天下后世，于心岂能无歉乎！外卦以二阴奉一阳，而四以阴居阴，柔过而不知所裁，故其象如此。

《象》曰："裕父之蛊"，往未得也。

往而以贻不善于天下，其不获乎人心者多矣。不言凶悔者，其志顺亲，天下必且有谅之者。

六五，干父之蛊，用誉。

六五柔顺得中，尽道以事其亲者。"用誉"，所谓"人不间于其父母昆弟之言"也。夫子之事亲，岂以要誉哉！然率其情以行，而不问人情之然否，则自谓无过，而所抱疚于天人者多矣。故至于誉，而人子之心可以差安。

《象》曰：干父用誉，承以德也。

心之所安、理之所得谓之"德"。德者，人心之同得，何誉之不至哉！

上九，不事王侯，高尚其事。

爻皆言子之事父，而上九之义别者，处高间之地，为时已过，而安受得中之养，所固然者。无得失，故无吉凶，不待占也，故别取象于逸民无所承事而高亢自养之道焉。与随上言事天，同一变例也。四为侯，五为王，非不屈志以相下，而时当承平之代，无功可建，上下蒙安，无能为"后甲"之图，则乐道以亢志可矣。

《象》曰："不事王侯"，志可则也。

爻言"事"，而《象传》言"志"；既高尚矣，无事之可见，志即其事也。天下宴安，上下各循其分，所虑者，人忘厝火积薪之忧而竞于仕进，逸民不乐在朝廷而轻爵禄，所以风示天下，使知富贵利达之外，有廉耻为重，则冒昧偷安之情知所惩，而以正人心、止僭滥者，其功大矣。

# 临

```
☷ 坤上
☱ 兑下
```

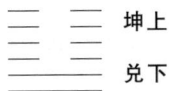

临。元亨利贞，至于八月有凶。

"临"，时已至而治之也。为卦，二阳生出于地位，以兴起人事，将有事焉，以治阴之过，阳进而临阴也。"元亨利贞"，备乾之四德者，阳长而得中，乾道方兴，虽未讫其用，具其体矣。

"八月"，旧说以为自复数之，至遁为建未之月；或谓自泰数之，至观为建酉之月；其说皆本于京房卦气。盖自战国，经学乱而术数兴，汉儒承之，以一定之小数窥测天道，为之限制，而不审于"周流六虚，不可为典要"之变化，执十二卦以象十二月，外此者无所配合，则房又为一卦六日之说以文饰之，乃尚余四卦，则置之无用之地；其为道也，致远而泥者也。且如以否值建申之月，否，天地不交者也，天气上行，地气下降，闭塞而成冬，十月之气也。七月，阳方函阴以成熟万物，岂其不交而否塞乎？董仲舒谓冬至前一日无阳，夏至前一日无阴。阴阳孤绝，天地且不能自立，日月且不能运行，人物且不能呼吸，而何有此一日哉！六阴六阳，纲缊于两间，而太和流行，故乾曰"不息"，坤曰"时行"，非有间断也。执《易》以配律历，执律历以限象占，此亦近世《火珠林》之类，小术破道，以乱"惠迪吉，从逆凶"之理，非文、周、孔子之所有也。临中无遁象，亦无观象。若谓理势之必然，则无卦不有错综之消长。乾之初亦可戒以坚冰，坤之初亦可许以潜龙，何独于刚初长之时，豫忧观、遁于隔岁建丑之月，谓明岁秋期之迫哉？卦中无象，逆亿而为之虑，人可不待筮而一于忧疑，何用《易》乎？且既疑于遁，以谓文王之用周正；又疑于观，以为夏正。文王演《易》之时，方服事殷，殷历未改，八月乃建申之月，岂至德如文王，而乱一王之正朔耶？《彖传》言"消不久也"，使临为建丑之月，待遁与观，而消则久矣。然则所谓"八月"者，合夏，商之正朔而言，皆秋也。《说卦》之位，兑在正西，而于时为秋。临卦，二阳之上一阴为兑；六三，兑之主也。临以刚长治阴为道，至于六三，变其所守，阴柔外比，以悦相靡，故爻言"甘临无攸利"，方幸阳之升，而又以兑终，所为凶也。《传》言"消不久"，谓阳之消阴未久，而又悦从乎阴也。言"有凶"者，抑不必其凶，六三所谓"既忧之无咎"也。

《彖》曰：临，刚浸而长，说而顺，刚中而应。大亨以正，天之道也。

长，知两反。说，弋雪反。

"说而顺"，阴之德也。说则相随，顺则不逆，故刚临之而柔受治。刚既得中，虽未居尊位，可以临矣。"应"谓六五下而听其临也。刚浸长而得中，天道上行，故四德可施也。

"至于八月有凶"，消不久也。

除恶务尽，则消而不复长。六三犹在内卦之上，二阳说其甘而与为体，阴匿乍消，而势盛犹足以相拒，或乘间而复起，或旁激而变生。苻坚虽败，慕容、拓拔复据中国；吕惠卿乍黜，章惇、蔡京复争绍述。必待其根株永拔，而后成乎泰，非一旦一夕之效也。

《象》曰：泽上有地，临。君子以教思无穷，容保民无疆。

"泽上有地"，川泽两岸为平陆也。兑为言说，言"以教"；坤厚载物，容其不肖而保其贤。教而"容保"之，则嘉善矜不能，而教无穷。"容保"于"教思"之后，若教者进于善，不若教者终不弃也，则保之无疆矣。兑抑悦也。临民者以嘉言立教，而不务苟取悦于民，善于用兑者也。

初九，咸临，贞吉。

"咸"，感也。"咸临"者，以感之道临之也。临，以阳临阴而消之，而初九与六四相应，不以威严相迫，而以德感其心，使受治焉，各当位而得正，吉莫尚矣。凡言"贞吉"，有必贞而后吉者，有本正而自吉者，因象而推，其义自见。

《象》曰："咸临贞吉"，志行正也。

行，下孟反。

临者其志，咸者其行。阳长消阴，本君子大正之志而见之行事者，不以威而以德，善其行以成其志，无不正也

**九二，咸临，吉，无不利。**

九二之以感道临六五，犹之初九，而六五虚中以应之，居之安而行无不利矣。

《象》曰："咸临吉无不利"，未顺命也。

九二以刚居柔，不当位，不如初九之正，而能"吉无不利"者，以迫近四阴，阴方凝聚于上，不顺受其临，非刚中相感，使知不缩而速退，则不可以临治未消之阴。故虽过于严，而自足以感，无不利之忧也。

**六三，甘临，无攸利。既忧之，无咎。**

六三与二阳相比，不知己之已即乎消，而居非其位，恋而不舍，徒以阴柔成乎容悦，幸阳之我容，岂能久乎？故"无攸利"。其能自知忧惧，敛而就退，以听阳之临，可以免咎。三为进爻，终于必往，而以柔居刚，与二阳为内卦之体，故犹可施以教戒，望其能忧。

《象》曰："甘临"，位不当也。"既忧之"，咎不长也。

未免有咎，而可望其改，则不终于咎矣。观卦阳居上而欲消，阴宜依之以相留，故以近阳为利，不吉。归阳方长，阴宜速行而远去，故以远阳为吉，而近者不利，亦扶阳抑阴之微权也。

**六四，至临，无咎。**

"至"犹来也。阴，待治于阳者也，若自亢以拒阳，则阳亦不施治焉。是臣不听治于君，妇不听治于夫，小人不听治于君子也。六四以柔居柔，阴过，宜有咎者，乃当位以与初相应，则初自来临，所谓"四海之内，轻千里而来告以善"也，阴无咎矣。

《象》曰："至临无咎"，位当也。

阴阳刚柔皆天地之撰，本俱无过，人体以为性，无不可因以成能，特在用之者耳。禹、稷、颜子，地易而道亦殊，唯其位而已。故爻于当位不当位分得失焉。其有当位而或凶咎，不当位而或吉利，则又因卦之大小险易。若此卦，刚初长而阴消未久，则柔居柔而当位为美，以阳方临阴，阴不宜越位而相亢也。凡《象传》无他

释，但以位分得失言者，准此通之。

六五，知临，大君之宜，吉。

知，如字。

以柔居尊，而下听九二之临，知治我者之善我，而不恃分位以拒之，君道得矣。人之相临以相治，其情正而其迹相违。苟愦不知，则必傲愎而不受。唯虚中体顺而曲喻其忠爱，乃能受其临而不以为侮。君道得，则吉莫尚焉。

《象》曰："大君之宜"，行中之谓也。

君建中以立极，而所谓中者，得刚柔之宜也。知受治于刚，以辅己之柔，则所行无不中矣。

上六，敦临，吉，无咎。

上六坤顺之至，而处卦上，阴将逝矣。时已过，权已谢，委顺以受阳之临，己无所悁留，柔道之敦厚者也。不与阳亢，终履安吉，而于义亦正，非徒敛躬避难，消沮退藏也。

《象》曰：敦临之吉，志在内也。

顺之极，故无相亢之异志。

# 观

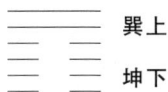

巽上
坤下

观音灌，"观盥""大观""以观""观天""上观""观民也"之观，并同。

观。盥而不荐，有孚颙若。

可观之谓"观"，以仪象示人，而为人所观也。关门县法之楼曰观，此卦有其象焉。可瞻而不可玩，饬于己而不渎于人之谓也。此卦四阴浸长，二阳将消，而九五不失其尊以临乎下。于斯时也，抑之而不能，避之而不可，唯居高而不自媟，正位以俯待之，则群阴瞻望尊严而不敢逼。"盥"者，将献而先濯手，献之始也。"荐"者，已奠爵而后荐俎，献之余也。以阳接阴，以明临幽，以人事鬼之道，故取象于祭焉。既献而荐，人之事鬼，体交而情狎，过此以往，酢酬交作，则愈狎矣。唯夫献之先，主人自尽其诚敬而不与鬼相渎，则其孚于神者威仪盛大而有不可干之象。以此格幽，自能感之，而不在爵俎之纷拏也。

阳之仅存于位，以俯临乎阴；人君于民情纷起之际，君子于小人群起之日，中国当夷狄方张之时，皆唯自立矩范，不期感化，而自不敢异志。若其不然，竞与相争，褻与相昵，自失其可观之德威，未有不反为其所凌者也。然岂徒位之足据哉！言必忠信，行必笃敬，动必庄莅，确然端己而有威可畏，有仪可象，行礼可敬，有义可服，颙若其大正，而后可使方长之阴潜消其侵陵而乐观其令仪。裴度所谓韩弘舆疾讨贼，承宗敛手削地，非有以制其死命而自服，亦此意也。君子之处乱世，阴邪方长，未尝不欲相忮害，而静正刚严，彼且无从施其干犯而瞻仰之，乃以爱身而爱道，盖亦若此。德威在己而不在物，存仁存礼，而不忧横逆之至，率其素履，非以避祸而邀福，而远耻远辱之道存焉矣。

《彖》曰：大观在上，顺而巽，中正以观天下。

"大"谓阳也。阳居五、上，以不媟于下，则阴且顺而巽之，以观其光。所以能然者，唯其履中而刚正，不失其可为仪象者于天下也。

**"观盥而不荐，有孚颙若"，下观而化也。**

"下观"之观，平声，下同。

"下观"，有其观则人观之也。"不荐"则不渎，"颙若"则德威盛于躬。以此道临天下，阴邪自敛而顺化，故四阴皆仰观之。

**观，天之神道，而四时不忒。圣人以神道设教，而天下服矣。**

"观"者，天之神道也，不言不动而自妙其化者也。二阳在天位，自天以下皆阴也。天以刚健为道，垂法象于上，而神存乎其中；四时之运行，寒暑风雷霜雪，皆阴气所感之化，自顺行而不忒。圣人法此，以身设教，愚贱顽冥之嗜欲风气杂然繁兴，而"颙若"之诚，但盥而不轻荐，自令巧者无所施其辩，悍者无所施其争，而天下服矣。

**《象》曰：风行地上，观。先王以省方观民设教。**

居上察下曰"省"。坤为地。"方"者，地之方所。阳君，阴民。"观民设教"者，观五方之风气而调治之，使率彝伦之教也。"风行天上"，君以建中和之极，而开风化之原；"风行地上"，君以因风俗之偏，而设在宽之教。体用交得，而风教达于上下矣。此言"先王"者，先王制之，后王承之以行，皆先王之所设，非但先王为然也。

**初六，童观，小人无咎，君子吝。**

仰而视之曰观。观之为卦，与大壮相错，盖阴长消阳之卦。《易》于遁、否，已为阳忧之；至于观而谓四阴之仰观者，以天位未去，幸群阴之犹有所推戴，而奖之以瞻仰乎阳，圣人之情也。以仰观推戴为义，故近阳者得，远阳者失，许其相亲，而不恶其相迫。"童观"者，所谓童子之见也。初六柔弱，安于卑疏，大观在上，而不能近之以自扩其见闻；小人怗其便安之习，守其鄙琐之识，据为己有，深喻而以为道在是焉，方且自谓"无咎"，以不信有君子远大之规，君子之道所以不明不行而成乎"吝"也。夫小人终身于咎过之涂，可吉可利，而无所往而非咎，故言无咎者，其自谓然也。《易》不为小人谋。

《象》曰："初六童观"，小人道也。

夫小人之道，岂有不可测之意计哉！生于闺庭之中，长于妇人之手，欲而思遂，利而思得，见可喜而疾喜，见可怒而暴怒，拘于微明之察，闻道而以为迂远，虽至于无所不至，而不出其嚅呢霑滞之习。以曹操之奸，而分香卖履，垂死不忘，童年之识留于中而不舍也。故古之戒寇者曰，"弃尔幼志"。欲为君子，莫如弃幼志之为切也。而天下之能弃幼志以从远大之观者，鲜矣。抑孟子曰"大人者不失其赤子之心"，与此异者何也？孟子所谓赤子之心，知爱知敬之心也，然心曰"苟不充之，不足以保妻子"。不失者其体也，充者其用也。无用之体，则痿痹不仁之体而已。学以聚之，问以辨之，宽以居之，仁以行之，知天命而必畏，知大人、圣言而必畏，唯弃幼志以从大观也。四海之大，千载之遥，天道运于上，圣人建其极，苟其不务仰观，则且非之笑之，以为安用彼为，君父可以不恤，穿窬可以不耻，而小人无忌惮之道充塞于天下，愚父兄且以教其子弟，君子安能弗吝也？可畏矣哉！

六二，窥观，利女贞。

六二中而当位，亦可谓之贞，而为主于内卦，以成阴之盛满，知有大观在上，且信且疑，而从门内窃视之，弗敢决于应也，女子之贞而已，其所利者在是也。

《象》曰："窥观女贞"，亦可丑也。

大观在上，不能相近以挽欲消之阳，而中立于群阴之间，以祈免咎，弗能为有无，是以可丑。

六三，观我生进退。

此则吉凶得失之未审，而存乎占者之自审也。六三柔而与坤为体，则退而就阴，其时然也。三为进爻，而较近于五，则进而就阳，其志然也。退不失时，进以遂志，两者皆无过焉，道在观我所行而不在物。自修其身，内省不疚，斯以退不狎于不顺，进不迫于违时，其庶几矣。

《象》曰："观我生进退"，未失道也。

道不失，则进退皆可。

六四，观国之光，利用宾于王。

三修身以俟时，四则可决于进矣。近阳之光，阳所求也。古者乡大夫进士于天子，宾于饮射以兴之。四承五而弥近，故利在受宾兴之礼以进。

《象》曰："观国之光"，尚宾也。

"尚"谓道所贵也。君子之学修，虽耕钓而有天下之志，然必上宾于廷，乃见宗庙之美、百官之富，以先王经世之大法，广其见闻之不逮，故虽衰世之朝廷，犹贤于平世之草野，非窥观者所能测也。

九五，观我生，君子无咎。

言行皆身所生起之事，故曰"生"。自四以下，皆奖阴以观阳，而责其不逮；以阴盛，阳且往，故必正名定分，以扶阳而尊之。至于九五，当群阴方兴且迫之势，固不可恃位之尊，而谓人之必己观也。能为人观者，必先自观。语默动静，有一不协于君子之道，则时去势孤，位且不保。不可从咎在下者之侵陵，而咎实在己。故当此位者，必"观我生"；果其为君子，而后无咎，以其刚健中正之道未亡，责之备也。

《象》曰："观我生"，观民也。

"我生"云者，毕其一生所有事之辞。"观民"，言为大观以示民也。欲为大观于上，令瞻仰之者无不奉为仪则而不敢忽，岂一言一行之足称其望哉！内省而不愧于屋漏，外察而不忒于度数，无所不致其反观，以远咎过，然后愚贱之志欲纷纭竞起，思乘隙而摘之者，无所施其窥伺，则可危可亡，而小人终莫之敢侮。君子之为观于民，自观之尽也。

上九，观其生，君子无咎。

"其"者，在外之辞，谓物情向背之几也。上九无九五之位，而阳将往矣，欲不失其大观也，尤难。内度之己，抑必外度之物；果其所以发迹而见远者，无不中乎物理，可以招携怀远，而允为君子，然后无咎。

《象》曰：观其生，志未平也。

无位而将往，物且轻之，而志不能平。然不可挟不平之志，必尽道以求物理之安。

# 周易内传卷二下

## 上经起噬嗑讫离

## 噬嗑

```
═══  离上
═══  震下
```

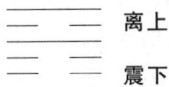

噬嗑。亨，利用狱。

噬嗑之义，《彖传》备矣。为卦，一阳入于三阴之中，而失其位，不与阴相合也；三阴欲连类，而为一阳所间，不能合也。颐之为道，虚以受养，而失位之阳，以实碍之，不能合也。自否而变，以交阴阳而合之，而阳下阴上，皆不当位，其交不固，不能合也。积不合之势，初、上二阳，以其刚制之才，强函杂乱之阴阳于中，而使之合，是啮合也。"亨"者，物不合则志气不通，虽曰啮合，而亦合矣，是噬嗑之亨也。然柔得中，而为离明之主，具知啮合者之矫乱而不固，则且施刑以惩其妄，而不至如六国之君，昏暗傲狠，听说士之诬，以连异志之诸侯，斯亦可远于害。故唯"用狱"，而其邪妄可息也。

《象》曰：颐中有物，曰噬嗑。

"物"者，非所固有之物，谓失位之九四。颐中岂可有物哉！又从而噬以嗑之，增其妄也。

噬嗑而亨。

强噬之而合，足为亨矣，明者所不以为亨而恶之者也。

**刚柔分，动而明，雷电合而章。**

自否之变而言之，否之阴阳聚，而此卦分之。分而下者，不无躁动；分而上者，则为离明之主。雷起于不测，而电章之，则明足以烛动而止其妄矣。

**柔得中而上行，虽不当位，利用狱也。**

"不当位"，谓六五也。变否塞之道，柔自初而上行以得中，照其妄而治以刑，合于义矣，故"利"。两造曰"讼"，上察下恶而治之曰"狱"。

**《象》曰：雷电，噬嗑。先王以明罚敕法。**

"雷电"，《本义》云："当作电雷。"中溪李氏曰："蔡邕石经本作电雷。"离明以明罚，雷动以敕法，所以制疑叛之人心而合之也，故为"噬嗑"。禁令县于上，不率者则谨持而决之。此定法律于未犯之先，故既明则必断，与丰殊用。丰者折狱于已犯之后，法虽定而必详察以下求其情，故既断而必明。噬嗑，先王之道；丰，司寇之道。法定于一王，狱成于良有司也。

**初九，屦校灭趾，无咎。**

"屦校"，施械于足也。"灭"，掩也，没也。械其足，见械而不见足也。初与上为颐体，啮合阴阳之杂而不恤其安，其罪也，故用狱者施以刑焉。然初九虽刚以动，而处于卑下，无坚于妄动之力。否五之阳，自上而下，屈己以合物，未有利焉；二又以柔乘己，有可噬之道，议刑者所不加以重刑，械其足而已。薄惩之则恶且止矣，故可无咎。戒用狱者知其恶之可改，早为惩创，斯得免民于咎之道也。

**《象》曰："屦校灭趾"，不行也。**

戒其妄行，则不行矣。

**六二，噬肤灭鼻，无咎。**

初、上，噬者也；中四爻，受噬者也。大脔无骨曰"肤"。"灭鼻"者，捧大脔而噬，上掩其鼻而不见，噬之刚躁者也。噬而合之，刚以制物，挟威以强物，而以难易之分焉。二以柔居柔，而近初易噬。若肤者，初之上噬，先噬乎二，故迫而有"灭鼻"之象。

然初方动而二遽掩之，有取噬之道焉，则噬之者亦可无咎。此初之罪所以轻，而可薄罚以止之者也。

《象》曰："噬肤灭鼻"，乘刚也。

以其乘刚，故可恣意噬之。

六三，噬腊肉遇毒，小吝无咎。

干兔曰"腊"。三以柔居刚，体虽小而坚，不易噬者也；强欲噬之，则不听命而必相害。彼噬而此拒之，三亦吝矣。"小"谓阴也。然"噬嗑"之义，以不受噬为正，则相持而不从，固无咎也。

《象》曰："遇毒"，位不当也。

以柔居刚，而不受噬，故噬之者遇毒。若二之柔，则噬之易矣。

九四，噬干胏，得金矢，利艰贞吉。

乾，古寒反，下同。

肉带骨曰"胏"。骨横亘于颐中，所谓"颐中有物"也，噬之最难者。"金矢"，金镞之矢，伤人者也。初、上不审势度德，强欲折服之，四必亢而与之争，操矢相加，所必然矣。不受噬者，正也。孤立于中，上下交噬，非"艰"而无以保其"贞"。四不恤其艰而贞不听命，故吉。

《象》曰："利艰贞吉"，未光也。

四以一阳介于群阴之中而失位，则似有求合于阴之情，故初、上乘而噬之。其不欲合之意，未得昭著，非艰以保贞，无由致吉。

六五，噬干肉，得黄金。贞厉，无咎。

黄金，金之贵者。五为离主，而得尊贵之位，故为"黄金"。离之六二为"黄离"，其义也。干肉虽较胏无骨，然亦坚韧而不易噬。六五居中，为离明之主，乃上六以与近而欲噬之，见其位尊而柔，觊得邀宠而分其利。而五以大明中正之德，灼见其情，守贞不惑，严厉以行法，则上且蒙罪而不敢犯，虽立威已过，而非咎也。

《象》曰："贞厉无咎"，得当也。

明以察之，柔而能断，持法得其当矣。

上九，何校灭耳，凶。

"负何"之何本音河，俗读上、去声者非是。

"何校灭耳"，械其项而掩其耳也。六五贞厉，施刑于上九，已何校矣，犹灭耳不听，而强欲噬之以求合。噬之不仁，合之不义，不自罹于死亡不止也。初与上皆噬者也。而凡噬物者，下颔虽任动，而犹知坚脆，以有所避就；上颔坚立于上，物至则折，而无所择，其为贪狠倍甚。且二乘刚，有可噬之道，五虚中明照，非可噬者，惩之而不知戒，恃刚强制，故罪烈于初，而允为凶人，用刑者所宜加以怙终之贼刑也。

《象》曰："何校灭耳"，聪不明也。

"聪"，耳官之司听者。何校而犹不听命，必欲啮合，故其恶甚。

# 贲

```
━━  ━━  艮上
━━  ━━  离下
```

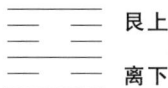

贲。亨，小利有攸往。

天地之大文，易知简能，而天下之理得。故纯乾纯坤并建以立《易》体，而阴阳刚柔各成其能；上清下宁，昼日夕月，水融山结，动行植止，不待配合而大美自昭著于两间。圣人体天之不贰以为德之纯，极变蕃之用而皆贞夫一，而盛德之光辉自足以经纬乎万物。若其疑此之有余，忧彼之不足，一刚而即间以一柔，组五色以成章，调五味以致和，美不足而务饰之，饰有余则诚愈不足矣。词赋，小技耳，司马相如非知道者，且以一经一纬、一宫一商为非赋心之所存，况君子以建中和之极者乎！

贲之为卦，一阳甫立，即间以一阴，至于五而又改其常度，一阴而间以一阳，萋斐以成贝锦，人为之巧毕尽，阴阳之变至此极矣，是不足与于天地之大文，而徒为贲饰也。阳为性、为德，阴为情、为养。以阴文阳，则合乎人情而可亨；以阳文阴，则虽顺人情以往，而缘饰之以不诡于道，则“小利有攸往”。“小”谓阴也。虽亨虽利，非大始自然之美利，而不足于贞。《彖》于四德，有亨利而无元贞。夫子筮得贲而惧，以此也夫！

《彖》曰：贲亨，柔来而文刚，故亨。分刚上而文柔，故小利有攸往。

“贲亨”，言贲之所以亨者，阳之亨；“小利有攸往”，阴之利，非阳之利也。自上接下曰“来”。一阳之上，一阴即至，以相错而文之。阳道本质实而刚正，阳甫动而阴即来，虚柔以适于人情，刚不戾物，而贵贱灵蠢皆乐观而就之，阳道亨矣。“分”谓泰之变，从三阳之中，分而往上也。柔在上而易流，或至泥于情欲而违于理；刚舍中位，离其类而上，以止阴之过，则声色臭味皆有节而不拂于理，阴之往乃以利焉。"文刚"以宣阳于有余，"文柔"以节阴之不足，斯亦天理之节文，而止于亨利者。君子之道，时行时止，即质即文，而斤斤然周密调停，以求合于人情事理，则抑末而非本也。

　　**天文也。文明以止，人文也。**

　　《本义》云："先儒说'天文'上当有'刚柔交错'四字。"愚按：其为阙文无疑，但未定其为"刚柔交错"否耳。此言天道人情，固有贲之理势也。"文明"者，离一阴内函，二阳外见，有文而必著于外。"止"者，艮阴长而阳限其上，有所限而不能踰也。人之有情必宣，有志欲见，而风气各殊，止于其所，习而不迁，此古今之异趣，五方之别俗，智愚之殊致，各有其美，犁然别白，而自止其所安均为人文而相杂以成章者也。贲之文饰，非天地自然易简之大美，然天人亦固有之，所以阴阳之变必有贲也。

　　**观乎天文以察时变，观乎人文以化成天下。**

　　此言圣人用贲之道也。刚柔杂糅，交错以致饰，既为天道人情之所固有，圣人观而知其必然，而所以用之者，则不因天之变而易其纯一之道，不随人之变而伤其道一风同之至治。故天人虽贲，而圣人之治教自纯。天合四时而一致，而当寒暑相授之际，则一雨一霁，一温一凉，与夫日月五纬之交错于黄道内外，圣人观而察之，以审时之变，节宣以行政令，乃以当变而不失其常。人之风气习尚，粲然殊致，而各据其所安；圣人观风施化，因其所长，济其所短，不违其刚柔之则，而反之于淳。自非圣人，因贲而与之俱贲，则随化以流，而与人争美利于小节，贲之所以可惧也。夫子既释《彖》义，而引伸以言。贲虽非大美之道，而圣人善用之，则治教资焉，特非大贤以下所可庶几耳。

　　《象》曰：山下有火，贲。君子以明庶政，无敢折狱。

　　"山下有火"，明有所止；不及高远而照近，则纤悉皆见。"庶政"，事物之小者，如《周官》翟、庶、赤犮、服不之类，明察其理，而制为法以授有司，使详尽而不敢欺。"无敢折狱"者，赦小过，而得情勿喜，以矜全民命也。使饰法以文致之，则人无以自容矣。《大象》皆取法卦德之美，独于贲、夬二卦有戒辞焉。智、仁、勇皆天德，而非仁以为之本，则智伤于察，勇伤于傲，自恃为德而以损天下，故君子慎德，尤于此致警焉。

初九，贲其趾，舍车而徒。

初九以刚居下，介然独立，二来饰己，而己无所施饰于人，则修其践履，淡泊明志，虽锡以车，不受而安于徒步。《礼》：大夫不徒行。

《象》曰："舍车而徒"，义弗乘也。

非无饰己者，以方在潜处，义不得徼贲以为荣。

六二，贲其须。

贲有颐之象。"须"，绕颐而生者也。二以阴饰初、三之阳，三亦以阳饰二，上下交受饰焉。饰于物而徒为美观，其为文也抑末矣。

《象》曰："贲其须"，与上兴也。

"上"谓九三。"兴"，动也。二与初犹为交饰，于三则受饰而已。柔不能自明，因阳而显，则亦随物而动尔。

九三，贲如濡如，永贞吉。

三下饰二而上饰四，二、四抑交饰乎三；阴有润物之能而未免于相染，故有"濡如"之象，必"永贞"而后吉。所以可有"永贞"之吉者，以阳刚得位，即受其润，而可不受其染。若六二虽当位，而柔之文刚，徇情贬道，以取悦于人为美，不如刚之文柔，以道饰情为有节也。

《象》曰：永贞之吉，终莫之陵也。

柔而资饰于人，则物必陵之。刚虽与柔交饰，自可不失其正，阴其能陵之哉！

六四，贲如皤如，白马翰如，匪寇婚媾。

"皤"，老人发白貌，无文者也。"翰如"，疾走如飞也。贲卦俱阴阳交错，而四承六五，纯而不杂，虽下饰三而"贲如"，上固无饰于五而"皤如"也。言"白马"者，五无所施饰于四，以素相接也。"翰如"，五疾走以合于四也。于阴阳杂糅之世，初得此相承之交，故相就速也。五受饰于上而不我饰，故疑于为寇，而同类相求，保其贞素，则固与相和合矣。非阴阳交而言"婚媾"者，相错之世，则以合德为相好也。

《象》曰：六四当位，疑也。"匪寇婚媾"，终无尤也。

自四以下，阴阳各得其位以相饰。至于四，而所望于五者，阳之来饰；乃五与上交饰，而于四则两阴相若，无所于贲，四之所以疑为寇也。既相比合，以留未散之朴，又何尤焉！

六五，贲于丘园，束帛戋戋，吝终吉。

"戋戋"，帛幅狭小貌。"邱园"，抱道隐居之地。六五居中静正，有其德而上贲之，欲其抒所藏以光济于下，而五柔退无外饰之情，俭以待物，故吝。然时方竞于交饰之文，文有余则诚不足，固不如敦尚俭德者之安吉也。

《象》曰：六五之吉，有喜也。

乐其道，则物自宜之。

上九，白贲，无咎。

上分刚以文柔，而不受物之贲，盖率其诚素，以节柔之太过，而无求荣之心者也。虽不得位，固无咎。

《象》曰："白贲无咎"，上得志也。

居上则身处事外，得行其志，不借外物之相饰。

# 剥

```
━━━━　━━　　艮上
━━　━━　　　坤下
```

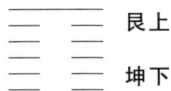

剥。不利有攸往。

自外割削残毁，以及于内，曰"剥"。此卦阴自下生，以迫孤阳之去。害自内生，而谓之剥者，主阳而客阴，君子辞也。"不利有攸往"者，阳也。阴柔之凶德，于时方利，即恶极必倾；而《易》不为之谋，唯戒阳之往而已。有所行，皆谓之"往"。艮以止为德，处阴盛已极之世，止而不行，犹免于害；害即不免，犹不自失；若更有攸往，不但凶危，尤义之所不许也。义之所不许者，不足以利物矣。

《彖》曰：剥，剥也。柔变刚也。

重言"剥也"者，言阳之剥丧，阴剥之也。变者，阳退而之幽，阴进而之明，变易其幽明之常。初、三、五皆刚爻，而柔居之，甚言阴之乘权也。

"不利有攸往"，小人长也。

长，知两反。

小人长，利在小人矣。利在小人，则害在君子，道宜止而不宜行。

顺而止之，观象也。君子尚消息盈虚，天行也。

观，古玩反。

卦象极于凶矣，而君子当其世以图自处，抑自有剥而不剥之道焉。阴长之卦，自姤而遁而否，早为君子道消，至于观而益迫矣，顾不以为君子危，而奖众阴以观在上之阳；又极于剥，阳已失其尊位，为君子谋者，视阴之极盛，勿以其不利为虑，而取坤之顺德，顺而受之，止于上而不妄动，亦有"盥而不荐，有孚颙若"之象焉。故视五为"贯鱼"之"宠"，犹观之"宾王"也。上自以为

"舆"，犹观之"观民"也。世自乱而己自治，横逆自加而仁礼自存。盖时未可与论得失顺逆之常理，而因其消而息之，方虚而盈者不失，修身以立命，则昼夜屈伸、运行不息之道在己矣。虽不利于攸往，而非无可合之义，特非达天者不能也。

《象》曰：山附于地，剥。上以厚下安宅。

此全取山、地之象，而不依卦名立义者也。言"上"者，非先王盛世之事，抑非君子尚志不枉之义。一阳孤立，仅有高位，何固图存，则用此象为得也。"厚下"，取坤之载物，养欲给求以固结人心。"安宅"，取艮之安止，自奠其位也。民依于君，君亦依于民，则虽危而存矣。

初六，剥床以足，蔑贞凶。

"床"，所安处者。"以"，犹及也。所见不明，不知有而藐忽之曰"蔑"。阴以载阳，使安居于上，阴之正也。初六卑下柔暗，沈溺于积阴之下而不能自振，虽力不足以剥阳，实陷于邪，以倾阳者深矣。迷于贵贵尊贤之义，藐大人而不知畏敬，自为凶人，天下亦受其凶危矣。

《象》曰："剥床以足"，以灭下也。

"灭"，沉没也。暗为阳害于下，以其沉没于幽暗之中，而不知奉阳之为正也。

六二，剥床以辨，蔑贞凶。

"辨"，床干也。较足而近矣，其不知有正犹初也，故凶亦如之。

《象》曰："剥床以辨"，未有与也。

与，羊洳反。

自恃其居中得位，为群阴之主，而与阳若不相与，然则剥之而无忌。夜郎王岂知《汉》之大哉！

六三，剥之无咎。

谓于剥之世，独能无咎也。与群阴居，不能拔出自奋，以拯阳而定其倾，而心不忘于贞顺，与上相应，如狄梁公之事女主、关羽之为曹操用者，君子曲谅其志。

《象》曰："剥之无咎"，失上下也。

上下各二阴，三不与之相得，志在上九。

六四，剥床以肤，凶。

四近阳而与艮为体，非不知有贞，而茫昧以自沈溺者，爻值退位，下而与群阴相比，以迫阳而剥之，此华歆、崔胤外交贼臣以丧国者，其志惨，其祸深矣。"凶"，谓上九受剥而凶也。

《象》曰："剥床以肤"，切近灾也。

为上九危之。

六五，贯鱼，以宫人宠，无不利。

天子进御之制，王后当夕于月望，初自御妻、嫔、夫人而渐进。"贯鱼"，自下而上之序也。"以"犹率也。六五柔，居中位尊，以上承乎阳，阳一而阴众，有后率群妾以分君宠之象。五阴，盛之极矣，乃独以切近剥肤，归恶于四，而五不言剥者，不许阴之僭大位以逼孤阳，因其得中而密近于上，节取其善焉，圣人不得已之深情也。"无不利"者，所以奖阴之顺承，而歆之以利也。

《象》曰："以宫人宠"，终无尤也。

能率群阴以承事乎阳，可无尤矣。阴虽处极盛之势，固有救过之道。后唐明宗焚香祝天，愿中国早生圣人，庶几此义焉。

上九，硕果不食，君子得舆，小人剥庐。

群阴盛极，一阳仅存于上，"硕果"也。"不食"，不为人所食，言不用于世也。当剥之世，功无可与立，道无可与行，上高蹈远引，安止而不降其志，虽不食，而俯临浊世，其可以驾御之道，自在"得舆"矣。彼小人者，虽朋邪以逞，徒自剥其庐而已。"庐"，所以荫己而使宁居者。一阳覆上，本阴之所藉荫者；君子不屑与施治教，则庐剥矣。群邪得志，君子方超然卓立于其外，不歆其富贵，不屈其威武，虽无拨乱反正之功，而阴以留正气于两间，则名义不亡于人心。当时之小人不被其荫，而终不能掩其扶持世教之道，然则"攸往不利"，而亦何不利哉！

《象》曰："君子得舆"，民所载也。"小人剥庐"，终不可用也。

无君子则世无与立，阴虽盛，不能不载君子。"小人剥庐"，亦何所用乎？徒自失其依止而已。郑忆翁云："天下皆秋雨，山中自夕阳。"

# 复

```
☰ ☷  坤上
☳     震下
```

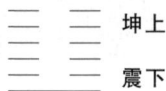

复。亨，出入无疾，朋来无咎。反复其道，七日来复，利有攸往。

还归其故曰"复"。一阳初生于积阴之下，而谓之复者，阴阳之撰各六，其位亦十有二，半隐半见，见者为明，而非忽有，隐者为幽，而非竟无，天道人事，无不皆然，体之充实，所谓诚也。十二位之阴阳，隐见各半，其发用者，皆其见而明者也。时所偶值、情所偶动，事所偶起，天运之循环，事物之往来，人心之应感，当其际而发见。故圣人设筮以察其事会情理之相赴，而用其固有之理，行其固然之素位，所谓几也。几者，诚之几也，非无其诚而可有其向也。是则爻见于位者，皆反其故居，而非无端之忽至矣。

然姤一阴下见，不可谓之复者，阳位乎明，阴位乎幽，阳以发，阴以居，道之大经也，则六位本皆阳位，阴有时践其位，而固非其位，故阳曰复，而阴不可曰复。且初、三、五，本阳位也，积阴犹盛，而阳起于初，得其所居，亦有复之义焉。

阳一出而归其故居，则不可复御，阴得主而乐受其化，故"亨"。自幽而出见曰"出"；入乎积阴之下，而上与阴相感曰"入"。"疾"，患也。一阳初发，为天心始见之几，致一无杂，出无疾也；一阳以感群阴，阴虽暗昧，而必资阳以成化，情所必顺，入无疾也。"朋"谓五阴相连而为党也。"来"，下相接也。阴犹极盛，疑有咎焉，而阳震起于下，以受阴而入与为主，则朋阴之来，非以相难，而以相就，固无咎也。

以人事言之：在事功，则王者不易民而治，而圣作于创业之始，多士多方，虽繁有其徒，皆抚之以消其疑贰；在学术，则君子不绝欲以处，而仁发于隐微之动，声色臭味，虽交与为感，皆应之以得其所安，不患朋之来，而特在初几之贞一尔。

"反复其道"者，言有反有复者其道也。诚之所固有、几之所必动也。七者，少阳之数。数极于六，不可复灭，必上生至于七，而阳复萌也。天道之固然，即人事之大顺。由此以往，愈引愈出，而阳益生，皆一阳震起之功也。率此而推行之，世无不可治，而人无不可为尧舜也。

《彖》曰：复亨，刚反。

复之亨，以刚之反于位也。

动而以顺行，是以"出入无疾，朋来无咎"。

以动而行乎顺之中，则于己无患其孤，而物虽赜，不足以相碍。故特患其不动耳，无忧物之不顺也。

"反复其道，七日来复"，天行也。

天之运行恒半隐半见。日过一度，周而复出于地，于此可想阴阳具足，屈伸于幽明，而非有无也。"七日"者，数极则反之大概；旧说谓自姤至复，于《易》卦、天数俱不合，今不从之。

"利有攸往"，刚长也。

长，知两反。

不动则渐向于消，动则必长。往而进焉，继起之善，相因必至，故虽一阳乍生，而可谓之长。

复其见天地之心乎！

此推全体大用而言之，则作圣合天之功，于复而可见也。人之所以生者，非天地之心乎？见之而后可以知生；知生而后可以体天地之德；体德而后可以达化。知生者，知性者也。知性而后可以善用吾情；知用吾情，而后可以动物。故圣功虽谨于下学，而必以"见天地之心"为入德之门。天地之心不易见，于吾心之复几见之尔。天地无心而成化，而资始资生于形气方营之际，若有所必然而不容已者，拟之于人，则心也。

乃异端执天地之体以为心，见其窅然而空、块然而静，谓之自然，谓之虚静，谓之常寂光，谓之大圆镜，则是执一嗒然交表、顽而不灵之体以为天地之心，而欲效法之。夫天清地宁，恒静处其域而不动，人所目视耳听而谓其固然者也。若其忽然而感，忽然而合，神非形而使有形，形非神而使有神，其灵警应机，鼓之荡之于无声无臭之中，人不得而见也。乃因其耳目之官有所窒塞，遂不信其妙用之所自生，异端之愚，莫甚于此。而又从为之说曰：此妄也，不动者其真也。则以惑世诬民，而为天地之所弃，久矣。

故所贵于静者，以动之已亟，则流于偏而忘其全，故不如息动而使不流，而动岂可终息者哉！使终息之，而槁木死灰之下，心已丧尽。心丧而形存，庄周所谓"虽谓之不死也奚益"，而不知自陷其中也。程子曰："先儒皆以静为见天地之心，不知动之端乃天地之心。"非知道孰能识之！卓哉其言之乎！

自人而言之，耳目口体与声色臭味，皆立于天地之间，物自为物，己自为己，各静止其域而不相摄，乃至君臣、父子、兄弟、夫妇，各自为体而无能相动，则死是已。其未死而或流于利欲者，非心也。耳目口体之微明浮动于外，习见习闻，相引以如驰，而反诸其退藏之地，则固顽静而不兴者也。阳之动也，一念之几微发于俄顷，于人情物理之沓至，而知物之与我相贯通者不容不辨其理，耳目口体之应乎心者不容于掩抑，所谓恻隐之心是已。恻者，旁发于物感相蒙之下；隐者，微动而不可以名言举似，如痛痒之自知，人莫能喻也。此几之动，利害不能摇，好恶不能违，生死不能乱，为体微而为用至大；扩而充之，则忠孝友恭、礼乐刑政，皆利于攸往而莫之能御。则夫天地之所以行四时、生百物，亘古今而不息者，皆此动之一几，相续不舍，而非窅然而清，块然而宁之为天地也，审矣。

邵子之诗曰："一阳初起处，万物未生时。"其言逆矣。万物未生处，一阳初动时，乃天地之心也。然非特此也。万物已生，而一阳之初起，犹相继而微动也。又曰"玄酒味方淡"，是得半之说也。淡可以生五味，非舍五味而求其淡也。又曰"大音声正希"，则愈非矣。希声者，声之余也，是剥上之一阳也。金声而后玉振之，帝出乎震，声非希也，限于耳官之不闻而谓之希也。其曰"天心无转移"，则显与"反复其道"之旨相违矣。天地之心，无一息而不动，无一息而非复，不怙其已然，不听其自然。故其于人也为不忍之心，欲姑置之以自息于静，而不容已。而岂大死涅槃、归根复命、无转无移之邪说所得与知哉！是则耳目口体止其官，人伦物理静处其所，而必以此心恻然悱然、欲罢不能之初几，为体天地之心而不昧。自其不流于物也，则可谓之静，而固非淡味希声以求避咎也。

是心也，发于智之端，则为好学；发于仁之端，则为力行；发于勇之端，则为知耻；其实一也。阳，刚之初动者也；晦之所以明，乱之所以治，人欲繁兴而天理流行乎中，皆此也。一念之动，以刚直扩充之，而与天地合其德矣，则"出入无疾，朋来无咎"，而攸往皆利。故曰：作圣合天之功在下学，而必于此见之也。

《象》曰：雷在地中，复。先王以至日闭关，商旅不行，后不省方。

"至日"，冬至也。"后"谓诸侯。"省方"，行野而省民事也。雷在地中，动于内以自治，而未震乎物。民以治其家，君以治其朝，而无外事焉，所以反身自治而立本也。言"至日"者，自至日为始，尽乎一冬之辞。若云但此一日，则商旅暂留于逆旅，愈羁縻而不宁；后之省方，岂旦出暮归而但此一日之不行乎？民则至日以后，寒极而息，以养老慈幼，而勤修家务；后则息民于野，而修明政事，俟始和而颁行之，皆动于地中之象也。

自京房卦气之说，以冬至一日当复之初爻，限十二卦为十二月之气，拘蔽天地之化于十二卦之中，既无以安措余卦，则又强以六日一卦文致之，说愈不通。使其果然，则冬至后之六日，何以为"迷复之凶"耶？又云"七日来复，自姤数之"，则十二日而卦变尽，又自相悖戾矣。以冬至一日闭关为义，谓应时令，观值八月，阴气方盛，又何日独宜"省方"？姤当夏至阴生，又何宜"施命"哉？天之有四时十二中气，自其化之一端；而八卦之重为六十四卦，又别为一道，相错而各成其理，并行而不相袭，自不相悖，造化之神所以有恒而不可测也。京房者何足以知此哉！其说行，而魏伯阳窃之以为养生之术，又下而流为炉火彼家之妖妄，故不可以不辨。

初九，不远复，无祇悔，元吉。

"不远"，速而近也。"祇"，语助词，言不至于悔也。初爻为筮之始画，一成象而阳即见，故曰"不远"。推之于心德，一念初动，即此而察识扩充之，则条理皆自此而顺成，不至于过而有悔，此乾元刚健之初几，以具众理，应万事，而皆吉矣。

《象》曰：不远之复，以修身也。

"身"者，最其不远者也。乃动而出以应物，得失休咎，听之物而莫能自必，虽刻意求善，而悔亦多矣，何也？得物感而始生其心，后念之明，非本心之至善也。方一起念之初，毁誉吉凶，皆无所施其逆亿，而但觉身之不修，无以自安，则言无过言，行无过行，卓然有以自立矣。以诚之几，御官骸嗜欲而使之顺，则所谓"为仁由己"、"不下带而道存"也。

六二，休复，吉。

人依树荫以息曰"休"。六二柔而得中，下近于阳，乐依其复，所谓"友其士之仁者"，与吉人居，则吉矣。

《象》曰：休复之吉，以下仁也。

屈意而乐亲之曰"下"。不远复以修身，仁人也。下与之依，故吉。凡阴居阳上，类以"乘刚"为咎，此独言下而非乘者，一阳下动，以资始之德震动群阴，非阴之敢乘，而五阴顺序以听其出入，无相杂以相尤，静以待动，其德不悖也。《易》之不可以典要求也，类然。

六三，频复，厉无咎。

"频"与"濒"通，字从涉，从页，隶文省水尔，近而未即亲之辞。六三去初较远，不能如二之下仁，而与震为体，进而临乎外卦，其于复道不远矣。然心严厉自持，不与上六相应，而后"无咎"。以柔居刚，非一于柔者，故可有"厉"之象焉。

《象》曰：频复之厉，义无咎也。

义不得与阴相昵，而上应"迷复"也。

六四，中行独复。

就五阴而言之，四为中矣。处上下四阴之中，四阴环拱，欲奉之为主，几于不能自拔。乃柔而得位，又为退爻，舍同类而下应乎初，乐听其复。不言吉者，卓然信道，非以谋利计功，不期乎吉者也。

《象》曰："中行独复"，以从道也。

初之德仁，而又其正应，道所宜从也。

六五，敦复，无悔。

六五居尊位，疑可以与阳相亢，不听其复，乃为坤之主，厚重自持，则阳方长而己不拒，静以听动，无悔之道也。

《象》曰："敦复无悔"，中以自考也。

"考"，省察也。位虽居中，而度德相时，自省其不足，而顺静以退听，熟审于贞邪以待治，何后悔之有！

上六，迷复，凶，有灾眚。用行师，终有大败，以其国君凶，至于十年不克征。

四处群阴之中而退听，五履至尊之位而大顺，皆不禁阳之来复。上六远阳已甚，恃其荒远，欲为群阴之长，亢而不屈，不度德，不相时，迷而凶矣。初方奋起，震群阴而施化，朋来无咎，固无所猜疑于上六而惩创之。而上六既反天道，人不致讨，天且降以水旱之灾，薄蚀之眚，乃亢极而无自戢之情，怙其阴险，复行师以与初争胜败，师丧而命之不保，必矣。上六非天子之位，故称国君，诸侯之负固不服者也。"至于十年不克征"，谓初九荡平之难也。隗嚣死而陇右不下，陈友谅殪而武昌未平，其象也。以学者之治身心言之：仁之复也，物欲之感皆顺乎理，而余习存于几微，不易消除，非义精仁熟，仍留未去，故程子有"见猎心喜"之说。克之之难如此，特为初爻重戒之

《象》曰：迷复之凶，反君道也。

非君道而欲为之君，群阴且不从，况阳之震起者乎！

# 无妄

```
━━━━━  乾上
━━━━━
━━━━━
━━━━━
━  ━
━━━━━  震下
```

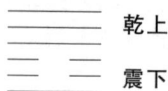

无妄。元亨利贞。其匪正有眚，不利有攸往。

"无妄"云者，疑于妄而言其无妄也。若非有妄，则不言无妄矣。时当阴积于上，阳秉天化，以震起而昭苏之，则诚所固有之几也。乃此卦天道运于上，固奠其位，二阴处下，非极其盛，而初阳震动，非以其时，理之所无，时之或有，妄矣。然自人而言则见为妄，自天而言，则有常以序时，有变以起不测之化，既为时之所有，即为理之所不无。理，天理也。在天者即为理，纵横出入，随感而不忧物之利，则人所谓妄者，皆无妄也。君子于天之本非有妄者，顺天而奉天时，于妄者深信其无妄，而以归诸天理之固有，因时消息以进退，而不敢希天以或诡于妄。故天道全于上，天化起于下，元亨利贞，四德不爽。而其动也，非常正之大经，于人或见为"眚"。若日月之运行，自有恒度，诚然不相凌躐，而人居其下，则见为薄蚀，必退而自省，不敢干阴阳之变，以成人事之愆，所以"不利有攸往"。言其"匪正"者，未尝非元亨利贞之道，而特非人所奉若之正也。故曰：无妄，灾也；非天有灾，人之灾也。

《彖》曰：无妄，刚自外来，而为主于内。

外卦皆阳，阳与阳为类，而一阳离其群，间二阴而在下，以主阴而施化。又自遁之变言之，九三之阳，入而来初，于将遁之世，返归于内，以主二阴。其来也，欲以为主，非无情也。有情，则虽不测之变，而固非妄矣。

动而健，刚中而应，大亨以正，天之命也。

其动也，承健而动。五刚中而二应之，不失其正，则非无所禀承而动者。虽非时序，而承天固有之四德，唯其所施而可矣。天道有恒而命无恒，故曰"莫非命也，顺受其正"者，存乎君子尔。

"其匪正有眚，不利有攸往"，无妄之往，何之矣！天命不祐，行矣哉！

"其匪正"者，即此"大亨以正"之命，而有时不循其常，人不与之相值，则于人非所应受之命也。夷齐不遇虞、夏之世，孔子不与三代之英，天命自成其一治一乱之恒数，而于君子则为变。日月之眚，当其下者不利，亦此理也。昧其变而不知止，谓天命实然，或随时以徼利，或矫时而冥行，则违人情、悖物理，所往必穷矣。天之命本非祐己，而可行矣乎哉？

盖天之大命，有千百年之大化，有数十年之时化，有一时之偶化；有六合之大化，有中土之时化，有一人一事之偶化。通而计之皆无妄，就一时一事而言之，则无妄者固有妄也。有所祐、有所不祐者，圣人不能取必于天，况择地相时以自靖之君子乎！人子之于父母也，小杖则受，大杖则走。命之以非己所当为，则夫已多乎道。非是则不足以事亲，亦此道尔。

《象》曰：天下雷行，物与无妄。先王以茂对时，育万物。

"茂"，盛也。"对"犹应也。雷承天而行发生之令，不必有定方定候，而要当物生之时。物与之无妄者，物物而与之，启其蛰，达其萌，灵蠢良楛无所择，而各如其材质，皆不妄也。以无择为盛，以不测为时，此其为无妄者，虽若有妄，而固无妄也。先王不以此道用之于威福，恐其刑已滥而赏已淫，虽自信无妄，而必有妄矣。唯因万物之时，天所发生之候，行长养之令，金、木、水、火、土、谷惟修，草、木、鸟、兽咸若，使之自遂其生，则道虽盛而无过。然所谓"对时"者，因天因物以察其变，非若吕不韦之《月令》，限以一切之法也。

初九，无妄，往吉。

无妄之"不利有攸往"者，业已成乎无妄之世，更不可往也。"往吉"者，以其无妄而往也。初九承天之命，以其元亨利贞之德信诸心者，动而大有为，立非常之功，如伊尹之放太甲，孔子以匹夫作《春秋》，行天子之事，则先天而天弗违，往斯吉矣。

《象》曰：无妄之往，得志也。

心安而人莫不服。

六二，不耕获，不菑畲，则利有攸往。

田间岁而垦曰"菑"。岁耕成熟曰"畲"。不耕而获，不垦而熟，有代之于先者也。初九为震之主，以其不妄之诚，创非常之业；二柔得位而居中，虽与震为体，而动不自已，静听以收其成，则往而利。言"则"者，戒占者之勿效人动而亦动也。无妄之为，非诚信于己者，不可躬任其事。自初而外，皆以安静为得。不然，则虽合义守贞，而固匪其正也。

《象》曰："不耕获"，未富也。

不言"菑畲"者，义同则举一而可括也。不耕而获，其所收者亦薄矣。唯不贪功利，故能以静御动而往利。

六三，无妄之灾，或系之牛，行人之得，邑人之灾。

此以遁之变而言也。"或系之牛"，遁之所谓"巩用黄牛之革"也。"行人"谓初九，"邑人"则三固居其位者也。二欲系阳于三，而阳来居初，为初所得，三以柔不当位，而外卦之健行且责其不敏，故"灾"。灾，自外至者也，非三之自取，初使之然，程子所谓"无妄之祸"也。

《象》曰：行人得牛，邑人灾也。

邑人之有罪而蒙灾，妄也。然失牛于其邑，不责其人而谁责？则亦非妄也。灾既非妄，安受其咎可矣，故不言凶。

九四，可贞，无咎。

四与初相应，以刚济刚，非能静以处无妄者。然动以诚动，有唱必有和，有作之者必有成之者，谅其诚而与同道，亦不失其正而得无咎。"可"者，仅可之辞。

《象》曰："可贞无咎"，固有之也。

动而无妄，固有其事，则抑固有其理。谅其非妄而与之相济可尔。

九五，无妄之疾，勿药有喜。

天位至尊，而初拥震主之威，以立非常之功，五之疾也。然五中正得位，坦然任之，而不疑其妨己，而亟于施治。初九之志，本非逼上，功成而坐受其福矣。

《象》曰：无妄之药，不可试也。

疑之则姑试之，不知其疾固无妄者，可勿药也。成王之于周公，始试药之而四国乱，终勿药而王室安。

上九，无妄行有眚，无攸利。

初以阳刚震起，代天而行非常之事。上九晏居最高之地，处欲消之势，不能安靖以抚驭之，而亢志欲行，则违时妄动，自成乎"眚"而"无攸利"矣。

《象》曰：无妄之行，穷之灾也。

时已过，位已非其位，权已归下，恃其故常而亢志以行，高贵乡公之所以自毙也。

# 大畜

```
☶ 艮上
☰ 乾下
```

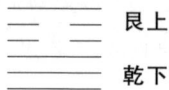

大畜。利贞，不家食，吉，利涉大川。

"大"，阳也。大畜，以阳畜阳也。艮者，乾道之成，以止为德，以一阳止二阴于中而因以止乾，其用虽柔，而志则刚。用柔以节乾之行于内，所以养其德而不轻见，待时而行，则莫之能御矣。乾畜美于内，精义以尽利，敦信以保贞，备斯二德，皆艮止之功也。不及元亨者，止而未行，长人之德未施，云雨之流形有待也。"不家食"者，受禄而道行也。以刚健大有为之才，止而聚于内，以不苟于行，家修之事也；而止之者，将以厚其养而大用之，待其汲引以进，与艮之一阳，志道合而利见，受禄不诬矣。"利涉大川"者，健于行而姑止，止之者又其同志，以之涉险，蔑不济矣。小畜，畜之者之志异，故相持而不解。大畜，畜之者之道同，故相待而终行。

《彖》曰：大畜，刚健。笃实辉光，日新其德。

赞大畜之德，其美如此其至也。"刚健"，乾之德也。"笃实辉光"，艮之德也。艮所以为笃实者，阴道敛而质，静而方，止于内而不亢，则务本敦信之道也。乾之刚健，力行不倦，而艮以静敛之，又以光昭之志，著见于外，使乾信其诚，而益务进修，日畜而日新矣。乾之六爻，外三爻，其功化也；内三爻，进德修业也。畜其德业，而不急于功化，则学问益充，宽仁益裕，德自日新而盛，其资于养者深矣。君子之自修，则韫玉以待沽；明王之造士，则誉髦以成德也。

刚上而尚贤，能止健，大正也。

"尚"，进也。刚出乎二阴之上，居高以倡，引阳而进之，以进之道止之，诱掖奖进，使精其义，故"利"。健行者恐过于敏，以止之道进之，使敦厚其德，非"大正"者不能，故"贞"。

"不家食吉"，养贤也。

养其德而使日新，则受以禄，而位与德相称而吉矣。

"利涉大川"，应乎天也。

有艮上一阳与乾合志，则踌躇以涉险，自有同心之助。乾秉天德，易以知险，有应则弥利矣。

《象》曰：天在山中，大畜。君子以多识前言往行，以畜其德。

识，式吏反。行，下孟反。

天者，资始万物之理气也。山虽地之形质，而出云蒸雨，生草木，兴宝藏，皆天气沦浃其中以成化。故天未尝不在山中，岂徒空虚上覆者之为天哉！山之广大，其畜天之气以荣百昌者，厚矣。君子安安而能迁，聚而能散，不欲多畜也。唯学问之事，愈多而愈不厌，皆足以养德，故取象焉。"前言往行"，亦人之美尔，而人受天之灵以生，言行之善，皆天理之著见，因其人而发也。能知人之善皆天之善，则异端忘筌蹄，离文字，以求合于虚寂，其邪妄明矣。

初九，有厉利己。

三阳具而后成乾，艮体具而后畜之也，涉险皆利。在一爻言之，则刚健欲行而不受止，此《爻》与《象》之所以小异也。乃以止道养人之德者，施于刚躁之动，自未能遽受，故日新之德，亦必抑志受止而后成，非骤止之而即受，则于三阳有戒辞，与《象》义亦不相悖也。初九阳刚始进，而四以柔止之于早，固有危厉不安之意，而戒之以利于己，己亦止也。

《象》曰："有厉利己"，不犯灾也。

刚得其位，可以自信无害，乃出而有为，则物之险阻固不可知，见止而止，然后无伤。

九二，舆说輹。

说，吐活反，下同。

车，所载以健于行者，故取象焉。大畜之乾专言行者，对艮止而言，因时立义也。"輹"，车轴缚也。"说輹"，解其轴之缚。本不欲行；与小畜之"说辐"，欲行而车败异。九二居中，无躁进之心，遇六五之止而遂止，乃静退修德之象。不言吉凶者，力务畜德，志不存于利害。若占得者，虽于事觉无害有利，而意不欲行，则止之。

《象》曰："舆说輹"，中无尤也。

居得所安，但求无过，不以进取为念。

**九三，良马逐，利艰贞。曰闲舆卫，利有攸往。**

"曰"，《本义》云当作"日"；今按文义，读如字。

三以刚居刚，而为进爻，有良马之象。上九与合德而尚贤，养其才于已裕而延之进，可以骋矣。而四、五二阴居中为碍，未可遽以得志，故必知难而守正乃利。"曰"，戒令之辞。"舆"谓舆人。"卫"，从行者。九三进，初、二两阳且从之，其舆卫也。"闲"，防制之，使守其职也。己既艰贞，尤必申其戒令，使舆卫各有敬忌，而不失其度，乃"利有攸往"。

《象》曰："利有攸往"，上合志也。

爻有以阴阳相应为合者，有以同类相得为合者，各因其卦。此谓上九与乾合也。

**六四，童牛之牿，元吉。**

施木于牛角以禁触，曰"牿"。初九始出之刚，而位乎下，故为"童牛"；及其童而牿之，《本义》谓"禁于未发之谓豫"是也。"元吉"者，吉在事先也。四应初而止之，故有是象。

《象》曰：六四元吉，有喜也。

施德教于初九，非豫期于获福，乃养士而收百年之用。小学而得上达之理，创业而致兴王之功，皆"喜"也。"喜""庆"皆自外至之辞，而"喜"乃中心之所悦，"庆"犹一时之嘉会尔。

**六五，豶豕之牙，吉。**

豕去势曰"豶"。豶则驯而牙不妄噬。六五应九二而畜之，九二刚不当位，有妄躁噬物之防，五豶之以制其暴，则刚柔相得而安，故"吉"。

《象》曰：六五之吉，有庆也。

豕，不易制者也。《春秋传》曰："封豕长蛇，荐食上国。"制其躁而使顺应，不期而至之"庆"也。

上九，何天之衢，亨。

"何"，负也。路四达曰"衢"。"何天之衢"，庄周所谓"负云气，背青天"也。艮之畜乾，非抑遏之也，止其躁，养其德，以使裕于行也。至于上九，尚贤而与阳合德，乾德已固，引而上升，则三阳依负之以翱翔，左宜右有，唯所往而无不通矣。

《象》曰："何天之衢"，道大行也。

"道"谓阳刚健行之道。

# 颐

```
☳☶  艮上
      震下
```

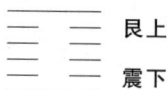

颐。贞吉。观颐，自求口实。

颐之为卦，以卦画之象而立名。上下二阳，上齶下颔之象也。四阴居中，齿象也。颐之为体，下颔动以啮，上龂止而断之。震动于下，艮止于上，亦颔象也。颐所以食，而生人之养赖此为用，故为养也。"贞吉"，正乃吉也。天生百物五味以养人，非有不正者也。人之有唇舌齿颊以受养，亦岂有不正者哉？滋其生，充其体，善其气，凝其性，皆养之功也。颐卦之象，中虚而未有物，静以待养，初无纵欲败度之失。因乎其所必养，亦何患乎无饮食之正？而小体为大体之所丽，养小体者忘其大体，养大体者初不废小体，颐之贞何弗吉也？乃以其虚以待养，在可贞可淫之间，故戒之曰：所谓贞者，存乎观与求而已。观所可养而养之以养人，于可求而求之为口实以自养，则贞也，贞斯吉也。非是弗贞，而何易言吉也？

《彖》曰："颐贞吉"，养正则吉也。

养其所当养则正，正则遍给天下之欲而非滥，以天下养一人而非泰，咸受其福矣。

"观颐"，观其所养也。

君子以养人为道者也，然岂以徇人之欲哉！既不吝于养人，而养君子，养小人，养老，养幼，人有等，物有宜，人子不以非所得奉之亲，人臣不以非所得奉之君，鼎肉不以劳贤者之拜，秉粟不以为继富之施，远宴乐之损友，惩淫酗之恶俗，食以时，用以礼，审察观度，而正不正见矣。

"自求口实"，观其自养也。

君子谋道不谋食，非求口实者。然养资于天下之物，岂有不求而自至者哉！求之有道，则谋食即谋道矣。自其小者而言之，如

《乡党》、《内则》所记烹割调和之皆有则，不以取一时之便而伤生，即不使不醇不适之物暴其气，而使沈溺粗悍以乱其性，则虽小而实大。自其大者而言之，九州之贡，可供玉食，而箪食豆羹，乞人不屑。故伯夷叔齐饿于首阳，而孔子疏食饮水，乐在其中。禹疏仪狄而为百世师，桓公亲易牙而国内乱。所系者大，而必慎之于微。审察观度，贞不贞、吉不吉，于斯辨矣。

**天地养万物，圣人养贤以及万民。颐之时大矣哉！**

此又推明颐之为道，本无不正，善观之则时义甚大，不必如异端之教，日中一食，矫廉之操，死于嗟来，而后为贞。但使精于其义，合于其时，则与天地养物之理通，而圣人之尊贤、子百姓，亦不能舍此以求治也。

《象》曰：山下有雷，颐。君子以慎言语，节饮食。

山下之雷，山上闻之，其声不震。古云：衡岳峰顶闻下雷声如婴儿。愚尝验之，隆隆隐隐，方动即止，信然。饮食言语皆由于口，言欲出而慎之，食欲入而节之，不宣志而导欲，当使如山下之雷，不迫不滥，枢机谨而心存，嗜欲制而理得，皆所以养德也。

初九，舍尔灵龟，观我朵颐，凶。

以全卦立言，谓初为"尔"，"我"谓二上四阴也。"灵龟"，所从问得失者。初九，动之主，得失之几在焉。本灵龟也，乃躁动而望四阴以垂颐，不自观而侈于物，宜其凶也。

《象》曰："观我朵颐"，亦不足贵也。

观食垂颐，贱甚矣，而云"亦不足贵"者，《易》不为贱丈夫谋。若嵇、阮之流，以沈醉相尚，自谓为贵，而岂知其事止饮食，亦不足贵哉！王融云"为尔寂寂，令邓禹笑人"，则尤"朵颐"之凶也。

六二，颠颐，拂经，于邱颐，征凶。

阳求，阴与。凡物之养人者，皆地产也；故初为自求养，二以上四阴为养人。"颠"，逆也。野人养君子，下养上，顺也；自上养下，逆也。"拂"，违也。"经"，上下相应之常理。"邱"，高也，谓五也。二与五为正应，义当上养，即使下养小人，亦必承君命以行而不敢专；今见初之贪求，就近与之相感，拂君臣令共之大义，不奉命而市私恩，行必凶矣。陈氏厚施于民以夺齐，其免于凶，幸也。汲黯矫诏发粟，史氏侈为美谈，揆之孟子搏虎之喻，则固人臣之所不得为，亦凶道也。

《象》曰：六二征凶，行失类也。

掠美市恩，上且为君所恶，下且为同事所侧目矣。

六三，拂颐贞凶，十年勿用，无攸利。

"拂颐"，拂人待养之情而不养也。六三与震为体，初之所望养者也，乃位刚志进，而与上九之尊严静止者相应，拂初而不与之颐。当多欲之世而吝于与，虽异于二之市恩徇物，为得其"贞"亦"凶"道也。小人之欲不可徇，亦不可拂，上既刚正不受其养，又拂小人之情欲，绝物以居，无用于世，故"无攸利"。不能利物，不合义矣。《易》屡言"十年"，要皆终竟之辞。仅言"十年"者，《春秋传》谓蓍短龟长，以此。圣人不终绝人，而天道十年一变，得失吉凶，通其变而使民不倦。筮不占十年以后，其意深矣。蓍之短，愈于龟之长也。

《象》曰："十年勿用"，道大悖也。

颐以养人为道，拂而不养，悖于"观颐"之道。

六四，颠颐，吉。虎视眈眈，其欲逐逐，无咎。

六四正应乎初而施之养，以上养下，亦"颠颐"也。当位而养其所应养，故吉。"虎视"谓初九。"眈眈"，垂耳貌。虎怒噬则耳竖，眈眈，顺而有求也。初九刚躁，本虎也，以有"逐逐"之欲，媚养己者。四以养抚之，疑于徇小人之欲，然居其位而以君子畜小人之道使之驯服，则固无咎。

《象》曰：颠颐之吉，上施光也。

上谓四居上而临初也。光者，君子有养民之道，非以徇小人，其志光明。

六五，拂经，居贞吉，不可涉大川。

六五不与二应，拂上养下之常经，而比于上九，以成止体，以之处常得正而吉。然不厌小人之欲，则缓急无与效力，以之涉险，危矣哉！武王伐殷，散钜桥之粟；汉高推食解衣，而韩信效死。饮食之于人，大矣。勿以己之居贞而强人同己，君子达人情，而天下无险阻矣。

《象》曰：居贞之吉，顺以从上也。

能顺乎上，则可以安其居矣。

上九，由颐，厉吉，利涉大川。

人知下颐之动，以啮物而效养，不知非上颐之止，则动者无所施。故颐之为功，必由乎上。上九以刚居高，为艮止之主，静正无欲，止动于发。其以自养者正，则德威立而人不敢妄干之。所施养于人者罔非其正，吉道也。以之涉险，正己无私，不贪利而妄动，则无不利。涉险者虽务得小人之情，而必端严以自处，诸葛孔明所谓"宁静可以致远"也。

《象》曰："由颐厉吉"，大有庆也。

不期人之顺己而人自服。

# 大过

```
═══ ═══
═══════
═══════   兑上
═══════
═══════   巽下
═══ ═══
```

大过。栋桡，利有攸往，亨。

卦之六位，初在地下，潜藏未见，有体而不能用；上寄居天位之上，不近于人，有用而体托于虚；皆物之所不乐居也。中四爻出于地上，人效其能，而登天位，固为阳之所宜处；而天之化、人之事、物之理，无阳不生，无阴不成，无理则欲滥，无欲则理亦废，无君子莫治小人，无小人莫事君子，而大过整居于内，既据二、五之中，复据三、四人位以尽其才，摈二阴于重泉之下、青霄之上，岂非阳之过乎！

大过、小过之象，皆以三、四为脊，中竦而两迤于下。拟之以屋，三、四其栋，初、上，下垂之宇也。阳之性亢，栋竦而高，上下柔弱，故为"栋桡"。恃其得位乘权，为可久居，则终于桡。"利"，宜也。宜往交于阴以相济而后"亨"。二、五利而无咎，往之利也。

乾之积阳甚于大过，而非过者，十二位之在幽明，各司其化，奠阳于明，奠阴于幽，阴不自失其居，故阳可无过。大过业延阴以效用，而又置之疏远，故过也。夬之所以非过者，阳方盛长，阴留不去，非阴方出而厄之也。姤之所以非过者，阴起干阳，阳有往势，非据止天位而不思迁。所以唯此一卦为大之过也。

《象》曰：大过，大者过也。栋桡，本末弱也。

初、上皆下垂者，而上有末之象焉。又自下承上则谓之本，自上垂下则皆谓之末。

刚过而中，巽而说行，利有攸往，乃亨。

说，弋雪反。

二、五中位正，而与初、上相比，下交成巽，以受其入；上交成兑，而相说以行，则可节其过而亨。非然，未有能亨者也。

大过之时大矣哉！

独言其时大者，谓其时为成败兴衰所难必之时，不易处也。君子居得为之位，小人失职而远出，非甚盛德，鲜不激而成害也。

《象》曰：泽灭木，大过。君子以独立不惧，遁世无闷。

"灭"，湮而欲沉之也。泽欲灭木，木性上浮，终不可抑。君子之行，独立于流欲之表，世不见知而不惧不闷，抑之而愈光，晦之而弥章，不嫌于过刚。若处得为之时，交可与之人，则不可过也。

初六，藉用白茅，无咎。

"白茅"，茅之秀也，柔洁而朴素。古者祀上帝于郊、扫地而祭，以茅秀藉俎笾，所以致慎，而不敢以华美加于至尊。初六承积阳于上，卑柔自谨，有此象焉。君子守身以事亲，如仁人之享帝，求无咎而已。

《象》曰："藉用白茅"，柔在下也。

位在积刚之下，故以柔为美。则栋之桡，非己不克承之咎，过在大也。

九二，枯杨生稊，老夫得其女妻，无不利。

"杨"，阳木，阳亢则枯。"稊"，根下旁出之白荄。"女妻"，室女也。阳刚虽过，而二得中居柔，以下接于初之稚阴，故有此象。生稊则再荣，得女妻则可以育嗣。当过之世，而能受阴之巽入，故"无不利"。

《象》曰：老夫女妻，过以相与也。

自虑其太过，因而下交初柔而乐承之，刚柔调矣。

九三，栋桡凶。

三，四皆凸起而为栋者。三以刚居刚，躁于进而不恤下之弱，下必折矣。包拯用而识者忧其乱宋，不顾下之不能胜任，其能安乎！

《象》曰：栋桡之凶，不可以有辅也。

民者，上之辅也。过刚则人疑惧，事不立而怨作，谁与辅之！

九四，栋隆吉。有它吝。

四以刚居柔，虽隆而不亢；二、三两阳辅而持之，可保其隆。然外卦之体，以上爻为藉，上弱不足以胜任，亦不能有为矣。四退爻就内，故以上为"它"。

《象》曰：栋隆之吉，不桡乎下也。

不桡乎下，所吝在上耳。

九五，枯杨生华，老妇得其士夫，无咎无誉。

阳过已极，亢居尊位，下无相济之阴，唯上六与比而相悦，一时之浮荣也。故为"枯杨生华，老妇士夫"之象。五为主，以比于上，不言士夫得老妇，而言老妇得士夫者，五无就阴之志，上为兑主，悦而就之也。五得位得中，亦未有咎，而时过昵于非偶，则讪笑且至，必无誉矣。

《象》曰："枯杨生华"，何可久也！老妇士夫，亦可丑也。

下无辅而求荣于上，终必危矣。亢极而屈于失所之孤阴，自辱而已。

上六，过涉灭顶凶，无咎。

"过涉"，谓阳已过，而己涉之以出其上，如水盛涨而徒涉，必至于"灭顶"之凶。然过者阳也，非阴之咎也。上欲以柔济刚，而刚不听，反摈抑之于外。进柔和之说于刚严之主，以此获罪者多矣，其心可谅也。言"灭顶"者，卦以三、四为脊，覆乎上爻之上也。

《象》曰：过涉之凶，不可咎也。

志在济刚，道之所许。

# 坎

```
━━  ━━    坎上
━━  ━━    坎下
```

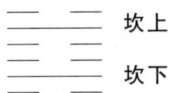

习坎。有孚，维心亨，行有尚。

伏羲之始画卦也，三画而八卦成。及其参两而重之，阴阳交错，分为贞、悔二卦之象以合于一，而率非其故。然交加屡变，固有仍如乾、坤六子之象者。震得震，巽得巽，坎得艮，离得兑，艮得坎，兑得离，贞、悔皆为六子之象，与他卦异。盖他卦为物化人事之变，随象而改；而雷、风、水、火、山、泽，易地易时，大小殊而初无异也，重者仍如其故。有以源流相因成象者，坎也；以前后相踵成象者，震也，巽也，离也；以上下相叠成象者，艮也；以左右相并成象者，兑也。相因、相踵、相叠、相并，而其形体、性情、功效无异焉，故即以其三画之德拟之，而仍其名以名之。此成象以后，见其不贰之物，变而必遇其常也。"习"，仍也。重卦八而独加习于坎者，举一而概其余也。

坎内明而外暗，体刚而用柔，藏刚德于主阴之原而不可测，故为坎坷不平之象，而效于化者为水。自其微而言之，则呵嘘之蒸为湿者，气甫聚而未成乎涓滴，皆含坎之性，而依于阴以流荡于虚，固不测也。及其盛大，则江海之险而难逾，亦此而已。若其流行之处，则地之不足而为泽以受水，犹其有余而为山以积土，故坎、兑分配焉。阴之凝也，坚浊以静，而为地之形。阳之舒也，变动不居，而为天之气。故曰阴静而阳动。阳非无静，其静也，动之性不失。阴非无动，其动也，静之体自存。水亦成乎有形者矣，而性固动；静则平易而动则险，已成乎形而动者存，是静中之动，几隐而不易知者也。坎之德亦危矣哉！而阴阳必有之几，天地所不能无，虽圣人体易简以为德，亦自有渊深不测、静以含动之神，则抑非但机变之士，伏刚于柔中以为陷阱者然也。坎而又坎，其机深矣。而圣人于《易》，择取元化之善者以为德，而不效其所不足，故特于

周易内传卷二下

133

船山易学集成（上）

刚中之象，著其"有孚"，谓其刚直内充，非貌柔以行狙诈，而易以溺人者之足贵也。若老氏曰"上善若水"，则取其以至柔驰骋乎至刚，无孚之坎，为小人之险，岂君子之所尚哉！

"维心亨"者，外之柔不足以亨，而中之刚乃亨也。以刚中敦信之心行乎险，而变动不居者皆依有形之静体而不妄，则"行"可有功而足"尚"。君子所贵乎坎者，此也，孟子所谓"有本"也。

《彖》曰：习坎，重险也。

重，直龙反。

"重险"则嫌于不诚，故以下文释之。

水流而不盈，行险而不失其信。

此释"有孚"之义。水之性险，故专以水言。自其著者而言之，所以见坎固天地自然之化，非人为机诈之险也。水有流有止，坎者其所止也，而洊至于重坎，则流也。流则易淫泆而逾其所居，变诈之所以叵测也。而水不然，虽流而必依其所附，在器止于器，在壑止于壑，不逾其涯量，以凭虚而旁溢，是阳之依阴以为质也。"行险"者，性虽下，而迂折萦回于危石巨碛以必达，乃至高山之伏泉，渴鸟之吸漏，不避难而姑止，而往者过，来者续，尽其有以循物不违此水之有孚者也。善体此者以为德，则果于行而天下谅其诚矣。

"维心亨"，乃以刚中也。

"心"者，函之于中以立本者也。言"乃"者，明非外见之柔，可以涉险而得亨。

"行有尚"，往有功也。

不终陷于二阴之中，行而必达，润物而必济，故天下尚之。

天险，不可升也；地险，山川邱陵也。王公设险以守其国，险之时用大矣哉！

此又推言险亦自然不可废之理，而必因乎险之时，善其险之用，非凭险以与物相难也。天以不可升为险而全其高，非以绝人自私。地以山川邱陵为险而成其厚，非以阻人于危。王公以城郭沟池为险而固其守，非以负险而肆虐。用险者非其人，不可也。

《象》曰：水洊至，习坎。君子以常德行，习教事。

行，下孟反。

此专取重险为水洊至之象而取义也。凡相仍而至者，必有断续，而水之相沓以至，盈科而进，不舍昼夜。君子之学诲以之，则不厌不倦。"常德行"者，月勿忘其所能。"习教事"者，温故而知新。

初六，习坎，入于坎窞，凶。

据全卦已成之象，以言一爻之得矢，此类是也。当"习坎"已成之世，而以阴柔入于潜伏之地，将以避险，而不知其自陷也。

《象》曰：习坎入坎，失道凶也。

险已频仍，道在刚以济之；而卑柔自匿，不能忘机，葸畏已甚，必凶。

九二，坎有险，求小得。

二以刚居柔，虽中而未能固有其刚，诚信未笃，所行不决，如水之在源，有远达之志，而仍多迂阻，足以自保，而忧危亦甚矣。坎之内卦皆失位，故二虽中而未亨。离之外卦皆失位，故五虽中而多忧。

《象》曰："求小得"，未出中也。

未离乎中，故可以"小得"。而前有险而未能出，无以及物，故所得者小。

六三，来之坎坎，险且枕，入于坎窞，勿用。

"之"，往也。"坎坎"，坎而又坎也。"险且枕"，下之险承之。"入于坎窞"，上且进而入于险也。当二险相仍之际，柔不能自决，波流来往于险中，徒劳而无能为也。

《象》曰："来之坎坎"，终无功也。

陷阳者阴也。阴之乘阳，三与上当之。乃三以柔居刚，而为进爻，志不在于陷二，故异于上六之陷人而因以自陷。然徒怀济险之志而不能自拔，则固无功之可见矣。

六四，樽酒簋贰，用缶，纳约自牖，终无咎。

"贰"字，《本义》从晁氏连"用缶"为句。今按：连上读为"簋贰"，自通。樽以盛酒，燕礼也。簋以盛黍稷，食礼也。"贰"，间也。陈樽酒而又设簋食，合而相间，非礼，而急于乐宾，情之迫也。"缶"，陶器，有虞氏所尚，器古而质朴，谓樽与簋皆瓦也。缶制下平而博，盛物能不倾者。纳物必于户，迫于纳而嫌其约，乃自牖焉。古之牖无棂，故可纳。柔乘刚，则陷阳而险；承刚，则载阳而使安。六四，柔居柔而当位，上承九五，故其象如此。以水言之，则溪涧仰出、合流于大川之象；相孚而合，则且出险而夷。推其情之已笃，则虽俭不中礼，而江海不择细流，是以终得无咎。

坎之内卦言险，而外卦不言者，水险于源而流则平，故四、五为美，异于离火之下灼而上且灭也。方技家以言心肾之交，本此。

《象》曰："樽酒簋贰"，刚柔际也。

"际"，相交接也。柔居柔，以接当位得中之刚，故情迫而输诚恐后也。

九五，坎不盈，祇既平，无咎。

九五刚中得位，而处洊至之下游，所谓江海为百谷王者，流盛而不盈溢，此当之矣。既有盛大流行之德，则危石巨磙，皆所覆冒，而险失其险，至于平矣。虽疑于为阴所乘，而不得外见，然持之有道，进而有功，何咎之有！

《象》曰："坎不盈"，中未大也。

"大"者，自肆之意。刚中以动，而在二阴之中，含明内蕴，故无盈满自大之咎。

上六，系用徽纆，寘于丛棘，三岁不得，凶。

凭高以陷阳，障洪流而终决。世既平，而己犹险，刑必及之。"徽纆"，系罪人之墨绳。"丛棘"，狱也。"三岁"，古者拘系罪人，以三岁为期。"不得"，不见释也。

《象》曰：上六失道，凶三岁也。

较初之失道为甚，故其凶为尤长。

# 离

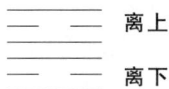 离上
　　　　　　　　离下

离。利贞亨。畜牝牛，吉。

阴本柔暗，而附丽乎阳以得居乎中，则质之内敛者固而发于外者足以及物，故其化为火。火之气，日在两间，不形而托于虚，丽于木而炎以成熟、光以照耀，乃成乎用。光景者，阳之发也，阴固在内者也。得所丽以成其用，则"利"，居得其所而正，则"贞"；能知所附丽而得中，美不必自己，而大美归焉，则"亨"；皆言阴也。"畜"，聚而养之也。"牝牛"，顺之至者，谓阴也。畜，阳畜之也。阳任于外，以为阴所丽，以保阴而使不滥，则成阴之美而阴信任之，故"吉"，言阳吉也。阴静正居中，任阳以发舒其美；阳尽其才以施光辉于上下，而保阴以成不动之化，两善之道也。人君虚顺以任贤，而化隆俗美，天下文明，此成王附丽周公以兴礼乐，而周公养冲人之德以成大勋之道也。其在学者，虚中逊志，常若不足，而博学多通，强行不倦，则文著而道明，亦此理焉。反是者，刚愎中据，而溺于私利，坎之所以陷与！

《彖》曰：离，丽也。日月丽乎天，百谷草木丽乎土，重明以丽乎正，乃化成天下。

丽，吕支反，下同。垂，直龙反。

此广言"丽"之义，以赞卦德也。丽者，依质而生文之谓。日月附天气以运，百谷草木依地德以荣，未有无所丽而能奠其位，发其美者也。离之德重明，而唯柔中以丽乎刚之正，故明不息。人君以此道，不据尊以孤立，而行依乎道，治依乎贤，则礼乐文章效大美于天下，而化成矣。

柔丽乎中正，故亨，是以"畜牝牛吉"也。

柔而丽乎刚之正，则奠位乎中，而自通天下之志，故君道以之

而亨。上既虚己以任贤，则贤者亦尽其发挥，而道行志得，无疑沮之忧，唯尽其才以养君于善，顺而吉矣。

《象》曰：明两作，离。大人以继明照于四方。

"明"谓日也。不取象于火，而取象于日者，火相迫则在上者灭，若其已息而更然，有异火矣。日则今日已入地，明旦复出，不改其故。言"两作"者，以卦体言尔，实则相续无穷也。"大人"，德位俱尊之称。非其德，无其位，施明不已，则文有余而实不足。唯大人德盛而道在。"照四方"，事日变，道日新，明不继，则自以为无不知明，无不处当，而固有不明不当者矣。求人之情通物之理，岂有穷哉！

初九，履错然，敬之，无咎。

"履"，始践其境也。"错然"，经纬相间、文采杂陈之貌。"离"体已成，而初九动于其下，忽睹此物理错陈之大观，以刚而有为之才，为二所任，则为物所眩而急于自见，咎道也。乃位在潜退，有敬慎而不敢尝试之心焉，所以无咎。

《象》曰：履错之敬，以辟咎也。

辟，必益反。

刚明可试，而急于自见，则咎。敬慎以辟除之，乃可以无浮明不终之害。娄敬脱挽辂，马周被召于逆旅，为时所倚重，骤著其聪明以求饰治道，而一用不能再用，终以不显。太祖善解缙西庖之书而不用，使老其才，教以敬也，惜乎缙之不自知敬也。

六二，黄离，元吉。

"黄"之为色，近白而不皎，近赤而不炫，与青黑居而不相掩，能酌文质之中，以丽物采而发其文者也。"元吉"，吉于始也。

水之相承，源险而流平。火之相继，始盛而终烬。故坎道盛于五，离道盛于二。人之有明，待后念之觉者；牿亡之余，仅存之夜气，终不可恃也。若昭质之未亏者，一念初发，中道灿然于中，自能虚以受天下之善，而不蔽于固陋；殆其已知，更求察焉，则感于情伪而利害生、私意起，其所明者非其明矣。故愚尝有言：庸人后念贤于前念，君子初几明于后几。天理在人心之中，一丽乎正，而天下之大美全体存焉，夫子所以讥季孙之三思也。其在治天下之理，则开创之始，天子居中而丽乎刚明之贤，以尽其才，则政教修明而中和建极。若中叶以后，更求明焉，虽虚己任贤，论治极详，且有如宋神宗之祗以召乱者。此六二之吉，所为吉以元也。占者得此，当以始念之虚明为正。

《象》曰："黄离元吉"，得中道也。

二、五皆中，而二得其道矣。

九三，日昃之离，不鼓缶而歌，则大耋之嗟，凶。

九三以刚居刚，而为进爻，前明垂尽，不能安命自逸，而怀忿怅以与继起争胜，不克则嗟，所谓日暮途穷，倒行逆施者也。生死者屈伸也，乐以忘忧，唯知此也。卫武公耄而好学，非自劳也，有一日之生则尽一日之道，善吾生者善吾死也，乐在其中矣。"大耋之嗟"，岂以忧道哉！富贵利达，名誉妻子之不忍忘而已。马援跤足于武溪，卒以召光武之疑怒而致凶，况其下焉者乎！

《象》曰："日昃之离"，何可久也。

知不可久，则鼓缶而歌可矣。少而不勤，老而不逸，谓之下愚。

九四，突如其来如，焚如、死如，弃如。

前明甫谢，余照犹存，而失位之刚遽起而乘之，羿、莽是也。占此者，小人虽盛，可勿以为忧。

《象》曰："突如其来如"，无所容也。

前明之余焰，犹足以灼始然之浮火而灭之。

六五，出涕沱若，戚嗟若，吉。

后明继前明而兴，以柔道居尊。高宗宅忧而三年不言，成王即政而嬛嬛在疚，尽仁孝以慕先烈，如艰难而戒臣工，商、周之所以复明也。

《象》曰：六五之吉，离王公也。

"离"谓丽乎其位也。仰承先烈，而欲嗣其耿光，非忧危以处之，不胜其任矣。元祐诸贤，辅其君以改熙、丰之政而求快一时，无恻怛不得已之情，未能无过。若曹丕定嗣而抱辛毗以称快，魏之不长，妇人知之矣。此专为嗣君而言。然君子守先待后，亦可以此通之。

上九，王用出征，有嘉折首，获匪其丑，无咎。

"王用"，王命之也。"有嘉"，叹美其功之辞。"折首"，罪人斯得也。俘馘生死皆曰"获"。"丑"，小类。"获匪其丑"，胁从罔治也。当嗣王之初，必且有不轨之奸，乘之妄动，六五之忧危所以不释也。上九为五所附丽以求明者，而在外，盖胤后徂征、周公东征之象。诛其首恶而兵刑不滥，虽刚过而疑于亢，实所不得而辞。仅言"无咎"者，所谓周公且有过也。

《象》曰："王用出征"，以正邦也。

言非穷兵黩武，以天下未定，不容不正也。孟子承先圣而惧，辟邪说以正人心，"归斯受之"，亦此二爻之义。读《易》者以义类求之，无不可占，无不可学也。

# 周易内传卷三上

## 下经起咸讫解

### 咸

```
    ☱ 兑上
    ☶ 艮下
```

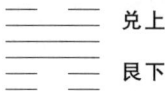

咸。亨利贞。取女吉。

取，七句反，下同。

咸、恒二卦，皆自否、泰之变而言，是阴阳之动几也。夫欲效阴阳之动以消否而保泰，则必相入以为主而效其匡济，则未济之以拨乱，既济之以反正是也；又其不然，则阳居外以章其用，阴敛而内以守其虚，庶几天包地外以运行之几，则损、益是也；而咸、恒异是。咸以坤三之六，往乎上而成悦；以乾上之九，来乎三而苟安以止；三、上者，浮动之几，阴阳相感，而遂相易以往来，所谓物至知知而与物俱化者尔。四之与初，退而自立之位也。恒潜移于下，以相入而相动，进则可以为，而退抑可以守，以是为久而固守之道，而不知所迁之失其位，则相持而终不足以为功矣。此二卦者，阳皆内闷，而阴皆外著，阴得见其功，而阳反藏于内，求以消否而保泰，难矣哉！时中之道，进以礼，退以义。浮动而进，进不以礼也；潜移而退，退不以义也。故二卦皆无吉爻，而咸之三、上，恒之初，为尤凶咎焉。

即二卦而较之，咸为愈者，九之居三，六之居上，感而犹不自失者也；恒初与四，则尤偷安而失其正矣。是以咸固亨，而于物不伤其利，于己不丧其贞；恒则亨乃无咎，利贞而后利有攸往也。咸之"亨"者，已成乎否，则不得不动以感，感虽浅而志亦自此而通。若夫感之得失，视乎其后，而已非否塞之故矣。"利贞"者，阳下而止阴之逼，阴上而悦阳以不流，固合于义，而二、五之中得其位，固保其贞也，故视恒为愈。"取女吉"者，两少相得，初不必有深情至理以相与，然刚下而不离其类，则男道不渎，柔上而之于外，则女子远父母兄弟之道，故吉也。虽然，于取女之外，无取焉矣。君子择君而事，输忱以致身，谋道以交，尽忠而竭信，非夫妇之礼，仅因媒妁而通者也。

《彖》曰：咸，感也。

"咸"，皆也。物之相与皆者，必其相感者也。咸而有心则为感。咸，无心之感也。动于外而即感，非出于有心熟审而不容已之情，故曰咸。

柔上而刚下，二气感应以相与，止而说，男下女，是以"亨利贞取女吉"也。

上，时掌反。下，胡嫁反。说，弋雪反。

"感应以相与"，谓随感随应，不必深相感而已应之。然而阳得位以止阴之滥，阴得位以饰阳而说之，有此德，故其占能亨利贞，而为取女之吉。

天地感而万物化生，圣人感人心而天下和平。观其所感，而天地万物之情可见矣。

凡推言卦德而极赞之者，皆卦之情才本有所不足，而圣人穷理通变，以达天则，见阴阳之变化为两间必有之理数，初无不善之几，而但在观察之审，因而善用之尔。

夫受物之感而应之，与感物而欲通者，必由其中，必顺其则，必动以渐。而咸之无心，一动而即应，此浅人情伪相感之情，君子之所弗取也。然而天地有偶然之施生，圣人有泛应之功化，道大而无忧，则几甫动而无择于时位，故阴阳一相接而万物怒生，无所待也。圣人触物而应，仁义沛然，若决江河，深求之者固感之以深，浅求之者即感以浅，从其所欲，终不逾矩，天下乃以不疑圣人之难从，而和平旋效，则在天地圣人无心以感而自正。咸之为道，固神化之极致也。

乃善观之者，于此而见道之至足，有触而必通；天地之情，不倦于屈伸。故顽灵淑慝，生成肃杀，甫有所遇，即以其流行之几应之，而灾祥寒暑各得其理。万物之情，著见而易动，甫与御之而即止，甫与绥之而即说，一如男女相感于一旦，初不必有固结之情，而可合以终身。圣人见此情也，则知感以贞而贞即应，感以淫而淫即应，性不知检其心，天下易动而难静，则外之所感即为中之所说而安，而天地万物屈伸之几、情伪之变，在乍动之几，勿忽为无关于神理；则天地变而时中之道即因以成能，万物兴而得失之应即决于一念，此乃以善用夫咸而不忧其德之不固者也。

《象》曰：山上有泽，咸。君子以虚受人。

山至高也，而上有泽，不恃高也。君子德厚于已，而受人心虚，则天下无感而不通矣。然为山上之泽，非卑屈也，非中枵也。君子之虚异于老氏之虚，久矣。

初六，咸其拇。

阴阳交感，三与上尔，而六位皆言感者，天地万物之情，感于外则必动于内，故不感则已，一感则无有能静者。故君子慎其所感于利害情伪之交，恐一触而不能自持也。爻之取象于人身者，阴阳感而物生。阳成乎艮，而乾道成男；阴成乎兑，而坤道成女。形之已成，形开神发而情生焉。感之所生，一因乎成形以后，物之生也类然，独取象于人身者，《易》之有占，为人告而使人反求诸身，以验所感也。内卦之感者，股也；外卦之感者，口也。股，屈伸之机；口，情伪之所出也。拇与腓，皆随股而动者也。初去三虽远，而俱为阳爻，股动而拇必感之象，居下而柔不能自主。占此者，受制于人，而得失亦浅。

《象》曰："咸其拇"，志在外也。

外谓三，就内卦言之，分内外也。"志在外"，已不能有志也。

六二，咸其腓，凶居，吉。

"凶居"，谓所处之不吉也。"腓"，不能自动而听股之动者。二比于三，随三所感而受之，屈伸者必然之理势，则吉凶皆其固有，六二柔中当位，而无心以待感，则所处即凶，而亦理数之恒有。贪贱患难，素位也；寿夭，正命也，皆莫不吉。凶居而吉，则吉居可知矣。

《象》曰：虽凶居吉，顺不害也。

顺受其正，如腓之顺股，则抑何害之有？

九三，咸其股，执其随，往吝。

"股"，下体屈伸之所由，以感腓、拇而使动者也。阳自上而来三，以变否而使通，乃位刚志进，上与两阳为类，有随阳而往之象。盖偶然以感，而相感之情不固，虽为艮之主，而无止道。使终下感二阴，则亨矣；乃情终欲随阳以往，无固合之志，吝道也。

《象》曰："咸其股"，亦不处也。志在随人，所执下也。

"不处"，言无深结二阴、与之终止之意。"所执下"者，感下则为二阴之主，随上二阳则为二阳之卑役尔。吝于厚施，依人而动，小人之道也。

九四，贞吉，悔亡。憧憧往来，朋从尔思。

自股而上，心也。不言心者，府藏之宫，神志魂魄之舍，下自丹田，上至咽，大体之官，皆灵明之府；其言心者，言其会通之牖耳。四超出于屈伸之上，而灵明受感，去上远而不易动，所以"贞吉"，虽若有悔，而非其固有也。心者，万感之主，贞淫判于一念之应，故又戒以"憧憧往来，朋从尔思"言天下之动，吉凶得失相感者无穷，而心以灵而善动，易为往来所摇，则能贞吉而无悔者未易也。其义，《系传》备矣。

《象》曰："贞吉悔亡"，未感害也。"憧憧往来"，未光大也。

感于害固害，感于利亦害也。"未感"者，心之本体，可以妄不妄感者也。往来无定，而憧憧然以不定其情，则汲汲于感而志不光大矣。两设言之，以示得失系于一念，所谓"人心惟危"也。

九五，咸其脢，无悔。

居外而易以感者，上六也。五与相比，不能不为之感。然刚中得位，如背肉之安而不妄动，则亦可以免于悔矣。

《象》曰："咸其脢"，志末也。

"末"谓上六。谓之末者，为感尤浅，脢"可不"为之动也。

上六，咸其辅颊舌。

一口耳，而殊言之，谓之"辅颊舌"者，动则俱动，形其躁也。天下之物有理，而应之也以心。上最居外易以受感，阴舍三而上，不由中而驰骛于外，此道听途说所以弃德也。不言凶咎者，得失无常，吉凶无据，《易》不为之谋。占者遇此，勿听焉可耳。

《象》曰："咸其辅颊舌"，滕口说也。

"滕"，水流滕涌貌。一感而即言，贱可知矣。兑为口舌，又为悦。佞人之言，令人可悦，非智者必为之感动。《书》戒"无稽之言"，以此。

# 恒

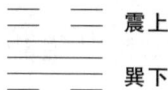

震上

巽下

恒。亨无咎，利贞，利有攸往。

咸者，易动之情，感焉而即动也。恒者，难动之志，相持而不相就也。否、泰、咸、恒、损、益、既济、未济，相综之间，相反甚焉。咸之欲消否也迫，浮动于上，不待筹度于中而即感。恒之欲保泰也坚，一阴已起于下，一阳已动于四，而二、五犹坚处于中以抑之。初之阴，四之阳，各以阴降阳升之常理，植根深固而处于内，虽相应而无相应之情；其应也，皆以位之所固然而相应，非有情焉以相接，雷欲出而风欲入，虽会于一时，不相谋也。且阴入于阳之内而干其化，阳微动于中而袭阳之藏，自恃也固，则于物有所不恤。斯道也，非天地之不与圣人同忧、普万物而无心，圣人之恭己无为、听物之自成而不求近功者，未足以与于斯焉。不动心之道，唯能知天下之言以通天下之志，则虽恒而亨也而可无咎，不然，则自持坚者必忤于物，而忧疑生矣；唯持大正而不恤不足虑始之人情，义之与比而阴益乎物，罔违道以干誉而与物以大正，则虽恒而利有攸往，不然，则刚愎自用以远于人情，而行焉皆窒矣。故必"亨"而后"无咎"，必"利贞"而后"利有攸往"。咸以易感而难乎贞，恒以难迁而难乎利，非谓消否之道不在感，保泰之道不须久也。视所以用之者何如耳。德合于天地，道至于圣人，则感而遂通，悠久无疆，皆至德矣。然而非希天之圣，终未易言也。《易》不言二卦之失，而但言其所以得，盖物无可绝之情，而人不可以无恒，不容遽斥其所不足，以启拒物丧耦、徇物失己之敝，故但示以释回增美之道而不可轻用之意。圣人之修词所以尽诚，而为化工之笔也夫！

《彖》曰：恒，久也。

执所安居以为可久之道。

刚上而柔下，雷风相与，巽而动，刚柔皆应，恒。

上，时掌反。下，胡嫁反。

阳自初往四曰"上"，阴自四来初曰"下"。雷动风兴，气以时至，各行其化，而自然相与。阴入阳以求合，阳出乎上以动阴，此天地所固有之常理而非其变，若此者，固将以为可恒久之道也。

"恒亨无咎利贞"，久于其道也。

要岂无道而可以恒哉？阴阳之相袭，以时而应，势之恒也。安而必迁，顺以动而用其正，道也。无道而持久不移，咎之所积，据为利而害随之矣。

天地之道，恒久而不已也。"利有攸往"，终则有始也。

天地之道所以恒久者，以其不已也。寒暑生杀，随时合义，而各以其正，则"利有攸往"。非以是始，即以是终，终而不可更始。据位于退藏之地，恃为不易之主，而能利"攸"往邪？

日月得天而能久照，四时变化而能久成，圣人久于其道而天下化成。观其所恒，而天地万物之情可见矣。

"得天"，合天运行之常度也。"变化而能久成"，因时而变，而不爽也。圣人之道，所存诸中者大正，则天下之风俗万物而卒成其化，未尝不以潜运于内者为可久之理，而要未有不循物之义以为大正者也。若以密藏执滞为恒，贞淫未审，而皆据之，是天地以疾风迅雷为常，非天地之情矣；万物以发而不敛、枯而不荣为恒，非万物之情矣。以其执而易毁者，知其贞而常存，君子之不谅而贞，知此而已矣。

《象》曰：雷风，恒。君子以立不易方。

雷动而不可遏，风行而不可反，唯其立于内者定也。君子之行于世也因时顺应而不执，唯其所以自立者持其志而不迁，故行一不义、杀一不辜得天下而不为，物岂能移之哉！

初六，浚恒，贞凶，无攸利。

"浚"，深入也。以泰之变言之，初以阴自外来，入于二阳之下，而欲持根深固以为恒，故曰"浚恒"。初与四，恒之主，而初尤其求恒之始志，僻尤甚焉。虽上承乎刚，有贞顺之象，而凶德以之而成，行焉未有能利者也。

《象》曰：浚恒之凶，始求深也。

恒者，非一旦而可恒也。深者，非一旦而可深也。求之有序，则深造有渐，治道学术，未有不然者。阴阳之交方泰，而于立卦之始，怙其巽入之巧，即求入阳之下，以据为安，人情不宜，天理不顺，自谓得深，以讥人之浅，而执以为恒。陋儒涉猎《诗书》，即欲试之行事，以立不易之法，而乱天下；异端以顿悟为宗，持为密印而怗人心；皆此爻之象。

九二，悔亡。

初以浚为恒二与之比，听其入而与之相比，悔道也。然居得其中，虽不当位，能守其素，不求恒而未变，是以"悔亡"。泰、否、咸、恒、损、益、既济、未济，自然相应之卦，应所不论，故爻以相比取义。

《象》曰："九二悔亡"，能久中也。

"能久"者中也，异于求深于始者也。

九三，不恒其德，或承之羞，贞吝。

卦唯三与上为当位，而其占"凶""吝"者，恒者变而能常者也，三与上恃其位之正，见一时之可安而不久以其道，则不能恒必矣。初方入以求恒，三刚而求进，不忧其相迫，适以召初之耻辱尔。"或"者，倘至之辞。初与三非相应之爻，不期而受其辱，故曰"或"。自下来曰"承"。得位故"贞"，承羞故"吝"。

《象》曰："不恒其德"，无所容也。

在变，而变即其常。天时人事，皆已异志，不随时以尽大常，而恃位为安，物不能容之矣。

九四，田无禽。

刚自下来而处于四，非所安而安焉，欲以动而有功，所谓守株待兔者也。

《象》曰：久非其位，安得禽也？

阳往交阴，进不得天位，退失其本基，以隐伏相机为可久之术，隗嚣、公孙瓒之所以亡也。

六五，恒其德贞，妇人吉，夫子凶。

六五与四相比，听九四之动，不与俱动，任阳之动而静以相保，妇人之恒，妇人之贞也。四亦以其柔而易亲，相与为保，遂见为可恒而退静焉，失丈夫之义矣。吉在五，凶在四也。

《象》曰：妇人贞吉，从一而终也。夫子制义，从妇凶也。

"一"谓九四。五得中而从乎四，无易志，故吉。"从妇"者，匿于其下以求安。四虽为震主，而失位浮寄，其刚不振，近比乎阴，故有"从妇"之象。凡从妇者，始未尝不暴，而终屈也。

上六，振恒，凶。

"振"如"玉振之"之振，收也。上柔得位，阴阳方相入相动，己恃其居高得位，欲苟且柔和，以收拾为可久，凶之来，无以御之矣。

《象》曰：振恒在上，大无功也。

上之于初、四，远矣。以柔道收已变之局，不足以立功，则害且及之矣。天道久而不已，唯终而有始也。据其恒以为恒，凶必乘之。恒卦六爻皆不吉，久不以道也。二、五差能自安，而非变化以久成；三、上则无而为有，虚而为盈者也。天地风雷之变而不失其常，岂人事之易及哉！德非圣人，怙中藏之密用以终身，凶其免乎！

# 遁

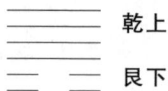

乾上
艮下

遁。亨，小利贞。

尊者出而在外曰"遁"。《书》曰"遁于荒野"，犹《春秋》君奔称"孙"也。立卦之体，下二爻为地位。地位者，阳之所以藏于深，而植根以起用者也。阴长而居二，阳退于虚矣。虽下卦之三阳犹在焉，而三为进爻，且进而与三阳连类以往，故曰"遁"。"遁亨"者，君子进则立功，退则明道，明哲保身，乐在疏水，于己无不亨；而息玄黄之战，以勿激乱，且立风教于天下，而百世兴焉，于天下亦亨矣。"小"，阴也。阴未失其居下之义，故"利"。阳遁而与相应，故"贞"。遁，阴长矣，而初、二无凶咎者，二得下之中也。位莫美于中。"临"，阳已得乎下之中，故阴爻皆蒙之而吉。遁，未逾乎下之中，故阴爻无伤阳之慝。观，犹得乎上之中，故爻多美辞。大壮，未得乎上之中，故辞多危。以三画之重为三才之位言之，则二出乎地上，为人用之大美；五居天位而近于人，为人承天而天祐人。以内外贞悔言之，初、四者退爻也，三、上者进爻也，进则过，退则不及，刚柔皆有过不及之失；二、五酌其宜以立为定位，而居之安，故位莫美于中也。阴利贞而无逼阳之过，阳之遁所以益亨。阳亨，则阴过亦泯，而不丧其利贞矣。

《象》曰："遁亨"，遁而亨也。

四阳合志，上无阴以为之掩沮，志得而道亦伸矣。

刚当位而应，与时行也。

"当位"谓九五。刚当位，则道无所屈。"应"，二应五也。阴无拒之之情，而有挽留之志，礼意未衰，从容以去，遁之美莫尚焉，故曰"好"，曰"嘉"。

"小利贞"，浸而长也。

长，知两反。

"浸"，渐也。阴虽长而以渐，得中而止，未失乎正，而于义亦合。

遁之时义大矣哉！

遁非其时，则巢、许之逃尧、舜，严光，周党之亢光武也；非其义，则君臣道废，而徒以全躯保妻子为幸，孟子所谓小丈夫也。非精义乘时者，无由以亨。

《象》曰：天下有山，遁。君子以远小人，不恶而严。

远，于愿反。恶，乌路反。

山自以为高，而欲逼近于天；天覆帱之，而终不可逾，唯绝远之而不与相狎也。"不恶"者，不屑与之争。"严"者，虽求合而必不受，唯超然遁于其外，小人自伏处于下。君子之遁以自洁也，非若汉末党锢诸贤，处草野而与小人相触者也。

初六，遁尾，厉，勿用有攸往。

"遁尾"，为遁之尾也。尾者，系于后而可曳者也。初与四应，阳欲遁，而初以眇小之才，欲以柔道牵曳之，必蒙其严厉斥绝矣。"勿用有攸往"者，戒其听阳之遁，而勿强往曳止之。

《象》曰：遁尾之厉，不往何灾也？

柔而在下，本无逼阳之嫌，而位卑力弱，不能作留行之客，但安处而勿与其事，自不见绝于君子。

六二，执之用黄牛之革，莫之胜说。

胜，书烝反。说，吐活反。

"黄"，中色，"牛"，顺物，阴道之正也。"革"，坚韧之物。"胜"，能也。六二柔得中而当位，其情顺矣。比近乎阳，而与五应，见阳之遁，坚欲留之，故阳欲去而情不能忘。乃阳决遁而不可挽，不能吉，而其志可嘉，则远于凶咎矣。

《象》曰：执用黄牛，固志也。

非其志之固，则虚拘君子，所谓"执我仇仇，亦不我力"者矣。六二顺应于五，故其志可深信。

九三，系遁，有疾厉。畜臣妾，吉。

三与二阴合为艮体。艮有止道，二执之固，而三为其所系，进退不能自决，心战而疾危矣。斯道也，唯以之畜臣妾则可耳。臣妾情顺乎己，与之近而抚之而不失其刚，则既无不孙之忧，而能容以使无怨。"畜"者，止而养之，艮道也。

《象》曰：系遁之厉，有疾惫也。"畜臣妾吉"，不可大事也。

"惫"谓志衰而气亦馁。进退者君子之大节，故曰"大事"。

九四，好遁，君子吉，小人否。

> 好，呼报反。否，如字，方九反。下并同。

九四有初六之正应，故得全其交好以去，而不出恶声。君子引身而退之，吉道也。小人恃不见恶于君子，而冒昧依附以有为，凶矣。初六之所以灾也。

《象》曰：君子好遁，小人否也。

君子虽好而遁矣，岂小人之可徼以求福！

九五，嘉遁，贞吉。

二固志以执五，五得雍容成礼而退，遁之嘉者也。然其吉也，以其贞也，非以其嘉也。五岂徼二之执以为荣者哉！

《象》曰："嘉遁贞吉"，以正志也。

嘉则嫌于不正，而刚中得正，道固不屈，所以吉。

上九，肥遁，无不利。

上九去阴远，而无应于下，则其遁也，超然自遂，心广而体胖矣。夫往者所以来也，屈者所以伸也。或屈于暗而伸于明，太公辟纣而终以开周；或屈于一时而伸于万世，孟子去齐而为百世师；无不利也。

《象》曰："肥遁无不利"，无所疑也。

四、五皆有应，则进退未免疑，而上独否。

# 大壮

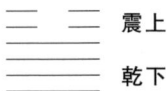

震上
乾下

大壮。利贞。

"大"谓阳也。"壮"者，极其盛之辞。阳道充实而向于动，志盈气盛而未得天位，则为强壮有余而未乘乎时之象，故仅言其壮，若有勉之惜之之辞焉。乾之四德，大壮所可有，不言元亨者，以未得天位，尚不足以统天，而达其云行雨施之大用也。"利贞者性情也"，性情则已足矣。美利足于己，可以美利天下，而纯阳无杂，则正而固也。阴尚据其上，疑于相应，而贞则必利，其利以贞也。

《彖》曰：大壮，大者壮也。

嫌于言壮之太甚，故释。

刚以动，故壮。

阳德刚健而动，为天地之大用。乾德已成，因时震起，以感二阴而动之；阴虽据尊位，莫能御也。直为壮，曲为老。积刚以宾阴，理直而壮，非但阳盛之谓也。

"大壮利贞"，大者正也。

纯刚则尽自强之道，无阴私之累，而震阴以使知退。刚以养成，动以时兴，皆正也；正则无不合义而利矣。

正大，而天地之情可见矣。

"正大"，正其大也。此言人能正其大者，则可以见天地之情，而不为阴阳之变所惑也。天地之化，阴有时而乘权，阳有时而退听。而生者，天地之仁也；杀者，物之量穷而自槁也。大体者，天地之灵也；小体者，物欲之交也。君子者，受命而以祐小人者也；小人者，违命以干君子者也。人唯不先立乎其大者，以奋兴而有为，则玩生杀之机，以食色为性，以一治一乱为数之自然，则阴干阳，欲戕理，浊溷清，而天地之情晦蒙而不著。唯君子积刚以固其德，而不懈于动，正其生理以止杀，正其大体以治小体，正君子之位以远小人，则二气絪缊不已，以阳动阴，生万物而正其性者，深体其至大至刚不容已之仁，而灼见之矣。故大壮之壮，唯其利贞，而二阴据上，不足为之累也。

《象》曰：雷在天上，大壮。君子以非礼弗履。

地以上皆天也，故有雷在天上之象。雷本阳气之动，亲乎天，非但震物。君子之壮，壮于己，非壮于人也。积自强之道而不馁者，唯礼而已，孟子谓之集义。礼者，义之显于事物者也。道义充而节文具，浩然之气自塞乎两间，如雷上于天，阴不能遏。若助长以凌人，其壮必槁，非大壮也。

初九，壮于趾，征凶，有孚。

大壮，大自壮也。刚德已固，而以动则壮。初以四与己同道，遂感之而与俱动，壮以趾而已。妄动必折，故凶，唯其恃四之孚也。

《象》曰："壮于趾"，其孚穷也。

二、三皆与阴应，初独与阳孚，宜其吉，而反凶者，德薄位卑，九四奋兴以往莅于阴，而不恃初以为援，则所孚者志不相通也。

九二，贞吉。

阳刚得中，为乾之主。大之正，正以此也。故直言其吉而辞简。辞有险易，此易辞也。阳不当位，而不言悔亡无咎者，乾道浑成，凡位皆其位。故凡卦有乾体者，九二皆无悔咎之戒。

《象》曰："九二贞吉"，以中也。

中则正也。所谓中者，对外而言。九二以庸德为健行，内修之尽，非施健于外，以凌物为壮也。

九三，小人用壮，君子用罔，贞厉。羝羊触藩，羸其角。

"罔"与网通。"羝羊"，壮羊也。九三与上六相应。小人见君子之壮而欲用之，而九三因欲网罗之以为己用，虽不自失，亦危矣。羝羊本刚，以求牝故，急于前进，而九四以震动之才当其前，限之而困其角，乃反而不前，幸得保其贞耳。

《象》曰："小人用壮"，君子罔也。

因其有见用之情，遂欲罔之，亦过矣。杨龟山之于蔡京、唐应德之于严嵩是已。

九四，贞吉悔亡。藩决不羸，壮于大舆之輹。

九四为震动之主，前临二阴，无所系应。阳实阴虚，以至实驰骋乎至虚。无所阻蔽，为"藩决不羸"之象。"輹"，车箱也。三阳在下，积实已盈，故壮莫盛焉。震之壮，乾壮之也。大正而吉，虽不当位，固无悔也。

《象》曰："藩决不羸"，尚往也。

阴尚据天位，贵于住以治之。

六五，丧羊于易，无悔。

丧，息浪反，下同。

此立乎卦外以说卦之全象也。四阳类进，至此忽变而阴，"丧羊"之象。"易"，《本义》云"或作疆场之场"是也，两相交界之地也。《春秋传》云："疆场之事，一彼一此。""无悔"者，言既壮以其贞，则虽未得天位而阴据之，亦可无悔也。不以六五之得失为占者，为阳慰，不为阴危，君子辞也。屡言羊者，虞翻《大象》谓大壮似兑，亦一义例，筮者偶用为占亦可。

《象》曰："丧羊于易"，位不当也。

此位非阴所宜居，故为阳叹其丧。

上六，羝羊触藩，不能退，不能遂，无攸利，艰则吉。

阳长，阴将退矣。上六恃六五之得尊位，而己藉之以安，有不欲去之象，而下望九三之应己。乃三既为触藩之羊矣，上系恋观望而不能退，阳已壮，而四方尚往，固不能遂其固位之志，无攸利矣。唯其柔而不争，知艰难以决于退则可吉。

《象》曰："不能退，不能遂"，不详也。"艰则吉"，咎不长也。

"不详"，谓不审时度德。"咎不长"者，退而不犯难也。

# 晋

```
    ═══      离上
    ═ ═
    ═ ═      坤下
    ═ ═
```

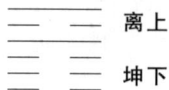

晋，康侯用锡马番庶，昼日三接。

"晋"，延而进之也。需与晋同道而德异。需三阳欲进，为阴所阂，而九五居尊以待其来，阴不能蔽之。晋三阴欲进，为阳所限，而六五居尊以延之上，阳不能止之。刚之相需，以道相俟也。柔之相晋，以恩相接也。"康"，安抚之也。三阴分土而为主于下，有诸侯之象焉。六五柔以抚之，使安其位。其所"用锡"之者，马之"蕃庶"，马以行地而坤主利也。"昼日三接"者，既锡之，又屈体以下延之。"昼日"，离明之象。"三接"者，天揖同姓，时揖异姓，土揖庶姓，遍晋三阴也。《易》之为教，扶阳抑阴，而于观、于晋、于鼎，无恶阴之辞，于晋尤若与之者，阴阳刚柔皆天地之大用，有时而柔道贵焉，则亦不废其用。然《彖》辞类有四德，而观、晋无之，则阴之不足于德，亦可见矣。不言吉者，王者之待诸侯，恩威并用而天下宁。有大明之君，有至顺之臣则可厚锡车马，隆礼延接以怀柔之。不然，则锡以富而尾大不掉，谦以接而且有下堂见诸侯之渐，固不如屯与豫之"利建"也。

《彖》曰：晋，进也。明出地上，顺而丽乎大明，柔进而上行，是以康侯用锡马蕃庶，昼日三接也。

"明出地上"，天子临诸侯之象。"顺而丽乎大明"，诸侯承事天子之象。"柔进而上行"，阴离四而进乎五，为柔之主，以延三阴。《本义》谓自观变者亦通。

《象》曰：明出地上，晋。君子以自昭明德。

"明德"者，无私无欲，可大白于天下之德也。日出地而物皆照，非欲人之见之，明盛则自不可掩耳。君子之明德，晓然使天下共喻而无所隐，取象于此。"自明"对"莅众"而言。卦与明夷相综，自待重以周，待人轻以恕，明晦异用之道如此。

初六，晋如摧如，贞吉罔孚，裕无咎。

初居下而不能即进，有"摧如"之象。然柔静以安下位，其进不迫，是以"贞吉"。阴自应阴，阳自应阳，道同相信之谓孚。初与四应，以柔遇刚，"罔孚"也。四罔与孚，将止其进，而初无急于求进之心，处之裕如，则虽见摧而无咎。

《象》曰："晋如摧如"，独行正也。"裕无咎"，未受命也。

行，下孟反。

"独行"，幽独之行。见摧而不失其柔静之操，故"正"。"未受命"者，进阴者五也。居尊制命，而应在二，初未受其登进之命，故当隐居自适以待时，所谓"硕人之宽"也。

六二，晋如愁如，贞吉。受兹介福，于其王母。

愁字，古无音锄侯反者。《礼·乡饮酒》义："秋之为言愁也。"音擎。此当同之。

"愁"，固也。"介"，大也。"王母"谓六五。阴居尊位，乃母后之象。六二正应六五，坚固其柔顺之节以承上，故能受锡马三接之大福。

《象》曰："受兹介福"，以中正也。

居中以守侯度，当位而得顺正。

六三，众允，悔亡。

"众"谓初、二二阴。三当进爻，连类以进，众所信从，首受六五之延接，故虽以柔居刚，上碍于九四，而协心效顺，故"悔亡"。

《象》曰：众允之，志上行也。

众志皆欲进而受五之三接，故六三进而众从之。

九四，晋如鼫鼠，贞厉。

"鼫"与硕通，大鼠也。鼠之行，且前且却，所谓首鼠两端也。三阴志在上行，而晋之，四以阳处退位，横互其间，使三阴之行疑忌前却，不得速进，如鼫鼠然，虽以阳止阴，为得其贞，而亦危矣。

《象》曰："鼫鼠贞厉"，位不当也。

居非其位，徒以增人之疑，故危。

六五，悔亡，失得勿恤。往吉，无不利。

以阴居尊，一于柔以待下，宜有悔也。然丽于二阳之间，而以虚明照下，下皆顺之，率此以往，延三阴而进之，虽有九四之沮，使欲进者首鼠两端，其失其得为未可知，而一意怀柔，劳来不倦，则安其位而吉，宜于物而无不利矣。

《象》曰："失得勿恤"，往有庆也。

怀柔得其道，物自顺之。

上九，晋其角，维用伐邑，厉吉无咎，贞吝。

"角"者，在上而触物者也。"晋其角"，物方进而此为角，触而御之，不使其进之已过焉。晋以柔进柔，柔过则上下无章而失制。上九以刚居上、而柔之过，三阴方顺，无可用威唯取私邑之不率者伐之，以建威销萌。能如是，则吉而无咎。若守其柔道之常为正，则法令不行而吝矣。离以丽乎刚而得明，故可厉而吉，而上为柔爻，又下奉六五之阴为主，故有"贞吝"之戒。

《象》曰："维用伐邑"道未光也。

柔道方行，阳施未能光大，故仅可伐邑以示威。

# 明夷

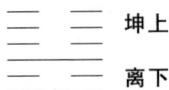

坤上

离下

明夷。利艰贞。

"夷"，伤也。离为大明，岂有能伤之者哉？唯时处乎地下，为积阴幽暗之所掩，光辉不得及物，则其志伤矣。君子之所谓伤者，非伤其身之谓；德不施于物，则视民之伤如己之伤也。文王当纣之时，盖如此。"利艰贞"者，二以柔居中得位，而养其明，以上事暗主，所合之义，在艰难而不失其贞，盖文王之志也。文王于明夷而言"贞"，周公于明夷而言"拯"、言"狩"，各以其时，可以见《易》之为道，变动不居，然而文王之德至矣。

《象》曰：明入地中，明夷。内文明而外柔顺，以蒙大难，文王以之。

难，奴案反，下同。

"明"谓日也。非地之能加于日上，日未升而入于地中也。日固出于地以照天下，而时方在夜，则入地中，安以受其伤。"内"谓自修其德也。"外"，出而事上也。或以为中藏智而外示柔，则王莽之奸，岂文王之德哉！明夷本以明而受伤，象大明为地所掩。而夫子即象以推德，则坤不为幽暗而为"柔顺"，若与卦义不相通。然两间之启闭有其象，则天下有其时，而君子即可体之以为德。夷者，时之变也，而君子之常也。故死生祸福皆天之道，即皆圣人之德，非穷神达化者，其孰能知之！

"利艰贞"，晦其明也。内难而能正其志，箕子以之。

"晦其明"，安于下而受晦也。"内难"，居于晦而不得出，以受暗主之辱也。"正其志"，不失其柔顺中正之德也。夫子两取文王、箕子之德，以言能体明夷之道者，唯文王、箕子足以当之，与周公备言殷、周兴丧之事异，盖亦有"武未尽善"之意与？

《象》曰：明入地中，明夷。君子以莅众，用晦而明。

有夜之晦以息，乃有旦之明以作。君子自昭之德，无物不彻，无时或息，而其"莅众"，则有所不察察于幽暗，而小人之情伪自无不昭彻于君子之心。"用晦"者，所以明也。坤为众，盖统贵贱贤不肖之杂处而言也。

初九，明夷于飞，垂其翼。君子于行，三日不食，有攸往，主人有言。

周公于明夷之后，极其变而著之于爻，以为明之有晦，晦之复明，乃理数之自然，以见文王艰贞之德，必终之以变伐之事，而周之革商为顺天之举。爻动而变，变而情生事起。故《爻》与《象》，或道同而事不嫌于异焉。初九，则太公之象也。二阳为明所丽，周公自当九三，太公当初九，以夹辅清明之运也。初去三阴也远，疏远在外，故宜避地远去。"飞"，去之速也。"垂其翼"，困穷之象。"君子于行"，言其怀君子之道，往之海滨也。"三日不食"，穷已至矣。"有攸往"，往而丽乎六二，以昭明德，归周之象也。"主人有言"者，殷之余民，固讥其异志，所勿恤也。阳刚之才，既可以大有为，而分位不亲，去暗即明，出困而兴，义士虽曰薄德，而志得道行矣。

《象》曰："君子于行"，义不食也。

非其亲昵之臣，避无道而去，不食其禄，义也。夫子但释此为义者，盖亦不取其"攸往"而"有言"，唯伯夷能终其"于飞"之义耳。

六二，明夷，夷于左股。用拯马壮，吉。

此象文王之事也。伤于左股，不能大行也。言左股者，手足尚右，伤其左，尚未大伤，象羑里之得释。马行地，坤象也。"马壮"，阴盛，象纣恶盈也。"拯"马之"壮"，救殷民以冀全殷祀，所谓"虽则如毁，父母孔迩"也。终以受命于天而吉。

《象》曰：六二之吉，顺以则也。

柔则顺，中正则道明于天下而可为则。有其德，故能救民之伤而吉。

九三，明夷于南狩，得其大首，不可疾，贞。

此象周公相武王伐纣之事。"南狩"以明治暗。"得其大首",象诛纣。"疾",速也。"不可疾"者,养晦待时,必天命既固、人心既顺之后,则事虽非常而固正。九三与上六相应,以明之盛,进而克柔暗之将消,其时矣。言贞而不言吉,期于合道之正,非谋利计功也。

《象》曰:南狩之志,乃大得也。

"乃"云者,时至而功乃就也。

　六四,入于左腹,获明夷之心,于出门庭。

此象商容、胶鬲之事。左腹者,心居左而主谋,预闻其甚周之谋也。"明夷之心",乃殷民被伤而望周之心。"于出"犹言爰出;出门庭,输于周而劝其伐也。六四与坤为体,盖居于暗邪者;四为退爻,下就内卦之明,故有此象。不言吉利者,非人臣之常道,不轻奖其功。

《象》曰:"入于左腹",获心意也。

苟暗极矣,则肘腋之臣,且窥短长以外交矣。可不惧哉!

　六五,箕子之明夷,利贞。

上为暗主,而五近之,相比于同昏之廷,不显其明以自晦,故为箕子之象。然必如箕子之贞而后合于义。不然,则其去飞廉、恶来也无几矣。

《象》曰:箕子之贞,明不可息也。

箕子以宗臣而抑,非如微子之处嫌疑;既无去国之道,欲继比干以死,而君侧无亲臣,故佯狂为奴,而晦已甚。然于艰难备极之日,彝伦攸叙之道未尝一日忘之,则迹自晦而道自明,是以利贞。然则箕子怀道以待武王之访乎?非也。箕子无待武王之心,而访不访,存乎人者不可期也。君子虽际大难,可辱可死,而学道自其本务,一日未死,则不可息于一日,为己非为人也。怀道以待访,则访不可必,而道息矣。志节之与学问,道合于一而事分为二遇。难而恣情旷废,无明道之心,志节虽立,独行之士耳,非君子之所谓贞也。

　上六,不明晦,初登于天,后入于地。

此则纣之象也。"不明晦"者,君昏而天下皆为之暗也。"初登于天"，谓先王之克配上帝。"后入于地"，殷后王之丧师也。五，君位，而上为明夷之主者，天位已去，寄居天位之上，将消亡之象。

《象》曰："初登于天"，照四国也。"后入于地"，失则也。

"四国"，四方之国。"照"，明德被之也。昏暗丧亡，仅云"失则"者，道二，仁与不仁而已矣。失尧、舜之则，则为桀、纣也。《爻》词专象商、周兴丧之事，盖周公因文王艰贞之行而推言之，以见周之革商，乃阴阳理数之自然，而非武王之弋命，且以垂戒后世，为意深切。玩其辞以谨其动，而天命人事昭然矣。

《易》兴神物以前民用，而若此之类，专指兴亡得失之大故，若不切于民用者。以义类求之，则身之荣辱，家之成毁，初无异理，筮者皆可理推以利用。而先王卜筮之设，原以国有大事，乃决于神，君子以占世道之污隆，进退之大节，故一可以商、周兴亡为鉴。初非若《火珠林》之类，为市井屠贩之人谋锱铢之利、挟策干进之夫求诡遇之名也。

# 家人

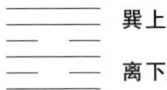

巽上

离下

家人，利女贞。

家人、睽、蹇、解四卦，互相错综，而卦之名义见矣。中四爻者，卦之定体也。初、上者，卦之所始终，御体以行，而成乎象以起用者也。家人中四爻皆得其位，而初、上以刚闲之，阳之为德充足而无间，御其浮游而闲之之象也，故化行于近，而可及于远。蹇中四爻亦得其位，而初、上以柔载之，柔者不健于行，而滞于其方，足弱之象也，故外见阴而止不往。睽中四爻皆失其位，既失失位而乖戾，初、上又以阳束之于外而数动，故愈束之合而愈离，貌相应而情相猜。解中四爻亦失其位，乃初、上以柔调和之，无所闲束，则静以居动，故危疑不安之意渐以解散，而阴阳之搏击以平。家人闲各正之人情以聚。睽束不正之异志则离。蹇可行而养以柔，泉之育于山也。解非所安而柔以缓之，雷之已出而释以雨也。观其画，体其象，审其错综之异，而四卦之德与其爻之险易可见矣。

家人者，一家之人聚顺之象也。各正其位以尽其道，而以刚严统之，无不利矣。阴阳各得，而独言"利女贞"，归美二、四者，圣人曙于人情世变，而知齐家之道，唯女贞之为切也。阳之德本和而健于行，初无不贞之忧，所以不贞者，阴杂其间，干阳之位，而反御阳以行，是以阳因失其固有之贞而随之以邪。岂特二女之嫔虞，太姒之兴周，妹喜、妲己、褒姒之亡三代，为兴衰之原哉！即士庶之家，父子兄弟天性之合，自孩提稍长而已知爱敬，其乖戾悖逆，因乎气质之凶顽者，百不得一也。妇人一入而乱之，始之以媚惑，终之以悍鸷，受其惑而制于其悍，则迷丧其天良，成乎凶悖，而若不能自已。人伦斁，天理灭，天下沦胥于禽兽，而不知其造端于女祸。圣人于此惧之甚，戒之甚，而曰"利女贞"，言"女贞"之不易得也。女德未易贞，而由不贞以使之贞，唯如家人之严君，刚以闲之，绝其媚而蚤止其悍，使虽为哲妇艳妻，而有所制而不得逞，则言物行恒之君子，正己而崇威，其道尚矣。然则"利女贞"者，初、上之功大矣哉！

《彖》曰：家人，女正位乎内，男正位乎外。男女正，天地之大义也。

此就中四爻而言之也。先言女者，二阴之卦，以阴为主，亦《彖》词"利女贞"之意。"正位"，刚柔各循其道，内外各安其职也。女与梱外之事以妄动，固家之索，男子而问及酒浆瓜果丝枲鸡豚之事，以废人道之大，家亦自此衰矣。天包地外，以运化理，地在天中，以待天施，内外正位，天地之大义固然，人不得而违，故唯贞乃利。

家人有严君焉，父母之谓也。

此言初、上二爻也。"严"者，刚之德。"君"者，为之纲而治之也。上为父初为母，天尊地卑、父尊母亲之道也。母道慈，而亦云严者，父之严，言物行恒，以示德威而已，故上九但言"反身"而威自孚。家人之道始于纤细，而放乎淫辟惰窳，起居饮食、衣裳容止之节，皆贞妄之原，父道不渎，闲而正之者母也。故凡子妇之不类，兄弟之不若，皆母不严而纵之于父所不及知之地，习气已溺，父虽欲施教而反相夷。故闲家亡悔之道，责之于初九，母尤不可不严也。

父父，子子，兄兄，弟弟，夫夫，妇妇，而家道正，正家而天下定矣。

"父父"，不言母者，统母于父也。初、上之刚严，"父父"也。中四爻之得位，"子子"也。三、四相追随，兄弟也。兄以慈爱为友，故柔。弟以庄敬为恭，故刚。"夫夫"，五正位于外也。"妇妇"，二正位于内也。原本其功，父道之严为本，故家人之德，成于初、上。"天下定"者，风化自近而及远也。

《象》曰：风自火出，家人。君子以言有物而行有恒。

行，下孟反。

"风自火出"，和煦而不务远及。"有物"者，切于事理。"有恒"者，修其常度。君子取法于风火，言行平易近情，无速于致远之心，而自足以致远，家修之道然也。

初九，闲有家，悔亡。

“闲”者，御其邪而护之使正也。家人本无不正，尤必从而闲之。谨之于微，母教也。虽若过于刚严，而后悔必亡。

《象》曰："闲有家"，志未变也。

中四爻本各得其正，未有变也。及其未变而防之，养蒙于早，以定其志，母教之功大矣哉！

六二，无攸遂，在中馈，贞吉。

“无攸遂”者，不遂其志欲。妇人之志不可遂，甚于欲也。“馈”者，《祭礼》主妇亲馈敦黍。“在中”者，自房中入室设之；敬慎从夫以奉祀事，修妇职也。六二柔顺得中而当位，得妇道之正而吉。

《象》曰：六二之吉，顺以巽也。

“顺”，故无攸遂。“巽”者，入也，而有撰具之意。在中馈以求歆于寝庙，其宜家必矣。

九三，家人嗃嗃，悔厉吉。妇子嘻嘻，终吝。

“嗃嗃”“嘻嘻”皆火声。《诗》："多将嗃嗃"。《春秋传》："赫赫谑谑。"“嗃嗃”，火之烈，“嘻嘻”，火余焰之声也。九三以刚居刚而不中，故为严厉太过之象。未能和洽，故悔，然终正家而吉。乃三为离火之余，其炎且殚。严太甚者威且穷，则悔其严而不终其厉，是以有"终吝"之戒。

《象》曰："家人嗃嗃"，未失也。"妇子嘻嘻"，失家节也。

虽"嗃嗃"而固未失正家之道。悔而弛其严，则失节矣。

六四，富家，大吉。

阴主利，六四以阴爻居阴位，故"富"。富非大吉之道，唯柔顺静退而不骄，可以长保其富而大吉。

《象》曰："富家大言"，顺在位也。

居柔退之位，不贪进而溢于非分。

九五，王假有家，勿恤吉。

假，古伯反，下同。

"假"，至也，犹《诗》"至于兄弟"之至，德足以及之也。九五刚中得位，与二正应，以德相感，格正其家，而家正矣；则化未及远，不足为忧，而风教所被，邦国天下自化。言"王"者，唯圣王之德足以当之。

《象》曰："王假有家"，交相爱也。

刚正嫌于失欢，乃德自足以相感，而有六二之配，乐而不淫，则家自宜。

上九，有孚威如，终吉。

"有孚"，谓与初九之刚德合也。初九以刚严闲之于内，上九复刚正以莅其上，威不渎而家自正。"终吉"者，非谓初不吉而后乃吉，言永保其吉也。

《象》曰：威如之吉，反身之谓也。

父道尊而不渎，身正而威自立，家人男女各正其位，又有初九之闲，则所谓威者，不在挞责，"反身"尽道而教自行矣。

# 睽

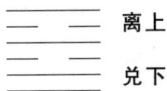

离上
兑下

睽。小事吉。

"睽"，乖异也。中四爻皆失其位，而初、上以刚强束合之，而固不亲，故成乎睽。此卦与噬嗑相似，而九二以刚居中，尤为难合，故虽应而应不以理，下骄而上疑，是以其爻多险异之辞焉。夫人居不安之位，而欲相与交，其志之不固，所必然也。柔静以俟其定则自释，刚动以制其争则愈离，此睽与解之所由异，道在初、上也。睽之于吉，难矣。"小事"者，阴事也，《周礼》所谓"阴礼"，宫中妇人之治也。前朝后市，后市为阴。近利之事，亦阴事也。宫中合诸国之媵、群姓之女，本不相亲；市杂五方失居之民，亦不相信；而刚以束之，合其不合者，则吉。柔道方行，应刚而得制，故能吉焉，外此者无吉矣。

《象》曰：睽，火动而上，泽动而下。二女同居，其志不同行。

睽、蹇、解三卦，《象传》释卦皆以化迹之象言之，不详其六爻之画，爻词抑又不取于此。此夫子引伸观物，而见阴阳之有其变者，必征于两间物化人情已然之迹，补文王、周公之所未言，而理固一致也。"动"亦以初、上二爻之阳言。二女之志不同者，二阴以居皆非位，不循其分，则志趣乖异。兑阴竞进，而离安于所丽以自尊也。

说而丽乎明，柔进而上行，得中而应乎刚，是以小事吉。

说，弋雪反。

"说"非君子之道，而"丽乎明"，则亦察于事情矣。"柔进上行"者，与"家人"皆二阴用事之卦，而阴自二上三，自四上五，虽不当位，而渐以升，且五阴居中而志以得，故可吉。

天地睽而其事同也，男女睽而其志通也，万物睽而其事类也。睽之时用大矣哉！

推言睽之为道，若乖而不适于用，而善用之，则天地之化、人物之情理，皆可因异而得同。因其时善其用，亦大矣哉，固非特小事之吉；而初、上之合异为同者，未为不允，故爻辞多得"无咎"，本非有咎也。"天地睽"，清浊异也。"男女睽"，刚柔异也。"万物睽"，情形异也。"事同"谓变化生成之事。"事类"谓相济以成一类之用，如水土合而成坯、筋漆合而成弓之类。

《象》曰：上火下泽，睽。君子以同而异。

火炎上，泽流下，火不熯泽，泽不息火，不相害也，而各成其用。君子之与人也，同为君子，则以异相切磋，而不雷同以相袭，故异而不伤其和；若非其类，而与之立异以明高，则水火交争，孤立无与而危矣。善用睽者，用之于所同，不党也；不用之于所异，则不争也。

初九，悔亡，丧马勿逐自复。见恶人，无咎。

丧，息浪反。

睽之所以为乖异者，阴亢乘刚，居尊位，处进爻，而终不自安；阳抑而承阴，志在求阳以自辅，而不顺乎阴，故貌虽相应，而情固离。初之与四不相应，疑有悔，而有"丧马"不能行之象。然此卦唯此爻为当位，上不为柔所乘，而四以同德相感，闲勒在手，不忧物之难制，故勿逐自得而悔亡。且初岂徒恃四之同志而得所御哉？凡中四不正之爻，虽皆恶人，而刚果自任，出而见之以遏其乱，矫志裁物而自处无过，固可以闲人之邪。如狄仁杰孤立于淫秽之廷，其用大矣。睽以初九为功，解以上六为得，以刚御乖违者，当坚立而制之于早；以柔解纷乱者，当待时而救之于终。睽初、解上，爻皆得位，故睽初贤于上，解上贵于初。

《象》曰："见恶人"，以辟咎也。

辟，必益反。

"辟"，除也。中四爻，咎之徒也。见之，为辟除之。

九二，遇主于巷，无咎。

"巷"，宫中甬道。六五以柔居尊，下临九二之刚中，心有嫌焉，不能自安于斧扆之间，以接二。二虽刚，而得中不亢，就巷以见而遇之，与之相应，此如晋文召王见之于温，《春秋》原情而许之，故无咎。

《象》曰："遇主于巷"，未失道也。

当危疑之际，不失臣节。

六三，见舆曳，其牛掣。其人天且劓，无初有终。

睽之用爻，皆失其位；而三以柔居刚，志在躁进，其乖异尤甚。方急于行；下二阳，其所乘之舆也，不与之同心，则见舆之被曳，而欲急鞭其牛，乃柔不堪任，而牛又掣矣。上九见其乖躁，张弧而欲射之，三乃顺而与应，于是施以髡劓之薄刑，惩其不恪，而三乃知惩，则是能改过以服善，故"无初有终"。

《象》曰："见舆曳"，位不当也。"无初有终"，遇刚也。

位皆不当，而独于三言之者，阳之不当位，唯阴亢而乘其上，故被抑而屈于阴之下，以失其所。卦以阴为主，其责在阴。家人所以独言"女贞"，得失不系乎阳也。五亦不当位，而免责者，居中也。"遇刚"者，上九以刚临之，三不敢不顺应。家人以下四卦，得失皆成乎初、上，益可见矣。

九四，睽孤，遇元夫。交孚，厉无咎。

四以失位之阳，三与五乘权得中，或迫进相干，或据尊相乘，睽而孤矣。"元夫"，刚之长也。四与初相应而道合，恃之以自辅而交孚，处势虽危，能与刚正者合志，故无咎。

《象》曰：交孚无咎，志行也。

四有不平于五之志，得初阳而志行矣。

六五，悔亡，厥宗噬肤，往何咎。

"厥"者，在彼之辞。"厥宗"，彼所依以为主者，谓二以初为依也。"肤"，易噬者。卦与噬嗑相类，故言"噬肤"，亦有啮合之象焉。六五柔居尊而非其位，逼九二之刚，疑其伤己，而不欲下往以交，故二有不能廷见而在巷之象。乃二所依以辅其刚者，初也，则固以刚束异以为同者也。既与二志合而相入，必噬二与五相应以不使终乖，则五往而应二，抑何患焉，故无咎。

《象》曰："厥宗噬肤"，往有庆也。

非所期而得合，庆自外来也。

上九，睽孤。见豕负涂，载鬼一车。先张之弧，后说之弧。匪寇婚媾，往遇雨则吉。

说，吐活反。

六五方以阴居尊，而上九以失位之阳寄处其上，孤矣。乃上九之志欲睽，与初同道者也，故任刚而欲惩其乖异以使安，而所正应者，失位阴浊躁突之三，若豕之溷于泥涂，遍而视在下之爻，阴阳错乱，盈车皆鬼也。于是愤其不戢，张弧而欲射之。三乃畏服，不敢为寇而求婚，因说弧以与之相应。三无异志，则阳可不争，而阴志亦敛，若晴霾不定之字，而得雨以解，可以吉矣。言"遇雨则吉"者，遇不遇，未可定之辞。治杂乱之道，终不如解之上六，以柔待其自散而射之，为无不利也。

《象》曰：遇雨之吉，群疑亡也。

雨则阴之气泄，而阳亦舒矣。

# 蹇

<pre>
══  ══   坎上
══      
══  ══   艮下
</pre>

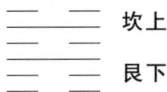

蹇。利西南，不利东北。利见大人，贞吉。

不达于行之谓"蹇"，为卦中四爻皆得其位，道可以行矣，而初、上皆柔，有始终畏慎、不欲遽行之象，故为蹇。柔居下而为艮止，不然，则既济之涉也。柔在上而知天下之险，不然，则渐之进也。家人既正，而犹闲之以刚，行于近者，昵而弛则懈。蹇得正，而犹需之以柔，将有为于天下以消其险，健而迫则危。故彼为闲家之象，而此为蹇于行之道，各有所宜，存乎学《易》者善用之尔。

蹇者非不行也，行而后见其蹇焉；择利而蹈，在平而若陂，唯恐其颠越也。"西南"，高山危滩之乡，行者必畏慎；若蹇以此道行之，则利。"东北"，青兖衍博之地，可以快行，将忘其蹇，故不利。"大人"谓九五。阳刚得中，以居天位，而有柔以相辅，以敬慎柔和之道，使各正者不忘险阻之戒，见之则沐其德教而利，故为天下所利见也。"贞吉"又统一卦而言，当位得正，虽无急见之功，自有誉问而充硕，蔑不吉也。

《象》曰：蹇，难也。

难如字，旧读乃旦反者非是。

"难"与《论语》"先难后获"之难同。不恃其道之正，行而且止，其难，其慎也。

险在前也。见险而能止，知矣哉！

知，珍义反。

此赞卦德之美也。以艮、坎二象释卦名义，补《彖》之未及，而意亦相通。"险在前"者，以上之柔，故阳遂陷于阴中，欲畅遂坦行而不得也。险者天下之必有，以刚果之气临之，则虽有险而不见其险；以柔慎之心处之，则集木临渊，常存乎心目之间，于是始终于柔，止而不迫，则天下之情理无不得，大知之所以善用其止也。抑唯当位而贞，则本无乖异危疑纷乱之境须急于拯救，故可以见险而遂止。为汉文帝之抚南粤，而不为唐太宗之征高丽；为窦融之束身归汉，而不为马援之据鞍上马；斯以为知。若时在阴阳交战倾危之际，畏难而不敢进，则为宋高宗之称臣于女直，与持禄全身保妻子之张禹、胡广；又其下者，闭户藏头，祸将自至，下愚不肖之尤者，何称知哉！

"蹇利西南"，往得中也。"不利东北"，其道穷也。

"往得中"者，未尝不行，而自中其节，不失其刚中之正。"其道穷"者，恃正而忘险，道必有所穷矣。

"利见大人"，往有功也。当位"贞吉"，以正邦也。

"柔嘉维则"，大人之所以为天下利见，而见之者可与图功矣。位皆当可，施之邦而咸正。邦国之治，唯正己而徐待民之自化，与齐家之尚刚严，其正同，而道不可同也。

蹇之时用大矣哉！

当其欲行未行之际，以熟审天下之机宜，斟酌百年之治忽，君子之大用，正于此而定也。

《象》曰：山上有水，蹇。君子以反身修德。

山上之水，幽细渟凝，还以润山，而不急于流行。君子之修德，取法于此。为之难，言之切，阙疑而慎言其余，阙殆而慎行其余，欿然若不足，意诚而身自润矣。

初六，往蹇来誉。

出而行于天下曰"往"，退而自正曰"来"。初、上之柔不欲行，蹇之所以为道也。三、四、初、上之柔，蹇之而使来者也，故皆曰往来。旧说以为往则入于险中者，未是。如上六已出乎险，何亦云"往蹇"乎？"往蹇来誉"者，能蹇于往，则来自得誉也。初六柔静而退居下，无行之意，以静俟其正，则中四爻之美皆归之，不期誉而誉自至矣。

《象》曰："往蹇来誉"，宜待也。

人之亟于行者，欲以徼誉，而不知静以居正，不邀誉而誉自可待也。

六二，王臣蹇蹇，匪躬之故。

"蹇蹇"，蹇而又蹇，慎之至也。六二遇九五刚健中正之君，可以大有为，而犹有谦让不遑之德；若恃当位得中，而急于自试，则爱君之诚皆虚矣。柔静以与初六合德，靖共详审，其难其慎，思补过而无徼功求名之志，斯以为蹇道之纯也。

《象》曰："王臣蹇蹇"，终无尤也。

时已正而欲速于行，则成乎过。李沆以不用梅询、曾致尧为报国，盖得此意。

九三，往蹇来反。

九三以刚居刚，而为进爻，非无志于往者；乃与上六相应，上以柔道抚之，则反而与二阴相合，以成乎艮止。故其往也，亦能蹇也。

《象》曰："往蹇来反"，内喜之也。

初、二二阴，志在柔静，三刚而能止，故喜其反，而相与慎持。

六四，往蹇来连。

六四柔当位，而以静退为德。能蹇于往，则安于其位，与二阳相协而不自失也。

《象》曰："往蹇来连"，当位实也。

自二以上皆当位，而独赞四之当位，四以柔居柔，安于蹇之至者也。"实"谓养育其德，令笃实也。

九五，大蹇朋来。

"大"谓朋也。九五以刚健之德，居中正之位，阳道之盛者也。德与位皆可以大有为矣，而居二阴之中，蹇而不速于行，审之愈固，居之愈谦，智、名、勇、功，皆所不尚，以深体天下之险阻，而凛匹夫胜予之惧，是贤人君子所乐就以相益者也。盖人君位居人上，已为下之所惮，而况才美道正，则天下之欲效忠也愈难。恃强智多闻，以敏速刚断自用，则谗谄面谀之人至，而善者退。君无为而善与人同，相无技而实能容，唯"大蹇"而后"朋来"，朋来而道愈盛矣。

《象》曰："大蹇朋来"，以中节也。

居中得位，而资于初、上以节其刚，故大而能蹇，以致"朋来”之盛。

上六，往蹇来硕，吉，利见大人。

上六当阴阳各正之余，尤以柔道慎其终，斟酌饱满，以释回增美，其道充实而博大，无不吉。以是而见九五之大人，凡可以经纶天下者，皆取诸怀而行之裕，无不利也。

《象》曰："往蹇来硕"，志在内也。"利见大人"，以从贵也。

"志在内"者，中四爻各得其正，而相与弥缝其美也。"从贵"，谓上六之德已纯乎吉，而资九五之尊以行之，往无不蹇，则行无不利，推之天下国家，施之后世而皆正，故曰："蹇之时用大矣哉！"

# 解

```
☷   震上
☵   坎下
```

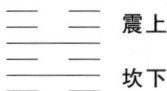

解。利西南，无所往，其来复吉。有攸往，夙吉。

"解"者，解散其纷乱也。中四爻阴阳各失其位，而交相间以杂处，于是而成科疑悖。解之之道，使阴阳各从其类以相孚，而君子小人各适其所欲，则虽杂处而不争。如雷动而兴，阳虽在下而升，阴虽上凝而降，则阴阳交战之患息矣。以刚治之，则愈睽。睽虽治，而阴有"丧马"之忧，阳有"张弧"之战。解以柔抚之，加意拊循，矜其不正之过，而小人乐得其欲，君子乐得其道，则阳不忿而阴不疑，待其自相解散，而治之也有余。故上六可以"射隼"，而夫子曰"待时而动"也。

"利西南"者，西南山川砢磊不平之地，以解道行之，则利也。不言不利东北者，塞有平坦之道，故以为防，而解无之也。"无所往"，以柔道安之，则止而不争，而自求其类以相孚，初之所以免咎而吉也。"有攸往"，则解之而已豫，待其自散而因治之，上之所以"射隼"，获之而吉也，贤于睽之迫于治而望"遇雨之吉"远矣。

夫上下阴阳各失其道，固宜刚以治之，以清流品而定名分。解以柔道静听其自释，近于茸阘而莫能理。然而解之往来皆吉者，阴阳虽失，而犹相为应，则上下犹和，而君子小人不相争竞。故阘止、陈恒皆小人，而争于国，则齐乱不已；雒、蜀之党皆君子，而争于廷，则宋乱乃生。敛骄气以从容，俟其以类相从，而后徐施其治，贤于迫束以激乖离者，不亦远乎！以六三之不与上应，而孤立必罹于灾，上亦以柔道制之，而隼为我获，况其他乎！此解之所以利而夙吉也。

《象》曰：解，险以动。动而免乎险，解。

此以震、坎之象言之。然唯初之柔，故知其险而不敢以易心临之；唯上之柔，则动而无所窒以相竞，故能免乎险；则与卦画之义亦相通也。

"解利西南"，往得众也。

以解之道而行乎人情险陂之中，众自悦而从之。

"其来复吉"，乃得中也。

以柔待之而不激，故二、五各安其位。

"有攸往夙吉"，往有功也。

上之欲治其纷乱也夙矣，而柔以俟时，则收功易。

天地解而雷雨作，雷雨作而百果草木皆甲坼。解之时大矣哉！

阴亢而乘刚，故难结而不解。其在天地之化，则阴凝于上，而阳伏不兴，结为寒冻噎霾，而草木不足以生。乃柔和之气动于上下，雷乃以升，雨乃以降，晦蒙之气消，阴阳各从其类，则百果草木之函锢者皆启，解之功大矣，唯其时也。不言义用者，解以无用为用，而不执乎义也，待其时而自解焉。唯圣人为能因时。

《象》曰：雷雨作，解。君子以赦过宥罪。

"赦"，纵释之。"宥"，宽之，薄其刑。"过"，误犯。"罪"，故犯也。雷雨之作，经释蕴结凝滞之气而苏物。然疾雷间作而不恒；君子非常之恩，间一用而已。五阴乘阳而居中，未至于邪，有过之象；三阴乘刚而陷阳，则其罪也。

初六，无咎。

解之为道，以近相解。如解结者，先于其绪；先其近而后其远，先其易而后其难，则以渐而解矣。故初以解二，上以解五。初应四，而解之者必待朋至之孚；上与三同道，而解之者必有乘高之射。初六柔以乘刚，静以待动，则二可安于中而不疑，虽未有功，自无咎矣。占此者，自省无过，顺以受物，则吉。道在无咎，故其词简。

《象》曰：刚柔之际，义无咎也。

"际"，交也，遇也。以柔遇非正之刚，自静处以寡过，义当然也。

九二，田获三狐，得黄矢，贞吉。

狐之为兽，邪而善疑。自三以上三爻，皆失位而不安，其象也。九二刚中自任，因险立功，有田而获之之象。得狐则且委其矢，乃初以柔解之，故不急于杀，而矢不失。"黄"，中色也。有获狐之才，而能听解以不自丧，则不失其贞而吉。睽、解中四爻之失位，阴之僭以成乎阳之不平，故于阳无过责之辞。

《象》曰：九二贞吉，得中道也。

获之而又不穷其杀，居中之道得矣。

六三，负且乘，致寇至，贞吝。

睽、解失位之爻，唯三为尤妄。上承九四之刚，本屈居卑贱，而下乘九二之刚，躁进凭陵，是担负之役人而乘轩矣。兵自外至曰"寇"。居非所得，寇必夺之。道宜凶，而仅曰"贞吝"者、有上六"高墉"之射解其悖，故可悔过以保，然而已吝矣。

《象》曰："负且乘"，亦可丑也。自我致戎，又谁咎也！

承上六之解，将不咎人而自咎，犹得为贞。

九四，解而拇，朋至斯孚。

"拇"，足大指，谓初也。四与初为正应；四刚失其位，有逼五之嫌，初以柔解之，而反卑柔居下，力弱而情殊，固未能解，如解结者不以手指而以足拇矣。但二近初而听解于初；二本与四同道为朋而相待者也，两阳交孚，二解而四亦渐解，势不容以终自怙也。

《象》曰："解而拇"，未当位也。

"未当位"之文与"位不当"异，言解之者之未当位，故如拇也。解之不当位者五，独言初未当位者，惜其解之情得而权不足也。如上六则当位而有高墉之势矣。

六五，君子维有解，吉。有孚于小人。

"君子""小人"以位言。五居尊为君子，三则负且乘之小人也。五以柔居尊，道不足，而二以婞直自用，则其忧疑不释，将激而与小人党，以犯上丑正。幸上之柔和不迫，从容而解之；维其有解，是以吉。君子既得解，则且以道感乎小人，而小人亦化矣。五孚于三，四孚于二，阳不畸而阴不戾，初、上之为功大矣。萧望之唯不知此，恃其刚以与柔懦之元帝争得失，而弘恭、石显之忿娼愈烈。郭子仪之处程、鱼，庶几得之。

《象》曰：君子有解，小人退也。

"有解"，有解之者也。"退"，退听命也。

上六，公用射隼于高墉之上，获之无不利。

射，食亦反，下同。

"公"，三公；坐而论道，师保之尊，临君之上，以解君子之眩惑者也。"隼"，鸷戾之鸟。"高墉"，居上之辞。上以柔解纷，而岂忘情于去阴慝以安善显乎！就密勿之地，解君子之惑；君子听其解，而以治小人也易矣。以刚治者，始于刚而后且柔，睽上之所以"说弧"也。以柔治者，藏用于柔而乘时以行断，解上之所以"射"而"获"也。六三飞扬攫击之志戢，则阴阳之争不兴，无不利矣。

《象》曰："公用射隼"，以解悖也。

射之，但以解其悖耳。小人孚，则不射可也。

# 周易内传卷三下

## 下经起损讫井

## 损

```
══ ══  艮上
══ ══
────  兑下
```

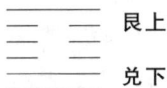

损。有孚元吉，无咎可贞，利有攸往。曷之用？二簋可用享。

损、益亦以泰、否之变而立名义者也。泰三之阳进而往上，上之阴退而来三，为损。否四之阳退而来初，初之阴进而往四，为益。不言进退往来，而谓之损益者，卦画一而函三，三复函三而为九，阳全用之，故其数一而九，阴缺其中之一，故二而六；阳实而阴虚，阳用有余，阴用不足，理数之固然也。泰之外卦本阴也，阳以三中之实，补上之中虚，而阳之数损矣。否之内卦本阴也，阳损其四中之实，以与阴于初，而阴益矣。损者，阳之损也。益者，阴之益也。阳本至足，以损为惜。阴本不足，以益为幸。故损归阳，而益归阴。内卦立本以定体，外卦趣时以起用者也。损阳之体，益阴之用，而阳损矣。损阳之用，益阴之体，而阴益矣。阳损阴益者，皆自其立本者言之也。起用者往而且消，立本者来而且长者也。内卦在下为民，外卦在上为君。内卦筮得在始为质，外卦后生为文。内卦在中为情，外卦在外为事。内卦方生为德，外卦立制为

周易内传卷三下

179

刑。损民以养君，损质以尚文，损情以适事，损德以用刑，皆损道也。而益反是。损、益者，阴阳交错以成化，自然之理，人心必有之几，损不必凶，而益不必吉也。恒不谓之损者，损必损于已足之余，而恒损之于初，则不知变通之用，故恒多凶。咸不谓之益者，益必益于实，而咸以其余相益，则偶然之感，而固非益也。损、益，天地之大用，非密审于立本趣时之道者，不足以与于斯。故二卦之《彖辞》极赞其道之盛焉。

"有孚"者，初与二刚相孚，四与五柔相孚，阴阳交足于内，自相信以为无忧，而后以其有余者损下而益上，损刚而益柔，阳固充实，未丧其中位，而阴已足以利其用，非内不足而徇乎外者。唯其有孚，则"元吉"矣。阳虽损，而中道自得，根本自固也。以君民言之，仰事俯育之有余，而贡赋将焉，上亦虚以待之，而置之有余之地，未尝恃之以自养而迫于求。以性情、学术、事功言之，质已实，情已至，德已洽，而不欲其太过，乃损其余以补之，使文外著，事有节，刑有章，而非亏本而侈其末也，故"元吉"也。以其损体而从用，疑有咎也，故又申言其"无咎"；以其舍同类而趋于异，疑于不可贞也，故又申言其"可贞"。如是，则三之阳往而上，和义而利物，允矣。圣人恐占者当损之时，损以为道，而有疑于非吉利之事，虑其为咎而不可贞，则无以应天地自然之理、人心节宣之妙，故备言其道之无不宜，以使安于损焉。观于《彖传》，而旧说之拘于一端，其亡当多矣。

既以备言损道之美，而更发明其用之善，见损而非有伤也。"曷"者，劝其用之辞。"二簋"，特牲之馈，祭飨之薄者也；言当损而何弗损哉？二簋可矣。阳之居三者，阳之余也，损之而不伤其实者也。阳之数，三其九而二十有七，所损者三耳。君足而民自余，文生而质自存，事适而情自固，刑用而德不衰也。

《彖》曰：损，损下益上，其道上行。

"上行"，上者行也。三为阳之上，上为阴之上。上者处有余之势，而道在进，所宜行者也。

损而有孚元吉，无咎可贞，利有攸往。

唯其上行，而不损其中之实，故备此数美。

"曷之用？二簋可用享"，二簋应有时。

阳道方盛，损其余而不忧；阴道欲消，益之以一阳而得固。故二簋虽薄，而人神宾主之情自应，唯其时而已。

损刚益柔有时。

乾刚，坤柔，损乾益坤也。乾道上行，行者以时行而损；坤道下行，益之以阳而情顺也。乾、坤之交方泰，以变通而益利其用，乘其至足而用其所余，则损刚益柔，非以伤阳而袤交于阴，乃因可损之时而损也。

损益盈虚，与时偕行。

此极言损之密用，而推必动之几，一皆自然之理也。阳已盈则损，阴极乎虚则益；损则盈者虚，益则虚者盈矣。"与时偕行"，行于时之中，变化不测，而时以不滞也。

盖尝观于四时之行矣：春夏为阳，秋冬为阴，而非必有截然分界之期而不相为通。阴、晴、寒、暑，于至盛之中早有互动之几，密运推移，以损此之有余，益彼之不足。荠麦冬荣，靡草夏死，几用其微，一如二簋之享，而阴阳之成质不亏，生杀之功能自定，则有孚而可贞者固然：时行其正，损益行其权。乃既损既益，而时因以变迁，则损益行，而时因与偕行也。一元之开阖，一岁之启闭，乃至一日之日暮，一刻之推移，皆有损益存乎其间，而人特未之觉耳。愚者见其虚而以为损，而不知其未尝损也；见其盈而以为不可损，而不知其固损也。苟明乎此，则节宣顺其理势，调变因其性情，质文，刑德、哀乐、取舍无容执滞，而节有余以相不足，无一念之可废其几矣，庶几得"与时偕行"之大用与！

凡言时者，皆在占《易》者之审身世而知通，而学《易》者不可躐等而强合。唯圣人德盛化神，自无不偕乎时；其立教以示天下，则使人知其理之固然，而无容过为忧疑以悖道尔。

《象》曰：山下有泽，损。君子以惩忿窒欲。

阳已过，则亢而成"忿"；阴已极，则靡而成"欲"。损阳之外发者以虚，而悦则忿息；益阴之将衰者以刚，而止则欲遏。欲窒，则志行高而如山之峙；忿惩，则惠泽行而如泽之润。山泽者，自修之德；风雷者，为学之功。老子曰："为学日益，为道日损"，亦窥见此意与？

初九，已事遄往，无咎，酌损之。

损者三也，受益者上也。然盈虚之变，非骤然而遽成，必以渐为推移，而未变者已早变其故。三损而乾刚已成兑说，上益而坤柔已从艮止，非徒三、上之损益已也。初、二之情已移，而后三之行乃决，故曰"三人行"，明非三独有损之志，特所用者三尔。初九以刚居刚，而潜处于下，未有必损之情，故于占此爻者戒之曰：能辍其阳道潜藏之事，而"遄往"以益上，则可"无咎"；且申释之曰：非欲初之损也，乃往而"酌"所宜损者"损之"也。损、益，自然之理，于德本无得失，故但戒占者，当其时位，则思所以善处之焉。与他卦之义例不同。

《象》曰："已事遄往"，尚合志也。

"尚"，庶几也。能"已事"而"遄往"，则与三合志，而不以损为歉也。

九二，利贞，征凶，弗损益之。

二居中而为阳刚之主，尸损之事者；以刚居柔，情不能自固，则有急于损之心矣。损者必有余而后可损，立本固而后可以趣时，是以有孚乃吉；故戒之以守正则利，往损则凶。二但固守其刚，使充足于内，则不待损而自有以益上矣，亦戒辞也。初退而二进，初刚而二柔，故一则劝其往，一则止其征，裁成之道也。

《象》曰："九二利贞"，中以为志也。

位既中，则当固守其中而不妄动，以听三之损。

六三，三人行则损一人，一人行则得其友。

"则"者，自然之辞，言理数之必尔也。卦之画成于三，三则盈矣。"三人行"，而数已盈，气已足，而必损其一；无俱损之理，亦无不损之道也。"损一人"，则一人行矣；而其行之一人，则必得其友者，而后损之而安也。内卦本乾，变为兑者，损其三中之一也。三处有余之地，而既损为阴，与四、五同道而相友，坤道成焉，损三而交得矣。象既成，而有天包地外之象；阳运乎外，阴处乎中，天地之化机于此而著。占者得此，则当斟酌彼己之宜，利用其损，情遂而事宜，虽损而固无伤矣。

《象》曰：一人行，三则疑也。

所以六三之独损以往者，以无三人俱损之理，而所损者必其所宜损，则损之而各得其情之所安。初眷于损，二志于损，皆失理而疑；六三行，则亡疑，所谓"二簋应有时"也。

六四，损其疾，使遄有喜，无咎。

内卦本乾体而三损，使其不损，则阳摈阴而阴乘阳，四受其冲，病矣。三之损，损四之"疾"也。不待上之受益，而早喜其居位之得安，固相与相得而为友。夫利彼之损，而以柔相昵，疑有咎也；而四当位之柔，静正无求益之心，故无咎。

《象》曰："损其疾"，亦可喜也。

喜而友之可也。

六五，或益之十朋之龟，弗克违，元吉。

言"或"者，三非五之正应，五之所不望其益者也。两贝为"朋"。"龟"，守国之宝也。三本损以益上，非益五也。乃卦本坤体，三阴居外而欲消，得上之益以止，而安于尊位，是五之宝也。"弗克违"者，理数之自致。"元吉"，无所待而自吉也。

《象》曰：六五元吉，自上祐也。

"上"谓上九"祐"者，保其尊，上受益，而五承其祐矣。

上九，弗损益之，无咎，贞吉。利有攸往，得臣无家。

《易》之文简，故多词同而意异。此言"弗损益之"，与九二之义异，谓无所损而受益也。上于下，宜损己以益之，而阴数止六，有可益而无可损，则于义无咎，而守正以受益为吉矣。既益，则"利有攸往"矣。上为君，下为臣，内卦损阳以益上，忘家忧国之臣也。而上与三正应而得之，固分义之可受者也。

《象》曰："弗损益之"，大得志也。

得忘家之臣，而安止以受益，得志而利于行矣。

# 益

```
═══  ═══    巽上
══════      
══════      震下
═══  ═══    
```

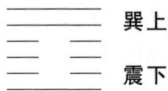

益。利有攸往，利涉大川。

益以损乾之刚，益坤之柔，而谓之益，不谓之损者，刚虽损于四以益阴于初，而为方生之爻，阳道且立本而日长，则阴益而阳亦益，非若损之损三以居上，为已往之爻，寄居于天位之上，实自损以益彼也。华归根而成实，君自节以裕民，文返朴而厚质，志抑亢而善动，"利有攸往"，允矣。"利涉大川"之义，《彖传》详之。

《彖》曰：益，损上益下，民说无疆。自上下下，其道大光。"利有攸往"，中正有庆。

说，弋雪反。"上下"之下，户嫁反。

此通释"利有攸往"之义。益民而民说，一义也。阳自上而下，返于初以消否，正其志于内，而光昭上行，一义也。阴居二，阳居五，各得中而正，而四之益初，二受其益，外来之庆，以赞其行，一义也。略言三义，而益之利于往者可推矣。

"利涉大川"，木道乃行。益动而巽，日进无疆。

此通释"利涉大川"之义。"木"谓巽也。京房谓震、巽皆属木，屈八卦以就五行，其说不通。"行"，动之使行也。动之而巽以行，行以渐进而不遽，为舟行之象。循涯日进，而无远不届，行舟之利所以不可御也。

天施地生，其益无方。凡益之道，与时偕行。

此推言益道之大，为乾、坤合德之大用也。阳之益初，天之交于地以施也。阴之进而居四，载阳以发生也。凡天地之间，流峙动植，灵蠢华实，利用于万物者，皆此气机自然之感为之。盈于两间，备其蕃变，"益无方"矣。而其无方者，唯以时行而与偕行，自昼徂夜，自春徂冬，自来今以溯往古，无时不施，则无时不生。

故一芽之发，渐为千章之木；一卵之化，积为吞舟之鱼。其日长而充周洋溢者，自不能知，人不能见其增长之形，而与寒暑晦明默为运动，消于此者长于彼，屈于往者伸于来。学《易》者而知此，则天下皆取善之资，而吾心无可弛之念，其于益也，不亦大乎！

《象》曰：风雷，益。君子以见善则迁，有过则改。

阴凝于下而不上交，阳来初以动之而改其过：雷以震懦之象。阳安于上而不下交，阴往四以顺之而成其美：风以导和之象。"则"者，速辞。风雷，至速者也。改过迁善，以速而益。四之损、初之益，皆在卦下，速也。益者，学以益性之正；损者，修以损情之偏；君子之善用损，益也。

初九，利用为大作，元吉，无咎。

初既受益，乾道下施而为长子，可以大有为矣。乃阳之下施以惠初，非徒利其生，而实以成其能，非体乾元之德以承天之祐，则不足以胜其任，故必"元吉"而后无咎。

《象》曰："元吉无咎"，下不厚事也。

其位在下，力固不厚，虑其奋兴一时，而不足以继，故戒而勉之。此亦为占得者言也。

六二，或益之十朋之龟，弗克违，永贞吉。王用享于帝，吉。

阳益于初，以辅二而消其否，二之得益大矣，故与损五同其象。而六二柔中得位，乐受阳施，以保其正，则其吉永固，较损五为尤吉焉。有其德，受其福，而柔顺不敢自居为功，乃以禋祀于上帝。所谓天子有善，让之于天，神斯享之，尤其吉矣。二上应五，故有此象。

《象》曰："或益之"，自外来也。

外谓外卦，乾也，天所益也。

六三，益之用凶事，无咎。有孚中行，告公用圭。

"益之用"，资益以为用也。"凶事"，水火、兵戎，死丧之事。"孚"，三与二、四合德也。"中行"，卦三阴而三当其中，行以告而请益也。"公"谓四。四近九五尊位，为三公。"圭"，诸侯之聘圭，以昭信也。三比外卦而为进爻。阴欲求益于阳，而三行以请于四。

请而求益，非君子之道。唯水火有分灾之礼，兵戎有救患之典，死丧有赗襚之仪，则与者非滥，求者非贪，可无咎也。三望益，而二阴与之同心，乃行以告而抒其诚信，有大夫承命诉讼之象。忧患在己，既为礼所宜请，则上下同心而输忧以往，宜矣。天王之求车求金，贪也；陈灾而不告火，慢也；皆咎也。

《象》曰：益用凶事，固有之也。

固有其情，固有其礼，则可固有其事。诸侯之礼，凶必告诉，而邻益之。通诸士大夫之于知交，亦此礼也。故士待外姻至而后葬。

六四，中行告公从，利用为依迁国。

"中行告公从"者，三来告而四从之，因以其阳之固足者益初也。"迁国"者，阳下益初，则阴迁居于此也。"依"，《本义》谓如"晋郑焉依"之依，是已。四既损阳以益初，从三之告，则与三同其柔德，相比以奠其位而得所居，所谓"因不失其亲"也。与损三得友之义同。

《象》曰："告公从"，以益志也。

本有往益之志，故告而必从。盖阳无不施之理，唯阴亢而不求，则阳有所不能强施，如瘠土之不受膏雨，亦无如之何矣。阴能仰承，阳必下应，施之而阳不为损，阳岂有吝情哉！

九五，有孚惠心勿问，元吉。有孚惠我德。

五位天德，其施惠于下以益阴之生者，心固然也。四本乾体，与五同德，相孚而惠心一也。告而即从，不待五之问焉，默承其意，以资始之益益下，吉莫尚矣。"惠"者，四往益初之德也，而功归于五，则何待五之损己而后益于物哉！天之施万物以生者，四时五行之气施之也，而推其德者曰天施，王用亨焉。然则大臣承主意以惠天下，而德归天子，君子资圣训以惠后学，而德归圣人，德之至者不劳而惠行焉，益之所为有益而未尝损也，唯视其所孚者而已矣。

《象》曰："有孚惠心"，勿问之矣。"惠我德"，大得志也。

四既合德以行惠，可勿问矣。"大"谓阳。益行而不劳，得志可知。

上九，莫益之，或击之，立心勿恒，凶。

四损己以益下，故有为依之利。五有惠心以孚四，故归德而获享帝之报。上九阳亢在上，骄吝而无益物之心。无所益于物，物亦莫有益之者，而或且击之矣。吝生于骄，而骄吝者之心，当其求益而畏击，则不能无望于人；及其终不得益，而未必有击之者，则又亢而自恃，自以为善揣人情，而可以术驭；而不知无恒者，人之所厌恶，而自绝于天也。益上与损初，皆吝于损而无益者。损初位下而上承二，故可劝勉之以往；益上已亢，故决言其凶。骄以成吝，祸尤不可解也。勿、无通。

《象》曰："莫益之"，偏辞也。"或击之"，自外来也。

不言上不益物，但言物"莫益之"者，从一偏言之，以该其全理。"自外来"者，卦中无相击之爻，而天下祸生不测，则莫为之益；亲戚且叛，而兵戎自至，发于其所不及防也。

# 夬

兑上
乾下

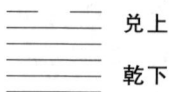

夬。扬于王庭，孚号有厉。告自邑，不利即戎，利有攸往。

号，胡刀反，下同。

夬之为言决也；绝而摈之于外，如决水者不停贮之，决而任其所往，求其无相淹濡，不复问所以处之也。为卦，阳盛已极，上居天位，下协众志，一阴尚留，而处之于外。阳已席乎安富尊荣，而绝阴于无实之地，以是为刚断之已至矣。乃阴终乘其上而睥睨之，阴固不能忘情乎阳，阳亦岂能泰然处之而不忧？故《爻辞》多忧，而《象辞》亦危。

阴之为德，在人为小人，为女子，为夷狄，在心则为利，为欲。处女子、小人者，置之于中而闲之；处夷狄者，抑之使下而抚之；若使亢焉化外，而徒摈之以重其怒，则其为忧危之府，必矣。以义制利、以理制欲者，天理即寓于人情之中。天理流行，而声色货利皆从之而正。若恃其性情之刚，遂割弃人情以杜塞之，使不足以行，则处心危，而利欲之乘之也，终因间而复发。二者皆危道也。故统帅群阳以摈一阴，而且进且退，终窒碍而不得坦然以自信焉。

呜呼！天下岂有五阳同力，而不能胜一阴者哉！唯恃其盛而摈之以为不足治，乃不知彼之方逸居于局外，以下窥我之得失也。故三代以下，为王者不治夷狄之说，自以为道胜无忧，而永嘉靖康，凭陵祸发，垂至于祥兴，海上之惨，今古同悲。野火之燎，一爝未灭，乘风而熺，岂在大乎！五王诛武氏，而三思犹蒙王爵，《要典》焚而冯铨犹以故相优游辇下，皆此象也。其在学者，则三月不违之仁，尤当谨非礼于视听言动之著见。伯禹戒舜，罔若丹朱；召公陈《旅獒》，拟之商纣；一私未净，战战栗栗，尤在慎终，可不戒夫！

是以知夬者，忧危之府也。日之朔，月之望，有薄蚀焉；盛夏之荣，有靡草焉。天地且然，而况于人乎？

"扬"者，相诩自安之貌。宫中曰"庭"。"王庭"，王之后宫也。阴居五之上而当位，虽摈绝之，犹安其所，而乘其后以俯窥也。如是，则群阳相与交孚，以号呼不宁，而自见其危矣。危则自治不可不饬，故必"告自邑"，亟内治；且忧群阳之不相下，而必申命以有合也。内治修，则徐而制之，专任能者以建威销萌，可矣。若恃众盛而以即戎，九节度之所以溃于相州也。"利有攸往"，内治得，则率道以行，阴自无号而消沮矣。慎终之道，忧危之吉也。

《彖》曰：夬，决也，刚决柔也。健而说，决而和。

说，弋雪反。

健故决，说故和。决之不尽，阴得以相说而遂与之和。

"扬于王庭"，柔乘五刚也。

乘刚，故扬扬而自得。阳既盛，五已据天位，柔复乘于其上，忧若在外，实在内也。

"孚号有厉"，其危乃光也。

知其危乃光大，而不与阴为缘。

"告自邑，不利即戎"，所尚乃穷也。

以刚之盛为尚，而恃之以战阴，则穷。

"利有攸往"，刚长乃终也。

长，知两反。

进修其德而不已，道胜于己，阴乃终凶。

《象》曰：泽上于天，夬。君子以施禄及下，居德则忌。

"泽上于天"，势必下降，夬之象也。君子在上，以禄待天下之贤者，无所吝留。取法于此，所由异于项籍之印刓不与也。然泽者天之泽，禄者天之禄，非君子以市恩而可居之为德者也。有居德之心则骄，而士且不以为德，故忌而戒之。

初九，壮于前趾，往不胜为咎。

初居下位，恃积刚之势，以刚居刚，遽欲前以逼阴，力弱而不相及，不胜必矣。不胜，则阳之锐折，而阴益安据于上，所谓“与于不仁之甚者”也。位未高，道未盛，而欲攻小人，则一不胜而且折入于邪，贾捐之是也。德未充，义未精，而欲遏制人欲，必且激而成乎妄，佛、老是也。皆以壮为咎者也。

《象》曰：不胜而往，咎也。

量其不胜，唯益自强于善则可矣。

九二，惕号，莫夜有戎，勿恤。

莫，漠故反。

九二刚中而居柔位，强于自治而不暇与物竞者也。“惕”者，心之忧也。“号”者，戒群阳使自治也。上六非二之应，又相去疏远，其有戎心，出于非意，“莫夜”之寇也。害不及己，勿恤焉可矣。卦唯此爻为得，然谨慎自持，而不能恤阴之未去，故夬之为卦，决而实不能决也。

《象》曰：“有戎勿恤”，得中道也。

以刚居柔，中而得其道矣。道得，则戎不能为之伤，故可勿恤。

九三，壮于頄，有凶。君子夬夬，独行遇雨。若濡，有愠，无咎。

三与上应，有比匪之嫌；既与为正应，情固不可绝，而外必示之以不屈，则小人且怨，而难及之。周顗之所以杀身，“壮頄”之凶也。从刚居刚，志非合污，则决然于夬，而以与诸阳并进。己独遇上六，有相沾濡之迹，心愠结而不容不形于色，则虽凶而“无咎”。称“君子”者，谅其志之终正而为君子。

《象》曰：“君子夬夬”，终无咎也。

事虽凶而义自正，唯其决于夬也。

九四，臀无肤，其行次且。牵羊悔亡，闻言不信。

次，七私反。且，七余反。下并同。

九四以刚居柔，而为退爻，不能敏于夬者也，故为羸弱不能行之象。然使随九五之后，而奖九五以前进，如牵羊者之从其后而鞭之，则阴可消而悔亡。乃与兑为体，闻上六之甘言，而不信诸阳之同德，则亦安能亡悔哉？以其与阳为类也，故可有“牵羊”之德；

以其弱而易悦也，故终于"不信"。

《象》曰："其行次且"，位不当也。"闻言不信"，聪不明也。

听之能明，辨其贞邪而已。与邪合体，则甘言得进而惑之。

九五，苋陆夬夬，中行无咎。

苋，胡官切，从艹，与从艹者异。

"苋"，细角羊，不能触者。"陆"，平原之地，羊所乐处也。兑本羊体，而行于平原，得其所安，故有此象。九五虽迫近上六，有决于驱除之责，而安居自得，与之邻而无戒心，夬夬而实未决也。以其得位居中，而非昵于阴柔，故亦可以无咎。

《象》曰："中行无咎"，中未光也。

与上比而共为兑体，心系于说，仅以免咎而已。夬之九五与剥之六五同，故剥五承宠而利，夬五夬夬而未光。

上六，无号，终有凶。

阴慝僭上，虽有与之应而相比以说者，时至则瓦解。徐达师至通州而妥骓宵遁，不能望救于人也。以群阳相牵，故必待其运之已穷，而终乃凶。《本义》谓"占者有君子之德，则其敌当之，不然反是"。《易》不能为小人谋，义固然也。

《象》曰：无号之凶，终不可长也。

为君子者可以慰矣，勿疑其乘人之上而不易拔也。

# 姤

```
════════  乾上
──  ──     巽下
```

姤。女壮，勿用取女。

取，七句反，下同。

不期而会曰遇，姤之象也。遇本草次不以礼相见之辞，而"姤"乃女子邂逅，与男相遇之谓，其为不贞明矣。阴之忽生于群阳之下，本欲干阳，而力尚不能敌，故巽以相入，求以得阳之心，而逞其不轨之志，其貌弱，其情壮矣。卦本一阴为主，而卦之名义、《彖》《爻》，皆为阳戒，小人之幸，君子之不幸也。若恤其孤弱卑下而容其遇，则抑岂知其志之壮也？目中已无君子，将入其腹心而为之蟊贼哉！故一阴而遇五阳，志无适从，与己悦者，因而入之。不幸而与之遇，视其令色如戈矛，闻其甘言如诅咒，得其厚赂如鸩毒，坚刚不为之动，则无如我何。女虽淫悍，岂能伤不取之人乎？乃在不期而会之际，阳方盛而二、五皆未丧其中，则忽之以为不足忧而乍然相喜者多矣。戒之于早，犹可不乱，而非中人以下所能无惑也。

《彖》曰：姤，遇也，柔遇刚也。"勿用取女"，不可与长也。

乍然相得，终必相戕，岂可长哉！宋与女直遇，而欲恃之亡辽，高丽主知，而宋不知，乃终以亡。唐高宗纳武氏之日，岂知其灭唐之宗社哉！

天地相遇，品物咸章也。刚遇中正，天下大行也。

姤之为时，已极乎阳道之忧危，而夫子推言天地之化，以通大人正己格物之道，抑岂必不相遇而始亨哉！苟有其德，则且与天地同其化机，夷狄可使怀柔，小人可使效命，女子可使承顺，则虽姤而何伤于盛德！如天之遇地而品物荣，天不失其刚健中正之德，则化无不行。君子以刚健中正、率礼无违而遇之，则小人顺而天下无不服从。然则越礼以取女者，自始不终，非必不与阴遇而始得行其志。即食色而礼在，即兵刑而仁行。苗格于舞干，瞀御奄尹正于冢宰，皆遇之以其道者也。

姤之时义大矣哉！

《本义》曰："几微之际，圣人所谨。"当其时，制其义，非圣人不能。然亦岂有他道哉？以义制利，以礼制欲，以敬制怠，则无不可遇之阴矣。

《象》曰：天下有风，姤。后以施命诰四方。

天之所以资始万物者，非但风也；而下施于物，则暄风至而物皆生，凉风至而物皆成，物乃得以遇天之施矣。王者之积德以为天下父母，而民或不喻其志，则假诰命以诏之，而天下喻焉，取象于此。顾其发为王言，必深切出于至诚，以巽入于人之隐微，非饰辞而人遂动也，道配天而后化如风也。然唯君道宜然，以其所及者远，故必诰而后喻。降此以下，唯务躬行，以言感人，则亦末矣。姤本不贞之卦，而《大象》专取天、风之义、与《彖》全别。圣人不主故常，观阴阳之变，而即变以取正。故读《易》者不可以《大象》例《彖》也，类如此。

初六，系于金柅，贞吉。有攸往，见凶。羸豕孚蹢躅。

"柅"，所以止车者。"见凶"，天下遇其凶也。初六孤阴卑下，故曰"羸豕"。牝豕之淫走也必羸。"孚"，如期而不爽。"蹢躅"，行而不止也。"系于金柅贞吉"，以戒阴而喻之以吉道也。一阴而遇一阳，与二相守，则不失其贞吉矣。若不系而逞，遇所宜从者而前进，则将干乱群阳，而天下遇其毒矣，以戒阳之宜为防也。又从而申之曰：金柅之系，岂可必哉！其为羸豕矣，则必将蹢躅而不爽矣，而可不早制之乎！

《象》曰："系于金柅"，柔道牵也。

柔之道，以制于刚为正。小人顺于君子，夷狄宾于中国，女子制于丈夫，皆道之固然，故以系而止之为贞。

九二，包有鱼，无咎，不利宾。

"鱼"，阴物。"包"，受而怀之也。初六出而求与阳遇，邂逅即欲适愿，得受之者，则有所系而止其淫邪；二虽非正应，而以刚居中，直任天下之咎于己，则固无咎矣。若不任其责，而委之于他人，使浸淫及上，则害无所止。"宾"之不利二亦不利也。"宾"谓三以上诸阳。

《象》曰："包有鱼"，义不及宾也。

阴之遇阳，卒然而起，介然而合，本无择于应之正与不正，得所附而有道以止之，则其害犹可止息。二不幸而正与之遇，则慨然以身任抚驭之责，二之义也。为名教受过，为义命受责，讥非不避，而害不蔓延矣。若迁延避咎，推不美之名，使人分任之，则祸自己延，虽欲沾清刚中正之名，其可得乎？推此义之尽，则孔子谓昭公为知礼，亦此而已矣。

九三，臀无肤，其行次且。厉，无大咎。

次且，音同夬卦。

三与巽为体，未尝不恧悢而听阴之入，故与夬四同象。然以刚居刚，则能严厉自持，而可免于阴之污染，故无大咎。

《象》曰："其行次且"，行未牵也。

虽次且而固行矣，则不为阴所牵矣，故无大咎。

九四，包无鱼，起凶。

四与初为应，欲包初为己有，而二已受阴之遇。四能与阳同升，而不以初为志，则得静正之道。乃以刚居柔，而为退爻以就下，有强合于阴而不能之象。无鱼矣，又从而包之，本可不凶，而挑起祸端，凶道也。

《象》曰：无鱼之凶，远民也。

阴为民，民不怀己，而欲强应之，不得则必争。民心愈离，生起祸端，无宁日矣。

九五，以杞包瓜，含章，有陨自天。

"杞"，柜柳，其条可编为器以贮物。"瓜"，易溃之物，包之密则不溃。九五刚健中正，尽道自己，而不忧阴慝之作，以具曲成万物之德，包妄起妄遇之阴，阴辑其溃乱而使化为美，唯含容之道盛，则阴交阳以成品物之章，始于不正而终于正矣。是岂阴之德足以致之哉？容畜裁成之功，自天陨而得之意想之外。瓜之不溃，杞护之，固非瓜之能尔也。

《象》曰：九五含章，中正也。"有陨自天"，志不舍命也。

中 舍，如字，书夜反。

"舍"，置也。阴消极而必生，理数之自然，命也。九五以含章为志，不委之于命，而必欲护之以止溃乱，乃大人立命之德。唯刚健中正足以当之，人而天矣。

上九，姤其角，吝无咎。

"姤其角"者，阴阳方遇，而上为其角，既非其应，又与绝远，则吝于遇矣。吝不足以章品物，而能自守不渝，则无咎。

《象》曰："姤其角"，上穷吝也。

上处于穷极上地，阳道将衰，不容不亢，则吝而非咎。

# 萃

```
━━ ━━  兑上
━━ ━━  坤下
```

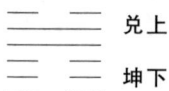

萃。亨。王假有庙，利见大人，亨利贞。用大牲吉，利有攸往。

假，古白反，下同。

草之丛生曰"萃"。泽地者，草丛生之数也，而丛生必各以其类；此卦三阴聚于下，二阳聚于上，各依其类以相保，故谓之萃。然阳之能聚于上者，唯阴聚于下，不散处以相间。阳既在上，嫌于将往而消，而上六复覆其上，保阳而使不往，以萃于其位，则阳之得萃，阴之顺而说者成之。阴虽群处致用之地。高居最上之位，而皆以保阳，故六爻皆言"无咎"。

"萃亨"，程子以"亨"为羡文。然上言"亨"者，通萃之德而言之；下言"利见大人亨"者，则就见大人而言其亨之由也。阳聚于其位，阴顺于下而奉之，嘉之会也。"王假有庙"者，群阴聚顺于下，四赞九五而以承事乎上六；上为宗庙，王者聚群心以致孝享，而神可格，所谓合万国之欢心，萃之盛者也。"利见大人亨"，言三阴聚以从六二而应九五，见之而上下各安其位，志无不通也。应以正，合义而永贞，故曰"利贞"。"大牲"，特牲，牛也。"用大牲吉，利有攸往"者，言聚顺以事天则受福，而行焉皆利也。

盖太极之有两仪也，在天则有阳而必有阴，在地则有刚而必有柔，在人则有君子而必有小人、有中国而必有夷狄，唯凌杂而相干，斯为大咎。乃阴以养阳，柔以保刚，小人以拥戴君子，夷狄以藩卫中国，阴能安于其类聚，而阳自聚于其所当居之正位，交应而不杂，则阴虽盛而不为阳病。鬼神以是不乱于人，而祐人以福；愚贱以是自安其类，而贵贵贤贤得以汇升：此萃之所以聚众美也。故《彖》历言其亨利贞吉焉。阳杂乎阴，而小人始疑；阴杂乎阳，而君子始危。免此而绥人神，利行藏，何弗宜哉！

《象》曰：萃，聚也。顺以说，刚中而应，故聚也。

说，弋雪反。

阴安聚于下，则成乎坤顺。阳得位于上，而阴卫其外以不消，则说。五得位而二应：虽类聚群分，而志不相违，斯以成乎聚而致亨也。

"王假有庙"，致孝享也。

"孝"者顺德，合群心之顺以致于上：庙中之象也。顺者阴也，致享者九五之阳也。然能聚下之顺，而后顺乎亲者大也。

"利见大人亨"，聚以正也。

二位各当位，得刚柔之正，而四从五聚，初、三从二聚，唯其正、是以群心附之。

"用大牲吉，利有攸往"，顺天命也。

五居天位，天所命也。下群聚以顺之，则可升中以享帝。

观其所聚，而天地万物之情可见矣。

阳必聚于上，阴必聚于下，阴保阳以不散，阳正位而阴不离，理气之必然，天地万物莫能违也。非是，则虽聚而非其情之所安。

《象》曰：泽上于地，萃。君子以除戎器，戒不虞。

水本流于地中，而浚地为泽，潴水以防水旱，而不使旁流散漫，时虽未需水，而畜之无用以待用，盖积以待匮也。君子不居无用之货，唯戎器则除治之于安宁之日，以待不测之用，则聚而不嫌于不散。

初六，有孚不终，乃乱乃萃。若号，一握为笑，勿恤，往无咎。

号，平刀反。

初六与二、三二阴本相孚同志，而与九为四正应，则又有舍其所萃以就所应之心。乃两端交战，不能自决，而究为二阴所昵，若将号呼固党，相握为一，以为欢笑，则溺于私而失顺阳之义。唯勿以此为恤而往奉四以聚于五，庶几无咎。以其卑弱处下而无定志，故有此象；而不失其应，则可奖之以无私系，而免于咎也。

《象》曰："乃乱乃萃"，其志乱也。

物虽不齐以相感，而岂能乱贞人之志哉！志先乱，则苟且怀安而失正耳。

六二，引吉无咎，孚乃利用禴。

六二为坤顺之主，柔中得位，初、三二阴之所恃以聚也。能引之以应乎刚，而阴阳上下各以类相从而安，则无咎。乃初与三皆怀自固其党之心，二必诚意相应，使初、三深信其相引之为吉，乃克同寅协恭，以戴阳于上，然后上下各得而利。盖非信友则不能获上，与聚顺以事祖考之理同，颂奏假者所以贵乎靡争也。六二之道，岂易尽哉！"引吉"而后"无咎"，"孚"乃"用禴"而"利"，有其难其慎之戒焉。"禴"，夏祀，特而不祫。二专应九五，故言禴。

《象》曰："引吉无咎"，中未变也。

三阴聚而二为之主，势足以背上而自固，自非大顺之贞，其心易变。能引之以用禴，则心可谅于天下。言"未变"者，危辞也。阴聚于内，非上六则成否，故其辞危。

六三，萃如嗟如，无攸利。往无咎，小吝。

六三与二阴聚处，不当位而有躁进之情，不自安于下，小人所以长戚戚也。以其承刚而为进爻，能往戴二阳使聚于上，可得无咎。阴之情本鄙固，而怙其党，吝也，未可必其往也，故为两设之辞，使占者各自择焉。"小吝"，小者吝也，"小"谓阴。

《象》曰："往无咎"，上巽也。

"上"谓外卦二阳。"巽"，顺而入也。谓上承刚以相得也。虞翻互卦以三、上合四、五为巽卦，说亦可通，然不可为典要以施之他卦。

九四，大吉，无咎。

九四本非吉也，以上与刚中之君相保，下有聚顺之民相戴，则藉之以得"大吉"；非其德之能然，所处之时为之也。因而与五相聚以安，亦得无咎，如宋张俊之保其禄位是已。

《象》曰："大吉无咎"，位不当也。

使非遇大吉之时，其能免于咎乎？

九五，萃有位，无咎。匪孚，元永贞，悔亡。

五虽与四萃聚于上，为四阴所保，然阳亦孤矣。且辅之者，非其才之能堪，尤危道也。但以居尊而不失其尊，故可无咎。且二之应己，虽各自为聚，不与阳同德，而非其所孚。然当位之柔，本体坤顺之贞以效顺，则无所疑而"悔亡"。"永贞"与坤"用六"文同，言坤德也。"元"，谓其本然。

《象》曰："萃有位"，志未光也。

群阴方盛，拥尊位，则有危心，不能光大以施德教，所赖以亡悔者，阴之永贞耳。

上六，赍咨涕洟，无咎。

赍，与嗟同。

三阴萃于下，二阳萃于中，上独孤处而无与萃，能勿忧乎？然上之在外，所以奠阳于五而不使之消，则身危而主安，义无咎也。

《象》曰："赍咨涕洟"，未安上也。

居上而孤处不安，其情必戚戚。当忧之时，亦何能遽望其安乎！身不安而义自正。

# 升

```
═══  ═══    坤上
─────────    巽下
```

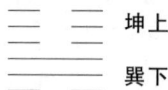

升。元亨。用见大人勿恤，南征吉。

自庭徂堂，历阶而上曰"升"。宾嘉之礼，主宾交相揖，迭相让，互相升，于是乎情洽而礼成。以卦二阳让阴以登于上，初六之阴，让阳以登于二、三，更迭相延，从容而进，阴升阳，阳升阴，宾宾乎从容不迫，巽顺而相应，故谓之升。"元亨"者，阳为初阴所升，得中而为主于内，阴为阳所升，居尊而为宾于外，阳为主而道行，故不失其德之元，而自成乎嘉之会也。"用见大人勿恤"者，阴为宾，而下应乎九二，用是以见大人，可不以阴亢阴卑为嫌也。"南"者向明之方；阴既为阳所升，则志协于阳，而柔顺之道，以近光而行，其吉宜矣。升之为卦，本泰之初变阳而成，上下既交，而又得初六之阴以巽乎阳，则不以法摈阴于外，而与阴迭相让以进，道之尤美者也。故三阴不终为小人，以初之能承阳于下，而上六虽阴之穷，犹忘躯命以进于善，则唯阳之进之也以礼，而无不顺也。卦亦阴为主，而阴道之得，于斯盛矣。

《象》曰：柔以时升。

待有升己者而后升焉，则升以其时矣，所谓进以礼也。

巽而顺，刚中而应，是以大亨。

初阴升阳而成乎巽入，外卦受命于阳以升而成乎坤顺，九二刚中不丧其主道，而五下应之，故大善而亨通。

"用见大人勿恤"，有庆也，

阴虽非位，而阳志与之应，则所遇者荣也。

"南征吉"，志行也。

阴受阳升，主宾道合，志无不行矣。

《象》曰：地中生木，升。君子以顺德，积小以高大。

变风言"木"者，风生于空，无在地下之理。圣人取象，必物理之所有，非若京房之流，强合八卦五行而违其实也。"顺德"，顺其序也。谨于微而王事备，慎于独而天德全，皆木生地中，日积而为乔林之象。

盖尝论之，君子之于德也，期至于高明广大之域，一也。而言学者，或从而分为二道。皆成德之功，而倚于一偏，则各有所失。或以为道本高大，而局之近小，则徇末而忘本；或以为道在卑迩，而顿希乎高大，则志广而事疏。游、夏俱承圣教，而互相非，况后世之言德性、言问学者，相争不息乎！夫圣人之学《易》，垂训以诏后学者，非一卦之足以该全学。各有所取而并行不悖，圣学之所以大中至正而尽乎人性之良能也。守卑迩以求渐至，是欲变彀率以使企及也。务高大而忽于微、是不待盈科而求盈沟浍也。夫君子于《易》也，取法各有其时。时者，莫能违者也。当志学之始，而致知以适道，必规恢乎极至之哉。故《大学》之始，即求知止乎至善，而天之命人之性、圣之所以达天而知化，虽未至焉，必期以为准绳，而不谓登天之难，姑孳孳于近小。及其志之已定，学之已正，然后优而柔之，驯而习之，小节必谨，细行必矜，造天地之道于夫妇之知能，立万物之命于宫庭之嚬笑，以克副乎大无外，小无间之大德。故颜子之心"三月不违仁"，而后夫子使即视听言动以审于几微，此非可与仲弓以下所亟言也。观象于升，而"积小以高大"者，顺德之事也。德岂易顺者哉！有成德于心而后察于其序，序已察而后可顺焉。然则子游之舍小以求大，君子忧其德之不纯；而子夏后倦于高大，固非中道而俟能者之方。故曰：君子于《易》各有取，于学各有时。"积小以高大"者，成德以后之功也，顺也，岂初学之以自画者所得托哉！

初六，允升，大吉。

"允"，诚也。初六自处于卑柔。以承阳而升之，使为主于内，让贤能，进君子，出于至诚。故升德之吉，莫吉于初，群阴方伸而独屈于巽也。

《象》曰："允升大吉"，上合志也。

"上"谓外卦三阴，居上而顺应乎刚，虚中以待阳之升。本有其志，而必藉初之屈于下以承进之。初与合德，而志行焉，是以大吉。

九二，孚乃利用禴，无咎。

象与萃二同而意异。延阴以升者，三也。二处三之下，位远于阴，虽受初之升，而不当位，无能为主，唯"孚"合乎三，乃以升阴而"利"。有孚，则位虽不当而无咎。

《象》曰：九二之孚，有喜也。

喜得三以成相升之美。

九三，升虚邑。

凡升之道，主宾相得以成礼，君臣相奖以成治，故升人者必自升也。九三刚得位而为进爻，以推阴而升之。阴既升，则三亦升矣。阳实阴虚，坤为国土。阴既升，则虚中以待阳之进，而与为治，故有"升虚邑"之象。不言其利，而固无不利矣。

《象》曰："升虚邑"，无所疑也。

初允之，二孚之，三阴辟门以待之，岂复有所疑沮哉！

六四，王用亨于岐山，吉无咎。

亨与享同。

四非天位，而谓之"王"者，为群贤所推进，文王之象也，周公于追王后尊称之。岐山，文王封内之山。四升而上宾于神祇；临其上者阴也，故为地祇。登山而修祀事，虽未受命，而郊神飨其德矣。于事既吉，于义亦不失诸侯祀境内山川之礼。柔顺而当位，升以其宜，故无咎也。

《象》曰："王用亨于岐山"，顺事也。

以时升而安于侯度，其事顺矣。柔当位而为退爻，让不遽升天位，文王之道也。

六五，贞吉，升阶。

升者至阶而止，升之位也。六五为坤顺之主，非有自尊之意，以贞而为阳所乐推，二与应而延之上升。先言"吉"、后言"升阶"者，六五柔顺为志，不自以升为吉也。

《象》曰："贞吉升阶"，大得志也。

"大"谓阳也。阳本乐推五而升之；五虽贞顺，而时至必升，升之者之心慊矣。

上六，冥升，利于不息之贞。

升者至阶而止，上六尤进而往，则且即乎欲消之位，而返入于幽冥，昧于升矣。然上之进处于高危，所以延阳而安之于内，则虽濒于消谢，而贞志不移。此贞臣志士不以险阻危亡易其志者也。贞不息，而允合于义矣。

《象》曰：冥升在上，消不富也。

"不富"，阴也。"消不富"，言阴之且消，"冥升"之不利也。然君子以合义为利，当危亡之世，出身以求济难，受高位而不辞，死亡非其所恤，文文山以之。

# 困

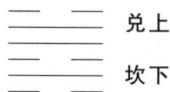

兑上
坎下

困。亨。贞大人吉，无咎，有言不信。

卦象有天化，有人事，有兼天化人事而立名者。若困之类，则专取象于人事，非天道之有困也。阴阳之迭相进退，人物之情见险阻焉，各因乎其时会与其情才，而非必以困于人，特当之者志道不与时位相值而见困耳。阴掩阳而谓之困，贲阳遏阴而不谓之困者，阳道本伸，而屈则困。共、骓自售其奸，非必困舜、禹，而舜、禹困；王骓、淳于髡自逞其佞，非必困孟子，而孟子困。刚不可掩，掩之而道穷，故唯柔掩刚而曰困也。若君子遏恶以抑小人，使安其分而不逞，非困之也。以学者言之，曰生知，曰学知，曰困学。所谓困者，非鲁钝不敏之谓也；天性之良欲见，而利欲掩之，力争其胜，交持而艰危之谓也。若使无求达其良知良能之心，而一用其情才于利欲，则固轻安便利而捷得。然则清刚者困，而柔浊者无困，审矣。故阳遏阴不言困，而阴掩阳言困也。

困为君子愤悱求达之情，则其道之亨，不待事之遂而早已远乎吝，故曰"困亨"。"贞大人"者，言大人之处困，亦唯以贞为道；而贞固大人之贞，非小贞也。大人者，言不必信，行不必果，化裁通变，顺应而不穷于用。乃当其处困，则静正以居，居处恭，执事敬，与人忠，之夷狄而不弃。此大人之唯以贞为道，退守乎君子之塞，智有不施，勇有不用，唯贞而后全其为大人也。然其贞为大人之贞者，不尚介然之操，以与阴争胜负荣辱，而成乎硁硁之小节也。贞大人而必"吉"者，时当其困，阴邪挟其智力，乘势而相掩，始而亿我之沮丧，已而疑我之别有机权以相胜；乃本无可胜之机，而权有所不用，虽小人之忮害，亦岂复有求胜之心哉！唯退守乎君子之贞，初无心于御变，而小人遂已莫窥其际；然而时俄顷而已迁，事不期而自至，静以待之，旁通而厄解。此理数之必然，特躁于求通者不能待耳，待之而自无不吉。故纣不能杀文王，匡人终不能害孔子。凡若此者，持之以志，守之以约，退藏于密，而行法以俟命，岂容言哉！岂暇言哉！言出而群情益疑矣。知其言之必不信也，故无言也。非大人其能无不平之鸣乎！以兑有口说之象，故终戒之。

《彖》曰：困，刚掩也。

刚为柔所掩也。上掩五、四，二掩二，初复从下掩之，进不能，退不可，而困于中。掩者，或以势掩，而其志不伸；或以情掩，而其道且枉。"劓刖"、"酒食"皆掩也。井亦刚掩而不为掩者，井九三进而济险，困九四退而入险，是以异也。

险以说，困而不失其所，亨，其唯君子乎！

说，弋雪反。

知命则乐天，"险"而"说"矣。刚中正位，则"不失其所"，唯君子能因困而善用之，故亨。

"贞大人吉"，以刚中也。

二、五皆刚，大人之纯乎健也。刚则庄敬日强，中则不竞不絿。大人以此，不期于吉而自吉。

"有言不信"，尚口乃穷也。

言既不为人所信，而犹尚之，能无穷乎！凝神定志，内省而信以天，困乃不穷。

《象》曰：泽无水，困。君子以致命遂志。

水在坎中，"泽无水"矣。泽不停水，乃自穷也。君子非无君可事，无民可使，而不欲为阴所掩，于是安于阨穷，困其身而必不辱，困其志而必不降，去其膏润，安其枯槁，推致于命之极屯，而皆受之以遂其志，必无求通之心，以困为道者也。

初六，臀困于株木，入于幽谷，三岁不觌。

困，柔困刚也。然困人者未有不自困者也。其始也，处心积虑，所以窘辱正直者，梦寝不宁，万棘丛于胸臆。乃刚正之士，方且处困而不失其所，而困之之术又穷。及其后，直道终伸，则欲避讥非而终不可挽，欲全利禄而法纪不可逃。故困卦三阳虽受困，而"有庆"、"有终"、"有说"，皆免于咎，唯三阴之凶咎徒深。困人者，人不困而先自困，此理数之必然。而圣人因象示占，以奖君子之亨，而以凶咎警小人，情见乎辞矣。"株木"，木被伐，徒茎而无枝叶者。初六居下，无刚之可掩，而柔方乘刚，使不得进，初复以柔沮之于下，使不得退。乃刚志在进，初无欲退之心，徒自劳困，坐于株木以守之，缩项鼠伏，怀邪而暗处，未能困刚，祗以自困；至于三岁，刚终不屈，而惭伏自匿，奸而愚矣。占者遇此，虽有小人怀暗害之心，不足为虑，听其自为消阻闭藏而已。

《象》曰："入于幽谷"，幽不明也。

不明于理，则亦不明于势，守株自困，可坐待其毙也。

九二，困于酒食，朱绂方来，利用亨祀，征凶，无咎。

食，祥吏反，下同。亨与享同。

柔之困刚，非能与刚亢而抑之也，有富人贵人之权饵而陷之也。九二，下则初六承之，以酒食縻之而不使退；上则六三乘其上，而将以爵禄羁之。于斯时也，欲峻拒之而礼有所不可却，欲受之而固非刚中者直道必伸之志。君子所遇之困，困此者也。彼之犹有礼也，以礼接之；其敬而不与之渎也，以鬼神之道待之。如孔子之于阳货，尚矣。抑不然，而必欲自伸以求往，则触其恶怒而凶，虽非待小人之道，而于义固无咎。祭祀者，大人之道；"征凶"者，贞士之守。两设之，使占者自择焉。

《象》曰："困于酒食"，中有庆也。

以刚得中，故小人不敢即加害，而庆之以酒食朱绂。不言朱绂者，略举以该之。《象传》之有偏释，皆准此。

六三，困于石，据于蒺藜，入于其宫，不见其妻，凶。

九二刚介如石，奠位于中，三欲困之，力竭而莫能动，先自困也。以柔居刚，所处不安，还以自伤。欲望上六之应己，与为匹耦，而上六已困于葛藟脆脆之中，不能相助。小人之自困且如此，何足惧哉！三位刚，上位柔，故有夫妻之象。

《象》曰："据于蒺藜"，乘刚也。"入于其宫不见其妻"，不祥也。

六之居三、乘九二者不一卦，而此独为"蒺藜"者，以其据之以困阳也。"不祥"者，犯天下之不祥，凶必及之。

九四，来徐徐，困于金车，吝有终。

"金"刚。"车"，所以行者，谓五也。九四以刚居柔，而为退爻，不急于求伸，故与上六远，而即不为其所掩。所困者，五欲进而困；五不能行，则亦与之俱止，而所行"吝"也。然承五以待时而动，柔岂能终掩之哉？必有终亨之道矣。

《象》曰："来徐徐"，志在下也。虽不当位，有与也。

内难未靖，不可图外。志在靖六三之难，待其定而后足以进，处困之善术也。在困者，唯寡与之足忧。有九五之"金车"足恃，虽与之俱困，固必"有终"。居位不安，自足以无患。卦唯此爻之受困也轻，远小人而近君子也。处困而不与正人君子交，未有能免于凶咎者也。

九五，劓刖，困于赤绂，乃徐有说，利用祭祀。

说，吐活反，下同。

上六从上而"劓"之，六三从下而"刖"之，处困而受伤，不足为君子之困。所困者，柔不明加以劓刖，以"赤绂"相縻系耳。欲说此者，未可遽也。敬以自持，而以神道感格之，理极势穷，小人且悔罪而相释矣。象与九二略同，而居尊当位，说于困则大行，故无征凶之戒。"赤绂"，朱绂；文偶变而义同。《诗》"朱芾斯皇""赤芾金舄"，皆诸侯之命服。

《象》曰："劓刖"志未得也。"乃徐有说"，以中直也。"利用祭祀"，受福也。

刚健当位，中道本直，岂忧终困哉？受福者，行法俟命，鬼神自祐，小人自解。贞大人之亨，若出于意外，而固不爽。

上六，困于葛藟，于臲卼，曰动悔有悔，征吉。

"葛藟"，皆柔韧缠延之蔓草。"臲卼"，高峻崎岖之地。"曰"，爰也，于也。阳道之伸，亦何损于阴哉？而必欲掩之，劳心苦形，以縈罥不已，是自入于葛藟之中也。且其所居者又高危不安之地，于是而阴亦可以悔矣。于其动而止自困也，乃有悔之心焉，因释刚不掩，而自远以行，则君子之难解，而已亦吉矣。上六柔居柔位，居上欲消，故贤于初、三，而谅其能悔，许之以吉。

《象》曰："困于葛藟"，未当也。"动悔有悔"，吉行也。

以其不当位，而未有伤阳之志，故仅言"未当"。"吉行"者，行则吉也。上六行将何往哉？退处于卦外无用之地而已。杨恽唯不知此，是以与息夫躬同祸。

# 井

```
坎上
巽下
```

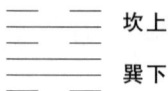

井。改邑不改井，无丧无得，往来井井。汔至亦未缱
井，羸其瓶，凶。

丧，息浪反。

井、革、鼎三卦皆取物象以肖卦画；卦名立，而义因以起。
《系传》曰："以制器者尚其象。"象所有而器制，器成而用行，用
之有得失，而义存其中矣。

井之为井也，有数义焉。木之在水必浮，而水上木下，木入水
中而载水以上，以罃汲水之象。汲水之瓶，或用木，或用瓦，而瓦
虚以浮，有木道焉，引而上之，以致养于人，此一义也。水者五行
之初气，内刚而体阳，阳为水，阴爻中虚而为空；水待空而流，凡
水皆附于空之下而依地，唯井则水方旁流，穴空而使之聚，其下则
黄泉之位焉。此卦上四爻一阴一阳相迭，空而又空，水盈其中；
初、二水上而空下，黄泉之区域也；故自三以上，人之所汲，而
初、二水下灌于泥滓之窍，人不可用；其清浊用舍，于此分焉，此
又一义也。自黄帝始制井田，三代因之，井之为字，象其形。井九
百亩，中为公田，庐舍在焉，而中有井，汲者溉者取给于此，而远
近均。井井分而亩首异向。四井为邑，四邑为邱，四邱为甸，甸方
八里，旁加一里为成，出长毂一乘。公私之田亩、贡助之制，以井
为经界，而兵赋车乘之出，以四井之邑为准式。井井既各有塍埒，
四井之邑，又殊其塍埒，以合于邱甸向背之殊，步卒七十二人之迭
赋在焉，与九百亩之井疆又异。此卦之象，阳象塍埒，阴象田亩。
上四爻一阳一阴，分明界画以外向；下二爻一阴一阳，又殊画以内
向；各成乎经界，分田出赋，不一其疆理，有井邑之象焉。邑虽
殊，而井在其中者不迁，此又一义也。《彖》与《爻》辞杂取其义，
故释者未易通焉。约而言之：木汲水而出以利人用，所以养人；而

能吸其上之淳凝者，不能穷其泉之所自来，欲穷之则水浊而瓶伤，明清而利物者为宜登进，沈浊而败物者为不可用；故田有井以交足于上下而致养，为九州攸同、古今利赖之大法，宜为人所利用，而非如黄泉之暗流，不为功于人物。则数义相通，象皆有焉，而协于一，勿疑于三圣之所取不同，而曰文王有文王之《易》，周公有周公之《易》，孔子有孔子之《易》也。周流六虚，神而明之，存乎其人尔。

"改邑不改井，无丧无得，往来井井"，以井田言也。民有登耗，赋有升降，户有迁徙，出赋之经制图籍或改，而井居公田庐合之中，为八家之标准，九百亩相拱而形埒定；田之不改，井定之也，其画有准而无能堙塞也。自黄帝以至周，未之有改。六代兴而不与俱兴，五代革而不与俱丧。自三以上，形埒向外而往；二与初，形埒向内而来。井井鳞次，易知易辨。故曰："井，德之辨也。"此赞井之德，而言有定位者有定分，刚柔自成其理，而但在用之者得其宜也。"汔至"，至其底也。"未繘井"，太深入则绳不及引而未登其用也。"羸"，败也。井之为功，至三而止，往以利物者也。深入其下，则绠短而瓶触于所碍以毁，盖向背之理殊，则取舍之事宜异。初、二不为功，而只以取败；用之不宜，则凶矣。刚柔之升降有定体，阴阳之浮沈有异情，清浊之得失有殊效，用舍之利害有明征；立德立功，用贤养民，污隆治乱，大辨昭然矣。

《象》曰：巽乎水而上水，井。井，养而不穷也。

此赞卦德，而言用之之道也。"巽"，入也。"上"，引而出之也。其入也有定所，其出也必其所用，则可以养而不穷矣。天下岂乏贤才足以裕国安民于无穷哉！侧陋旁求，汲引之若将不及，而君子小人各有界画，类聚群分，古今不易；期于得贤，而非期于求异。若不辨于其清浊之分，则公孙强以野人而亡曹，主父偃以倒行而乱汉，害且至而不足以兴利久矣。

"改邑不改井"，乃以刚中也。

水，阳也，而中以定井疆之经界，不可改也。五居中而上行，二居中而下行；大辨立，不可易矣。

"汔至亦未繘井"，未有功也。

舍其清者不汲，而求之愈下，徒劳而无功。

"羸其瓶"，是以凶也。

非徒无功，而抑足以致败。不明于往来清浊之定分，则以败国亡家而有余。

《象》曰：木上有水，井。君子以劳民劝相。

相，如字，息良反。

"相"，助也。坎，劳卦。巽为命令，所以劝民而助其勤，盖言农事也。木以上水，用力劳而得水少，然而以养则不穷。稼穑之事，劳于畋渔，匪勤弗获，积日月而仅饱终岁。君子申警之于"于耜"、"举趾"之日，而以田畯之官、《豳》《雅》之吹，劝而相之，使不逸不谚，生于此养，俗于此淳也。然为民则然，非君子自劳自劝之道，故学稼学圃，则为小人。

初六，井泥不食，旧井无禽。

泥，乃计反，下同。

"禽"，获也，谓得水也。阴空在下，二漏而入，浚治之所不及，泥滓不堪食矣。"旧井"谓旧所尝凿者；井水下漏，则其上无水，虽汲而必不可得。小人浊乱于下，君子道废，民不兴行，天下无可用之材，不言凶而凶固可知，朱子所谓"占在象中"也。

《象》曰："井泥不食"，下也。"旧井无禽"，时舍也。

舍，上声。

"下"谓下漏而浊也。"时舍"者，时所不尚也。古者士之子恒为士。世禄之家以礼传世，修其训典，而又登进之于学校，则贤才足用。迨嬖佞之小人用，而相习于下流，诗书轶诵之风，时所不尚，则华胄之子弟皆移志于耕商，诡随于嚚讼，虽欲用之，而无可用之材矣。学士之家，父兄不戒，使子弟狎小人而远君子，习焉而相安于猥下，故家大族，夷为野人，浸以衰绝，皆可伤也。

九二，井谷射鲋，瓮敝漏。

射，食亦反，下同。

水旁出曰"井谷"。"射"，注也。"鲋"，鲫也，得少水即活。井底坚实，则水上涌而给于用；下空而漏入谷中，旁出涓涓，仅堪注润鲋鱼而已。此言小人下达，虽有小慧，不足用也。"瓮敝漏"，亦水下泄也。汲之者非其器，则不得水。此言用人者无引拔贤才之实，则虽有君子，亦不为其用也。九二下空而阳泄，故象如此，凶可知已。

《象》曰："井谷射鲋"，无与也。

"与"犹助也。无为塞其下流之防，而汲之以上，则必竭。不释"瓮敝漏"者，言"无与"，则咎在汲者可知。若节之初九，"不出户庭"，则上不失臣，臣不失身矣。

九三，井渫不食，为我心恻，可用汲。王明，并受其福。

九三阳刚当位，本有可用之才，下阳实而不漏，上空甃而不泥，徒以深隐而不易汲耳。"不食"者，设辞，言使其不为人所汲用，则怜才者心伤之矣。言我者，周公自言其求贤之情也。可用，急之之辞。王明，谓上六之"勿幕"而与相应也。贤者荣而国亦昌，上下并受福矣。

《象》曰："井渫不食"，行恻也。求王明，受福也。

贤而不用，岂徒明君哲相之心恻哉！行道之人皆所深惜矣。曰"可用汲"，士亦有待时求沽之意焉。自求福，所以使王受福也。

六四，井甃，无咎。

四居井中，而阴虚函水，井旁之甃也；柔当其位，退而砌治之象。不即汲用，嫌于有咎，而养才者务老其才，使洁清而慎密，作人之所以需寿考也。

《象》曰："井甃无咎"，修井也。

三物六行，所以教士之修而大用之，虽不即食，所造就者多矣。

九五，井洌寒泉食。

水以清洌而寒为美；推之于人，则洁己而有德威者。"泉"，其有本者也，是人所待养而泽被生民者也。九五刚中而上出，故其德如此。夫君子之德施能溥者，岂有他哉！有一介不取非义之操，则能周知小民之艰难而济其饥渴。无私之心，人所共凛，则除苛暴而无所挠屈。诸葛孔明曰"澹泊可以明志"，洌寒之谓也。杜子美称其伯仲伊吕，有见于此与！

《象》曰：寒泉之食，中正也。

无倚无邪，德威自立矣。

上六，井收勿幕，有孚元吉。

收，诗救反。

"收"，架辘轳之两柱也。勿、无通。古者井不汲，则幕其上，以避禽秽。上六柔得位，而虚己以屡汲；四既甃治之，上乃汲之，相孚而求洌寒之贤以大用，善之长而吉大矣。

《象》曰：元吉在上，大成也。

井之用，至此乃登。下成其德，上成其治，谓之"大成"。井之君位不在五而在上，亦所谓"周流六虚，不可为典要"也。

# 周易内传卷四上

## 下 经 起 革 讫 旅

## 革

```
━━ ━━  兑上
━━━━━
━━ ━━  离下
```

革。巳日乃孚，元亨利贞，悔亡。

"革"者，治皮之事，渍诸泽而加之火上，内去其膜，外治其毛，使坚韧而成用。此卦内离外兑，既有其义：离之中虚，有炉灶之象；四、五二阳，皮之坚韧者也，覆于灶上，而阳为文、阴为质；上六灭其文而昭其质；皆革象也。其义为改也，变也。兽之有皮，已成乎固然之文质，而当其既杀而皮欲敝坏，乃治之而变其故，质虽存而文异，物之不用其已然而以改革为用者也。故曰"革故"也。卦自离而变，明至再而已衰，故离五有泣涕戚嗟之忧。革阳自外而易主于中，以刚健胜欲熄之明，五阴出而居外，寄于无位以作宾，故殷、周革命有其象焉。然唯其在下也，有文明顺正之德，而刚之来为主也，阳道相孚，故卒成乎兑，而天下悦之。商、周之革命也，非但易位而已文质之损益俱不相沿，天之正朔、人之典礼、物之声色臭味，皆惩其敝而易其用，俾可久而成数百年之大法。若其大本之昭垂者，百王同道，则亦皮虽治而仍其故之理，所易者外，而内无改也。革者，非常之事，一代之必废，而后一代以兴；前王之法已敝，而后更为制作。非其德之凤明者，不敢革也，故难言其孚，而悔未易亡也。道之大明，待将盛之时以升中，于时为巳。日在禺中而将午，前明方盛，天下乃仰望其光辉而深信之，六二当之。故三阳协合，以戴九五于天位，而受命宾阴，改其典物，故曰"巳日乃孚"，非如日之加巳，未足以孚，言时之难也。"元亨利贞"，乾之四德。自三至五，乾道以成，然后虎变而小人莫不悦顺，悔乃可亡，德之难也。有其德，乘其时，以居其位，而后可革。非大明于内，众正相孚，德合于天，而欲遽革，王莽篡而乱旧章，众叛亲离，虽悔何及乎？先言"悔"而后言"亡"，固有悔而能亡之，亦所谓有惭德也。

《彖》曰：革，水火相息。二女同居，其志不相得，曰革。

变泽言"水"者，泽非能息火，泽中之水乃息之也。然两间固有之水火，日流行而不相悖害，唯泽之所潴，斟之以息火，而火之所燥干之水，亦人所挹于泽之水也。二女之志不同与睽同，但睽止相背，革则相争，以少加长，故不但睽而必争。"不相得"者，争也。争则有不两存之势，非但桀、纣之戆汤、武；逢、比欲存夏、殷而伊、吕欲亡之，亦不相得之甚矣。有道者胜焉，则革。

"巳日乃孚"，革而信之。

天下信之，唯其大明之德已盛于内也。

文明以说，大亨以正。革而当，其悔乃亡。

说，弋雪反。

"文明"者，其德也。"说"者，人信而说之，时可革也。"大亨以正"，不言利者，正而固者必合义之利，故《彖传》每统利于正。备天德之全，道可革也。如是而革，则当矣。"乃"者，其难之辞。

天地革而四时成。汤武革命，顺乎天而应乎人。革之时大矣哉！

四时之将改，则必有疾风大雨居其间，而后寒暑温凉之候定。元亨利贞，化之相禅者然也。汤武体天之道，尽长人、合礼、利物、贞干之道以顺天，文明著而人皆说以应乎人，乃革前王之命。当革之时，行革之事，非甚盛德，谁能当此乎！

《象》曰：泽中有火，革。君子以治历明时。

"泽"，因自然之高下，浚治其条理，而后疏通不滞。"火"，以烛乎幽暗者也。泽通而火照之，知其敝而改之，不恃成法也。治历者因历元而下推，若川之就下，理四时之轨度，幽微未易测者，而显著其定候。天之有岁差，七政之有疾徐盈缩，不百年而必改，此不可不革者，非妄乱旧章以强天从己也。君子当治平之代，非创制之时，而可用革者，唯此。

初九，巩用黄牛之革。

"巩"，固守也，固守其素而不革也。"黄"，中色；"牛"，顺物；离之德也，六二以之。初九之德未著，且宜固守"为下不倍"之义，以坚贞定志，待六二顺天应人之道，文明已著，而后革之。其"巩"也，乃所以革也。有文王之服事，而后武王可兴。修德以俟命，地容心焉。

《象》曰："巩用黄牛"，不可以有为也。

时未可为，虽盛德，能亟于求革乎？

六二，巳日乃革之，征吉无咎。

二为离明之主，虽未登乎天位，而已宅中当位，此正所谓禺中之日也。"乃革之"，统其后而言之。既为巳日，光耀昭著，而方升乎中，从此而革，其往必吉，吉斯无咎矣。革之美，必备四德，而以明为本。知之明，然后行之备善，所谓大明终始，然后利贞"也。故《汤》曰"懋昭"，文王曰"克明"。有天锡之智，然后有日跻之圣，乃可以顺天应人而行非常之事，得无咎焉。

《象》曰："巳日革之"，行有嘉也。

大明乎理，而后天下皆嘉尚之。

九三，征凶贞厉，革言三就，有孚。

"就"，成也。革之不可轻试也，以九三刚而当位，大明已彻，然且不可自谓知天人之理数而亟往以革，征则必凶，道虽正而犹危也。所谓"巳日可革"者，言乎知已明而行必尽善。乾德之成，自三而四而五，三爻纯就，四德皆备，仁义中正交协乎天人，然后可以为孚于下土，而人说从之。今此方为乾道之始，虽从其终而言之，可就可孚，而固未也。九三以刚居刚，而为进爻，故先戒以凶危，而后许其有成，以使知徐待焉。

《象》曰："革言三就"，又何之矣？

"之"，往也。革以言乎三就之后，则当三阳未就之初，又何可轻往乎！

**九四，悔亡有孚，改命吉。**

九四当文明已著之后，而于三阳为得中，虽不当位，而刚柔相剂，道足以孚信天下。两阳夹辅于上下，成大有为之业，于时即未遑制作，而变伐以改命，天与人归，宜其功成而吉。

《象》曰：改命之吉，信志也。

"改命"者，圣人不得已之事，于天下为变。当泽、火相接之际，不能无争，非吉道也。唯自志足信其刚健无私，而天下皆信之，则顺天者本乎应人，而宜其吉矣。

**九五，大人虎变，未占有孚。**

此则革命而且改制矣。自离而变者，阳自上而来，正天中之位，承天之祐，而为建极之"大人"矣。"虎变"，亦于革取象。治虎皮者，振刷其文而宣昭之。阳为文，文敷于天下矣。"变"则损益前制而救其敝也。"未占"者，不待此爻之既验乎占，自九三以来，知明行美，乾德已纯，内信诸己，外信诸人，本身征民，则裁成百王，更无疑也。若此类爻动应占，非人之所可用；筮而遇此，为世道文明、礼乐将兴之象、占者决于从王可也。

《象》曰："大人虎变"，其文炳也。

"炳"者，光辉盛著，人所共睹，所谓考三王、俟百世而成一代之美也。

**上六，君子豹变，小人革面，征凶，居贞吉。**

阴自五而迁于上，时已革矣。其君子虽修先代之事守，而其文物非时王之所尚，不足以为法于天下。豹之为兽，隐于雾以濡其毛，其文较虎为暗。二王之后，所以虽善而无征也。若其在下之小人，则已改面异向，而从虎变之大人，不可使复遵故国之典物矣。为君子者于此而不安于已废，欲有所行则凶，武庚之所以终殄；唯知时而自守其作宾之正，则微子之所以存商也。

《象》曰："君子豹变"，其文蔚也。"小人革面"，顺

**以从君也。**

蔚，纡勿反。

"蔚"，盛而不舒也，与郁同义。"君"谓九五。变离而兑，君子之文抑而不宣，小人之情从时而悦，不可以征，而唯宜居贞，明矣。"君子""小人"以位言，然此仅为商、周之际言也。韩亡而张良必报，莽篡而翟义致死，岂以居贞为吉哉！

# 鼎

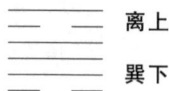

离上

巽下

鼎。元吉亨。

鼎以卦画取象，则初为足，二、三、四为腹，五为耳，上为铉。以巽、离二体言之，则木下火上，为烹饪以登于鼎之象，而义因以立焉。阴之德主养，柔居五而以养道抚群阳；初阴在下，效所养以奉主，五资之以养阳。君之所以养圣贤、享上帝者，固无不取之于民。民非能事天养贤者，从君而养也。其所致养者，有得有失。而卦之诸爻，唯三为得位，则拣别所宜养而不失者，恃离明在上之举错得宜。五柔为离主，而不自用，则资于上之阳刚外发以达其聪明，故五丽之而不滥于所施；如鼎之有铉，举而升之，以登堂载俎而致养者，其功大矣。卦以柔居尊而抚刚，与大有略同，故《彖辞》亦同。特鼎得初六之柔，承上意而效其养，于事为顺，故加"吉"焉。卦以阴为主，而二阴皆失其位；自巽变者，柔离其本位而登于尊，二、四、上皆非位而不安，为天下未宁、君臣易位之象。时未可以刚道苴物而息其争，故养之所以安之，而取新凝命之义存焉矣。然柔道行，而抑必资于刚，乃克有定，则卦德之美，在阳之元，而以上之刚以节柔为亨，亦与大有上九之祐同也。

《彖》曰：鼎，象也。以木巽火，亨饪也。

亨与烹同。

为足，为腹，为耳，为铉，其象也。巽，入也。火然而益以木，烹乃熟。备此二义，故兼言之。

圣人亨以享上帝，而大亨以养圣贤。

郊用特牛，故不言大。飨宾之礼，牛羊豕具焉，故曰大。言"圣人"者，唯德位俱隆，乃可以享帝；而养贤以定阴阳失位之世，非圣人莫能。君子以名世自期，不可以食爱虚拘也。六五上养上九，享帝之象；下养三阳，养贤之象。

巽而耳目聪明，

巽以入人之情而达之。目明而耳聪，达矣。入之情，虽君子亦岂能违养乎？此释内卦。

柔进而上行，得中而应乎刚，

巽敌应而不相与，变而柔进居中，以与刚相应，志通而养道行矣。此释外卦。

是以元亨。

具上二义，故阳之元德伸而吉；刚柔相应，则志通而亨。不言吉者，文略尔。

《象》曰：木上有火，鼎。君子以正位凝命。

火者，两间固有之化，而遇木则聚。木在下而火然于上，火聚而得其炎上之位也。巽为命令，位正则命凝矣。正位凝命，以柔道绥天下，而静以安之。不言大人，不言后，而言"君子"者，天下初定，弭失位之乱而大定之，以文明巽顺为君国子民之道也。此类专以贞悔二卦相配取象，义不系于卦名，不必强为之说。

初六，鼎颠趾，利出否。得妾以其子，无咎。

否，部鄙反，下同。

"颠"，覆也。"颠趾"，倒持其足而倾之也。"否"，实之积于内者也。"以其"，相助也。初六卑柔居下、为民致养于上之象。颠趾而尽出其所积以奉上，为养贤之具。民贫而吝，其中固有否塞不乐输之情，而能捐私竭力以致养，如妾之贱而能佐主以辅助其子，谁得以其卑屈也而咎之！

《象》曰："鼎颠趾"，未悖也。"利出否"，以从贵也。

下奉上，力竭而义不悖也。"从贵"，从九五养贤之志也。言从贵，则"得妾以子"之义亦明矣。在下而柔，令无不从，故五乐得之以从己之用。

九二，鼎有实。我仇有疾，不我能即，吉。

二以刚中之德，九五应之，五择其贤而输诚以享之，"鼎有实"也。怨耦曰"仇"。四与二均为阳之同类，而四比附于五，擅为己宠，与二相拒，乃以折足致凶，则为"有疾"，而不能就我以争，二可安受五之鼎实矣，故吉。

《象》曰："鼎有实"，慎所之也。"我仇有疾"，终无尤也。

"之"，往也；往而授人也。五之有鼎实，必慎所授，四安能与二争哉？二固可安享而无尤。

九三，鼎耳革，其行塞，雉膏不食，方雨亏悔，终吉。

卦唯此爻为得位，刚正之才，可以有为，而受上之礼享者也。三为进爻，则固有进而受享之意。乃以卦变言之，柔自四进而居五，改革巽体，为鼎耳，阴阳不相比，而志不相通，四又怙贪以间阻之，则五烹"雉膏"以待士，而三不得与。时易世迁，刚正道塞，而君侧有媚疾之臣，贾生所以困于绛、灌也。但三与上为应，而上以刚柔有节为道，则释疑忌而伸三之直，其悔可亏，故终获其吉。"雉"，离之禽也。《礼》，陪鼎有雉腼。既雨者，阴阳之和；上以刚居柔，故曰"方雨"。

《象》曰："鼎耳革"，失其义也。

三刚正，本持义以自居，而鼎耳既革，则不与时遇而义不伸，故终言"亏悔"。特亏之耳，未能无悔也。

九四，鼎折足，覆公𫗧。其形渥，凶。

覆，芳服反。

"覆"，倾也。"公𫗧"，上之所储于民以足国者。"渥"，沾濡污秽之貌。四下应于初，而忘其上，取养于贫弱之民，民不堪命，折其足矣。病民者，病国者也。民贫而贫不止，污秽露著，所谓"害于而国，凶于而家"者也。占者遇此，当速远言利之人，以免于祸。

《象》曰："覆公𫗧"，信如何也！

"信"，果然之辞。小人之使为国家，以利为利，菑害并至，无如之何矣。言当远之于早。

六五，鼎黄耳金铉，利贞。

五为耳。"黄"，中色。"黄耳"，以黄金饰耳也。"金铉"谓上九。于上言玉，而此言金者，自五之柔视上之刚，则金之坚而胜举鼎之任者也。五唯中正而柔，以虚中待贤，故得九二之大贤以力任国事，于义合而情亦正。具此二德，吉可知矣。

《象》曰："鼎黄耳"，中以为实也。

阴本虚也，得中位而虚以待阳，则出于诚而实矣。信贤而笃任之，故金铉之利贞，皆其利贞也。

上九，鼎玉铉，大吉无不利。

文明外发，力任国事，而成君之美；贵重华美，师保之德，宜受大烹之养，吉矣。利于国，利于民，无不利也。

《象》曰：玉铉在上，刚柔节也。

以其刚节六五之柔，乃能举大器而成其美，君所敬养而在上，宜矣哉！

# 震

```
☰☰  震上
☰☰  震下
```

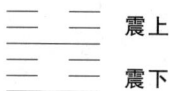

震。亨，震来虩虩，笑言哑哑。震惊百里，不丧匕鬯。

哑，鸟客反。丧，息浪反。

震，雷声也。雷之用在声，声动而振起乎物也。阴性凝滞而居其所，喜于敛而惮于发，非有心于锢阳，而得其类以凝聚，则遏阳而不受施。于时为春气方萌之际，阳欲起而阴闷于其上，阳不能散见，则聚于一而奋以求出，乃以无所待而骤发。阴愈凝，则阳愈聚以出，故雷恒发于阴云寒雨之下，而将霁，则出之和而不震。其出而有声也，非阳气之声也。两间之见为空虚者，人目力穷于微渺而觉其虚耳，其实则絪缊之和气，充塞而无间。阳气既聚而锐以出，则划破空中絪缊之气。气与气相排荡，以裂而散，于是乎有震之声。凡声，皆气之为也。故雷始从地出，地中无声，而地上有声。阳之锐气，既划裂空中絪缊之气而散之，于是阴阳之怙党以相持者，失其党而相和以施，故动植之物受之以发生而兴起焉。阴曀之日，非无阳也，而近乎地之上，则阴之凝结也为甚。阳出而未及散，困急聚而成形，故或得物如斧如椎者焉，阴急俄顷者也。万物之生，无不以俄顷之化而成者，人特未之觉尔。故或惊以为异，而不知震体之固然也。其或惊杀人物者，当其出之冲也，出不择地，而人之正而吉者，若或祐之而不与相值，此抑天理之自然。阴之受震，和则为祥，乖则戾也。

此卦二阴凝聚于上，冘而怠于资生。阳之专气，自下达上，破阴而直彻于其藏，以挥散停凝之气，动阴而使不即于康。阴愈聚则阳愈专，阳愈孤则出愈裂，乃造化生物之大权，以威为恩者也，故其象为雷。而凡气运之初拨于乱，人心之始动以兴，治道之立本定而趋时急者，皆肖其德焉。凡此，皆亨道也。不待详其所以亨，而但震动以兴，则阴受震而必惧，阴知戒，则阳亨矣。

然阴方积而在上，其势不易动也。虽刚直锐往之气无所阻挠，而抑岂恣睢自任者之足以震之哉！固必有悚惕而唯恐不胜之情，则震之来，阴虩虩也。物无不虩虩也，阳亦未尝不虩虩也，乃阳之震阴，非伤阴也，作其惰归，使散蔽固以受交，成资生之用也，则阳之志得，阴之功成，物之生以荣，而"笑言哑哑"，二阴之所以安于上而无忧也。

凡雷声之所至，其气必摇荡，而物之有心知者必惊。雷之君然而永者，则闻于百里，其殷殷而短者，不能百里。卦重二震，内卦迅起，外卦继之以永，故百里皆惊焉，震道之盛者也。"匕"，以升肉于鼎而载之俎。"鬯"，秬黍酿酒以和郁而灌者。天子，诸侯祭则亲执匕载牲而奠鬯。"不丧"者，一阳初起，承乾而继祚，首出以为神人之主，受天命以奠宗社也。其德则震动恪共生于心，而以振起臣民怠滞之情，交于鬼神，治于民物，莫不奋兴以共赞粢宁也。震之为象，德本如此。

以筮者言之，则时方不宁，而得主以不乱，虽惊惧而必畅遂，当勿忧其可惧之形声，而但自勉于振作。以学《易》者言之，震、巽者，天地大用之几也，君子以之致用；艮、兑者，天地自然融结之定体也，君子以之立体。人莫悲于心死，则非其能动，万善不生，而恶积于不自知。欲相昵，利相困，习气相袭以安，皆重阴凝滞之气，闭人之生理者也。物或以因而任之，恬而安之，谓之为静，以制其心之动，而不使出与物感，则拘守幽暖而丧其神明，偷安以自怡，始于笑言而卒于恐惧。甚哉，致虚守静之说，以害人心至烈也！初几之动，恻隐之心，介然发于未有思、未有为之中，则怠与欲划然分裂，而渐散以退。由是而羞恶、恭敬、是非之心，怵惕交集，而无一念之敢康，鸡鸣而起，孳孳以集万善，而若将不逮。其情虩虩也，则其福笑言也，其及者远也，则其守者定也。王道尽于无逸，圣学审于研几。震之为用，贤智所以日进于高明，愚不肖所以救牿亡而违禽兽，非艮之徒劳而仅免于咎者所可匹矣。

《象》曰：震亨。

《本义》云："震有亨道"，是也。天下之能亨者，未有不自震得，而不震则必不足以自亨也。

"震来虩虩"，恐致福也。"笑言哑哑"，后有则也。

"恐"者，非有畏于物；使人恐者，亦非威以摄之。但专气以出，唯恐理不胜欲，义不胜利，敬不胜怠，发愤内省，内壹气动，而物自震其德威，致福之道也。"有则"者，如其震动恪共之初几以行之，自不违于天则。

"震惊百里"，惊远而惧迩也。

所惊者及远，而非务远也。唯恐惧之心，不忘于几席户牖之间，自足以震动天下。

出可以守宗庙社稷，以为祭主也。

此释"不丧匕鬯"之义。《程传》云："有脱文。""出"，言其动而不括出。凡人之情，怠荒退缩，则心之神明闭而不发，自谓能保守其身以保家保国，不知心一闭塞，则万物交乱于前，利欲乘之，而日以偷窳。唯使此心之几，震动以出，而与民物之理，相为酬酢而不宁，然后中之所主，御万变而所守常定。孟子之以知言养气而不动其心者如此。嗣子定祚，而孽邪之党自戢，乃保其国而为神人之主，亦此道也。卦一阳上承二阴，故有主祭之象。

《象》曰：洊雷震，君子以恐惧修省。

"洊"，频仍也。君子之震，非立威以加物，亦非张皇纷扰而不宁，乃临深履薄，不忘于心，复时加克治之功，以内省其或失，震于内，非震于外也。内卦始念之忧惕为恐惧，外卦后念之加警为修省，象洊雷之叠至。

初九，震来虩虩，后笑言哑哑，吉。

初九为震之主，故象占同《象》。言"后"者，非此爻有笑言之喜，通二、三言之，而初已裕其理也。变亨言"吉"者，此但具吉理，待成卦而后亨通也。

震初与四同，而初"吉"四"泥"，艮三与上同，而三"厉"，上"吉"。盖人心初动之几，天性见端之良能，而动于后者，感物之余，将流于妄。若遏欲闭邪之道，天理原不舍人欲而别为体，则当其始而遽为禁抑，则且绝人情而未得天理之正，必有非所止而强止之患；逮乎阴柔得中之后，内邪息而外未能纯，乃坚守以止几微之过，乃吉。此震、艮之所以异用也。

《象》曰："震来虩虩"，恐致福也。"笑言哑哑"，后有则也。

"后有则"，亦通二、三言之；后之则，初定之矣。

六二，震来厉，亿丧贝，跻于九陵，勿逐，七日得。

初言震来者，言其震而来也。二言震来者，言初之来震乎己也。初与四之震，自震也。四阴之震，为阳所震也。始出之动，几甚锐，"厉"言其严威之相迫也。十万曰"亿"，大也。阴主利，故曰"贝"。阳刚之来，甚锐以严，使阴大丧其所积，而无宁处，远跻于至高之地，以避其锐。以雷言之，出于地上、而驱迫阴气之缊缊者，直上而达于青霄，势所激也。其在人心，一动于有为，而前此之怀来蕴积者，一旦尽忘而不知其何往，亦此几也。乃以雷言之，既震之余，阳气渐弥漫散入于廖廓，与阴相协，则缊缊之气仍归其所。其在人心，震动之后，天理仍与人情而相得，则日用饮食、声色臭味还得其所欲，而非终于枯寂，以远乎人情。乃若天下治乱之几，当戡乱之始，武威乍用，人民物产必有凋丧，而乱之已戡，则财固可阜，流散者可还复其所，皆"勿逐自得"之象也。逐之，则逆理数之自然，而反丧矣。"七日"，与复同。震、复皆阳生之卦。

《象》曰："震来厉"，乘刚也。

二居刚柔之冲，首受震焉，故见初之威严，而不无自危之心，然而无庸也。

六三，震苏苏，震行无眚。

"苏"，柔草也。"苏苏"，荏苒缓柔之貌。三去初远，情渐懈散，虽受震而犹苏苏，柔而不可驱策也。但所居之位，本刚而居进，则固可以"震行"者。若因震以行，则"无眚"矣。盖震之忽来，在急缓者见为意外之眚，而有与震俱动之情，则见其本非眚而勉于行，所谓闻雷霆而不惊也。

《象》曰："震苏苏"，位不当也。

位刚而反柔，非能因震而动者也。

九四，震遂泥。

泥，乃计反，下同。

"泥"，滞浊而不能行也。迅雷之出也甚厉，后渐苏苏以缓，乃当将散之际，又有爆然之声，而渐以息，不能及远矣。九四，震后复震之象也。不出于地，而震于空，其震既妄，故不能动物而将衰，人心一动，而忽又再动，是私意起而徒使心之不宁。其于事，则汉高帝之困于平城、唐太宗之败于高丽也。

《象》曰："震遂泥"，未光也。

动不以诚，私意妄作，而志不光。

六五，震往来厉，亿无丧，有事。

前震已往，后震复来，虽若严厉，而威已黩，不能挠散乎阴，而阴可安于尊位，"大无丧"也。乃六五居中，非无能为者，必有所兴作，以尽阴之才，而致于用以见功。不言吉者，视其事之得失而未定也。

《象》曰："震往来厉"，危行也。其事在中，大无丧也。

震而不已，虽无丧而行犹危，居中尽道，而有功以应之，则阴不待丧其积，而自居成物之功矣。

上六，震索索，视矍矍，征凶。震不于其躬，于其邻，无咎。婚媾有言。

"震索索"，受震而神气消沮也。"矍矍"，惊视貌。上六阴居散位，不能有为，受震而欲妄行，必失措而凶。顾其所受震者，抑有辨矣。上与四合，为外卦之体，躬之震也，初九则其邻也。四之震乃无端之怒，可勿以为惊惧；初之震则君子之德威，不容不悚惕者。能不为四所摇而凛承乎初，则无咎矣。柔而得位，故可不至于"征凶"，而免于咎。四与上，阴阳合体，又有夫妇之象，故曰"婚媾"。不为四动而为初动，故四有相责之言，虽然，可弗恤也。

《象》曰："震索索"，中未得也。虽凶无咎，畏邻戒也。

远于阳而无兴起之情，受震而自失，心不能自得矣。"戒"者，君子之以名义相警责，初九严厉，震以其道之谓也。

# 艮

艮上
艮下

　艮其背，不获其身。行其庭，不见其人。无咎。

　"艮"者，坚确限阻之谓。四阴已长，居中乘权而日进，阳乃止于其上以遏之，使不得遂焉，以是为守之坚，而阻其泛滥之势，为颓流之砥柱也，是之谓艮。夫天地之化机，阴资阳以荣，阳得阴而实，于相与并行之中即有相制之用，无有阴气方行，忽亟遏之之理。故五行、四序、六气、百物，皆无艮道，而唯已成之形象有之，则山是已。水之向背、云日之阴晴、草木之异态、风俗之殊情，每于山画为两区，限之而不逾于其域。人之用心有如是者，不为俗迁，不为物引，克伐怨欲，制而不行，同堂乡邻，均之闭户，亦可谓自守之坚、救过之强，忍而有力矣。故曰"艮其背，不获其身，行其庭不见其人，无咎"也。

　"艮其背"者，卦以内向者为面，外向者为背。背者，具以成生人之体，而非所用者也。卦之初爻，向之动也；其中爻，道之主也；三与上在外，以成乎卦体而无用。阳峙乎上，仅以防阴之溢，而阳成乎外见，故其卦曰"艮其背"。艮非必于背也，此卦则艮背之艮也。夫处于阴盛之余，而欲力遏之以使之止，是以无用而制有情，则必耳不悦声，目不取色，口绝乎味，体废其安，有身而若无身，抑必一家非之而不顾，一国非之而不顾，巺然立于物表，有人而若无人，而后果艮也，果艮其背也，则不见可欲，使心不动，而后可以无咎矣。艮之善，止于此矣。

　虽然，既有身矣，撼一发而头为之动，何容"不获"？既行其庭矣，吾非斯人之徒与而谁与，则何容"不见"？吾恐"不获"者之且获，而"不见"者之终见也，则以免咎也难，而况进此之德业乎！故震、坎、巽、离、兑，皆分有乾之四德，而艮独无。夫子以原思为难，而不许其仁，盖此意也。后世老庄之徒，丧我丧耦，逃物以止邪，而邪益甚，则甚哉艮而无咎以自免于邪，而君子为之惧焉。

《彖》曰：艮，止也。时止则止，时行则行，动静不失其时，其道光明。

此通论行止之道，以见艮之一于止而未适于时也。身世之有行藏，酬酢之有应违，事功之有作辍，用物之有丰俭，学问之有博约，心思之有存察，皆由乎心之一动一静；而为行为止，行而不爽其止之正，止而不塞其行之几，则当所必止，一念不移于旁杂，而天下无能相诱。当其必行，天下唯吾所利用，而吾心无所或吝，行止无适，莫之私意，而天下皆见其心，非独据止以为藏身之固，而忘己绝人，以为姑免于咎之善术矣。

艮其止，止其所也。上下敌应，不相与也。是以不获其身，行其庭不见其人，无咎也。

此言"艮其背"非时止时行之道，必内不得已，外不见人，而后仅以无咎也。凡言"无咎"，皆有咎而免者尔。背止体，故变背言"止"。"止其所"者，据背以为可止之地而止之，以止为其所安也。乾坤六子，皆敌应之卦，独此言"敌应"者，以其止而又相敌，则终不相应也。夫行止各因时以为道，而动静相函，静以养动之才，则动不失静之体，故圣人之心万感皆应，而保合太和，阴阳各协于一。今以止为其所，而与物相拒以不相入，则唯丧我丧耦，守之不移，而后成乎其止而无咎。呜乎，难矣！万缘息而一念不兴，专气凝而守静以笃，异端固有用是道者，而不能无咎，唯不知动之不可已，而阴之用为阳之体，善止者之即行而止也。

《象》曰：兼山，艮。君子以思不出其位。

崇山相叠，而终古有定在，"其位"也。山以蕴酿灵气，积之固而发生无穷，在人则为心之有思。然思此理，则即此理而穷之，而义乃精；思此事，则即此事而研之，而道始定；不驰骛于他端以相假借，君子体艮以尽心者如此，非绝物遗事，以颓然如委土也。

初六，艮其趾，无咎，利永贞。

初与二，为三所止者也，而初在下为"趾"。阴之初生而不得其位，故止之于早，则妄动之失免矣。"利永贞"者，戒之之辞。止邪于始易，而保其终也难。未着异物，则意不迁，恐其既感于外则且变，得位以行则自恣。常若此受止而不妄，乃永贞而利。

《象》曰："艮其趾"，未失正也。

三虽止不以道，而当方动之初，劝之进不如沮之止，固可踌躇审虑，以得行止之正。

六二，艮其腓，不拯其随，其心不快。

"腓"居下体之中，随股以动而不躁，顺乎行止之常者也。六二阴当位而得中，比于九三，固愿随阳以行，而得刚柔之节；三不拯恤其情而固止之，失所望而不快，必矣。人之有情有欲，亦莫非天理之宜然者，苟得其中正之节，则被衿鼓琴，日与万物相取与，而适以顺乎天理。不择其善不善而止之，则矫拂人情，虽被裁抑而听其强禁，安能无怼心哉！甚矣，三之违物而逞私意也。

《象》曰："不拯其随"，未退听也。

本志随三而顺理以行，不拯而止之，势必不能安心退听。骐骥岂终困于盐车哉！

九三，艮其限，列其夤，厉薰心。

"限"，居上下分界之所，谓腰也。"列"，横陈于中。"夤"，脊也。九三居四阴之中，隔绝上下，横列其间，为腰不能屈伸而脊亦受制之象。"厉"，危也。欲止邪者，必立身于事外，耳目清而心志定，乃察其贞淫，而动静取舍唯吾所裁，而不为邪所困。今乃置身于阴浊繁杂之中，横施裁抑，抑之太甚而上下交逼，则危其身；所见所闻无非柔暗，孤立不能而将为所移，则危其心。危心之害，甚于危身。一尺之练，受无穷之烟尘，欲以不丧其洁也，不亦难乎！

《象》曰："艮其限"，危薰心也。

所止非其时地，如人腰脊之气梗塞，其病曰关格。姚枢、许衡讲性学非其时，受薰而为道之贼，似此。

六四，艮其身，无咎。

四与五，受上止者也。自腰以上为身；身者，心之舍，所由以发五官之灵、制言行之枢者也。有所受制，而静以驭动，异乎腓足之职司动而被锢者。柔而当位，乐听裁抑，上以其道止之，慎于自持，则由是以行焉，可无咎矣。

《象》曰："艮其身"，止诸躬也。

身之自任也曰"躬"。反求自尽，躬行君子之道，知止我者之以善吾行，无不快之心也。四于咸为心，于艮为身，一也。艮以止外诱之私，则曰身；咸以应群动之变，则曰心。

六五，艮其辅，言有序，悔亡。

"辅"，口辅也。言则辅动。五位在上，而为外卦之枢机，言所自出也。言刚厉则简而当。柔则为甘言，为巧说；上呕止之，则所言者皆当乎事之序，而悔亡。五本有悔，上止之乃亡。咸上为辅，艮以五当之者，阳为德性，阴为形体，故艮之取象于身，极于五，而上乃止德也。

《象》曰："艮其辅"，以中正也。

《本义》云："'正'字，羡文。"六五不当位，非正故也。中虚而受止，故有慎言之德。艮止之道，莫善于言。唯口兴戎，言之不作是难于行。老子曰："多言数穷，不如守中。"艮道于此宜矣。

上九，敦艮，吉。

凡止之道，能终于止者，必其当止而可终不行者也，然而难矣。无静而不动，无退而不进，天之理数、人心自然之几也。故必熟尝乎变化之途，而审其或行或止之几，以得夫必不可行之至理，而后其止也历历变而不迁。上九立乎四阴之上，物情事理，皆有以察其贞淫，而力遏非几于毫厘之得失，则其确然而不移也，止于至善之定静，而非强为遏制者也。于是而止，纯乎正而无妄矣，以修己治人而莫不吉矣。故克己之学，唯颜子而后可告以"四勿"之刚决，而非初学之可与。止之急，则必不能敦。异端之所以无定守，而为陆王之学者终于无忌惮，皆未历乎变而遽求止也。

《象》曰：敦艮之吉，以厚终也。

成德者，加谨之功也。

# 渐

```
━━━━━  巽上
━ ━ ━
━ ━ ━  艮下
```

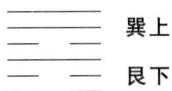

渐。女归吉，利贞。

水所润渍曰"渐"；相近而密相入，循次以相浃之谓也。卦因否卦之变而立义。否阳上阴下，各据其所而不交。渐则坤上之阴，上乎四以相入，乾下之阳，下乎三而止焉，阴阳于是乎得交以消否塞，而阴之进、阳之退，以其密迩者潜移于中，易相就而徐相浃，故其卦为渐。渐以消否，而刚柔交，化凶为吉矣。然交道之大正者，近不必比，远不必乖，尤必居尊而为主者，以诚相感，迹若疏而情自深。今此就近潜移，以情相洽而互相受，二之阴、五之阳，居中自如，无相就之志，则其道唯"女归"为得而吉焉。阳下于三，男下女也。阴上于四，妇人以外为归也。婚姻之事，地相邻，爵相等，族相若，年相均，知间已夙，而后媒妁以通，其事在内而不及于外。女外归，男下达，各得其正，以渐而吉也。吉止于女归者，君以渐道而交臣，则浸润之小人承宠；士以渐而交友，则沈溺之损友相狎；皆非吉也。"女归"，先言女而后言归，女往而归男，嫁娶之谓也；异于归妹之先言归而后言妹，为男反归女之辞。故渐吉而归妹凶。卦中四爻，阴阳各当其位，贞也。而功在四往者，消之位也。阴之为性，安于内而难于出外，四往而后三来，四放道以抑情而顺其正，虽离群外出而不恤，二五乃以各奠其中位而无不正，则合义而利，永固其贞矣。故近而相亲，未免于嫌，而要归于善终，异于归妹之渎乱远矣。

《象》曰：渐之进也，女归吉也。进得位，往有功也。进以正，可以正邦也。

"进"，阴进，谓六四也。渐之进，唯女归为吉，有不可他用之意焉。阳上阴下，各怙其所安，阴进而后阳下之，故有女归之义而吉。盖虽有男下女之道，而阳刚终无先自卑屈之情，必阴先往，而后刚柔各得其位，消否之功，在阴之往也。虽仅为女归之吉，而阳不亢，阴不贼，宜家之化，施于有国，亦治平之要、王化之基矣。

> 其位，刚得中也。

"其位"，犹言以位言之。九五虽以六四上进而乾道损，然不失其中，则位固正也，所以利贞。

> 止而巽，动不穷也。

以二体之卦德言之，有艮止之德，而后巽以入焉。居安资深而左右逢原也，渐之所以利也。世之为学者不知此义，灭裂躐等，而鄙盈科之进为不足学。自异端有直指人心见性之说，而陆子静、王伯安附之，陷而必穷，动之不善，宜矣。

> 《象》曰：山上有木，渐。君子以居贤德善俗。

别言"木"者，山上之风，动物而长养之，验于木也。艮止以"居德"，巽风以"善俗"，止而不迁，入而不迫，君子体德于身，居之安而善俗，敷教于俗，养以善而自化，皆由浸渐而深。渐者，学、诲之善术也。世岂有一言之悟而足为圣之徒、俄顷之化而令物皆善哉！异端之顿教所以惑世而诬民也。《本义》云："贤"字疑衍。

> 初六，鸿渐于干，小子厉，有言无咎。

卦之诸爻，皆取象于"鸿"者，鸿飞以渐，不迫而不息也。卦爻之位，外高而内下，内阳南而外阴北。鸿自北而南曰阳鸟，《禹贡》所谓"阳鸟攸居"也。三自外而内，渐下向于南，鸿之来宾也，于秋冬也。四自内而外，渐上往于北，鸿之北乡也。三阳下，则五与上有且来之势；四阴上，则初与二有且往之势；而固未来未往也，近者先移焉，故曰渐也。曰"干"，曰"磐"，曰"陆"，皆下也；南方之地，水石平旷之地也，陆则近于北者也。曰"木"，曰"陵"，曰"逵"，皆高也，北方水涸风高之地也。阳则渐以下，阴则渐以上，而来南之时寒，下二阴方冱之象；往北之时暑，上二阳方炎之象。其飞也密移，其来往也阴阳均，故于鸿而得天化物情渐进之理焉。暑则北，寒则南，常得中和之气，渐之所以贞而利也。"干"，水之涯也。南方水草之地，鸿之所安，进而于此，有徘徊不欲更进之情。初六柔而居下，故有其象。而柔弱为小子，时方进而迟回不敏，群将孤矣、故"厉"。四，其同群而相应者。四往而初止，四不能不相责也，故"有言"。然渐之为道，以不迫为美，则时尚未至，姑止而待焉。安安而后能迁，故无咎。

《象》曰：小子之厉，义无咎也。

"小子"者，未可急于行者也。则虽以不敏而危，自循其分义。

六二，鸿渐于磐，饮食衎衎，吉。

"磐"，大石平而固者。鸿渐进而止于此，尤可以安矣。二柔当位而中，故有此象。"衎衎"，和乐貌。居之安则自得也，故吉。渐卦阴阳之交，近而相比，非交道之盛，故皆以止而不躁为吉。

《象》曰："饮食衎衎"，不素饱也。

饮食而吉者，岂以安居宴乐为宜乎？必有中正柔顺之德，以靖共于位，则虽不急于进，而非无事而食也。以学问言之，则造以道而居安自得，非遽望有成于坐获。

九三，鸿渐于陆，夫征不复，妇孕不育，凶，利御寇。

初、二、四，鸿之渐而往也。三则其渐而来也。"陆"，中原平旷之地。鸿之南征，近南者先焉，而早至于中原矣。虽渐也，而实遽也。三，男下女；四，女外适；故为"夫妇"。阴方上交，而阳相背以下，无反顾之情，"征不复"也。"妇"虽孕，而无与恤之，"不育"也。迁之遽，交之浅，则其情不固，所以凶。卦德虽为渐进，而三、四动见于占，则未能渐。凡此类，以著策九、六之动而言，故与卦之全体有异，所谓"唯其时"也。三既下，无可复上之理，则与初、二合而止于内。以"御寇"而消否，捐其生，不恤其家可也。刚当其位，故得有此利。

《象》曰："夫征不复"，离群丑也。"妇孕不育"，失其道也。"利用御寇"，顺相保也。

"丑"，类也。五上与三，同类之阳也。二阳安居，未有行志，而三遽下移，独往不反，则虽四阴上交，而不能相聚以成生化之美，唯退而与六二相比，而二乐得之以相保，则利。

六四，鸿渐于木，或得其桷，无咎。

"桷"，横枝平出如椽者。鸿趾有幕，不可木栖，唯得桷则可暂安。四就近而进，无所择而辄往，与三同其遽动，故有此象。以其当位也，故"或得其桷"。"或"者，不必得之辞，而亦理之可得者也。阴进而往外，以顺承乎五、上之刚，变而不失其正，故贤于三而无咎。

《象》曰："或得其桷"，顺以巽也。

柔顺以巽入于二阳之下，虽离群孤往而可安。

九五，鸿渐于陵，妇三岁不孕，终莫之胜吉。

胜，音升，下同。

鸿之南也，经雁门之塞，所谓"陵"也。前者已至于陆，而后者尚集于陵，居高而不遽下，得渐之正者也。九五居尊而得位，故有此象。"妇"谓四也。四出归于外，五为之主，其正配也。四欲上进，五远引而不相狎，有不即相交而"不孕"之象。不孕，不相接也。然四之情既笃，五安能终拒之哉？唯不听其遽于求好，而渐乃相接，则《彖传》所谓"进以正，可以正邦"者也，故不胜其吉。

《象》曰："终莫之胜吉"，得所愿也。

连吉为文，谓不胜其吉也。"得所愿"者，阴之外适，固乐得君子而事之。谑浪笑傲，庄姜不得其愿，知狎昵之不可恃也。

上九，鸿渐于陆，其羽可用为仪，吉。

陆，读如逵。

"陆"，旧说以为"逵"字之讹，韵与义皆通，谓云路也。上处至高之位，而乘巽风之上，乃翱翔云际而不欲下之象。"羽"，所以飞者。"仪"，法也。三、四交移，以密迩之情为进退，上去之远，止于最高而不下。盖鸿之南也，违寒就暖，适水草稻粱之乡，有希荣之情焉。翔云路而不屑，君子爱身以爱道，杨雄所谓"鸿飞冥冥，弋者何慕"也。砭顽起懦，可以为百世师矣。

《象》曰："其羽可用为仪吉"，不可乱也。

志不降，身不辱，孰得而乱之？急于消否者，志士之情，三、四所以为女归之吉。安于下而不妄者，贞人之守，初之所以虽危而免咎。尊德乐义而不轻于动者，大人之操，上九所以为法于天下。可进可退而不失其正者，君子之度，二、五所以和乐而得愿。六爻异用，而各有其道，渐之所以利贞，而上九其尤矣。

# 归妹

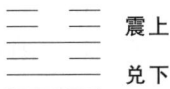

震上
兑下

归妹，征凶，无攸利。

往而即之以为家曰"归"。"女归"者，女外适而以夫家为归也。"归妹"者，男舍其家，出而就女以为归也。卦自泰变。阴阳本有定交，而乾上之阳，出而依阴，坤下之阴，反入而为主于内，就近狎交，不当其位。男已长，女方少，相说而动以从之，卦德之凶甚矣。故无所取象，无所取德，而直就其占言"凶"、言"无攸利"，与剥卦同而尤凶。但举卦名，已知为不祥之至，勿待更推其所以凶也。"征凶"者，以往而凶。阳不往，则阴不入而干阳。妇之不顺，皆夫轻就之情导之也。既言"凶"，又言"无攸利"者，往归之意，以为利存焉，而不知适以贻害。君子之屈于小人，中国之折于夷狄，皆见为利，而自罹于害。失其位，而利可徼乎？然唯征斯凶，则初之得位而安于下，二、五之居中而不动，固可以免。所以《象》凶，而《爻》或有吉存焉。不征，则不凶矣。

《彖》曰：归妹，天地之大义也。天地不交而万物不兴。归妹，人之终始也。说以动，所归妹也。

说，弋雪反。

上古之世，男女无别。黄帝始制婚姻，而匹偶定。然或女出适男家，或男就女室，初无定制。故子、姒、姬、姜，皆以女为姓。迨乎夏、殷，虽天子诸侯且有就女而昏者，《易》两言"帝乙归妹"是已。周之兴，惩南国之淫乱，始为画一之昏礼，始纳采以至亲迎，略放古者阳就求阴之意，而必"女归"，而无"归妹"之事，然后氏族正，家道立，而阳不为阴屈，天经地义，垂之万世。孔子曰"周监于二代，吾从周"，此周道宜从之大经大法也。故施及秦、汉，等赘婿于罪人，有谪戍之法焉。后世非贫贱无赖之野人，未有以妹为归者矣。此《传》缘其始而言之，当匹耦未定，典礼未定之先，亦未大拂乎天地之大义。盖阴之情与，然内乐于与而外吝于与，抑以存其耻心，故必阳往而动之，然后悦而生化兴焉，则男就女以为家亦可矣。然人道之至正于始，始于此则终于此。阳一屈而就阴，则阴入而为主乎内，阳反宾焉，终其身受制而不能自拔。故先王于此，慎其始以防之。乃如此卦之象，所以为"归妹"者，不恤礼制之既定，苟且便安，规小利，说焉而动者也。始不正而终为人道之大患，自非帝乙，鲜有不丧国亡家而陷于恶者，所以凶而无攸利也。

"征凶"，位不当也。

三、四失位，二、五因之。

"无攸利"，柔乘刚也。

外卦二阴乘一阳，内卦一阴乘二阳。阳妄动而为阴所乘，则败于家、凶于国，唯阴之制而莫如之何。隋文帝之刚，为独孤所乘，而身杀国亡，况唐高、宋光之未能刚者乎！

《象》曰：泽上有雷，归妹。君子以永终知敝。

泽流下，雷终奋出而不衰止。男已长，女方少，不忧其不偕老而说从之。推此志也，贫贱、夷狄、患难，皆可以永焉者也。天下无不可终之交，无不可成之事。君子明知事会之有敝，而必保其终，情不为变，志不为迁，盖体此象以为德。庸人不知敝而妄觊其终之利，智士知其敝而为可进可退之图以自全。孔子曰："道之不行，已知之矣。"文信国曰："父母病，虽知不起，无不药之理。"圣人之仁所以深，君子之志所以不可夺也。《大象》此类皆与《象》殊指，不可强合者也。

初九，归妹以娣，跛能履，征吉。

"归妹以娣"，谓当归妹以娣之世也。此句统下九二言之。"娣"，少女，谓三也。"跛能履""眇能视"分言之，而固相聊以成文，二爻之德相肖也。阳之往出而归阴，得其娣以归，而为主于内，乱道也。初九刚而居下，不随四以行，跛象也。唯守正而不妄动，则如跛者之行，畏仆而必慎。以此道而正四之不正，往而吉矣。

履与归妹，内卦皆兑，而上承乾，震之刚，故皆有跛眇之象。而履孤阴妄进，故自谓能而非其能；归妹四轻往而过不在三，则初与二能保其正，而与履之“素履往，坦坦幽贞”，德固相若，皆处浊世而有孤行之操者也。《易》之文简，故词同而意异。

《象》曰："归妹以娣"，以恒也。"跛能履吉"，相承也。

此与九二《象传》，文皆相承。当"归妹以娣"之时，世已变，而初能守其恒，故跛而能履；上承九二之刚，足以知敝，与同道而免于污，故吉。阳以不归阴为恒理。

九二，眇能视，利幽人之贞。

二刚非其位，而上为六三之阴柔所掩，有眇象焉。然天下贞邪治乱之辨本易晓了，而柔不自振者，诱之以动则迷。二以刚中之德，无欲而清，则五之为君、三之为娣，从违自审，而弗如四之失所归。此乃《柏舟》之妇、《麦秀》之老，理明而义自正也。

《象》曰："利幽人之贞"，未变常也。

以其近三，而为兑说之体，疑于变，故言"未变"。"常"亦恒也，谓阴阳之正理。

六三，归妹以须，反归以娣。

"须"，给使之人，女之贱者也。古者天子诸侯媵用侄娣，侄贵而娣贱。阳舍其位，离其类以外归，志行之卑贱，适足与须女相配而已。"反归"，谓还反于夫家，阴来就阳，六之来三也。六五中正，不轻就匪人而与相说，唯坤下之阴，卑贱而就之，先得其宠；内治不修，自此始矣。干君而仅得合于权佞之臣，亦此象也。进不以正，则不正者应之。

《象》曰："归妹以须"，未当也。

"当"谓当位。四失其位，三因失焉。言"未"者，过不在三也。

九四，归妹愆期，迟归有时。

此正"征凶无攸利"之爻。不再言占者，《象》已决言之，于此原其致妄之由，而设戒以导之于正。圣人不轻绝人之情，抑以上古旧有此礼，虽足致乱，而固可教以正也。不待女之归，而男反归女者，以三十而娶，不可过期。乾三之阳已老，坤四之阴方稚，六五中正，待礼成而后行，故阳屈己而往从之，不以贱辱为耻。乃为之戒曰：虽其归之迟，而自有时，何至卑屈失身，以召柔之乘己哉！词之婉，讽之切，周公当昏礼初定之时，曲体人情而救之以正，故其辞温厚而动人。若后世淫色吝财之夫，则固不足与言也。

《象》曰：愆期之志，有待而行也。

待年待礼，阴之志本正，而未尝不欲行。九四急于往，而不姑为待，何也？男择配，臣择君，士择友，岂有定期哉！急于立身，缓于逢时，则己不往而物可正。推而上之，圣人之养晦而受命，待贾而沽玉，亦此而已矣。

六五，帝乙归妹，其君之袂，不如其娣之袂良。月几望，吉。

"帝乙归妹"，归而逢其吉者，故此爻当之。"君"，女君。帝乙所归之妹，谓五；"娣"，谓三也。三阴稚，而以色悦人，阳所狎也。言"袂良"者，君子辞而。六五柔顺得中而应以正，贵德而不以色为良，阴德之盛者也，故曰"月几望"。五唯有待而行，不与四俱乱，故帝乙归之，虽失正而可宜家。然唯有帝乙之德，而遇恭俭自持之贤配，乃能获吉。使其为悍媢之妻，而自不免于狎溺，则征凶而无攸利也，必矣。

《象》曰："帝乙归妹"，不如其娣之袂良也，其位在中，以贵行也。

以色言之，不如娣矣。德称其位，故贵为天下之母，而帝乙亦蒙其吉，所遇之幸也。娄敬不遇汉高帝，马周不遇唐太宗，则与苏秦同其车裂矣。

上六，女承筐无实，士刲羊无血，无攸利。

"女"谓上六。"士"，九四也。"筐"，《礼》所谓筲。"实"，榛栗枣脯以见舅姑者。"刲羊无血"，自毙之羊也。吝于六礼，苟简以成事，故女不归士而士归女。包死麋以诱女，末俗之恶，吝而已矣。士吝则女愈骄，乃以无实之筐，见舅姑而不怍，上六之阴亢，九四自贻之辱也。

《象》曰：上六无实，承虚筐也。

"承虚筐"者，不以礼意相接也。夫四之屈辱往归，岂无觊利之心哉？乃此以吝往，彼以骄报，所必然者。故先王之用财也俭，而独于宾嘉之礼，重费而不恤，所以平天下之情，而使相劝于君子之道，其意深矣。夷风乱华，人趋苟简，而伦常以斁，可不鉴哉！

# 丰

```
☳ 震上
☲ 离下
```

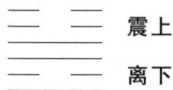

丰。亨，王假之，勿忧，宜日中。

"丰"者，盛物于器，满而溢于上之谓。此卦一阳载一阴于下，二阳载二阴于上。阴，有形质者也，得中而加于阳上，盛满而溢于所载，故谓之丰。以其自泰之变言之，阴入而为主于二，其明乃盛，阳出而动于外，动以满盈，亦丰象也。而丰于外者蔽其中，丰于上者蔽其下。在二体，则阳虽动于外，而阴留不去，尚掩其离明。以卦画言之，则阳受蔽于阴，为重叠覆障之象。在阴则势处其盛，在阳则载阴而大有事焉。非易处之卦也。以其阳虽受蔽，而为方生之爻，明之发而动之始也，故亨。然而非有其位，非有其德者，未易亨也。唯王者抚有天下而载万民，富贵福泽，过量相益而不必辞；处于深宫，而臣民之情伪相积以相蒙覆，皆其所容受以待治，则固不能离彼而炫其孤清。故至于丰，而不当以为忧，而必拒之撤之，以自碍其有容之度。夫王者既有其位矣，而抑必有其德。唯大明丽中，尽察于物情之微暧，则可任其丛杂相掩而不为之乱。若非王者之位，则一受习俗柔暗之蔽，百炼之刚且化为绕指之柔。若非日中之德，则肘腋之下，蒙蔽所积，而况四海之遥，兆民之众，一叶蔽目，不见泰岱矣。故丰者，忧危之卦也，非德位兼隆，固当以为忧也。

《彖》曰：丰，大也。明以动，故丰。

阴盛而阳皆载之，故曰"大"。蔽盛则不得通，然而亨者，六二阴得其位，而阳相与丽以发其明；二阴积上，而九四震起以动之，使勿怙其柔暗，故亨。明之所以不掩者，皆九四之能拔出于外，导宣其幽滞，而明乃上行。非然，则明夷矣，何易言震乎！

"王假之"，尚大也。

唯王者之道，以广大而遍载天下之繁杂为尚，下此者不能也。

"勿忧宜日中"，宜照天下也。

能如日之中，偏照天下，无幽不彻，乃可勿以丰蔽为忧。

日中则昃，月盈则食，天地盈虚，与时消息，而况于人乎！况于鬼神乎！

此言阴盛之不足忧，而唯"日中"之不易得也。"日中则昃"，"明以动"而犹恐其失也。"月盈则食"，阴虽中而固有其可亏者也。人则有邪正之消长，鬼神则有祸福之倚伏，邪可使悔而之正，祸固为福之所倚，而何忧乎！而不能以明照天下，则吉且召凶，善且流而之恶；消息盈虚，听乎时而不审其变，人且灾之，鬼神且伤之，而何易言"勿忧"乎！苟非尧、舜、禹之相继以治天下，则共、驩顽谗之覆蔽以成阴暗者自相乘以乱。苟非文王之不遑暇食、卫武之耄而好学，则方其明而若或障之，方其动而若或掣之矣。故曰：丰，忧危之卦也。

《象》曰：雷电皆至，丰。君子以折狱致刑。

电始出而雷即发，其雷必迅，所谓"雷电皆至"也。唯重阴覆蔽，故阳之出也必怒。"致"，致之于市，与徇人行辟也。折狱既明，刑即决焉，奸人无可容其规避，雷电迅疾之象。噬嗑之"明罚敕法"，已断而必更察之，立法之慎，先王详刑之典，君道也。丰之"折狱致刑"，已明则断，君子用法之严，吏治也。"君子"，谓守法之嗣君与听狱之卿士。

初九，遇其配主，虽旬无咎，往有尚。

"配主"谓四，自下匹上谓之配。"主"者，卦以下画为基；初为离主，四为震主。十日曰"旬"，《春秋传》曰："天有十日。"自甲至癸，旬数也。九四当离体已成之后，日之数已盈，而遇之者以其大明，生其善动，虽有"日中则昃"之忧，而自可无咎。"往"，则为四之所嘉尚矣。阴盛，非刚不能致察；初与四相资以成日中之治，所以善处丰也。初不言丰者，二虽蔽初，而柔得其位，居中以为明主，无相蔽之情也。

《象》曰："虽旬无咎"，过旬灾也。

"虽旬无咎"，言即至于旬而尚无咎，则其不可过可知。初与四过，当离之已成，则两刚相得；过此则五、上之阴且蔽之矣。五能蔽四，不能蔽初，以其远也。

六二，丰其蔀，日中见斗，往得疑疾，有孚发若，吉。

"蔀"，编草为藩蔽。"日中见斗"，日食而星见也。六二上应五，而五以阴掩阳，故为丰于障蔽，为日食昼晦之象。二不容不疑其蔽己之明，疑甚而疾矣。乃二以柔中当位，虚中而信物，以与五相孚，则五且感发而与之同志，弃暗求明，吉矣。丰非刚不能撤蔽，而二以柔能感五者，丽于刚以为明也。

《象》曰："有孚发若"，信以发志也。

能信诸己，则足以发人之志也。阳实阴虚，以实之谓信。而《易》每于阴言孚者，人之怀疑，必先有成见于中，窒而不通，则遇物皆见其乖异；虚以受之，自能择善而笃其信。实以言信之用，虚以言信之体也。

九三，丰其沛，日中见沫，折其右肱，无咎。

"沛"，旧说以为幡幔。"沫"，小星也。"日中见沫"，日食既而昼晦极矣。"右肱"谓四，九三之所以资动者也。九三处明之终，"日中而昃"矣，而上应上六之极幽极暗，故为幔障天而日昼晦之象。上之蔽也厚，三与应而受其蔽，虽有九四之刚，可资其动以撤蔽，而弗能用也。汉元受石显之蔽，而萧望之不能抒其诚；唐德受卢杞之蔽，而陆贽不能效其忠；盖此象也。言"无咎"者未详，程子以为"无所归咎"，亦通。

《象》曰："丰其沛"，不可大事也。"折其右肱"，终不可用也。

丰惟王假之，必将大有所为。受蔽于上，不足以照天下，而何大事之可为！"终不可"者，奸蔽贤，则贤终不为之用也。

九四，丰其蔀，日中见斗，遇其夷主，吉。

"夷"，等夷也。在上而交下曰夷。四虽不应五，而与五相比，故与二同象，而受蔽更切焉。赖其下与初应，两刚相得，明以济动，而阴弗能终掩之，故吉。

《象》曰："丰其蔀"，位不当也。"日中见斗"，幽不明也。"遇其夷主吉"，行也。

象虽与二同，而受蔽更深，故于此发"不当""不明"之义。四虽为震主，而以刚居柔，与五相比，则所处之地危矣。非离体，则明不足以灼幽，独阳不足以胜众阴；必行而下就乎初以相辅，乃得吉焉。丰之所以能"明以动"者，功在四，而四又资初。当昏昧之世，求贤自辅为善动之要术。四之吉，唯其为退爻，而不自怙其刚以轻试于障蔽之中也。

六五，来章，有庆誉，吉。

五以阴暗居尊位，力足以障蔽乎阳，本无吉道。唯其得中，为六二之所仰而求孚者；而阴尚未盈，能下受之，故二来而施之以明，弥缝其不善而著其善，乃有"庆誉"而吉。"有"者，本非所有而有之辞。"庆"，福自外来也。"誉"，名自外成也。

《象》曰：六五之吉，有庆也。

本非吉，以得二"来章"之庆，故吉。

上六，丰其屋，蔀其家，窥其户，阒其无人，三岁不觌，凶。

阒，音臭，寂静也。

上恃二、五之阴皆得中，而己又居于其上，骄盈而重蔽阳刚，其德凶矣。蔽人者先以自蔽，阳刚方"明以动"，安能蔽之？徒重屋厚障，不能见远而已。明之所不照，处于幽暗之室，有人若无，而人亦终无欲见之者，见绝于有道而凶矣。占此者，遇如此暗傲之人，绝之可也。五可孚，而上不可化也。

《象》曰："丰其屋"，天际翔也。"窥其户，阒其无人"，自藏也。

丰满盈溢，亢而自骄，高居而绝物，明者不施以照，终于自藏而已。其愚若此，不足以为日中之忧。

# 旅

```
══  ══   离上
══  ══   艮下
```

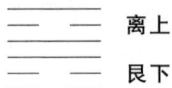

旅。小亨，旅贞吉。

相从而行曰"旅"。古者卿行旅从，故曰行旅。以二体之象言之，火在山上，野烧也，前焰后焰，相踵竞进而不留，若行者之在途，相蹑而遄征。以卦画言之，三阳皆在阴上，往也；阳为客，阴为主，阳之旅也。自否变者，五阳去位而止于三，虽止而非其居；三固进爻也，则亦姑寓而欲行者也。旅者阳也，乃阳倡则阴必随，阴无阳以立其不易之基于下，则虽得中而非其安居，阳旅而阴从之以旅矣。一阳往而一阴从之，二阳往而二阴从之，阴随阳行，若卿行之有旅从，阴亦旅矣。六五居中，非其位也，虽有文明之德，而艮止阻之以不下，逮阳已往而明王不作，己亦不得安于上位，故先儒谓仲尼为旅人。"小亨"，小者阴也；阴得二中，故亨。"旅贞吉"者，旅之贞，旅之吉也。上不当位而下止，本非正而不吉，乃时当其止，道不足以行，而文明不息，以明道为己任，随所寓而安焉，为旅之正，而乐天安土，得其吉矣。

《彖》曰："旅小亨"，柔得中乎外而顺乎刚，止而丽乎明，是以小亨旅贞吉也。

"得中乎外"，不能得其正位，而在事之外也。阴下阳为"顺乎刚"，虽柔而放道以行也。止矣，而必丽乎明以不息，故即此而志无不通、道无不正、居无不吉也。阳君阴臣，阳见阴隐，虽德备文明若仲尼，亦但谓之"小"，以位言也。夫子之志，于《彖传》自道之。

旅之时义大矣哉！

非其人，则失正而不能亨。因其时，合其义，居不安而道不废，隘与不恭，俱不足以当之，故极叹其大。

《象》曰：山上有火，旅。君子以明慎用刑，而不留狱。

离火，明也。艮止，慎也。既明且慎，则速断之，而不淹滞以滋扰，如山上之火，过而不居。君子之于民，教之治之，皆迟久而不迫，唯用刑则非君子之本心，不得已而寄焉耳。留之则证佐待理而久淹，枝叶旁生而蔓引，胥吏售奸而迭为舞易，其殃民也大，而奸人得以规避，故以"不留"为贵。

初六，旅琐琐，斯其所取灾。

《象专》取六五立义，爻则各以其得失言之。旅之时义虽大，然非六五文明之德，则其得失亦微，所谓"苟非其人道不虚行"也。"琐琐"，细小貌。初六卑柔无远志，而随阳为旅，则鄙屑而为裹粮结屦之谋，灾之至若出意外，而不知务小忘大，正其所自取也。

《象》曰："旅琐琐"，志穷灾也。

"穷"者，自窘于微细之中也。

六二，旅即次，怀其资，得童仆，贞。

二柔得中位，旅得所安之次舍矣。阴为资粮。"童仆"谓初也。琐琐在旅人则取灾，在童仆则为正。以柔怀童仆而使效其忠，小之亨也。旅初与二所取象占皆小节尔，而《易》犹为告之。苟非不义，亦日用之常，圣人详著之以前民用，而学《易》者慎微之道在焉。

《象》曰："得童仆贞"，终无尤也。

"怀其资"，未免非尤，唯得"童仆贞"，则免于咎。怀资而失童仆之心，斯寡助而涂穷矣。

九三，旅焚其次，丧其童仆，贞厉。

丧，息浪反，下同。

阴爻之旅，皆从人以旅者也。阳爻之旅，则自欲旅者也。旅者行而不留，君子之仕止久速，因时制义，无悻悻穷日之心。九三以刚居刚，不中而为进爻，急于去而不留，无反顾之情。"焚其次"，誓不复返；徒众解散，不可复收，虽使其去合于正，而亦危矣。

《象》曰："旅焚其次"，亦以伤矣。以旅与下，其义丧也。

"伤"，谓伤于君子不轻绝人之义。"以旅与下"，谓既惇惇以去，使初、二之心解体，导之离散，不能复合，介然之义，其终必穷。好勇而不知所裁，将与鸟兽同群乎！

九四，旅于处，得其资斧，我心不快。

"处"，羁旅所处之国也。"斧"者，行而携以备樵采椓杙之用者。三去而迫于去，四则刚失位而居退爻，义未可留而姑留者也。留则得其资斧，而四志本刚，非以资斧为念者也，故心不快。

《象》曰："旅于处"，未得位也。"得其资斧"，心未快也。

四非阳刚宜居之位，故虽得资斧而不快，若孟子之于齐、梁是也。

六五，射雉，一矢亡，终以誉命。

"雉"，文明之禽。六五，离之主，欲丽乎阳以发其光辉，而得中于外，不能乘权以有为，则不得雉，而并其所以射者亡之，所谓"道之将丧"也。然虽为旅人，而道赖以明，则人之所与，天之所笃，又岂能去之哉！止而丽乎明，此爻当之。

《象》曰："终以誉命"，上逮也。

上无明王，则天人之所宗仰者在己也。周公心仪其人，而孔子自当之。

上九，鸟焚其巢，旅人先笑后号咷，丧牛于易，凶。

易，与场通，下同。

上九居离体之终，阳已亢极，火炎于山上而不息，鸟有巢而被焚之象。盖时有灾危，去以避害者也。免于祸则笑，而贪生幸免，为人所不礼，无可再栖之枝，将号咷而悲思其故处矣。"牛"，顺物。"易"，疆场也。居其国，有其家，则无可去之理，顺道也，子思所以遇寇而守也。丧其贞顺于国，而越疆外出，道失而身必危，故凶。

《象》曰：以旅在上，其义焚也。"丧牛于易"，终莫之闻也。

闻，亡运反。

"闻"，名誉也。既居高位，则义在同其灾患，而以旅道自处，违其义矣。不忠不顺，人皆贱之，虽其阳刚之才，无德而称焉。

# 周易内传卷四下

## 下经起巽讫未济

## 巽

```
═══════  巽上
═══ ═══
═══════  巽下
```

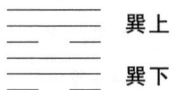

巽。小亨，利有攸往，利见大人。

巽阴潜起于阳下，与姤、遁同。兑阳盛于中而阴外，与夬、姤同。而姤为阴干阳，遁为阳避阴，巽则以入为德；大壮戒阳之壮，夬奖阳以决阴，兑则以说为道；何也？巽、兑本三画卦之名，重而为六，不失其象。风有于喁之相因，泽有左右之并流，皆无异道，则重而为六，犹然三画之象也。三画之卦，天之理，物之体，形象之自然者也。相杂而六画生，则物之变，人之用，得失之或然而不得不然者也。六画不异于三，则用而仍如其体；姤、遁、大壮、夬之重而有异也，则体异而用亦异也。夫天之理，物之体，阴阳柔刚，参伍以成形象，一唯其自然。阴本不以干阳而潜起，阳亦不畏逼而欲避，阳虽盛而非恃其壮以决去乎阴，则体天体之无不善者，以肖其德而嘉与之，故巽以入为利，兑以说为贞。若夫阴遇阳而迫阳以避，阳壮而决绝乎阴，固非天地纲缊、互相屈伸以成化之道，故姤、遁无相入之美，壮、夬无相说之情也。

然则震之阳起而动阴，与复、临义略相通；艮之阳上以止阴，与剥、观道略相似。震恐以致福，"丧贝而七日得"，复之理也。艮敦而吉，"大观在上"，"君子得舆"之象也。而异于巽、兑之别于姤、遁、壮、夬，又何也？震初阳起而动地下之阴，四阳出地而动地上之阴，乃以出入无疾，而相感以临。艮三止阴而不能止，二阴又乘其上，剥之所以"剥肤"，止之又止而后止焉；观之所以必"观我""观民"而恐志之未平，天人体用之义均也。若夫姤、遁，阴干阳而逼之，阴皆进而阳皆退；巽则六四居阴以顺乎阳，而阳未相率以之于外；大壮、夬阳连类以摈阴，亢而且消，兑则阳纳阴于三，相说而不相拒。巽、兑之与姤、遁、壮、夬，其象异，其德异，固不可以震、艮例求也。此读《易》者之当知变通也。

巽者，选具而进之谓。能慎于进则相入，故为入也。柔顺修谨，欲依阳而求相入以成化，巽之德也。阳且乐而受之，是以"小亨"。阴虽入，而刚不失其中，刚柔相济，往斯利矣。"大人"，谓二五刚中，德位并隆者也。选慎以入而相见，见斯利矣，阴之亨利者也。程子曰："兑柔在外，用柔也；巽柔在内，性柔也。"兑，阳之为也；巽，阴之为也。兑则亨，巽所以小亨也。然阴固两仪自然之体而万物资生之用，得其正而亨而且利，亦孰非天道之正，人事之善者乎！

《象》曰：重巽以申命。

重，直龙反。

巽有二义，自阴而言之，则自下而柔顺以入合于阳；自阳而言之，则刚德中而以柔道下施，入物而相劝勉。此以九五刚中君德为主，而六四下入起义。六四非上入，而下施者也。"重巽"者，初已柔施，而四又申之也。承刚中之道，柔以下逮，愚贱不可卒喻，申命而后能入民之隐。

刚巽乎中正而志行，柔皆顺乎刚，是以小亨，利有攸往，利见大人。

"巽乎中正"者，不以当位得中，遂刚以临下，而柔巽以入民，则志可喻于物，而物遵以行，故"利有攸往"：此以自上施下者言也。"柔皆顺乎刚"者，慎以进而不敢干，阴道得而就正于刚中者，其益大矣，故"小亨"而"利见大人"：此以自下顺上者言也。内卦三爻皆取下顺上之义，外三爻皆取上施下之义。《象》错言之，明其用异而道同也。

《象》曰：随风巽，君子以申命行事。

巽之为风者，动气者阳气也。阳气聚于外，薄阴在内，阳不得入，而阴弱不相激，则阳乘动几，往复飘聚，而鼓荡以行焉。聚而行于此，则彼虚，阴乃乘之以入，庄周所谓"厉风济则为虚"也，虚而阴入矣入而和，则晴雨平、物汇昌矣。"随风"者，前风往而后风复兴之谓。飘风则不相继，故不能终朝。相随以不息，风之柔和者也。故庄周曰："泠风则大和。"君子之将欲兴民以有事，命之，又申命；其始不迫，其继不厌，期于入民而事以集；如风之相随，则草皆顺偃，而寒暄以渐而成。取法于此，斯无不教、不戒、慢令之三恶矣。但言"行事"，为政言也，明非言教也。若教则不愤而启，不悱而发，喋喋然徒劳而亡益也。

初六，进退，利武人之贞。

阴起而入阳，进也；在下而柔，退也。初六阴欲入而未果，故为进退不决之象。阳为文，阴为武，阴上临阳而欲进，故此与履六三皆言"武人"。武人，勇于进者，"贞"则慎于进而不妄，故得进退之宜而利。

《象》曰："进退"，志疑也。"利武人之贞"，志治也。

"志治"者，阴屈下以求入于阳，所以受阳之裁成而成化。武人不怙其勇而望治，慎于进以就正，故利，此所谓"利见大人"也。

九二，巽在床下，用史巫纷若，吉无咎。

"巽在床下"，谓初也。"史"，撰辞告神者。阴有鬼神之道焉，故用史巫。凡敌应之卦，既不相应，则以相比者为应求。阴阳相比而相求则和，远则乖矣。故巽二、五吉，而三、上凶咎。初六进退维疑，在床下而不能起应乎刚。二以刚居柔，笃志下求，纷若不已，则阴可入而阳得其耦，故吉。不当位，疑有咎也，而不失其刚中之德，则无咎。

《象》曰：纷若之吉，得中也。

"用史巫纷若"，则疑于太屈，而刚固得中，虽求阴而不自失。

九三，频巽，吝。

"频"与颦通。三以刚居刚而不中，见阴之巽入而颦蹙以受之，不能止阴使不入，徒"吝"而已。

《象》曰：频巽之吝，志穷也。

不通之谓"穷"。异端以人伦物理为火宅，而欲绝之，终不能而只以自穷，盖若此。

六四，悔亡，田获三品。

此所谓"利有攸往"也。"三品"：干豆、宾客、充君之庖。上杀、中杀、下杀皆获焉，是大获也。四在上卦之下，乃施命以入下而使行事者也。国之大事，在祀与戎，而巽非征伐之卦，田猎以供宾祭，役民率作，故取象焉。柔以申命，下顺听之，故田而多获。"悔亡"者，本无悔也。

《象》曰："田获三品"，有功也。

申命以得人之情则行事而有功。

九五，贞吉悔亡，无不利，无初有终。先庚三日，后庚三日，吉。

先，息荐反。后，胡豆反。

九五居尊，为申命之主。礼乐征伐自上出，其正也，吉道也。"悔亡"，盖下"无初有终"之义。无初疑于悔，有终则悔亡矣。"无不利"者，于位为宜，于德为称，四之功，盖五之利也。民不可与虑始；五以刚中之道率民以有为，民将疑惮，故"无初"，而终于有功，则"有终"而无不利。"庚"者，更新行事之义。故外事用刚日，而以庚为吉。"先庚三日"而告之，初六始出令也。"后庚三日"而复警以其不逮，六四申命也。于是而命无不行，事无不立矣。故备诸美词以赞其盛。

《象》曰：九五之吉，位正中也。

得其位，乃能行其命。

上九，巽在床下，丧其资斧，贞凶。

丧，息浪反，下同。

"巽在床下"，亦谓初也。"资斧"，所以行之具也。初求入而上与之绝远，阴阳之情既已隔绝而不通，所恃以入民之隐而劝之行者，四之申命；而命自五出，非上所制，上又亢而无下逮之情，丧其所以行者。权失而益之以骄，《诗》所谓"上帝甚蹈，勿自瘵焉"者也。

《象》曰："巽在床下"，上穷也。"丧其资斧"，正乎凶也。

巽既在床下，而高处乎上，则不相通甚矣。又不比乎四，而无恃以行，则凶者其情理之应得，而非意外之变也。此言"贞凶"，别为一义。然上九亦无不正之失，特以过恃其刚正而凶，遂为应得之祸尔。

# 兑

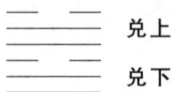

兑上
兑下

兑。亨，利贞。

"兑"为"欣说"之说，又为"言说"之说，而义固相通。言说者，非徒言也，称引详婉，善为辞而使人乐听之，以移其情。馈人千金之璧而辞不善，则反以致怒，故言说者所以说人，而人之有心，不能言则郁，称引而详言之则畅，故说者所以自说而说人也。此卦刚居内而得中，柔见于外。外者所以宣其中之藏使不郁，而交乎人以相得者也。柔见于外，愤盈之气消，而为物之所喜，故从其用而言，谓之为兑。兑有三德，而特无元。元者，阳刚资始之德，外发以施化。兑卦阳德不著见而隐于中，未足以始也。说者，事成而居之安，乃以人己交畅。若以说始，则是务相随顺，而道先自枉。其为言说，则先以言者，事必不成，故兑于元德不足焉。其"亨利贞"者，说则物我之志咸通，说而物我胥劝以相益，说之以道，本无不正也。具此三德，自无不亨，而利者皆正，正自利矣。兑有二义，一为下顺乎正，以事上而获上，则下亨而上利，内卦以之。一为上得其正，以劝下而得民，则上亨而下利，外卦以之。要其以刚中之贞为本，则一也。

《彖》曰：兑，说也。刚中而柔外，说以利贞。

说，弋雪反，下同。

"柔外"，故说。"刚中"，则合义以利物，而非以膏粱致人之疢疾；守正以永固，而非诱物邀欢而后遂渝。故兑卦之德，唯在刚中。非此，则小人之说，不利贞，而不足以亨。不释亨者，说自能亨也。

是以顺乎天而应乎人。说以先民，民忘其劳；说以犯难，民忘其死。说之大，民劝矣哉！

先，苏佃反。难，奴案反。

推广说之为用，为王道之美利，而皆刚中柔外之德成之也。刚中则顺乎天之正，柔外则应乎人之所利。天顺而人应，则上以之先民，兴事赴功，而民忘其劳，上说下而下自贞也。民之既说，则踊跃以从王，虽使之犯难以死而不恤，下说上而上自利也。唯其外虽柔而中固刚，则是秉元后父母之常经，以通四海之志，而非小惠之苟说以干誉；下亦率其亲上死长之义，以合天下而同心，而非宵小之面谀以取容；所以为说之大，而民无不劝也。

六子皆天地自然之化，而艮、兑专以人事言者，川泽为阴阳已成之体，非摩荡之几；乾道成男而为艮，坤道成女而为兑，成乎人，而性情功效皆唯人之自成，而天下不复与也。

《象》曰：丽泽兑，君子以朋友讲习。

"泽"者，川流之地体，所谓河身也。兑之卦画，上虚下实，坎水塞其下流，堤而壅之，潴水灌注以润物，其象也。故上输所积以惠下，谓之恩泽。泽虽曲折迁流，而固一泽，故重兑之卦，不可以上下言，而取象于两泽之左右并行者，为丽泽焉。两泽并流，有若将不及而相竞以劝于行之象。然其归也，则同注于大川以致于海。君子之道，学之者一以圣人为归，而博约文质、本末后先之异趋，各以其质之所近而通焉。乃恐其专己而成乎私意，则取益于同门同志之学者，相与讲习，各尽其说以竞相辨证。当其论难之时，若争先求胜而不相让，而辨之已通，则皆至于圣人之道，如丽泽之不相后而务相合也。游、夏、曾、有同游于孔子之门，而《礼记》所载，互相争于得失，用此道也。君子之用兑，用之于此而已。苟非朋友讲习，而务以口说相竞，流而不及，则淳于髡、公孙龙之永为佞人，又奚取焉！

初九，和兑，吉。

兑体之成，虽以三上之阴为主，而刚中柔外，相因以说，则六爻皆有兑之德焉，异于巽之阴入阳而阳受其入，震、艮之阳动止乎阴，而阴为其所动所止也。"和兑"者，以和而说也。初潜而在下，而阳刚得位，未尝与天下相感，率其素履，与物无竞，殆有月到天心、风来水面、无求而自得之意焉，君子之吉也。

《象》曰：和兑之吉，行未疑也。

君子之行，素位而居易者也。富贵、贫贱、夷狄、患难，无入而不自得，自说其说，非待说于物，何疑之有！其不然者，处顺则得非所据而疑其不安，处逆则妄有欣羡而疑其可徼，唯无刚正之德故也。

九二，孚兑，吉，悔亡。

二孚于初九，以合德于刚中，则不为妄说；以刚上承乎柔而不亢，抑可以获上而亨，虽不当位，悔亦以亡。

《象》曰：孚兑之吉，信志也。

志正，则可以信友而获上。

六三，来兑，凶。

"来"者，招致之谓。六三居四阳之中，而以不正之柔，上谀而下谍，待物之来说而相与说，小人之道也，故凶。兑之亨利，自三成之，而《爻》凶异于《象》者，兑体已成，则刚中之德外虽柔而自非容悦，三独发动，则柔以躁进，而为小人之媚世。此类从筮者占其所动而言，别为一例，抑以兑本非君子之守，故非全体阴阳之合，则必流为邪佞也。

《象》曰：来兑之凶，位不当也。

宜刚而柔，无所不柔矣，而况杂乎四阳之中以躁进乎！

九四，商兑未宁，介疾有喜。

四与三比，而居上卦之下，近乎民者也。以刚居柔，不欲受小人之媚，而抑不欲咈人之欲，酌量于宽严之中，不能得咸宜之道，所以未宁。然说民之道，莫先于远邪佞之小人。奸佞不售，则虽未有惠泽及人之事，而天下已说服之。九四介于"来兑"之间，能以说己者为疾，三进而己退，静以止躁，不期民之说而民自说矣。

《象》曰：九四之喜，有庆也。

己方以未宁为患，而天下说之，外至之喜也。

九五，孚于剥，有厉。

"剥"，丧乱也。"厉"，威严也，而有危意。九五刚中之德已至，而独与九四刚静疾邪之君子相孚，则虽丧乱卒起，而以之犯难，人心既说，且忘其死，履危地而德威自立，说之大者，不在呴呴之恩施于小人也。

《象》曰："孚于剥"，位正当也。

德位相称，贤者说从，民为之用，虽处剥丧，不相离叛矣。

上六，引兑。

居高而以柔待物，所以引民之说者也；异于九五之民自劝而忘其死，故不言吉。然以上说下，柔当其位，异于三之屈节以招上而说之，故不言凶。殆霸者骦虞之治乎？

《象》曰："上六引兑"，未光也。

有干誉于民之心焉，则德不光。民之说，民自说也，非可引者也。

# 涣

```
━━━━━━  巽上
━━ ━━
━━━━━━  坎下
```

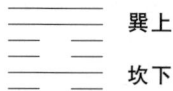

涣。亨，王假有庙，利涉大川，利贞。

假，古白反，下同。

"涣"，水散貌。风动水飘，水浮木泛，皆涣象也。卦自否变者，涣散其否也。乾下之阳，下而居二；坤中之阴，上而居四。阳为主于内，则阴不得怙党以相亢；阴顺承于外，则阳受其入而不骄。否、泰之变屡矣，而独此为得。阳之退，虽不当位而得中；阴之进，虽失其中而得位。物之固执而不解者，授之以所安，则乐于散，而惩相拒之迷。否塞之情改，而上下通，嘉会而亨矣，故六爻皆吉。

盖尝论之，人之情有所凝滞而不达者，皆以己所怀安之土，为情之所便，因据为道之所宜。既执之以为道，则情力志虑一聚于此，此外虽有甚安之位，甚远之图，皆为智所不及、意所不愿之境。一旦豁然悟其所据之非，风拂水流，尽破拘画之藩离，乃知昔所为崇高者，非崇高也，退抑乃以止物之忌，而中和可以宰物；昔之所为安处者，非安处也，上达而得其所通，而顺理乃以达情；拓散其分据之心于俄顷之间，已如撤重围而游旷宇。由此而推行之，破一乡之见，而善以天下，离一时之俗，而游于千古，则在下不吝，在上不骄，涣之为功于进德修业也，亦大矣哉！《诗》云"泮奂尔游矣，优游尔休矣"，言拘挛之日散也，是以涣之六爻皆吉也。

"王假有庙"者，阳自四而下居于二，率三阴以事上也。当其在庙，则为臣为子，而要不失其居中之位，二之以退为尊也。"利涉大川"者，阳来入险而不忧也。可以事鬼神，则天下无不可通之志；可以涉险阻，则天下无不可安之遇；斯以于物皆利，而变焉而不失其正也。

《彖》曰：涣亨，刚来而不穷，柔得位乎外而上同。

刚聚于上，则且消而穷矣；来而居二，则以入险而得通，柔在二在四，皆得位也。不吝其中位之尊，出而之外，乃以上交而同乎阳。二者皆亨通，而柔之为功大矣，以其舍党去尊而顺上也。

"王假有庙"，王乃在中也。

"乃"云者，谓虽离群退处，而乃得其中也。故修臣子之节，而不失其王之尊。

"利涉大川"，乘木有功也。

木浮水上，行舟之象。二以刚中能载，而涉险之功立矣。巽一为风，乘风而浮于水，亦利涉之象。古者舟未有帆，故《象传》不言乘风。后人以帆使风而行于水，盖亦取法于涣制器者尚其象，但精其义，皆可创制。古人所未尽，以俟后哲，若此类者众矣。

《象》曰：风行水上，涣。先王以享于帝立庙。

涣与节，相综之卦。节俭而聚；涣散而丰。风行水上，无所吝止，极文章之观。先王享帝立庙，以事天祖，于财无所惜，于力无所吝，于己不患其无余，于民不恤其难给，乃至薪蒸刍藁，皆广取而轻用之，与节之不以劳民伤财者异道，所谓"菲饮食而致孝乎鬼神"也。言"先王"者，郊庙之礼，开创者定之。

初六，用拯马壮，吉。

"马"，行地者，故坤之象焉。阴纯在下，马之壮也。马壮，则有奔驰蹄啮之伤。二来主阴而制之，初承二而奉之为主，以制马而使之驯，以免于咎。拯之者，二也；利用其拯者，初也，而吉在初矣。

《象》曰：初六之吉，顺也。

顺阳而下之也。

九二，涣奔其机，悔亡。

出疆外适曰"奔"。"机"，《程传》作《春秋传》"投之以机"之机，亦通，谓所凭以安也。旧音兀者，伐木而留其本也。在险中而可以止奔，于义尤合。阳舍上位，越三而来二，以散阴之党，若将不及，曰"奔"。来而得中以止，若奔者之遇机而息焉。虽不当位，疑于有悔，而居中以主阴，使顺而散，则悔亡矣。

《象》曰："涣奔其机"，得愿也。

二阴乐奉之以为主，故散而不怗其群。

六三，涣其躬，无悔。

阴阳以类聚，则合而成体。三与初同类，而二来居间以散之，阴之体不纯成矣，非徒二之能散之也。三为进爻而位刚，本欲上行以应乎刚，是能公尔忘私者，虽不当位，而遂其就阳之素心，固无悔矣。

《象》曰："涣其躬"，志在外也。

"外"谓外卦。进从六四之阴，以顺阳而应上九，不恤阴之同体，是以无悔。

六四，涣其群，元吉。涣有丘，匪夷所思。

阴之自二而往四，既以散阴凝不解之群，抑以散阳亢不交之群；群散而大同，本然之吉，无所待也。二与四皆涣群者，而功归于四。盖舍内而出外，去中而居下，非情之所可愿。使阴吝而不往，则阳亦无从得二以为杌而止焉。虚中位以召阳为主，而己为阳下，非消释其鄙吝之情者不能也。"涣有丘"，涣而至于丘也。丘卑于山而高于地，可依以止者，谓四涣而固高以安也。"夷"，等类也。阴方相聚于内，同类且倚以为群，忽舍之而外适，非初与三思虑之所及。拔流俗以奋出，而巽入以依乎阳刚中正之主，唯豪杰之士能之，非凡民所测，而卒使皆免于晦蒙否塞之中，所谓非常之人成非常之功也。

《象》曰："涣其群元吉"，光大也。

阿私结党，则卑暗而鄙陋。六四自我涣群，光明正大，何吉不臻乎！

九五，涣汗其大号，涣王居，无咎。

"汗"者，阳出而散阴者也。"号"，命令也。五，刚中得天位，而与巽为体，下同于四。四为巽主，申命以诰下者。五不怗阳之群，而资四以播教令于下，宜其大公无畛之德意而险侧皆顺焉。虽王者之居，宜积盛大以为巩固，一阳亏而失其聚，而天位自定，命令自行，固无咎也。古者天子之畿，剖邑以赐诸侯，为汤沐之邑，其"涣王居"之义乎？

《象》曰："王居无咎"，正位也。

虽涣而王者之居固无咎者，刚中正位，不以一阳之去就为损益也。

**上九，涣其血，去逖出，无咎。**

去，如字；旧读上声，非是。

"血"者，战争之事。"逖"，远也。阴凝于下，阳亢于上，否则必争，而上当之，未免于伤。乃既涣散其群，则阴巽入乎阳，而阳为主于阴，争息而血去矣，可以远处事外矣。时平而志静，故无咎。

**《象》曰："涣其血"，远害也。**

远，于愿反。

以涣，故能远交争之害，而超然逖出。

# 节

```
☵ 坎上
☱ 兑下
```

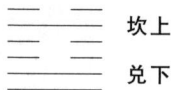

**节。亨，苦节不可贞。**

"节"，竹节也，有度以限之而不逾也。卦画一阴间以一阳，二阴间以二阳，阳实阴虚，虚者在上，阳实在下，以为之节。下二阳，近根之促节也，阳之节阴也。阳有余而阴不足，以不足节有余而相通焉，阴之节阳也。以二体之象言之，两间之水无穷，而泽之所容有准，不漏不溢，有节度也。二水相沓，而实其下以使不泄，故有慎密之象焉。节而亨矣，为阳之节阴者言也。阳亨，而复云"苦节不可贞"者，为阴之节阳言也。有余者，物之所甘；不足者，物之所苦。阳道方亨，而必裁之以不过，则自居约，而处物亦吝，固将自以为廉于用物而得贞。乃自居之约，可谓之贞；处物之吝，强人情以所不甘，则不顺天理之正，不可以为贞矣。以其实，节其虚，则虚者恃以保固，忠谨之所以通天下之志。畏其有余，节以不足，则俭而固，不给万物之用，而无以成天下之务。《彖》两设之，使学《易》者择焉而占者得之，虽以俭而不困于行，而终不合于道，非君子寡过永誉之宜也。

《彖》曰："节亨"，刚柔分而刚得中。

此明亨之为阳言也。"刚柔分"，言其相间，各成乎畛而不相乱。得中乃可以为阴之节，而阴恃以不倾；中有主，则通乎物，而不随物以流也。

"苦节不可贞"，其道穷也。

此明阴之节阳为已过也。道不足以济天下，则穷而非正矣。

说以行险，当位以节，中正以通。

说，弋雪反。

"说以行险"，不以忧惧失度也。"当位以节"，谓九五以笃实之刚，为阴虚之节也。五以中正节乎二阴之中，上下皆可通矣。言能行险而说、节而甘者，唯九五当位中正，以为阴之节，则无过不及之差，而于物皆通；以见节之亨在刚中，而阴之过为裁抑者非贞，而抑未可亨也。

天地节而四时成。节以制度，不伤财，不害民。

天地之化，寒暑温凉，莫之节而自中其节唯无过也，抑无不及也。王道之裁成民物，非故为损抑以崇俭陋。制度立而财不伤，民不害，所以志说而用亨。如九五者，斯与天地四时合其节矣。

《象》曰：泽上有水，节。君子以制数度，议德行。

行，下孟反。

多寡曰数，长短曰度，如《礼器》所谓“以多”“以少”“以高”“以下”之类是也。“德行”，德之施于物者，厚薄刚柔之则也。泽之受水也有限，而水为泽之所有，自足给灌注之用。君子以此道通志成务，其节也，非无水而以自困困人也，道本有余，而酌其施受之宜也。若陈仲子之流，以无水为节，则徒苦而人道废矣。

初九，不出户庭，无咎。

初居卦下，为泽之底，苟非坚实，必致下漏，困之所以无水而穷也。户，室户；庭，其外楹间也。时方在室内而未行，道宜缜密。阳刚下实，防阴之流，慎之于内而不使出，涵其有余以待不足，虽过于慎，而自无咎。

《象》曰：“不出户庭”，知通塞也。

当藏于内而未见于外之始，必刚决慎持以防其放佚，塞之所以求通也。“知”者，知时宜也。若二，则知塞而不知通矣。

九二，不出门庭，凶。

门，大门；庭，其庑也。既审慎于内而出于外矣，则行焉可矣，又从而节之，慎而无礼者也。刚非其位，知塞而不知通，故凶。

《象》曰：“不出门庭凶”，失时极也。

“极”，至也。时至事起而吝于出，则事败而物怨之。

六三，不节若则嗟若，无咎。

二阳已积，则有坚刚太过之忧。三当其上，急欲节之，而柔失其位，力有未逮，故不能节也，而忧之急。其迫切欲节之心，虽若已甚，而实不容已也，故无咎。

《象》曰：不节之嗟，又谁咎也？

谓谁得而咎之也。刚过而折，通人所戒，楚父老之于龚生是已。是或一道也，不得谓之为非。

六四，安节，亨。

与三同道，以节阳之过，而柔当其位，且上承九五而受其节，在节而安，无所嗟叹，刚柔均而通塞适其宜，故亨。

《象》曰：安节之亨，承上道也。

方以柔节刚，而上有九五刚中之主以节己；四能承之，则阴阳正均，而行之亨矣。

九五，甘节，吉，往有尚。

自四以下，刚柔既分而有节，九五以刚健中正之主，议道自己，而节阴之不足，以制为中道，合乎理，顺乎情，物之所甘也。以此而往，宜为天下之所尊信矣。

《象》曰：甘节之吉，居位中也。

以中道而居天位，创制立法，而天下悦服。

上六，苦节，贞凶，悔亡。

五以中道为节，而物情甘之，不可损也。上犹以为过，而裁抑之以人情之所不堪，虽无淫泆之过，可谓贞矣，而违物以行其俭固之志，凶道也。然而"悔亡"者，天下之悔皆生于侈汰，自处约，则虽凶而无耻辱。

《象》曰："苦节贞凶"，其道穷也。

节之为道，唯贤者可就，不肖者可企及，则亨。俭过则咨，物所不顺，故穷。

# 中孚

```
━━ ━━
━━━━━   巽上
━━━━━
━━ ━━   兑下
```

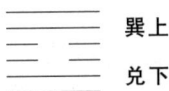

中孚。豚鱼吉。利涉大川，利贞。

"中"，内也。"孚"，信也，感也。卦画二阴在内，不得中，而三为躁爻，四为疑地，相聚而异志，既有不相信之势，而失中无权，志且不平；然而安处于内，静顺以不与阳争，则其信阳也至，而阳之感之者深也。三顺乎二而说，四承乎五而相入，皆虚以听命乎阳，而无疑无竞，是二阴之孚于中也。孚者，阴也；孚之者，得中之阳也。夫欲感异类者，必同类之相信。己志未定，同道不亲，则无望异己者之相洽以化。二抚初，五承上，相与成纯而不杂，迩悦则远安，是以至实之德，内感三、四，而起其敬信以说，故谓之中孚，言阳之能孚阴于中也，而阴之在中者孚矣。"豚鱼"，阴物，谓三、四也。二、五以中正之德施信于三、四，而三、四相感以和顺于内，受其吉矣。"利涉大川"，《彖传》之释备矣。"利贞"者，施信以感物，物蒙其利，刚中以孚阴于内而不自失，则贞。有其利贞之德，故涉险能利，而所孚者皆受其吉也。

《彖》曰：中孚，柔在内而刚得中，说而巽，孚乃化邦也。

> 说，弋雪反。

成乎巽者六三，成乎兑者六四；阴效说而顺以入，阴化而和矣。唯二、五刚中，以道相孚，故阴乐受其化。阴为国土、为民，故曰"邦"。孚，信也，而谓之化者，朱子谓如鸟孚乳之象，诚笃以覆翼，则如期而化生。

"豚鱼吉"，信及豚鱼也。

"及"，相逮也。信足以及之，而豚鱼皆信。感以实，则以实应。

"利涉大川"，乘木舟虚也。

"乘木"，泽载木也。"舟虚"者，外实中虚，有刳木为舟之象焉。舟之利于涉以中虚，而非外之实以为之闲，则不能成中虚之用。唯四阳在外，左右相均而无隙，故中得以有其虚而受物之载，以经险而利于行。二、五能函二阴，故二阴虚以受感而不窒，亦以明二、五刚中之德，足以致阴之孚也。

中孚以利贞，乃应乎天也。

"天"谓阳也。阳孚之以利物贞固之德，故阴应之。诚者天之道，至诚而不动者，未之有也。

《象》曰：泽上有风，中孚。君子以议狱缓死。

兑为言说，以详论而酌其当；巽风和缓，以俟议之平允。巽命以施泽于下，宽道也。然缓之以详议，使无冤而已，非纵有罪以亏法也。缓之，议之，信诸心而后杀之，则虽死不怨矣。《大象》之言刑狱者五，圣人慎罚之情至矣，学《易》者可不谨哉！

初九，虞吉，有他不燕。

"虞"，度也，安也。阴之连类以居于内，非初所可遽感者。初潜处于下，内度之己，唯守其刚正，以与二相孚而安，故吉。"他"谓四。"燕"亦安也。言虽有相应之四，亦非其所安，而独与二合德也。中孚以纯而不杂为美，然唯初静处而无欲感之情，则吉；上已亢而不相感，则又过矣。初承二而上乘五，故初孚二，而上不能孚五。

《象》曰："初九虞吉"，志未变也。

虽无感阴之情，而亦无乖违之志，审度以求安，而听二之来感；不求速合者，不至于离，故吉。

九二，鸣鹤在阴，其子和之。我有好爵，吾与尔靡之。

和，胡卧反。靡与縻通，忙皮反。好，呼报反。

"鹤"，高洁之鸟，阳之象也。"阴"，林荫之下。二虽居中，而在下卦，故为阴。"子"谓初九。两俱阳，而初承二，故为"子"。"好爵"，可好之爵，谓六三与二相比，而奉二为主以尊贵之。"吾"，二自谓。"尔"，谓初也。"靡"，系属之也。二刚中，而欲以诚感六三，聊为兑体，以相和好，得同道之初九与相倡和，乃劝之偕合于三，以縻系而聊属之，使相孚化。盖唯其为鹤之鸣，故能下合乎初而上感乎三。不然，初之不轻燕，三之无定情，岂易孚者乎！

《象》曰："其子和之"，中心愿也。

以诚感者，故以诚应。但释初之和，不释三之靡，三柔易感而初刚难燕也。

六三，得敌，或鼓或罢，或泣或歌。

阴之为性，虽同类而必疑。四与三比，本无相敌之情，而三为躁进之爻，与四异体而不亲，见为敌也，甫相得而即相猜。"鼓"，进而攻之；四不与竞，乃"罢"。既诎于四而不得进，则"泣"。已而为二、五之刚，以正相感，则抑洽比于四，而悦以"歌"。无恒之情不易孚，殆豚鱼耳。而终为刚中所縻系而保其信，无恒者且孚焉。九二之德盛矣哉！

《象》曰："或鼓或罢"，位不当也。

柔居刚位，躁而不宁，无定情而不易感也。

六四，月几望，马匹亡，无咎。

月以承日之施为明，阴阳相感之正者也。六四承五之孚而顺受之，柔得其位，"月几望"之象。阴为阳所孚，至矣。两马为"匹"，谓四匹三也。阴党盛则与阳亢。四柔退而不与三同其躁忌，"马匹亡"矣。阴孚于内，中孚之道也。与三异尚，疑于有咎，而正以消三之猜狠，使久而自化，复何咎乎！

《象》曰："马匹亡"，绝类上也。

"类"谓三；"上"谓上孚于五。绝三以孚于五，破小群而惇大信，感应之正，故无咎。

九五，有孚挛如，无咎。

五刚中居尊，可以为上之主，而孚于同，以感于异者也。虽上亢而不受其孚，而五之诚信已至，足以挛系乎四而使之安，故无咎。三、四非乘权之中位，阴之情岂能晏然处之而不争哉？二靡之，五挛之，乃以感异类而说以巽。乃二得初之承，而五不能平上之亢，则二易而五难。孚异尚易，而孚同愈难。伊川不能得之于苏氏，赵鼎不能得之于张浚，亦自处于无咎而可耳。

《象》曰："有孚挛如"，位正当也。

唯其位之正当，故上不能不与之孚，而四有"挛如"之固结也。

上九，翰音登于天，贞凶。

鸡曰"翰音"，以其鸣有信也。上九刚德，非无信者。然亢而居高，自信而不下比于五，以孚于阴，则不自量其刚之不中，尚小信而抗志绝物。鸡之高飞，能几何哉？以其刚而不靡也，可谓之贞。然亦匹夫匹妇之谅耳，凶必及之。

《象》曰："翰音登于天"，何可长也！

飞甫起而即坠矣。远于阴则不足以孚，又不能下顺乎五，是绝物也。一试而颠越，所必然矣。

# 小过

```
☳ 震上
☶ 艮下
```

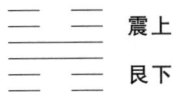

小过。亨利贞。可小事，不可大事。飞鸟遗之音，不宜上，宜下，大吉。

遗，唯季反。

二、五者，中位而为卦之主也。小过之卦画，阴皆据之，又得初、上二阴以为羽翼，而以三、四进退危疑之地，处阳而锢之于内，阴之逾其涯量者甚矣，故曰小过。乃过之为辞，非恶也，非罪也，则与否、剥之消阳者异。盖阳虽势微失中，而犹处乎内，未尝如剥之削而孤、否之摈而之外也。柔得中，未尝溢也；自上覆之，自下承之，将谓护阳而保之，而势极于甚，遂轶其常度，非其罪也，故可以亨。阳在内，而阴函之，以柔道行焉，亦可以利物而不失其正。然阴之为道，柔弱曲谨，而不能胜大任，故可小而不可大。

乃圣人于此，寓扶阳抑阴之深意，故申之曰"飞鸟遗之音，不宜上"也，"宜下"则"大吉"也。鸟飞则翼竦上而躯垂下，翼凭虚而躯载实。翼载躯以飞，躯其本也。四阴，两翼之象；三、四，其躯也。"遗之音"者，躯之能事也。阴体灵而用达于远。音者，鸟之灵而以宣其意者也。音下则声闻于人间，上则无闻焉。鸟翼竦而上，音与俱上；躯睥睨而视下，音与俱下。"不宜上"者，躯为翼用也，阴恃其过以挟阳而上也。"宜下"者，翼随躯降也，阳虽不及，能敛阴以趋乎实也。三、四虽失中而处内，一止一动，皆其所主；阴虽过，可使戢其飞扬之志，以顺刚而行，则大吉矣。夫失中之刚，岂能遽戢阴之拼飞哉！而圣人曰阳固有可藉之资，犹有可为之时，小虽过，何尝不可大吉乎！人欲行，不足以害天，则好货好色而可以王。君子存，犹足以制小人，故汲黯在廷而淮南惮，裴度得用而承宗服。"大吉"者，终在阳而不在阴，阴之过未足以为阳忧也。呜呼！此圣人扶抑阴阳之微权也。抑唯阴非固恶，阳犹足以大吉，而异于否、剥之必凶也。

《彖》曰：小过，小者过而亨也。过以利贞，与时行也。

夫阴固不足以匹阳之德，然亦孰非造化必有之实、太和固有之撰，可以通万物之志，与之利而得其定体之正哉！时而乘权，则秋冬有敷荣之草木，阴雨有中节之正候，不妨于过，而未尝不亨以利贞也，唯其时而已矣。含阳于内，载之以行，则当过之时而道存焉，可有此三德，特不足者元尔。

柔得中，是以小事吉也。刚失位而不中，是以不可大事也。

柔可以胜小，而大事非刚不能任。失位不中，虽刚不能有为矣。

有飞鸟之象焉。"飞鸟遗之音，不宜上，宜下大吉"，上逆而下顺也。

三、四象鸟躯；四阴在旁，其翼也。躯从翼以上，阳为阴所挟而从之往，阴亢而不顺阳，逆也，初、上以之。翼从躯以下，阴不挟阳而从阳，阳居内以制外，顺也，二、五比于三、四以之。然九三有"或戕之凶"，以九三妄动，不能居重以御轻也。

《象》曰：山上有雷，小过。君子以行过乎恭，丧过乎哀，用过乎俭。

行，下孟反。

雷在山上，不能击动地中，而上入乎空，则阴气凝聚而盛矣。小过，阴之过也。阳亢阴恭，阳乐阴哀，阳丰阴俭。君子之道有过用夫阴者，唯此三者尔。不溺于怠惰，不靡于嗜欲，不流于惨杀，则皆阳以胜阴而不失过也。

初六，飞鸟以凶。

初、上在外，张翼欲飞之象。阴盛而偕二、五以翔，逆理而行，害及天下，故凶。"以"者，谓以飞故凶。

《象》曰："飞鸟以凶"，不可如何也。

明非飞鸟之凶，而遇之者凶也。妻挟夫，臣挟君，夷狄挟中国，不可复制，示占者宜早为之防。

六二，过其祖，遇其妣；不及其君，遇其臣，无咎。

五、上以阴居天位，有鬼神之道焉，故为"祖"、"妣"。上，祖也；五，妣也。"过其祖"，六二柔当位得中，较上为胜。与五同道"遇其妣"也。阳为君，阴为臣。二非刚中，于君道为"不及"，而柔顺当位，于臣道为得，"遇其臣"也。小过以阴过为咎，唯二以柔自靖，为可以无咎。

《象》曰："不及其君"，臣不可过也。

臣不可以君道自居，安于不及而柔顺，则当过之世而无咎。

九三，弗过防之，从或戕之，凶。

阴过则阳不及矣，故曰"弗过"。以其不能过也，而为二阴所迫，乃欲防而止之，志大而力不足，阴受其止，从而戕之矣。苌弘之所以死于晋也。言"或"者，二柔顺而初逆，祸自远发也。

《象》曰："从或戕之"，凶如何也！

道不足而志可矜，故重为之叹。

九四，无咎。弗过遇之，往厉必戒。勿用，永贞。

当阴过于盛之世，阳宜静处于内以待其定。三刚而躁进，以与阴相持，故或戕之。四以刚居柔，守正而不争，故无咎。以其不能过也，而上承六五以与之遇，庶几抚之使顺。然五且居尊拥盛，而未即合，则往且危而不容不戒，能戒则免于危矣。戒而后免于危，抑岂可以轻试图功乎！"勿用"焉，乃以永保其正。盖求胜不能，求合不易，自守以免咎。处于不足之势者，其道然也。

《象》曰："弗过遇之"，位不当也。"往厉必戒"，终不可长也。

阳失其位而屈于阴下，不得已而遇，非其情也。阴已过而不相下，虽与之遇，交终不固，故唯勿用为正。

六五，密云不雨，自我西郊。公弋取彼在穴。

以阴暗居天位，凝而不散，四虽欲与遇，终不可得而和也。阴阳和则雨；阴亢而不受交于阳，云虽密，不能雨也。四近尊位，其象为三公。六五据位深处，在穴之象。四欲遇五，而不能得，如弋本以射飞鸟，而施之于穴，固不能入，盖终无如之何也。阴邪盛而志士徒劳，故为四重叹之。

《象》曰："密云不雨"，已上也。

阴已据上位，任其蔽塞重昏而无如之何。

上六，弗遇过之，飞鸟离之，凶，是谓灾眚。

"离"，丽也，当也。水旱曰"灾"，薄蚀曰"眚"。"弗遇"，终绝阳而不相下也。"过之"，势已过而又自骄亢以求胜也。此则鸟飞而上，逆之极也。遇之者，其凶甚矣，"是谓灾眚"，言其为害之遍，自天降灾，无可避也。

《象》曰："弗遇过之"，已亢也。

翱翔天位之上，肆志以逞，故害及天下。

# 既济

```
☵ 坎上
☲ 离下
```

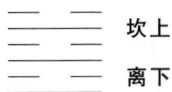

既济。亨，小利贞，初吉终乱。

"既"者，已然之迹者也。"济"者，成也；如人涉水，已涉而事乃成也。《周易》乾坤并建，以终统全《易》；阴阳之至足，健顺之至纯，太极本然之体也，而用行乎其间矣。乾以易而知险，坤以简而知阻，阴阳不杂，自絪缊以成化；天下之物、天下之事、天下之情，得失吉凶，赅而存焉，而不忧物变事机之或轶乎其外。乃就一时一事而言之，大化无心，而听其适然之遇。遇之适然者，在天皆可成象，在地皆可成形，在物皆有其理，在人皆有其情，多寡盈虚、进退衰王迭相乘而卦象以昭，物理以定。故自屯、蒙以降，错之综之，物之所必有也，占之所必遇也。君子观象以达化，而学术、事功、出处，所可得而学也。然而造化之妙，以不测为神；阴阳之用，以杂而不离乎纯者为正。故象虽诡异，而道以不限于方所者为无穷之大用。其曰"一阴一阳之谓道"者，阴阳十二皆备，唯其所用之谓也，非一阴而即间以一阳，一阳而即杂以一阴，一受其成型，终古而不易之谓也。经之纬之，升之降之，合之离之，而阴阳之不以相间相杂，画井分疆，为已然之成迹，则乾坤易简之至德，固非人事排比位置之所能与矣。

以化象言之，乾坤六子之性情功效，所殊异而交争者，莫水火若也。乃当二仪函五行以絪缊于两间，则固不可以迹求，不可以情辨，不可以用分，不可以名纪。迨其已成，而水与火遂判为两物而不相得，然其中自有互相入而不相害之精理存焉。其终也，火息水暵，而仍归于太和。若其一炎一寒、一润一燥、一上一下者，皆形而下之器，滞于用而将消者也。由此言之，则既济、未济为人事已谢之陈迹、而非乾元乘龙、坤元行地之变化，明矣。自不知道者言之，则曰爻有奇偶之定位，而刚柔各当其位，贞悔各奠其中，初与四，二与五，上与三，各应以正，乾坤之变化，至此而大定，而不知此有形之刚柔同异，不足与于不测之神也。

且夫一阴也而即授以一阳，一阳也而即授以一阴，志无定主，道无适从，执中而无权，贤奸各据其安，理欲交战于内，生杀不适有常，以诡合于情事之苟安而谢其愆，以迹相倡和而情相乖忤，杂而不伦，主辅体用之不立，以斯为道，天可以人之智能限之，人可以己之成法处之，而恶能不终于乱哉！无已，则阴之怀土而自私者，与阳分权而利得其所，以行焉而自遂，则"亨"者，"小"之亨焉耳，若阳则固不利有此相参相伍之阴柔与之相应也。故虽当位以正应，而非阳刚保泰持盈之福。故既济者，阴之济也；未济者，阴之未济也。阳不以既济居成功，不以未济求必济；《彖》与《爻》皆主阴而言；二卦皆小人之道，衰世之象也。

阴乘阳而上，以踞于至高之位，则为既济。阴处阳下，阳利其行而不安，则为未济。刚居刚，柔居柔，任其情之所安而据以不迁，阳昵阴而阴感阳，以为交应，则为既济。刚柔相济，易位以求通，则相应而固相合之道则为未济。故曰："济者成也。"成乎得者恒于斯，成乎失者恒于斯；其得也，失也；其未尽得也，犹未尽失也。故未济之爻，贤于既济也。

既济者，天无其化，人无其事，物无其理。天之化，人之事，物之理，虽杂而必有纯也。至杂而不纯，唯大乱之世，无恒之小人以售其意欲，故所亨者唯小也，阴无不乘刚而出其上也。夫六位之分刚分柔，岂非义之必合而为阴阳之正哉？故可谓之"利贞"；而要未闻刚以居刚，柔以居柔，情不相得，势不相下者之可久居也。"初吉"者，如涉者之乍登于涯，自幸其济，而不恤前途之险阻。贞邪互相持以不相下，其为大乱之道，岂顾问哉！故曰："亨小利贞，初吉终乱。"乱非待既济之后；当其求济，而乱已萌生矣。

《彖》曰："既济亨"，小者亨也。

《本义》云："济下脱'小'字。"然不必言小，而下句申明之，自通。既济"之亨"，唯小者亨耳。阴阳各当其位，贞邪各快其志，而相应不相制，则阴之得志可知。

“利贞”，刚柔正而位当也。

以常理言之，则利贞。

“初吉”，柔得中也。

六二柔当位得中，尚安于其分而不淫。

终止则乱，其道穷也。

刚柔各止其所，以相杂而不相治。刚已刚而刚道穷，柔已柔而柔道亦穷；唯其情之所安，势之所便，各逞其志欲，而大乱成矣。非之无举，刺之无刺，涂饰耳目，而执中无权，谓之乱德。

《象》曰：水在火上，既济。君子以思患而预防之。

水在火上，其中必有载水而间火者，所以防水之下注而灭火。君子有中道，以预为调变之防，如火可上达其气于水，以成变热之用，而止争相轧灭之患，盖以载之之道济之也。

初九，曳其轮，濡其尾，无咎。

二欲升，而初以阳刚静镇于下，制之不行，“曳其轮”也。初曳之则二之尾濡而不得济，故虽为柔所乘而无咎，此奖阳以制阴之辞也。言“濡尾”者，于未济见之，谓狐也。取象于狐者：狐，阴邪之兽，性多疑，而妖媚以与人相乱。阴杂于阳之中则疑；与阳杂处而交应，故能媚，贱阴之辞也。

《象》曰：“曳其轮”，义无咎也。

阴岂可使之济哉！制之不行，君子之义也。

六二，妇丧其茀，勿逐，七日得。

丧，息浪反。

“茀”，车蔽也。二阴柔居中为“妇”。妇人之车有茀，所以蔽容貌而全其幽贞。六二杂于二阳之中，而欲上行以济，无所敬忌，“丧其茀”，则近于乱矣。特以居中而为离明之主，志本光贞，故但戒以勿亟于驰逐，则七日自得，终足以知耻而远嫌。言“七日”者，六位已穷之后，乱定而志白也。

《象》曰：“七日得”，以中道也。

当位则居中而合乎道，故虽处杂乱，而可终保其贞。

九三，高宗伐鬼方，三年克之，小人勿用。

高宗当商道中衰，治乱相半、贞邪相干之时，而奋发中兴，以嘉靖殷邦。九三处明之终，而介于险，以刚居刚，而为进爻，故取象焉。伐鬼方，《诗》所谓"奋伐荆楚"也。楚人尚鬼，故曰鬼方。阳之间于阴也，始而相制，制之不已则相攻。三处二阴之中，阴欲济而阳制之不得，故有征伐之事。前临坎险，《诗》所谓"采入其阻"也。险不易击，故三年而后克。"小人"谓上六，濡首之小人也，与三相应，嫌于相用。功成之后，息劳而骄，则小人易以售其狐媚，故戒之以"勿用"。

《象》曰："三年克之"，惫也。

前阻于险，后复无阳刚以为之援，孤军犯难，力已惫矣。水将下渗而息火，甚可畏也，尚可容小人之相惑乱乎！

六四，繻有衣袽，终日戒。

繻，汝朱反。

"繻"，程子以为当作"濡"，沾湿也。"袽"，敝絮。四居坎体之下，有渗漏沾濡之象。"衣袽"，以塞漏者。以柔居柔，虽有欲济之心，而不敢决于轻进；既有衣袽，而犹"终日戒"，畏谨之至。不言无咎，而自不至乱可知。

《象》曰："终日戒"，有所疑也。

柔退而处二阳之间，进则恐五之不受，退则虑三之见攻，畏谨以持，以视无忌惮之小人，远矣。

九五，东邻杀牛，不如西邻之禴祭，实受其福。

九五介二阴之间，刚中得位，阴所求也。坎之位正北，北以东为上，西为下；上六其"东邻"，六四其"西邻"也。阴欲济，而惮于五之尊严，故皆仰求其相济。四慎而居约，薄祭之象。上盈而僭，太牢之祀也。五择于二者，当以下比乎四为宜。祭而神享之曰"福"。受四之享，于道斯得。东邻汰而濡首，物虽丰而诚不属，绝之可尔。五虽刚中，而贞妄杂进，故戒之使知取舍焉。朱子谓此为文王与纣之事。文王方服事殷而称邻，又以受福自矜，文王之至德，周公其忍重诬之乎！

《象》曰："东邻杀牛"，不如西邻之时也。"实受其福"，吉大来也。

"禴祭"，夏祀。以"时"举者，俭而有节之谓。"吉大来"者，锡福于四，人神交绥。四之慎于济，吉道也，乃于四不言吉，而于此言之，四之畏谨，无徼福之心也。

上六，濡其首，厉。

阴亢居上，恃得位得应而猛于济，水淹其顶而不恤，危矣哉！阴之亨至此而极，阴之乱至此而不可弭矣。阴阳相杂，各安其所，而变化之道穷。过此而无可为者，则唯挠乱以成乎未济；阴阳向背十二位，自然之理数也。

《象》曰："濡其首厉"，何可久也！

天下无有各据其所安之位，相杂相合而可久者。"濡其首"，则耳无所闻，目无所见，不知物变之至，阴且消，而阳亦失其位矣。

# 未济

```
══ ══    离上
══ ══
══ ══    坎下
```

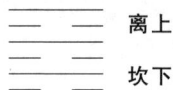

未济。亨，小狐汔济，濡其尾，无攸利。

"未济"，阴未济也。阴起于初，进于三，跻于五，俱失其位，为阳所覆，而不得达于上，故未济也。以离、坎言之，火炎上，而已上则散；水流下，而已下则涸，各遂其情而不相为用，则火与水皆不足以成化，亦未济也。

阴未济而阳上达，阴不能掩，乃不言阳之济，而言阴未济；三阴失位三阳亦失，抑不言阳未济，而但言阴。盖阳气之流行，上穷碧霄，下彻黄垆，无往而非其体之所在，无往而非其用之所行；天包地外，亦入地中，升降出入，行焉而皆得，化焉而皆成，故曰"时乘六龙以御天"。若阴之升而成功于两间，非阳袭其内以震起之，则凝滞而不足以资变蕃之生。阳覆于上，不为鼓荡以升，而阴不济矣。故既济、未济，皆以阴道之成毁言，而阳不与焉。

"亨"者，阴之亨也。阴得中，而丽乎刚以为明，故亨。既亨矣，而又云"小狐汔济，濡其尾，无攸利"者，得位而居则亨，欲行焉则无利也。未济三阳皆失位矣，阴阳相间而阳道穷，然而阳失位而阴亦不得，则阴之不利未足以为病。故拟之以小狐濡尾，若有幸辞焉。狐者，淫惑之兽也，杂处以交于人，而更利于济，则为人道之患。故于其丽于明也，则迪之以君子之道而许其亨；于其弱而无力，狂而妄逞，则明告以凶咎而止其噁；《易》之所以曲为裁成也。

呜呼！既济、未济之世，难矣哉！非人事之有此也，气数然也。天下岂有旦善而夕恶，左君子而右小人者哉！亦岂有刑与赏相参以成治，欲与理相错以成德者哉！既济之世，已成乎杂糅之局，而据为得；未济之世，未成其各得之利，而犹有所忧疑，则未济愈矣。小狐濡尾而无攸利，未始非阳之利也。《易》以二卦终，则以见阴阳之交感以成乎杂乱，其变之极，且至于如此；险阻之极至，非乾坤之易简，莫能知其变而定之以大常也。

《象》曰："未济亨"，柔得中也。

六五得中，柔道亨矣。虚中以受阳，承刚而丽之以明，未济之愈于既济以此。故既济言"亨小"，而未济言"亨"。柔道得，则刚志亦行。

"小狐汔济"，未出中也。

合三阴而谓之"小狐"，以其秉阳之间而居其位也。"未出中"者，欲上济而止于五，未达乎上也。阳位极于五，阴位极于上。上者，阴之尊位也。"汔"者，将至未至之辞。阴不达上，仅至于五，故为"汔济"。

"濡其尾无攸利"，不续终也。

三躁进，五居尊，初乃滞于下，不能相继以上升，阴之不利也。

虽不当位，刚柔应也。

既济亦刚柔应，而独于未济言之者，既济当位，则刚以居刚，柔以居柔，各擅其所利而恣其情之所安，则虽应而志不相下。未济不当位，以刚居柔，以柔居刚，刚者不傲，可以交阴而不骄，柔者不靡，可以交阳而不吝，宽猛相剂，刑赏相资，温厉相节，则以感焉而通，故五、上皆言"有孚"，以柔之有刚，刚之有柔也。在他卦则固以当位而应者为亨利，而此二卦异焉。阴阳杂而相间，各有时位之可据，则易以起疑，貌合而情不亲，固异于他卦之纯焉而无互竞之情也。不当位而应以无疑，故未济六爻皆愈于既济。

《象》曰：火在水上，未济。君子以慎辨物居方。

"居方"者，随物之性情功效，而处之以其所安，各居其分位，不相紊也。慎于辨，则知之明；慎于居，则处之当矣。火本上，水本下，不相济也。置水火上，以成熟变之功，而患亦随之，既济所以必防。辨之明，而使各居其所，虽未有功，自可无过。盖天下之物，一物自为一物，贞淫美恶，本不相杂。知其异，乃可统其同，而水火之争以息，不可不慎也。

初六，濡其尾，吝。

柔弱在下，欲济而不能，故有此象。《象》言"无攸利"者，统三阴而言也。此言"吝"者，为初六一爻言也。初无求利之心，利亦违之，为吝而已。

《象》曰："濡其尾"，亦不知极也。

"极"如《诗》"谁因谁极"之极。初为上二阴所引而欲济，以至于濡，所托非其人，柔而暗也。

九二，曳其轮，贞吉。

柔欲济，而二以刚中止之，初是以有濡尾之吝。裁阴而不使得志，得正而吉矣。

《象》曰：九二贞吉，中以行正也。

刚不当位，本非正也。居中而不过，以刚处柔，而善其闲勒，则中以得正矣。阴阳之相间，阴起乎下以上进，未易禁其淫泆，而初六卑柔，则犹可禁止。道宜刚断以裁抑之，而又不欲过激。二唯刚柔相剂，而以中道行之，故处于二阴之间，而不为其所忌。奚必大正以相治，而后得为贞乎！

六三，未济征凶，利涉大川。

三为进爻，乘险而上进，力弱而志刚，以之行焉，其凶必矣。然而"利涉大川"者，当险难之极，无必全之道。不顾利害而求上承乎刚，宁武子以之。至于此，则吉凶非其所谋，无可避之患也。凶而云"利"者，可益见《易》之言利，皆以合义利物为利，而非如《火珠林》之类，以快志而得财，为小人所喻之利也。

《象》曰："未济征凶"，位不当也。

位不当而欲上进则必凶。未济之位皆不当，独于此言之，以其志可取而穷于时也。

九四，贞吉悔亡。震用伐鬼方，三年有赏于大国。

以刚居柔，当阴阳交持之世而不失其正者也，故不当位，本有"悔"而可以"亡"。"震"，动而不宁之谓。居二阴之间，不能宁处，则必有征伐之事。"伐鬼方"，下临坎险而治之也。刚柔有节，兴师而不暴，则克之虽难，而功成受赏矣。"大国"，谓主兵者非奉五之命，故赏非天子颁之。

《象》曰："贞吉悔亡"，志行也。

阴之未济，阳志得行，刚柔得宜，不忧阴之凭险以相难矣。

六五，贞吉无悔，君子之光。有孚，吉。

以柔居刚而履中，未出乎中而不求上进，安其位而知止，故得正以吉，而固无悔。处阴阳交杂之世，独能虚中以丽乎二阳，而著其文明，虽非大人之造，而允为"君子之光"。"君子"者，以位言，则守成而不徼功之令主；以德言，则希圣而不躐等之纯儒。以是而孚于阳，虽用异而志同，阴之以不求济而得吉者也。凡言孚者，皆阴与阴遇，阳与阳合，此与上九独别，以其位言也。《易》之不可为典要，辞亦有之，存乎人之善通耳。

《象》曰："君子之光"，其晖吉也。

"晖"，光之散于虚而遥被于物者。五之有光，二阳发之，故其吉在晖。资阳为德而不自求成，所谓"鲁无君子，斯焉取斯"也。

上九，有孚于饮酒，无咎。濡其首，有孚失是。

上九以刚居柔，故与三相得，而不拒其求济之情，遂相信以交欢，固非咎也。乃阴之为性，不可与耽者也。处阴阳交杂之时，志易以淫。若以居高而无位之故，失其所守，不能如二之"曳轮"、四之下伐，以相裁抑，则将为六三所染而"濡其首"；其有孚也，正其所以失乎"是"也。"是"者，当其可之谓。

《象》曰：饮酒濡首，亦不知节也。

以刚节柔，故与三宴好而无损。乃以两俱失位之故，遂相与放逸而淫溺，则且自失节，何以节彼哉！君子虽当时不可为，犹不忘正大之矩，与臣言忠，与子言孝，虽混迹卜肆，自有名教在我之责存于心；柳下惠和而不易其介，无往而非道，亦何至有"濡首"之辱哉！

# 周易内传卷五上

## 系辞上传 <small>起第一章讫第七章</small>

　　伏羲之始画卦也，即阴阳升降、多寡隐见，而得失是非形焉。其占简，其理备矣。后圣因之，若《连山》，若《归藏》，皆引伸画象之理而为之辞，使民晓然于吉凶之异，以遵道而迪吉。至于文王，益求诸天人性命之原，而见天下之物、天下之事、天下之变，一本于太极阴阳动静之几，贞邪、诚妄、兴衰、利害、皆刚柔六位交错固然之理，乃易其序，以乾坤并建为之统宗，而错综以成六十四卦，举万变之必形者可以约言而该其义，则《周易》之《彖辞》所由折衷往圣而不可易也。周公复因卦中六位阴阳之动而为之《象辞》，则以明一时一事之相值，各有至精允协之义，为天所祸福于人、人所自蹈于吉凶之定理，莫不于爻之动几显著焉。《彖》与《象》皆系乎卦而以相引伸，故曰《系辞》。"系"云者，数以生画，画积而象成，象成而德著，德立而义起，义可喻而以辞达之，相为属系而不相离，故无数外之象，无象外之辞，辞者即理数之藏也。而王弼曰"得意忘言，得言忘象"，不亦舛乎！

　　顾自《连山》以后，卜筮之官各以所授受之师说而增益之，为之繇辞者不一，如《春秋传》所记，附会支离，或偶验于一时，而要不当于天人性命之理。流及后世，如焦赣、关朗之书，其私智窥测象数而为之辞，以待占者，类有吉凶而无得失。下逮《火珠林》之小技，贪夫、淫女、讼魁、盗帅，皆得以猥鄙悖逆之谋，取决于《易》，则唯辞不系于理数甚深之藏，而又旁引支干、五行、鬼神、妖妄[①]以相

---

　　① 如青龙、朱雀之类，妖妄也。

乱。若夫文王、周公所系之辞，皆人事也，即皆天道也；皆物变也，即皆圣学也；皆祸福也，即皆善恶也。其辞费，其旨隐，藏之于用，显之以仁，通吉凶得失于一贯，而帝王经世、君子穷理以尽性之道，率于此而上达其原。夫子虑学《易》者逐于占《象》而昧其所以然之理，故为之《传》以发明之，即占也，即学也，即以知命而不忧，即以立命而不贰。其以喻斯人于人道之所自立，而贞乎死生休咎之大常，意深切矣。而传《易》者或谓但为筮设，其因象立辞，不过如《火珠林》之卦影，为学者所不必学，则夫子作《传》，又何为而加以《象》外之理乎？此通儒之蔽，不可不辨者也。分上、下《传》者，因简策之繁而各编之耳，非义所系也。

天尊地卑，乾坤定矣。卑高以陈，贵贱位矣。动静有常，刚柔断矣。方以类聚，物以群分，吉凶生矣。在天成象，在地成形，变化见矣。

断，丁乱反。见，胡甸反。

此明《周易》并建乾坤，以统六子，而为五十六卦之父母；在天之化，在人之理，皆所由生，道无以易，而君子之盛德大业，要不外乎此也。

乾者阳气之舒，天之所以运行。坤者阴气之凝，地之所以翕受。天地，一诚无妄之至德，生化之主宰也。乃乾行不息于无声无臭之中，坤受无疆而资不测之生，其用至费，而用之也隐，人不可得而见焉，则于"天尊地卑"而得其定性之必然矣。唯其健，故浑沦无际，函地于中而统之，虽至清至虚，而有形有质者皆其所役使，是以尊而无尚；唯其顺，故虽坚凝有实体之可凭，而静听无形之抟挽，不自擅而唯其所变化，是以卑而不违；则于尊卑之职分，而健顺之德著矣。此言奇偶之画，函三于一，纯乎奇而为六阳之卦，以成乎至健；于三得二，纯乎偶而为六阴之卦，以成乎大顺。奇偶至纯而至足于两间，故乾坤并建而统《易》，其象然，其数然，其德然，卦画之所设，乃固然之大用也。

变"尊"言"高"者，"尊卑"以司化之用言，"卑高"以定体之位言也。天高地下，人生其中，三极昭然，因而重之，以为六位；天之所显示，地之所明陈，人之所仰事而俯承者，著矣。高者贵，卑者贱，故六位设而君臣之分、隐见之殊、功效之各营，虽无典要，而有定位。此言《易》设位以载九六之画，为自然之定体也。

位有阴阳，而有体必有用。三、四者，进退之机；二、五者，主辅之别；初、上者，消长之时；皆有常也。而爻有刚柔，刚与阳协，柔与阴称，或相得而宜，或相剂而和，则刚柔之得失于此断矣。此言爻丽于位，而刚柔之致用，当与不当之分也。

"方"者位也。贞、悔各有三位，而初四、二五、三上，以类相应，其近而相比者，以类相孚，交相聚也。"物"者爻也。爻之刚柔，各自为群，而性情分焉。同群者孚，异群者应，如其道则吉，非其道则凶。若以阴阳之本体俱为天地之大用，何吉何凶？而一聚一分，则得失差异，是以吉凶生焉。此言爻位有比有应，有承有乘，因时而生吉凶也。

凡此者，乾坤二卦统六阳六阴于六位之中，健顺之理备，贵贱之位陈，刚柔之节定，孚应之情通，两仪并建，全《易》之理，吉凶得失之故，已全具其体用，则由此而变化焉，又岂圣人之故为损益推荡以立象哉！唯乾统天，而天有以行其命令于地者，则雷、风、日、月成乎象。唯坤行地，而地有以效功能于天者，则水、火、山、泽成乎形。天不终于无形，地固成乎有象。乾之所始而流形，坤之所生而化光者，变化自著于两间，六阳六阴往来于向背十二位之中，而发见于六位，交相错以利时乘之用。阳之变，阴之化，皆自然必有之功效，故六子兴焉，以为六十二卦之权舆，而《易》道备矣。

是故刚柔相摩，八卦相荡。

"摩"者，两相循也。"荡"者，交相动也。唯其乾坤并建，六阳六阴各处于至足以储用，而十二位之半隐而半见，唯见者为形象之可用者也。在天则十二次之经星迭出迭没，在地则百昌之生成迭荣迭悴，在人物则灵蠢动植、圣狂义利、君臣治乱之分体而各乘其时，所发见而利用者，约略得其六耳。以十二至足之阴阳，往来于六位之中，相错以进退，刚利柔之受，柔倚刚以安，乍然有合而相摩荡，则纯阳而为乾，纯阴而为坤，阴阳相杂而为六子，皆自然必有之化，要非乾坤之至足，亦恶能摩荡以成八卦之经纬，而起六十四卦哉！

鼓之以雷霆，润之以风雨。日月运行，一寒一暑。乾道成男，坤道成女。

此皆其相摩相荡所变化之形象也。阳下起而鼓动乎阴，成雷霆之象而为震；阴入阳下，而散阳之亢以使和浃，成风雨之象而为巽；阴阳交相映相函以相运，则成日月寒暑相易之形象而为坎、离；乾以刚而致其奇于耦中，阴以柔而致其耦于奇内，则成男女之形而为艮、兑；皆形象之固有，而《易》于六位之中，备其各成之变化，既鼓既润，既运既成，则由是以变化无方，以生五十六卦，皆此至足之健顺不容已于摩荡者为之也。此《周易》之穷理达化，所以极其至而立义精也。

巽兼言"雨"者，阴泽下流，亦雨象也。日南则寒，北则暑。月虽二十七日有奇，周于九道，而冬至之月恒在夏至之黄道，夏至之月恒在冬至之黄道，月南则暑，月北则寒矣。艮兑不言山泽，言男女者，山陵为牡，溪谷为牝也。

此上言天地自然之化，以下则推原于乾坤健顺之德，明其所以起万化而统全《易》之理，乃终以希圣希天之学，示学《易》者于乾坤并建而得崇德广业之枢要，此此章之次序也。

乾知大始，坤作成物。

夫人知天之大始而不知始之者，唯乾以知之；人知地之成物而不知成之者，唯坤以作之。故乾曰"大明终始"，坤曰"行地无疆"。然则苟有乾之知皆可以始，苟有坤之作皆可以成。而非至健，则明不出于一颍，而无以豫万变；非至顺，则道隐于小成，而无以善永终。故以在人之知行言之：闻见之知不如心之所喻，心之所喻不如身之所亲；行焉而与不齐之化遇，则其诉拒之情、顺逆之势、盈虚之数，皆熟尝之而不惊其变，行之不息，知之已全也。故唯乾之健行而后其"知"为"大始"也。志之所作不如理之所放，理之所放唯其志之能顺；气动而随，相因而效，则无凝滞之情，而顺道之所宜以尽事物之应得，勉焉而无所强，为焉而不自用，顺之至，作之无倦也。故唯坤之顺承而后其"作成物"也。乾坤者，在天地为自然之德，而天之气在人，气畅而知通，气馁而知亦无觉；地之理在人，耳目口体从心知，心知之所不至，耳目口体无以见功，皆此理也。六十四卦之象，其德有知者，皆乾之为也；有作者，皆坤之为也。其或知之非实、作之非道者，则阴阳之愆，而要亦未始非刚柔固有之几所发，而但其时位之不齐耳。"知大始"，"作成物"，则全《易》皆在其中矣。

乾以易知，坤以简能。

易，以豉反，下同。

此言乾坤者，指二卦之全体而言也。变"作"言"能"者，知作，其功；知能，其效也。在知曰"易"，理有难易；在能曰"简"，事有繁简；其为纯一而无间杂之义则同也，谓纯阳纯阴，道唯一而无事于更端也。二卦并建，以统变化，在乾唯健，在坤唯顺，疑不足以尽万变。乃天下之理，虽甚深而不易测，然唯有所怠废者则有所疑惑。纯乎健而自强不息，则无所凝滞，而吉凶消长自可旁通其数；抑唯矫物立意，则势穷而阻。纯乎顺而承天时行，则无所阻，而悔吝忧虞皆曲尽其材。在天地，则不劳而造物之功化无以御。其在人，则知行皆一以贯而道无多歧。此乾坤二卦虽未备六十二卦之变，而已裕其理也。

易则易知，简则易从；易知则有亲，易从则有功；有亲则可久，有功则可大。

有天地，则雷风，寒暑、山泽虽殊象异形，皆有其常，无所容其疑殆而不能离；动植飞潜，各率其情材以自效而奏其功。古今不易，而小大不遗，天道之纯为之也。在人则心纯而理一，天下归其仁，万方效其顺，安于其教而德不谖，劝于其善而道以广，皆此至健不息、至顺无违之德为之也。

可久则贤人之德，可大则贤人之业。

"贤人"，贤于人者，盖亦谓希天之圣人也。德不敫而业皆成，其所以致此者，知行而已矣。知则乾之大明，以无欲不屈之刚，烛乎万理者也。行则坤之通理，以顺事恕施之柔，不杂私僻者也。乾坤之德，人生而性皆具，有气皆可清通，有质皆可效法，而唯贤人能全体之。故时皆其时，位皆其位，行乎险阻，而德业贞于一，以易简应繁难，而不忧道之或诎也。

易简而天下之理得矣，天下之理得而成位乎其中矣。

此言学《易》者能体乾坤之易简，则理穷性尽，而与天地合德也。知无不明，则纯乾矣；行无不当，则纯坤矣。以之随时变化，唯所利用，而裁成辅相之功著焉，则与天地参。故《周易》并建乾坤十二位之阴阳，以听出入进退，成六十四卦、三百八十四爻之象占，所以尽天道，昭人极，为圣学合天之轨则，位有异，时有殊，而无九六以外有余不足之数得参焉。斯以冒天下之道，而非《连山》《归藏》之所及，况后世之窥测气机以占利害，如加一倍乘除之法，及复、姤为小父母之支说，其不足与于三圣大中至正之道，明矣。

抑尝论之，圣人之论《易》也曰"易简"，而苟且之小儒与佛老之徒亦曰"易简"，因倚托于《易》以文其谬陋。乃《易》之言"易简"者，言纯乾纯坤不息无疆之知能也，至健而无或不健，至顺而无或不顺也。小儒惰于敏求而乐于自用，以骄语无事多求，而道可逸获；异端则挥斥万物，灭裂造化，偶有一隙之净光，侈为函盖乾坤之妙悟，而谓人伦物理之繁难，为尘垢阃秽、人法未空之障碍、天地之大用且毁，而人且同于禽兽，正与"知大始""作成物"之理背驰。善学《易》者，于健顺求至其极，则自"易"自"简"，慎勿轻言"易简"也。

右第一章。此章言《周易》首建乾坤之旨，该尽乎全《易》之理，立天德王道之极，以明文王定《易》序之大义。

圣人设卦观象，系辞焉而明吉凶。

圣人谓文王、周公。"设卦观象"，设卦画于前而观其成象也。"辞"者，象之义也。"吉凶"象之所固有而所以然之理，非辞不明。"系"者，相属而不离之谓。《彖》、《爻》之辞，必因乎象之所有即有戒占者之辞，亦因象之所当戒与其可戒而戒之。若宜正而不宜邪，则万事万理皆然，不待戒也。此节明《象》与《辞》所自设，为君子平居之所宜玩。

> 刚柔相推，而生变化。

推，吐回反。

"推"，移也。阳极于九而已盈，则下移而八；阴极于六而已歉，则上移而七。"变"，阳且变而有阴之用；"化"，阴受阳化而且从阳之德也。六爻已成卦象，而所占在一爻，以刚柔之过，必且推移、故于此爻占其变化也。如乾之九二，且变而之阴，有离之象，故曰"天下文明"，刚推而柔也。坤之初六，阴尚微弱，而曰"坚冰"，柔且推而刚也。履之六三曰"志刚"，谦之六五曰"侵伐"，皆有变化阴阳之义，此义例之常也。若乾初动而无姤道，坤初动而无复理，则又不可据义例为典要，在学者之知通尔。此节明变与占之所自生，为君子因动而占之所宜玩。

> 是故吉凶者，失得之象也；悔吝者，忧虞之象也；

得失，以理言，谓善不善也。"虞"，虑也。《易》不为小人谋诡至之吉凶，于其善决其吉，于其不善决其凶，无不自己求之者，示人自反，而勿徼幸、勿怨尤也。"悔"者，行焉而必失，则宜忧。"吝"者，求行而不遂，则宜虑。故言"悔吝"者，以著其当忧虞也。

> 变化者，进退之象也；刚柔者，昼夜之象也。

"变"者阳之退，"化"者阴之进。进所宜进，退所宜退，则得；进而或躁或阻，退而或疑或怯，则失。卦象虽成，而当其时位，有进退之几焉。故其得者卦虽险而可使平，其失者卦虽吉而且凶，《易》于发动之爻著其理焉。昼动夜静，天之道，物之情也。然动不可静，则气浮而丧其心之所守；静不能动，则心放而气与俱馁。故《易》以刚柔相推之数，著其刚下生柔柔上生刚之动几，示人以动静相函，如昼夜异时，而天运不息，昼必可夜，夜必可昼也。

> 六爻之动，三极之道也。

初、二，地位；三、四，人位；五、上，天位。每位必重，气之阴阳、形之柔刚、性之仁义，交至而成乎全体大用也。然而不能皆见于用，故一时之所值、一事之所占，则道著焉。当其时，处其地，择其进退，天之灾祥、地之险易、人事之顺逆因而决焉。三极得失之理，于斯显矣。

是故君子所居而安者，《易》之序也；所乐而玩者，《爻》之辞也。是故君子居则观其象而玩其辞，动则观其变而玩其占，是以自天祐之，吉无不利。

乐，卢各反。

"居"者，守之以为恒度。"安"者，知其不可过而无越思。"序"谓刚柔消长之次序。"乐"者，不惊其吉，不恶其凶。"玩"，熟求其所以然之理也。"观象玩辞"，学《易》之事。"观变玩占"，筮《易》之事；占亦辞之所占也。承上文而言，《易》因天道以治人事，学之以定其所守，而有事于筮，则占其时位之所宜，以慎于得失，而不忘忧虞，则进退动静一依于理，而"自天祐之，吉无不利"矣。天者，理而已矣，得理则得天矣。比干虽死，自不与飞廉、恶来同戮；夷齐虽饿，自不与顽民同迁：皆天所祐而无不利也。利者，义之和也。

右第二章。此章及下章皆言《易》道之切于人用，居不可不学，而动不可不占也。

《彖》者，言乎象者也；《爻》者，言乎变者也。

谓《彖》、《爻》之辞也。"象"，一卦全体之成象；"变"，九六发动之几应也。

吉凶者，言乎其失得也；悔吝者，言乎其小疵也；无咎者，善补过也。

谓《彖》、《爻》之辞，因象变而征人事也。刚柔因乎时位以为得失。"吉凶"非妄，皆由道之得失。"小疵"于道未失，而不当其时位，则刚柔差错，而必有"悔吝"。"无咎"，于道未得，而有因时自靖、不终其过之几。盖祸福无不自己求之者，虽或所处不幸，而固有可顺受之命。故研几精义，谨小慎微，改过迁善，君子自修之实功，俱于《彖》《爻》著之。《周易》之兴，与后世技术占卜之书，贞邪义例之分，天地悬隔，于此辨矣。

是故列贵贱者存乎位，齐小大者存乎卦，辨吉凶者存乎辞，

齐，在诣反。

此言《易》之定体也。"贵贱"犹言尊卑。居中及在上者为贵，在下而不中者为贱。居其"位"，则有其职分之所当然者也。齐与剂通。"小"，阴；"大"，阳也。"卦"谓九、六之爻，丽于六位者，各有宜居，为位之当，阴阳之分剂于此定也。卦位两设，相遇以成象，而吉凶之故因而系之矣。

忧悔吝者存乎介，震无咎者存乎悔。

此言《易》之存乎辞者，其示人之意深切也。"介"，善不善之间也。本善也，一有小疵，而即成乎不善，故告之以"悔吝"，使人于此忧之，以慎于微而早辨之。动而有过曰"震"。本有咎而告之无故，使人知悔其前之过而补之，则犹可以免无咎。《易》之所以警惕夫人而奖劝之于善者至，非但诏以吉凶而已。

是故卦有小大，辞有险易。

易，以豉反。

《系传》言"是故"，有不承上言者，朱子谓唤起下文，如此类是也。"小大"，因象而异。其系于世道之盛衰，治理之治乱，天道圣学之体用，而象有之，则大。其他一事一物之得失，如噬嗑、颐、家人、革、井、归妹之类，则小。卦纯则辞易，如"潜龙勿用"，"直方大"之类。卦杂则辞险，如"荷校""噬肤""载鬼""张弧"之类。盖人事之不齐，务其大必谨其小，居其易抑必济其险，奉天道以尽人能，皆不可不备，而《易》皆诏之。

辞也者，各指其所之。

"指"，示也。"之"。往也。使因其所示而善其行也。张子曰"指之使趋时尽利，顺性命之理，臻三极之道"是也。务其大则可以致远，谨其小则可以明微，知其易而安于常，知其险而不忧其变，《易》之为君子谋者至矣。

右第三章。

《易》与天地准，故能弥纶天地之道。

《易》之象数，天地之法象也。乾坤统其全，卦爻尽其变，其体与天地合也。"弥"，遍也。"纶"，联合而尽其条理也。"道"谓化育运行之大用。自其为人物所必由者，则谓之道。自其妙万物而不主故常者，则谓之神。全肖其体，故曲尽其用。此二句，一章之大指，以下皆以申明此意。

仰以观于天文，俯以察于地理，是故知幽明之故。

"故"字以上，皆言《易》之与天地准者；其下，则赞其弥纶之盛也。仰观俯察，兼画卦、系辞而言，余放此。"天文"，日月星辰隐见之经纬；"地理"，山泽动植荣落之条绪；雷风，介其间以生变化者也。《易》之以八卦错综摩荡而成文理者准之。天文则有隐有见，地理则有荣有落。见而荣者明也，隐而落者幽也。其故则明以达幽，而幽者所以养明；明非外袭，幽非永息。于《易》之六阴六阳互见于六位，以乘时而成文理者，可以知幽明之为一物，而但以时为显藏也。

原始反终，故知死生之说。

"原"，有本而生也。"反"，归诸其故也。阴阳之见乎卦象者，其自下生，而来也非无本；极于上而且终，其往也非消散而灭。八错二十八综，具乾坤之全体，以互相屈伸，故资始无穷，而要归可以继起。《易》言往来，不言生灭，"原"与"反"之义著矣。以此知人物之生，一原于二气至足之化；其死也，反于细缊之和，以待时而复，特变不测而不仍其故尔。生非创有，而死非消灭，阴阳自然之理也。朱子讥张子为大轮回，而谓死则消散无有，何其与夫子此言异也！

精气为物，游魂为变，是故知鬼神之情状。

"精"者阴之始凝，"气"者阳之善动者也。成乎形象者皆谓之"物"。"魂"者，精得气而灵。气荡精而动者也。"变"，易其故而别为新之谓。"为"者，天地细缊不息之几，以妙屈伸之用者也。"鬼神"者，二气不已之良能，为屈为伸之用，而吉凶之所自出也。《易》之或九或六，结而成乎卦体，出于无心之分合，神之为物而且为鬼者也。奇偶成而反诸大衍，听再营之游荡，不必仍其故，而又且成焉，鬼之为变而复为神者也。已成乎物者，吉凶之效；未成乎物者，吉凶之几；一聚一散，变化无穷，而吉凶不爽。以此知鬼神之情状，无心而自有恒度，则以事鬼神，应灾祥，而制礼乐刑赏之大用，无不与鬼神合其吉凶矣。自天地一隐一见之文理，则谓之幽明；自万物之受其隐见以聚散者，则谓之生死；自天地至足之体以起屈伸之用，而生死乎物者，则谓之鬼神。天地之道，弥纶于两间者，此而已矣。而《易》以六位为阴阳十二之全体，一聚一散，一屈一伸于其间，以迭为幽明生死物变，则准之以弥纶天地之道，诚然之几无不著明，而吉凶之故亦必无爽忒矣。此上言《易》之立体，参伍错综以知化，与天地之化相弥纶者也。

　　与天地相似，故不违。

　　"不违"，天不违之也。天地之所以宰万物者，理而已矣。《易》一准乎时位当然之理，以著其得失，故吉凶虽未先见，而其应不爽，天地弗能违也。此下言《易》之致用，崇德广业，与天地之德相弥纶者也。

　　知周乎万物而道济天下，故不过。

　　知，珍义反。

　　"过"，差也。万物之情理，皆天地之化所发见，而君子知之，必尽以通志成务，而利天下。《易》于物之象变，委曲蕃庶，虽猥小而推之以阴阳之化理，因示以济之之道，则可与天地之流行于品物而咸亨者无差忒也。

　　旁行而不流，乐天知命，故不忧。

　　乐，卢各反。

　　"旁行"，随所变迁无定则之谓。"不流"，于六位之中往来有纪，而各成其义也。《易》之错综变化，得失不定，皆物理人事之所有。当其时，居其位，则有其道。天命之无所择而施，知之则可不改其乐。盖在天者即为理，在命者即为正，天不与人同忧，而《易》肖之以诏人不忧。此知者之学于《易》而合天之道也。

　　安土敦乎仁，故能爱。

天地普爱万物，而德施无穷，随阴阳之所附丽，皆著其生成。而《易》无择于六位之贵贱险易，皆因时以奠居，奖其静而抑其躁，则无土不有天理之必尽，而健顺之化皆行焉，是体天地广大之生以诏人而利物也。盖人之妨其爱而病物者，唯越位以生意欲，则自私而不恤物之利害。故《易》所重者在位，以示无土之不可安，不待施惠，而于物无伤，仁自敦矣。此仁者之学于《易》而合天之道也。朱子曰："天地之道，知仁而已。"

范围天地之化而不过，曲成万物而不遗，通乎昼夜之道而知，故神无方而易无体。

相肖曰"范"，统摄曰"围"。昼夜，相因而迭为隐见者也。此统挈上文而言。与天地相似，"范围其化而不过"也。知周道济，尽知仁之用，"成物而不遗"也。知幽明、生死、鬼神、屈伸一致之理，"通昼夜而知"也。"通"者《易》通之，"知"者使人知也，此皆与天地之道相弥纶者也。其所以然之故，则以天地之神无方而《易》之无体者，一准之也。"无方"者，无方而非其方，"无体"者，无体而非其体；不据以为方、体也。吉凶之数，成物之功，昼夜之道，皆天地已然之迹，有方者也。而所以变化屈伸，"知大始"而"作成物"者，其神也；纲缊之和，肇有于无，而无方之不行者也。《易》之阴阳六位，有体者也。而错综参伍，消息盈虚，则无心成化，周流六虚，无体之不立者也。故《周易》者，准天地之神以御象数，而不但以象数测已然之迹者也。后之为《易》者，如卦气，如游魂、归魂、世应，如纳甲、纳音，如乾一兑二、方圆整齐之象，皆立体以限《易》，而域于其方，虽亦一隅之理所或有，而求以肖无方之神，难矣哉！

右第四章。此章备赞《易》道之大，合乎天而尽乎人也。

一阴一阳之谓道。

前章由《易》而推天道之所自合，见《易》为至命之书。此章推人所受于天之性，而合之于《易》，见《易》为尽性之学。盖圣人作《易》以诏吉凶而利民用者，皆祐人性分之所固有，以奖成其德业，而非天道之远人，吉凶听其自然也。修之者吉，修其性之良能也。悖之者凶，悖其性之定理也。所性全体之外，无有吉凶，于此占，即于此学矣。

“一阴一阳之谓道”，推性之所自出而言之。“道”谓天道也。“阴阳”者太极所有之实也。凡两间之所有，为形为象，为精为气，为清为浊，自雷风水火山泽以至蜎孑萌芽之小，自成形而上以至未有成形，相与絪缊以待用之初，皆此二者之充塞无间，而判然各为一物，其性情才质功效，皆不可强之而同。动静者，阴阳交感之几也。动者阴阳之动，静者阴阳之静也。其谓动属阳、静属阴者，以其性之所利而用之所著者言之尔，非动之外无阳之实体，静之外无阴之实体，因动静而始有阴阳也。故曰“阴阳无始”，言其有在动静之先也。阳轻清以健，而恒为动先，乃以动乎阴，而阴亦动。阴重浊以顺，非感不动，恒处乎静；阳既丽乎阴，则阳亦静。静而阴之体见焉，非无阳也；动而阳之用章焉，非无阴也。犹嘘吸本有清温之气，因嘘吸而出入也。故可谓之静生阴，动生阳，而非本无而始生，尤非动之谓阳、静之谓阴也。合之则为太极，分之则谓之阴阳。不可强同而不相悖害，谓之太和，皆以言乎阴阳静存之体，而动发亦不失也。然阴阳充满乎两间，而盈天地之间唯阴阳而已矣。“一”“一”云者，相合以成，主持而分剂之谓也。无有阴而无阳，无有阳而无阴，两相倚而不离也。随其隐见，一彼一此之互相往来，虽多寡之不齐，必交待以成也。一形之成，必起一事；一精之用，必载一气。浊以清而灵，清以浊而定。若经营之，若搏捖之，不见其为，而巧无以逾，此则分剂之之密，主持之之定，合同之之和也。此太极之所以出生万物，成万理而起万事者也，资始资生之本体也，故谓之“道”，亘古今，统天人，摄人物，皆受成于此。其在人也，则自此而善，自此而性矣。夫一阴一阳，《易》之全体大用也。乃溯善与性之所从出，统宗于道者，固即此理。是则人物之有道，《易》之有象数，同原而不容歧视，明矣。

继之者善也，成之者性也。

道统天地人物，善、性则专就人而言也。一阴一阳之谓道，天地之自为体，人与万物之所受命，莫不然也。而在天者即为理，不必其分剂之宜；在物者乘大化之偶然，而不能遇分剂之适得；则合一阴一阳之美以首出万物而灵焉者，人也。"继"者，天人相接续之际，命之流行于人者也。其合也有伦，其分也有理，仁智不可为之名，而实其所自生。在阳而为象为气者，足以通天下之志而无不知，在阴而为形为精者，足以成天下之务而无不能，斯其纯善而无恶者。孟子曰："人无有不善"，就其继者而言也。"成之"，谓形已成，而凝于其中也。此则有生以后，终始相依，极至于圣而非外益，下至于牿亡之后犹有存焉者也。于是人各有性，而一阴一阳之道，妙合而凝焉。然则性也，命也，皆通极于道，为"一之一之"之神所渐化，而显仁藏用者。道大而性小，性小而载道之大以无遗。道隐而性彰，性彰而所以能然者终隐。道外无性，而性乃道之所函。是一阴一阳之妙，以次而渐凝于人，而成乎人之性。则全《易》之理不离乎性中，即性以推求之《易》之蕴，岂待他求象数哉！

仁者见之谓之仁，知者见之谓之知。百姓日用而不知，故君子之道鲜矣。

"知者"、"之知"之知，珍义反。鲜，息浅反。

以阴阳之分言之，则仁者行之纯，阴之顺也；知者知之明，阳之健也。以阴阳之合言之，则仁者阴阳静存之几，知者阴阳动发之几也；皆性之所有，而道之所全具者也。特人以其性之所偏厚而学焉，又专于所向，则或谓之仁，或谓之知，亦既能见而未明于其全体之合一也。百姓无能与于仁知，则去道愈远；然伦不明而亦自有其伦，物不察而亦能用物，必有其刚，必有其柔，虽不审于时位之攸宜，以斟酌消长之数，酬酢往来之交，而得失吉凶，皆即其可为善者以为不善，不能离也，特昧焉而不自觉耳。以仁知所见不全，而百姓不知，故能喻于道以成德业者鲜。是则《易》之理，特为人所不察，而自流行于日用之间。欲为君子者，舍《易》不学，安于一偏之见，迷其性善之全体、阴阳之大用，将与百姓均其茫昧，久矣。

此上言人性之所自出，即《易》阴阳交易之理，流行于日用而不可离。以下则言《易》为性体之大全，而尽性以尽物者，皆不能逾乎此也。

　　**显诸仁，藏诸用，鼓万物而不与圣人同忧，盛德大业，至矣哉！**

此言一阴一阳之道，为《易》之全体，而于人性之中，为德业所自立，以见尽性者之不可离也。性函于心。心之体，处于至静而恻然有动者，仁也。性之能，丽于事物而不穷于其所施，用也。仁函于心，本隐也，而天理者未动而不测其所在，虽或闻见有得，而终不与己相亲；恻然内动，乃以知吾心之有此，而条绪昭察于心目之前，则唯仁为道之所显也。此阴阳固有其诚，而必著其几于动静之介者也。用丽于事物，本著也，而所以用者卒不可得而见。同一视听，而明昧之几不可诘；同一言动，而得失之发不自知；逮其用之已行，则又成乎体而非其用。故人所外著者皆体也，而用则隐于中也。变化错综于形声两泯之地，用之密运，乃一阴一阳主持分剂之微权，而藏于动静之中者也。显而微，藏而著，此阴阳配合参伍之妙，"一之一之"之道也。以其显者鼓之，使恻然而兴；以其藏者鼓之，而不匮于用。一阴一阳之道，流行于两间、充周于万物者如此。故吉凶悔吝无所择，而仁皆存，用皆行焉。在圣人之有忧者，皆其可乐之天、可安之土。唯《易》全体此道以为教，故圣人于《易》，可以释其忧，以偕百姓而同归于道，由此而盛德著，大业兴。一阴一阳之道为《易》之蕴，而具于人性之中也如此，诚至极而无可尚矣。

　　抑论之：圣人，尽性者也；性尽，则《易》之理该焉，而何为其尚有忧耶？盖道在未继以前，浑沦而无得失，雨旸任其所施，禾莠不妨并茂，善之名未立，而不善之迹亦忘。既以善继乎人，而成乎人之性矣，一于善而少差焉，则不善矣。圣人求至于纯粹以精，而望道未见，则有忧；性尽而尽人物之性，而天运有治乱，人情有贞邪，不可遽施转移，以胥协于至善，则有忧；而乌能无忧乎？同一道也，在未继以前为天道，既成而后为人道，天道无择，而人道有辨。圣人尽人道，而不如异端之欲妄同于天；至于业大德盛，人道已尽，乃学于《易》而乐天安土以无忧，此夫子所以自谓卒学《易》而后可以无大过也。

**富有之谓大业，日新之谓盛德。**

尽其性而业大者，唯道之富有；一阴一阳，其储至足，而行无所择也。尽其性而德盛者，唯道之日新；一阴一阳，变化之妙，无有典要，而随时以致其美善也。在道为富有，见于业则大。在道为日新，居为德则盛。此申上文而推德业之盛大，莫非《易》之理，成于人之性中者为之也。

**生生之谓易。**

此以下正言《易》之所自设，皆一阴一阳之道，而人性之全体也。"生生"者，有其体，而动几必萌，以显诸仁；有其藏，必以时利见，而效其用。鼓万物而不忧，则无不可发见，以兴起富有日新之德业。此性一而四端必萌，万善必兴，生生不已之几。而《易》之由大衍而生数，由数而生爻，由爻而生卦，由卦而生变占，由变占而生天下之亹亹，有源故不穷，乘时故不悖，皆即此道也。

**成象之谓乾，效法之谓坤。**

"效"，呈也，法已成之迹也。仁之必显，藏有其用，则吾性中知之所至，在事功未著之先，有一始终现成之象，以应天下之险而不昧其条理者。《易》之乾以知而大始者，即此道也。仁凝为德，用成乎业，则吾性中能之所充，顺所知之理，尽呈其法则，以通天下之阻而不爽于其始者，《易》之坤以能而成物者，即此道也。分言之，则乾阳坤阴；合言之，则乾以阴为体而起用阴以乾为用而成体。知能并行，而不离一阴一阳之道，法象皆备，继之于人，所以合健顺而成善也。

**极数知来之谓占，通变之谓事。**

"极"，根极之也。"事"谓既占而利用之以成乎事也。善以成性，而性皆善，故德业皆一阴一阳之善所生，修此则吉，悖此则凶。吉凶未形，而善不善之理可以前知，不爽乎其数。《易》之有占、率此道也。鼓万物而不忧者，一吾性固有之道，故尽其性以通人物之性，则物无不可用，事无不可为，极乎变而不失其贞。《易》之备物理之不齐，以诏人因时而立事者，率此道也。

阴阳不测之谓神。

"神"者，道之妙万物者也。《易》之所可见者象也，可数者数也；而立于吉凶之先，无心于分而为两之际，人谋之所不至，其动静无端，莫之为而为者，神也。使阴阳有一成之则，升降消长，以渐而为序，以均而为适，则人可以私意测之，而无所谓神矣。

夫性，一也，皆继道以生之善也。然而圣人有忧，仁知有其偏见，百姓用而不知，唯至健至顺之极变化以周于险阻者，无择无端，而时至几生于不容已莫能测也。《易》唯以此体其无方，为其无体，周流六虚，无有典要，因时顺变，不主故常，则性载神以尽用，神帅性以达权之道至矣。一阴一阳者，原不测也。以此益知"一之一之"云者，非一彼而即一此，如组织之相间，而拂乎神之无方、乖乎道之各得，明矣。然则列次序，列方位，方而矩之，圆而规之，整齐排比，举一隅则三隅尽见，截然四块八段以为《易》、岂非可观之小道，而鬻术之小人亦可以其小慧成法，坐而测之乎！

右第五章。此章推极性命之原于《易》之道，以明节性见《易》，而体《易》乃能尽性于占，而学《易》之理备矣。根极精微，发天人之蕴，《六经》《语》《孟》示人知性知天，未有如此之深切著明者；诚性学之统宗，圣功之要领，于《易》而显。乃说者谓《易》为卜筮之专技，不关于学，将置夫子此章之言于何地乎？


夫《易》广矣，大矣，以言乎远则不御，以言乎迩则静而正，以言乎天地之间则备矣。

夫，防无反，下同。

"广"者，包括富而暨被远也；"大"者，规模弘而发生盛也；谓《象》与《辞》所该之义也"远"者，推而达乎万变；"迩"者，反而验之日用也。"不御"，于理皆无所滞也；"静而正"，不待动而俱得其常理也。"天地之间"，两间所有之物理气化也；"备"者，尽其变蕃之数也。此极赞《易》道之大，而下推其广大之由，唯乾坤以统之。

夫乾，其静也专，其动也直，是以大生焉。夫坤，其静也翕，其动也辟，是以广生焉。

专，徒官反。

"静"者言其体；"动"，其用也。"专"与抟、团通，圜而聚也，阳气浑沦团合而无间之谓。"直"，行而无所诎也。"翕"，收敛含藏，而所包者富。"辟"，启户以受阳之施，顺而不拒也。"生"，以化理言之，则万物之发生；以爻象言之，则六十二卦、三百八十四爻，皆一阴一阳之所生；以德言之，则健于知而"大明终始"，顺于作而"行地无疆"也。乾坤之生，广大如此，故《周易》并建以为首，而六十二卦之错综以备物化，而天道尽于此也。

广大配天地，变通配四时。阴阳之义配日月，易简之善配至德。

"配"，合也。"天地"，谓其大生、广生也。"变"者，阴变阳，阳变阴，爻之相间者也。"通"，阴阳自相通，爻之相承者也。"四时"，春通夏而秋变之，秋通冬而春变之。"阴阳之义"者，阴以受阳之施为义，阳以施德于阴为义。日与月相映则明，同道则晦，掩日则蚀；爻之初、四、二、五，阴阳相应则多吉，柔乘刚则凶，"日月"之义也。"易简"，乾坤之纯也。纯乎刚则健而易，纯乎柔则顺而简，括万理于知能，而纯健纯顺，则知之至，行之成，与天地"大明终始""承天时行"之至德合矣。"至德"犹《中庸》言"大德"，天地敦化之本也。唯有此至德以敦其化，故广大之生，变通之道，阴阳倡和之义，皆川流而不息。《易》之首建乾坤以备天道者，以此。

右第六章。《易》统天道、人道，以著象而立教，而其为天人之统宗，唯乾坤则一也。此章之指与第一章略同。而此章分言天道，下章分言人道，以申明之。

子曰：《易》其至矣乎！夫《易》，圣人所以崇德而广业也。

夫，防无反。

"崇德"者，日进于高明；"广业"者，立焉而固，行焉而顺也。不崇，则执近小以为德而不弘；不广，则业不切于事理而不足以行远。此圣学之极致，而作圣者不容舍此而有歧趋，则志学之初，亦必以此为圣功之准则，故曰"至矣"。

知崇礼卑，崇效天，卑法地。

无私意私欲之累而达于化，知之崇所以崇德也。谨小慎微，循乎天理之秩序而不敢逾越，礼之卑所以广业也。此圣学也，而所效法者天地。天地者，乾坤之法象，崇卑之至者也。刚而不屈，健行而不息，法天之崇而知无不彻；柔而不亢，顺理而无违，法地之卑而礼无不中。圣之所以希天，而《易》乾坤并建，则下学上达之义备著于斯矣。

天地设位，而《易》行乎其中矣。成性存存，道义之门。

崇卑之位设，而卦象、爻辞所有之德业行乎其中。非但其位然也，天位崇而健德行焉，地位卑而顺德行焉，一阴一阳之道，主持之精理存矣。"成性"者，此一阴一阳健顺知能之道，成乎人而为性，则知以致知，礼以敦行，固其性之本有也。"存存"，存其所存也。存乎人者，因而存之，则道义皆由此出矣。知以极道之藏，而道凝为德；礼以显义之实，而义分乎业。一崇一卑之分明而相得以合，下学上达，圣功成矣。

夫人之所以"罔克由圣"者无他，知见不出近小之域，而不谨于理以自逸尔。圣人效天法地，唯健顺而已矣。故《易》者圣人致知复礼之极功，夫子所谓卒学而无大过也。于此推极其实，而要归之于知礼，以使学者循循于博文约礼而上达于天德，意至切矣。世儒不审，乃谓《易》为盈虚消息之道，圣人学之以审于进退而不致亢龙之悔，乃王弼、何晏师老庄之机械以避祸而瓦全之术，其与圣人知必极高明、礼必尽精微之道，天地悬隔。乾坤纯而德业盛，何尝以处錞用冲为存性之功乎！

　　右第七章。此章分言《易》之尽乎人道，而乾坤统之。其曰"圣人所以崇德而广业"，而非但曰"圣人所以占吉凶而审利害"；圣人之言，炳如日星，奈何曰《易》但为卜筮之书，非学者所宜读也！

# 周易内传卷五下

## 系辞上传起第八章讫第十二章

圣人有以见天下之赜，而拟诸其形容，象其物宜，是故谓之象。

"象"谓《大象》。物之生，器之成，气化之消长，世运之治乱，人事之顺逆，学术事功之得失，莫非一阴一阳之错综所就，而宜不宜者因乎时位，故圣人画卦而为之名，系之《象》以拟而象之，皆所以示人应天下之至赜者也。

圣人有以见天下之动，而观其会通，以行其典礼，系辞焉以断其吉凶，是故谓之爻。

断，丁乱反。

"爻"，效也，著于动而呈其占也。卦者，事物之定体；爻，其一时一事之几也。"会"，所遇之适当乎此也。"通"者，所遇之动适在于此，而自通乎全卦之理也。"典礼"，常法也。谓之礼者，大经大法、人官物曲之谓，韩起见《易象》而谓"周礼在鲁"是也。古者国有大事，谋及卿士，下逮庶人，犹未决焉，乃以命蓍。蓍非小人之敢亵用，典礼之所取裁也。会通者在一时一事，而必因时以求当其不易之大法，则典礼无不行矣。"吉凶"者，得失之影响。圣人之断吉凶，断之以得失而已。

言天下之至赜而不可恶也，言天下之至动而不可乱也。

恶，乌路反。

卦备天下之象，极于赜矣，而以辨刚柔消长之得失，闲其邪而安于善，故"不可恶"；爻尽化机之变，因于动矣，而吉凶之故原本于卦德之顺逆，故"不可乱"；皆可以诏君子之尽道，而精于其义。占者、学者，决择以制言动，利害生死，行法以俟，自不犯物情之厌怒而乱其所守。若后世《易林》《火珠林》、先天、观梅之术，言赜、言动而不察物宜，不循典礼，故屠贩盗贼皆可就问利害，是训天下以乱，而可恶甚矣。

　　**拟之而后言，议之而后动，拟议以成其变化。**

　　上言圣人作《易》垂训之正大，而此言占者、学者之宜取法也。占以谋其言动之宜，学之所以善其言动，唯在详于拟议而已。"拟"者，以己之所言，絜之于《易》之辞，审其合否。"议"者，详绎其变动得失所以然之义，而酌己之从违。成其变化，言动因时，研几精义，则有善通乎卦象爻辞，而唯其所用，无所滞也。自此以下，所引伸爻辞而推广于修己治人之道，皆拟议之精、变化之妙也。

　　**"鸣鹤在阴，其子和之，我有好爵，吾与尔靡之。"子曰：君子居其室，出其言善，则千里之外应之，况其迩者乎！居其室，出其言不善，则千里之外违之，况其迩者乎！言出乎身，加乎民；行发乎迩，见乎远。言行，君子之枢机。枢机之发，荣辱之主也。言行，君子之所以动天地也，可不慎乎！**

　　行，下孟反。见，胡甸反。

　　此下七节，皆拟议爻辞，以精其变化之义，略举夫子所引伸之说，见义味之深广，示学者当拟议之以言动，勿徒视吉凶而忧喜，类如此也。中孚九二，但言鸣和靡爵之吉，为下孚初九、上靡六三之象。而夫子推本于言行：唯其为鹤之鸣，高洁而声闻上彻于天、远被于野，故同类必和，而异己可靡。"和"者，迩相得也；"靡"者，远相慕也。"在阴"，居室而非行远之事。刚中而孚于下，则其言善矣。言、行皆重，而详言"言"者，内卦兑为口说，于象为鸣，于人为言，以修身则行为本，以应物则言之感人为速也。"枢"，户楅启闭之主；"机"，弩牙存发之要也。"动天地"者，人之和戾，灾祥应之。"君子"，以位言。慎之于出口举足之间而天人交孚，非可揣度物情、曲徇曹好而得倡和之荣也。

"同人先号咷而后笑。"子曰：君子之道，或出或处，或默或语。二人同心，其利断金。同心之言，其臭如兰。

断，都管反。

"利"，锐利，谓所向无阻也。"金"，难断者。可以断金，则行焉皆果矣。"兰"，芳香，人所乐闻者。"同人"九五，本以下应六二，三、四不能间之，故有先离后合之象。而夫子引伸其义，以为君子与人同处，人求自靖，出处语默，不必遽同，要以心理相信，故行皆利而言相洽，与小人之共趋一途而心怀冰炭者异，所以始号咷以相求，终欢笑以相得，物莫能间之也。

"初六，藉用白茅，无咎。"子曰：苟错诸地而可矣。藉之用茅，何咎之有！慎之至也。夫茅之为物薄，而用可重也。慎斯术也以往，其无所失矣。

错，七故反。夫，防无反。

大过初六，以柔承过盛之刚，而顺之于下，为卑顺事天之象。夫子引伸而推求之；唯慎而后可以承事乎天。"错诸地"者，错笾俎也；事天以质，故错诸地而可。尤加慎而藉之以茅，于礼无愆，而于诚斯至，虽薄物而可荐其恪恭。以此推之，以柔道自靖者，必载恭肃之心，则孤阴处于积刚之下而无失。见慎之为术，在下者寡过之要也。

"劳谦，君子有终吉。"子曰：劳而不伐，有功而不德，厚之至也，语以其功下人者也。德言盛，礼言恭。谦也者，致恭以存其位者也。

"不德"，不居以为德也。"德言盛"者，谓若居功为德，则气盛而辞多张大。"礼言恭"，以礼为则，其言自恭也。引伸谦九三之义而言，唯劳而有功，能以下人，乃君子之谦，非无功可见而但务柔逊以求媚于世。唯以礼自谨，则不期恭而自恭矣。乃功固终不可掩，而抑非无礼之劳，则进不亢而退不自失矣。"存其位"，存孤阳于积阴之世而当其位。

"亢龙有悔。"子曰：贵而无位，高而无民，贤人在下位而无辅，是以动而有悔也。

义见《文言》。于此重记之者，此章所释，皆谨慎谦恭以拟议言动之旨。其不能然，则虽龙德而犹有悔，故引与诸爻互证之。

"不出户庭，无咎。"子曰：乱之所生也，则言语以为阶。君不密则失臣，臣不密则失身，几事不密则害成。是以君子慎密而不出也。

"密"者疏之反，非诡秘之谓；详审其时，细察其人，谨防其患，不敢疏也。"失臣"，嫉忌者乘而伤之。"失身"，怨归之也。"机事"，兵戎之事，制于一心，而发之速以加彼者也。节初六以知塞而得无咎，夫子引伸之，以为未可出而必塞，唯言语为最，盖行之出也渐，而言之出也速，通塞之机决于俄顷而不可复收，知塞者所尤慎也。

此章明拟言议动之旨，而两重戒夫言。节、中孚既有兑体，抑以人之言行，皆志动而气随以兴。气无两用，发之于言则气为之一畅，而其行也必不力。乃出身而加人者，远迩君民，疑信交属。行则待事之成而人见其功，其初不测也，恒始于疑而终于信；言则一言而所藏尽出，彻于上下，人始于信而渐相推测以终于疑。既信以为必然，抑疑其未必然而特以相欺，则异己者相乘于未行之前，以相禁害，而行必不可成矣。且夫不言亦何咎之有哉？所谓欺人者，所行在此而言彼之谓，周颢之所以杀身也。若不言，初未尝相欺也。本不起天下之疑，而气以不泄，而行之笃。故圣人教人，屡以慎言为戒，而行则唯劝之以敏。知塞者，不塞之于行，而塞之于言，则知塞而知通矣，不忧天下之不孚矣，何失身害成之忧哉！此尤拟议切近之实功也。

子曰：作《易》者其知盗乎？《易》曰："负且乘，致寇至。"负也者，小人之事也；乘也者，君子之器也。小人而乘君子之器，盗思夺之矣。上慢下暴，盗思伐之矣。慢藏诲盗，冶容诲淫。《易》曰"负且乘，致寇至"，盗之招也。

"知盗"，知盗之所自起，而审所以弭之也。"器"谓车也。"上慢"，挟乘刚之威以承四，则慢而无礼。"下暴"，挟四之刚以乘二，则假威而暴。以其不足贵而轻之，故思夺之；以其得罪于上下而无与为援，故思伐之。"慢藏"，不谨于藏，自炫其富；"冶容"，自矜容态绰约，如金在冶也；皆小人暴得富贵骄淫之态。引伸解六三爻辞，而先以"知盗"为言者，非徒惩小人使之知退，乃以戒有国家者，欲得盗之情以弭之于未起，唯在慎重名器，勿使小人窃位以招盗，而患其难扑也。晋用士会而盗奔秦，鲁纳叛人而多盗，田令孜宠而黄巢兴，童贯王而方腊起。始于夺伐小人，而终为社稷生民之害。故解悖之道，乘高墉而先制六三之慢暴，则君子道行，而小人亦蒙安以全矣。盖拟议于事先，而变化之大用以存也。

右第八章。此章言《易》之义类深远，学者当精研其义，以体之于日用，而示筮者知变化灾祥之理，在于躬行之拟议，勿徒以知吉知凶，吉则恃之，凶则委之于无可如何也。

天一、地二，天三、地四，天五、地六，天七、地八，天九、地十。天数五，地数五，五位相得而各有合。天数二十有五，地数三十，凡天地之数五十有五。此所以成变化而行鬼神也。

有、又通，下同。

"天一"至"地十"二十字，郑氏本在第十章之首，《本义》定为错简，序之于此。班固《律历志》及卫元嵩《元包·运蓍篇》，皆在"天数五"之上。以文义求之，是也。此言八卦之画肇于《河图》，而下言蓍策之法出于大衍，体相因而用有殊，天地之变化用其全，而人之合天者有裁成之节也。

五十有五，《河图》垂象之数也。阳曰天，阴曰地。奇数，阳也；耦数，阴也。天无心而成化，非有所吝留、有所丰予，斟酌而量用之，乃屈伸时行而变化见，则成乎象而因以得数，有如此者。阴阳之絪缊，时有聚散，故其象不一，而数之可数者以殊焉。以阴阳之本体而言之，一、二而已矣。专而直者，可命为一；翕而辟者，可命为二。阳盈而阴虚，阳一函三，而阴得其二。虚者清而得境全，浊者凝而得境约，此法象之昭然可见者也。"成变化而行鬼神"者，其用也，用则散矣。阳即散，而必专直以行乎阴之中，故阴散而为四、六、八、十，而阳恒弥缝其中虚，以为三、五、七、九。一非少也，十非多也，聚之甚则一、二，散之甚则九、十也。"成变化而行鬼神"者，以不测而神，人固不能测也。故其聚而一、二，散而九、十者，非人智力之所及知，而阴阳之聚散实有之。一、二数少，而所包者厚，渐散以至于九、十，而气亦杀矣。"成变化而行鬼神"者，天、地、雷、风、水、火、山、泽之用也。其或一以至或十，以时为聚散而可见；其数之多寡，有不可得而见者焉；莫测其何以一而九、何以二而十也。

天垂象于《河图》，人乃见其数之有五十有五：阳二十五而阴三十，各以类聚而分五位。圣人乃以知阴阳聚散之用，虽无心于斟酌，而分合之妙，必定于五位之类聚，不溢不缺以不乱；遂于其相得而有合者，以类相从，以几相应，而知其为天、地、雷、水、火、山、泽之象，则八卦之画兴焉。因七、五、一而画乾，因六、十、二而画坤。天道下施，为五、为七以行于地中；地道上行，为十、为六以交乎天位。乾止于一，不至于极北；坤止于二，不至于极南；上下之分，所谓"天地定位"也。阳盛散布于上，至下而聚，所谓"其动也直"也；阴气聚于上，方与阳交于中而极其散，所谓"其动也辟"也。因左八、三、十而画坎，因右九、四、五而画离。离位乎东，不至乎西；坎位乎西，不至于东；五与十相函以止，而不相逾，所谓"水火不相射"也。因一、三、二而画为兑，因二、四、一而画为艮。一、二互用，参三、四而成艮、兑，所谓"山泽通气"也。山泽者，于天地之中最为聚而见少者也。少者，少也，甫散而非其气之周布者也。少者在内，雷、风、水、火之所保也。因九、六、八而画为震，因八、七、九而画为巽。八、九互用，参六、七而成震、巽，所谓"雷风相薄"也，驰逐于外也。雷风者，阴阳之气，动极而欲散者也，故因其散而见多也。多者，老也，气之不复聚而且散以无余者也。老者居外，以周营于天地之间也。八卦画而六十四卦皆由此以配合焉。其阴阳之互相用以成象者，变化也。其一屈一伸，为聚为散，或见盈而或见绌者，鬼神也。此天地之所以行其大用而妙于不测也。

圣人始因《河图》之象而数其数，乃因其数之合而相得，以成三爻之位者著其象，故八卦画而《易》之体立焉。阴阳自相类聚者为合，阴与阳应、阳与阴感为相得。圣人比其合，通其相得，分之为八卦，而五位五十有五之各著其用于屈伸推荡之中，天道备而人事存乎其间。然则《河图》者，八卦之所自出，灿然眉列；《易》有明文，《图》有显象。乃自汉以后，皆以五位五十有五为五行生成之序者，舍八卦而别言五行，既与《易》相叛离；其云"天一生水而地六成，地二生火而天七成，天三生木而地八成，地四生金而天九成，天五生土而地十成"，不知其多少相配之何所征，一生一成之何所验？《图》无其理，《易》无其象，《六经》之所不及，圣人之所不语，说不知其所自出，而蔓延于二千余年者，人莫敢以为非。夫天生地成，自然之理，乾知始而坤成物，《易》著其一定之义。今以火、金为地生而天成，乱乾坤之德，逆倡随之分，而不知火与金之生独不由天也。何道使然，虽欲不谓之邪说也可乎！

且五行之目，始见于《洪范》。《洪范》者，大法也；人事也，非天道也，故谓之畴。行，用也，谓民生所必用之资，水、火、木、金、土缺一而民用不行也。故《尚书》或又加以谷，而为六府。若以天化言，则金者砂也，矿也，皆土也，人汰之炼之而始成金，亦泥之可陶而为瓦、石之可煅而为灰类耳，土生之，人成之，何能与木、水、火、土相匹也？四时之气，春木，夏火、冬水仿佛似之矣，秋气为金，亦不知其何说。若以肃杀之气言金，则金为刃，而杀者人也，与梃无别也，金气何尝杀而应秋乎？五行非天之行，于《河图》奚取焉？其"一六生水"云云，乃战国技术之士私智穿凿之所为，而以加诸成变化、行鬼神之大用，其为邪说，决矣。《河图》著其象，圣人纪其数，八卦因其合，六十四卦穷其变，要以著一阴一阳之妙用，而天化物理人事之消长屈伸、顺逆得失，皆有固然一定之则，所谓"卦之德方以知"也。而筮策之事，以人迓天之用，由此而起矣。

大衍之数五十，其用四十有九。

自此以下，皆言筮策之数与其制数之理，盖以人求合于天之道也。"衍"者，流行之谓。"大衍"者，尽天下之理事，皆其所流行而起用者也。天下之物与事莫非一阴一阳交错所成，受乾坤六子之撰以为形象，而以其德与位之宜不宜为理事之得失。凡五十有五，成变化而行鬼神者，皆流行之大用也。然天地不与圣人同忧，故其用广，而无逾量之疑。圣人能合天地以为德，而不能全肖天地无择之大用，是以其于筮也，于五位之中各虚其一，听之不可测，而立五十以为人用之全体。天道有余，而人用不足，行法以俟命者，非可穷造化之藏也。故极乎衍之大，而五十尽之矣。"其用四十有九"者：其一，体也，所占之事之体也。著之待问也无不衍，而人筮以稽疑者一事尔。置一策以象所占之成事，人谋定而后用其余以审得失吉凶之变也。事虽一而变无穷，故四十有九动而不已，以应静俟之一。一无常主，因时而立，其始固大衍五十之中同可效用之一也。

分而为二以象两，卦一以象三，揲之以四以象四时，归奇于扐以象闰。五岁再闰，故再扐而后挂。

奇，居宜反。

揲著法详朱子《筮仪》。"两"，两仪；"三"，三极也。"归奇"，归之无用之地，反诸静存也。"奇"，畸零也。不足于四之偶，而合之为十三、十七、二十一、二十五，皆不成数，为奇零也。"扐"犹《礼记》云"祭用数之仍"之仍，余也。旧说以为左手中三指之两间，未是。古者著长三尺，非指间所可持也。筮礼就地为席，挂、扐皆委之席前，挂横而扐直。"五岁再闰"，大略然耳，以实则十九岁而七闰有奇。凡言"象两"、"象三"、"象四"时、"象闰"、"象期"、"象万物"，皆仿佛其大略耳。人之合天，肖其大者，非可察察以求毫忽之不差。壬遁、奇乙、超符、接气，细碎分合之为小术破道，《易》不然也。"再扐""后挂"，再扐则敛其扐以合于挂，以待次揲之又挂。

乾之策二百一十有六，坤之策百四十有四，凡三百有六十，当期之日。

期，居宜反。

此老阳、老阴过揲之数也。《易》言九、六，不言七、八，故以二老纪数，过揲者所用也。事理之所阅历而待成者，归奇者所不用也，非事理之所效也。故六乘其三十六、二十四，而数定焉。抑以二少积之，少阳过揲二十八，六乘之为百六十有八；少阴过揲三十二，六乘之为百九十有二；亦三百六十。"当期之日"，去其气盈，补其朔虚，亦大略也。

二篇之策，万有一千五百二十，当万物之数也。

"二篇"，六十四卦之爻也。阴阳之爻各百九十二，以二老积之，阳爻得六千九百一十二，阴爻得四千六百八；以二少积之，阳爻得五千三百七十六，阴爻得六千一百四十四；皆万一千五百二十。物以万为盈数，至于万，而人之用物以成事之得失，物之效于人以为事之吉凶者，大略备矣。过此以往，物变虽无可纪极，而无与于人事也。

是故四营而成易，十有八变而成卦。

"易"，变也。分二，挂一，揲四，归奇，四营之始成一变。再合之，三分之，而成一爻。凡三变。六其三变，而卦乃成。四营，亦取四时运行之义。十有八，亦两阳之九，参阴之六，阴阳互乘之象。

八卦而小成，引而伸之，触类而长之，天下之能事毕矣。

长，知两反。

筮者九变而三画定，八卦之象见，小成矣。乃又九变而六画之卦乃成，六十四之大象、三百八十四之动象见焉。自筮而言，数自下积，则小成乎贞，而引伸以成悔，故八卦相因之理在焉。是以屯言"云雷"，蒙言"山泉"，坎言"洊至"，离言"两作"。自始画而言，三画各重而六，增一为二，以天之有阴必有阳、地之有柔必有刚、人之有仁必有义，触其所与类合者，以长三为六，则三极六位之道在焉。凡占者之所拟议，在己而有为得为失之能事，在物而有以吉凶加己之能事，皆毕于此，则亦止此而可毕矣。焦赣演为四千九十六，伸之于无所引，长之于非所类，天下无此赜而可恶、动而可乱之能事，故但有吉凶之说而无得失之理，则其言吉凶者亦非吉凶矣。

**显道神德行，是故可与酬酢，可与祐神矣。**

行，下孟反。

"酬"，受物之感而行之也。"酢"，物交己而应之也。"祐神"，助神化之功能也。此亦合卦与蓍而言。天道之流行于事物者，卦象备著，而其当然之理皆显于所画之象；健顺以生六子，皆《河图》之天道也。蓍策用大衍，四营而变化尽，则所以修德而制行者因时以合道，而仁不愚、智不荡，无所据非德之执滞，则其德亦非人之所易测矣。酬酢以尽人，而立德祐神以合天而体道；卦方而显，蓍圆而神，《易》之所以广大而切于人用也。

**子曰：知变化之道者，其知神之所为乎！**

上言卦之所自画与蓍之所用，皆准于天地之理数；而卦象虽立，成数虽在，其十有八变、分二之无心，而七、八、九、六妙合于轨则者，非可以意计测度，则神之所为也。夫不测之谓神，而神者岂别有不可测者哉？诚而已矣。分之合之，错之综之，进之退之，盈虚屈伸一因乎时，而行其健顺之良能以不匮于充实至足之理数，则功未著、效未见之先，固非人耳目有尽之见闻，心思未彻之知虑所能测，而一阴一阳不测之神可体其妙用。故夫子终叹之，以为法象昭垂，而神非诚不喻；成数虽在，固非筮史所能知。君子之于《易》，终身焉耳矣。

右第九章。此章由《河图》以著卦象，由大衍以详筮法，而终叹其神，以见卦与筮之义深，而不但倚于数。今所释《经》意，有全置旧说不采者，非敢好异先儒，以矜独得，实以术数之言，滥及五行、律历。支干、星命之杂说，殊为不经，圣门之所不道，不可徇俗而乱真。君子之道简而文；天人性道，大正而无邪。故曰"洁静精微，《易》教也"。乃一乱于京房，再乱于邵子，而道士丹灶、医人运气、日者生克之邪说充塞蔽蠹，故不容不力辩也。

**《易》有圣人之道四焉：以言者尚其辞，以动者尚其变，以制器者尚其象，以卜筮者尚其占。**

"圣人之道"，圣人通志成务，而示天下以共由者也。"尚"，谓所宜崇奉以为法也。"言"，讲习讨论，以究理之得失。"辞"，其立言之义也。"动"谓行也。"变"，以卦体言，则阴阳之往来消长；以爻象言，则发动之时位也。"制器尚象"，非徒上古之圣作为然，凡天下后世所制之器，亦皆暗合于阴阳刚柔、虚实错综之象；其不合于象者，虽一时之俗尚，必不利于用而速敝，人特未之察耳。

是以君子将有为也，将有行也，问焉而以言，其受命也如向，无有远近幽深，遂知来物。非天下之至精，其孰能与于此！

向，许两反。与，羊洳反。下同。

"为"，修己之事。"行"，应物也。"问"谓卜筮。"以言"，推其辞之义以论理也。"受命"，不违其所问所言之理。"向"，与响通。"如响"，应声而出，无所差而应之速也。"遂"，即也。"来物"，将来之事。"精"者，研究得失吉凶之故于刚柔动静根柢之由，极其顺逆消长之微而无不审，以要言之，义而已矣。义利之分极于微茫，而吉凶之差于此而判。有时有位，或刚或柔，因其固然而行乎其不容已，则得正而吉，反此者凶。或徇意以忘道，或执道以强物，则不足以察其精微之辨。《易》原天理之自然，析理于毫发之间，而吉凶著于未见之先，此其所以为天下之至精，而君子之所必尚也。此节言尚辞、尚占之道。

参伍以变，错综其数。通其变，遂成天地之文；极其数，遂定天下之象。非天下之至变，其孰能与于此！

"参"如"离坐离立，勿往参焉"之参。"伍"如《史》"生与哙伍"之伍。参者，异而相入，阴入阳中、阳入阴中之谓也。伍者，同而相偶，阴阳自为行列之谓也。奇耦之变为八卦，八卦之变为六十四卦，其象或参或伍，相为往来，而象各成矣。"错"，治金之器，交相违拂之谓。"综"，以绳维经，使上下而交织者，互相升降之谓也。卦之错而不综者八，乾、坤、坎、离、颐、大过、中孚、小过。综之象二十八，而成五十六卦，屯、蒙以下皆是。错而兼综者，泰、否、随、蛊、渐、归妹、既济、未济。其错则不综者，屯、蒙之错鼎、革，凡四十八卦。通阴阳十二位而交相易，则六十四卦相错而成三十二对。以于所发见之六位而相为易，则五十六卦上下颠倒于二十八象之中。此象也，而谓之数者，象之阴阳，因乎数之七、八、九、六也。"通其变"，谓卦有定体，而所参所伍者异则道异，如震遇泽而阳随阴，遇山而阴养阳，三阳连类而损为损下，益为损上，阴阳各得而家人之利在女贞、蹇之利见大人是已；爻有定位，而参之伍之也异则道异，如阳居初而在乾则潜以静而为龙德、在震则虩虩以动而致福，阴居二而在同人则为于宗之吝、在明夷则为马壮之拯是已。天下之动万变不齐，而止此刚柔之屈伸因时位而易其用，不为典要而周流于六虚以通之，则天地之刚柔交入以成文者在是，而君子之动，行藏文质进反劝威，极典礼之节文以无不著其大美者，唯尚此而能通也。"极其数"，谓因数以得象也。其错也，一向一背，而赢于此者诎于彼；其综也，一升一降，而往以顺者来以逆。天下之器，其象各异，而用亦异，要其形质之宜，或仰而承，或俯而覆，或微而至，或大而容，或进而利，或退而安，要唯酌数之多寡以善刚柔之用，合异以为同，分同以为异，皆此一往一来、一赢一诎以成之象，象成体定，而用以利矣。"变"者，尽乎万殊之理而无所滞也。"至变"，则天下之事无不可为，天下之物无不可用，动而咸宜，创制立法而永为物利矣。此节言尚变、尚象之道。

《易》，无思也，无为也，寂然不动，感而遂通天下之故。非天下之至神，其孰能与于此！

《易》统象、占、辞、变而言。"无思无为"，谓于事几未形、物理未著之先，未尝取事物之理，思焉而求其义之精，为焉而营其用之变也；设其象变，系以辞占而已。"寂然不动"，具其理以该四者之道，无适动而为一时一事兆也。"感"者，学《易》者以心遇之，筮者以谋求通焉。"通天下之"，故谓言、动、器、占皆于此而得也，此则至精至变，而括之于一理之浑然，以随感必通，非智计之所能测，唯"天下之至神"乃能与也。天下之至神，诚之至也。健而诚乎健，顺而诚乎顺，纲缊而大和，裕于至足之原，精粗、本末、常变皆备于易简之中，故相感者触之，而即与以应得之象数，非待筹量调剂以曲赴乎事物，此则神之所以妙万物而不测也。周子曰："诚几神。"谓诚则几，诚之几则神也。朱子曰："人心之妙，其动静亦如此。"人心者，性之具于虚灵者；静而无不实，故动而无不灵，灵斯神矣。

夫《易》，圣人之所以极深而研几也。

夫，防无反。

"深"者精之藏；"几"者变之微也。极而至之、研而察之者，神也。圣人之神合乎天地，而无深不至、无几不察矣。故于《易》著之，以待天下之感，而予之以通。

唯深也，故能通天下之志；唯几也，故能成天下之务；唯神也，故不疾而速，不行而至。

以言、以占者，谋理之得失，审事之吉凶，必于天下智愚淳顽之志，皆通其顺逆之由，乃能予以理之宜而不违其情。唯极乎深，而察其刚柔消长之萌在一念之隐微，而万变不出于此，故无不可通也。以动、以制器者，求事之成能，求物之利用，必因天下之务，有所缺则有所需，有所为则有所成能，因而节之文之，以善其为。唯研其几，而知体用相因之际，同异互成，其微难见，而静有其体，动必有其用则庶务合而归诸道，无不可成也。乃其所以极之研之者，无思无为于寂然不动之中，易简而该刚柔摩荡之大用，则问之即应，用之即效，妙用而不测；其功之速成也，则一皆神之为也。非大明于全《易》浑然之体，以得其至变大常之诚，固未足以知此也。要诸其实，则与第一章易简而理得，同为一理。唯纯乎健顺，以知大始而作成物，故无深非其深，无几非其几，以速于应而妙万物。若何晏、夏侯湛之徒，以老庄之浮明，售其权谋机智，而自谓极深而入神，则足以杀其躯而已。无他，诚与妄之分也。

子曰："《易》有圣人之道四焉"者，此之谓也。

立诚以尽神之谓也。

右第十章。此章目言圣人之道四。夫子阐《易》之大用以诏后世，皎如日星，而说《易》者或徒究其辞与变以泛论事功学术，而不详筮者之占，固为未达；又或专取象占，而谓《易》之为书止以前知吉凶，又恶足以与圣人垂教之精意！占也，言也，动也，制器也，用四而道合于一也。道合于一，而必备四者之用以言《易》，则愚不敢多让。非敢矫先儒之偏也，笃信圣人之明训也。

周易内传卷五下

子曰：夫《易》何为者也？夫《易》，开物成务，冒天下之道，如斯而已者也。是故圣人以通天下之志，以定天下之业，以断天下之疑。

夫，防无反，下同。断，丁乱反，下同。

"开物"谓一阴一阳之道，为万事万物之所始；"成务"谓事物之成自人为者，亦此理成之也。"冒"者，始终覆冒之谓。"如斯而已"者，夏、商之世，《易》道中衰，或多为繁说，侈于吉凶，而不要归于道，文王乃作《周易》，一本诸天人之至理，止其诬冗，唯君子谋道乃得占以稽疑，理定于一而义严矣。以此立教，后世之窃《易》者，或滥于符命，如《乾凿度》；或淫于导引，如《参同契》；或假以饰浮屠之邪妄，如李通玄之注《华严》；又其下则地术星命之小人皆争托焉；恶知《易》之为用但如斯而已乎？"通天下之志"以阴阳之情，"定天下之业"以健顺之德，"断天下之疑"以得失之理，非是三者，《易》之所不谋也。

是故蓍之德圆而神，卦之德方以知，六爻之义易以贡。圣人以此洗心退藏于密，吉凶与民同患。神以知来，知以藏往，其孰能与于此哉！古之聪明睿知神武而不杀者夫！

"睿知"之知，珍义反，余并如字。"能与"之与，羊洳反。

此节言圣人画卦、系辞、设筮，以自验其德也。"德"谓其性情功效。"义"者，理著于辞也。"圆"者，运而不滞，谓七、八、九、六，揲无定则，唯其所成而恰合也。"神"，尽其变也。"方"者，卦之有定体也。"知"，明于理之大全也。"易"，变易也；阴阳丽于六位，而因时位以殊也。"贡"明告无隐也。"洗心退藏于密"者，圣人之为莫非理义，可以唯其所行，而洗涤自信之心，以不决于行止，必退而藏其用于天道之不测，以筮决之。盖天道至精至密，吉凶得失，纤毫皆至理之所察，而非可以道义之大纲定者。故圣人自恐其疏，而稽疑于阴阳之繁变，以极致其谨慎周详而后动也。"吉凶"者，凡民之所患，圣人有天祐人助之德，可以不患，而不轻自恃，有忧其未当之情，以决于蓍而免于患。资著之神，以穷其变而"知来"；资卦之知，以明所守于古今不易之理而"藏往"。非圣人之至虚无我，畏天而俟命者不能也。聪明睿知神武矣，而智不自用，勇不自恃，虽道盛功兴，可以生杀唯己，而犹以吉凶为患，听天而待时。文王演《易》，道已大行，而不兴吊伐之师，用此道也，而德以至矣。此圣人之用《易》以厚其德之藏者也。

是以明于天之道而察于民之故，是兴神物，以前民用。圣人以此斋戒，以神明其德夫！

此节明圣人以《易》使天下后世人得用之以筮，而迪之以吉也。"兴"犹尚也。"神物"，蓍也"斋戒"，使人齐一其心，戒筮者，戒有司，使恪共莅筮也。"以神明其德"者，以蓍之神灵为民示所从，俾无失德也。众人之斋戒虽不足与于圣人之洗心，而收敛傲僻，以待明于神，则亦可以与于阴阳不测不神知。唯圣人于《易》尽天人之理，为吉凶得失之原，而察之精，故能使天下后世信而从之，此圣人用《易》以纳民于敬慎而寡其过也。

是故阖户谓之坤，辟户谓之乾，一阖一辟谓之变，往来不穷谓之通，见乃谓之象，形乃谓之器，制而用之谓之法，利用出入，民咸用之谓之神。

见，胡甸反，下同。

此节明"六爻之义易以贡"而"前民用"之理也。唯其易，故能明天道，而察于民用万变之故；唯其贡，故民皆得与，而以神所告者明其德。盖卦与蓍神知之妙，非民之所与知，而爻义之显陈，则民咸可用。原本于神者同，而所用有大小浅深之异，《易》所以冒天下之道也。

乾坤谓阴阳也。凡卦之阴爻皆坤顺之体，阳爻皆乾健之体；散见于六十二卦者，虽乾坤之象不全，而体固具也。"阖户""辟户"，以功用言。阴受阳施，敛以为实，阖之象也。阳行乎阴，荡阴而启之，辟之象也。取象于户之阖辟者，使人易喻，亦所谓"易以贡"也。已阖而静，方阖则动；辟之也动，既辟而静；静以成体，动以发用；故六爻之有阴阳，皆具乾坤之德，而用不穷也。夫阖则必辟，辟则必阖，万象体乾坤而各自为体，阴阳有畸胜而无偏废，其一阴一阳之相间者，纯之必变也。上生之谓"往"，下生之谓"来"，上下相连而阴阳以类聚者，变之必通也。既济、未济，变之极；夬、姤、剥、复，通之盛也。阴阳之变，通行乎六位而卦成，其见也象之所著也。万物之形，皆以此为虚实、质文、同异之制，成乎器矣。象立器成，乃因其刚柔之得失，裁成而用之，则事之法也。此阖辟往来互变以使六爻之失得，爻自有义，昭著呈见，以听民之贵贱智愚，随其日用，考从违于阴阳不测之中，极其所感而无不通，神抑行乎其中矣。故使天下之人斋戒而求以明其德者，不测其所以然，而莫不敬信以从乎筮策也。

是故《易》有太极，是生两仪，两仪生四象，四象生八卦，八卦定吉凶，吉凶生大业。

"大极"之大，他盖反。

此明蓍与卦之德，方圆之所取法，神知之所自知，而圣人藏密以与民同患，唯有其至足之原，冒天下之道也。

"太极"之名，始见于此，抑仅见于此，圣人之所难言也。"太"者极其大而无尚之辞。"极"，至也，语道至此而尽也；其实阴阳之浑合者而已，而不可名之为阴阳，则但赞其极至而无以加，曰太极。太极者，无有不极也，无有一极也。唯无有一极，则无所不极。故周子又从而赞之曰："无极而太极"。阴阳之本体，纲缊相得，合同而化，充塞于两间，此所谓太极也，张子谓之"太和"。中也，和也，诚也，则就人之德言之，其实一也。在《易》则乾坤并建，六位交函，而六十四卦之爻象该而存焉。蓍运其间，而方听乎圆，圆不失方，交相成以任其摩荡，静以摄动，无不浃焉。故曰"《易》有太极"，言《易》之为书备有此理也。

"两仪"，太极中所具足之阴阳也。"仪"者，自有其恒度，自成其规范，秩然表见之谓。"两"者，自各为一物，森然迥别而不紊。为气为质，为神为精，体异矣。为清为浊，为明为暗，为生为杀，用异矣。为盈为虚，为奇为偶，数异矣。"是生"者，从《易》而言，以数求象于寂然不动者，感而通焉。自一画以至于三，自三以至于六，奇偶著阴阳之仪，皆即至足浑沦之乾坤所笃降，有生起之义焉，非太极为父、两仪为子之谓也。阴阳，无始者也，太极非孤立于阴阳之上者也。

"四象"：纯阳纯阴，通之二象也；阴错阳，阳错阴，变之二象也。阴阳之种性分，而合同于太极者以时而为通为变，人得而著其象，四者具矣，体之所以互成，用之所以交得。其在于《易》，则乾一象，坤一象，震、坎、艮一象，巽、兑、离一象，皆即两仪所因而生者也。

四象成而变通往来进退之几著焉。成乎六子之异撰，与二纯而八矣，卦之体所由立也。截然为两、为四、为八，各成其体，所谓卦之德方也。其在于蓍，则大衍五十，阴阳具其中，而七、八、九、六不出于此，太极也；分而为两，奇耦无定，而必各成乎奇耦，两仪也；三变之策，或纯奇，或纯耦，或奇间耦或耦间奇，四象具焉；进退无恒，九变之中，八卦成焉，由是而十有八变，要不离乎八卦也；无心随感以通，而皆合于卦体，所谓蓍之德圆也。乃自一画以至八卦，自八卦以至六十四卦，极于三百八十四爻，无一非太极之全体，乘时而利用其出入。其为仪、为象、为卦者显矣；其原于太极至足之和以起变化者密也，非圣人莫能洗心而与者也。

八卦立而时位之得失、刚柔之应违，吉凶定矣。"定"者，体之方也，可知而不可乱者也。乃圣人于此，既已具卦德于聪明神武，而不恃之以忘民之患，或凝其吉，或违其凶，或吉而有所不受，或凶而有所不避，以自远于患而弭民之患，唯洗心以听于神之所告，极深研几，而察于圆运不穷之神，则大业之利用而无畸、分剂而不乱，开物成务，而道无不冒矣。盖唯圣人即显知密，上溯之太极之理，至健而不息，至顺而无疆，即圆以求方，为不逾之矩，为能与于其深，而下此者，日用而不知也。

是故法象莫大乎天地；变通莫大乎四时，县象著明，莫大乎日月；崇高莫大乎富贵；备物致用，立成器以为天下利，莫大乎圣人；探赜索隐，钩深致远，以定天下之吉凶，成天下之亹亹者，莫大乎蓍龟。

县，胡涓反。索，色白反。

此总承上，而明"冒天下之道"之意。"变通"谓秋变夏，春变冬，夏通春，冬通秋。"富贵"谓有天下，履帝位，崇高作君师，而志无不行也。"隐"者，吉凶之未见。"深"，其所以然之理。"远"，推之天下而准也。"亹亹"，大业之无穷也。在天而为天地，为日月，为四时，吉凶之所自出者，蓍龟皆准之；在人而帝王承天以行刑赏，圣人法天以制事，而大业之亹亹者，蓍龟皆备著其道。《易》之所以冒天下之道，而圣人与民之交资以去患者也。

乃其所以然者，天地日月四时，皆太极之缊所凝聚而流行。帝王、圣人受命于太极以立人极，非圣人之洗心藏密，不足以见其浑沦变化之全体大用。而以名象比拟之私智窥测者，不知其道之如斯而已。不贞于一而杂以妄，则窃《易》而流于邪，固君子之所必黜已。

是故天生神物，圣人则之；天地变化，圣人效之；天垂象见吉凶，圣人象之；河出图，洛出书，圣人则之。《易》有四象，所以示也。系辞焉，所以告也。定之以吉凶，所以断也。

见，胡甸反。断，丁瓦反。

"神物"，蓍龟也。"则"者，取以为法也。"变化"，阴阳交动而生成万物也。"垂象见吉凶"者，七政、雨旸之灾祥，一阴阳时位之得失为之也。《洛书》于《易》无取。上兼言蓍龟，《洛书》本龟背之文，古者龟卜或法之以为兆，而今不传。说者欲曲相附会于《周易》，则诬矣。此承上而言蓍龟之用，合天人之理，极乎其大，故圣人法天而制为象占，以尽其神用，以示、以告、以断，民得与焉，而开物成务之道备矣。

按此言《易》有四象，以示《易》之全体，则自八卦而六十四卦，皆四象也。乃邵子立二画之卦，以为四象，因而于三画之上，增四画之卦十六，五画之卦三十二，委曲烦琐，以就其加一倍之法；乃所画之卦，无名无义，无象无占，而徒为虚设，抑不合于参两天地、兼三才而统阴阳柔刚仁义之理，且使一倍屡加，则七画而百二十八，八画而二百五十六，至于无穷无极而不可止，亦奚不可！守先圣之道者，所不敢信。《易》固曰："如斯而已"，何容以筮法之小术乱之哉！

右第十一章。此章专言筮《易》之理，然汗法圣人藏密之德，凡民斋戒之诚，则学《易》者亦可以得敬修俟命之理矣。

《易》曰："自天祐之，吉无不利。"子曰：祐者助也，天之所助者顺也，人之所助者信也；履信思乎顺，又以尚贤也，是以"自天祐之，吉无不利"也。

"助"者，己用力而人辅益之之谓，明非不劳而得福也。"顺"者，顺乎理"信"，循物无违也。大有上九在上，而为五所有，以助乎五；唯五虚中以下受群阳，而人助之，居尊位而以柔承上九，故天助之。天助之，则理得而事宜，吉无不利矣。阳刚者，君子之道，故又为"贤"。"尚"谓五上承之也。夫子引伸爻辞，明天祐不可幸徼唯信顺以为本，尚贤以求益，乃可以获祐也。《本义》云："恐是错简，宜在第八章之末。"

子曰：书不尽言，言不尽意，然则圣人之意其不可见乎？子曰：圣人立象以尽意设卦以尽情伪，系辞焉以尽其言，变而通之以尽利，鼓之舞之以尽神。

"书"谓文字。"言"，口所言。言有抑扬轻重之节，在声与气之间，而文字不能别之。言可以著其当然，而不能曲尽其所以然；能传其所知，而不能传其所觉。故设问以示占者、学者，当合卦象鼓舞变通之妙，以征《系辞》之所示，而不但求之于辞也。"象"，阴阳奇耦之画，道之所自出，则《易》之大指不逾于此也。六画配合而成卦，则物情之得失，见于刚柔时位矣。《系辞》则以尽情意之可言者也。利义之合也。卦象虽具，而变通参伍之，然后所合之义显焉。辞虽有尽，而卦象通变之切于人事者，圣人达其意于辞中，以劝善惩恶，歆动而警戒之，则鼓舞天下之权，于辞而著，是利用出入，使民咸用之神所寓也。如是以玩索于《易》，然后《系辞》之得失吉凶，皆藏密之实理，而无不可尽之于书矣。夫子示人读《易》之法，于此至为著明。自王弼有"得言忘象"之说，而后之言《易》者以己意测一端之义，不揆诸象，不以象而征辞，不会通于六爻，不合符于《彖》《象》，不上推于阴阳十二位之往来，六十四卦，三十六象之错综，求以见圣人之意，难矣。

乾坤其《易》之缊邪！乾坤成列而《易》立乎其中矣。乾坤毁则无以见《易》；《易》不可见，则乾坤或几乎息矣。

邪，以遮及。

"缊"，衣内絮著也，充实于中之谓。"成列"，二卦并建，而阴阳十二全备也。"毁"，灭裂之也，谓人灭裂乾坤并建之义也。"几"，期也。"息"者，道不行不明也。乾坤各具六爻之全体大用，而卦唯六位，乃六位之中所错综互见者，无非此健顺之德所弥纶以为其实。六位不足以容阴阳之十二，则纳两仪于六位之中，必有变有通，而成乎六十四象。明者以知来，幽者以藏往；来者以立体，往者以待用。体其全，而后知时之所趣，皆道之所丽。学《易》者不明于此，而灭裂乾坤并建之理，以诡遇于所变之象，则姤之一阴何自而生？复之一阳何自而来？剥之五阳归于何所？夬之五阴反于何地？变通无本而祸福无端，无以见《易》矣。抑不知阴阳之盈虚往来，有变易而无生灭，有幽明而无有无，则且疑二卦之外，皆非乾坤之所固有，而乾坤有息灭之时，于是而邀利于一时，幸功于一得，则自强不息之学可废以从时，承天时行之德可逆之以自便，德不崇而业不广，苟且趋避于吉凶之涂，道之所以不明而不行也。《易》始于伏羲，而大明于文王。夏、商之世，《易》道中衰。《连山》、《归藏》，孔子之世犹有存者，而圣人不论，以其毁乾坤而欲见《易》也。知此，则京房八宫世应迭相为主，奖六子以与乾坤并列；秦玠复、姤为小父母之说，皆所谓毁乾坤而不见《易》者也。

此节与上下文义不相属，盖亦错简，疑在第六章之末。

是故形而上者谓之道，形而下者谓之器。

"形而上"者：当其未形而隐然有不可逾之天则，天以之化，而人以为心之作用，形之所自生，隐而未见者也。及其形之既成而形可见，形之所可用以效其当然之能者，如车之所以可载，器之所以可盛，乃至父子之有孝慈，君臣之有忠礼，皆隐于形之中而不显。二者则所谓当然之道也，形而上者也。"形而下"，即形之已成乎物而可见可循者也。形而上之道隐矣，乃必有其形，而后前乎所以成之者之良能著，后乎所以用之者之功效定，故谓之"形而上"，而不离乎形。道与器不相离，故卦也、辞也、象也、皆书之所著也，器也；变通以成象辞者道也。民用，器也；鼓舞以兴事业者，道也，圣人之意所藏也。合道、器而尽上下之理，则圣人之意可见矣。

化而裁之谓之变，推而行之谓之通，举而措之天下之民谓之事业。

此言《易》之功用，尽于象、辞变通之中也。"化"，"裁"者，阴阳之迭相变易以裁其过，而使刚柔之相剂。"推"、"行"者，阴阳之以类聚相长而相属，即已著之刚柔更推而进，尽其材用也。此以形而上之道，为形之所自殊，可于器而见道者也。以其变通之义合于已成之象，而玩其所系之爻辞，举是而措之于民用，观其进退合离之节，以择得失而审吉凶，则事业生焉。此以形而发生乎用之利，可即器以遇道者也。圣人作《易》之意，合上下于一贯，岂有不可见之秘藏乎！

是故夫象，圣人有以见天下之赜而拟诸其形容，象其物宜，是故谓之象；圣人有以见天下之动而观其会通，以行其典礼，系辞焉以断其吉凶，是故谓之爻。

承上文申言之。象、辞之中，变通在焉，事业兴焉。辞以显象，象以生辞，两者互成，而圣人作《易》之意无不达矣。

极天下之赜者存乎卦，鼓天下之动者存乎辞，化而裁之存乎变，推而行之存乎通。

此言学《易》者即卦象爻辞变通而尽圣人之意，以利其用也。"存"，在也，在即此以知其理也。"极"，尽也，具知事物小大险易之情状也。六十四卦，天道、人事、物理备矣，可因是以极其赜也。"动"，兴起于善也，玩其辞而劝戒之情自不容已也。"化而裁之"者，人之于事业有所太过，则刚以节柔，柔以节刚，于卦之变而得其不滞之理。"推而行之"者，苟其所宜然，则刚益刚而不屈，柔益柔而不违即已然之志行而进之，于卦之通而得其不穷之用也。如此，则可以尽圣人之意矣。

神而明之，存乎其人。默而成之，不言而信，存乎德行。

行，下孟反。

　　承上而推言之。欲见圣人之意以尽《易》之理，又存乎人之德行，而非徒于象、辞求之，或不验于民用，则归咎于书也。《易》本天道不测之神；神，幽矣，而欲明著之于事业以征其定理，唯君子能之，非小人窃窥阴阳以谋利计功者所知也。若默喻其理，而健顺之德有成象于心，不待《易》言之已及而无不实体其道，唯修德砥行者体仁合义，自与《易》契合，而信《易》言之不诬也。

　　右第十二章。此章专言学《易》之事，然占《易》者亦必于化裁推行之妙，考得失而审吉凶之故；不然，则亦泥辞而不验矣。存乎人之德行，则唯君子可以筮而小人不与之理也。

# 周易内传卷六上

## 系辞下传

八卦成列，象在其中矣。因而重之，爻在其中矣。

重，直龙反。

"成列"，谓三画具而已成乎卦体，乾、坤、震、巽、坎、离、艮、兑交错以并列也。"象"者，天、地、雷、风、水、火、山、泽之法象；八卦具而天地之化迹具其中矣。"因而重之"者，因八卦之体，仍而不改，每画演而为二，以具阴阳、柔刚，仁义之道也。"爻"者，效也。重三为六，则天地之化理、人物之情事，所以成万变而酬酢之道皆呈效于其中矣。三画者，固然之体；六画者，当然而必然之用。人之所以法天而应物者，非三百八十四爻莫尽其用。阴阳具而后天效其神，柔刚具而后地效其化，仁义具而后人效其德。重一为二合二于一也。故屯、蒙以下五十六卦，类以事理立名，明其切于用也。旧说以三画之上复加三画为重，此据《彖》、《象传》"动乎险中"、《大象》"云雷屯"之类，以成卦而后内贞外悔，因其现成之象而言，自别为一义。若以伏羲画卦及筮者积次上生而成六爻者言之，则非内三画遽成乎八卦，而别起外三画以层累之。故《传》言参三才而两之，合二爻而为一位。"重"者，一爻立而又重一爻也。故此于八卦言象，丁重卦言爻。而屯、蒙以下之卦，皆性情功效之动几，非象也，则非一象列而又增三画为一象。今遵夫子参两因重之义，为重卦图如右：

因乾☰而重

☰乾　☲同人　☴小畜　☱夬

☵家人☲革　　☵需　　☲既济

因坤☷而重

☷坤　师　豫　剥

解　蒙　晋　未济

因震☳而重

睽　噬嗑　损　归妹

颐　震　临　复

因巽☴而重

蹇　井　咸　渐

大过　巽　遁　姤

因坎☵而重

鼎　旅　蛊　恒

艮　小过　升　谦

因离☲而重

屯　节　随　益

兑　中孚　无妄　履

因艮☶而重

讼　否　涣　困

观　萃　坎　比

因兑☱而重

明夷　泰　丰　贲

大壮　大畜　离　大有

　　初、三、五，八卦之本位，二、四、上，其重也。所重之次，阳卦先阳，而阴自下变；阴卦先阴，而阳自下变；故交错而成列。重卦次序，于义不必有取。坎重艮，离重兑，艮重坎，兑重离，皆阴阳偶合之条理，自然之变化，不可以意为推求。盖象成而后义见，此方在经营成象之初，未尝先立一义以命爻。《易》之所以以天治人，而非以人测天也。故于八卦言象，而于重言爻。重卦但备爻以该三才之道，初不因象而设。爻备而复有象，象在爻后，则《象传》《大象》之说，取二体之德与象以立义，自别为一理，不可强通之于因重。若京房乾生姤、震生豫之说，则又下文刚柔相推之余义，非伏羲重三为六之本旨，其说又别，所谓《易》之为道屡迁也。

刚柔相推，变在其中矣。系辞焉而命之，动在其中矣。

推，吐回反。

"推"即所谓相摩相荡也。刚以承刚，柔以继柔，常也。其摩荡而相间者，天之化，人之事变所由生也。六十四卦具，而中有阴阳互杂之爻，则物理人事之变，皆其所备著矣。"命"，以告占者也。因爻之动，而系之以辞，则人之进退作止，所以善其动者，皆其中所蕴之理矣。

此上二节，言《易》理之利用于人者。

吉凶悔吝者，生乎动者也。

吉凶悔吝，辞之所著也。爻动、则时位与事相值，而四者之占应之。此以申明"动在其中"之意，而言发动之爻，为所动之得失。昧者不察，乃谓因动而生四者，吉一而凶三，欲人之一于静以远害，此老庄之余浒，毁健顺以戕生理，而贼名教者也。

刚柔者，立本者也。变通者，趣时者也。

趣，七俞反。

言"刚柔"者，以爻有成形，依地道而言之，天之阴阳、人之仁义皆在其中，其象数则统于奇耦也。以健顺之全体，起仁义之大用，而合九、六之定数，为爻之实、卦之本也，即三才合德之本也。其"变"、其"通"，则刚柔有必动之时，而成乎交错；当其时，立其义，人之乘时速应而不滞以效此者也。时虽必趣，而本之已立，乃可以乘时而趣之，故下言贞一之理，以归其德于健顺，急立本也。

吉凶者、贞胜者也。天地之道，贞观者也。日月之道，贞明者也。天下之动，贞夫一者也。

胜，书烝反。观，古玩反。夫，防无反。下同。

"贞"，正也，常也；刚柔之定体，健顺之至德，所以立本，变而不易其常者也。吉凶之胜，天地之观，日月之明，人事之动，皆趋时以效其变，而必以其至正而大常者为之本也。"胜"者，道足以任之谓。吉而不靡，凶而不忧，足以胜吉凶而德业不替者，此贞也。天之七政有隐见，四时有推移，地之荣枯殊候，融结殊质，而一唯其健顺之至足，以具大观于迭运者，此贞也。日月有发敛、有盈缩，而阳明外施，阴虚内涵，一刚柔至足之德者，此贞也。天下之动，虽极乎万变之至赜，而非善则无恶，非得则无失；仁义之流，至于充塞仁义，而唯趣时之变所至，若其所自来，则皆二气絪缊，迭相摩荡，分而为两仪者，同函于太极之中，莫非此贞也。阴阳之外无太极，得失顺逆不越于阴阳之推荡，则皆太极浑沦之固有，至不一而无不一者，此贞也。是以乾坤立本，而象爻交动以趣时，莫不出于其中也。

夫乾，确然示人易矣。夫坤，隤然示人简矣。爻也者，效此者也。象也者，像此者也。

易，以豉反。隤与颓同。

"确然"，至健而不虚之谓。"隤然"，至顺而不竞之谓。乾坤二纯，立体于至足而不杂，则易简之至也。此指乾坤易简。爻之吉凶悔吝、卦象之大小险易，趣时以变通者各异，而无非此乾坤易简，一实至足之理；则刚柔之德，以立本而贞天下之动者，皆函于两仪合一之原。知太极之藏，唯两仪之絪缊不息，而易简以得天下之理；爻象效而像之，岂越此哉！

爻象动乎内，吉凶见乎外，功业见乎变，圣人之情见乎辞。

见，胡甸反。

几之初动者曰"内"，事应之生起者曰"外"。立本以趣时，则随爻象之所动，而吉凶之理著。因其变而以行乎吉凶之涂，得其贞胜，则无往而不可成功业。圣人之《系辞》，无非以此鼓舞天下，使因时务本，以善其动，合于贞一之道而已。

天地之大德曰生。圣人之大宝曰位。何以守位曰仁。何以聚人曰财。理财正辞，禁民为非曰义。

此节上下疑有脱误。大要以明重三画而六之，阴阳、柔刚、仁义，合二以立极之理，著爻之所效也。"天地之大德曰生"，统阴阳柔刚而言之。万物之生，天之阴阳具而嘘吸以通，地之柔刚具而融结以成；阴以敛之而使固，阳以发之而使灵，刚以干之而使立，柔以濡之而使动。天地之为德，即立天立地之本德，于其生见之矣。位也，财也，仁也，义也，圣人之立人极不偏废者也，所以裁成辅相乎天地，而贞天下之动者也。卦中三、四二爻，三为人之正位，于圣人为位；四为出治之道，于圣人为财；仁为守位，义以理财，则人位二爻之德也。君道止于仁，唯为民父母，而后可为元后，仁所以守位也。仁者，位中所有之德也。义者，取舍而已。非义而取，则上有匿情，虽责民以善而辞不昌，民乃不服。财散民聚，而令下如流水矣。义者，于财而著者也。仁义之藏生于人心一阴一阳之成性，而此于守位聚人言之者，自其效天下之动以利用者言也。仁义并行，而后圣人之尽人道者，配天地之德以善天下之动，则六位以尽三才，其效益著明矣。

右第一章。此章约天下之动于爻象变动之中，而又推原立本之乃以趣时，举而归之于乾坤之易简；抑且约之于贞一，以见《易》之大用，极于博而约，极乎变而常。至足，则六位三才之道也；至实，则健顺也；至一，则太极也。其文显，其义微，圣人作《易》之大指，尽于此矣。

古者包牺氏之王天下也，仰则观象于天，俯则观法于地，观鸟兽之文与地之宜，近取诸身，远取诸物，于是始作八卦，以通神明之德，以类万物之情。

包，薄交反。王，于放反。

"王"犹君也。"文"谓羽毛齿革之可登于用者。"地之宜"，地产所宜，草木金石之利，若"秦宜禾"是也。"明"，神之著也。通其德者，达天地神化之理于事物也。"类"，分之合之以成用。"情"，实也。将言制器尚象之理，而先推八卦之所自作，已尽天地人物之性情功效，而一阴一阳神明之德寓焉，故可因其象以制器也。六十四卦皆伏羲所作，但言八卦者，八卦立而贞悔二体上下交互，皆不出八卦之成象也。

作结绳而为网罟，以佃以渔，盖取诸离。

罔与网同。佃与畋同。

"网"兽网。"罟"，鱼罟。离为目象，外为轮郭而中虚。目目相承，网罟之象，禽鱼自丽其中。

包牺氏没，神农氏作，斫木为耜，揉木为耒，耒耨之利以教天下，盖取诸益。

"耜"，今之犁头。"耒"，犁辕。古者耜端无铁，削木锐而用之。"耨"应"耜"字之讹。益卦一阳下入为耜，阳刚之锐也；中三阴为耒之曲，阴柔曲也；上二阳为耒柄，动而入土。益之象也，旧说以卦名而略其义。按《经》云"制器者尚其象"，则义在象而不在卦名。若此节以耒耜为益于天下，则凡器皆益，不独耒耜，故所不取。余放此。

日中为市，致天下之民，聚天下之货，交易而退，各得其所，盖取诸噬嗑。

"得其所"，得其所欲也。离在上，为"日中"。噬嗑之象，上下二阳，设为关肆；阴为民为利；九四象有司治市者，讥察于中，使三阴各退，不终合，以免黔货无厌也。

神农氏没，黄帝、尧、舜氏作，通其变，使民不倦，神而化之，使民宜之。《易》穷则变，变则通，通则久，是以自天祐之，吉无不利。黄帝、尧、舜垂衣裳而天下治，盖取诸乾坤。

兼言三圣者，上古之世，人道初开，法制未立，三圣相因，乃以全体乾坤之道而创制立法，以奠人极，参天地而远于禽狄。所以治天下者，无非健顺之至理，而衣裳尤其大者也。"不倦"者，乾之健行。"宜民"者，坤之顺德。"通其变"者，卦体阴阳，互为参伍而乾无不行于其间，法其健以奖民而兴于行，民乃去其嘘嘘于于之怠气而不倦。"神而化之"者，阴主形，阳主神，阴性凝滞而承天时行，以天之神，化地之形，坤之所以行地而无疆，法其顺以使民因嗜欲之情而率由乎道，以化其质，民乃安于日用饮食而帝则自顺，无不宜也。《易》之为位为爻，乾坤之变通而已。穷极则阴阳互易以相变；变不可久居，则又顺而通之，使阴阳各利其用。变通合，而出入于万变者皆贞其道，乃可万世而无敝，此三圣之创制立法，所以利百姓之用而上承天祐也。法制之兴，衣裳，人道之尤大者，所以别尊卑之等，则天尊地卑之象；所以别男女之嫌，则阴阳分建而不相杂之象；而上玄以法天，下纁以法地，衣九章以阳之文，裳十二幅以两阴之质，无不取则焉。盖衣裳之尽制，若无益于民用，而裁制苟且，但便于驰驱辗转，则民气怠于简束而健德泯，生其鸳庋而顺理亡。故乾坤毁而易道不立，衣裳乱而人禽无别，三圣之立人纪而参天地者在焉，故他卦不足以拟其大，而取诸乾坤。

刳木为舟，剡木为楫，舟楫之利，以济不通，致远以利天下，盖取诸涣。

为舟之始，剖大木而刳其中，今岭南犹有独木船，其遗制也。"剡"，削其末使锐，以刺入于岸也涣卦三、四二阴为中虚，五、二二阳为两舷，上一阳象篙楫，初阴则浮于水之象也又巽木浮坎水之上，水以济，风能致远，皆舟象也。

唯此卦巽为木，见于《象传》。而睽亦言弦木剡木，卦无巽体，不可疑木之必于为巽。若旧说谓益两言斲木揉木，为震、巽皆木，其说亦出于火珠林之牵合。唯巽一阴下入，象木之根入土中，二阳在上，象木之枝条舒畅，故有木象。震体反是，非木审矣。

服牛乘马，引重致远，以利天下，盖取诸随。

随上一阴引二阳，牛曳二辕大车以载重之象；二、三二阴引一阳，四马并驾引轻车之象。

重门击柝，以待暴客，盖取诸豫。

重，直龙反。

阴爻象门之两扉。内三阴、外二阴为"重门"。九四阳亘其中，象抱关击柝者。又震为雷，柝以象雷而惊众。"暴客"，客之为暴者。古者假道之客，或包藏祸心，故必防之。旧说取豫备之意。乃豫本张大逸乐之义，无先事豫备意。凡此类，违失本旨，故不取。

断木为杵，掘地为臼，臼杵之利，万民以济，盖取诸小过。

断，都管反。

古之为臼者，掘地作坎，爇之使坚；后世易之以石。小过上下四阴，象臼之稜；坎中二阳，象杵入其中。又下止上动，震、艮之象。

弦木为弧，剡木为矢，弧矢之利，以威天下，盖取诸睽。

二与上为弓干；五与三，其曲也；四象弦；初，其矢也。

上古穴居而野处，后世圣人易之以宫室，上栋下宇，以待风雨，盖取诸大壮。

上，时掌反。下，户嫁反。

"上栋"，竖栋而上之也。"下宇"，从上垂下也。四阳象栋柱上升。二阴象苫盖下垂。下明象阳，上暗象阴。

古之葬者，厚衣之以薪，葬之中野，不封不树，丧期无数，后世圣人易之以棺椁，盖取诸大过。

衣，于计反。

"中野"，谓不必墓域也。"无数"，厚薄久近唯人之意也。棺椁具而丧制备矣。大过中四阳，重固坚实之象，藏于初、上二阴之中。古者天子之棺四重，举其极厚者而言也。

上古结绳而治，后世圣人易之以书契，百官以治，万民以察，盖取诸夬。

"书契"，书木版各分其一以为约，左以取，右以与，若今之合同文书然。"治"谓分理众事之期会。"察"，辨白取与之义也。夬五阳连合，上一阴有分剖之象，离而固可合也。

右第二章。略举十三卦以言"制器尚象"之义。凡圣人之制器以利民用者，盖无不合于阴阳奇耦错综之理数，类如此。圣人非必因卦而制器，而自与卦象合，故可经久行远，而人不能违。即在后世，损益古法以从服食居处修事之便，其能与阴阳象数吻合者，则行之永而与圣人同功；其师心妄作奇巧，无象可法者，旋兴而旋敝。且如蒙恬作笔，下刚长而上柔短，亦夬之象。洪武初，始制网巾，上下束合，而中目繁多，亦颐之象。舟之有帆，本末奇而中耦，乘风以行于泽，亦大过之象。故曰："以制器者尚其象。"凡制器者皆当取法，非徒古圣然也。

是故《易》者象也。

由理之固然者而言，则阴阳交易之理而成象，象成而数之以得数。由人之占《易》者而言，则积数以成象，象成而阴阳交易之理在焉。象者，理之所自著也。故卦也，爻也，变也，辞也，皆象之所生也，非象则无以见《易》。然则舍六画奇耦往来应违之象以言《易》，其失明矣。

象也者，像也。

此"象"谓卦之"大象"。像者，因其已然之形状而写之。象以成乎可像，故因而想像其道之如此。此"自强不息"以下诸义之所自生，因乎象之已成也。

象者，材也。爻也者，效天下之动者也。是故吉凶生而悔吝著也。

"材"者体质之谓，"效天下之动"则其用也。有此体乃有此用；用者，用其体，唯随时而异动尔。吉凶自外至，故曰"生"；悔吝存乎心而见乎事，故曰"著"。吉凶悔吝，辞之所生所著也，因爻而呈，而爻亦本乎象所固有之材。材者，画象之材也。非象无象，非象无爻，非象与爻无辞，则大象、象、爻、辞占、皆不离乎所画之象。《易》之全体在象，明矣。邵子曰："画前有《易》"，不知指何者为画前也？有太极即有两仪，两仪即可画之象矣。

右第三章。此章示人读《易》之法，以卦画为主。

阳卦多阴，阴卦多阳，其故何也？阳卦奇，阴卦偶。

奇，居宜反。

此据三画之卦而言。阴爻三分阳爻而缺其一。一函三，阳为九，阴为六。震、坎、艮之数二十一，三乘七，阳数也。巽、离、兑之数二十四，三乘八，阴数也。三复函三，震、坎、艮之数六十三，七乘九，阳数也。巽、离、兑之数七十二，八乘九，阴数也。六画之卦，一阴之卦六，其数五十一；一阳之卦六，其数三十九；三阴三阳之卦二十，其数四十五；凡三十二卦皆奇。六阳之卦一，其数五十四；六阴之卦一，其数三十六；二阴之卦十五，其数四十八；二阳之卦十五其数四十二；凡三十二卦皆偶。一阳一阴、三阴三阳之卦为阳卦。六阴六阳、二阴二阳之卦为阴卦。抑必有说，先圣未言，以俟知者。

其德行何也？阳一君而二民，君子之道也；阴二君而一民，小人之道也。

行，下孟反。

据以为道者曰"德"，奉之为行者曰"行"。卦之体用如是，而人之用之以成体者，亦如是也。奇谓之"一"，偶谓之"二"。"君"

者，立以为主；"民"者，使从所主而行也。"一"者，九之全体，名不足而实有余；"二"者，三分九而得其六，名有余而实不足。君子之道，主一以统万行，以循乎天理，极其变而行之皆顺，充实于内也。小人之道，义利、理欲两端交战，挟两可之心以幸曲全，而既不足于义，必失其利，所歉于中者多矣。震以动于善，艮以止其恶，坎虽陷而有维心之亨，皆以阳为君也。巽求入而情隐，兑求说而外饰，离虽明而必丽阳以求明，外明而内实暗，皆以阴为君也。用阴阳者不在多寡，而在主辅之分，故君子以小体从大体，而声色臭味皆受役于宰制之心，小人以大体从小体，而心随所交之物变迁而无恒，所遵之道异也。

右第四章。此章言学《易》之道。

《易》曰："憧憧往来，朋从尔思。"子曰：天下何思何虑！天下同归而殊涂，一致而百虑，天下何思何虑！

"天下"，谓事物之与我相感，而我应之受之，以成乎吉凶得失者也。君子之思，以思德之何以崇；其虑也，以虑义之未能精。故曰"君子有九思"，又曰"虑而后能得"。此咸之九四所以贞吉而悔亡也。若天下之殊涂百致，一往一来之无定，为逆为顺，为得为丧，为利为害，为生为死，则本无所容其思虑者。盖天下之物，为造化一本之并育；天下之事，为天运时行之进退。贫贱、富贵、夷狄、患难，莫非命也则一致，皆道之所行也则同归。穷理以尽性，修身以俟命，君子之尽心唯日不足，而何暇为天下思虑也？思其得，虑其不得吉来则惊，往则忧，凶往则幸，来则患，事物百变于前，与之交驰而内丧其志，物交而引，朋从之所以失其贞也。咸四当心与物感之位，故戒之。

日往则月来，月往则日来，日月相推而明生焉。寒往则暑来，暑往则寒来，寒暑相推而岁成焉。往者屈也，来者信也，屈信相感，而利生焉。

推，吐雷反。信，与伸同。

"推"者，迭运而相成之谓。"日月相推"者，月推于日往入地之时而来，则明生；若并行于天，则失其明。"岁成"，谓生成之岁功以登也。"屈信"以指喻，同此一体，特用异尔。"屈信相感"者，达于屈信之理，而感其心以不凝滞于往来之迹，而于屈存信、于信存屈也。"利生"者，信亦利，屈亦利无所不合于义也。此夫子博观于天地人物之化、生死得丧之常，而见一理之循环，无非可受之命、可行之道，故极言之，以见同归一致之理，而无事思虑以从其朋，感物而丧其志也。往者非果往也，屈而已矣。来者非终来也，信而已矣。故死此生彼、非有区画之报，而归于大化之细缊。善吾生者所以善吾死，屈则鬼而信则神，听其往来之自致，而贞一之体不丧，则清明和顺之德不息于两间，形神聚散，交无所乱矣。死生且然，而况于物之顺逆、事之得丧乎！同一指也，同归而一致者也。其殊涂而百虑者，为得为丧，为进为退，为利为害，圣人视之，屈信异而指无殊；若见为往而戚焉，见为来而诉焉，外徇物而内失己，屈而不能伸，伸而不能屈，指之用丧，而指之体亦废矣。故曰"何思何虑"，为天下之往来言也。知其憧憧者不越于一指，而爱养其指，全体以待用者不穷，感以其同归一致，而不感以其往来，不贞之思虑何从而起乎！

尺蠖之屈，以求信也。龙蛇之蛰，以存身也。

"尺蠖"，小虫，耸脊而后行。古人布手知尺，以大指中指一屈一信而为一尺；此虫似之，故名尺蠖。屈信自然之理势，皆无所容其思虑，而人之朋从其思者，当其屈，不安于屈而求信，而不知屈之所以信，乃同归一致之理，故以尺蠖，龙蛇为拟，而言不能屈则不能信。故舜唯与木石鹿豕同其屈，而沛然江河之善，莫之能御，有天下而若固有之，皆其豫定之诚，受命以事天，而不于往来之顺逆劳其思虑，丧其守而不足以行也。

精义入神，以致用也。利用安身，以崇德也。过此以往，未之或知也。

"致用"、"崇德"，君子之所思虑者，此而已矣，以其为同归一致之本也。此指上文而言。过此，则天下之殊涂而百致者也。"精义"者，察伦明物，而审其至善之理，以合于吾心固有之制，非但徇义之迹而略其微也。"入神"者，义之已精，不但因事物以择善，益求之所以然之化理，而不测之变化皆悉其故，则不显之藏昭彻于静存，而与天载之体用相参也。此静而致其思虑于学修，无与于外应之为，而致之用者有本而不穷，张子所谓"事豫吾内，求利吾外"也。"利用"者，观物之变而知之明、处之当，则天下之物，顺逆美恶，皆唯吾所自用而无有不利。"安身"者，随遇之不一，而受其正、尽其道，则素位以行而不忧不惑，无土而不安；则动而出应乎天下，非欲居之以为德，而物不能乱，境不能迁，则德自崇，张子所谓"素利吾外，致养吾内"也。此内外交养之功，动为信，静为屈；静而致用，则不穷于往；动而崇德，则益裕其来；故朱子谓"推屈伸往来之理以言学。乃精义入神以立体，利用安身以起用，体立而用乃可行，则屈以求信之理亦在其中，往来密运于心，而不朋从于天下。天下之屈我信我者，本不可逆亿以知，而一付之不可知之化，不求知焉，则圣人所以贞生死、贞得丧，而终无悔也。后之学《易》者，于过此以往不可知之数，乃至一物之成毁、一事之利钝，强以数推而求知，用思虑于往来殊异之憧憧，以计瓶花磁枕之兴废，亦异于圣人之言矣。

穷神知化，德之盛也。

"神"者化之理，同归一致之大原也；"化"者神之迹，殊涂百虑之变动也。致用崇德，而殚思虑以得贞一之理，行乎不可知之涂而应以顺，则"穷神"。过此以往，未或知者付之不知，而达于屈必伸、伸必屈、屈以善信之道，豁然大明，不以私智为之思虑，则"知化"。此圣人之德所以盛也。盖人之思也，必感于物而动，虽圣人不能不有所感，而所感于天人之故者，在屈信自然之数，以不为信喜、不为屈忧，乃以大明于阴阳太极，同归一致之太和。不然，则但据往来之迹以为从违而起思虑，则于殊涂百虑之中逐物之情伪，朋而从之，是感以乱思，而其思也，适以害义而已。夫子引伸以极推其贞妄之由，为圣学尽心之要。不知者乃谓"何思何虑"为无心之妙用，此释、老贼道之余沈，不可不辨也。

《易》曰："困于石，据于蒺藜，入于其宫，不见其妻，凶。"子曰：非所困而困焉，名必辱；非所据而据焉，身必危；既辱且危死期将至，妻其可得见邪！

邪，以遮反。

欲以困人而败其名，清议自定，不可掩也。望援于不可恃之人，欲以安身，而人不我应，徒召侮而已。小人呼党以与君子为难，自取死亡，君子弗庸以为忧，困之必亨也。

《易》曰："公用射隼于高墉之上，获之无不利。"子曰：隼者禽也，弓矢者器也，射之者人也。君子藏器于身，待时而动，何不利之有！动而不括，是以出而有获，语成器而动者也。

"禽"之为言获也，所欲获之鸟也。"器"者，君子乘权以治小人之道也。上六得位，而柔不急于解，故曰"藏器"。"待时"者，六五惑解而后可治三也。震之德动，二阴虚中而"不括"；志已定，道已胜，时至已则"成器而动"矣。所待在时，而必先有动而不括之道，乃可以时至而必动。君子解悖之道，不与争以求胜；时至道行，则廓然白其志于天下，小人自孚。迫于解者，唯道之不足，东汉党人所以愈解而愈纷也。

子曰：小人不耻不仁，不畏不义，不见利不劝，不威不惩。小惩而大诫，此小人之福也。《易》曰："屦校灭趾，无咎。"此之谓也。

"不耻不仁"，故必利以劝之；"不畏不义"，故必威以惩之。噬嗑之初，尚可惩而使诫；用刑于早，以免小人于恶，薄惩焉可也。

善不积不足以成名，恶不积不足以灭身。小人以小善为无益而弗为也，以小恶为无伤而弗去也，故恶积而不可掩，罪大而不可解。《易》曰："何校灭耳，凶。"

"何校"，犹未诛也，"灭耳"而不听，恃罪之小而成乎大。上九自恃居高而刚愎，则杀之而必不可赦。合二爻治狱之轻重见君子之用刑，始于惩诫，而教之不改，则天讨必伸。凶唯小人之自取，非君子有心于其间也。

子曰：危者，安其位者也。亡者，保其存者也。乱者，有其治者也。是故君子安而不忘危，存而不忘亡，治而不忘乱，是以身安而国家可保也。《易》曰："其亡其亡，系于苞桑。"

"乱"谓纲纪废、上下紊也。乱者，危亡之由；治所以安存之道也。"有其治"，谓方乱之时，治之道固在，但能念乱，则即此土地、人民、政事而治之，理存其中矣。否九五本有休否之德，而夫子推言之。虽安静不失其常度，而中心之竞惕，未尝忘危亡之戒；外不妄动，而内积忧危。"其亡其亡"，非徒其势然也，大人之操心固如此也。

子曰：德薄而位尊，知小而谋大，力小而任重，鲜不及矣。《易》曰："鼎折足，覆公𫗧，其形渥，凶。"言不胜其任也。

知，珍义反。鲜，息浅反。胜，书烝反。

贪以敛怨于下则德薄，意计不出苞苴牍竿之中则知小，众所不与则力小。小人非无才，而志污情柔，则终于卑陋。"鲜不及"者，灾害并至也。"不胜其任"，戒有国家者不当任之。或谓圣人非责人以德厚而知力大，但戒其勿贪大位，其说迂矣。小人之贪大位，五鼎烹而不恤，岂能戒之使退者！《易》不为小人谋，示君子处小人之道尔。

子曰：知几其神乎！君子上交不谄，下交不渎，其知几乎！几者动之微，吉之先见者也。君子见几而作，不俟终日。《易》曰："介于石，不终日，贞吉。"介如石焉宁用终日，断可识矣。君子知微知彰，知柔知刚，万夫之望。

几，渠希反，下同。先见之见，贤遍反。断，丁乱反。

"介于石"，静之笃也。"不终日"，动之捷也。豫之卦德本动，而六二静正自守，嫌于不足以动。乃天下动而有所滞累者，皆立心不固，以利欲累其进退，持己无本，则倚于人而随物以靡，谄上渎下，求济其欲，而为人所掣，不能自主矣。唯不谄不渎，正己而无求，则上不能制，下无所牵，进退绰有余裕，不待事变之著，吉凶已有成形，而得失之理决于当念。从其后而观之，何其知几之早，同于神化！而君子所守者至正之理，黑白之辨显著于前，如饥食渴饮之自喻，不待动念而早觉，非以机智相测也。微之必彰，知之不昧，而以或柔或刚应天下者不爽，天下于其出处语默卜治乱焉，则可谓之至神矣。周子曰："无欲故静。"又曰："静无而动有。"诏、渎无他，私欲乱之耳。"介于石"，无欲之至也。《本义》云：《汉书》"吉"，"之"之间有"凶"字。

子曰：颜氏之子，其殆庶几乎！有不善未尝不知，知之未尝复行也。《易》曰："不远复，无祇悔，元吉。"

"复行"之复，扶又反。

"庶几"，合于复初之德也。初九一阳起于五阴之下，至静之中而动几兴焉，则知无不明，而行无所待矣。盖静而存养之功已密，则天理流行，而大中至正之则，炯然不昧，故一念甫动，毫厘有差，则与素志相违而疾喻其非，隐而莫见，微而莫显，省察之功易而速矣。故愚尝谓庸人后念明于前念，君子初几决于后几。后念之明，悔之所自生也。初几则无事于悔矣。不睹不闻之中，万理森然，而痛痒自觉，故拔一发而心为之动，此仁之体也；于静存之，于动著之也。

天地绸缊，万物化醇；男女构精，万物化生。《易》曰："三人行则损一人，一人行则得其友。"言致一也。

"绸缊"二气交相入而包孕以运动之貌。"醇"者，变化其形质而使灵善，犹酒醴之酿而醇美也。"男女"，兼牝牡雌雄而言。"化醇"，化其气而使神。"化生"，化其形而使长。神在气之中，天地阴阳之实与男女之精，互相为体而不离，气生形，形还生气，初无二也。男女者，阴阳之成形，天地之具体，亦非二也，从其神理形质而别言之耳。天地之理至足，故函三而用一。"致"者，奉而与之之谓。天致其一于上而成艮，地致其一于三而成兑，交相致以合同而化，乃以保泰而通山泽之气。若吝于损而不致，则化不行矣。故三人同行，而损一以致之；与异己者行焉，则得友而相益。以善体阴阳之化理，以取益者不私己以自隘不怙己而骄物也。按此言天地化醇，男女化生，形气交资，而生乃遂，则乾坤称父母，而父母一乾坤之理，于此可见。人不能离生以养醇，则父母之恩均于天地，不可专归生化于天地以遗忘父母。仁人孝子，事亲以事天，即此可悟。而天地之化醇、人物蓄育以迄消萎，屈伸于绸缊之内，于天地初无所损；若父母则劬劳以裕吾之生，者皆损己以益其子，故曰"昊天罔极"，尤为人子者所不可不深念也。

子曰：君子安其身而后动，易其心而后语，定其交而后求。君子修此三者，故全也。危以动，则民不与也。惧以语，则民不应也。无交而求，则民不与也。莫之与，则伤之者至矣。《易》曰："莫益之，或击之，立心勿恒，凶。"

"易其"之易，以鼓反。

"安其身"，自处有道，而不行险以徼幸也。"易"，平也。"易其心"，不以极喜极忧而迫于言也。下专言惧者，惧且不可语，而况可溢喜以妄言耶！"定交"，道合而情孚也。三者皆有恒之道，无损于物，则物自乐于相益；反是者，孤危而害将至矣。益之上九，高危而骄吝，故决言其凶。圣人之言，彻上彻下，日用之所不能违，类如此，尤读《易》者所宜加警。

右第五章。此章与《上传》第八章旨趣略同，盖亦示人拟议之法，而分属上、下《传》者，二《传》皆圣人居恒学《易》有会而言，初未尝自定为全书；迨其为《传》，随汇集而诠次之，因简策之繁，分为上下尔。子曰"学《易》可以无大过"，亦略见于此矣。极天人之理，尽性命之蕴，而著之于庸言庸行之间，无所不用其极，圣人之学《易》也如此，岂但知盈虚消息之数，而效老庄之以退为道哉！圣人作《易》，俾学圣者引伸尽致，以为修己治人之龟监，非徒为著者示吉凶，亦可见矣。

子曰：乾坤其《易》之门邪！乾，阳物也；坤，阴物也；阴阳合德而刚柔有体，以体天地之撰，以通神明之德。

邪，以遮反，下同。

《易》统六十四卦而言。所从出曰"门"有形有象而成乎事者，则可名为"物"，谓爻也；言凡阳爻皆乾之阳、凡阴爻皆坤之阴也。"合德"，相合以成德。"体"，卦已成之体也。阴阳合而成六十二卦，各有性情功效，而体因定焉。阳卦体刚，阴卦体柔，体立而用因以著也。"撰"，其所作也。凡物理之不齐、人事之至赜，皆天地健顺之德所变通而生。乾坤之良能，体物不遗，而变之通之者，神明为之也。六十四卦具而乾坤之能事毕，变通之动几尽焉。要其实，则一阴一阳之用而已。"神明"，神之明也；自其流行谓之"神"，自其昭著谓之"明"。

其称名也杂而不越。于稽其类，其衰世之意邪！

阴阳变通而成象，则有体。体立而事物之理著焉，则可因其德而为之名。自屯、蒙以下，物理之化，人事之几，得失良楛，赅而存焉，其类不一，亦至杂矣。然皆乾坤刚柔交感合德之所固有，不越乎天地之撰也。"衰世"，谓文王之世。乾坤之撰，无所不有，而因时以著。在盛治之世，天之理正，物之气顺，而变有所不著。唯三代之末造，君昏民乱，天之变已极，日月雷风山泽，有愆有伏，人情物理，或逆而成，或顺而败，而后阴阳错综不测之化乃尽见于象，《易》之所为备杂卦吉凶之象而无遗。然在天者即为理，一消一长，一盛一衰，初无损于天地之大德，特以劳君子之忧患，而遂见为不正之变；乃体其撰，皆可以尽吾健顺之常，则固不越乎乾坤之合德也。治世无乱象，而乱世可有治理，故唯衰世而后杂而不越之道乃著，而文王体天尽人之意，见乎《象》《彖》者乃全也。

夫《易》彰往而察来，而微显阐幽，开而当名辨物，正言断辞，则备矣。

夫，防无反。当，丁浪反。断，丁乱反。

《本义》云："'而微显'当作微'显而阐幽'。'开而'之而，疑误。"此以下皆申明"杂而不越"之义。"往"者已著之理，"来"者必然之应。"微显"者，事物之迹皆推其所以然，而示其当然也。"阐幽"，明示其由来之故，必见于事应也。"当名"，因象立名，允当而卦德以著也。"言"者辞之理。"正言"，定其得失应违之常理也。"断辞"，以辞断其吉凶也。"备"者统上九者而言，皆所谓杂也，推其所从备则不越也。

其称名也小，其取类也大，其旨远，其辞文，其言曲而中，其事肆而隐，因贰以济民行，以明失得之报。

中，陟仲反。行，下孟反。

"名"，谓卦名及辞中所举事物之名也。"小"者，专以一事一物言也。"取类"，取义而推其类也。"大"如：屯，本草出土之象，而可推之建侯；噬嗑，啮合也，而可推之用刑。"旨远"，尽阴阳变化之无穷。"辞文"，依义理以为文，则顺理而成章也。"曲"，委曲于吉凶悔吝之故。"肆"，陈列也；所言之事虽陈列分明，而所以然之理则深隐也。"贰"，疑也，谓有疑而筮也。"报"者，失得在人事，而吉凶之应不爽也。皆备赞《易》理，以申"杂而不越"之义。唯乾坤以为门，故不可越；而唯衰世，其变乃著。伏羲之易待文王而兴，而并建乾坤以统万象，《周易》之所以轶夏商而备天人之道也。

右第六章。篇内凡三言衰世之意，以见唯周有《易》，而《易》理大备于周，然则虽果有伏羲之《易》，犹当略之以从周，况其世远亡传，徒为后人所冒袭之虚名乎！

《易》之兴也，其于中古乎！作《易》者，其有忧患乎！

"中古"，殷之末、周之初也。"忧患"者，文王欲吊伐，则恐失君臣之大义，欲服事，则忧民之毒痛，以健顺行乎时位者难，故忧之。周公之居东也亦然。故以研几精义者，仰合于伏羲之卦得其理，而以垂为天下后世致用崇德之法。旧说谓拘羑里为文王之忧患，非也。死生荣辱，君子之所弗患，而况圣人乎！

是故履，德之基也；谦，德之柄也；复，德之本也；恒，德之固也；损，德之修也；益，德之裕也；困，德之辨也；井，德之地也；巽，德之制也。

文王、周公之志，于此九卦而见，以其时位之相若也。履、谦，阴阳孤而处于忧危之位；复，微阳初起，而重阴居其上；恒，阴阳互相入而相持；损、益盛衰之始；困、井，阳皆陷于阴中；巽，阴伏于下而干阳；皆殷末周初忧危不宁之象。而圣人履其时，即以九卦为德，则德即成于时位之中，而不他求术以相制胜也。三陈之旨，大率与《大象》取义略同，而参以《彖辞》。"基"，所以自立也；"柄"，持以应物者也；"本"，所自生也；"固"，自持不失也；"修"，裁其情之有余；"裕"，进其理之未充也。按下云"困以寡怨，井以辨义"，此疑传写之误。当云："困，德之地也"，刚虽为柔掩，而有地以自处也；"井德之辨也"，得正而知所择也。"制"谓以柔节刚也。

　　履和而至；谦尊而光；复小而辨于物；恒杂而不厌；损先难而后易；益长裕而不设；困穷而通；井居其所而迁；巽称而隐。

　　易，以豉反。称，如字。

　　此实陈卦德以申释上文之意。履，说而应乎乾，应乾则行而不倦，而能至于理，所以为德之基，虽履虎尾而不伤也。谦，称物平施，不失其尊，而物不能掩之，所以为德之柄而终吉。复，阳初动而察事几之善恶于早，所以为德之本，而由此以出入皆无疾。恒，阴入阳中，阳动阴内，阴阳杂矣，而藏于深密以立主，则不以杂为厌患，故为德之固，而立不易方。损，惩忿窒欲，先之遏止也难，而后说则易，故为德之修，遏欲者欲已净而自得也。益，迁善改过，日新以进德，而不先立一止境以自画，故为德之裕，而其益无疆。困，刚为柔掩，而能遂其志，则遇穷而心自通，所以为德之地，而于土皆安。井，不改而往来者皆成乎养以不穷，故为德之辨，而因事制宜，皆利于物。"称"，举也。巽阴入阳而举阳于上，以保中位，使不失其尊。"隐"，用其顺德以求巽入，所以为德之制，而能裁已亢之阳也。

　　履以和行；谦以制礼；复以自知；恒以一德；损以远害；益以兴利；困以寡怨；井以辨义；巽以行权。

　　远，于怨反。

　　此言圣人当忧患之世，以此九卦之德，修己处人，故上以凝天命，下以顺人情，文王以之而成其至德，周公以之而永保冲人，进以成大业，而退不伤于道之正，故九卦时虽危，而可因之以为德。盖阴阳之化，虽消长纯杂之不一，而深体之则道皆存焉，亦所谓"杂而不越"也。履以健行和，和而不流。谦非徒自卑屈，且以制礼而使人不能逾，所以操天下之柄而制其妄。"自知"者，独知之谓，慎于独而非几早绝，以顺帝则而受天命者，此其本也。"一德"则德固矣。忿欲损而害自远。迁善则道行而物自利。穷则怨，怨物者物亦怨之；安于困，则于物无侮。井，一阴一阳，上下分而皆成其则，以之因时制义，辨而宜矣。巽顺而隐，以济时之变，则不激于裁制而制自行，圣人之权也。以此九卦之德处忧患，外达物情之变，而内自居于大正，圣人之德所以至也。他卦非无处忧患之道，而但陈九卦者，夫子深知二圣人之用心，非人所易测也。子曰："内省不疚，夫何忧何惧！"内省者，自知之谓也。然则复尤其至者与！故曰："复，德之本也。"

右第七章。

《易》之为书也不可远，为道也屡迁。

"书"，其辞也。"不可远"，谓当切问而近思之也。"为道"，辞与象相应之理。"屡迁"，不可执成法以推测之也。

变动不居，周流六虚，上下无常，刚柔相易，不可为典要，唯变所适。

此言道之屡迁者也。有定在谓之"居"。"变动不居"，其变动无定在也。阴阳之气，絪缊而化醇，虽有大成之序，而实无序。以天化言之，寒暑之变有定矣，而由寒之暑，由暑之寒，风雨阴晴，递变其间，非日日渐寒，日日渐暑，刻期不爽也。以人物言之，少老之变有定矣，而修短无期，衰王无恒，其间血气之消长，非王之中无偶衰，衰之后不再王，渐王渐衰，以趋于消灭，可刻期而数也。《易》体此以为道，故乾、坤立而屯、蒙继，阴阳之交也，无可循之序；十变而得泰、否，八变而得临、观，再变而得剥、复，其消长也无渐次之期。非如京房之乾生姤、姤生遁，以渐而上变；抑非如邵子所指为伏羲之《易》，乾一兑二，以渐而下变，其变动有定居也。"六虚"者，六位也。谓之"虚"者，位虽设而无可据之实。既可曰初、二为地，三、四为人，五、上为天；又可曰内三画为贞，外三画为悔。五为君位，而有时非君；初、上无位，而有时为主；因刚柔之周流，而乘权各异也。上下阴阳之消长升降也无常，则变动不可测矣。天化之神妙，在天即为理；人事之推移，唯人之所造也。"刚柔相易"，谓位虽有内外高卑之分，而刚柔各有乘权之时，即以其乘时而居位者为主辅倡和，位虚而以阴阳之周流者为实也。《易》之为道本如是，以体天化，以尽物理，以日新而富有，故占者、学者不可执一凝滞之法，如后世京房、邵子之说，以为之典要。故"得位"，正也，而有时非正；"居中"，吉也，而有时不吉；"相应"，利也，而有时不利；坎或为云，而或为雨；巽以上入，而其命下施；不可为典要也类如是。读《易》者所当唯变所适，以善体其屡迁之道也。

　　其出入以度外内，使知惧；又明于忧患与故，无有师保，如临父母。

　　度，从洛反。

　　此言其不可远也。"外内"，有定位者也；刚柔之往来，无定位者也。以无定之出入，审度所以行乎其位者，则精义不可以执一求，而抑不可以毫厘差。言《易》虽屡迁，而当几之得失，于一出一入，揆度外内，使人知道之不易合者，又明于忧患之必有，与所以致之之故，则不待师保之诏，而如父母之不可离，抑非随变动之吉凶而听其自至也。

　　初率其辞而揆其方，既有典常，苟非其人，道不虚行。

　　统承上文，而言《易》道之至近而寓无穷之变，非君子莫能用也。"率"，由也。忧患与故，象不能著，而圣人以辞显之，则由辞以研究其精微，而揆度其周流无方之方，则天化人事之变尽，而所以处之者之义精，于无典要之中，得其至当不易之理矣。然占者非徒以知吉而喜，知凶而忧也。苟为君子之人，则察其随时之中，而乾惕以慎守其至正之则，于是而《易》之道乃以行万变而利用。非其人，则恃其吉而委其凶于无可奈何之数，其占也不如弗占，《易》道虚设矣。《易》之为书，言得失也，非言祸福也，占义也，非占志也，此学《易》者不可不知也。

　　右第八章。此章言学《易》、占《易》之道，最为明切。圣人示人之义，炳如日星；后世以数乱之，非愚所知也。古之为筮者，于事神治人之大事，内审之心，求其理之所安而未得，在天子、诸侯则博谋之卿士以至于庶人，士则切问之师友，又无折中之定论，然后筮以决之。抑或忠臣孝子，处无可如何之时势，而无以自靖，则筮以邀神告而启其心，则变可尽，而忧患知所审处。是知《易》

者，所以代天诏人，迪之于寡过之涂，而占与学初无二理。若夫以射覆之术言《易》，即欲辞侮圣言而不畏天命之慠，其可得乎！

**《易》之为书也，原始要终，以为质也。**

要，如字，平声。

"质"，定体也。以全《易》言之，乾坤并建以为体，六十二卦皆其用。以一卦言之，象以为体，六爻皆其用。用者，用其体也。原其全体以知用之所自生，要其发用以知体之所终变。舍乾坤无《易》，舍象无爻。六爻相通，共成一体，始终一贯，义不得异。如履之履阳而上者六三也，则原始要终，皆以三之履刚为质。临以二阳上临四阴，则原始要终，皆以刚临柔为质。而说《易》者谓履上九自视其履，临六五以知临下，爻、象自相蹂躏，裂质以成文，异乎圣人之论矣。

**六爻相杂，唯其时物也。**

《射礼》：射位曰物。"物"，位也。"时物"，时与位也。六爻之得失吉凶虽杂，若不合于象，然唯其发动之时位，因时立义耳，非有悖于卦之质也。如履六三"虎咥人"，与象辞若异，而义自可通。

**其初难知，其上易知，本末也；初辞拟之，卒成之终。**

易，以豉反。卒，即律反。

以下皆为读《易》者言也。"本者"，如草木之根，藏而未见。"末"则全体皆见也。如乾之初九，一阳动于下，不易知其为潜，以上有见，有跃，有飞，有亢，而后知之。原始要终，则无不知矣。初象未著，必待辞而后著。"卒"，尽也。卒已成，则观象而知其义所自生，故辞易知也。初、上之义尽于此。旧说于凡卦之初，皆言当某之始、于上则言卦已极而将变。以卦言，则本无将变之理，以筮言，则六爻备而筮事毕，何变之有！卒者，成也，非变也。

**若夫杂物撰德，辨是与非，则非其中爻不备。**

夫，防无反。

"物"，谓阴阳之成象者，即爻也。"撰德"，所以造成此卦之德也。"是非",吉凶得失之本也。中四爻者,出乎地、尽乎人而应乎天,卦之成德备于此矣。即如复以初爻为主,而非中爻重阴,则无以见其不远之复;夬以上爻为主,而非中爻积阳,则无以见其无号之凶。家人、睽,阳之闲于初、上者同;困井,柔之掩刚于初、上者同;而中之得失异。故欲明初、上之初终,必合中爻以辨之。原始要终,不可以辞害爻,以爻害象也。

噫!亦要存亡吉凶,则居可知矣。

此句疑有阙误。大要谓六爻之成象,辨卦之主辅,则可于吉凶而知所存之义矣。

知者观其象辞,则思过半矣。

"知"谓知《易》者。读《易》之法,以象为主,而爻之杂撰是非,因时物而成者,即其质以思其变,乃谓之知《易》。圣人示人读《易》之法,于此最为明切。其谓有文王之《易》,有周公之《易》,有孔子之《易》,何其与圣言异也!

二与四同功而异位,其善不同。二多誉,四多惧,近也。柔之为道,不利远者,其要无咎,其用柔中也。

"功"者,位之奇偶,刚柔所见功之地也。言"善不同",惧亦善也。"近"谓近于五。近尊则不敢自专,而惧不足以承,故四虽多惧,而固有善也。二居下卦之中,远于尊位,则嫌于相敌,正以无所惧而不利;然其大要以无咎而致誉,则以得中故也。

三与五同功而异位。三多凶,五多功,贵贱之等也。其柔危,其刚胜邪!

邪,以遮反。

五履天位而中,故贵;三视之贱矣。柔居之而危,小人而乘君子之权也;刚居之则有功。言"胜"者,三或过刚而凶,特胜于柔耳;五柔亦或吉刚尤胜也。此二节亦言其大略耳。不可为典要者,又存乎其时,读者当善通之。

右第九章。此章言读《易》之法。

《易》之为书也,广大悉备:有天道焉,有人道焉,有地道焉。兼三才而两之,故六。六者非它也,三才之道也。

"广大"，其规模之宏远；"悉备"，其事理之该括也。"道"者，立天、立地、立人之道也。《易》包括两间之化理，而效生人之大用，故于六位著其象。"才"者，固有之良能，天地以成化，人以顺众理而应万事者也。阴阳，天之才；柔刚，地之才；仁义，人之才。天高地下，人居其中，各效其才，物之所以成，事之所自立也。

**道有变动，故曰爻。**

"道"，三才之道也。六位虽分，三才殊道，而天地纲缊，时相升降，人心之邪正、气之顺逆，亦与天地而互感。故初、二为地，三、四为人，五、上为天，其常也。其变动，则随位而三才之道见，固不可为典要。以爻之阴阳，动于其位，道即因之而在。

**爻有等，故曰物。**

"等差"，别也。以数则有九、六、七、八，以象则有奇、偶、阴、阳，各成其形象。丽于六位者，二仪之象也。"物"谓阴阳之质。

**物相杂，故曰文。**

自乾坤二卦外，皆阴阳之相杂者也。"文"者，其承、乘、孚、应之辨也。

**文不当，故吉凶生焉。**

当，丁浪反。

"当"，兼当不当而言。下之承上，上之乘下，同者相孚，异者相应，时各有当，当则吉，否则凶。六位本有定体，以著三才之道，而其变动，则交相附丽以效用。阴阳二物出入于三才六位之中，相杂而因生乎吉凶。盖人之有道，本与天地相参而立，而刚柔之用存乎人者或顺或逆，则阴阳之偏气与之相感而相戾。故凶者未有不由乎人之失也，吉者未有不由乎人之得也。圣人作《易》，君子占焉，所以善用其阴阳于尽人事、赞化育之中，而非在天有一定之吉凶，人不得而与也。

右第十章。此章明三才六位之理，明卦之所由重。说详第一章。

《易》之兴也，其当殷之末世，周之盛德邪！当文王与纣之事邪！是故其辞危。危者使平，易者使倾。

邪，以遮反。

"殷之末世"，纣无道而错乱阴阳之纪。文王三分有二，以服事殷，心不忍殷之速亡，欲匡正以图存而不能，故作《易》以明得失存亡之理，危辞以示警戒。危者使知有可平之理，善补过则无咎，若慢易而不知戒者，使知必倾，虽得位而亦凶，冀殷之君臣谋于神而悔悟，盖文王之心亦比干之心也，故曰"盛德"。

其道甚大，百物不废，惧以终始，其要无咎，此之谓《易》之道也。

要，如字。

"物"事也。"要"归也。"道甚大"者，拨乱反治以回天之理在焉，而忠厚无已之情，寓于微辞以自靖，不忍激成君臣之变，德之盛，故大也。该天下之变于六十四象之中，上推天之所以为天，而下极于人事物情之变，使知天下之理，无不当以戒慎之心始之终之，而后归于无咎。殷之君臣能以此而自占，则天命可回，而周之至德终矣。至于纣终不悟，而成乎登天入地之象，至周公之时，乃追序殷之所以失为后鉴，非文王之所忍言也。

右第十一章。

夫乾，天下之至健也，德行恒易以知险。夫坤，天下之至顺也，德行恒简以知阻。

夫，防无反。行，下孟反。易，以豉反。

乾、坤，谓《易》所并建以统卦爻者。言天下之至健者，唯乾之德行也；天下之至顺者，唯坤之德行也。举凡天化物情，运行而不挠者，皆阳气上舒；其运焉而即动，嘘焉而即灵，无所不效以成能者，皆阴性之固然。乾纯乎阳，坤纯乎阴，健顺之至矣。健顺至，而险阻无不可知矣。危而难于行者曰"险"，滞而不通者曰"阻"。阳气之舒，极天下之殊情异质，而皆有以动之，则出入于险，而周知其故。阴壹于顺，则虽凝为重浊，有所窒碍，而或翕或辟，承天时行，以不滞于阻，而自知其通。是以六阳六阴并建以偕行，升降盈虚、为主为辅于物化人情者，以其纯而不杂、易简之德，备天下险阻之变而无不通。六十四卦、三百八十四爻，无非乾、坤之所自为，则抑无非乾、坤之所自知也。

能说诸心，能研诸侯之虑，定天下之吉凶，成天下之亹亹者。是故变化云为，吉事有祥，象事知器，占事知来。

说，弋雪反。

"侯之"二字，《本义》云"衍文"。承上文而言：知其理而得之，则夫人心得所安而说矣；知其变而尽之，则夫人不定之虑可因之以研矣；知其理、知其变为事物之所自成，则天下亹亹不穷之功可就矣。《易》以健顺易简历险阻，而无非其所自效而自知，故以《易》之变化验人之云为，而无不可知。"吉事"，谓吉礼祭也；祭则筮日、筮尸、筮牲。"祥"，福也；祭而神享为福。"象事"，有形象之事。"知器"，谓知制器，"制器者尚其象"也。"占事"，筮庶事也。通幽明、括事物于六十四卦爻象之间，而统不出于六阴六阳之变化。盖人之云为，皆阴阳必动之几，而或刚或柔之得失，一本于健顺以为德行。知其本则知其化，而险阻皆通，《周易》之道所以合天而尽人也。

天地设位，圣人成能，人谋鬼谋，百姓与能。

与，羊洳反。

上言《易》之为道，此则原筮所自设，而极赞其妙也。六位为三才之道，阴阳为高卑之实。《河图》分五十有五于五位，天地所设也。画其象，名其卦，系以辞而断以占，著变化于云为，圣人成之也。大衍五十，而用四十有九，分二掛一，归奇过揲，审七、八、九、六之变以求肖于理，人谋也。分而为二，多寡成于无心不测之神，鬼谋也。人尽其理，鬼妙其变，所以百姓苟以义问，无不可与其能事，无艰深曲折之难知，而大行于天下矣。若龟之见兆，但有鬼谋而无人谋；后世推测之数，如壬、遁之类，有人谋而无鬼谋；三才之道不存焉，可揣吉凶，而不能诏人以忧患之故。圣人之制作所以不可及也。

八卦以象告，爻、象以情言，刚柔杂居，而吉凶可见矣。

见，胡甸反。

此以下言占者之法。八卦既各有象，其贞悔交错而为六十四卦，皆天化物情之象也。爻、彖，其辞也。"情"者，既成象而变动，必有情实也。杂居而得失异，得则吉，失则凶，未之或爽也。占者于其象之相杂而求其辞之情，则吉凶之故显矣。

变动以利言，吉凶以情迁。

阴阳之交相变而自相通，皆乘一时之利，而所利者有得有失，因乎情之正不正，而吉凶异矣。

是故爱恶相攻而吉凶生，远近相取而悔吝生，情伪相感而利害生。

恶、乌路反。

此以推明变动杂居而吉凶可见之理，示占者知得失之由也。情属于彼而与相离合曰"攻取"。上言"攻"，下言"取"，互文见意。爱则相取，恶则相攻。攻取之得，得应天顺人而吉；失，则致寇而凶。其相攻取也，近则攻不力，远则取不便，故其得失未甚而为悔吝。"情"，实也。"情伪"犹言诚伪。诚者其理所宜感，伪者非所感而妄感也。感以实则利，以伪则害，此相杂之变动或应或不应，或孚或不孚，因乎八卦相错，刚柔相杂，爱恶远近情伪之殊情，而同一位、同一爻，在此而吉，在彼而凶，各以其时位为象为情，占者所宜因象以求辞也。

凡《易》之情，近而不相得则凶，或害之，悔且吝。

此举大凡以为之例，占者可即此以究情之迁也。近有二：相比也，相应也，皆近也。相得有二：异而相应，同而相孚也。相得则吉，否则凶。时欲相济，则利于相应；时欲相协，则利于相孚。"或害之"者，情非不相得，而为中爻所牵制，以害其交，则事幸成而必悔，事未成而吝；如同人六二与五相得，以三、四害之，故凶。

将叛者其辞惭，中心疑者其辞枝，吉人之辞寡，躁人之辞多，诬善之人其辞游，失其守者其辞屈。

"惭"者，欲言而若不能出诸口。"枝"者，不以正告，且为旁出之言，以观人之意。"吉人"，善而凝福之人。"游"如泅水者，浮而不定。"失其守"，谓典守而失之。"屈"，无以自伸也。情见乎辞类如此。《易》因爻象之得失，而体其情以为辞，乃系吉凶于下，所以知险阻而尽情伪。如大有之类，其辞寡矣。惭者，如观之六二，阴长得中位而将叛，故窥而不出以相见。枝者，如睽上九之类。多者，如无妄象辞之类。游者，如震上六之类。屈者，如夬上六之类。险阻皆因其象以为辞，而唯健顺易简之德不逆亿而先觉，故能尽知而传之。

右第十二章。此章言《易》所以前知之故，而示占者玩辞观象以尽变之道，略举一隅之义例，在读《易》者之善通尔。

# 周易内传卷六下

## 说卦传　序卦传　杂卦传

### 说卦传

《系传》发明文王、周公《象》《爻》辞，微言大义之所自著，而《说卦》专言伏羲画卦之理，故别为传，由此而后世有伏羲、文王次序方位不同之说。乃文王之《象》，原本于伏羲之卦，特系之辞以明吉凶得失之故耳，非有异也。伏羲以八卦生六十四卦，而文王统之于乾坤之并建，则尤以发先圣之藏。然《说卦传》言"参天两地""观变于阴阳"，则亦乾坤统全《易》之旨。但伏羲有卦而无辞，故其统宗不著；文王既为之辞，又为之序，以申其固有之理，终不可谓伏羲之别有序位，为先天之《易》也。

　　昔者圣人之作《易》也，幽赞于神明而生蓍，

　　"赞"，助也；神明欲下诏于人而无从，圣人以筮助其灵，使昭著也。"生"，始作之也。"蓍"，蒿属丛生者。草木因天地自然所生而无心，无心故听神明之用，其灵则在分而为两之妙。必用此草者，取其条直轻制也。旧说谓王道得而蓍生满百茎，说出史迁好异所传。此系圣人作《易》之下，则非天地生之可知。

　　参天两地而倚数，

　　六合之全体，皆天也，所谓大圜也。故以数数之，则径一围三，而一函三。地有形有气，在天之中，与相沦洽，而有所不至，则缺其一而为二。奇画中实，偶画中虚，其象也。"倚"，任也。天

地之理气，不可以象象，故任数以为之象。"参两"云者，圣人参之两之也。天地浑沦之体，合言之则一，分言之则二。圣人以其盈虚而拟天之数以三，地之数以二；卦画之奇阳偶阴，既明著其象，而揲蓍之法，用九用六，四其九而三十六，四其六而二十四，阳十二其三，阴十二其二，一以参两之法行之，数可任而象可立，道因以著。盖人事之得失吉凶，唯所用之盈虚有当有否，故数可倚之以见道。

观变于阴阳而立卦，发挥于刚柔而生爻，

天地自然之变，发见于物理人情者，六十四象亦略备矣。其变一盈一虚，阴阳互用也。故以十八变而成一卦，因著其象，立其名，显其性情功效之殊焉。"发挥"者，因所动之刚柔，而即动以著其效，则爻之吉凶悔吝因之以生。"生"谓发其义也。阴阳刚柔互言之，在体曰阴阳，在用曰刚柔。读《易》之法，随在而求其指，大率如此。若下章以阴阳属天，刚柔属地，又象、爻之辞言刚柔而不言阴阳，刚柔即阴阳，其指又别。古人言简而包括宏深。若必执一以为例，则泥矣。

和顺于道德而理于义，穷理尽性以至于命。

"道"即立天、立地、立人之道。"德"者，道之功能也。"义"者，随事之宜也。道德之实，阴阳健顺之本体也。以数立卦而生爻，极其变动发挥而不相悖害。道本浑沦，因而顺之，健顺交相济而和矣。及其因动起事，因事成象，卦各有宜，爻各有当，以别得失，以推吉凶，则因时制宜，而分析条理以尽义，无不各顺其则也。故推其精义合德之蕴，穷天下之理，尽人物之性，而天之继善以流行万化者，皆其所造极。圣人之作《易》一倚数，而功化之盛，夫岂可以术测而亵用之乎！

右第一章。此章统赞作《易》之全体大用，而以数为本。数者，圣人成能之利用，人谋之本术也。

昔者圣人之作《易》也，将以顺性命之理。是以立天之道，曰阴与阳；立地之道，曰柔与刚；立人之道，曰仁与义。兼三才而两之，故《易》六画而成卦；分阴分阳，迭用柔刚，故《易》六位而成章。

在人曰"性"，在天地曰"命"。"立天之道"者，气之化也。"立地之道"者，形之用也。"立人之道"者，性之德也。此以阴阳并属之天者，自其命之或温或肃，一生一杀者言也。以柔刚并属之地者，自其或翕或辟、以育以载者言也。天无二气，地无二形，人无二性，合以成体，故三画而八卦成。而其命之降，性之发，各因乎动几，而随时相应以起，则道有殊施，心有殊感，阴阳，柔刚、仁义各成其理而不紊，故必重三为六，道乃备焉。"成卦"，自画卦之旨及筮者积变为卦而言。"成章"，自统《爻》于《象》，共成一义而言也。卦以顺性命而利人之用，一事一物皆有全理，而动以其时，故必兼之，而后天道人事皆著于中矣。三才六位，既各有定，而初、三、五为阳为刚，二、四、上为阴为柔，于六位之中又有分焉。则天之有柔以和煦百物，地之有阳以荣发化光，又无判然不相通之理。拟之以人，则男阳而固有阴，女阴而固有阳，血气荣术表里之互相为阴阳刚柔，莫不皆然。六位迭用，乃以文质相宜而成章。不复言人道者，仁之严以闲邪者刚也，阴也；慈以惠物者柔也，阳也；义之有断而俭者阴也，刚也；随时而宜者阳也，柔也；则以行乎六位而迭用者也。学《易》者于仁义体之，而天地之道存焉，则尽性而即以至于命。占者以仁义之存去审得失，而吉凶在其中矣。故曰"《易》不为小人谋"，以其拂性而不能受命也。

右第二章。此章专说卦爻六位之旨。先言阴柔，后言阳刚，以叶韵耳，非有意也。旧说拘文牵义，谓阴柔先立体，而后阳刚施化；又分仁属阴，分义属阳。辨析徒繁，今皆不取。

天地定位，山泽通气，雷风相薄，水火不相射，八卦相错。

射，食亦反。错，七各反。

此章序伏羲则《河图》画八卦之理，而言其相错以成章也，说详《系辞上传》第九章。乾坤、坎离，对待而相错也。震巽、艮兑，交营而相错也。天高地下，水左行而火右行，雷风动于外，山泽成于中，自然之体也。"定位"者，阳居上，清刚而利于施；阴居下，柔浊而利于受；唯其位定，是以交也。"通气"者，山象天之高，而地气行焉；泽体地之下，而天气行焉。"薄"如《春秋传》"宁我薄人"之薄。雷者阳之动，风者阴之动，交相驰逐也。"不相射"者，各止其所而不相侵，相侵则相息也。唯其错，是以互成相因之用也；由八卦而六十四卦之错可知已。此言天地定位，虽据《河图》之七、五、一，六、十、二上下之位而言，实则一、三、五、七、九皆天之数，二、四、八、六、十皆地之数，则以交相参而相错成乎八卦，而五位之一奇一偶相配而不乱。盖乾、坤之化行于六子者莫不有定位，故文王并建乾、坤，而卦由之以生，相错者不离乎五十有五之中。读者当善通之。

右第三章。

数往者顺，知来者逆，是故《易》，逆数也。

"数往"之数，上声。

从上而下谓之"顺"，从下而上谓之"逆"。象之顺逆，数亦因之。数者，数其象也；象之已成而数定矣，则先记其总而后记其别。如《河图》因五十有五之全数，而后推一六、二七、三八、四九、五十之分，自多而寡，顺数之也。若由未有而有，以渐积而成象，则有一而后有二，以至于多，逆知其将有，而姑从少者以起也，逆数之也。多以统少自上而下，顺也。少以生多，自下积上，逆也。故数往者必顺，而知来者必逆。《易》以占未来之得失吉凶，故其画自初而二，以至于上，积之而卦成；乾初得九，增而十八，以至于五十四，迄乎上而象乃成。下者事之始，上者事之成，本末功效之序，自然之理也。先儒皆谓已往而易见为顺，未来而前知为逆，盖此义也。邵子始为异说以乱之，非是。

右第四章。此章《本义》与上章合为一章，以徇邵子先天之说。先天者，学僻者之邪说也。未有天之先，何象何数而可言者耶？《易》曰："先天而天弗违"，言大人之创制显庸，拨乱反治，气机将动，而大人迎之于未见之前，若导之者。其字读为去声。非天之前有此时位，与后天判然而异候也。若其云由乾而兑，而离而震；由巽而坎，而艮而坤，两相逆以相遇，唯弄卦画以恆钉成巧，而于理不穷，于性不尽，于得失吉凶无所当，特学仙者顺之则生人生物、逆之则成佛成仙之淫辞；而阳往阴来，相遇于震、巽之交，抑阴阳交构，彼家之妖术。圣人作《易》以顺道理义，致用崇德，亦安用彼为哉！徒虚立一伏羲之名，于世远言湮之后，以欺压文王而上之，为圣人之徒者所不敢徇也。此与上章意义各别，故分为二章，如先儒之旧。

雷以动之，风以散之，雨以润之，日以晅之，艮以止之，兑以说之，乾以君之，坤以藏之。

说，戈雪反。

此言六子之大用，所以摩荡阴阳，互相节宣，而归其本于乾坤也。"动"者，阳起而动阴之凝。"散"者，阴入而散阳之亢。"润"者，阳资于阴以濡其燥。"晅"者，阴丽于阳而得其和。"止"以遏阴之竞进。"说"以解阳之锐往。阴阳交相为益，而无过不及之忧矣。而宰制阴阳，使因时而效子六之绩者，健行之气"君"之也。其能受阳之施，含藏之以成六子之体者，顺承之德"藏"之也。故能相摩相荡，而六子之用行，两间之化浃也。伏羲平列八卦，而乾君坤藏之象已著；文王并建乾坤以统《易》，亦善承伏羲之意而著明之耳。

右第五章。第三章以卦之定体，言其相错之象，故以天地统始，而六子之序，因其微著。山、泽，体之最著者也。雷、风，用之最著者也。水、火之体用皆微也。言相错之象，则先著而后微，象以著为大也。此章以卦之大用，言其相益之序，故自震巽而坎离而艮兑，以归本于乾坤，皆因其自然之序，非以方位言也。

帝出乎震，齐乎巽，相见乎离，致役乎坤，说言乎兑，战乎乾，劳乎坎，成言乎艮。万物出乎震；震，东方也。齐乎巽；巽，东南也；齐也者，言万物之洁齐也。离也者，明也，万物皆相见，南方之卦也；圣人南面而听天下，向明而治，盖取诸此也。坤也者，地也，万物皆致养焉，故曰致役乎坤。兑，正秋也，万物之所说也，故曰说言乎兑。战乎乾；乾，西北之卦也，言阴阳相薄也。坎者水也，正北方之卦也，劳卦也，万物之所归也，故曰劳乎坎。艮，东北之卦也，万物之所成终而所成始也，故曰成言乎艮。

见，胡甸反。说，弋雪反。

前举其目，而后释之。或古有此言，而夫子释其义。乃"万物出乎震"以下，文类《公》《谷》及《汉·律历志》，则或前为夫子所录之本文，而后儒加之训诂也。《本义》云"所推卦位之说多未详"者，良是。而邵子以为文王之卦位，亦不知其何据。大抵《易》之为道，变动不居，以意求之皆得，则此亦未见为文王一定之位也。前言"帝"，后言"万物"者，帝者万物之君主，运物而终始之者也。万物无体，以帝之用为其体；帝无用，以万物之体为其用；帝其显仁，而物其藏用，所谓"体物而不可遗"也。其以八方四时合言而互见者，盖与历家"地有四游"之说略同。出乎震，春中也。成终始乎艮，孟春也。动物之自少至老，植物之自荣至枯，皆有出震而成言乎艮之条理焉，则此所言亦序也，非一定不移之位也。其循环相生之序，不以卦画之升降消长为次第，盖以卦德之用言，而非因其体。天地绷缊之化，变动而不可为典要，在天者即为理，不可以人为之渐次测度之也。"齐乎巽"，风以动物而使疏秀整齐之谓。"相见"者，物与物相见，资于明也。"致"犹致师之致，引之而待其自至也。"役"，用也用以养也。"说言"，喜于自得之谓。阴阳相薄而战，物既坚刚，争之所自起也。坎为"劳卦"者，效用于天地之间，其象为水流而不得息。艮则其劳止，而将以绍来者之生，故成终而即以成始。以意义拟之，大略如此。其详，则朱子之所谓"未详"也。

右第六章。自此以下六章，盖古筮氏有此，以占事应，夫子取其近正者录之于篇，以待占者，非夫子之赞论也。

神也者，妙万物而为言者也。动万物者莫疾乎雷，挠万物者莫疾乎风，燥万物者莫熯乎火，说万物者莫说乎泽，润万物者莫润乎水，终万物始万物者莫盛乎艮。故水火相逮，雷风不相悖，山泽通气，然后能变化，既成万物也。

说，弋雪反。

"神"者，乾坤合德、健以率顺、顺以承健，缊缊无间之妙用，并行于万物之中者也。故但言六子，不言乾坤，乾坤其神也。张子曰："一故神，两在故不测。"故方动而启之，旋挠而散之；方熯之，旋润之，方说以解其刚悍之气而使和，旋艮以结为成实之体而使止；两在不测，而乾坤之合用以妙变化者，不以性情功效之殊而相背，无非健顺合一之神为之也。"水火相逮"者，燥泾寒热之异，而火入水中，水入火中。其象则《河图》八、三在左，九、四在右，而五、十交函于中。以物理推之，则煮水成汤，火逮乎水；以油起焰，水逮乎火也。"雷风不相悖"，可并作也。"山泽通气"，气不以山高泽下而阻也。六子之情才功用大殊，而自小至大，无物不体，自生至死，无时可斁，合一之妙，乾坤固有之知能于斯显矣。唯圣人体之以为德，则劝威合于一致，动静合于一几，进退合于一中，大德之敦化者成乎小德之川流，健以无所屈者即顺以无所拂，则人不可知而谓之神矣，《易》之所以体天地圣人之妙用也。

右第七章。

乾，健也。坤，顺也。震，动也。巽，入也。坎，陷也。离，丽也。艮，止也。兑，说也。

说，弋雪反。

此释卦名义也。"健""顺"以德行言；"动""入""止""说"以功用言；"陷""丽"以时位言。"陷"者以惩阴之险，故阳得中而忧其陷。"丽"者以劝阴附阳以求明，故阴得中而谓其相附丽也。

右第八章。

乾为马，坤为牛，震为龙，巽为鸡，坎为豕，离为雉，艮为狗，兑为羊。

此下四章，皆古筮者杂占之说，与《象》《爻》之辞互有异同，盖非文王，周公所凭以取象之典要，然于物理亦合，故夫子存之，以广所占之征应，要亦未可执也。"为"云者，推本万事万物之所自出，莫非一阴一阳之道所往来消长之几所造也。见乃谓之象，形乃谓之器，八卦之仁于此而显；其用也，皆八卦之所藏也。充塞于天地之间，周流于日用之际；近取诸身，远取诸物；屈伸感而利生，情伪感而利害生；其动而化者，即静凝而成体；诚不可遗，而体物不遗；或以象，或以数，或以性情功效，或以时位而成。学《易》者引而伸之以穷理，则德业之崇广亦可知矣，非徒为筮者射覆之用也。

右第九章。

乾为首，坤为腹，震为足，巽为股，坎为耳，离为目，艮为手，兑为口。

此所取象，本为筮者占身中疾痛而设，然因此而见人之一身，无非乾坤六子之德业所自著，则由此而推之血气荣卫、筋骸皮肉之络理，又推之动静语默、周旋进反之威仪，又推之喜怒哀乐，爱恶攻取之秩叙，无非健顺阴阳之所合同而生变化，而成时居位之得失吉凶，应之不爽。君子观象玩占，而于疾眚之去留、言行动作之善恶，皆可因筮以反躬自省而俟天命。盖人身浑然一天道之合体，而天理流行于其中，神之告之，亦以其诚然之理，而非但迹象之粗。筮之义如此其大。固不可以技术之小智测也。

右第十章。

乾，天也，故称乎父。坤，地也，故称乎母。

"称"者，以此之名加彼之辞也。张子《西铭》"理一分殊"之旨，盖本诸此。父母者，吾之所生成者也，因之而推其体，则为天地；因此而推其德则为乾坤。天地大而父母专，天地疏而父母亲，故知父母而不知乾坤者有矣，未有不知父母而知乾坤者也。思吾气之所自生，至健之理存焉；思吾形之所自成，至顺之理在焉；气固父之所临也，形固母之所授也。故敬爱行，而健顺之实、知能之良，于此而凝承以流行于万理，则见乾于父，见坤于母，而天地之道不违矣。是以可名乾以父，名坤以母，而父母之尊亲始昭著而不可昧。六子，皆乾坤之所生也，则吾之有身，备六子之体用性情者，无非父母之所全以生者也，无二本也。而以术数言《易》者，谓复、姤为小父母，然则生我之父母又其小者。一人而父母三焉，非禽兽之道而何哉！

震一索而得男，故谓之长男。巽一索而得女，故谓之长女。坎再索而得男，故谓之中男。离再索而得女，故谓之中女。艮三索而得男，故谓之少男。兑三索而得女，故谓之少女。

长，知两反。中，直用反。少，失诏反。索，色白反。

"索"，求也，揲蓍以求而遇之也。此亦以筮者占父母兄弟子女而设也。于《经》，唯震、暌、革、归妹著此象，他如师以坎二为长子，大过以巽初为女妻，亦不尽合，筮者因事而占则应耳。阴体立，而阳入为之主，则为男阳用行，而阴又入，之则为女。阳之入阴以施化，常也。然阳与阴相沦洽，则阴又以其柔润之化，入于阳中，故巽、离、兑以阴感阳而起化，絪缊化醇之妙，不可以一例求也。

右第十一章。

乾为天，为圜，为君，为父，为玉，为金，为寒，为冰，为大赤，为良马，为老马，为瘠马，为驳马，为木果。

"圜"以物之形象言。"驳马"，或谓食虎豹之兽；然言驳马，则固马也。驳者，性不驯良。果有木生，有蔓生。言木者，桃杏之属，别于蔓生者。

坤为地，为母，为布，为釜，为吝啬，为均，为子母牛，为大舆，为文，为众，为柄。其于地也，为黑。

分物得平之谓"均"。坤为地，而言"于地为黑"者，以之占地，则应在黳黑之土也。

震为雷，为龙，为玄黄，为旉，为大涂，为长子，为决躁，为苍筤竹，为萑苇；其于马也，为善鸣，为馵足，为足，为的颡；其于稼也，为反生；其究为健，为蕃鲜。

长，知两反；下"长女"之长同。反，孚袁反。

"敷"，花也。"涂"路也。"决躁"，占事者当速决而躁动也。"苍筤竹"，色苍翠而叶茂盛者。"异足"，足驳白。"作足"，足数动，马壮则然。"的颡"，当额白。"反生"，已槁而复生。"究"，言其成功也。"健"谓马。"蕃鲜"谓稼鲜荣盛也。

巽为木，为风，为长女，为绳直，为工，为白，为长，为高，为进退，为不果，为臭；其于人也，为寡发，为广颡，为多白眼，为近利市三倍；其究为躁卦。

"绳直"，引绳以定墙屋之基。"进退"，事不决。"不果"，志不定。"近利"，得财贿也。"三倍"，三倍其息。"其究"，以人言，"躁"，不宁也。

坎为水，为沟渎，为隐伏，为矫輮，为弓轮；其于人也，为加忧，为心病，为耳痛，为血卦，为赤；其于马也，为美脊，为亟心，为下首，为薄蹄，为曳；其于舆也，为多眚，为通，为月，为盗；其于木也，为坚多心。

"隐伏"，以人情言。"矫"以为弓，"輮"以为轮，相承言之。"血卦"，当见血也。"赤"者血色，亦相承言之。"亟心"性速也。"下首"首不高举，马疾驰则然。"曳"，人曳之不行。"多眚"，多隙漏也。"通"者，事得顺利。

离为火，为日，为电，为中女，为甲胄，为戈兵；其于人也，为大腹；为乾卦，为鳖，为蟹，为蠃，为蚌，为龟，其于木也，为科上槁。

中，直用反。乾，音干。

"大腹"，丁奚病。"干"，旱也。"科"，枝杪也。"蠃"与螺通。

艮为山，为径路，为小石，为门阙，为果蓏，为阍寺，为指，为狗，为鼠，为黔喙之属；其于木也，为坚多节。

寺，音侍。

"果蓏"，蔓生果，瓜瓞之属。"阍寺"，刑人守门者。"黔喙"，鸟兽之喙黑者。

兑为泽，为少女，为巫，为口舌，为毁折，为附决；

其于地也，为刚卤；为妾，为羊。

少，失诏反。

"毁折"以物言。"附决"以事言，谓相倚附而得决也。

右第十二章。《本义》云："此章广八卦之象，其间多不可晓者，求之于《经》，亦不尽合。"盖古筮人因象推求以待问，与后世射覆之术略同，为类甚繁，故荀爽集九家解，更有多占，而夫子取其理之可通者存之。实则尽天下之物、天下之事、天下之情伪，皆卦象之所固有，则占者以意求之，无不可验，而初不必拘于一定之说。故文王、周公所取象者，如坤言马、言冰之类，又与此别。君子之筮，以审于义，而利自在焉，则笃信文、周之象数，冒天下之道而已足。若专为筮人而占细事小物之得失利害，则当于理者，亦时相符合，是以圣人亦存而不废焉。

# 序卦传

有天地，然后万物生焉。盈天地之间者唯万物，故受之以屯；屯者盈也，屯者物之始生也。物生必蒙，故受之以蒙；蒙者蒙也，物之稚也。物稚不可不养也，故受之以需；需者饮食之道也。饮食必有讼，故受之以讼。讼必有众起，故受之以师；师者众也。众必有所比，故受之以比；比者比也。比必有所畜，故受之以小畜。物畜然后有礼，故受之以履。履而泰，然后安，故受之以泰；泰者通也。物不可以终通，故受之以否。物不可以终否，故受之以同人。与人同者，物必归焉，故受之以大有。有大者不可以盈，故受之以谦。有大而能谦必豫，故受之以豫。豫必有随，故受之以随。以喜随人者必有事，故受之以蛊；蛊者事也。有事而后可大，故受之以临；临者大也。物大然后可观，故受之以观。可观而后有所合，故受之以噬嗑；嗑者合也。物不可以苟合而已，故受之以贲；贲者饰也。致饰然后亨，则尽矣，故受之以剥；剥者剥也。物不可以终尽，剥穷上反下，故受之以复。复则不妄矣，故受之以无妄。有无妄然后可畜，故受之以大畜。物畜然后可养，故受之以颐；颐者养也。不养则不可动，故受之以大过。物不可以终过，故受之以坎；坎者陷也。陷必有所丽，故受之以离；离者丽也。

"可观"之观，如字。

右上篇。

有天地然后有万物，有万物然后有男女，有男女然后有夫妇，有夫妇然后有父子，有父子然后有君臣，有君臣然后有上下，有上下然后礼义有所错。夫妇之道，不可以不久也，故受之以恒；恒者久也。物不可以久居其所，故受之以遁；遁者退也。物不可以终遁，故受之以大壮。物不可以终壮，故受之以晋；晋者进也。进必有所伤，故受之以明夷；夷者伤也。伤于外者必反其家，故受之以家人。家道穷必乖，故受之以睽；睽者乖也。乖必有难，故受之以蹇；蹇者难也。物不可以终难，故受之以解；解者缓也。缓必有所失，故受之以损。损而不已必益，故受之以益。益而不已必决，故受之以夬；夬者决也。决必有所遇，故受之以姤；姤者遇也。物相遇而后聚，故受之以萃；萃者聚也。聚而上者谓之升，故受之以升。升而不已必困，故受之以困。困乎上者必反下，故受之以井。井道不可不革，故受之以革。革物者莫若鼎，故受之以鼎。主器者莫若长子，故受之以震；震者动也。物不可以终动，止之，故受之以艮；艮者止也。物不可以终止，故受之以渐；渐者进也。进必有所归，故受之以归妹。得其所归者必大，故受之以丰；丰者大也。穷大者必失其居，故受之以旅。旅而无所容，故受之以巽；巽者入也。入而后说之，故受之以兑；兑者说也。说而后散之，故受之以涣；涣者离也。物不可以终离，故受之以节。节而信之，故受之以中孚。有其信者必行之，故受之以小过。有过物者必济，故受之以既济。物不可穷也，故受之以未济，终焉。

错，七故反。难，乃旦反。长，知两反。说，弋雪反。

右下篇。

二篇必非圣人之书，即以文义求之，亦多牵强失理，读者自当辨之。余详《外传》。

# 杂卦传

“杂”者，相间之谓也。一彼一此，一往一复，阴阳互建，而道义之门启焉。故自伏羲始画，而即以相杂者为变易之体。文王因之，而以错综相比为其序，屯、蒙以下四十八卦，二十四象往复顺逆之所成也。乾、坤、坎、离大过、颐、小过、中孚，综而不失其故，则以错相并。否、泰、随、蛊、渐、归妹、既济、未济，四象而成八卦，则错综同轨。《周易》以综为主，不可综而后从错。盖以天有全象，事有全理，而人之用之者但得其半，天道备而人用精，是以六爻之中，阴阳多寡，即就此而往复焉，则已足备一刚一柔之用，善一进一退之几，成一仁一义之德矣。杂卦者，言其道同，而易地则忧乐安危、出处语默，各因乎往复循环之理数，而无不可体之以为道也。故伯夷，太公同避纣恶，而所行异；颜渊、季路同效圣志，而所愿殊。知其异乃可以统其同，用其半即可以会其全，故略于错而专于综。实则错综皆杂也，错者幽明之迭用，综皆用其明者也。《周易》六十四卦，为三十二对偶之旨也，而《传》为言其性情功效之别焉。

乾刚，坤柔。

二卦并建，刚柔备矣。分之则纯以成德，合之则杂以成章也。

比乐，师忧。

乐，卢各反。

均以孤阳得中为主，而在上位，则众所亲而乐行其道，故虽失前禽而不以为诫；在下位，则权重而分不足以相莅，故忧弟子之间之，而恐致舆尸。

临、观之义，或与或求。

临阳长摈阴，而以不轻绝阴为德，故咸而临之，与阴感而不恡。观阴长侵阳，而以仰承于阳为义，故利用宾王，求阳而观其光。

屯见而不失其居，蒙杂而著。

见，胡甸反，下同。

"见"谓动而发见。"居"者，止而不行之谓。"屯"阳初出，亟于见，而据五位以自安，故虽建侯不宁，而膏终屯。蒙卦阳出而杂处于二阴之中，然终以奋起出于阴之上以自著见，故击去蒙昧，而为童蒙之吉。

震，起也；艮，止也。

"起"以震阴之滞，"止"以遏阴之进，震有功而艮寡过也。

损、益，盛衰之始也。

泰变而损，阳自三往上而之于将消之位，衰也。否变而益，阳自四来初而之于方生之位，盛也。中爻未变，盛衰未极，三之势便于进，时至则轻往，四之势便于退，时至则先来，故为"盛衰之始"。气数之循环，盛则且衰，衰且渐盛，自然之理，而兆先见，故曰："损益盈虚，与时偕行。"

大畜，时也；无妄，灾也。

乾道成于下，而艮止之，使待时而进，遵养以时也。乾道奠于上，阴未尝干之，而震起以相迫，躁动则生灾也。时，故"利涉大川"；灾，故"行有眚"。

萃聚，而升不来也。

皆谓阳也。自上而下曰"来"。萃四与五相保而不往，升三引二以进而不复，萃则上阴护之，升则初阴推之也。故萃假有庙，而升利南征。

谦轻，而豫怠也。

二卦皆孤阳而不得中位。三为躁进之爻，谦阳处之，轻于往矣；四为退息之位，豫阳处之，怠于行矣。凡人之情，谦者无尊重之度，豫乐者虽奋起而终不振；故谦必君子而后有终，豫建侯行师而后利。

噬嗑，食也；贲，无色也。

二卦皆有颐象。食、色皆养道也。"食"者，非所食而食之，强啮九四之刚。"无色"者，非所节而饰之，色之不正者，刚轻去中以文上，而失其自然之美也。

兑见，而巽伏也。

柔见于外，于情易动；阴伏于下，其志难知。故兑上引人之说，巽初在床下而须史巫之求。

随无故也，蛊则饬也。

"故"，事也。随阳在下而随乎阴，偷小子之安而无丈夫之志。蛊阴在下而承乎阳，饬子臣之节以顺承君父之事。故随非元亨利贞则不能无咎，蛊先甲后甲以效其功。

剥，烂也；复，反也。

阳迫而之幽，先自溃烂，而后阴乘之。复归于明，阴虽盛，不足为忧也。

晋，昼也；明夷，诛也。

明出于地，则可以烛阴而导之进。地暗伤明，而明终不可掩，必反受其诛。

井通，而困相遇也。

"遇"谓所遇之穷。井，上者上行，下者下行，往来不穷，故通。困欲出险，为功为柔所牵，遇之穷也。君子之遇小人，不患其争而患其相说，酒食朱绂不易脱而困矣。

咸，速也；恒，久也。

天下莫速于感应之机。三上浮出于外，情易动，随感而即应，速矣。恒四与初伏处于下，密相为移，植根深固以相倾之道也。

涣，离也；节，止也。

"离"，散也。否之散，刚下而得中，以解阴之党，为涣。泰道已成，刚上而止阴之流，为节。涣以消吝，节以防骄。

解，缓也；蹇，难也。

难，如字。

解四用爻皆失位，而初、上以柔处之，以缓其争，而乖戾平矣。蹇四用爻皆得位而可以有为，初、上犹以柔道处之，其难其慎之至也。

睽，外也；家人，内也。

睽内不正，而徒闲之于外。家人内已正，而后饬其外治。

否、泰，反其类也。

天上地下，方以类聚者也，而柔上刚下为泰，反此为否。阴阳以交，成化类之，反不反而通塞殊矣。

大壮则止，遁则退也。

皆为阳言也。大壮未得中位，止而不进，壮者忧其危矣。遁已离乎中位，急于退，退者所以善藏其用也。

大有，众也；同人，亲也。

在上则柔可以抚众，君道也。在下则柔而贤者亲之，友道也。

革，去故也；鼎，取新也。

去，起吕反。

革者离之变。明再用则不鲜，阴改而之上，阳乃为主于中，而前明已谢，不复有易尽之忧。鼎者巽之变，柔去其位，上升于五，以昭其明而凝天命，命为之新矣。

小过，过也；中孚，信也。

阴盛之过，乃真过也。虚中自保，而不干阳之中位，阳亦得其类而相信，信之至也。

丰，多故也；亲寡，旅也。

莅物上者，唯明无所蔽，则事自有绪而不冗。丰阳受阴蔽，事无绪而危疑起，自非以日中之明治之，则天下多事，而乱且生。物之所亲者，情下逮也。旅阳寄处于阴上，不与物亲，则物亦莫之亲矣。丰阳已下，而旅已上也。

离上而坎下也。

阳之性升，辅阴以升，则阴亦上，火之所以炎而上。阴之性沉，陷阳而抑之，则阳亦下，水之所以润而下。故离内卦吉于外，自下上也；坎外卦亨于内，自上下也。

小畜，寡也；履，不处也。

阴虽当位以畜阳，而力微，居于退爻，故密云而不雨，微弱之象。履阴不量其孤，处进爻而欲踵刚以上，不能安处静俟，故有履虎尾之危。

需，不进也；讼，不亲也。

需三阳为四所隔，不能与五相踵以进，故五需以待之。讼阳离其群而处乎中，三为之间，不与乾相亲，是以中窒而争。

大过，颠也。姤，遇也，柔遇刚也。渐，女归待男行也。颐，养正也。既济，定也。归妹，女之终也。未济，男之穷也。夬，决也，刚决柔也。君子道长，小人道忧也。

长，知两反。

大过、颐、姤、夬、渐、归妹、既济、未济，相错综对待之卦，而文参差不偶者，圣人无心于文，而文自顺，流动以著化机之变动，非若词章训诂之执滞排偶，拘于法而执一，所谓化工之笔也。于以肖《易》之变动不居，而不可为典要，道相若焉。故虽挈乾、坤以为网，而自比、师以下，皆无一成之次序，与《周易》之序且不必同，则序卦之文，与京房八宫世应、邵子方圆之位序，不足以肖天地之变易审矣。今因其错综之序而释之。

"大过颠"者，本末挠也。"颐养正"者，上下以刚正柔也。姤言"遇"者，幸阴之得遇乎阳。夬言"决"者，劝阳之疾决夫阴也。"渐女归待男行"，而女止于四，柔得位而居之安，女道之吉也。归妹三、五二阴皆去其位而居于不正之位，尤骄淫而处于上，上者将消之位也；阳起于初、盛于二以相迫，女斯终矣。既济阳得位而定，阴亦定焉。未济二、四二阳皆去其位而居于不正之位，尤亢物而处于上，上将消矣；阴起于初，以递进而相迫，男斯穷矣。初者方生之利，上者滨尽之地，既失位而又濒于尽，无方生之权，不穷何待焉！以归妹、未济观之，则六十四卦、三十六象虽相对待以备同异之理，而其中互相参伍，如睽解、家人蹇、损益、咸恒之互相为理，亦可类推矣。

又《杂卦》所言者，比、师以下四十八卦，皆以综体相对而言。自乾坤、坎离、大过颐、小过中孚、泰否、随蛊、渐归妹、既济未济而外，卦之相错者理，亦对待以备并行不悖之理，为幽明、体用、消长、盈虚之异致者，今为补诠之，亦《易》中固有之理也。同人，以情相亲也；师，以权相统也。小畜，止其动也；豫，动其静也。夬，劝之决也；剥，惩其害也。家人，聚顺；解，散其逆也。革，润其燥；蒙，制其流也。需，阳相待以道；晋，阴相进以利；遥相取而情各异也。睽，强其不齐而疑也；蹇，于其各正而加慎也。噬嗑，力为合也；井，理相辨也。损，高就下也；咸，虚受实也。临有功，而遁失制也。复，因得所而归；姤，不期而会也。鼎定而屯不宁也。旅，进也；节，退也。恒，阴之固也；益，阳之裕也。艮，忍也；兑释也。震惧而巽慎也。升相让，无妄相凌也。谦以济暗，履乘危也。讼，有实而怨上也；明夷，上不明而伤下也。涣启其塞，丰蔽其通也。观，功不试而制以道也；大壮，权未得而养以威也。萃，聚以亲上也；大畜，储少以养多也。比，得民；大有，有贤也。

# 船山易学集成

周易外传  周易稗疏
周易内传发例  周易考异
周易大象解

（清）王夫之　撰

郑同　点校

下

九州出版社　全国百佳图书出版单位

JIUZHOUPRESS

# 目　录

## 周易内传发例

# 周易外传

# 周易大象解

## 周易稗疏

# 周易考异

周易内传发例

# 周易内传发例

## 一

伏羲氏始画卦，而天人之理尽在其中矣。上古简朴，未遑明著其所以然者以诏天下后世，幸筮氏犹传其所画之象，而未之乱。文王起于数千年之后，以"不显亦临，无射亦保"之心得，即卦象而体之，乃系之《彖辞》，以发明卦象得失吉凶之所由。周公又即文王之象，达其变于《爻》，以研时位之几而精其义。孔子又即文、周《彖》《爻》之辞，赞其所以然之理，而为《文言》与《彖》、《象》之《传》；又以其义例之贯通与其变动者，为《系传》《说卦》《杂卦》，使占者、学者得其指归以通其殊致。

盖孔子所赞之说，即以明《彖传》《象传》之纲领，而《彖》《象》二《传》即文、周之《彖》《爻》，文、周之《彖》《爻》即伏羲之画象，四圣同揆，后圣以达先圣之意，而未尝有损益也，明矣。使有损益焉，则文、周当舍伏羲之画而别为一书，如扬雄《太玄》、司马君实《潜虚》、蔡仲默《洪范数》之类臆见之作。岂文、周之才出数子之下，而必假于羲画？使有损益焉，则孔子当舍文、周之辞而别为一书，如焦赣，京房、邵尧夫之异说。岂孔子之知出数子之下，乃暗相叛而明相沿以惑天下哉？

由此思之，则谓文王有文王之《易》，周公有周公之《易》，孔子有孔子之《易》，而又从旷世不知年代之余，忽从畸人得一图、一说，而谓为伏羲之《易》，其大谬不然，审矣。世之言《易》者曰：《易》者意也，唯人之意而《易》在。呜呼！安得此大乱之言而称之哉！此盖卜筮之家，迎合小人贪名幸利畏祸徼福之邪心，诡遇之于锱铢之得丧，窥伺其情，乃侮圣人之言、违天地之经以矜其前知，而学者因袭其妄，以之言微言大义之旨，如"元亨利贞，孔子之言四德，非文王之本旨"之类，竟以先圣通志成务，穷理尽性之制作，为《火珠林》鬻技之陋术，《易》之所以由明而复晦也。篇中如此类者，不得已广为之辨，即《象》见《彖》，即《彖》明《爻》，即《彖》《爻》明《传》合四圣于一轨，庶几正人心、息邪说之遗意云。

## 二

由今而求羲、文之微言，非孔子之言而孰信耶？意者不必师孔子，则苟一畸人立之说焉，师之可也，又何必假托之伏羲邪？子曰："《易》之兴也，其于中古乎！"又曰："其殷之末世，周之盛德邪！"则在文王而后《易》之名立，《易》之道著。是《周易》之义，建诸天地，考诸前王，而夏、商以上，虽有筮人之杂说，孔子之所不取，况后世之伪作而驾名伏羲者乎！文王之卦，伏羲之卦也。文王取其变易神妙之旨而名之曰《易》，是故周公之《爻辞》得以兴焉。舍文王而无《易》，舍文王而无伏羲氏之《易》，故《易》之所以建天地、考前王者，文王尽之矣。

至宋之中叶，忽于杳不知岁年之后，无所授受，而有所谓先天之学者，或曰邵尧夫得之江休复之家。休复好奇之文士，欧阳永叔尝称其人，要亦小智而有所窥者尔。或曰陈抟以授穆修，修以授李之才，之才以授尧夫，则为抟取魏伯阳《参同契》之说，附会其还丹之术也无疑。所云先天者，钟离权、吕嵒之说也。

呜呼！使抟与尧夫有见于道，则何弗自立一说？即不尽合于天，犹可如扬雄之所为，奚必假伏羲之名于文字不传之邃古哉？其经营砌列为方圆图者，明与孔子"不可为典要"之语相背。而推其意之所主，将以何为？如方圆图方位次序之饾饤铺排者，可以崇德耶？可以广业耶？可以为师保父母，使人惧耶？可以通志成务，不疾而速，不行而至耶？不过曰：天地万物生杀兴废，有一定之象数，莫能逾于大方至圆之体。充其说，则君可以不仁，臣可以不忠，父可以不尽教，子可以不尽养，端坐以俟祸福之至。呜呼！跖也，夷也，尧也，桀也，皆不能损益于大方至圆之中者也。即使其然，而又何事哓哓前知以炫明觉乎？故立一有方有体之象以言《易》，邪说之所由兴，暴行之所由肆，人极之所由毁也。魏伯阳以之言丹术，李通玄以之言《华严》，又下而《素女》之妖淫亦争托焉。故学《易》者不辟先天之妄，吾所不知也。篇中广论之。

# 三

秦焚书，而《易》以卜筮之书，不罹其灾。故《六经》唯《易》有全书，后学之幸也。然而《易》之乱也，自此始。孔子之前，文、周有作，而夏、商《连山》《归藏》二家杂占之说，犹相淆杂。如《春秋传》之繇辞，多因事附会，而不足以垂大义，而使人惧以终始。孔子删而定之，以明吉凶之一因于得失，事物之一本于性命，则就揲策占象之中，而冒天下之道。乃秦既夷之于卜筮之家，儒者不敢讲习，技术之士又各以其意拟议，而诡于情伪之利害。

汉人所传者非纯乎三圣之教。而秦以来，杂占之术纷纭而相乱，故襄楷、郎□、京房、郑玄、虞翻之流，一以象旁搜曲引，而不要诸理。王弼氏知其陋也，尽弃其说，一以道为断，盖庶几于三圣之意。而弼学本老庄虚无之旨，既诡于道，且其言曰："得意忘言，得言忘象"，则不知象中之言，言中之意，为天人之蕴所昭示于天下者，而何可忘耶？然自是以后，《易》乃免于鬻技者猥陋之诬，而为学者身心事理之要典。唐、宋之言《易》者，虽与弼异，而所尚略同。苏轼氏出入于佛、老，敝与弼均，而间引之以言治理，则有合焉。程子之《传》，纯乎理事，固《易》大用之所以行，然有通志成务之理，而无不疾而速、不行而至之神。张子略言之，象言不忘，而神化不遗，其体洁静精微之妙，以益广周子《通书》之蕴，允矣至矣。惜乎其言约，而未尝贯全《易》于一揆也。

朱子学宗程氏，独于《易》焉尽废王弼以来引伸之理，而专言象占，谓孔子之言天，言人，言性，言德，言研几，言精义，言崇德广业者，皆非羲、文之本旨，仅以为卜筮之用，而谓非学者之所宜讲习。其激而为论，乃至拟之于《火珠林》卦影之陋术，则又与汉人之说同，而与孔子《系传》穷理尽性之言，显相牴牾而不恤。由王弼以至程子，矫枉而过正者也，朱子则矫正而不嫌于枉矣。若夫《易》之为道，即象以见理，即理之得失以定占之吉凶，即占以示学，切民用，合天性，统四圣人于一贯，会以言、以动、以占、以制器于一原，则不揣愚昧，窃所有事者也。

# 四

《易》之为筮而作，此不待言。王弼以后，言《易》者尽废其占，而朱子非之，允矣。虽然，抑问筮以何为，而所筮者何人何事耶？至哉！张子之言曰："《易》为君子谋，不为小人谋。"然非张子之创说也。《礼》：筮人之问筮者曰，义与？志与？义则筮，志则否。文王、周公之彝训，垂于筮氏之官守且然，而况君子之有为有行，而就天化以尽人道哉！自愚者言之，得失易知也，吉凶难知也。自知道者言之，吉凶易知也，得失难知也。

所以然者，何也？吉凶，两端而已。吉则顺受，凶无可违焉，乐天知命而不忧。前知之而可不忧，即不前知之，而固无所容其忧。凶之大者极于死，亦孰不知生之必有死，而恶用知其早暮哉！唯夫得失者，统此一仁义为立人之道，而差之毫厘者，谬以千里，虽圣人且有疑焉。一介之从违，生天下之险阻，其初几也隐，其后应也不测，诚之必几，神之不可度也。故曰"明于忧患与故"，又曰"忧悔吝者存乎介"。

一刚一柔，一进一退，一屈一伸，阴阳之动几；不疾而速、不行而至者，造化之权衡；操之于微芒，而吉凶分涂之后，人尚莫测其所自致。故圣人作《易》，以鬼谋助人谋之不逮，百姓可用，而君子不敢不度外内以知惧，此则筮者筮吉凶于得失之几也。固非如《火珠林》者，盗贼可就问以利害。而世所传邵子牡丹之荣悴、瓷枕之全毁，亦何用知之以渎神化哉！是知占者即微言大义之所存，崇德广业之所慎，不可云徒以占吉凶，而非学者之先务也。

# 五

　　《易》之垂训于万世，占其一道尔，故曰："《易》有圣人之道四焉。"唯"制器者尚其象"，在上世器未备而民用不利，为所必尚，至后世而非所急耳。以言尚辞，以动尚变，学《易》之事也。故占《易》学《易》，圣人之用《易》，二道并行，不可偏废也。故曰，"居则观其象而玩其辞"，学也；"动则观其变而玩其占"，筮也。子曰，"卒以学《易》，可以无大过"，言寡过之必于学也；又曰，"不占而已矣"，言占之则必学以有恒也。盖非学之有素，则当变动已成、吉凶已著之后，虽欲补过而不知所从，天恶从而祐之以吉无不利耶？

　　京房、虞翻之言《易》，言其占也。自王弼而后至于程子，言其学也。二者皆《易》之所尚，不可偏废，尤其不可偏尚。朱子又欲矫而废学以尚占，曰"《易》非学者所宜读"，非愚所知也。居则玩其辞者，其常也。以问焉而如向，则待有疑焉而始问，未有疑焉无所用《易》也。且君子之有疑，必谋之心，谋之臣民师友，而道之中正以通；有未易合焉者，则其所疑者亦寡矣。学则终始典焉而不可须臾离者也。故曰："《易》之为书也不可远。"徒以占而已矣，则无疑焉而固可远也。故篇内占与学并详，而尤以学为重。

# 六

　　《传》曰："河出图，洛出书，圣人则之。"《洛书》别于《洪范》篇中详之。而《河图》者，圣人作《易》画卦之所取则，孔子明言之矣。则八卦之奇耦配合，必即《河图》之象，圣人会其通，尽其变，以纪天地之化理也，明甚。乃说《河图》者但以配五行，而不以配八卦。不知旷数千年而无有思及此者，何也？故取则于《河图》，以分八卦之象，使圣人则《图》以画卦之旨得著明焉。说详《系传》第九章。

　　其以五行配《河图》者，盖即刘牧易《洛书》为《河图》之说所自出。《易》中并无五行之象与辞，五行特《洪范》九畴中之一畴，且不足以尽《洛书》，而况于《河图》！篇中广论之。其云"天一生水，地六成之"云云，尤不知其何见而云然。先儒但沿陈说，无有能畅言其多少生成之实者。不知何一人言之，而数千年遂不敢违邪？《易》则文王、周公、孔子也，《洪范》则禹、箕子也，四圣一仁，曾不如何一人之分析五行多寡之数，弗究其所以然，横空立论，而遂不敢违邪？《本义》于《大衍》章，推大衍之数出自《河图》。大衍，筮法之本也。筮所以求卦，卦立而后筮生，筮且本于《河图》五十有五之数，而况于卦！筮则《图》，而卦之必先则于《图》也愈明。

《河图》之数五十有五，大衍之数五十，不全用者，筮以筮人事之得失吉凶，天之理数非人事所克备也。天地之广大，风雷之变动，日月之运行，山泽之流峙，固有人所不可知而所不与谋者。五位之体，天体也，人无事焉，则筮不及焉。故筮唯大衍以五十，而虚其体之五。虽曰圣人法天而德与天配，而岂能尽有其神化哉！必欲尽之，则唯道士之吐纳风雷，浮屠之起灭四大，而后可充其说，非理之所可有，道之所可诬也。故筮虚五位之一，而但用五十也。至于因《图》以画卦，则以肖天地风雷水火山泽之全体大用，该而存焉。

《图》之象，皆可摩荡以成，象《图》之数，皆可分合以为数，而五位五十有五，参伍错综，而后八卦以成。故《图》者，卦之全体；而蓍策者，《图》之偏用。卦与筮，理数具足于《图》中。若但于筮言《图》，而《图》则别象五行，无与于卦，是得末而忘其本矣。圣人则《图》以画卦，八卦在而六十四卦亦在焉，因而重之，五位十象交相错焉，六十四象无不可按《图》而得矣。

或曰：因五位十象而成六十二卦可也，若乾六阳、坤六阴，《图》则阳之象一、三、五、七、九，象止五阳；阴之象二、四、六、八、十，象止五阴；何从得六阳六阴而取则哉？曰：天之垂象也，不一其理，圣人之则天也，不一其道，故曰"其为道也屡迁"。《河图》中外之象，凡三重焉：七、八、九、六，天也；五、十，地也；一、二、三、四，人也。七、九，阳也；八、六，阴也。立天之道，阴与阳俱焉者也。至于天，而阴阳之数备矣。

天包地外，地半于天者也，故其象二，而得数十五，犹未歉也。人成位于天地之中，合受天地之理数，故均于天而有四象，然而得数仅十，视地为歉矣。卦重三而为六，在天而七、八、九、六皆刚，而又下用地之五、之人或一或三，而六阳成。地五、十皆阴，五，刚也；刚亦阴之刚。又用天之八、六，人之二、四，而六阴成。此则乾坤六爻之象也。一、三皆阳也，乾虚其一而不用者，天道大备，乾且不得而尽焉，非如地道之尽于坤也。是知圣人则《河图》以画卦，非徒八卦然也，六十四卦皆《河图》所有之成象摩荡而成者，故曰："圣人则之。"

# 七

乾坤并建，为《周易》之纲宗，篇中及《外传》广论之，盖所谓"《易》有太极"也。周子之图，准此而立。其第二图，阴阳互相交函之象，亦无已而言其并著者如此尔。太极，大圆者也。图但取其一面，而三阴三阳具焉。其所不能写于图中者，亦有三阴三阳，则六阴六阳具足矣。特图但显三画卦之象，而《易》之乾坤并建，则以显六画卦之理。乃能显者，爻之六阴六阳而为十二；所终不能显者，一卦之中，向者背者，六幽六明，而位亦十二也。

十二者，象天十二次之位，为大圆之体。太极一浑天之全体，见者半，隐者半，阴阳寓于其位，故毂转而恒见其六。乾明则坤处于幽，坤明则乾处于幽。《周易》并列之，示不相离，实则一卦之向背而乾坤皆在焉。非徒乾坤为然也，明为屯、蒙，则幽为鼎、革，无不然也。《易》以综为用，所以象人事往复之报，而略其错，故向背之理未彰。然乾坤、坎离、颐大过、小过中孚，已具其机，抑于家人睽、蹇解之相次，示错综并行之妙。

要之，絪缊升降，互相消长盈虚于大圆之中，则乾、坤尽之，故谓之"缊"，言其充满无间，以爻之备阴阳者言也。又谓之"门"，言其出入递用，以爻之十二位具于向背者言也。故曰"《易》有太极"，言《易》具有太极之全体也；"是生两仪"，即是而两者之仪形可以分而想像之也。又于其变通而言之，则为四象；又于其变通而析之，则为八卦。变通无恒，不可为典要，以周流六虚，则三十六象、六十四卦之大用具焉。乾极乎阳，坤极乎阴，乾坤并建，而阴阳之极皆显；四象八卦、三十六象六十四卦摩荡于中，无所不极，故谓之太极。阴阳之外无理数，乾坤之外无太极，健顺之外无德业。合其向背幽明，而即其变以观其实，则屯蒙、鼎革无有二卦，而太极之体用不全，是则"《易》有太极"者，无卦而不有之也。故张子曰："言幽明不言有无。"

言有无，则可谓夜无日而晦无月乎？春无昂、毕，而秋无氐、房乎？时隐而时见者，天也，太极之体不滞也。知明而知幽者，人也，太极之用无时而息也。屈伸相感，体用相资，则道义之门出入而不穷。呜呼！太极一图，所以开示乾坤并建之实，为人道之所自立，而知之者鲜矣！

# 八

《象传》之言阴阳，皆曰刚柔，何也？阴阳者，二物本体之名也。盈两间皆此二物，凡位皆其位，无入而不自得，不可云当位不当位，应不应，故于吉凶悔吝无取焉。阴阳之或见或隐，往来发见乎卦而成乎用，则阳刚而阴柔，性情各见，功效各成，于是而有才，于是而有情，则盛德大业之所自出，而吉凶悔吝之所自生也。刚之性喜动，柔之性喜静，其情才因以然尔。而阳有动有静，阴亦有静有动，则阳虽喜动而必静，阴虽喜静而必动，故卦无动静，而筮有动静。故曰："乾其静也专，其动也直；坤其静也翕，其动也辟。"阴非徒静，静亦未即为阴；阳非徒动，动亦未必为阳，明矣。《易》故代阴阳之辞曰刚柔，而不曰动静。阴阳刚柔，不倚动静，而动静非有恒也。周子曰："动而生阳，静而生阴。"

生者，其功用发见之谓，动则阳之化行，静则阴之体定尔。非初无阴阳，因动静而始有也。今有物于此，运而用之，则曰动；置而安处之，则曰静。然必有物也，以效乎动静。太极无阴阳之实体，则抑何所运而何所置邪？抑岂止此一物，动静异而遂判然为两耶？夫阴阳之实有二物，明矣。自其气之冲微而未凝者，则阴阳皆不可见；自其成象成形者言之，则各有成质而不相紊。自其合同而化者言之，则浑沦于太极之中而为一；自其清浊、虚实、大小之殊异，则固为二；就其二而统言其性情功效，则曰刚，曰柔。阴阳必动必静，而动静者，阴阳之动静也。体有用而用其体，岂待可用而始有体乎？

若夫以人之嘘而暖为阳，吸而寒为阴，谓天地止一气，而嘘吸分为二殊。乃以实求之：天其嘘乎？地其吸乎？嘘而成男乎？吸而成女乎？嘘则刚乎？吸则柔乎？其不然审矣。人之嘘而暖者，腹中之气温也；吸而寒者，空中之气清也，亦非一气也。况天地固有之阴阳，其质或刚或柔，其德或健或顺，其体或清或浊、或轻或重、为男为女、为君子为小人、为文为武，判然必不可使阴之为阳，阳之为阴，而岂动静之顷，倏焉变易而大相反哉？《易》不言阴阳而言刚柔，自其质成而用著者言之也，若动静则未之言也。信圣人之言而实体之，可以折群疑矣。

# 九

昔者夫子既释《彖》、《爻》之辞，而虑天下之未审其归趣，故《系传》作焉。求《彖》、《爻》之义者，必遵《系传》之旨，舍此无以见《易》，明矣。《传》曰："观其《彖辞》，则思过半矣"，明乎《爻》之必依于《彖》也。故曰："《彖》者材也，《爻》者效也。"材成而斫之，在车为车，轮舆皆车也；在器为器，中、边皆器也。各效其材，而要用其材，故曰："同归而殊涂，一致而百虑。"

舍其同归一致，叛而之他，则涂歧而虑诡于理，虽有卮言之不穷，犹以条枚而为栋梁，析豫章而为薪蒸，材非其材，乌效哉？说《易》者于《爻》言《爻》，而不恤其《彖》；于《彖》言《彖》，而不顾其《爻》；谓之曰未达也，奚辞！《易》之辞简而理微，舍其同归一致，而叛离以各成其说，简者莫能辨也，微者可移易而差焉者也，则亦可诡遇以伸其说，而为之言曰，文自文也，周自周也，孔自孔也，则亦终莫之悟也。

今以略言之：乾唯具四德，故虽在"潜"而德已为龙，他阳之在下者莫能拟也。"勿用"者，以养其元亨利贞之德也。坤唯"丧朋"而后有庆，故上六处西南极高之位，以得朋而疑战。屯唯"利建侯"而勿用攸往，故九五之屯膏，而委其利于初九。蒙唯"渎则不告"，以贞为吉，故六三以近昵而为不贞之女。推此而求之，《彖》为《爻》材、《爻》为《彖》效，以《彖》之经，求《爻》之权，未有不针芥相即者也。至如履《彖》"不咥人"，而六三"咥"者，舍其说以应乾之成德而躁以进也，而《彖》已先示以履虎之危机。同人亨"于野"，而六二"于宗"而吝，亨者在阳，而吝在阴，两相同而得失固殊也。豫"建侯行师"之利，九四当之，非余爻之所能逮。咸备三德，而《爻》多咎吝，以利在"取女"以顺，而妄感皆非。由其所以异，观其所以同，岂特思过半哉！《爻》之义无不尽于《彖》中，而何读《易》者弗之恤邪？篇中以《爻》不悖《彖》为第一义，故破先儒之说，而不敢辞其罪。释《经》者得句而忘其章，得章而忘其篇，古今之通病也。近世姚江之徒，拈单辞片语以伸其妄，皆此术尔，亦释氏离钩得鱼之淫辞，而君子奚取焉！

一〇

卦变者，因《彖传》往来上下进行内外之旨，推而见其所自变也。夫子作《彖传》，于卦画已定、卦象已备、卦德已见于《彖辞》之后，而得其理焉，明此卦之所以异于彼卦者，以其爻与位之有变易也。盖自天化而言之，则万象不同之形体，大化不齐之气应，各自为道，而非由此而变彼；而以人事之同异得失言之，则阴阳各自为类，而其相杂以互异者，唯由情之动而往来进退于其间，数有参差，则性情功效之臧否应违以殊，非忽至无因，乃其推移之际，毫厘之差，千里之谬也。

《彖传》之以卦变言者十五：随曰"刚来而下柔"，蛊曰"刚上而柔下"，噬嗑曰"柔得中而上行"，贲曰"柔来而文刚"、"分刚上而文柔"，咸曰"柔上而刚下"，恒曰"刚上而柔下"，损曰"其道上行"，益曰"自上下下"，渐曰"柔得位"，涣曰"刚来而不穷"，皆三阴三阳之卦，故古注以为自否、泰而变。而先儒非之，谓乾坤合而为否泰，岂有否泰复为他卦之理！程子因谓皆自乾坤而变。然此二说相竞，以名之异，而非实之有异也。

若泛言自乾坤而变，则六十二卦皆乾坤所摩荡而成。若以随、蛊之属刚柔之上下言之，则所谓自乾坤变者，亦下乾上坤、下坤上乾之谓。从三画而言则谓之乾坤，从六画而言则为否泰，其实一也。三画之乾坤，或成象于内，或成象于外，各从其类而不杂者，则为否、泰，离其类而相杂，则为随、蛊。以下十八卦，纯者其常，杂者其变，故否泰非变，而余卦为变。故《彖传》之理，多以否之变为得，泰之变为失。玩《传》自见其义，不当疑否、泰之不足于变也。变者，象变也。象不成乎否、泰即其变，非谓既泰既否而又变为他也。以揲蓍求之，其理自见。

乃若无妄曰"刚自外来而为主于内"，大畜曰"刚上"晋、睽、鼎皆曰"柔进而上行"，则又非乾坤也，非否泰也。无妄者，遁之刚自外来也。大畜者，大壮之刚上也。晋者，观之柔进五也。睽者，大畜之柔上进也。鼎者，巽之柔上行也。此又一义。为遁，为大壮，为观，则阴阳虽畸胜，而犹从其类，亦纯象也。为无妄，为大畜，为晋，则杂也。唯睽为大畜之变，其义稍远；而鼎、革为巽、离之变，又别为一义。要此诸卦，皆相杂而难乎取象。变易之极，非固然之体撰，则有彼卦稍有移易而又别为一道之理。

从其变而观之，以审进退升降于几微，穷人情物理之致，《易》之所为屡迁而忧其介也。若上下秩然而成章，阴阳相比而定位，则道之常也，象之有定也，不复论其变矣。乃朱子谓一卦而六十三卦皆可变，其说本自焦赣。赣之为术，博衍蓍策，九、六变动而为四千九十六之占辞，繁冗重复，而究不足以尽天道人事无穷之理数，以为忧悔吝而补过之明鉴，姑不具论；即其所云变者，以筮法动爻言之，非谓卦之固有此也。

且如贲之《彖》曰"柔来而文刚"，"分刚上而文柔"，言贲也，非言泰也。《周易启蒙》谓六爻不变则占本卦，《彖》辞是贲之《彖》，非以占泰二、上两爻之变也明甚，而恶得谓一卦之变六十四卦乎？此焦氏之说与《启蒙》固相矛盾，奈之何曲徇而两存之也？

一卦而六十三变，《春秋传》有其文。盖夏、商之季，《易》道衰，而筮氏以其小智，为游移不定之占，以求亿中。文王演《易》，尽废日者之术，归之易简。孔子所传者，文王之《易》也。焦赣所演者，夏、商日者之《易》也。论文、周、孔子之《易》，而以日者之术乱之，奚可哉！篇中于随、蛊诸卦言泰、否之变，无妄、大畜、晋、睽、鼎、革各殊其说，玩爻象而宗二圣之指，不知其余也。

———

唯乾坤以纯为道，故乾曰"时乘六龙以御天"，又曰"天德不可为首"，九五虽尊，不任为群阳之主，而各以时乘；坤曰"德合无疆，承天而时行"，六二虽正，而下不能释初六之凝阴，上不能息上六之龙战。自此而外，则卦各有主。或专主一爻行乎众爻之中，则卦象、卦名、卦德及爻之所占，皆依所主之爻而立义。或贞悔两体相应，或因卦变而刚柔互相往来，则即以相应、相往来者为主。或卦象同，而中四爻之升降异位，或初、上之为功异道，则即以其升降刚柔之用爻为主。非在此一卦，而六爻皆其有一德也。

一爻行乎众爻之间，如履唯六三为柔履刚，则余爻之阳皆其所履，不可于外三爻而言履他爻；初、二与三同为兑体，虽有履道而未履乎刚，故咥不咥不与焉。复卦唯初九为能复，大有唯六五为有乎大，而余爻皆听复而为柔所有。姤、同人、豫、小畜之类，其义皆然。

二爻相往来，而以所往来者为主，如损之损三而益上，益之损四而益初，则唯所损、所益之两爻为主，而余爻皆受损、益者也。恒之初与四固藏以持久，余爻非有恒道；需、晋之五居尊而遥相待，上与四为隔绝，所由以俟需、晋者，则需与所需、晋与所晋者异矣。

以相应不相应为主者，中四爻之合离有得失之异，如中孚之二、五得中，相合而孚其类，以感三、四，故三、四非能孚者，初、上则尤不与于孚者也。或卦象略同而三、四之升降异，如贲柔来二以饰阳，故贲须终不得为大文；噬嗑刚自五而来初，以啮合交杂之阴阳而非道；则贲唯二与上为致饰，噬嗑唯初与上为强合；有贲者，有受贲者，有噬者，有受噬者，不得概言饰与合也。

中四爻象同而初、上为功异者，如家人以刚闲得位之贞，而蹇以柔用；解以柔解失位之悖，而睽以刚争；则中四爻之得失皆听乎初、上，不自为合离行止矣；有闲者，有受闲者，有解者，有受解者，有启其疑以睽者，有致其慎而蹇者，未可无辨以离爻于全卦之象也。

观其《象》以玩其《象》，则得失之所由与其所著，吉凶之所生与其所受，六爻合一，而爻之义大明矣。旧说概云当某卦之世则皆有某卦之道，主辅不分，施受不别，遇履则皆履物，遇畜则皆畜彼，至于说不可伸，则旁立一义，如讼九五为听讼，而不问所讼者为何人之类，揆之卦画，参之象辞，绝不相当，非义所安，审矣。篇内疏其滞，会其通，非求异于先儒，庶弋获于三圣耳。

一二

以筮言之，则由三变以得一画以为初，渐积至十八变而成卦，疑初为始而上为终。然成卦者，天地固有之化，万物固有之理，人事固有之情，筮而遇之则占存焉，非因筮而后有卦也。如天之健，非渐次以盛而向于弱；地之顺，非驯习以至而且将逆。至于夬、剥之属，非上不成，其初则未尝决阴而剥阳也。即以筮言，初爻得奇者三十有二，岂必初九为乾之始？得偶者三十有二，岂必初六为坤之始？即至五爻得阳，而为乾为夬，尚未可知；五爻得阴，而为坤为剥，尚未可知。无上不成乎初，亦阴阳无始、动静无端之理也。卦有以初、终为时位者，然而仅矣。即如乾以时言，而岂必一人焉由潜而见、而跃、而飞亢，阅历尽而不爽乎？孔子终于潜，周公终于见，文王终于跃，尧始即飞，比干、伯夷始即亢。人事如此，物之变、天之化，尤其不可测者。

需非九五，始固亟进而谁需？讼非九二，五自居尊而无与讼。然则何所据于时与地，为卦之始、卦之终也？未尝观象观变以玩其

周易内传发例

占与辞，而初则曰当某卦之始，上则曰当某卦之终，奚足以研几而精义乎？其尤异者，于泰则曰泰极且否，于否则曰否极而泰，于畜则曰畜极而通，然则明夷之终夷极而必无伤，解之终解极而复悖乎？以天下治乱，夫人进退而言之，泰极而否，则尧、舜之后当即继以桀、纣而禹何以嗣兴？否极而泰，则永嘉、靖康之余何以南北瓜分，人民离散，昏暴相踵，华夷相持，百余年而后宁？畜极而通，则苟怀才抱德者愤起一旦，不必问时之宜否，可以唯所欲为，而志无不快。

以天化言之，则盛夏炎风酷暑之明日，当即报以冰雪，山常畜而必流，水常通而必塞矣。故泰极者当益泰也，否极者当益否也。泰上之"复隍"，否上之"倾否"，自别有旨，而不可云极则必反也。极则必反者，筮人以慰不得志于时者之佞辞，何足以穷天地之藏，尽人物之变，贞君子之常乎？故旧说言始言终者，概不敢从，而求诸爻象之实。卦或有初而不必有终，不计其终；或有终而不必有初，不追其始。合浑沦之全体，以知变化之大用，斯得之矣。

## 一三

《本义》绘邵子诸图于卷首，不为之释而尽去之，何也？曰：周流六虚，不可为典要；《易》之道，《易》之所以神也，不行而至也，阴阳不测者也。邵子方圆二图，典要也，非周流也，行而至者也，测阴阳而意其然者也。《易》自下生，而邵子之图自上变。自下生者，立本以趣时者也；自上变者，趣时而忘本者也。天地之化，至精至密。一卉一木，一禽一虫，察于至小者皆以不测而妙尽其理；或寒或暑，或雨或晴，应以其候者抑不可豫测其候。故《易》体之，以使人行法俟命，无时不惧，以受天之祐。故乾坤并建，即继以屯：阴阳始交而难生，险阻在易简之中，示天命之靡常也。泰而旋否，剥而旋复，有恒而遁，明已夷而可闲于有家：神之格不可度，而矧可射也？故曰百物不废，惧以终始。君子之学《易》，学此焉耳；有疑焉而以问，问此焉耳；固法象自然必有之变化也。

邵子之图，如织如绘，如钉如砌，以意计揣度，域大化于规圆矩方之中。尝试博览于天地之间，何者而相肖也？且君子之有作也，以显天道，即以昭人道，使崇德而广业焉。如邵子之图，一切皆自然排比，乘除增减，不可推移，则亦何用勤勤于德业为耶？疏节阔目，一览而尽，天地之设施，圣人之所不敢言，而言之如数家珍，此术数家举万事万理而归之前定，使人无惧而听其自始自终之术也。将无为偷安而不知命者之劝耶？于《象》无其象，于《爻》无其序，于《大象》无其理，文王、周公、孔子之所不道，非圣之书也。而挟古圣以抑三圣，曰伏羲之《易》；美其名以临之，曰先天。伏羲何授？邵子何受？不能以告人也。先天者，黄冠祖炁之说也。故其图乾顺坤逆，而相遇于姤、复，一不越于龙虎交媾之术，而邵子之藏见矣。程子忽之而不学，趀矣哉！朱子录之于《周易》之前，窃所不解学《易》者，学之圣人之言而不给，奚暇至于黄冠日者之说为？占《易》者，以占得失也，非以知其吉而骄、知其凶而怠者也，又奚以前知一定之数为？篇中详辨之。

# 一四

唯《易》不可为典要，故玩《象》《爻》之辞者，亦不可执一以求之。有即爻之得失而象占在者，如"潜龙勿用"，则"龙"者初九之德，"潜"者初九之时，"勿用"则示修龙德而在潜者当以藏为道之类是也。乃执此以概其不然者，则于《爻》无义，于《象》相违者多矣。有爻中之象占，有爻外之象占。而爻外之象占复有二。

其一如坤初六"履霜坚冰至"，虽初六之且有此象，而所戒者在君子之辨之于早，非为初六言也；又如噬嗑初九"屦校灭趾无咎"，虽初九之自致，而言无咎者，谓君子施薄刑于小人以弭其恶，则可寡民之过，非谓屦校而可无咎也。

其一如大有上九"自天祐之吉无不利"，上九即天也，祐者非祐上也，乃六五履信思顺而上祐之，即其福之至以归本于六五之德也；又如解六五"君子维有解"，解者，非五之能解也，上六藏器待时而解六三之悖，故五可孚三而解之，此原本上六之德以知六五之吉也。盖读书者一句而求一句之义，则句义必忒，况于《易》之为学，以求知天人之全体大用；于一爻而求一爻之义，则爻义必不可知。且如"潜龙勿用"，义固尽于爻中矣，而非六阳纯成、自强不息，则无以见一阳初动之即为龙，况其会通于爻外之爻以互相应求，与立一占者、学者于卦爻之外，以垂训戒者乎！通其变而不倦于玩，君子之所以行乎蛮貊也。执一句一义而论先圣之书，微言隐，大义乖，他经且然，奚况《易》哉！

# 一五

《爻辞》为筮得九六动爻而设，故于《象》有变通，如履六三、复上六之类。乃动爻之取义有二，一为值其动之时者言也，一为于其时位而有动之情者言也。值其动之时，不必有动之情，而动应之。如乾初九，非有欲潜之情，时为之也，示占者当其时则道宜如是，非有欲用之意，而固不可用也。凡此类，以所值之时位言也。一则卦德本如是矣，非其吉凶之必然也，乃忽情动于中，而与此爻得失之理相应，则爻因其情之动而告之以动之吉凶。如同人以一阴应群阳，本有"于野"之亨，而六二以应而动其情，以私合于五，非其时位然也，情之动也。凡此类，以人之情专于此而遗其全体，则以情之动而告以动之得失。占者非有其情，则当其时而趣之；苟有其情，则因其情之得失而慎之；此所以明于忧患之故，而为通志成务之道。即占即学，岂有二理哉！

# 一六

《易》为君子谋，不为小人谋。君子之谋于《易》，非欲知吉凶而已，所以知忧，知惧，而知所择执也。故曰："无有师保，如临父母。"《本义》往往有戒占者之言，韪矣。然所戒者，刚柔之节，进退之度，王者之刑赏因革，君子之出处语默，两俱近道，而戒以慎择而固执之。若夫贞之为言正也，出乎正则入乎邪，即微《易》

之戒，岂有不贞而可以徼利者哉！贞之为利也，不相离也，贞则利，利必贞也，故有贞凶，而无不利之贞，无不贞之利。且《易》之所谓利者，非小人之利，求荣而荣，求富而富，欲焉而遂，忿焉而逞者也。故曰"利物"，非私利于己之谓也；曰"合义"，合于义即利，所谓不以利为利，以义为利也。

故凡言贞吉者，言既得其正而又吉。或谓所吉者在正，而非不正者之可幸吉，此即戒矣。若利贞，则谓其合义而可固守，即有戒焉，亦谓其义之合不以权而以正也。倘云利于贞，不利于不贞，此又岂待《易》之言而后戒乎！况如乾言"利贞"，在天者即为道之正，胡容责天以正，而唯恐不正之不利耶！元、亨、利、贞，分言之则四德，合言之则二理。复礼为仁，礼者仁之秩叙；信必近义，信者义之始终。文王合四德而顺言之，孔子分四德而合言之，义固两存，不可云孔子之言非文王之意也。篇中亟正之。

# 一七

当位之吉，不当位之凶，其恒也。应之利，不应之不利，其恒也。使有恒之可执，而据之为典要，则《火珠林》一类技术之书，相生相克之成局，足以与于圣人之道义、天地之德业矣。故有不当位而吉，当位而不吉，应而不利，不应而利者。以人事征之：纣以世嫡而为君，三桓以公族而为卿，当位者也；文王之为臣，孔子之为下大夫，不当位者也；飞廉、恶来，柔以应刚者也；微子之决于去，比干之戆于谏，不应者也。得失岂有定哉！耕者之雨，行者之病也。丰草之茂，良苗之瘠也。位无恒，应必视其可应，以为趣时之妙用，其可以典要求之乎！乾、坤、震、巽、坎、离、艮、兑，位皆其位，不待应而自合者也。泰、否、益、恒、既济、未济、咸、损，固相应而无关于得失也。既济无不当之位，未济无相当之位，位不足言也。推此而言变动无常之旨，类可知矣。

# 一八

《易》之难知者，三阴三阳相杂之卦，此所谓险阻也。咸、恒、损、益之旨，微矣。随、蛊、噬嗑、贲、困、井、鼎、革、丰、旅、节、涣，于象于德，尤为隐而难知。旧说通于《爻》，则不通于《象辞》；通于《象辞》，抑不通于卦画。盖阴阳相半，以递相乘，乃天化之流行于物理人事者，不能皆如泰、否之秩然成章；而圣人观其变与象以穷万变之理，自非可以论易简之道论险阻也。损、益之义大矣。其曰"损上益下，民说无疆"者，孔子推而征之君民之间，以著其一理耳。旧说据此以尽损、益之理，则损为暴君污吏之朘削，而何以云"有孚无咎"而可贞也？天施地生、与时偕行之说，又何以称焉？随为阳随阴也，明矣。

蛊阴顺承阳，正也。《春秋传》"女惑男"之说，术人因事而支离，非蛊之象也。既云蛊坏矣，既坏，则治不治未可知也。若得坏极必治，而可名之为治，则否可以谓之泰、困可以谓之通乎？困之刚掩，易知也。井亦刚掩，而奚以异于困？不即井之象以合卦之象，则爻之言"漏"、言"泥"、言"汲"、言"甃"、言"食"、言"收"者何所取？而"往来不改"之义又何以云？丰，蔽也，阴蔽阳也，《爻》之训明矣；而谓为盛大，故蔡京得以"丰亨豫大"之说惑其君。使即象征《爻》，知丰之为蔽而豫之为怠，邪说不足以立矣。

天、地、雷、风、水、火、山、泽，八卦之象也。八卦之德，不限于此。舍卦画所著之德，仅求之所取之象，是得枝叶而忘其本根；于是雷火盛而为丰，山风厉而为蛊，一偏之说，遂以蔽卦之全体，而《象》与《爻》之大义微言皆隐矣。但以天、地、雷、风、水、火、山、泽曲就卦之名义，则雷、风至无恒者，而何以为恒？又将为之说曰"无恒而有恒"。则亦泰可谓否，乾可谓之坤矣。今释数卦，皆研审画象、会通《象》《爻》以明其旨，尽异于先儒之言，非敢求异，求其通而已矣。

# 一九

《大象》之与《彖》《爻》，自别为一义。取《大象》以释《彖》《爻》，必龃龉不合，而强欲合之，此《易》学之所由晦也。《易》以筮，而学存焉，唯《大象》则纯乎学《易》之理，而不与于筮。盖筮者，知天之事也；知天者，以俟命而立命也。乐天知命而不忧以俟命，安土敦仁而能爱以立命，则卦有小有大、有险有易、有顺有逆，知其吉凶而明于忧患之故，吉还其吉，凶还其凶，利害交著于情伪之感，以穷天化物情之变，学《易》之道虽寓其中，而固有所从违，以研几而趣时，所谓"动则玩其占"也。

若夫学《易》者，尽人之事也。尽人而求合乎天德，则在天者即为理。天下无穷之变，阴阳杂用之几，察乎至小、至险、至逆，而皆天道之所必察。苟精其义、穷其理，但为一阴一阳所继而成象者，君子无不可用之以为静存动察、修己治人、拨乱反正之道。故否而可以"俭德辟难"，剥而可以"厚下安宅"，归妹而可以"永终知敝"，姤而可以"施命诰四方"；略其德之凶危，而反诸诚之通复，则统天、地、雷、风、电、木、水、火、日、月、山、泽已成之法象，而体其各得之常。

故乾大矣而但法其行，坤至矣而但效其势，分审于六十四象之性情以求其功效，乃以精义入神，而随时处中，天无不可学，物无不可用，事无不可为，由是以上达，则圣人"耳顺""从心"之德也。故子曰："五十以学《易》，可以无大过矣。"《大象》，圣人之所以学《易》也。"无大过"者，谦辞也。圣人之集大成，以时中而参天地，无过之尽者也，圣学之无所择而皆固执者也，非但为筮者言也。君子学圣人之学，未能至焉，而欲罢不能，竭才以从，遗其一象而即为过，岂待筮哉！所谓"居则观其象"也。呜呼！此孔子之师文王而益精其义者，岂求异于文王乎！神而明之，存乎其人，非圣人而孰能与于斯！读《易》者分别玩之，勿强相牵附，以乱《爻》《象》之说，庶几得之。

# 二〇

《序卦》非圣人之书，愚于《外传》辨之详矣。《易》之为道，自以错综相易为变化之经，而以阴阳之消长屈伸、变动不居者为不测之神。间尝分经纬二道，以为三十六象、六十四卦之次序，亦未敢信为必然，故不次之此篇。然需、讼可以继屯、蒙，而讼之继蒙，以象以数、无一可者，于理尤为不顺。故确信《序卦》一《传》非圣人之书，而此篇置之不论。且上、下《经》之目，非必孔子之所立也。《六经》之书，在孔子但谓之艺，其称"经"者，始见于戴氏《经解》之文，后人之所称也。其分上下也有二。古之简策，以韦编之，犹今之卷帙也。简多而不可编为一，故分上下为二，其简之多少必相称也。《上经》乾、坤二卦独有《文言》，则损其二卦以为下篇，而文与简相均。《下经》之始咸、恒，不过如此而已。

又以错综之象言之，《上经》错卦六为象六；综卦二十四，为象十二；共十有八。《下经》错卦二、综卦三十二，为象亦十有八，偶相合也，亦可分为二而均者也。乃曲为之说曰："有夫妇然后有父子，有父子然后有君臣"，安所得无道之言而称之哉！父子君臣者，自有人道以来，与禽兽之大别者此也。有男女则有夫妇，天化之自然；鸟之雌雄，兽之牝牡，与人同焉者也。即曰夫妇者，非配合之谓尔，以礼相合之谓也，而抑不然：父子之仁、君臣之义，圣人因人心之固有顺导之，而爱敬之真不待圣人之裁成；若夫妇之以礼相接，则圣人于既有配合之后，裁成之以正人纪者也。故黄帝以前，昏姻未正，而父子君臣之伦早已大定，何得以为父子君臣俱待此以成，而推为人伦之本耶！况所云有男女然后有夫妇者，又仅自其配合而言乎！

乾者，万物之资始也，父吾乾也；坤者，万物之资生也，母吾坤也。乾、坤二十八变而后有咸恒，则讵可曰有夫妇然后有父子哉！故曰：非圣人之书也。且欲取卦以象夫妇，则泰、否为阴阳内外之象，损、益、既济、未济皆男女相谐匹之象，而奚独咸、恒！若曰乾道至艮而成男，坤道至兑而成女，则损何殊于咸？若以男下女为昏礼之象，则恒抑不如益矣。咸者，感也。天下之感岂徒夫妇！故《爻辞》不及焉，《大象》不及焉。《彖》言"取女"，亦举一事以通其余，如屯之"建侯"、益之"涉川"，非必定此为夫妇也。恒与咸综，义实相反。如云夫妇必久，则父子、君臣、兄弟、朋友可暂合而终离乎？以咸、恒拟乾、坤，分上、下《经》之首，无一而可者也。上、下《经》之分，文与简之多少相称尔，十有八象之偶均尔，圣人何容心焉！故曰：《序卦》非圣人之书也。

若夫"十翼"之说，既未足据。即云"十翼"：《文言》一，上下《彖传》二，《大象》一，上下《象传》二，《系辞》《上下传》二，《说卦传》一，《杂卦传》一。《序卦》固赘余矣。

二一

以《易》为学者问道之书而略筮占之法，自王弼始。嗣是言《易》者不一家，虽各有所偏倚，而随事以见得失之几，要未大远于《易》理。唯是专于言理，废筮占之法于不讲，听其授受于筮人，则以筮玩占之道，不能得先圣人谋鬼谋、百姓与能之要。至朱子作《启蒙》，始详焉。乃朱子之法，一本之沙随程氏，其三爻变以上无所适从，但以晋文公之筮贞屯悔豫为证，至五爻变则据穆姜之筮随，而又谓史妄引随之《彖辞》。今按三爻变，则占本卦及之卦之《彖辞》。假令筮得乾，而三、五、上变为归妹，乾《彖》曰"元亨利贞"，而归妹曰"征凶无攸利"；又令筮得家人，初、二、四变为姤，家人《彖》曰"利女贞"，姤曰"女壮勿用取女"；得失吉凶，相反悬绝，占者将何所折衷耶？其四爻、五爻、六爻变，皆舍本卦而专取之卦，本之不立，急于趣时，以静为动，以动为静，于理不安之甚。

盖所谓之卦者，一出于筮人，而极于焦赣四千九十六之《繇辞》。若以易简而知险阻言之，则三百八十四之《爻辞》通合于六十四《象》之中，已足尽天人之变。如以为少而益之，则天化物理事变之日新，又岂但四千九十六而已哉！故赣之《易林》，诡于吉凶，而无得失之理以为枢机，率与流俗所传《灵棋经》《一撮金》，同为小人细事之所取用，亵天悖理，君子不屑过而问焉。是之卦之说，三圣之所不用，亦已审矣。唯《春秋传》晋文、穆姜之占，以之卦为说，乃皆曰八，则疑为《连山》、《归藏》之法，而非《周易》之所取。其他《传》之所载，虽曰某卦之某，所占者抑唯本卦动爻之辞，且概取本卦一爻以为占，未必其筮皆一爻动而五爻不动。意古之占法，动爻虽不一，但因事之所取象、位之与相当者，一爻以为主而略其余。特自王弼以来，言《易》者置之不论，遂失其传，而沙随程氏以臆见为占法，则固未足信也。

——

《易》三画而八卦小成，一函三之数，三才之位也；重而为六，阴阳、柔刚、仁义之道，参两之数也。象数一依于道，故曰"《易》与天地准"，故能弥纶天地之道。邵子挟其加一倍之术以求天数，作二画之卦四、四画之卦十六、五画之卦三十二，于道无合，于数无则，无名无象，无得失之理，无吉凶之应，窃所不解。加一倍之术，无所底止之说也。可二画，可四画，可五画，则亦可递增而七、八、九画，然则将有七画之卦百二十八、八画之卦二百五十六、九画之卦五百一十二，渐而加之以无穷无极，而亦奚不可哉！邵子之学如此类者，穷大失居而引人于荒忽不可知之域，如言始终之数，自乾一而以十二、三十相乘，放坤之三十一万、三千四百五十六万、六千五百六十三万、八千四百万，运算终日而得之，不知将以何为？《易》曰："易简而天下之理得矣。"故学《易》者知其数：一函三为体，阳九阴六为用，极于万二千五百而止。畏圣人之言，不敢侮也。

# 二三

《六经》一以夫子所定为正。董仲舒言，"道术归于一，诸不在六艺之科者，勿使并进"，万世之大法，为圣人之徒者勿能越也。故《尚书》虽有《汲冢周书》，《诗》虽有传记所引少昊之诗、《白云》之谣，《春秋》虽有《竹书纪年》，《礼》虽有《夏小正》，无有援古以加于圣经者；况秦汉制诏之书，《铙歌》《清商》之诗，王通《元经》之拟《春秋》，叔孙绵蕞之制朝礼，其不敢跻而上之以杂圣教，正道异端之辨，严矣哉！何独至于《易》而前引旷古无征之伏羲以为之图说，后则有八宫、世应、飞神、伏神、六龙、六亲、纳甲之邪说，公然登之圣经之列而不知忌惮？为圣人之徒者，何其诬也！以康节之先天，安排巧妙，且不足以与于天地运行之变化，况八宫、世应之陋术哉！

乾之变穷于剥，何以反下而为晋？又全反其所已变而为大有？无可奈何，而为游魂、归魂之说以文之。何以游？何以归也？无能言其故也，穷斯遁也。其以五行割裂而配八卦也，坎、离何以专水、火，而木、金、土兼摄二卦；乾、坤为变化之本原，而使与兑、艮伍，以分金、土之半；坤、艮杳不相及、而使同司土政；皆蔑理逆天之说耳。至于纳甲取象于月魄之死生，本出于魏伯阳修炼之小数，而下游为房中妖淫之技，其惑道诬民，岂但《元经》之于《春秋》、绵蕞之于《三礼》哉！非圣者无法，而小人趋利避害，乐奉之以为徼幸之媒。

刘爌氏，儒者也，为之说曰："辞与事不相应，吉与凶何自而决？盖人于辞上会者浅，于象上会者深；文王、周公之辞虽以明卦，然辞之所该终有限，故有时而不应。"其非圣无法以崇尚邪说也，甚矣！二圣之辞有限，而鬻术者推测之小慧为无穷乎？其云有时而不应者，则自有故。假令一人就君子而问穿窬之得财与否，君子岂能以其所获之多少而告之？即令有人以贸贩之售不售，求酒索食之有无问，君子又岂屑役其心以揣其多寡利钝而告之？故曰："伐国不问仁人。"仁人且不可问，而《易》者天之明赫、诚之形著、几之明威、鬼神之盛德，四圣崇德广业、洗心藏密之至仁大义，其屑为此琐琐者谋乎？

象数者，天理也，非天理之必察，于象数亡当焉，而恶乎相应？有时不应，固其宜也。其在君子，则语嘿从心，苟问非所问，则隐几而卧，曳杖而去之已耳。若著策者，虽神之所凭，抑听人之运焉者也。神不能掣筮人之腕指而使勿揲，则听其渎而不禁，而揲之奇偶自然必合于七八九六，鬼神不能使妄渎者之不成乎爻象。有象则有辞，亦如孔子之遇阳货于涂，非欲欺之，而自不与其言相应。所问不应，又何疑焉！即或偶应，亦偶遇而非神之所形。怙愚不肖者，不能如穆姜之自反以悔其渎而不告，乃归咎于文王、周公之辞有限而不足以尽象，悍而愚不可瘳矣。揣其意，不过欲伸康节观梅之术，与京房世应、《火珠林》禄马贵合刑杀之邪妄，以毁圣人而已。孔子曰："所乐而玩者，《易》之辞也。"篇内推广辞中之精义以旁通之，苟君子以义而筮，如父母也，如师保也，何有不应之疑耶？

# 二四

揲蓍之法，当视过揲七、八、九、六四数之实，以定阴阳老少，而不当论归奇，《外传》已详辨之矣。其著明者，莫如夫子之言。《系传》曰"乾之策二百一十六，坤之策百四十四"，过揲之数也。若乾之归奇七十八，坤之归奇百五十，圣人之所弗道也。又曰："乾坤之策三百六十，当期之日。"若合乾坤之归奇，则二百二十八，于天之象数一无所准。圣人之言炳如日星，而崇后世苟简之术，取归奇之《易》于数记，谓但论归奇之五、四、九、八，乱奇偶之成象，诬过揲为赘旒，非愚所知也。后儒谈《易》之敝，大抵论《爻》则不恤《象》，论《象》《爻》则不恤《系传》，不知三圣之精蕴非《系传》二篇不足以章著。此乃孔子昭示万世学《易》、占《易》之至仁大义，昭回于天者。而往往以日者苟简邪淫之说为师。

朱子师孔子以表章六艺，徒于《易》显背孔子之至教。故善崇朱子者，舍其注《易》可也。邵康节乱之于前，王介甫废之于后，蔡西山以术破道，而星命葬术、为《王制》杀而勿赦者，复弄《易》以神其说，则朱子之于《易》，舍周、孔以从术士，有自来矣。故归奇者，术士苟简之术也，于此可以知朱子之过矣。

# 二五

夫之自隆武丙戌，始有志于读《易》。戊子，避戎于莲花峰，益讲求之。初得观卦之义，服膺其理，以出入于险阻而自靖；乃深有感于圣人画象系辞，为精义安身之至道，告于易简以知险阻，非异端窃盈虚消长之机，为翕张雌黑之术，所得与于学《易》之旨者也。乙未，于晋宁山寺，始为《外传》，丙辰始为《大象传》。亡国孤臣，寄身于秽土，志无可酬，业无可广，唯《易》之为道则未尝旦夕敢忘于心，而拟议之难，又未敢轻言也。岁在乙丑，从游诸生求为解说。形枯气索，畅论为难，于是乃于病中勉为作《传》，大略以乾坤并建为宗；错综合一为象；《彖》《爻》一致、四圣一揆为释；占学一理、得失吉凶一道为义；占义不占利，劝戒君子、不渎告小人为用；畏文、周、孔子之正训，辟京房、陈抟日者黄冠之图说为防。诚知得罪于先儒，而畏圣人之言，不敢以小道俗学异端相乱；则亦患其研之未精，执之未固，辨之未严，敢辞罪乎！

《易》之精蕴，非《系传》不阐。观于《系传》，而王安石屏《易》于三经之外，朱子等《易》于《火珠林》之列，其异于孔子甚矣。衰困之余，力疾草创，未能节繁以归简，饰辞以达意。汰之链之，以俟哲人。来者悠悠，谁且为吾定之者？若此篇之说，间有与《外传》不同者：《外传》以推广于象数之变通，极酬酢之大用，而此篇守《彖》《爻》立诚之辞，以体天人之理，固不容有毫厘之逾越。至于《大象传》，则有引伸而无判合，正可以互通之。《传》曰："默而成之，不言而信，存乎德行"，岂徒以其言哉！躬行不逮，道不足以明，则夫之所疚丑于终身者也。

丙寅仲秋月癸丑朔毕

周

易

外

传

# 周易外传卷一

## ䷀ 乾

### 一

道，体乎物之中以生天下之用者也。物生而有象，象成而有数，数资乎动以起用而有行，行而有得于道而有德。因数以推象，象自然者也，道自然而弗藉于人。乘利用以观德，德不容已者也，致其不容已而人可相道。道弗藉人，则物与人俱生以俟天之流行，而人废道；人相道，则择阴阳之粹以审天地之经，而《易》统天。故乾取象之德而不取道之象，圣人所以扶人而成其能也。盖历选于阴阳，审其起人之大用者，而通三才之用也。天者象也，乾者德也，是故不言天而言乾也。

且夫天不偏阳，地不偏阴；男不偏阳，女不偏阴；君子不偏阳，小人不偏阴。天地其位也，阴阳其材也，乾坤其德也。材无定位而有德，德善乎材以奠位者也，故曰"天行健"。行则周乎地外，入乎地中，而皆行矣，岂有位哉！是故男德刚而女德柔，君子德明而小人德暗。男女各有魂魄，君子小人各有性情。男不无阴，而以刚奇施者，其致用阳；女不无阳，而以柔偶受者，其致用阴。是故《易》之云乾，云其致用者而已。

由此言之，君子有情，而小人有性，明矣。故小人之即于暗也，岂无颖光不昧、知惭思悔之时哉！此则乾之丽于小人者未尝绝。唯恃其自然，忘其不容已，则乾不绝小人而小人绝乾。故

《易》于小人，未尝不正告焉。穆姜筮占四德而惧，其验也。六阳之卦为乾，乾为天，《易》不云天而云乾，用此义也。

或曰："男不偏阳，女不偏阴，所以使然者天地。天不偏阳，地不偏阴，所以使然者谁也？"

曰："道也。"

曰："老氏之言曰：'有物混成，先天地生。'今曰'道使天地然'，是先天地而有道矣；'不偏而成'，是混成矣。然则老子之言信乎？"

曰："非也。道者天地精粹之用，与天地并行而未有先后者也。使先天地以生，则有有道而无天地之日矣，彼何寓哉？而谁得字之曰道？天地之成男女者，日行于人之中而以良能起变化，非碧霄黄垆，取给而来觊之，奚况于道之与天地，且先立而旋造之乎？

"若夫'混成'之云，见其合而不知其合之妙也。故曰'无极而太极'，无极而必太极矣。太极动而生阳，静而生阴，动静各有其时，一动一静，各有其纪，如是者乃谓之道。今夫水谷之化为清浊之气以育荣卫，其化也合同，其分也纤悉，不然则病。道有留滞于阴阳未判之先而混成者，则道病矣，而恶乎其生天地也！

"夫道之生天地者，则即天地之体道者是已。故天体道以为行，则健而乾，地体道以为势，则顺而坤，无有先之者矣。体道之全，而行与势各有其德，无始混而后分矣。语其分，则有太极而必有动静之殊矣；语其合，则形器之余，终无有偏焉者，而亦可谓之'混成'矣。夫老氏则恶足以语此哉！"

故圣人见道之有在于六阳者，而知其为乾之德。知为其德之乾，则择而执之以利用，故曰"君子行此四德者，故曰乾元亨利贞"也。

二

"贞"者，事之干也，信也。于时为冬，于化为藏，于行为土，于德为实，皆信也。

然则四德何以不言智乎？《象》曰"大明终始，六位时成"，则言智也。今夫水，火资之以能熟，木资之以能生，金资之以能莹，土资之以能浃。是故夫智，仁资以知爱之真，礼资以知敬之节，义资以知制之宜，信资以知诚之实；故行乎四德之中，而彻乎六位之终始。终非智则不知终，始非智则不知始。故曰"智譬则巧也"，巧者圣之终也。曰："择不处仁，焉得智！"择者仁之始也。是智统四德而遍历其位，故曰"时成"。各因其时而藉以成，智亦尊矣。虽然，尊者非用，用者非尊，其位则寄于四德而非有专位也。

今夫水，非火则无以济，非木则无以屯，非金则无以节，非土则无以比。是故夫智，不丽夫仁则察而刻，不丽乎礼则慧而轻，不丽乎义则巧而术，不丽乎信则变而谲，俱无所丽，则浮荡而炫其孤明。幻忽行则君子荒唐，机巧行则细人捭阖。故四德可德而智不可德；依于四德，效大明之用，而无专位。故曰"君子行此四德者"，知而后行之，行之为贵，而非但知也。

惟不知此，故老氏谓上善之若水，而释氏以瓶水青天之月为妙悟之宗。其下者则刑名之察，权谋之机，皆崇智以废德。然乃知《大易》之教，为法天正人之极则也。子曰："逝者如斯夫，不舍昼夜。"夫逝者逝矣，而将据之以为德乎？

## 三

先儒之言"元"曰："天下之物，原其所自，未有不善。成而后有败，败非先成者也；有得而后有失，非得而何以有失也？"

请为之释曰："原其所自，未有不善"，则既推美于大始矣。抑据成败得失以征其后先，则是形名器数之说，非以言德矣。

《文言》曰："元者，善之长也。"就善而言，元固为之长矣。比败以观成，立失以知得，则事之先，而岂善之长乎！《象》曰："大哉乾元，万物资始。"元者，统大始之德，居物生之先者也。成必有造之者，得必有予之者，已臻于成与得矣，是人事之究竟，岂生生之大始乎！

有木而后有车，有土而后有器，车器生于木土，为所生者为之始。操之断之，埏之埴之，车器乃成，而后人乃得之。既成既得，物之利用者也，故曰"利物和义"。成得之未败失者，利物之义也。

夫一阴一阳之始，方继乎善，初成乎性，天人授受往来之际，止此生理为之初始。故推善之所自生，而赞其德曰"元"。成性以还，凝命在躬，元德绍而仁之名乃立。天理日流，初终无间，亦且日生于人之心。唯嗜欲薄而心牖开，则资始之元，亦日新而与心遇，非但在始生之俄顷。而程子"鸡雏观仁"之说，未为周遍。要其胥为所得所成之本源，而非从功名利赖之已然者争败失之先，则一也。意者，立成败得失之衡，以破释氏之淫辞耶？则得之尔矣。

释氏之言，销总、别、同、异、成、坏之六相，使之相参相入，而曰"一念缘起无生"。盖欲齐成败得失于一致，以立真空之宗。而不知败者败其所成，失者失其所得，则失与败因得与成而见，在事理之已然，有不容昧者。故奖成与得，以著天理流行之功效，使知败与失者，皆人情弱丧之积，而非事理之所固有，则双泯理事，捐弃伦物之邪说，不足以立。虽然，于以言资始之"元"，则未也。

是故合成败、齐得失以为宗，释氏"缘起"之旨也。执成败、据得失以为本，法家"名实"之论也。执其固然，忘其所以然，而天下之大本不足以立；以成为始，以得为德，而生生之仁不著。吾惧夫执此说者之始于义而终于利矣。

夫功于天下，利于民物，亦仁者之所有事。而以为资始之大用即此在焉，则"享其利者为有德"；亦且不知君子正谊明道之志，未尝摈失与败而以为非道之存，况天之育万物而非以为功者哉！"元"者仁也，"善之长"也，君子之以长人者也。成败得失，又奚足论之有！

四

《易》之有位也，有同异而后有贵贱，有应感而后有从违。若夫乾，则六阳均而成象者也。合六如一，不见其异，六均一致，不相为感，故曰"大明终始"。终始不殊，六龙皆御矣。

惟既已成乎卦也，则亦有其序也。不名之为贵贱，而名之曰先后。先后者时也，故曰"六位时成"。君子之安其序也，必因其时。先时不争，后时不失，尽道时中以俟命也。

乃均之为龙德，则固不可得而贵贱之。初者，时之"潜"也；二者，时之"见"也；三者，时之"惕"也；四者，时之"跃"也；五者，时之"飞"也；上者，时之"亢"也。一代之运，有建、有成、有守；一王之德，有遵养、有戁伐、有耆定；一德之修，有适道、有立、有权；推而大之天地之数，有子半、有午中、有向晦；近而取之夫人之身，有方刚、有既壮、有已衰；皆乾之六位也。故《象》曰"君子以自强不息"，勉以乘时也。

然则初之"潜龙"，其异于蛊之"高尚"、遁之"肥"明矣。太王翦商以前，公刘迁豳以后，周之潜也。十三年之侯服，武之潜也。而不特此，礼所自制，乐所自作，治所自敷，教所自立，未有事而基命于宥密，终日有其潜焉。有其"潜"，所以效其"见"也。

若秦之王也，缪、康以来，献、武以降，汲汲于用以速其飞，而早已自处于亢。当其潜而不能以潜养之，则非龙德矣。非龙德而尸其位，岂有幸哉！故初之"勿用"，天所以敦其化，人所以深其息。故曰"君子以成德为行，日可见之行"，此之谓也。

## 五

天以不远物为化，圣人以不远物为德，故天仁爱而圣人忠恕。未有其德，不能无歉于物；有其德者，无所复歉于己。初之为潜，龙德成矣。龙德成而有绝类于愚贱之忧，则大而化者二之功，迩而察者将无为二之所不用也？虽然，彼龙者，岂离田以自伐其善哉！故曰"见龙在田"。

王道始于耕桑，君子慎于袘裎。尸愚贱之劳，文王所以服康田也。修愚贱之节，卫武所以勤洒扫也。故天下蒙其德施，言行详其辨聚，坦然宽以容物，温然仁以聚众，非君德谁能当此哉！位正中而体居下，龙于其时，有此德矣。然则驰情于玄悦，傲物以高明者，天下岂"利见"有此"大人"乎！

## 六

九四之跃，时劝之也；九五之飞，时叶之也；上九之亢，时穷之也。若其德之为龙，则均也。夫乾尽于四月而姤起焉，造化者岂以阳之健行而怙其终哉？时之穷，穷则灾矣。然而先天而勿违，则有以消其穷；后天而奉时者，则有以善其灾。故曰"择祸莫若轻"。知择祸者，悔而不失其正之谓也。

朱、均之不肖，尧、舜之穷也；桀、纣之丧师，禹、汤之穷也。尧、舜不待其穷，而先传之贤以消其穷，灾不得而犯焉。禹、汤之持其穷也，建亲贤，崇忠质。不能使天下无汤、武，而非汤、武则夏、商不亡，终不丧于夷狄、盗贼之手。景亳之命，宗周之步，犹禹、汤晋诸廷而授之矣。

三代以下，忌穷而悔，所以处"亢"者失其正也。而莫灾于秦、宋之季。秦祚短于再传，宋宝沦于非类。彼盖詹詹然日丧亡之为忧，而罢诸侯，削兵柄，自弱其辅，以延夷狄盗贼而使乘吾之短垣。逮其末也，欲悔而不得，则抑可为大哀也已！呜呼！龙德成矣，而不能不亢，亢而不能不灾。君子于乾之终，知姤之始，亦勿俾嬴豕之蹢躅交于中国哉！

## 七

天积日以为岁功，岁功相积而德行乎其中。然期三百六旬之中，擅一日以为之始，则万物听命于此一日，德以有系而不富矣！且一日主之，余日畔之，一日勤之，余日逸之，其为旷德，可胜言哉！

夫"用九"者，天行之健，不得不极，故其策二百一十有六，自冬至子初授一策，以极于大暑后之四日，夏功成，火德伏，而后天之施乃讫焉。则前乎此者，虽夏至当上九之亢，而乾行固未息也。故坤不逮期之半，而乾行过之。其刚健粹精，自强不息者，六爻交任其劳而不让，二百一十六策合致其能而不相先。群龙皆有首出之能，而无专一之主，故曰"天德不可为首"，明非一爻一策之制命以相役也。

然则一元之化，一代之治，一人之生，一善之集，一日之修，一念之起，相续相积，何有非自强之时，可曰"得其要而不劳，择其胜而咸利"乎？故论必定于盖棺，德必驯于至极，治必逮于絫仁。用九之吉，吉以此尔。

自老氏之学以居锊处后，玩物变而乘其衰，言《易》者惑焉。乃曰"阳刚不可为物先"。夫雷出而萌荣，气升而灰动，神龙不为首而谁为首乎？德不先刚，则去欲不净；治不先刚，则远佞不速。妇乘夫，臣干君，夷凌夏，皆阳退听以让阴柔之害也。况足以语天德乎！

## 八

"知至至之，知终终之"。大哉！《易》不言中而中可择矣。夫离"田"而上即"天"也，离"天"而下即"田"也。出乎田，未入乎天，此何位乎？抑何时乎？析之不容毫发，而充之则肆其弥亘。保合之为太和，不保不合则间气乘而有余不足起矣。乘而下退，息于田而为不足；乘而上进，与于天而为有余。不足则不可与几，有余则不可与存义。勉其不足之谓文，裁其有余之谓节。节文具而礼乐行，礼乐行而中和之极建。是故几者所必及也，义者所必制也。人为之必尽，一间未达而功较密也。天化之无方，出位以思而反失其素也。舍愚不肖之偷，而绝贤智之妄，日夕焉于斯，择之执之，恶容不"乾乾""惕若"哉！

夫九三者功用之终，过此则行乎其位矣。功用者我之所可知，而位者我之所不可知也。功用者太和必至之德，位者太和必至之化也。德者人，化者天。人者我之所能，天者我之所不能也。君子亦日夕于所知能，而兢兢焉有余不足之为忧，安能役心之察察，强数之冥冥者哉！此九三之德，以固执其中，尽人而俟天也。

　　若释氏之教，以现在为不可得，使与过去、未来同销归于幻妄，则至者未至，而终者杳不知其终矣。君子服膺于《易》，执中以自健，舍九三其孰与归！

# ䷁ 坤

## 一

太极动而生阳，静而生阴。动者至，静者不至。故乾二十四营而皆得九，九者数之至也；坤二十四营而皆得六，六者数之未至也。数至者德亦至，数未至者德有待矣。德已至，则不疾不速而行固健；德有待，则待劝待勉而行乃无疆。固健者不戒而行，调其节而善之，御之事也。无疆者从所御而驰焉，马之功也。天以气而地以形，气流而不倦于施，形累而不捷于往矣。阳以乐而阴以忧，乐可以忘其厉而进，忧足以迷其方而退矣。则坤且凝滞褭回，而几无以荷承天之职也。故《易》之赞坤，必赞其行焉。

夫坤何为而不健于行也？流连其类而为所系也。西南者，坤之都也，堕山峻巇之区也。据中国言之。君子之言，言其可知者而已。坤安其都而莫能迁矣。自然不能迁。且乾气之施左旋，自坎、艮、震以至于离，火化西流以养子而土受其富，则坤又静处而得陨天之福矣。其随天行以终八位而与天合者，兑之一舍而已，又祇以养其子也。土生金。天下有仰给于彼，自保其朋，饮食恩育，不出门庭而享其宴安者，足以成配天之大业者哉？

是故君子之体坤也，乾化旋而左，则逆施而右以承之。其都不恋，其朋不私，其子不恤，反之于离以养其母，凡四舍而至于东北之艮。艮者，一阳上止，阂阴而不使遂者也。坤至是欲不弃其怀来而不得矣。

夫阳之左旋也，艮抑阴而止之，震袭阴而主之，离闲阴而窒之，将若不利于阴，而阴且苦其相遇而不胜。然闲之使正，袭之使动，抑之使养其有余，则亦终大造于阴。故陨天之福为阴庆者，非阴所期也，而实甘苦倚伏之自然。使阴惮于行而怀土眷私，仅随天以西施于兑，亦安能承此庆于天哉？则坤之"利牝马"者，利其行也；君子之以"丧朋"为庆者，庆其行也。

夫地道右转，承天之施，以健为顺，盖亦坤德之固然。而《易》犹申之以戒者，为"君子攸行"言之也。六三之"或从王事"，义犹此尔。内卦体具而坤德成矣，犹乾德之成于"乾乾"，"至"至此而"终"终此也。四以上，坤之时位矣。

## 二

气数非有召而至，阴阳不偏废而成。然则《易》曰"履霜"，而圣人曰"辨之不早"，使早辨之，可令无霜而冰乃不坚乎？则可令大化之有阳而无阴乎？

曰：霜者露之凝也，冰者水之凝也，皆出乎地上而天化之攸行也。涸阴沍寒，刑杀万物，而在地中者，水泉不改其流，草木之根不替其生，蛰虫不伤其性，亦可以验地之不成乎杀矣。天心仁爱，阳德施生，则将必于此有重拂其性情者。乃逊于空霄之上，潜于重渊之下，举其所以润洽百昌者听命于阴，而惟其所制，为霜为冰，以戒品汇，则阳反代阴而尸刑害之怨。使非假之冰以益其威，则开辟之草木，虽至今存可也。治乱相寻，虽曰气数之自然，亦孰非有以致之哉！故阴非有罪而阳则以愆，圣人所以专其责于阳也。

先期不听于子羽，则钟巫不弑。爵禄不偏于宋公，则子罕不僭。宫中无"二圣"之称，则武曌不能移唐。燕、云无借师之约，则完颜、蒙古不能蚀宋。阴之干阳，何有不自阳假之哉！辨之早者，自明于夫妇、君臣、夷夏之分数，自尽焉而不相为假也。

## 三

乾之九五，乾之位也；坤之六五，坤之位也。坤五位正而坤道盛、地化光，故乾言"造"而坤言"美"，皆极其盛而言之也。

何以效之？"乾知大始，坤作成物。"因乎有者不名"始"，因乎无者不名成。因乎无而始之，事近武，非天下之至健，不能特有所造；因乎有而成之，事近文，非天下之至顺，不能利导其美。夫坤之为美，利导之而已矣。利导之而不糅杂乎阳以自饰，至于履位已正，而遂成乎章也，则蚑者、蝡者、芽者、萼者，五味具，五色鲜，五音发，殊文辨采，陆离斒斓，以成万物之美。

虽然，凡此者，皆出乎地上以归功于天矣。若其未出乎中，而天不得分其美者，坤自含其光以为黄。玄色冲而黄色实，玄色远而黄色近。实者至足者也，近者利人者也，"含万物"者在此矣。若是者谓之至美。以其丽乎玄而无惭也，故言乎"黄"；以其不炫乎表以充美也，故言乎"裳"。顺道也，实道也，阴位之正也。圣人体之，故述而不作，以兴礼乐而成文章，则承以顺而美有实，亦可以承天而履非位之位矣。六五阴不当位。

然则黄者言乎文也，裳者言乎中也。不在上而当人中。以黄为中，是地与青、赤、黑、白争文，而不足以配天。以裳为下，是五与初、二、三、四齐秩，而不足以居正。子服椒因事偶占，不足据为典要也。

# ䷂ 屯

## 一

　　夫有其性者有其情，有其用者有其变。极阴阳之情，尽九、六、七、八之变，则存乎其交矣。刚柔之始交，震也；再交，坎也。一再交而卦兴，阳生之序也，故屯次乾坤。于其始交，以刚交柔，不以柔交刚，何也？

　　阴阳之生万物，父为之化，母为之基。基立而化施，化至而基凝，基不求化而化无虚施。所以然者：阴虚也，而致用实，形之精也；阳实也，而致用虚，性之神也。形之所成斯有性，性之所显惟其形。故曰"形色，天性也，惟圣人然后可以践形。"阳方来而致功，阴受化而成用。故乾言"造"，坤言"正位"。造者动，正位者静。动继而善，静成而性。故曰："人生而静，天之性也。"由此言之，动而虚者必凝于形气之静实。阳方来而交阴，为天地之初几，万物之始兆，而屯绍乾坤以始建，信矣。

　　乃为玄之言者，谓阴不尽不生；为释之言者，谓之六阴区宇而欲转之。则浮寄其孤阳之明，销归其已成之实，于人物之所生，而别有其生。玄谓之"刀圭入口"，释谓之"意生身"。抟阳为基，使阴入而受化，逆天甚矣。

　　夫阳主性，阴主形。理自性生，欲以形开。其或冀夫欲尽而理乃孤行，亦似矣。然而天理人欲同行异情。异情者异以变化之几，同行者同于形色之实，则非彼所能知也。在天为理，而理之未丽于实则为神，理之已返于虚则为鬼。阳无时而不在，阴有时而消。居阳以致阴，则鬼神而已矣，既已为人而得乎哉？故屯者人道也，二氏之说鬼道也。以屯绍乾坤之生，《易》之以立人道也。

二

当屯之世，欲达其屯，则阴之听命乎阳必矣。而谁与命之？将以其位，则五处天位，而初者其所建之侯也。将以其才，则震之一阳，威任起物，而五处险中，藏固而不足以有为也。然则为之阴者，虽欲不"乘马班如"而不得矣。

呜呼！圣人之以"得民"予初也，岂得已哉！五之刚健中正者，其位是也，其德是也，而时则非也。处泥中而犯宵露，酌名义以为去留，二虽正而违时，四虽吉而近利矣。违时者以难告，近利者以智闻。挟震主之威者，乃引天时，征人事，曰"识时务者在乎俊杰"，"从吾游者，吾能尊显之"，则二安得不以顽民独处其后耶？此子家羁所以消心于返国，司空图所以仅托于岩栖也。

三

畜之极，"亨"也；否之极，"倾"也；贲之极，"白"也；剥之极，"不食"也；睽之极，"遇雨"也。然则屯极而雷雨盈，雷雨盈而草昧启。上六曰"乘马班如，泣血涟如"，屯将无出难之望乎？曰：时可以长者，上也；不可长者，上六之自为之也。

且夫屯虽交而难生，然物生之始，则其固有而不得辞者矣。一阳动于下，地中之阳也。自是而出震入坎之交，物且冒土而求达。乃离乎地中，出乎地上者无几也。水体阳而用阴，以包地外，物之出也必涉焉。出而畅矣，则千章之由条，无所禁其长矣。出而犹豫裹回以白阻也，则夭折而不可长。故方春之旦，雷发声，蛰虫启，百昌将出，必有迅风疾雨骤寒以抑勒之，物之摧折消阻者亦不可胜道。非资乎刚健，见险而不胁者，固不足以堪此。

上六与坎为体，与五为比，借五之尊，资阳之力，谁足以禁其长者？而柔不知决，其"乘马班如"，犹二、四也，于是而不能出，则竟不出矣。犹乎发土而遇寒雨，乃更反而就暖于地中之阳，首鼠狐疑，楚囚对泣，将欲谁怨而可哉！

呜呼！二、四之马首不决于所从者，在坎中而畏险，人情之常也。上出乎险而远乎初矣，然且栖迟迷留，顿策于歧路，夫何为者？甚哉，初九淫威孔福之动人也！震主而疑天下之心，五虽欲光其施，岂可得哉！唐文、周墀所为洒涕于一堂也。周衰而苌弘诛，汉亡而北海死。虽壮马难拯，而弱泪不挥，非所望于懦夫之激已。

# ䷃ 蒙

## 一

震、坎、艮皆因乎地以起阳者也。初阳动乎地下，五阳次进而入乎地中，故乾坤始交而屯。综而为蒙之象：阳自初而进二，自五而进上，则屯进而为蒙，天造之草昧成矣。天包地外，地在水中。离乎地，未即乎天，故屯止于坎；沐乎水，遂隮乎山，故蒙成于艮也。

当其为屯，不能自保其必生，故忧生方亟，求于阳者，草昧之造也；而有生以后，坚脆良楛，有不暇计者焉。逮其为蒙，能自保其生矣，则所忧者，成材致用之美恶，求于阳者，养正之功也；姑息之爱，沬沫之恩，非所望矣。

夫以生求人者，待命于人，而得膏粱焉。以养正求益者，待命于人，而得药石焉。其待命于人，均也，而所得则别。求膏粱者，于生为急，而急则或隳其廉耻；求药石者，于生若缓，而缓则自深其痎疾。圣人以愚贱之廉耻为忧，而深恤其痎疾，故屯以慎于所求为贞，而蒙以远于所求为困。

且以膏粱养人者，市恩之事；以药石正物者，司教之尊。恩出自下，则上失其位；教行于下，必上假其权。惧屯五入险而失位，故授之以建侯之柄；幸蒙五顺阳而假权，故告之以尊师之宜。圣人之于《易》，操之纵之、节之宣之，以平阴阳之权，善人物之生者，至矣哉！

## 二

六阴六阳备，而天地之变乃尽；六位具，而卦之体已成。故卦中有阴阳，爻外有吉凶，而卦与爻受之。蒙之上九，象为"击蒙"，岂俯而击下乎？方蒙而击之，是"为寇"，非"御寇"也。四阴为蒙，二阳为养蒙之主，上将何所击哉？

物之用阴阳也，有过、不及。不及于阴，则过于阳；不及于阳，则过于阴。所过者不戢，而伤其不及者，如是者寇生于内。阴阳之行，不为一物而设，德于此者刑于彼，故荠麦喜霜而靡草忌夏，况其数之有盈虚，成乎气之有乖沴，如是者寇生乎外。寇生于内者，恤其蒙而调之，道在于养，二之以"包"为德也。寇生于外者，拚其贼蒙者而保蒙，道在于御，上之以"击"为功也。

夫阴阳之刑害，日与恩德并行于天壤，而物之壮者，或遇之而不伤，物之蒙者，乍婴之而即折矣。是故难起于鼎革之初宁，寒酷于春和之始复，欲盛于血气之未定，则非击不能御，非御不能包，二之中，上之亢，亦相资以利用矣。不知击者，索寇于内而诛求之迫，斯嬴政之以猜忍速亡，而入芝之招，激而使之复归于邪也，蒙何赖焉！

# ䷄ 需

需之为体，六来居四，<sub>自大壮来。</sub>以尼乾行，三阳聚升，欲遂不果，虽有积刚至健之才，遇险而不能不有以待之也。顾待之以"往涉大川"乎？行险阻之中而行之未顺也；将待之以"饮食宴乐"乎？介将雨之际而几恐或失也。以往涉为功者，需而不需，束湿苟且以求其成可，为申、商之术。以宴乐为务者，需以为需，守雌处锌而俟其徐清，为老、庄之旨矣。《彖》《象》义殊而适从无定，异端互托而学术以歧。君子之于需，将何所取哉？

则为之释曰：险易者事也，劳逸者势为之也。险有以为险，易有以为易，劳有所为劳，逸有所为逸。其能顺行而弗失者，恃有为之主者存也。无为之主，则进以逢咎，退以失几。主之者存，则犯波涛而不惊，坐鸣琴而不废。

需所恃者何也？自大壮而往，九进处乎天位也。三阳之兴也，浡然莫御其上行之势，遇四而非其类，则乍骇而阻矣。骤而视之则阴也，遍而察之则险也。故三以仓卒而入泥，初以逡巡而远难。然阴虽来成其险，而不觉自失其尊；阳虽往离其朋，而遂以诞登其位。夫方以类聚，气以同求。五即与四、上为体乎？然其所永好以同功者，三阳其侣也。入其中，履其位，操彼之生死而招我之俦伍，则孚可任而贞可恒，五之足恃以为主，决矣。

故二"有言"而"终吉"，三"寇至"而"不败"，得主而行乎险，犹不险也。可以劳，劳则收涉川之功；可以逸，逸则遂宴乐之好。舟附水而利，云依天以游，此所为"光亨"而"贞吉"者尔。彼贸然无主而以需道行之，夫不曰需者事之贼乎？而以之饮食宴乐，则丛台、阿房所以速亡其国，刘伶、阮籍所以疾入于狂也。

# ䷅ 讼

天之位乎上者，大正之道也，然而未尝不下济也。雷、火、风、泽之气丽乎地，而时隮以应乎天。惟水不然，以下为性，比地而必于不升，处天地之中以与天争权，则天将施于地而水竞其功，天即欲不与俱"违行"而不得。是讼之自成，水实致之，而二何以得为"有孚"哉！

尝论之：以无情而诬上者，逆也，非讼也，讼则有可言之情矣。气数自然之争，岂犹夫告密投匦之小人，得已而不已者与？二之所执以为言者，阴长而己窒其中也。劳而自矜，已而怨曰："我之有功于天也，天其德我哉？我不来（自遁来，三来居二。）而天且偕以遁。我来而抑不我应，（五不应二。）则是我'窒惕'之劳，漠不相知，而不平之鸣恶容已耶？"怨自此兴，而讼亦自此长，元咺之所以终于逋亡而不恤也。由是言之，直在坎而屈在乾，明矣。

君子则曰：与其为讼也，不如其为遁也。干我者吾避之，劳于我者吾所应得。屈于不知己而伸于知己，越石父且以告绝于晏婴，况其在君臣父子之间乎！故五正中位，不挠于讼而得"元吉"，所谓"大居正而不慚"也。唯夫上九也者，可以致胜于坎者力尽而不止，故卫郑再归而见绝于《春秋》，讼上锡带而三褫于《大易》。

呜呼！人事之险阻出于怨望，怨望出于恩德。知恩德为时位之当然而无功名之可恃，则险阻平于心而恩怨消于世。六三舍中位以消遁，柔以承天，善世而不伐也，斯足尚乎！

# ䷆ 师

自轩辕用兵以征不服，迄乎有扈之役，帅师者皆君也。迨夫太康失御而胤侯徂征，则弗躬弗亲，而兵柄移下。《易》，衰世之事也，故二以阳为群阴之主，而《象》为师修命将之典。因王霸之命讨，以治尧、禹之天下，盖弗能违已。然授三锡之命，行开国之赏，令行于师中，功论于宗庙，上为宗庙。威福之权自一也。

乃夫一阳受钺，所帅者皆阴也。捐坟墓，弃妻子，争生死于原野，以贸金钱、牛酒之颁，其非孝子顺孙而为贪欲惨忍之细人，亦明矣。故不律有戒焉，无功有戒焉，弟子有戒焉，小人有戒焉。凡凶者，皆以阴柔而戒也。

阴之为道，蕴毒而不泄，耽欲而不厌，投危地而不前，处成功而善妒。此四者，皆不利于师，而其害相因。溺于利，则义不奋矣。竞于私争，则公战怯矣。媚以居功，则掩败不耻矣。兵刚事，而用柔，则吉一而凶三，岂不危哉！

虽然，又岂能舍此而别募君子之军邪？然则如之何？其惟"容畜"于居平而致果于临敌乎！以其容畜，奖其致果，则小人之勇可使也。以其致果，用其容畜，则君子之怒已乱也。班仲升曰"水至清则无鱼，人至察则无徒"，可谓知容畜矣。以三十六人攻匈奴之使，何其果也！此千古行师之要，授受在心。盖参阴阳之用，酌健顺之宜，而不至学古兵法之区区也。

俗儒之言兵也，贵其"左次"，则"无咎"而已。常仅不失，而变无以御。宋以之亡而不悟，乃曰"君无失德，民不知兵"，以乞命于天下而辞其咎，则岂不哀哉！

# ䷇  比

　　当比之时，群方咸附，五之得众，盖莫盛焉。水润以下，因地奠居，在浍成浍，因川成川，清者与为化光，浊者与为流恶，地皆受之，未尝有所择而致其宠矣。乃群阴之比于五也，岂无所效哉！小人乐得其欲，报以奔走；君子乐得其道，报以忠贞。而二以柔得位，与五为应，则五所怀集，莫有先焉。是大海之有江、汉也，泰山之有云、亭也，夹辅之有周、召，列侯之有晋、郑也。若其失一德之咸，而但依末光，挹余润，以拟于思媚之细人，则将何以酬"显比"之知乎？

　　夫上之我昵，非可恃者也。我之可亲，可恃者也。以恃我往者，亲而无惭；以恃彼往者，昵而逢厌。上不厌我于报施，而天下厌我于容悦，则适以成五量之大，而又适以累五德之偏。然则二以正应，为责备之归，岂不甚与？而六二固无忧也。宠至而矜，继之以骄，二与群阴同其柔以上附，而无自诧殊异之心，则承宠虽盛，不丧其故吾。若夫位与五相为好仇，德与五相为唱和，亦其分尔。五无私，则二亦不有私人之嫌。无嫌，而又何嫌之有乎！

　　呜呼！宠禄之于人甚矣，况渥之以恩礼哉！贤者自失于功名之际，中人自失于福泽之加，非当位中正，和于群而不矜独遇如六二者，能勿波靡而风披，盖亦鲜矣。光武无猜，而严光且以要领之绝戒侯霸也，又况在不宁初来之世也哉！

# ䷈ 小 畜

小畜，巽畜也。大畜，艮畜也。巽体阴而用多阳，艮体阳而用多阴。体者其情也，用者其名也。以名召我，而情固止之，甚矣哉，巽之柔而阴鸷也！

夫畜有养道焉。阳任治，阴任养。天下不以养始者，终不能止。饫以所需，则情留而息。自有人事以来，壮夫危行而却步于阴柔者，皆养为之胶饴，而孰能轶此以径行哉！夫养阳者阴之职，虽蹈其机，难辞其奉，圣人亦且因而成之。阳固已却步焉，而犹安之以时数者，亦曰其职也。

虽然，其养之也，则又有厚薄之不齐矣。山之养也，出云升雾以应天者，且合天于蒸歊之气。若夫风之为体，旁行解散，致养已薄，而徒用其柔，密为之止，则"密云不雨"之势已成，而五、上之阳，方且从彼党而致其用。五矜富力，上载德色。孰知夫周旋不舍者，因长塞其入求三阳之径，且受转于阴而为之役，则五、上亦愚矣。甚矣哉，六四之坐取群情而柔之于衽席也！

夫薄养而固止之，巽无礼，而乾亦不光矣。则夫受止者，失得吉凶之数亦有辨。三，争其止者也。二，静于止者也。初，受其止者也。三进故争，二中故静，初应故受。以争往者入其机，而巽始以机鸣得意，月德之望，"反目"之激矣。以静俟者保其健，而初、三各效其功，彼以邻为富，我以牵为援矣。以退受者老其敌，而四亦以不测自危，"血惕"之亡，四仅免焉。咎责之来，初自信不疑而任之矣。"何其咎"，言负何其咎也。俗以"负何"字加草作荷，遂训此作谁何之义。其唯初乎！阳受其止，而密制其机。任讥非于当世，而移易其阴鸷之心，故出入于危疑而光明不疚，其吉也，义固许之矣。

夫如是，将斗阴阳而相制以机乎？曰：非然也。小畜之时，不数遇也。止则穷，穷则变，故君子以变行权，而厚用其"密云"之势。非小畜之世，无尚往之才，而触物之止，即用其机，则细人之术也，而又何足以云！

# ䷉ 履

## 一

　　为卦之体，唯一阴而失位以间乎阳，则天下忧危之都，莫履若也。君子以涉于忧危，而用为德基，犯难而不失其常，亦反求其本而已矣。

　　本者何也？阳因乎阴为艮，阴因乎阳为兑。因者为功，所因者为地。兑以阳为地，以阴为功。爻任其功，卦敦其地。任其功者功在阴，阳与阴争，相争则咥。敦其地者敦于阳，内为外主，有主则亨。二阳之基，兑之本也。

　　险阻生于言笑，德怨报以怀来。厚其怀来之积，消其言笑之机，则物之所不惊矣。初之与二，无求者也，无求而情必以实。在心为素，在道为坦，故无求于物者，物亦不得而惊之。

　　行乎不得已而有履焉，时为之也。逮乎履之既成，而溯其所由以不蹶，非初、二之刚实而无冀乎物情之应者以为之基，则亦恶从致此？故曰"其旋元吉"。上序致祥之绩，固不在所应之六三，而必策勋于初、二矣。若徒以三也，恃言笑之柔，往试于群刚之林，外柔中狠，鬼神瞰之，而况于虎之以咥人为道者乎？

## 二

　　"履虎尾，不咥人"，以数驭之乎？以道消之乎？以数驭之者，机变之士，投试不测而售其术，君子羞称之矣。所谓以道消之者，非道也，为"婴儿"也，为"醉者"也。虎过其侧而不伤，曰"天和"存焉。天和者，无心以为营，"缘督以为经"，"浮游"于二气之间，而"行不踬地"。若士之北游也，御寇之御风也，绝地而离乎人，与之漠不相与而自逃其难，则亦恶在其为能履虎尾哉！

夫履虎尾者，则既履之矣。虽虎尾，亦素位也。时穷于天，事贞于变，贤者固有不能及之理，圣人亦有不得尽之功。不能及者，勉强及之，不得尽者，无或忘之而不相悖害。然且虎兴于前而且将咥我，尤返而自考曰，"我过矣，我过矣"，益退而考其近行焉。天乃祐之，而物之悍戾者亦恻怛而消其险矣。故其不咥者，实自求之祥，非偶然也。

鱼朝恩发郭子仪父墓，以激其怨望，而子仪泣对代宗曰："臣之部曲发人坟墓多矣，能勿自及乎！"子仪之言而虚也，则鬼神瞰之矣，惟其实也，斯自反之诚也，其旋之考也。若子仪者，合于君子之道矣，而又奚疑！

# ䷊ 泰

## 一

天位乎上，地位乎下，谁为为之？道奠之，故曰："一阴一阳之谓道。"先阴后阳者，数自下生。降其浊者，清者自升，故曰："天地定位。"终古而奠者如斯，则道者一成而不可易也。今以乾下坤上而目之曰"交"，坤下乾上而目之曰"不交"，则将易其所奠而别立道以推荡之乎？曰：非也。道行于乾坤之全，而其用必以人为依。不依乎人者，人不得而用之，则耳目所穷，功效亦废，其道可知而不必知。圣人之所以依人而建极也。

今夫七曜之推移，人之所见者半，其所不见者半。就其所见，则固以东为生，以西为没。而道无却行，方其西没，即所不见者之西生矣。没者往也，生者来也。往者往于所来之舍，来者来于所往之墟。其可见者，则以昏、旦为期；兼其不可见者，则以子半、午中为界。阴阳之成化于升降也亦然。著候于寒暑，成用于生杀。碧虚之与黄垆，其经维相通也，其运行相次也，而人之所知者半，所不知者亦半。就其所知，则春为我春，秋为我秋，而道无错序。不秋于此，则不可以春于彼；有所凝滞，则亦有所空虚。其可知者，则以孟春为始，兼其不可知者，则以日至为始。

是故泰之下乾而上坤也，坤返其舍，而乾即其位也。坤之阴有一未离乎下，则乾之阳且迟一舍而不得以来。乾之阳有一尚滞乎上，则坤之阴且间一舍而不得以往。往者往而之下，来者来而之上，则天地之位，仍高卑秩然而无所杂也。

若是，则天地之方交，其象动而未宁，何以谓之泰乎？则释之曰：苟欲求其不动者以为泰，是终古而无一日也。且道行于乾坤之全，而其用必以人为依。夫阴阳各六，圜转出入以为上下，而可见者六，不可见者六。可见之上，与不可见之下而相际；可见之下，与不可见之上而相际。当泰之世，其可见者，乾下坤上也；不可见者，坤下乾上也。前乎此者为损，后乎此者为恒。损先难而恒杂。其可见之炳然，显往来之极盛者，莫若泰焉。故曰"小往大来，亨"。此其所以通于昼夜寒暑，而建寅以为人纪，首摄提以为天始，皆莫有易焉。何也？以人为依，则人极建而天地之位定也。

二

今欲求天地之际，岂不微哉！有罅可入皆天也，有尘可积皆地也。其依附之朕，相亲相比而不可以毫发间者，密莫密于此际矣。然不能无所承而悬土于空，无其隙而纳空于地。其分别之限，必清必宁而不可以毫发杂者，辨莫辨于此际矣。夫凡有际者，其将分也必渐。治之绍乱，寒之承暑，今昔可期而不可期也。大辨体其至密，昔之今为后之昔；无往而不复者，亦无复而不往；平有陂，陂亦有平也。则终古此天地，终古此天地之际矣。

然圣人岂以此悠悠者为固然而莫为之主哉？大辨体其至密，而至密成其大辨。终不可使其际离焉，抑终不可使其际合焉。故晴雨淫则虹霓见，列星陨则顽石成。孰使比邻而无瓜李之嫌？孰使晏寝而无辉椷之乱？危乎！危乎！辨不易昭而密难相洽也。则终古此天地之际，亦终古此"艰贞"矣。

所以然者，上者天之行也，下者地之势也。坤之欲下，岂后于乾之欲上哉？且乾欲坤之下，岂后于坤之自欲哉？然初者，四他日之位也；三者，非四他日之位也。使四乘其居高极重之势，骤下而逼阳之都，则纷挐互击而阳且败，归妹所以"无攸利"矣。何也？气轻而不能敌形之重也。居此际也，正其体，不息其行，积其至轻，荡其至重；则三阴不能不迂回其径，率类以往，仍归乎其域，而效"牝马之贞"矣。凡此者，艰贞之功，三阳共之，而三则首启戎行以犯难焉，故于食而有福以报之也。

然则圣人之赞天地以奠其位而远其嫌，岂不严哉！是故知其至密，而后见运化之精；知其大辨，而后见功用之极。彼以为乾坤之气，迭上下而相入以致功者，为天地之交，将强纳地于天中，而际亦毁矣。

# ䷋ 否

## 一

乾坤胥行者也。使不诊其行之往来，则坤下而乾上，久矣其为天地之定位，而恶得谓否？

乾行健运，坤势顺承。承者，承命也。命有治命焉，有乱命焉。乾自四以放于上，位綦乎尊而行且不息，志将何所拟以为归乎？自其可见者言之，其上无余位也；自其不可见者言之，将偕入地之三阳，逆下而逼阴之都。上无余位，既穷极而遁于虚；逼阴之都，又下侵而旷其应：皆命之乱者也。坤于此而顺之，以随行而蹑其迹，于是乎干上之势成而无可止。是故阴阳有十二位焉，其向背相值也。泰，让所背之三以处阴者也；否，侵所背之三以逼阴者也。得所处则退而自安，逼其迁则进而乘敝。否之成，非乾自贻而孰贻之哉！

嗟乎！来者往之反也，而来之极则成往。欲其不往，则莫如止其方来。故志不可满，欲不可纵。一志一欲，交生于动。天地且不能免，而况于人乎？故曰"吉凶悔吝生乎动"。则裁成辅相夫天地，亦慎用其动而已矣。

老子曰："反者道之动。"魏伯阳曰："任畜微稚，老枯复荣；荠麦芽蘖，因冒以生。"则是已动而巧乘其间，覆稻舟于彭蠡，而求余粒于蚌蟹之腹也，岂不慎乎！

然则乾之健行而君子法之以不息者，何也？彼自乾德之已成者言之也。以六位言之，纯乎阳矣。以十二位言之，阴处乎背，亦自得其居而可使安也。若夫霜冰中蹢躅之方来，不可见而无容逆亿之也。于所见不昧其几，于所不见不忧其变。故曰"知者不惑，仁者不忧"，此之谓也。

# 二

　　人与人而相于，则未有可以漠然者矣。故上而不谄，所以交上也；下而不渎，所以交下也。不丧其节，不昵其情，止矣。绝己于天下则失义，绝天下于己则失仁。故否之道，无施而可。

　　虽然，亦视所以用之者。天地且否，而君子岂无其否乎？夫君子之通天下者有二：所以授天下者德也，所受于天下者禄也。舍此，则固由己而不由人，无事拒物而自不与物通矣。德不流行，则绝天下于己；禄不屑以，则绝己于天下。故于田而怀纳沟之耻，出疆而勤雉腒之载。不丧其节，不昵其情，亦未有不如是者也。

　　乃不有其避难之时乎？避难者，全身者也；全身者，全道者也。道为公，德为私。君子之于道，甚乎其为德，而况禄乎？且夫禄以荣道，非荣身也；荣以辱身，斯辱道也。故俭德而固其一，禄不可荣而塞其情。固其一，他非吾德也；塞其情，道无不荣也。虽有不忍万物之志，亦听其自为生死而吝吾仁；虽耻以百亩不易为己忧，亦安于降志辱身而屈吾义。故伊尹之有莘，避桀难也。伯夷之北海，避纣难也。桀、纣者，敷天率土之共主，神禹、成汤之胄胤。当其不可为龙逢，不可为鄂侯，则勿宁塞仁锢义以全道。况乎其不但为桀、纣者乎？

　　而或为之说曰："恶不可与同，而德何可不富？吾有其不忍，则遇可闵而且仁。吾知其所宜，则遇可为而且义。吾有所不屈，则伸吾直。吾有其不昧，则施吾智。"是王嘉之于苻氏也，崔浩之于拓拔也。启其窦，发其机，渐牖其情，不知其入于利赖而以荣禄之陷终。

　　呜呼！是将以为泰乎？如不以为泰也，则恶得而不用否也？吝吾仁义，如吝色笑焉。选择于德之中而执其一，天地不能为吾欣，兄弟友朋不能为吾戚，如是而难犹不我违，而后安之若命。彼姝姝然以其德与其禄为避难之善术，曰"入于鸟兽之群而不乱，大浸稽天而不溺"，亦恶知与羽俱翔，与尘俱蹴，与流俱靡，其下游之必然乎？故君子有否，不但任天地之否也。

# 三

阳之摈阴，先之以怒；阴之干阳，先之以喜。喜者气升，怒者气沈；升者亲上，沉者亲下；各从其类以相际。而反其气以为用者，性之贞也。阳非期于摈阴，而当其行，不得不摈。怒者，摈之先见者也。阴非期于干阳，而当其遇，必承以喜。干者，喜之必至者也。既已有其性情，遂以有其功效。故阴之害，莫害于其喜也。

六三阴进不已，而与阳遇矣。遇而得其配，则喜；遇而幸其往而必虚，则又喜。喜沓至而不戢，遂不恤其身之失也。故极性情之婉媚而不以为羞，不以为羞，则物羞之矣。彼往而不我争，利之以为功；彼往而不我狎，奔之以为好；不倡而和，承虚而入。凡此者，皆阴之怀慝而善靡者也。唯其怀慝，是以善靡。故曰"名生于有余，利生于不足"。

或曰："阴之为德，乃顺承天。踵阳而继之，以相阳之不逮，奚为其不可乎？"曰：否之乾老矣，其坤则壮也。以壮遇老，而先之以喜，其志不可问已。且阴阳之善动者，动于情，贞于性。先之以刚克，其后不忧其不合；先之以柔进，则后反忧其必离矣。故君子不尽人之欢，而大正始。是以许阳之际阴，而戒之曰"勿恤其孚"；不许阴之际阳，而丑之曰"包羞"；所为主持其中，以分剂阴阳，而故反其性情者也。反也者，行法以俟命者也。阳刚而奖之交，阴柔而戒其交，则性情归于法矣。《诗》云"君子如怒，乱庶遄沮"，其"艰贞"之谓与！《书》云"巧言令色，孔壬"，其"包羞"之谓与！

# 周易外传卷二

## ䷌ 同 人

阴阳相敌，则各求其配而无争。其数之不敌也，阴甘而阳苦，阴与而阳求，与者一而求者众，望甘以为利之壑，则争自此始矣。唯夫居尊以司与者，众诎于势而俟其施，则大有是已。过此者，不足以任之。故同者，异之门也；同人者，争战之府也。

孤阴以同五阳，处中而韬其美，则纭纭者不能给其所求。不给所求，则相寻以构而怨不释。抑恶知理之宜配者在彼乎？而恶知分之不可干者在彼乎？则臣主交兵而上下乱，故君子甚危其同也。能远其咎悔者，唯初、上乎！近而不比，远而不乖，无位故也。

呜呼！系群情之望，启忮求之门，知我者不希，而我亦不贵矣。保其咎而不失其宗，夫亦各行其志焉尔。然则以一柔而遇众刚，继之以争而不惑，如同人之二者，岂易得哉！"虽速我讼，亦不汝从。"于野之亨，不足以为同人喜；于宗之咎，不足以为同人悲。道所宜咎，不得而亨也。里克之忠，不如荀息之信；徐庶之出，不如庞公之隐。而况其显应以卒协于大同也哉！

# ䷍ 大 有

## 一

丽大有者，既为五之所有矣。为五之有，则五下交而群阳承之。初，犹同人之上也，孤立而不亲，为德所不及，而君子不受其享。"无交"之害，岂有幸哉！然而可免于咎，则何也？无托而固，不亲而免谪者，其唯阳乎！处散地而自保，履危地而自存，遁迹于恩膏之外，傲立于奔走之交，自有其有者，义不得而咎也。

虽然，其亦艰矣。消心于荣宠者，移意于功名；消心于功名者，移意于分义。大人以分义尽伦，曲士以幽忧捐物，古有之矣。道之所不废，则君子亦为存其人焉。然而礼者自履也，行者自型也。合天德之潜龙，行可见之成德，其庶几焉。

若夫土木其形，灰槁其心，放言洸漾，而托于曳龟逃牺之术，以淫乐于琴酒林泉，匪艰而自诧其无交，披衣、啮缺所以不见称于圣人。

## 二

天下之用，皆其有者也。吾从其用而知其体之有，岂待疑哉！用有以为功效，体有以为性情，体用胥有而相胥以实，故盈天下而皆持循之道。故曰："诚者物之终始，不诚无物。"

何以效之？有者信也，无者疑也。昉我之生，泊我之亡，祢祖而上，子孙而下，观变于天地而见其生，有何一之可疑者哉！桐非梓，梓非桐；狐非狸，狸非狐。天地以为数，圣人以为名。冬不可使炎，夏不可使寒，参不可使杀，砒不可使活。此春之芽絜彼春之苗，而不见其或贸。据器而道存，离器而道毁，其他光怪影响，妖祥倏忽者，则既不与生为体矣。不与生为体者，无体者也。夫无体者，唯死为近之。不观天地之生而观其死，岂不悖与！

圣人之于祭祀，于无而聚之以有，以遇其忾息。异端之于水火，于有而游之以无，以变其濡蒸，则何其言之河汉也！

《象》曰："大车以载，积中不败。"盖言有也。阴阳之理，建之者中，中故不竭；行之者和，和故不爽。不爽不竭，以灌输于有生。阳行不息，阴顺无疆，始以为始，中以为中，迭相灌输，日息其肌肤而日增其识力。故稚之与壮，壮之与老，形三变而神三就。由其并生，知其互载，则群有之器，皆与道为体者矣。故形非神不运，神非形不凭。形失所运，死者之所以有耳目而无视听；神失所凭，妖异之所以有景响而无性情。车者形也，所载者神也。形载神游而无所积，则虚车以骋于荒野，御者无所为而废其事，然而不败者鲜矣。故天地之贞化，凝聚者为魂魄，充满者为性情。日与其性情使充其魂魄者，天之事也。日理其魂魄以贮其性情者，人之事也。然后其中积而不可败矣。

老子曰："三十辐共一毂，当其无，有车之用。"夫所谓无者，未有积之谓也。未有积，则车之无即器之无，器之无即车之无，几可使器载货而车注浆？游移数迁，尸弱而弃强。游移数迁，则人入于鬼；尸弱而弃强，则世丧于身。息吾性之存存，断天地之生生，则人极毁而天地不足以立矣。

故善言道者，由用以得体；不善言道者，妄立一体而消用以从之。"人生而静"以上，既非彼所得见矣，偶乘其聪明之变，施丹垩于空虚，而强命之曰体。聪明给于所求，测万物而得其景响，则亦可以消归其用而无余，其邪说自此逞矣。则何如求之"感而遂通"者，日观化而渐得其原也哉！故执孙子而问其祖考，则本支不乱。过宗庙墟墓而求孙子之名氏，其有能亿中之者哉！此亦言道者之大辨也。

然则其义何以见之于大有之二也？大有者，有也。所有者阳，有所有者阴。阳实阴虚，天生有而火化无。二为五应，为群有之主，率所有以实五之虚，二之任也，乃以实载虚，以生载化，则有群有者疑于无，而与天地之藏不相肖。故推其任于二，而责之备焉，曰：非其积中也，败故乘之，而亦恶能免于咎哉？"无咎"者，有咎之词。二以五之咎为咎，斯不咎矣。故五以"交如"发志，因二以为功也；以"无备"须威，内反而不足也。《象传》之以败为戒，岂为二本位言之乎！

# ䷎　谦

拳石，山也，而极乎泰岱，高下磊砢，盖尽乎象之不平者矣。地之属也，而违其直方，以不平成象，地之憾也。故圣人于艮下坤上之谦，示平道焉以消其不平，忧患之卦也。

夫山之不平也，惟其有多，是以有寡。地加其上，则地形成而山形隐，故平不平者，惟概施之而无择，将不期平而自平。削其多者以授寡者，平道也，而怨起矣。寡者益焉，多者亦哀焉，有余之所增与不足之所补，齐等而并厚，概施之而不敢任酌量之权。故高极乔岳，卑至培塿，地总冒其上，以自居于厚，而无择于所施。至于多者不能承受而所受寡，寡者可以取盈而所受多，听其自取，而无所生其恩怨。其究也，施亦平矣。

呜呼！此君子所以待小人之道也。小人者，不足于人，故"物"之，不足与言交，故"施"之。施者货贿之事，哀益者厌足之道也。小人之欲，尽于货利，而魂磊魇魈，率以此端。地者阴也，利也，养也，柔也；其动为情，其效为财，其德为膏粱，其性为将顺，皆小人之所取给者也。鹿台之赉，所谓"善人"者，亦沫土之翩翩者尔，故受哀多之锡而鸣其富。岂可施之首阳之二士乎？

然而求定之天下，亦聊以适其聚散之平矣。君子盖不得已而用谦，以调物情之险阻也。故居之也"劳"，而终之以"侵伐"。极小人之欲而终不能歉，则兵刑继之，而天下乃不以我为暴。呜呼！是岂君子之乐为哉！

夫君子之相于也，此无所快，彼无所憾，寡无所求，多无所益，岳岳焉，侃侃焉，论道而无所苟同，当仁而无所复让，序爵以贤，受功以等，上违下弼，匡以道而行以直，而亦奚用谦为？故曰"谦，德之柄也"，所以持物之长短而操其生死也。谦于是而有阴用焉，而以迎人之好，邀鬼之福，则有余矣，故爻多"吉"而无"无咎"。其吉也，尚未能免于咎矣。呜呼！君子一而小人万，以身涉于乱世之末流，不得已而以谦为亨，君子之心戚矣。

# ䷏ 豫

阳求阴与。一阳之卦，众阴争与焉。唯比为得天位而允协其归，外此者各有疑也。在谦与三，在豫与四。受物之与而固处于内，则自见其不足；因物之与而往出于外，则自乐其志行。乃见不足者，长二阴之上而自立其垒；乐志行者，近六五之尊而藉以立功。故谦三尸号曰"民"，豫四正名曰"朋"。"民"云者，各君其国；"朋"云者，众分其权。各君其国，五之所不得统也，侵伐之所由必起；众分其权，五之所得统也，中道之所以不亡。缘此故也：势迫而动，未能为敌；位远而静，艮，止，静也。反以起戎；则猜庸之主，维系英杰于肘腋之下以掣制其权，而几幸夫宴安者，是或一道矣。

夫谦三之卑戢以分民，吾不保其无他；豫四之奋出以任事，或亦幸其易制。乃众建于疏远之地，利在不倾，害在不掉，而廉级既定，卒有不服，率天下以征一夫，功易就而势不可弱。若因疑忌之情，拘维之于耳目易及之地，削其威灵，降其等级，四不能以民礼使众，众亦不以民礼事四，取苟且之安，席终年之乐，而豫五之疾亦自此而深矣。

常疾者不见疾，不死者重其死。寄生惘食于天位之上，而孤零弱仆，夷狄盗贼起而乘之，则不死者奄然遽尽，而亦孰与救之哉！故安、史不足以亡天宝，而岳、韩不足以起炎、兴，侵伐利而贞疾危，亦来兹之永鉴已。

# ䷐ 随

随者，否阳来初以从阴而消否者也。蛊者，泰阳往上以召阴而
坏泰者也。随者从也，故于其世，下皆随上以进。蛊者待治者也，
故于其世，上临下而治之。

随，初、五阳随阴，三阴随阳，又内卦一阳随二阴，外卦二阳随一阴。
蛊，上、二阳治阴，四阴治阳；又内卦二阳治一阴，外卦一阳治二阴。谓之
蛊者，阴入阳内而惑乱之，故待治。

然二与五皆相应焉，则随虽相蹑，蛊虽相压，未尝废其所为唱
和者也。故随二之"失"，随五之"孚"，贞淫之情别；蛊二"干
母"，蛊五"干父"，刚柔之克审焉。乃由是思之，随之有功，孰有
盛于初者哉？

阳之所以亢而成乎否者，自惜其群而不屑从阴焉耳矣。孰为之
阃阈而若或尼之？所难者，奋然一出而已。震于否者，天下之所大
惊者也；随于阴者，天下之所大疑者也。冒天下之惊疑而以行其不
测之勇，将勿为轻试矣乎？曰：非也。否固必倾矣，是天下相渝之
日也。天下未渝，而投其身于非类之中，则志未足以白而先失乎
己；天下将渝，而无嫌于非类之比附，则犯天下之惊疑而固不自失
也。故曰"随时之义大矣哉"。非其时，即其人，未可也。非其人，
即其时，未可也。况所与从者柔中之六二，专心壹好，以与我相缠
绵而不舍，斯岂非堂堂鼎鼎，释万物于阴霾闭塞之中，发萌蘖，启
蛰伏，以向昭苏之时哉？而又何待焉！

呜呼！自初阳之侗然绝其类以居下，而天下遂成乎随时矣。初
不吝出门之交，则二不恤丈夫之失；三乃决策于丈夫之系，而不恋小
子之朋；五亦嘉与上，而上弗能不为维系也。然则昔之否塞晦蒙，绝
天地之通理，亦岂非阳之恝于弃世，而可仅咎阴之方长也乎？

孔甲之抱器以归陈涉，有苦心焉而无其德；鲁两生之谢汉高而
需百年，抑恃其德而失其时。轻出者为天下笑，而绝物者抱尺寸之
义以蔑天人。然后知随初之贞，备四德而未尝有咎。君子之托身于
否极之世者，非流俗之所能测，而体天为德，则知我者其天乎！

# ䷑ 蛊

　　蛊之上，亦随之初也，综象。而情与事交殊焉。蛊之上，亦随之上也，随阴往，蛊阳往。而德与时交异焉。如蛊上者，乃可以"不事王侯，高尚其事"矣。

　　故随初反其道而有功，随上同其往而必穷。随上，柔也，穷而五犹维系之也，五相随而孚者也。蛊上，刚也，五柔而不受治于上，无孚也。因泰而变，上下交而不固，王侯以礼相虚拘焉。贪下贤之誉而无其实，则去之而非其所急；无下贤之实而徒贪其誉，则去之而终不我尤。于此而褢回顾恋，以冀功名于蛊坏之日，其将能乎？

　　申屠蟠之辞召也，陶弘景之挂冠也，庶几以之。而范希文以谓严光也，则非其类矣。如光者，交不待出门而固合，意可以承考而亡疑，奚其傲文叔以相臣，而致惜于君房之要领哉！

　　故释氏以生死为大事，君子以出处为生死。钟鼎、林泉，皆命也，而有性焉。性尽而命以贞，君子不谓命也。若其不然，画所见以为门，放其情而无则，则且有伪周已革，而姚崇之涕犹零；蒙古已亡，而王逢之悲不已。官已渝矣，志抑无可尚者。迷留于否塞晦蒙而溺以槁死，小人之志节，亦恶足纪哉！

# ䷒ 临

## 一

以临为道，故阴可得而治也。

夫生杀者万物之命，刚柔者万物之性。必欲治之，异端所以訾圣人之强与于阴阳，而非然也。圣人者人之徒，人者生之徒。既已有是人矣，则不得不珍其生。生者，所以舒天地之气而不病于盈也。生，于人为息，而于天地为消。消其所冗，息其所仅，三才胥受成于圣人，而理以流行。阴性柔而德杀，则既反乎其所以生，虽欲弗治，其将能乎？而何云其"强与"邪！

彼固曰："萧条者形之君，寂寞者气之母。"宜其奖夜行而守雌黑矣。夫萧条之馆，寂寞之宫，虽天地同消之墟，而所由以致其敢杀之功名，则阴独任之。阴既日蓄其惨心以伺阳之衰，觊无与治之，以立功名于萧条寂寞之日，而犹听之而无与折也，则历万物而皆逢其耗。彼且曰："行不言之教，尸不为之德。"教者无教，德者不德。不德者刑尔，无教者乱尔。非夜行之雄，孰敢然哉！

且夫君者群之主也，母者子之养也。匪刚，弗克为主矣；匪生，蔑用其养矣。故变蕃者形之君，絪缊者气之母。萧条而寂寞者，何归乎？归乎形之离而气之萎焉尔。反终以为始，任雠以为恩，而后可以不治。不治者乱也。夷狄也，女主也，师狱吏也，任盗贼也，皆自此兴，夫安得不临治之哉？

然则复何以不治也？植未固也。泰何以不治也？功已成也。不自我先，不自我后，临独劳而不可辞矣。大亨以正，刚浸长而天体立矣，备乾之四德以予之，作《易》者之所以宠临也。

## 二

临，治也。咸，感也。治之用威，感之用恩。咸以为临，道固有异建而同功者乎？临刚浸长，来以消往，初、二秉阳质为兑体，贞悔殊地，上下异位，性情相近，母女合功，以卑治尊，以义制恩，势固有不得而竞者也。而终用此以底临之绩也，则何居？

夫阴疑而战，而况其得数多而处位尊者哉？阴之性贼，而势便于后起，操生死于己，而授兵端于人。藉不揣而急犯之，则胜败之数恒存乎彼，而我失其权。"咸临"者，名正而不居，力强而不尚，循其素位，报以应得，无机无形，祸不自己，彼且相忘而示我以所怀矣。因其所示，发其所藏，替其所淫，缓其所害，采入而致功，移风革化而怨不起。如是乃可以临，而无有不顺命之忧矣。故以咸为临，临之道也。

抑此术也，阴善用之消阳，临且尤而效之，则又何居？曰：不因其情者不足以制，不循其迹者不足以反。今夫兑，外柔而中狠者也。以柔因之，以狠反之。以之消阳则为贼，以之临阴则为正；小人用之则为机，君子用之则为智。不愧于天，不怍于人，其动有功，其静不失。如是者，可以大亨而正矣。而岂若恃名实之有据，硁硁婷婷，继以优柔之自丧其功者哉！

韩退之之辟佛也，不测其藏，而驳之也粗，故不足以胜缁流之淫词。景延广之拒契丹也，未酬其惠，而怒之也轻，故适足以激胡马之狂逞。使知感之，乃以治之，而无损于贞吉，邪之不胜正也，自可徐收其效矣。

然则贾捐之用机而身名俱陨，岂其贤于孔融乎？夫捐之知感而不知贞者也。当好遁之时，行"感临"之事，德薄而望轻，位卑而权不固，其败宜矣。自非乘浸长之刚，膺治人之责，初、二同心而无间者，固未易由此道也。

阴阳之际，存亡之大，非天下之至几者，其孰能与于斯！

# ䷓ 观

　　积治之世，富有者不易居也；积乱之几，仅留者不易存也。观承否之后，固已乱积而不可掩矣。而位未去，而中未亡。位未去，圣人为正其名；中未亡，圣人为善其救。

　　正其名者何也？来者既主，往者既宾。主者挟朋类以收厚实，宾者拥天步而仅虚名。百姓改心，君臣贸势，然而其名存焉。名者天之经也，人之纪也，义夫志士所生死争焉者也，庶几望之曰：群英之来，非以相凌，而以相观平，我之为"大观去在上"，固终古而不易也。然而圣人之所以善救已往之阳者，亦即在此矣。

　　夫阴逼阳迁而虚拥天位，救之也不容不夙，而尤惧其不善也。善其救者，因其时也。观之为时，阴富而阳贫，生衰而杀王，上陵而下固，邪盈而正虚，人耗而鬼灵。凡此者，威无可用，用之而床且见剥；恩无可感，感之而膏每逢屯。然且亵试其恩威，以与力争一胜败，败乃速亡，胜亦自敝，此既其明验矣。且阴不先动，乘阳之虚；阳不遽虚，因动而敝；扤兴鬼瞰，妖自人兴。然则非通消息之藏，存性命之正者，亦恶能以大观去而保天位哉！

　　是故观去者我也，观平者彼也，忘彼得我，以我治彼，有不言之教焉，有无用之德焉。故麋鹿兴前而不视，疾雷破柱而不惊。虽然，又岂若孱主羸国之怀晏安而遗存亡也哉！以言起名，以用起功，大人所以开治也；言以不言，用以不用，君子所以持危也。

　　今夫荐而后孚见焉，盥者且未荐也。神来无期，神往无景，抱斋戒之身，往求之于阴暗窅冥之际，盖有降格无端而杳难自据者矣。而不曰"仁孝之心，鬼神之宅"也乎？以此推之，类幽而不可度，势绝而不相与，凡以眇躬际不测之几者，胥视此矣。而君子于此，乃以不荐为孚。

　　其不荐之孚者何也？阴之感阳也以与，阳之制于阴也以欲。不受其与者，先净其欲。以利中我，而利不入清明之志；以势荡我，而势不惊强固之躬。宫庭者盥之地，夙夜者盥之期也。恪守典型而喜怒不妄者，盥其垒起之尘也。养其尊高而金车勿乞者，盥其沾濡之垢也。履天位而无惭，畜神威于不试。彼固曰"庶几伺其荐而与之狎"耶！而终日无荐之事，则终日有荐之形。故道盛而不可吐，力全而不可茹，彼骎骎然起而干我者，亦且前且却，欲迎欲随，而两无端，乃以奠濒危之鼎而俟气数之定。"君子无咎"，良以是与！

故因其不可荐而戒其渎，则地天之通已绝；尽其必盥而治其素，则阴凝之冰不坚；于是下观化而天下治。高宗承乱而恭默不言，所由异于仲康之胤征、宣王之南伐矣。故曰"圣人以神道设教"。阴以鬼来，我以神往，设之不妄，教之不勤，功无俄顷而萌消积害。

圣人固不得已而用观，然彼得已而不已者，其后竟如之何也？可以鉴矣。故歌舞于堂则魅媚于室；磔禳于户则厉啸于庭。极于鬼神，通于治乱，道一而已。然且有承极重难反之势，亵用其明威而不戒其瞻听，使溃败起于一旦而莫之救，徒令衔恤于后者悲愤填膺而无所控泄，哀哉！

# ䷔ 噬嗑

噬嗑，用狱敕法者也，而初、上何以被刑耶？

阴阳之合离也有数，而其由离以合也有道。物之相协，感之以正，则配偶宜矣；时之已乖，强之以合，则怨慝生矣。九四之阳，非其位也；阴得朋以居中，然且强入而与其上下之际，则不可谓之知时而大其辨矣。为初、上者，乃挟颇心以平物，含甘颐以和怨，其能必彼之无吐哉？以理止争，狂戾为之销心；以饵劝竞，猜疑所由增妒也。初、上颐之体，二、五颐之虚，业投实于虚中以使相离，而又合之，初、上之自以为功，而不知其罪之积也。此苏秦之所以车裂，而李严之所由谪死也。

且初、上之欲噬以嗑之者，将何为耶？欲强阴以从阳，则屈众以就寡；欲强阳以顺阴，则堕党以崇仇。屈众就寡，武断而不智；堕党崇仇，背本而不仁。施劳于疑战之世，取利于壶飧之间，小人所以甘钳铁而如饴也，岂足恤哉！

然则初之恶浅而上之恶积者，何也？初者震之主，任奔走之劳，而下颔以啮坚致力；上者离之终，炫微明之慧，而上龈以贪味为荣。震求合离，而所噬在他，故二、三可以亡怨；离求合震，而所噬在我，故九四早已伤心。则上之恶积而不可掩，五其能掩之哉？夫虚己而不争，履中而不昵，游于强合不亲之世，厉而不失其贞者，唯五其能免夫！

# 賁

## 一

噬嗑，非所合也；賁，非所饰也。

颐外实而中虚，外实以成形，中虚以待养。虚中以静，物养自至。饮食男女，无师而感，因应而受，则伦类不戒而孚，礼乐因之以起。其合也为仁，其饰也为礼。太和之原，至文之撰，咸在斯也。故曰"无欲故静"。无欲者，不先动，动而不杂者也。自阳入四以逼阴而阴始疑，入三以间阴而阴始驳。疑，乃不得已而听合于初、上；驳，乃姑相与用而交饰于二、四。皆已增实于虚，既疑既驳而理之，故曰：噬嗑，非所合也；賁，非所饰也。

夫颐以含虚为德，而阳入焉。其能效品节之用者，唯损乎！二与初连类以生而未杂，故"二簋可用享"，犹未伤其静虚之道也。若乃以损为约，而更思动焉，则分上文柔，柔来文刚之事起，而遂成乎賁。处损约之余，犹因而致饰，此夫子所以筮得賁而惧也。

夫子之世，賁之世也，夫子之文，非賁之文也。履其世，成其家，君子犹自反焉，不谓世也，是以惧。若夫賁，则恶足以当天人之大文，善四时之变，成天下之化哉！

礼者，仁之实也，而成乎虚。无欲也，故用天下之物而不以为泰；无私也，故建独制之极而不以为专。其静也正，则其动也成章而不杂。增之于颐之所不受，则杂矣；动之于损而相为文，则不成乎章矣。分而上，来而文，何汲汲也！以此为文，则忠信有涯而音容外贷，故老子得以讥之曰："礼者忠信之薄而乱之首也。"彼恶知礼！知賁而已矣，则以礼为賁而已矣。

夫情无所豫而自生，则礼乐不容阕也。文自外起而以成乎情，则忠信不足与存也。故哀乐生其歌哭，歌哭亦生其哀乐。然而有辨矣。哀乐生歌哭，则歌哭止而哀乐有余；歌哭生哀乐，则歌哭已而哀乐无据。然则当其方生之日，早已倘至无根，而徇物之动矣。此所谓"物至知知，而与俱化"者矣。故曰贲者，非所饰也。非所饰也，其可以为文乎！

天虚于上，日星自明；地静于下，百昌自荣；水无质而流漪，火无体而章景；寒暑不相侵，玄黄不相间；丹垩丽素而发采，箫管处寂以起声。文未出而忠信不见多，文已成而忠信不见少。何分何来！何文何饰！老氏固未之知，而得摘之曰"乱之首"与？

至实者大虚者也，善动者至静者也，颐以之矣。无师而感，因应而受，情相得而和则乐兴，理不可违而节具则礼行。故礼乐皆生于虚静之中。而记《礼》者曰"礼自外来"，是贲之九三，一阳揭至者也。乃以启灭裂者之囂讼，夷人道于马牛，疾礼法如仇怨，皆其有以激之也。故夫子之惧，非徒以其世也，甚惧乎贲之疑于文，而大文不足以昭于天下也。贲者，非所饰也，而岂文之谓哉！

## 二

及情者文，不及情者饰。不及情而强致之，于是乎支离漫澜，设不然之理以给一时之辨慧者有之矣。是故礼者文也，著理之常，人治之大者也，而非天子则不议，庶人则不下。政者饰也，通理之变，人治之小者也，愚者可由，贱者可知，张之不嫌于急，弛之不嫌于缓。故子贡之观蜡而疑其若狂。礼以统治，而政以因俗，况其在庶焉者乎！是以贲不可与制礼，而可与明庶政，所饰者小也。

若夫刑，则大矣。五礼之属三千，五刑之属三千，出彼入此，错综乎生杀以为用。先王之慎之，犹其慎礼也。而增之损之，不因乎虚静之好恶，强以刚入而缘饰之，则刀锯之憯，资其雕刻之才，韩婴所谓"文士之笔端，壮士之锋端"，良可畏也。故曰"文致"，曰"深文"，曰"文亡害"。致者，非所至而致之，贲之阳来而无端者有焉；深者，入其藏而察之，贲之阳入阴中而间其虚者有焉；亡害者，求其过而不得，贲之柔来文刚者有焉。戒之曰"无敢折狱"。"无敢"者，不忍之心所悚肌而震魄者也。操刀笔以嬉笑，临铁锁而扬眉，民之泪尽血穷，骸霜髓露者不可胜道，然且乐用其贲而不恤，则"敢"之为祸，亦烈矣哉！

三

居贲之世，无与为缘，含虚而不与于物，其唯初、上乎！颐道未丧，可与守身，可与阅世，礼乐以俟君子，己无尤焉矣。三为贲主，二因与为贲，四附近而分饰，五渐远而含贞。故功莫尚于三，而愚莫甚于二。居贲以为功，劳极而功小就；功成而矜美，志得而气已盈，三之自处亦危矣。其吉也，非贞莫致，而岂有袭美之孔昭哉？愚哉！二之承三而相与贲也。颐之为用，利以为养，而养非其任；损之为用，所致者一，而一非其堪；因人成事，与物俱靡，然且诩其小文，矜其令色，附唇辅而如旒，随谈笑以取泽，则有识者岂不笑其细之已甚乎？

夫近阳者亨，远阳者吝，爻之大凡，荣辱之主也。而贲以远阳为喜，近阳为疑者何？阳不足为主也。未迎而至，易动以兴，饰邻右之须眉，以干戈为燕好。如是以为饰，而人莫我陵，则君子唯恐其远之不夙矣。当刚柔之方杂，而乐见其功名，三代以下，绵蕞之徒，何"贲其须"者之繁有也！此大文之所以终丧于天下也。

# ䷖ 剥

卦者，爻之积也。爻者，卦之有也。非爻无卦，于卦得爻。性情有总别而无殊，功效以相因而互见，岂有异哉！剥之为占，"不利攸往"。五逼孤阳，上临群阴，消长之门，咎之府也。而五以"贯鱼"承宠，上以"硕果"得舆，吉凶善败，大异《象》占，何也？

夫阳一阴二，一翕二辟。翕者极于变而所致恒一；辟则自二以往，支分派别，累万而终不可得合。是故立一以应众，阳之德也；众至而不齐，阳之遇也。遇有丰歉，德无盈虚。时值其不丰，天所不容已，而况于万物乎？若其德，则岂有丰歉之疑哉！而以一应众者，高而无亲，亦屡顾而恐失其址。恐失其址，道在安止以固居焉。剥之一阳，艮之所由成也。贞位而不迁，则可谓安止以固居者矣。

物性之感，一危而二安，一实而二虚。危者资物而俯，安者喜感而仰；实者有余而与，虚者不足而求。始感而妄从，既求而无节者，阴之性也。以喜往，以求干，不给于与而生其厌，则抱怨以返，而召其凌削，阳之穷也。唯阳德之善者，于其来感，绝其往求，不歆其迎，不拒其至，尽彼之用，而不以我殉之，若是者，艮固优有其德矣。尽彼之用，知其可以为"舆"也；不以我殉，授以"贯鱼"之制而不就与为耦也；则民载君之分定，男统女之势顺矣。民载君，则眇躬立于万姓之上而不孤；男统女，则情欲节于礼义之防而乱自息。故五、上之交，阴阳之制，治乱之门，而卒以自利其所不利，惟不往也。故《象》曰："不利有攸往。"不往，则利矣。盖往者，止之反也。而物之往者，必先之以来。其能不往者，必其无来者也。当剥之世，不能以止道制其来以绝其往，则不可谓之知时矣。

危者求安，情迫而其求恒速；虚者求实，情隐而其求恒缓。以速交缓，故阳方求而屡求之；以缓持速，故阴实求而名不求。往求之数，阳得之多，阴得之少。而其继也，阴虚往而实归，阳实往而虚归，则阳剥矣。不善处剥者，孤子而惧，惧阴之盛而遐心我也；既而彼以喜动，则歆然忘己而殉之。忘己者丧己，殉阴者力尽而不给于殉，虽欲不惫，其将能乎！如是，则往而必来，来而必往，利在室而害在门矣。唯反其道而用艮之止，以阴为舆，载己以动，而己固静，则阴亦自安其壶范，则终不敢相凌。则《象》之"不利有攸往"者，正利其止。而五、上之承宠以得舆也，唯不往之得利。卦与爻，其旨一矣。

呜呼！阴阳多少之数，俯仰求与之情，见于人事之大者，莫君民、男女之间若也。君一而民众，男一而女众，虚实安危，数莫之过也。壻之下女，亲迎而授绥；君之下民，先悦而后劳；以宜室家，以怀万国，固其效矣。然非夫剥之时也。不幸而剥矣，而不以艮止之道安宅于上，惑男不已，犹徇其恩；人满无政，犹沽其誉；耽燕寝之私，行媚众之术，则未有不惫者也。不逐逐于声色者，女不足以为戎；不汲汲于天位者，民无挟以相叛。韦后要房州之誓，李密散敖仓之粟，攸往之不利，其大者也。而岂但此哉！

# ䷗ 复

说圣人者曰："与太虚同体。"夫所谓"太虚"者，有象乎？无象乎？其无象也，耳目心思之所穷，是非得失之所废，明暗枉直之所不施，亲疏厚薄之所不设，将毋其为圣人者，无形无色，无仁无义，无礼无学，流散澌灭，而别有以为"涤除玄览"乎？若夫其有象者，气成而天，形成而地，火有其爇，水有其濡，草木有其根茎，人物有其父子，所统者为之君，所合者为之类，有是故有非，有欲斯有理，仁有其泽，义有其制，礼有其经，学有其效，则固不可以"太虚"名之者也。

故夫乾之六阳，乾之位也；坤之六阴，坤之位也；乾始交坤而得复，人之位也。天地之生，以人为始。故其吊灵而聚美，首物以克家，聪明睿哲，流动以入物之藏，而显天地之妙用，人实任之。人者，天地之心也。故曰："复，其见天地之心乎！"圣人者，亦人也；反本自立而体天地之生，则全乎人矣；何事堕其已生，沦于未有，以求肖于所谓"太虚"也哉？

今夫人之有生，天事惟父，地事惟母。天地之际，间不容发，而阴阳无畛者谓之冲；其清浊异用，多少分剂之不齐，而同功无忤者谓之和。冲和者，行乎天地而天地俱有之，相会以广所生，非离天地而别为一物也。故保合则为冲和，奠位则为乾坤。乾任为父，父施者少；坤任为母，母养者多；以少化多，而人生焉。少者翕而致一，多者辟而赅众；少者藏而给有，多者散而之无；少者清而司贵，多者浊而司贱。冲和既凝，相涵相持，无有疆畛。而清者恒深处以成性，浊者恒周廓以成形。形外而著，性内而隐。著者轮廓实，而得阴之辟，动与物交；隐者退藏虚，而得阳之翕，专与道应。交物因动，无为之主，则内逼而危。应道能专，不致其用，则孤守而微。阴阳均有其冲和，而逮其各致于人，因性情而分贵贱者，亦甚不容已于区别矣。然若此者，非阴阳之咎也。阴阳者，初不授人以危微，而使失天地之心者也。圣人曙乎此，存人道以配天地，保天心以立人极者，科以为教，则有同功而异用者焉。

其异用者奈何？人自未生以有生，自有生以尽乎生，其得阳少而内，得阴多而外，翕专辟动以为生始，盖相若也，复道也。阴气善感，感阳而变，既变而分阳之功，交起其用，则多少齐量而功效无殊者，亦相若也，泰道也。此两者，动异时，静异体，而要以求致成能于继善则同焉。故仲尼之教，颜、曾之受，于此别焉。

子之许颜子曰："颜氏之子，其庶几乎！"庶几于复也。复者，阳一而阴五之卦也。阳一故微，阴五故危。一阳居内而为性，在性而具天则，而性为"礼"。五阴居外而为形，由形以交物状，而形为"己"。取少以治多，贵内而贱外，于是乎于阴之繁多尊宠，<sub>得中位</sub>。厚利吾生，皆戒心以临之，而唯恐其相犯。故六二以上，由礼言之，则见为己；由己言之，则见为人。对礼之己，虑随物化，则尚"克己"；对己之人，虑以性迁，则戒"由人"。精以择之，一以服膺，乃以妙用专翕之孤阳，平其畸重畸轻之数，而斟酌损益以立权衡，则冲和凝而道体定矣。此其教，尊之以有生之始。舜防之，孔子述之，颜子承之。邵子犹将见之，故曰"玄酒味方淡，大音声正希"，贵其少也。

若其授曾子也，则有别矣。曰"一贯"，则己与礼不可得而多少也；曰"忠恕"，则人与己不可得而多少也。不殊己者，于形见性；不殊人者，于动见静。则己不事克而人无不可由矣。此非以奖阴而敌阳也。人之初生，与天俱生，以天具人之理也。人之方生，因天而生，以人资天之气也。凝其初生之理而为"复礼"，善其方生之气而为"养气"。理者天之贞常也，气者天地之均用也。故曰："天开于子"而"人生于寅"。开子者复，生寅者泰。为主于复者，阳少阴多，养阳治阴以保太和，故复曰"至日闭关，后不省方"，大养阳也。为用于泰者，阴感阳变，阴阳齐致以建大中，故泰曰"财成天地之道，辅相天地之宜"，善用阴也。复以养阳，故己不可以为礼；泰以用阴，故形色而即为天性。然其为财成而辅相者，先立己而广及物，大端本而辨内外者，秩序井然。抑非若释氏之以作用为性，而谓佛身充满于法界也。泰之《传》曰"内君子而外小人"，则其洁静精微，主阳宾阴者，盖慎之至矣。是故守身以为体，正物以为用。此其教，谨之于方生之成。孔子防之，曾子述之，孟子著之。程子固将守之，故曰"万物静观皆自得，四时佳兴与人同"，泰其交也。

自未生以有生，自有生以尽于生，灵一而蠢万，性一而情万，非迎其始，后不易裁，复以"见天地之心"与化俱而体天道者也。阴感阳而变，变而与阳同功，性情互藏其宅，理气交善其用，泰以"相天地之宜"，因化盛而尽人道者也。而要以为功于天地，以不息其生，故曰"同功"也。生者实，不生者虚。而曰"心如太虚"，则智如舜而戒其危，保其微，允执以为不匮其藏，又何为耶？

呜呼！天地之生亦大矣。未生之天地，今日是也；已生之天地，今日是也。唯其日生，故前无不生，后无不生。冬至子之半，历之元也，天之开也；"七日来复"，冬至子之半也。如其曰"天昔者而开于子，有数可得而纪，而前此者亡有"焉，则复宜立一阳于冲寂无画之际，而何为列五阴于上而一阳以出也哉？然则天之未开，将毋无在而非坤地之体，充物障塞，无有间隙，天乃徐穴其下以舒光而成象也乎！不识天之未出者，以何为次舍，地之所穴者，以何为归余也。

初九曰"不远复"，"不远"之为言，较"七日"而更密矣。阳一不交，则阴过而生息。生不可息，复不远矣。自然者天地，主持者人，人者天地之心。不息之诚，生于一念之复，其所赖于贤人君子者大矣。"有过未尝不知，知而未尝复为"，"过"者阴，"知"者阳。存阳于阴中，天地之生永于颜氏之知，此"丧予"叹而"好学"穷，绝学无传，夫子之所以深其忧患与！

# ䷘ 无 妄

天上地下，清宁即位，震之一阳生于地中，来无所期，造始群有，以应乎天，寻常之见所疑为妄至而不诚者也。夫以为妄，则莫妄于阴阳矣。阴阳体道，道无从来，则莫妄于道矣。道有阴阳，阴阳生群有，相生之妙，求其实而不可亟见，则又莫妄于生矣。不生而无，生而始有，则又莫妄于有矣。

索真不得，据妄为宗，妄无可依，别求真主。故彼为之说曰："非因非缘，非和非合，非自非然，如梦如幻，如石女儿，如龟毛兔角；捏目成花，闻梅生液；而真人无位，浮寄肉团，三寸离钩，金鳞别觅。"率其所见，以真为妄，以妄为真。故其至也：厌弃此身，以拣净垢；有之既妄，趣死为乐；生之既妄，灭伦为净。何怪其裂天彝而毁人纪哉！

若夫以有为迹，以无为常，背阴抱阳，中虚成实，斥真不仁，游妄自得，故抑为之说曰："吾有大患，为吾有身；反以为用，弱以为动；糠秕仁义，刍狗万物。"究其所归，以得为妄，以丧为真，器外求道，性外求命，阳不任化，阴不任凝。故其至也：绝弃圣智，颠倒生死；以有为妄，斗衡可折；以生为妄，哀乐俱舍，又何怪其规避昼夜之常，以冀长生之陋说哉！

请得而析之。为释言者，亦知妄之不可依也；为老言者，亦知妄之不可常也。然则可依而有常者之无妄，虽有尺喙，其能破此以自怙哉！王鲔水入腹而死，水可依而鲔迷所依；粤犬见雪而吠，雪本常而犬见不常。彼固骄语"大千""八极"者，乃巧测一端，因自缠棘，而同鲔、犬之知，岂不哀哉！鲔迷所依，则水即其毒，故释曰"三毒"；犬目无常，则雪即其患，故老曰"大患"。夫以为毒患，而有不急舍之者乎？则其惧之甚，恶之甚，速捐其生理而不恤，亦畏溺者之迫，自投于渊也。

夫可依者有也，至常者生也，皆无妄而不可谓之妄也。奚以明其然也？

既已为人矣，非蚁之仰行，则依地住；非蠛之穴壤，则依空住；

非蜀山之雪蛆不求暖，则依火住；非火山之鼠不求润，则依水住；以至依粟已饥，依浆已渴。其不然而已于饥渴者，则非人矣。粟依土长，浆依水成。依种而生，依器而挹。以蕡种粟粟不生，以魄取水水不挹。相待而有，无待而无。若夫以粟种粟，以器挹水，枫无柳枝，栗无枣实，成功之退，以生将来，取用不爽，物物相依，所依者之足依，无毫发疑似之或欺。而曰此妄也，然则彼之所谓"真空"者，将有一成不易之型，何不取两间灵、蠢、姣、丑之生，如一印之文，均无差别也哉？是故阴阳奠位，一阳内动，情不容吝，机不容止，破魄启蒙，灿然皆有。静者治地，动者起功。治地者有而富有，起功者有而日新。殊形别质，利用安身，其不得以有为不可依者而谓之妄，其亦明矣。

又既已为之人矣，生死者昼夜也，昼夜者古今也。祖弥之日月，昔有来也；子孙之日月，后有往也。由其同生，知其同死；由其同死，知其同生。同死者退，同生者进，进退相禅，无不生之日月。春暄夏炎，秋清冬凛，寅明申晦。非芽不蕊，非蕊不花，非花不实，非实不芽。进而求之，非阴阳定裁，不有荄茎；非阳动阴感，不相树蕚。今岁之生，昔岁之生，虽有巧历，不能分其形埒。物情非妄，皆以生征，征于人者，情为尤显。跽折必喜，箕踞必怒，墟墓必哀，琴尊必乐。性静非无，形动必合。可不谓天下之至常者乎！若乎其未尝生者，一亩之土，可粟可莳；一罋之水，可沐可灌。型范未受于天，化裁未待于人也，乃人亦不得而利用之矣。不动之常，唯以动验；既动之常，不待反推。是静因动而得常，动不因静而载一。故动而生者，一岁之生，一日之生，一念之生，放于无穷，范围不过，非得有参差傀异，或作或辍之情形也。其不得以生为不可常者而谓之妄，抑又明矣。

夫然，其常而可依者，皆其生而有；其生而有者，非妄而必真。故雷承天以动，起物之生，造物之有，而物与无妄，于以对时，于以育物，岂有他哉！

因是论之：凡生而有者，有为胚胎，有为流荡，有为灌注，有为衰减，有为散灭，固因缘和合自然之妙合，万物之所出入，仁义之所张弛也。胚胎者，阴阳充，积聚定，其基也；流荡者，静躁往来，阴在而阳感也；灌注者，有形有情，本所自生，同类牖纳，阴阳之施予而不倦者也。其既则衰减矣，基量有穷，予之而不能多受也。又其既则散灭矣，衰减之穷，与而不茹，则推故而别致其新也。

由致新而言之，则死亦生之大造矣。然而合事近喜，离事近忧，乍往必惊，徐来非故。则哀戚哭踊，所以留阴阳之生，靳其离而惜其合，则人所以绍天地之生理而依依不舍于其常者也。然而以之为哀而不以之为患，何也？哀者必真，而患者必妄也。

且天地之生也，则以人为贵。草木任生而不恤其死，禽兽患死而不知哀死，人知哀死而而不必患死。哀以延天地之生，患以废天地之化。故哀与患，人禽之大别也。而庸夫恒致其患，则禽心长而人理短。愚者不知死之必生，故患死；巧者知生之必死，则且患生。所患者必思离之。离而闪烁规避其中者，老之以反为用也；离而超忽游佚其外者，释之以离钩为金鳞也。其为患也均，而致死其情以求生也亦均。"乃若其情，则可以为善矣"。情者，阴阳之几，凝于性而效其能者也，其可死哉？故无妄之象，刚上柔下，情所不交，是谓否塞；阳因情动，无期而来，为阴之主，因昔之哀，生今之乐，则天下之生，日就于繁富矣。

夫生理之运行，极情为量；迨其灌注，因量为增。情不尽于所生，故生有所限；量本受于至正，故生不容乖。则既生以后，百年之中，阅物之万，应事之赜，因物事而得理，推理而必合于生，因生而得仁，因仁而得义，因仁义而得礼乐刑政，极至于死而哀之以存生理于延袤者，亦盛矣哉！终日劳劳而恐不逮矣，何暇患焉！授之尧名而喜，授之桀号而戚。喜事近生，戚事近死。近生者可依而有常。然则仁义之藏，礼乐刑政之府，亦孰有所妄也哉！故贱形必贱情，贱情必贱生，贱生必贱仁义，贱仁义必离生，离生必谓无为真而谓生为妄，而二氏之邪说昌矣。

若夫有为胚胎，有为流荡，有为灌注，有为衰减，有为散灭者，情之量也。则生不可苟荣，而死不可致贱。不可致贱，则疾不可强而为药。强为药者，忘其所当尽之量而求之于无益，岂不悖与！单豹药之于外，张毅药之于内，老氏药之于滕理之推移，释氏药之于无形之罔两。故始于爱生，中于患生，卒于无生。呜呼！以是药而试之，吾未见其愈于禽鹿之鹜走也。

夫治妄以真，则治无妄者必以妄矣。治真以妄，据妄为真；窃据为真，愈诡于妄。逮其末流，于是而有彼家炉火之事，而有呗咒观想之术，则硇礜杂投，不可复诘。彼始为其说者，亦恶知患死相沿，患生作俑，其邪妄之一至于此哉！

# ䷙ 大畜

畜，止也，养也。以养止之，小畜也；以止养之，大畜也。小畜，阴之弱者，其畜也微；大畜，阴盛而中，其畜也厚。而不仅然也。小畜，巽畜之也；大畜，艮畜之也。艮体刚而以止为德，异乎巽之柔而以养为止之术也。

夫乾奠位于方来，而无如其性之健行也。行则舍其方来之位而且之于往，往则失基，失基则命不凝。不止其来，必成乎往，故止之者，所以为功于乾也。

凡欲为功于刚健之才者，其道有二；彼方刚也，而我以柔治之，姑与之养，以调其蹉跎之气，微用其阴，厚予以阳，一若规之，一若承之。得此道者，以为讽谏。是其为术，倡于庄周《人间世》之篇，而东方朔、司马相如之流以劝百而讽一。识者固将贱之曰，此优俳之技也。昔者优旃以畜秦之暴主，朔、相如以畜汉之鸷君，谓将承我而规寓焉，无能大改其德而只以自辱。流俗不审，犹乐称说之曰："谏有五，讽为上。"呜呼！苏轼、李贽之以惑人心者，庸夫喜之，而道丧久矣。彼方刚也，而患在行而不知反，我亟止之，而实以养之，闲邪者敦笃其诚而不舍其中。得此道者，格君心之非。人有不适，政有不间，伊尹以之放桐而不疑，傅说以之昌言而不讳，孔孟以之老于行而不悔。而流俗或讥之曰："此迂而寡效也。"昔者程子以谏折柳枝而致怪于母后，朱子以"惟此四字"而见忌于党人。呜呼！合则行，不合则去耳。又其谊不可去者，从龙、比于九京已耳。藉其劝百而讽一，不从所讽而乐其劝，将如之何？马融《广成》之颂，亦效朔、相如，而终之以谄矣。

故大畜者，畜道之正者也。牛桔故任载，豕豮故任饲，初不谋彼之我喜，而庆固自来。至于刚正道乎，在彼受舆卫之闲，在我得大行之志，然后吾养之之心，昭示上下，质告鬼神而无歉。大川之涉，其理楫占风，郑重于津泊者，非一日矣。故君子弗言事君也，自靖而已矣；弗言交友也，自正而已矣。学博而德厚，德厚而志伸，志伸而威望不诎。可否一准于道，进退一秉于诚。故曰"唯大人为能格君心之非"。正己无求，端凝不妄，然后可以"不家食"而吉矣。

淫行逞，邪说兴，以怀禄固宠之邪心，矜饲虎探鳞之巧技，进以取容悦之实、退以谢寒蝉之咎，施施然曰："谏有五，讽为上"，"月望"而太阳亏，"舆说"，而"征凶"终，将谁尤哉！将谁尤哉！

# ䷖ 颐

## 一

颐，象也，象其为颐，而未象其为养。然则设颐于此，养不期而自至乎？圣人何以劳天下于耕稼渔猎？抑设象于此，而复邀养于他，则养固外待，"观朵颐"者又何以凶邪？

夫颐之成象，固阴阳之即位而为形体；而颐之成用，养资之具亦阴阳互致而为精脒。故二气构形，形以成；二气辅形，形以养。能任其养，所给其养，终百年而无非取足于阴阳。是大造者即以生万物之理气为人成形质之撰，交用其实而资以不匮。则老子所谓"冲，而用之或不盈"，其亦诬矣。

夫颐，中虚者也。中虚似冲，所受不盈，而有生之养资焉。则老子之言疑乎肖。而抑又不然。其将以颐之用，以虚邀实者为冲乎？则颐之或动或止，在辅车唇颔之各效者，用实也，非用虚也。假令以物投于非颐之虚，其虚均也，而与人漠不相与。则颐中之虚，资辅车唇颔动止之实以为用，明矣。将以颐之体，外实中虚者为冲乎？则死者之颐，未尝有所窒塞，而何以殊耶？外实而灵，中虚而动，屈伸翕辟之气行焉，则颐中之虚自有其不虚者，而特不可以睹闻测也，明矣。彼其说，精专于养生，而不知养抑不知生也有如此，故曰诬也。

夫圣人深察于阴阳，以辨养道之正，则有道矣。养万物者阴阳也，养阴者阳也。阳在天而成象，阴在地而成形。天包地外而入于地中，无形而成用；地处天中而受天之持，有形而结体。无形无涯，有形有涯。无涯生有涯，有涯息无涯。无形入有形，有形止无形。阴静善取，阳动善变。取盈不积，资所厚继；阳动不停，推陈致新。分为荣卫，畅于四末，四末以强，九官以灵，一皆动而能变者以象运之。故曰养阴者阳也。若其养万物者，阳不专功，取材于阴，然而大化之行，启不言之利，则亦终归于阳也。阳任春夏，阴任秋冬。春夏华荣，秋冬成实。以迹言之，阴为阳具。然而阳德阴刑，德生刑杀。秋冬成物而止息，春夏物稚而方来。凝实自终，阴无利物之志。是故阳之为言养也，阴之为言幽也。然则观其所养，物养于阳，观其自养，阴养于阳。顺天之道，知人之生，而养正之道不迷矣。

圣人之"养万民"，法阳之富；君子之"节饮食"，法阳之清。有养大而舍小，法阳贵而阴贱；有捐养而成仁，法阳刚而阴柔。如是，则阳听养于阴，道固宜尔。而四阴致养，何以云"颠"云"拂"也？阳君阴民，阳少阴多。民义奉君，少不给多，其义悖矣。乃养之为道，顺则流，逆则节，故无有不颠不拂而可用养者也。故曰"以人从欲实难"，"经"不可恃也。

乃初、上胥阳，皆养阴者也。而上为"由颐"，初为"观颐"，何也？颐之所以能动而咀物者，下也，而上则静。凡刉割之用，皆自上而下，而颐之咀物也反是。动者以欲兴而尸劳，止者以静俟而自得。以欲兴者虽劳而贱，以静俟者虽得而不贪，此亦君子小人之别也。均之为养，而初见可欲而即动焉，不亦惫乎？功名之会，迫起者阳鲡之羞也，而况饮食乎！故君子"慎言语，节饮食"，皆戒之于其动也。

呜呼！鄙夫之动于欲者，不足道已。霸者以养道市民而挟刑心，异端以冲用养生而逆生理，皆阴教也。知阴之无成，阳之任养，于虚而得实，贱顺欲而乐静正，尚其庶乎！

## 二

均为颠、拂，而二、三何以凶耶？君子之于养也，别嫌而安所遇。二、三与初为体，今以初贪而不戢，乃非分而需养于上。上为艮止，恩有所裁，不特拂经，欲亦不遂。故二逢"于邱"之凶，三蔑"十年"之利。"邱"者高位，"十年"远期，位疏而期远，望其相给，不亦难乎！震临卯位，"十年"而至丑。艮居丑寅之交，即有所施，必待"十年"之后。晨烟不续，越陌相求，涸鲋难留，河清谁俟，不复能永年矣。虽托贞廉，凶还自致，则何似别嫌而安遇，以早自决于十年之前乎！

上者，三之位也，而不与三以养，何也？贵而无位，所处亦危矣，惟奉大公以养物，斯德施光而自他有庆。系私以酬酢，上义之所不出也。四为艮体，同气先施，挹之不劳，受之不怍，"眈眈""逐逐"，其何咎焉！使于陵仲子知此义，可无洁口腹于母兄之侧矣。呜呼！取舍之间，盖可忽乎哉！

# ䷛ 大 过

有位者，物之贵也；同类者，气之求也。择位而得中，聚族而与处，摈逐异己，远居裔夷，甘言不为之动，害机不为之伤，斯不亦天下之至愉快者哉！大过以之。聚四阳于同席，宅四位之奥区，彼初之与上，若欲窥其藩棘而不可得。其择利而蹈，绝拒异己者，可谓峻矣。呜呼！峻者所以为甚，甚者所以为过。天下有待小人不以其道如此，而能免其谪于君子乎？

夫阴阳之始，非有善恶之垠鄂，邈如河汉也。翕辟者一气也，情各有其几，功各有其效；生者道之生，杀者亦道之杀。有情则各有其愿，有功则各有其时，虽严防而力拒之，不能平其愿，而抑其得志之时矣。故怨开于阳而成于阴，势极于阳而反于阴，则亦无宁戒此而持其平。又况性情功效之相需而不相舍乎！

是故君以民为基，生以杀为辅。无民而君不立，无杀而生不继。资其力，合其用，则阳有时舍位而不吝，阴有时即位而不惭。而独使之浮游散地，失据离群，开相怨之门，激相倾之势，则大之过也，亦自桡而自弱矣。故高居荣观者，鳞甍翼阁，示雄壮之观，而栋则托址于卑下。桡其卑下，则危其崇高，未有能安者也。

且夫阳之过也，以保一时之往也。乃其援引固结，相与以明得意者，其去小人之噂沓背憎，志虽异而情不殊。情不殊，则物或暗之，物或暗之，则势难孤立。有所欲为而缺阴之用，则有所必求而偷合乎阴矣。故年不谋老少，士不卜从违，白首无惭，弱龄无待，相怜而靡，苟得而欢。将昔之怙党居中，绝阴于无位之初志，亦茫然而不可复问。而三、四之倚二、五以睽离于所应者，且沮丧孤危，或凶或吝而不可保。故始为攻击，继为调停，快志须臾，坚壁难久。古今覆败之林，何有不酿成于此哉？而君子早已辩其无辅而不能久矣。

然则大过无取乎？曰：取之"独立不惧，遁世无闷"者，则得矣。故夷、齐兵之而不畏，巢、许招之而不来，自位其位而不位人所争之位，孤保深幽，敦土求仁，虽金刑居上，得势下戕，"灭顶"之凶，不足以咎。此所谓无可奈何而安命以立命者也。过此以往，则吾不知之矣。

# ䷜ 坎

夫得貌而遗其心，天地阴阳之撰，足以导邪说，启淫思者，繁有之矣，而况其他乎？是故天一生水，地六成之，内生为心，外成为貌；心肖所生，貌肖所成；然则水其以天为心耶？生事近先，成事近后。而方其生之，旋与为成；方其成之，犹与为生。中不先立，成不后建；抟造共功，道行无间，又坎之不仅以天为心也。

顾其已成，效动而性静；方其初生，效静而性动。静者阴也，动者阳也。动者效生，则万物之生皆以阳为心。而水之生也，亦乘乎性之动几以为生主，则坎固壹以阳为心矣。故其为象，刚以为中。刚以为中而刚不见于貌，心之退藏于密而不著者也。心藏于密，而肖所成以为貌，水之所以险与！

然则"流而不盈"，阴之用也，行之险也。阴虚善随，阳实不屈。实以为体，虚以为用，给万物以柔靡，佯退而自怙其坚悍，则天下之机变刻深者，水不得而辞。而老氏犹宗之以为教父，曰"上善若水"，则亦乐用其貌而师之，以蕴险于衷。是故天下之至险者，莫老氏若焉。

试与论之。终归于不盈者，岂徒水哉！火、木、土、金，相与终古而不见其积。则消归挽运者，皆不盈以为功。而水特出其不盈者以与人相见，则其险也，亦水之儇薄而未能深几者也。不足与深几，而水亦忧其易毁。乃终古而无易毁之忧者，圣人极其退藏而表章之，曰"不盈"而"行险"者，何恃乎？恃其不失信而已。

何以知其信之不失也？生之建也，知以为始，能以为成。乾知，坤能；知刚，能柔。知先自知，能必及物。及物则中出而即物，自知则引物以实中。引物实中，而晶耀含光，无之有改。故乾道之以刚为明者惟此，而水始得之以为内景。物过而纳之以取照，照而不迁其形，水固有主而不乱矣。生之积也，初生而盛，继生而减，减则因嬗以相济。故木、火与金，皆有所凭藉以生。而水无所藉，无所藉者，藉于天之始化也。有藉而生者，有时而杀。故木时萎，火时灭，金时蚀，而水不时穷。升降相资，波流相续，所藉者真，所生者常，不藉彼以盛，不嬗彼而减，则水居恒而不间矣。不乱不间，水之以信为体也。

乃若其用，坎居正北，时在冬至，阳动阴中，德室刑野，为乾长子，代天润生，物以为昌，人以为荣。乾德任生，致用在水，故肾为命枢子父之府，黄钟为律纪十二宫之准。终古给生，运至不爽，润而可依，给用而不匮，水之以信为用也。

由是观之，合体用而皆信，乃捷取其貌者不易见焉，故坎有孚而孚亦维心。坎之心，天之心也，"亨"以此尔。

虽然，心貌异致，信在中而未孚于外，则固险矣。物之险，以信平之；己之险，以信守之；则其为信也，亦介于危疑而孤保于一心也，故曰"不失"。"不失"者，岂不靳靳乎其恐失之也哉！

故信，土德也，而水与土相依而不暂舍。以土制水，水乐受其制以自存。制而信存，不制而信失。未审乎此，而欲不凝滞而与物推移，顾别求"甚真"之信于"窈冥"之中，其居德不亦险乎！故君子于德行则常之，于教事则习之，而终不法其不盈，斯亦不惑于水之貌，而取其柔而无质者以为上善也。

# ☲ 离

　　圣人者，与万物同其忧患者也，生而得其利，死而畏其神，亡而用其教，故阖棺而情未息。若夫任达以怡生，恣情而亡恤，诞曼波流，捐心去虑，忧之不存，明之衰矣。《易》曰"不鼓缶而歌，则大耋之嗟，凶"，岂以奖忘忧而废同患也哉！

　　尝论之：定大器者非以为利，成大功者非以为名。圣人之生，以其为颛蒙之耳目也，则以为天地之日月也。故物忧与忧，物患与患，胥天下以明而离于暗，而圣人释矣。生而身致之，圣人之力；没而人继之，圣人之心。力尽心周而忧患释，岂其沾沾然以为己之功名而利赖之！是故抚大器，成大功，特详于付托之得人。付之暗，其忧也；付之明，则喜也。幸其以明继明矣，在人无异于在己，其何吝焉，而足劳其嗟哉！

　　菁华既竭，古人以褰裳异姓而不伤；遂为闲人，后世以妒媢其子而不广。然则歌嗟异意，付托之际难言之矣，而莫陋乎其有吝心。有吝心者，近而吝留于身，远而吝留于子孙，握固天下，如死生之与共。藉有贤智，编棘树藩，以左掣而右曳之。气馁援孤，卒陨获于老妇孤儿之手，以授之夷狄、盗贼而不恤。陆机之哀魏武，岂徒在稚妻少子之依依者哉！才相均，德相若，情相合，时相嬗，先后异体而同明。此而嗟焉，则气萎暮年而情长敝屣，不已陋与！

　　惟其然也，故九四之来，亦物理之恒，而成"突如"之势矣。帆低浪涌，扃固盗窥，刚以相乘，返而见迫，悲欢异室，宾主交疑，前薪炽尽，而后焰无根，以我之吝，成彼之攘，欺天绝人，无所容而不忌。三、四之际，诚今古寒心之至矣。

　　呜呼！无不失之天步，无不毁之宗祧，而无可晦昧之人心，无可阴幽之日月。夏、商之授于圣人，贤于周之强国；周之授于强国，贤于汉之奸臣；汉之授于奸臣，贤于唐之盗贼；唐之授于盗贼，贤于宋之夷狄。不能必继我者之重明也，则择祸莫如轻，毋亦早留余地，以揖延俦伍而进之。操暗昧之情，于可继者而吝予之，则不可继者进矣。子曰："大道之公，三代之英，丘未之逮也。"忧周之失所继也。惟圣人为能忧其所忧而乐其所乐，则圣人终以忧治天下之患，而岂曰苟可以乐而且自乐哉！

# 周易外传卷三

## ䷞ 咸

卦以利用，则皆亲乎人之事，而唯咸则近取诸身，何也？义莫重乎亲始，道莫备乎观成。以始为亲，故寂光镜影，量乍现而性无体者，不足以为本也；以成为观，故㴻淖纤靡，视则希而听则夷者，不可得而用也。此圣人之本天道、观物理、起人事以利用，而非异端之所得而乱也久矣。

天、地、人，三始者也，无有天而无地，无有天地而无人，无有道而无天地。道以阴阳为体，阴阳以道为体，交与为体，终无有虚悬孤致之道。故曰"无极而太极"，则亦太极而无极矣。

人之所自始者，其混沌而开辟也。而其现以为量、体以为性者，则唯阴阳之感。故溯乎父而天下之阳尽此，溯乎母而天下之阴尽此。父母之阴阳有定质，而性情俱不容已于感以生，则天下之大始尽此矣。由身以上，父、祖、高、曾，以及乎绵邈不可知之祖，而皆感之以为始；由身以下，子、孙、曾、玄，以及乎绵邈不可知之裔，而皆感之以为始。故感者，终始之无穷，而要居其最始者也。

无有男而无女，无有女而无男，无有男女而无形气。形气充而情具，情具而感生，取诸怀来，阴阳固有，情定性凝，则莫不笃实而生其光辉矣。故今日卓然固有之身，立乎现前而形色不爽者，即咸之所以为咸，岂待别求之含藏种子之先，以为立命之区哉！

若其身之既有，则人之于天地，又其大成者也。乾一索而震，再索而坎，三索而艮，则乾道成矣。坤一索而巽，再索而离，三索而兑，则坤道成矣。故曰"乾道成男，坤道成女"。然则坎、离而上，亦阴阳之方经方纶而未即于成者与！

故坤立而乾斯交，乾立而坤斯交。一交而成命，基乃立焉；再交而成性，藏乃固焉；三交而成形，道乃显焉。性、命、形，三始同原而渐即于实。故乾、坤之道，抵乎艮、兑，而后为之性命者，凝聚坚固，保和充实于人之有身。

且夫泰者，天地之交也，然性情交而功效未起。由泰而恒，由恒而既济，由既济而咸，皆有致一之感，必抵咸而后臻其极。臻其极，而外护性情，欣畅凝定，以固其阴阳之郭廓者，道乃盛而不可加。阳不外护，则阴波流而不知所止，阴不外护，则阳焰起而不烊其和。自我有身，而后护情归质，护性归虚，而人道乃正。藉其不然，亦流荡往来于两间，而无所效其知能矣。

是故以我为子而乃有父，以我为臣而乃有君，以我为己而乃有人，以我为人而乃有物，则亦以我为人而乃有天地。器道相须而大成焉。未生以前，既死以后，则其未成而已不成者也。故形色与道，互相为体，而未有离矣。是何也？以其成也。故因其已成，观其大备，断然近取而见为吾身，岂有妄哉！

然则艮之亦取于身者，何也？艮者，乾道之成男也。阴无成而有终，故兑不足以象身；阳函阴而知始，故艮足以象身。禽狄知母而不知父，细人养小而不养大，惟能尽人道以立极者，尊阳而贱阴。虽然，艮非无阴者也，不如兑之尚之也。咸兼所始，艮专所成，圣人实见天性于形色之中，拟之而后言，岂虚加之也哉！

# ䷟ 恒

以居则"亨"，以行则"利有攸往"，而值恒之时，无乎不凶，何也？恒者咎之徒也。非恒之致咎，其时咎也。故"亨"而可"无咎"，亦靳靳乎其仅免于咎矣。

阴阳之相与，各从其类以为匹合，其道皆出乎泰、否。雷风相际，或恒或益；水火相合，或济或未；山泽相偶，或咸或损。泰通而否塞，咸感而损伤，既济往而未济来，恒息而益生。以泽注山，则润而生滋；以山临泽，则涸而物敝。以水承火，则蕴而养和；以火炀水，则沸而就竭。以雷起风，则兴而及远；以风从雷，则止而向穷。

恒者，既然之卦也。阳老阴壮，为日昃矣。昔之日月不可追，而阳离乎地以且散于碧虚，阴反其居以旋归于穴壑。苟非体天地贞常之道，敦圣人不息之诚，未见其久而不衰者也。故恒者，凶咎之府，而当位者为尤甚焉，三、上之所以大逢其咎也。

气在内而不得出，则奋击而为雷；出矣而升乎风之上，阳志愜矣。气在外而不得入，则周旋不舍而为风；降乎雷之下，且入矣，阴情慰矣。风末雷收，非亢旱乘之，则暳霾斯起。故阴常散而缓，受交于阳，而风雨时、寒暑正者，此益四"告公"之从，非恒初"求深"之获也。

故之六卦者，皆与泰否同情，而以阳下阴上为正。情不可极，势不可因，位不可怙。怙其位以保其固然，故恒四跃马关弓而禽终不获，恒初陆沈隐蔽而贞以孤危。当斯时也，自谓可以永年，而不知桑榆之且迫，何施而可哉？故地贵留其有余，情贵形其未顺。挟其宜上宜下之常，求而得焉，后此者将何继乎？是以君子甚危乎其成之已昃而无所拂也。

阳奋乎上，亢而穷则为灾；阴散乎下，抑而相疑则战。天地也，雷风也，水火也，山泽也，无之而不以阳升而阴降为凶咎之门也。体道者安其故常而不能调其静躁之气，曰"吾率吾性情之恒"

也，其能"恒其德"而无羞者鲜矣。非恒也而后可以恒，恒者且不恒矣。天地之久照久成，圣人之久道，岂立不易之方，遂恃之以终古乎？故曰大匠能与人以规矩，不能使人巧。规矩者，恒也；巧者，天地圣人之所以恒也。而仅恃乎天尊地卑、雷出风入之规矩乎！

# ䷠ 遁

阴长之卦，由剥而下，莫盛于观；由姤而往，莫稚于遁。观逼处而无嫌，遁先时而早去者，何也？乘时者莫大乎位，正位者莫尚乎中。乍得所尚，虽小喜而志行；犹靳乎尊，虽将盈而意歉。故观四之视五，邈若天帝而不可陵；遁二之视三，易若振落而无所忌。阳虽欲恃积刚以弗逝，其可得哉！然则阳之所以遁者，以二也。

二为小主而"小利贞"。当吾世而迫阳刚以不处，陆沈而不可拯，则小亦何"贞"之有哉？曰：阴之逼阳以遁者，时也；六之居二者，正也。正而思柔，与艮为体，而受止于三。此其为情，岂常有阴贼刑害，幸其去以遂僭侈之心乎？而当其时，则固授人以疑。无其心而授疑于人，二亦所遇之不辰矣。

则将告之曰：疑在人，而自信者志，志不僭，而疑非所嫌矣。虽然，阳终疑而逝，则二欲达其志而不可得。其位正，其势亲，可以挽将驾之辕而莫挽之，或挽之而情不及文，文不达志，无挚固不舍之情，无流连无已之意，则且欲挽之而终不可得。是何也？阳之决成于必遁之势者，无可前可却之几也，而又孰与谅二相挽之心耶！故《白驹》之诗似之矣：其可留也，则絷维之；其不可留也，尤怀音于遐心之后。"莫之胜说"而犹且说与，抑亦可以谢咎于天人矣。虽然，二岂以苟谢其咎者自谓终留阳之志哉！

鱼石之止华元也，吕夷简之荐富、范也，其情似也，而其德则非。殷之将亡，纣无遁德，而殷先王之庙社，则遭遁之时也。率汝坟之子弟，勤如毁之王家，以维系成汤之坠绪，如文王者，而后可谓"固志"焉。呜呼！难言之矣。

# ䷡ 大 壮

## 一

大壮之世，阴留中位，阳之长也虽视泰为盛，而与复同机。复三阴不应阴，而频复且厉；大壮之三阳应阴，而同其"触藩"之志，岂不惫与！阳之施壮于阴也，非四不为功。震主而不嫌，犯类而不恤，四方劳劳于壮而未有宁，其俯而呼将伯之助，无亦比邻之是求，乃舍其同气以甘阴之昵，甚矣，三之迷也！

壮者，阳之用也。阳化阴，则阴效阳为；阴化阳，则阳从阴志。物至知知，偕与俱化，而后阳德之壮，反为阴用；阴亦且乘须臾之权，恃内应而争一触，曰"我亦壮也"。是三本君子，特以荏苒私昵，投足于网罗之中而成乎厉复，谁得而原之曰，此非"小人之壮"也哉？甚矣，上六挟不逞以犯难，而三为其所罔也！

呜呼！处壮之世，盖亦难矣。以德，则阳消阴也；以位，则臣干君。汤放桀于南巢，而曰"后世以台为口实"，则圣人惭矣。公羊奖赵鞅之叛，而王敦、萧道成尸祝之，曰"清君侧之恶"。尚往不止，乱臣借焉。为三不可，为四极难。大壮之吉，非贞何利哉！故曰："有伊尹之志则可，无伊尹之志则篡也。""正大而天地之情见"，非以其情絜于天地者，鬻拳之自刖，不如屈子之放逐也。

## 二

处非所据之位，能因势之不留而去之，其犹足以补过乎！

纪侯大去其国，传曰"与其不争而去"，非也。纪侯之国，纪侯之据也，非大壮之五也。其犹称纪侯，犹晋执虞公，著其位，闵其亡之易而甚其无悔之劣也。齐潜辗然侈衣带之肥，晋恭欣然操禅诏之笔，有人之心者，亦何以处斯哉？唯《壮》之五乎！则触藩之羊，蒙虎皮而仅立于天步，其亡也忽焉，其势也与哉？其理也。

天迟回于久厌之心，而需期已届；人愤懑于无君之憾，而待旦方兴。藩决矣，舆壮矣，是积霭欲澄，东光初起之候也。丧之易，非羊之不幸也。知其易，不惊其丧，则可以自保，可以保其子孙，可以不贻惨毒于生民，可以不羁天诛于旦暮。闰有归而朔旦正，蛙已静而雅乐闻，则以谢前者妄窃之辜，而又何悔之有焉！

故妥欢帖睦尔之浩然于沙漠也，君子谓之曰"顺"，嘉其"无悔"之情也。完颜氏不遑而糜人膏，析人骨，争死亡于蔡州，角之赢，亦心之憯矣。金源绝胤，而蒙古之族至今存。"祸福无不自己求之者"，岂不谅夫！

# 晋

晋，进之也，延阴而进之也。夫物以同类为朋，类以相从为协。晋自观来，阴舍四而上处五，是殆绝其类矣，而恶知绝其类者为即尊而开其进之途径乎！

晋五之于阳，需五之于阴，采入而据其尊，操彼之从违而招我之侪伍，有同情焉。需需阳以主阴。晋晋阴以篡阳。情相若，道相反，晋非君子之卦也，则何取于"康侯"之绩乎？

离，丽也。丽乎阳者，非求以消阳也。阳明而阴暗，阴不能自明，故往丽焉。阳翕而专，阴辟而化。阳处阴中，不随阴暗，故水内景；阴处阳中，随阳而明，故火外景。阴丽乎阳，依阳外著，延照三阴，俾不迷于所往，故离位在午，德任向明。然则五之晋其类以升者，将欲被濯昭苏，革其夙滞，以登于清朗。在观之四，且观光于自他之耀，而今自有之，则可不谓人己互荣者与！夫然，而九四之阂于其中以塞阴之进也，亦鄙矣，宜初之傲不受命而不失其"裕"也。

是故阴阳有定质而无定情，君子小人有定品而无定性，则亦乐观其自处者何若也。五唯自昭而昭物，故福锡其类，可以履天位而无惭焉。虽然，四且疑之，上且伐之，阳失位而志不平，亦其宜也。《春秋》序五霸之绩，而《易》许晋之"康侯"，其圣人之不得已者与！

# ䷣ 明 夷

　　阳进而上三，阴退而下二。进而上者志在外，退而下者志在内，皆绝群之爻也。明夷之象，二顺服事而三用逆取，五贞自靖而四出迎师，则君臣内外之势，其亦变矣。

　　夫四与坤为体，而上晦而不见知；与初为应，而初高而不可继。则乘时之士，弃晦从明，反思自效于"南狩"者，在纠其为商容而不为祖伊与？

　　坤、离殊分，臣主异势。上虽暗极，积厚居尊，四国为朋，同恶相倚。六四身与同俦，地与同国，其虚实前却之故，知之深矣，故阳与共事，而密观其衅，"获心"而尽彼情形，"出门"而输于新主。则甲子之朝，倒戈北向者，非无有以为之内应也。故暗主淫朋离心离德之隐微，久已听大邑之区画，五虽婉恋以昵于宗邦，麦秀之渐渐，不能谋狡童于秘地矣。故鸣条之誓辞，靳靳其未宣也。武王暴纣之罪，宫壶游观，老夫孕妇之毫毛纤芥而无不悉，士女玄黄、震动臣附之合离早暮而壹不爽其所料，谁令传之？谁与验之？我知"获心""出门"者之夙输为"南狩"之资也。

　　然则圣人将以崇阴谋而奖乱乎？曰：上之暗也，失其位也。失其位，则天下之攘臂而觊之者，岂但我哉！授之人也，则不如在我。内揆己德，丽天而明，可以征矣，然且孤注寡谋以召败。彼懵不知，终不足以延登天之势，则盗窃纷纭，晦以承晦者，天下终无昭苏之一旦，岂但十五王之令绪坠地以为忧乎？絜大公之情，求同患之志，"上帝临汝，勿贰汝心"，则功名谋略之士，亦乐进焉，而不复望以松筠之节矣。

　　宋襄之愚也，却子鱼之谋，而荆蛮气盛。固不如鄢陵之役，贲皇在侧，而一矢壮中原之势矣。成则配天，败则陨祚，岌岌然得失在俄顷之间，而敢以天命民生浪掷而不恤也哉？是故西周之灭也，犬羊蹂乎镐京，幽王死于贼手。秦于是时，进不能匡王国以靖臣义，退不能剪豺狼以请天命，苟安窃取，偃卧西陲。数十世之后，乃始诈绐毒刘，争帝于戈鋋之下。失正统者三十余年，际杀运者四百余岁，机失事非，混一而名终不正，再传而天下瓦解，岂徒在攻守异势之末流乎！故谋之周，行之决，进乘时之士而与共功名，未可以贰于所事而厌薄之也。

虽然，极明夷之变，序"南狩"之绩者，周公也。文王之当此，则曰"利艰贞"而已。故周德之至，必推本于文王。而武、周之事，仲尼勿详焉。武、周之功，王之终，而霸几见矣。当其世而有君子者，"于飞""不食"，而勿恤"主人"之言，岂非正哉？商容之闾虽式，洛邑之顽民，公亦不得视飞廉之罚以翦除之。初九之义，公之所不得废也。"南狩"之世，无"于飞"之君子，君臣之义熄矣。义者，制事以裁理也。王逢处晋之世，而效明夷之飞，人之称此以"不食"也，何义乎！

# ䷤ 家 人

居尊则喜，处卑则忮，情之常也，虽阴阳而吾知其且然。家人之体，九正位乎五，二不敢干，四不敢逼，以分正情，而忮消乎下，则阴固自处以贞矣。阳居中得正，大正以率物，何患乎阴之不从！而家人之申训，惟在"女贞"者，何也？

阳刚有余，阴柔不足。有余者盛，不足者争。同处而争，阳尊不保。故阴乘阳，女亢男，天下亦繁有之矣。家人之体，巽与离皆阴也，阴主阳宾，而阴能自守其位，其犹女道之本正而无颇者与！虽然，各处其位，未有歉也；使之止而不泆，静而不竞，刚明外护，以成女之贞而不过者，为"闲"、为"威"，初、上之功亦大矣哉！

故阴阳得位之卦四：曰渐，曰既济，曰蹇，曰家人。彼三卦者，皆增阴而启其竞泆：渐疑于下靡，则初厉于"小子"；既济嫌于上滥，则上厉于濡首；蹇辟户以四达，而终以陷阳而几不得出。其唯家人乎！闲之于下，许子以制母；威之于上，尊主以治从；而后阴虽忮忌柔曼以为情，终以保贞而勿失矣。

或曰：德以绥顺，威以莅逆，二中而为离明之内主，四退而成巽顺之令德，是物本正，而过用其刚，不已甚乎？

则将释之曰：以言乎天地之间，其初岂有不正哉！虽有哲妇，始必从夫；虽有嚚子，生必依父；是位本正也。闺闼之内，绝爱则夫妇楷；庭祀之间，寡恩则父子离；是情本正也。因其正位，用其正情，习以相沿，而倒施戾出之几，成于至微，而终于不可掩。故君子不强裁以分之所无，而不忽于名之本正，然后正者终正而不渝。故曰："发乎情，止乎理，和乐而不淫，怨诽而不伤。"逮其既淫既伤而治之，则戕恩害性之事起矣。

言前有信以为物，行余有道以为恒，初、上所以立位外而治位中也。涉于位则情已发，情已发则变必生。三入二阴之中，赪色危颜以争得失，"妇子嘻嘻"，终不免矣。颜之推曰："梁元帝之世，有中书舍人严刻失度，妻妾货刺客伺醉而杀之。"以身试于女子小人之间，授以不正而开之怨，又非徒吝而已也。

# ䷨ 睽

## 一

　　阴阳失位而至于睽矣，则猜忌乖离，固有出于情理之外，而值其世者恬不知怪也。阳屈处于二、四，其睽也何尤焉！阴进宅于三、五，可以无睽矣，而燥湿异其性情，非分生其矜忌，傲不恤群，成乎离泮。甚哉，小人之不可使乘时而得驾也！

　　虽然，其犹有差等焉。五履天步而明，三处争地而秒，其使宁谧之世，戈铤横流者，三其为戎首与！才均相逼，激以寡恩，故蔡攸不得全其毛里之仁，张、陈不能保其刎颈之谊。虽然，天下将视其凶终而莫之平与？曰：初、上，其平之者也。

　　初、上之于家人也，闲之于本合则易为功；于睽也，合之于已离则难为力。逮位之已失也，初、上以柔道散之，而奉阳为主，则解免于险；初、上以刚道固之，而反为阴用，则睽终以孤。孤而且难，初、上之技亦穷矣。然而平其不平而治其乖者，天之道也，阳之任也。初、上亦何道以当此而无伤乎？

　　夫情，称乎时者也；事，因乎位者也。刻桅不可以得剑，尸祝不可以佐饔。均为阳刚，而位异则异所向，时殊则殊所施。处乎睽之初、上，道各以相反相成，而后术以不穷。

　　上居尊而俯临以治下，初处卑而出门以合交。治下用刑，合交用礼。初与三为同体，上与三为君臣。小人之忿争而不洽也，责望其党以连类之戈矛，犹惧其君有正己之铁钺。同体而相规，则激而赪怒室之色；居高而不我治，则狃而尽攻击之力。初而"张弧"，则救斗而搏撅；上而"勿逐"，则救焚拯溺而用《采齐》《肆夏》之周旋矣。

　　是故朋党相倾之世，殆亦非无所忌也。其上养祸端而不辨，其下操清议而不戢。建安遣谕而绍、瓒益争，天复讲和而邠、岐愈搆，唐文拟之于河北而见为难，宋徽持之以"建中"而"国"卒不得"靖"。谁实非臣，仰给于我之膏雨，而不能操其斧柯，则何惮而不任气以竞雄也？乃为之下者，处士浮议于道涂，小吏呴持其长短，以引去为孤高，以蒙祸为荣誉。而阴邪狠骜者，假柔主之权，俯而排击，偃月威张，风波狱起，燎原益逞，四海分崩。若令辨之于早，上秉典刑而下敦礼让，则岂有此患哉！呜呼！能以此道而治睽者寡矣。自汉以来，败亡之轨若一辙也。夫天下不能无睽，而有以处之，则天地、男女、万物，"以同而异"者，于异以能同，"辟咎""亡疑"，岂忧其散之不可收哉！

然则二与四其无责乎？失位而处乎卑，居争世而争不自己，二守中而四居退，间关勤困，求所偶而托以诚，自固之道也。久矣其不复能他及矣。故以恕待之，而不施以悔吝之辞。

## 二

阴阳之用，君子恒用其壮，异端恒用其稚。用其壮，故直养无害，而塞乎天地之间；用其稚，故处镈致柔，而苟善其全躯保妻子之术。盖阴阳之功效，各自其性情而生：阳直而躁，躁则忧其终穷；阴静而缓，缓则乐其后裕。故震奋而巽弱，坎险而离附，艮衰止而兑欣说。用阳之壮，则迅起而有功；用阴之壮，则披拂而易制。其稚者，阳替其功；阴难于制，异端顾利用之，以其弱之动、反之用，为形君气母而宝之焉。甚矣，其逆倡和之经，而无以克天地之家也！

故《易》之顺用于阴阳者四：雷水而解也，风火而家人也，皆用其壮者也；水山而蹇也，火泽而睽也，皆用其稚者也。雷水而解，解则辟，辟则阳得以交阴而成其广生；风火而家人，家人则翕，翕则阴得以交阳而相其大生。故勾芒甲拆生于解，夫妇父子生于家人。生因壮而成形，形因壮而凝性也。性凝气盛，乃以塞天地之间而无惭。

若夫阴稚而睽，阳稚而蹇，则异是矣。阳衰止而不足以生，阴熟尝而果于杀。故见险而止者，彼所谓虎兕无所施其攫也；柔进而上行者，彼所谓万物之生脆弱也。亦聊以自固其生，而卒不知其滨于杀矣。蹇以险为主，故其流而为申、韩，纳天下于艰难，而苟居其功；睽以争为道，故其流而为《阴符》，斗天下于机械，而密用其盗。此阳稚而弱、阴稚而荡者必然之数也。择阴阳而利用者，其尚辨诸！

# ䷦ 蹇

## 一

困刚掩也，蹇亦刚掩也，而蹇为甚。困外困之，蹇自不能前也。困阳盛而愤盈，蹇阳孤而自保。故以吉凶言之，蹇优于困矣。志盛者，怨时命之不夙；情孤者，抱惴志以临渊。然则困且求伸，蹇终自囿矣乎？乃君子之欲伸困而勉蹇于不自囿，其情同焉。

有小喜者，必有大憝；有深疑者，必有定虑。许其止也，不许其终止也。三进而五中，况其位之未亡者乎！为五慰曰："大蹇"则必有"朋来"，何所忧疑于层波危岸之下，而谓出险之无其期乎？

夫五之所望者朋也，而朋亦未易致矣。水居高而不给于流，其利薄矣；山载水而不足以厚，其势夷矣。夫欲有为者之效死于功名，利劝之耳，势动之耳，舍此而其术穷矣。况其相顾而不前，名亦不损，居亦有归，同来亦有群，㘰㘰之屋，尚庐尔庐，薮薮之谷，尚田尔田，何为舍乐土之优游，迁王都之多故者哉？故一念以为往，一念以为来，来之名实未丧，而往则其蹇均也。将以止乱，而无定乱之期；疑于怀土，而抑有安土之义。则忠孝之情，裴回未决，时实为之，道不得而咎咨之也。成乎大蹇之势，不息其大蹇之心，然后可以激天下之愤心，而踯躅者亦为之扶杖而起。人也，抑天也。天抑自处于蹇以激气机之复，而况于人乎！

是以石室既囚而后种、蠡奋，三户已徙而后陈、项起，渐台既改而后诸刘兴。夫椒未败之前，寿春未灭之日，孺子之名尚在，元后之玺未投，忠志之士未尝无悲闵之心，而时在难争，名犹未正，则以"中节"之大人，不能必天下于往来，况其浸衰浸微，无求伸之志者乎！

# 二

夫情遇乍矜，则投兔或先；感因同类，则代马必悲；准谊推情，曾悠悠者之无终靳。奚况夫类同刚正，分系君臣，呼号相闻，泥中不恤，而乃牵情小喜，遇险倦归，斯不亦刻薄寡恩，孱庸不振者乎！

三为艮主，五之所求，"来反"偷安，实兼斯咎，而圣人奖其"能止"，许以"智"名，则何以服夫二越险以忘身，上居高而下应者哉？三为智，则二、上为愚。抑相率以乖离，而后得免于违时之诮耶？

曰：以智处蹇，是或一道，而岂许臣子之奉为典要与！夫三非无能往之志，而非有可往之时也。水流山峙，既终古而不相知；彼德我才，亦欲谐而非其事。且拯患者有不拯，而自固者无不固。今使三攘袂而起，越疆图远，而进即于非次之居，则抑为萃之九四，疑不释而道愈孤，又奚益哉！身安而后动，交定而后求，无亦自固于敦止之地，合初、二之交，以示声援之有在也乎！大智者无智色，用愚者有智功。况均在刚掩之中，未见其力之独优于五也！而抑养其力以需时可矣！若夫顾妻子以萦怀，畏遭回而却步，鄙夫情短于饲猪，壮夫魂移于高会，庸流以为智，君子以为愚矣。

虽然，三之先己后公，恤利害以图万全者，抑累于二而有惭也。何也？以五之终不免于"大蹇"也。故以智处蹇，期于功立而蹇释；以蹇终蹇，道在诎智而伸愚。蘧瑷之保身，宁俞之卫主，道不同，亦各因其时也已矣。

☷☵  解

一

　　夫动而滨于险者，在我与在物同有沦胥之忧；其能免也，物免而我亦免。而矜独任之劳，据功名之盛，则德量损而令业不终，其有捐此而昭大信于天下者乎？则岂不贤乎！

　　是故解四之以解为己任，而奋击以解之也：二则其朋也，而不相应；五、上则其长也，而不相协；阴阳异。初、三则其敌也，而固不相谋。不谅于二，朋友以为疏己矣；不合于五、上，君长以为逼己矣；不格于初、三，异类以为伤己矣。惊百里而破群幽，得免而喜，乍免而疑，将驱除之绩未终，戈矛之衅内起，我将为四危之矣。而四得以"孚"者，何也？

　　夫不自信者召疑，处甚高者寡与，期有功者来忌。是故当位而利行者，功之所归，望之所集，有为而为，有获而返。凡此四者，同类且忮媢之，况异己之蒙其惩创者乎！若夫解四之不当位，则终古而无当位之日矣。先之非物所望，后之非功所归，无所为而为，不获居尊而退。四退爻。故其解也，适见沦陷之难平而为之不宁；弗待同志之先要而引为己任。亦但曰险不可终而物不可终险也。拊手挥散，孤掌独鸣，天位无苟觊之心，将伯无助予之望。是故三阴之"狐"，六五之"黄矢"，以归"获"于二；居尊而"有解"，因人而成功，以归"吉"于五；震功成而"隼获"，坎道夷而"悖解"，以归"利"于上；而后远二之处险而二不以为疏，临五、上之阴柔而五、上不以为逼。无不自信则疑去矣，处不綦高则忌忘矣，功不期有则谤消矣。此"朋至"之"孚"，不疾而速，所由异于蹇五之"朋"，需之或然或不然而幸其"来"也。

## 二

能得其情者，必与同才者也；能治其妄者，必于乘时者也。才不相肖，言而不亲；时不乘权，威之未服。是以叔鲋说而季孙归，城濮胜而卫侯詟。故卞璧暗投而见疑，虚舟偶触而无怨。虽有盛心，与以那福，而才不相如，时方未集，固未足以消危疑于当世矣。

今以解四之震动不宁，而释天下于险阻，非徒四享之，非徒赠二而分享之，亦所以作主于群阴而调天下之怨也。然而阴阳异才，刚健失位，岂特负乘之六三，即初亦不必其孚矣。是何也？彼方锢一阳而坚持其险也。

迨于六五，而时乘天位，才共阴柔，小人之跂足以望者冀与同情，而五则藉解于四以成其君子，欢然相得，纳其昭苏，于是晋同类而与谋，诏出险之攸利。则非特际刚之初六乐与同功，即三方窃君子之器，亦失援消归，继之以孚而不贰矣。是何也？群心已喻，物难已夷，不退何待？不孚何求？无所用险，则有所用解，亦势之自然也。而后捐狙诈，罢戈矛，泮涣销融于雷雨之余。倘其不孚，上抑可关弓注矢，而非无名之师矣。

雷之兴也，气动于地中，功出于地上，彻于至高，而后解凝阴以既雨，则是五为震功之盛，而上乃震变之通也。处盛功者不劳，极通变者无咎，故于上有待时之辞焉。然则四其时之未至乎！时未至，而援剑叱车，濯冯生之忧患，故终叹四德之盛，非圣人不足以当之。

# ䷨ 损

泰者，天地之正也。惟至正者为能大通，故曰"一阴一阳之谓道"。建立于自然，而不忧品物之不亨矣。乃性静而止，情动而流；止以为畜，畜厚则流。迨其既流，不需其长，随应而变，往而得损者，亦固然之势矣。

虽然，其往也亦有差焉。恒初往而变四，舍无位以就有位，为致用也；既济二往而变五，中未失而得其尊，为居正也。皆未有损也。损三往而变上，高而无位，极而不返，为宾于阴，而疏远于阳，则往而损矣。

是故损之将损下以益上也：初有损之心，而势远难致，则谦让而用"酌"；二有损之责，而怙中不舍，则自保以居"贞"。居贞者既以损委于三之遇，用酌者亦以损任夫三之才，地近易迁，怀刚处进，故毁家纾上，绸缪胶固以合少男少女之交，为三之独任而无所辞。道在逢贫，心无惮往，虽交失其位而不恤，荐苹藻而永细缊，损之所以为"有孚"。然而君子之用损也，亦止于此而已矣。仅此则专，而过此则疑矣。

夫阴阳之未用，先正体以定位；阴阳之既用，尤立体以达权。立体达权则志贞而不靡；任权堕体则游惰而忘归。乃阳之载阴，喜浮而亟往；阴之乘阳，喜沈而便来。来者日安，往者日危。阳丧其居以助阴之来返，则损极而伤矣。故酌之而不嫌其过慎，薄享而不责其已凉，所以立阳体于不穷，而节阴情以各正也。

过此，固不得免于疑矣。任阳之浮，往而不止；徇阴之沈，来而无嫌。受污垢以为量，乐虚旷以为高，极不知裁，不变否而不已。于是地绝天而柔制刚，亏减之归，人道以息。善保泰者，能勿戒心于此乎！

故君子之用损也，用之于"惩忿"，而忿非暴发，不可得而惩也；用之于"窒欲"，而欲非已滥，不可得而窒也。此"二簋"之不必其丰，而盈虚之必偕于时者也。是何也？处已泰之余，畜厚而流，性甫正而情兴，则抑酌其遇，称其才，而因授之以节已耳。若

夫性情之本正者，固不可得而迁，不可得而替也

性主阳以用壮，大勇浩然，亢王侯而非忿；情宾阴而善感，好乐无荒，思辗转而非欲。而尽用其惩，益摧其壮；竟加以窒，终绝其感。一自以为马，一自以为牛，废才而处于锌；一以为寒岩，一以为枯木，灭情而息其生。彼佛、老者，皆托损以鸣其修。而岂知所谓损者，因三人之行而酌损之，唯其才之可任而遇难辞也。岂并其清明之嗜欲，强固之气质，概衰替之，以游惰为否塞之归也哉！

故尊性者必录其才，达情者以养其性。故未变则泰而必亨，已变则损而有时。既登才情以辅性，抑凝性以存才情。损者，衰世之卦也。处其变矣，而后惩、窒之事起焉。若夫未变而亿其或变，早自贬损以防意外之迁流，是惩羹而吹齑，畏金鼓之声而自投车下，不亦愚乎！

# ䷩　益

## 一

　　受命者期肖其所生，报生者务推其所利。今夫天地以生为德者，水、火、木、金，与人物而同生于天地。迨其已生，水、火、木、金不自养，天地养之；天地无以养人物，水、火、木、金相化以养之。生者所受也，养者所利也。水、火、木、金相效以化，推养而施于人物，其以续天地之生，而效法其恩育，以为报称者也。

　　是故五行相养以养群有。受养为壮，施养为老。震位乎寅卯，近水而受滋，木之壮者也。巽位乎巳，近火而施爇，木之老者也。由震而阳上行乎巽，木渐乎老。故无见于此者曰："木王于卯，衰于辰，病于巳。"其然，将怙养吝施，苟全其形质以居繁富，而沮丧于功用以避菁华之竭，其亦鄙矣。故《象》曰："利涉大川，木道乃行。"

　　董子曰："圣人以仁爱人，以义制我。"震生巽而不忧其穷，则以义制我，而不保己以贪其利也。巽达震以普散其材，则以仁爱人，而不靳恩以怙其私也。迨其极也，火受木生，而木因火息。薪而焰，焰而炮，木且不足以存。萌而荣，荣而实，岁云落矣，黄陨而资人物之养，木抑仅有存者。大哉！终不私靳其滋荣。木之道，体仁之全，而抑自裁以义矣。是何也？肖其所生，推其所利。木长四时，首为天地之功臣，道在必行而无容已者，不及是而道未足以行也。故曰："木道乃行。"道之益，岂问器之损哉！

　　或曰："圣人立本以亲用，厚生以厚物之生。使损己而往益，则何以异于墨、释耶？"

　　曰：拟圣人于阴阳之器数，则各有道矣。圣人者，非必于阴阳而刻肖之也。阴阳与万物为功而不与同忧，圣人与万物同忧而因以为功。故匮而不给之患，阴阳不患，而圣人患之。推移往来，阴阳以无涯而递出；博施忘己，圣人以有涯而或病。圣人节宣五行而斟酌用之，同之以有功，异之以有忧，权其施于仁义，止其事于知能，"长裕而不设"，因以兴利，亦可尽材以配阴阳矣。故益者，圣人忧患之卦也。

## 二

阳清而亢，轻利而任气；阴浊而幽，取实而后名。益初之阴，迁而居四，贸四之阳，为主于下，居得为之地，行消否之权，则阴益而阳非损矣。

四之《象》曰"告公从"。往告而几其从，有喜词焉，则唯恐其不从，而幸其从也。用是见阴阳否塞之代，阴非无向化之心，特其情柔而用幽，虽愿依阳以为益，而无先求于阳之事。乃阳据尊高而相拒，时过而悫于必去，则观望于下者，始于惭，中于忍，终于忮害而与为敌，曰："彼亦一乘时也，我亦一乘时也，时方在我，彼且孤高峭洁，终绝我于酬酢之途，则我亦可拔茅彙进，建垒以相拒矣。"今阳先下降以施，阴遂上迁以报。退谐得主之欢，进获宾王之利。于是睨天位之方尊，恐刚情之难格，飘摇异土，沐浴新泽，顾瞻侪侣，各畛殊疆，乃始婉嬺殷勤，通词而若不逮矣。幸其从而"利用为依"，周旋不舍，以消宿否之气，故曰："损益，盛衰之始也。"藉非阳上损以施于阴，抑何以起积衰而向盛哉？

故小人革面之难，非君子之忧，而君子过亢之终，亦小人之无可如何者也。迨其相得无嫌，此以德来，彼以情往，巽户既开，雷鸣斯豫，成施生之益，合天地之交，即以絜之太和之诉合，亦蔑以加矣。而上九之亢不知制，犹从而"击"焉，将何为乎？故观于四，而后知初德之盛也。《大易》于此，岂但致仰阴之词，使之必告，而诱以所利也哉！

# ䷪ 夬

善致功者，用独而不用众；慎修德者，谨始而尤谨终。众力之散，不如独之壹也；终事之康，不如始之敏也。

夬以孤阴寄积阳之上而无位，振蒙吹槁，阳势已成，其于决也何有哉？然而女稚善媚，位穷词哀，以请苟延之命于群阳者，阴固未尝忘卷土以重来也。乃阳之往决也，必有所任。将任之于五，则五与之昵；将任之于四，则四与为体；将任之于三，则三与为应。连鸡形成，而踟蹰相顾，吾惧其如六国之叩函关，九节度之临相州也。其惟任之初、二乎！而初不足与为功，则二专其事矣。

夫二非专夬者，而不得不专。寝处其上者，已怀外靡之心。二为夜戒，戒起于近，难伏肘腋，宵旦不宁。不敢告劳，而远攻碍于近掣；成功无日，而同室且有异心。若是乎任事之难，一篑之劳，烈于九仞矣。故上六之凶，必待之"无号"之后。而方其众寡相持之顷，则以号敌号而未有逊志。夫非阳之处盛而众疑者，授之辗转以得有其辞哉？非然，则穷散消归，久无复然之望矣。故"终有凶"者，夬以后之事，非夬世之遽然也。

五阳在位，而一阳之待生于下者，犹蛰伏以需将来。逮乎需者必起，渐次相临，然后五不得洽比其邻，四不得纠连其党，三不得阿私其配，上亦无所容其无情之词。盖亦难矣。藏众于独，养终以始，藏者发而养者全，然后乾德成而性命正，岂能卒得之"遇雨""次且"之世乎？故君子积慎以思永，恒豫治其未至之日月；端士纳正以消邪，必多得之继起之后贤。养勇静谧，而怀情延揽，用斯道也。《彖》所谓"利有攸往"者也。"刚长乃终"，刚不长，则无以保其终矣。夬之众，不如复之独也。

# ䷫ 姤

君子之道，美不私诸己，恶不播于人，故善长而恶短。善长者长于所扬，恶短者短于所遏，则善虽微而必溥，恶在著而不宣。盖君子者，以扶天之清刚，清物之害气，长人道而引于无穷。故奖善止恶，以凝正命，于彼于此，无所畛限，无穷之生，一念延之，而人类遂绝乎禽狄矣。而苟私善于己，散恶于众，则杀害日进，清刚日微，无穷之生，一人尼之，而人类亦渐以沦亡焉。

剥之六五，上承一阳，柔不私美，"以宫人宠"，则善虽微而长；姤之九二，下近一阴，刚不播恶，"义不及宾"，则恶在著而短。以者，不以者也；不及者，所可及也。凡斯二爻，位虽未当，而中正不偏，以其广心，成其义概，大哉，其善于因变者乎！

姤、剥之世，均为阴长。姤初遇而剥滨尽，则剥五难而姤二易。公善于同类，为众誉之归；引咎于一身，居积毁之地，则剥五易而姤二难。剥以劝阴，姤以责阳，劝易从而责难副。"以宫人宠"，道固然矣，而曰"无不利"，其以奖掖小人而君子；"包有鱼"，可以"无咎"矣，而且曰"不利宾"，其以责备君子而圣人与！

呜呼！处非望之咎，逢垢足之豕，五阳所同也。然而远近之差，遇不遇之际，幸不幸存焉。乃小人之遇此也，与相狎昵而波流者，不知恶也。其天性之近善者，知恶之矣；恶之弗能远之，而妒能远者之洁不受染，于是己之溺唯恐人之不胥溺也，蔓而延之，多方以陷之，不尽天下以同污而意不释。至于非意之风波，无情之谤毁，总以分其独近小人之耻。则九五陨天之休命，亦蒙其累而不足以承。

夫始之知恶而耻之也，亦天理之犹留于清旦。而逢命不犹，周章失据，吹扬凶德，辱逮清流，则小人之恶始剧。而当乱世，遇淫朋，其欲自好以免于羞者，盖亦危矣。时命不恒，躬丁不造，不履其机，不知其苦。庆历飞云骤之书，柴市传黄冠之请，虽千秋之昭晰难欺，而一时之波涛亦沸矣。然后知九二长者之德为不可及也。

虽然，当斯世者，幸得二以为主而己宾焉，则群阳之福已。借其不然，君子遂无以自处乎？姱修益实，过洁而远去，履美而不炫其名，生死与共，而无已甚之色，苍天指正，有陨不诬，彼媚而欲分恶以相赠者，终亦弗能如天何也。故无望人者五之志，"不及宾"者二之义。志、义各尽，以处于浊世，祸福皆贞，生死如寄，人之不沦于禽狄，尚赖此夫！

# ䷬ 萃

“无咎”者，有咎者也，故曰：“震无咎者存乎悔。”悔而得无咎，抑可许之“无咎”矣。萃，咎之府也。而爻动以其时，仅然而免，故六爻而皆起“无咎”之辞焉。

曷言之？阴阳之用以和，而相互为功。奠之于所各得，则秩序以成；纳之于所不安，而经纶斯起。中外无一成之位，则疑忮之情消；出入有必均之劳，则节宣之化洽。夫安有各纪其党，保其居，而恃以长年者乎？故曰：“萃，咎之府也。”

升、小过亦聚矣，而位非其尊也。大过亦聚矣，而应非其正也。非其尊，无可席之势；无其应，无可恃之情；则其聚也不坚，而不召咎以生其戒心。萃刚居五而四辅之，履天步之安，得心臂之寄，人情翕然，遥相倡和，俯仰顾瞻，无有能散我之交者。虽然，而势亦危矣。“不虞”之害，知者灼见于未然，则祷祀终而兵戎起，非过计矣。何也？天下固无有挟同志以居尊，闭户握手，而投异己者于局外，持之以必不我违之势，可以远怨而图安者也。

故二之应五，未必其孚也，“孚乃利用禴”，有不孚而姑禴者矣。初之应四，孚且“不终”也，弗获已而求合，有笑之者矣。三与上则既不我合，而抑不我应，弱植散处于淫威孔福之旁，漠然无所于交，载涕载嗟，畜怨于傍窥也，亦将何以平之哉？故怒者可抑也，竞者可释也，积悲叹而不敢言，“不虞”之戒，勿谓三与上之柔不足忧矣。

夫泽亦水矣。乃泽者，有心之化也，水者，无心之运也。比以一阳坦然履五阴之中而无忧，无心焉耳。萃得四而群居，积泽而无流行之望，则心怙于所私。以私而聚，以私聚而不孚，以不孚而咎。沾沾然恃其位之存，党之合，物之不容已而与我应，以斯免咎，亦靳靳乎其免之哉！

其唯庙中乎！神与人无相杂也，能感之而已足矣。观时失而无可为，则以神道苍人，而权留天位；萃位定而有可孚，则以鬼道绝物，而怨恫交兴。保匽潴之流，绝往来之益，君子之道而细人之昵，难免于咎，能勿虞乎！

# ䷭ 升

圣人之动，必因其时。然终古之时，皆圣人之时也。时因其盈而盈用之，因其虚而虚用之。下此者，则有所怵矣。有所怵者，有所疑也。疑于道之非与时宜，则贬志以几功名；疑于道之将与物忤，则远物以保生死。故一为功利，一为玄虚，而道为天下裂。如是者，皆始于疑时，终于疑己。

夫己亦何疑之有哉？审己之才，度己之量，皆无所待于物而为物之待。天命之体，煌然其不欺也。无待于物，则至正矣。故小功乍集而失道，小名外溢而失德。为物之待，则大公矣。故天下死而己不独生，天下生而己不忧死。而才不审乎正，量不致其公；骛于才，则惊功惊名，而以为物即己也；歉于量，则惊生惊死，而以为物非己也。疑于己，则失本；疑于物，则争末。之二术者，分歧以起，而国终无人。此无他，疑不释而怵然于所升也。故于时有疑焉，于位有疑焉。

疑于时者曰"五帝不袭礼，三王不沿乐，虽驱世而笑我，我必有其功名"，而卓然自信，立己以为时之干者，昧不察也。疑于位者曰"庖人虽不治庖，尸祝不越樽俎而代之"，而坦然自信，推己以济位之穷者，昧不察也。则是盈可用，而虚不可用也。且使之用盈，而诡随之术、荡泆之知，抑习用而不贞之冥升，则疑之害亦烈矣哉！

故升之世，非刚之时矣，升三刚而不中，非升之位矣。上窥天位，阒其无人，沍阴上凝，旷无适主，时之不盈甚矣。乃疑者疑以为畏途，无疑者信以为坦道。秉其至健，进而不忧；涉彼方虚，旷而不慑。子曰："大道之行，三代之英，丘未之逮也，而有志焉。"其为圣人之时，岂必尧君舜相，民诚物阜，而后足以当圣人之升哉！

然则不系以吉凶者，何也？不可得而吉者时也，不可得而凶者道也。然尽其道，而以吉凶为断，则疑将从此而起矣。呜呼！圣人之才，圣人之量，圣人之自信，圣人之信天下，"升虚邑，无所疑也"，岂易言哉！岂易言哉！

# ䷮ 困

## 一

人之有生，天命之也。生者，德之成也，而亦福之事也。其莫之为而有为之者，阴阳之良各以其知能为生之主，而太和之理建立而充袭之，则皆所谓命也。

阳主知而固有能，阴主能而固有知。太和因阴阳以为体，流行而相嬗以化，则初无垠鄂之画绝矣。以其知建人而充之，使其虚者得以有聪明而征于实；以其能建人而充之，使其实者得以受利养而行于虚。征于实，故老耄而忆童年之闻见；行于虚，故旦起而失夙夜之饱饫。谁使之虚实相仍而知能交益者，则岂非命哉！

然天之以知能流行于未有之地，非有期于生也。大德在生，而时乘其福，则因而建立之，因而充袭之矣。以知命之，而为五事，为九德；以能命之，而为五福，为六极。凝聚而均授之，非有后先轻重于其间，故曰：皆所谓命也。

而二气之方锡，人之方受，以器为承而器有大小，以时为遇而时有盈虚。器有大小，犹疾雨条风之或生或杀也；时有盈虚，犹旦日夜露之或暖或清也。则受命之有余、不足存焉矣。有余、不足之数，或在德，或在福，则抑以其器与其时。或胜于德而不胜于福，或胜于福而不胜于德，犹蝉、鲔之于饮食也；有时侈于德而侈于福，有时侈于福而侈于德，犹西飚之稼不成穑，而寒暑之疾能失性也。如是者，有余、不足，皆非人所能强。非人所能强，听命之自然，是以其所至者为所致。则君子之于困也，因之而已，而何有于"致命"也哉？

夫致者，其有未至而推致之以必至也。尝与观于虚实之数量，则知：致德命者，有可及乎上之理；致福命者，当穷极乎下之势；而无庸曰自然。自然无为以观化，则是二气之粗者能困人，而人不能知其精者以自亨也。

请终论之。以知命者以虚，虚者此虚同于彼虚，故太空不可画以齐、楚；以能命者以实，实者此实异于彼实，故种类不可杂以稻粱。惟其同，故一亦善，万亦一善，乍见之心，圣人之效也，而从同以致同，由野人而上，万不齐以至于圣人，可相因以日进，犹循虚以行，自齐至楚而无所碍。惟其异，故人差以位，位差以时，同事而殊功，同谋而殊败也，而从异以致异，自舆台以上，万不齐以至于天子，各如量而不溢，犹敷种以生，为稻为粱而不可移。故虚者不足而非不足，天命之性也；"善恶三品"之说，不知其同而可极于上也。实者不足则不足矣，吉凶之命也。"圣人无命"之说，不知其异而或极于下也。

抑太和之流行无息，时可以生，器可以生，而各得其盈缩者以建生也，则福德俱而多少差焉。迨其日生而充其生，则德可充也，福不可充也。非有侈德而无侈福之谓也，非堪于德者众而堪于福者寡也，非德贵而福贱，天以珍人而酌其丰俭也。则奚以知其充不充之殊耶？

德肖于知，知虚而征于实；福有其能，能实而行于虚。实可以载虚，虚不可以载实。实可载虚：一抔之土，上负苍莽而极于无垠，厥而下之，入于重渊，随虚以至而不竭。虚不载实：容升之器，加勺而溢，掷一丸之泥于空，随手而坠矣。故思之所极，梦寐通而鬼神告；鬼神者，命之日生者也。养之所饫，膏粱过而疢疾生；疢疾者，命之不充者也。戴渊盗也而才，华督贼也而义，德之灌注者不中已于小人。强者不可强以廉颇之善饭，嬴者不可望以钱铿之多男，福之悬绝者必原本于始生。故致而上者实任之，致而下者虚靡之也。

由此言之，与俱生者，足不足，而卜致与下致别矣。日生者，充不充，而上致与下致又别矣。故君子致德之命，致而上极于无已，而穷皎白以高明，肖其知也；致福之命，致而下极于不堪，而穷拂乱以死亡，称其能也。故曰"君子以致命遂志。"命致而后志可遂。君子之志，审其多寡建立充袭之数，而缒之以不迁，岂旦夕之偶激于意气也哉？

困，刚之为柔掩者，福之致下者也，不胜于器而俭于时。二、五皆以刚中者，德之致上者也，器胜之，时侈之。与生而建，日生而充，极盛而不衰，斯以致于上而无难矣。致德于高明以自旌，致福于凶危以自广，又奚志之不遂哉！若曰"以命授人"，则勇偾而为刺客之雄，非爱身全道者之所尚，困而已矣，非必忠孝之大节，而又何死焉！

## 二

刚以柔掩，则是柔困刚矣。乃刚困而柔与俱困，何也？

刚任求，柔任与。柔之欲与，不缓于刚之欲求，特刚以性动而情速，遂先蒙夫求之实。蒙其实，不得辞其名。而柔之一若前，一若却，悬与以召刚之求，其应刚者以是，其困刚者亦以是而已矣。故未得而见可欲，既得而予以利，阖户而致悦，虚往而实归，皆柔才之所优也。因才为用，乃以网罗生死乎刚于胶饴之中。"酒食"也，"金车"也，"赤绂"也，不待操戈矛、固塞树垒以绝阳之去来，而刚以困矣。然而揆诸得失名实之间，而阴已先困。

夫隆人者先自隆也，污人者先自污也，逸人者先自逸也，劳人者先自劳也。阴之德专，其性则静。专且静，贞随乾行而顺代天工，则以配阳而利往。德之不专，散处以相感；性不能静，畜机以相制；乘其上而紫蔽之，纠葛频蹙，以迷阳于所不及知。夫然，则抑劳心污下而无舒畅之一日矣。非其金车，即其酒食，非其酒食，即其赤绂，而趋日下，而术日上，苟以售其冒缚高明之技，是妇寺之情，宵人之道也，而岂不陋与！幸而阳不之觉也，借其不然，岂复有阴之余地哉！

抑不觉者，非阳之过也。须养于小人，退息于向晦，亦君子道之所应享。而当困世而不觉，则阳或过也。守其道之所应享，知而处之以愚，光大而济之以诚，索诸明，索诸幽，洋洋乎有对天质祖之诚，则阳不觉而非不觉也，而阴之术亦穷矣。

于是乎阴终失据，而先丧其贞。然后反事而谋之心，反心而谋之道，"动悔有悔"以为吉，则何其吉之不夙耶！而阳祇守其诚而无所待悔。由是言之，器覆而无遁鼠，国亡而无不死之小人。均丧其实，独陨其名，阳失数寡而阴失数多，则柔先自困而亦终困，岂或爽哉！

故阳，困于人者也，阴，自困者也。困于人者生：越王幸夫椒之功而困于会稽，平原贪上党之利而困于长平，虽中阴之饵，而贞不亡。自困者死：怀险致媚，不悔而能保其终者，终古而未之有也。故君子终不困人，而自困亦免焉。其不得已而困于人也，积精诚以保其所不及知，如二、五之享祀以承庆而受福，又孰得而困之！

# ䷯ 井

## 一

困，刚掩也，井亦刚掩也。二卦之体，综之而柔皆覆刚，困独蒙其掩，而井利赖其养者，何居？

天下之能加于我者，皆其同类者也；天下之与我异类者，皆其不能加我者也。同类而同情，则性正而情交；异类而异情，则先难而后易；同类而异情，则貌德而衷刑。水之于泽，阴阳非类而与同类。类同而情同，类非而情异。利其酒食、金绂之可以相养，而不知支流之没于大浸，木有水而泽且无，柔且以加刚而莫能自出。若夫水之与风，凝散异情，判然其不谋矣。巽德虽顺，水终浮溢以出，其不能加我者，犹钟鼓之不足以宴爰居也。不足以宴，不足以饵，则亦不足以掩。故上六虽柔，其能幕阳而杜其"用汲"之功与？

若四之于三，乘刚也，而不为乘刚。三，巽之成也，则固非刚也。疑于刚而乘之，察其非刚而退自保焉，自饰之不遑，而何乘邪？乘非乘，掩非掩，巽开户以旁行，道不登于上，则巽心恻矣。坎履中以自用，情不合于下，则巽心又恻矣。不能掩之，将自求之。是木以载水，收功于本绝之交，尽瘁于可以有为之日，巽免于恻之为福，而岂得与刚为难哉！此井之通所以异于困之穷也。

故君子之于世也，不数数然于物之类己，而虞其有憪心；其漠不相即者，则徐收之以为利用。是故小名不慕，小善不歆，甘言不迩，淡交不绝，则成功于望外，而朋聚于不谋。

虽然，其于此也，则已劳矣。巽劳，而坎非不劳者也。巽劳于入，坎劳于出。故挹江河者施桔槔，其不穷者则果不穷矣；抱瓮而汲之，重绠而升之，所食者十室之邑，而养将穷。不穷其将穷，恃有劳而已矣。故井亦忧患之门，衰世之卦也。

# 二

夫人之有情，岂相远哉！怀干糇之贻者，享壶飧而不惭。诗云"投我以木瓜，报之以琼琚。"珍有事也。今以贪僝庸菲废弃之子，苟给利养，受圈牢之秣饲，而鄙为木石，无使有自致之薄长，则沦没渐萎，卒以抑菀而不永其生。

故先王之于乐也，非无都人士女，敏手躔步，可以娱神而教肄之，然而伛者击磬，疴者击钟，矇者审音，聩者眂度，合天下尪废天刑之子，进之于和豫之地，则何也？

乐者和以养也。和而及于不和之尤，使之消散其一日之哀郁，而后细类劣生不虚养，而有生之情效焉，则亦且荣生而无甘死之心，所以调阴阳之沴，而溥生理于无方也。是故别无收恤拯贷之典，而一登之有事以荣其养。故曰："圣人辅天地之穷。"

且夫愚柔辱贱之士，其视儇巧便给者，所得于天之短长，吾未得而知也。礼失而求之野，十室而有忠信。疏逖微末而莫由自拔，则皆消沮而忍于长捐。虽有侗愿一得之长，迨其湮没，且以求慰其生而不遂，况望其引伸而奋迅邪？故弃人之世，世多弃人，彼诚无以自振也。

井之初曰"井泥不食，旧井无禽"，盖哀之也。既已为之井矣，食则其荣，而不食其辱，犹夫人之情也。巽而入，入而下，亦非有潢潦沸溢、不可向迩之污垢也。其不幸而泥者，时为之，犹之乎为井也，亦各有施焉，因而浚之，薄取而小用之，岂无所望于上哉？置之不食，而井旧矣，井旧而无以自新矣。长捐于时，而无汲之，时灰心于涓滴之再润者，亦势莫如何，终自废以无禽矣。使遇《洞酌》挹注之主，功施废疾，而才登菅蒯，则居然井也，而岂逮此与？

甚矣！五之至清而无徒也。三功之成，进而相比，洁而自荐，使非数数于求明以受福，且终年抱恻而国莫我知。而况初之疏贱而羸弱者乎！弃其致养则不足以自润，不足以自润则生理愈而生气穷。君子固已哀初之时命，而不得与于先王之劝相矣。出险而有德色，绝物而自著其功，寒俭自洁以凋和平之气，井五之"中正"，衰世之德也。衰世之德，惨于盛世之刑。与其为水，不如其为火，子产之得为君子，有劳相之道也夫！

# 周易外传卷四

## ䷰ 革

阳可以久道，阴不可以厚事，刚柔之材异也。火之极，炎蒸而成润；风之末，吹弱而成坚。其既，则润以息火，而坚以止风。盖阴不厚事，则其极盛而迁，每于位亢势终之余，谢故以生新，非若阳之可久者，履盛而志不衰也。

是故离两作，而上明为下明之所迫；巽重申，而后风踵前风以相荡。迫之甚，则郁庵销灼而火道替；荡之不已，则消散凋零而风位不安。故息之者以豫防其替，止之者以早授其安。物将替而为故，乍得安而见新。此离五之阴，避重明以迁于上，革之所以虎变也。巽四之阴，息绪风以迁于五，鼎之所以中实也。其因过盛以迁，迁而阴先往以倡之变者，均也。

虽然，其于革也则尤难矣。过乎时，而返以乘时，阳革而来五，其势难；履天位，而逊乎无位，阴革而往上，其情难。此二者，皆非鼎之所有也。势难者，时相强以为主，二喜于得配而信之，始于迟回而终于光大。情难者，不获已而远去，阳积于其下而迫之，君子以忍难而昭质，小人以外悦而中忧。如是，而上之变也，较之五而尤难矣。而九三不恤其难，犹恃其赫赫之明，屡起而趣其行，不亦甚乎！故《易》之于上，奖之无遗词焉。

其为君子也，虽"蔚"而予之以"文"。蔚，入声，不舒也。文其所固有，失位而菀，菀而不失其盛，而后君子之志光。其为小人也，虽"革面"而许之以"顺"，面不可以为革，中未顺而外说，说而不问其心，而后小人之志平。犹且戒之以勿"征"焉。使其征也，阴之凶而阳之幸也。乃既委以难，而犹使之消散以失归，则抑不足以奖天下之能革者矣。

或曰："离之从革也，势处不厚，同类相逼，内争而息肩于外，革而未离其类，革面而未洗其心，则圣人何奖乎？"

夫离之盛也，其性则阴也，其才则明也。以慧察之姿，行柔媚之德，相助以熺然。虽有蒸逼之患，而非其近忧，然且引身早去，召阳来主，以协于下，此非所易得于离者也。而不见"突如其来"而不忌，"出涕沱若"而不舍，为重离之固然者乎！知难而往，辞尊而让，而遄拒其面，而遄过求其心！此圣人所以道大德宏，而乐与人为善也。

# ䷱ 鼎

鼎柔上而居中，则风力聚而火道登矣。天下未定，先以驱除；天下已定，纳以文明。风以荡之，日以暄之，有其荡而日以升，有其暄而风不散，故离位正而巽命凝也。

然五位之正，以柔正也。纳天下于虚而自安其位，凝其方散而未离其类，其于命之至也，位之康也，受命以施命于物也，非能大创而予以维新也。故"中以为实"，则所据以为实者，位而已矣。据位以为实，夫且有掔固其位之心。乘驱除之余，合万方之散，掔固其位以柔之道，将无思媚愚贱，抑法而崇惠与！

夫报虐以威者，非圣人之弘；因俗而安者，非圣人之正。何也？皆以其有位之心而据之为实也。则上九之以"玉铉"相节，举重器以刚廉之干，其可已与？

且夫天位之去来，率非有心者所得利也。鼎五之履位以息驱除，而顾使四"折足"而莫如何者，岂固有也哉！以其号召于始者，长保于终，则日有姑息乎邱民之事。诎礼而伸情，惩强而安弱，于是天下亦有以窥其掔固之志，而倒持逆顺于垄首。即不然，而长冥愚之非，漏吞舟之桀，亦与于"覆𫗧"，而否之出也无期。故悬刚于上，以节而举之，道以裁恩，刑以佐礼，而后辅五而授以贞。授五以贞，则可调气之偏，而计民治于久远。数百年之恒，一日之新也，而后"吉无不利"矣。

汉之新秦也，非其固有也。嘉劳父老，约法三章，柔效登而位正矣。萧、曹定法于上，画一而不可干，而又众建诸侯以强其辅。故刚以节柔，其后一篡再篡而不可猝亡。

宋之新五代也，非其固有也．窃窃然其怀宝，沾沾然其弄饴。赵普之徒，早作夜思以进掔固之术，解刑网，释兵权，率欲媚天下而弱其骨。故以柔济柔而无节，沦散尪仆，一夺于女直，再夺于鞑靼，而亡亦熸矣。

呜呼！柔之为道，止驱除而新命，得则为周，失则为宋。刚之为道，纳之柔世而卒难合也，而全则为商，不节亦不失为汉。后之正位而维新者，抑务有以举斯重器，无利天位之实，而沾沾然唯掔固之为图也哉！

# ䷲ 震

　　天下亦变矣。变而非能改其常，则必有以为之主。无主则不足与始，无主则不足与继，岂惟家之有宗庙，国之有社稷哉！离乎阴阳未交之始以为主，别建乎杳冥恍惚之影，物外之散士，不足以君中国也。乘乎阴阳微动之际以择主，巧迂之轻重静躁之机，小宗之支子，不足以承宗祧也。故天下亦变矣，所以变者亦常矣。相生相息而皆其常，相延相代而无有非变。故纯乾纯坤，无时有也。有纯乾之时，则形何以复凝？有纯坤之时，则象何以复昭？且其时之空洞而晦冥矣，复何从而纪之哉？夏至之纯阳非无阴，冬至之纯阴非无阳。黄垆青天，用隐而体不隐。贾生欲以至前一日当之，其亦陋矣。纯乾纯坤，终无其时，则即有杳冥、恍惚之精，亦因乎至变，相保以固其贞，而终不可谓之“杳冥”“恍惚”也。且轻重、静躁，迭相为君，亦无不倡而先和，而终不可谓“静为躁君”也。

　　尝近取而验之。人之有心，昼夜用而不息。虽人欲杂动，而所资以见天理者，舍此心而奚主！其不用而静且轻，则寤寐之顷是也。旦昼之所为，其非寤寐之所得主，明矣。寐而有梦，则皆其荒唐辟谬而不可据。今有人焉，据所梦者以为适从，则岂不慎乎！

　　彼徒曰“言出于不言，行出于不行”，而以是为言行之主。夫不言者在方言、不行者在方行之际，则口与足之以意为主者也。故“意诚而后心正”，居动以治静也。而苟以不言不行为所自出也，则所出者待之矣。是人之将言，必默然良久而后有音；其将行也，必巍立经时而后能步矣。此人也，必断续安排之久，如痎虐之间日而发也，岂天地之正，而人之纯粹以精者哉！

　　夫理以充气，而气以充理。理气交充而互相持，和而相守以为之精，则所以为主者在焉。而抑气之躁，求理之静，如越人薰王子而强之为君，曰不言不行，言行之所出也。今喑者非无不言，而终不能言；痿者非无不行，而终不能行；彼理具而气不至也。由是观之，动者不藉于静，不亦谂乎！

　　夫才以用而日生，思以引而不竭。江河无积水，而百川相因以注之。止水之洼，九夏之方燠而已涸也。今曰其始立也，则杳冥恍惚以为真也，其方感也，则静且轻者以为根也，是禹之抑洪水，周公之兼夷驱兽，孔子之作《春秋》，日动以负重，将且纷胶瞀乱，而言行交诎；而饱食终日之徒，使之穷物理，应事机，抑将智力沛发而不衰。是圈豕贤于人，而顽石、飞虫贤于圈豕也，则可不谓至诬也乎！故不行者亦出于行，不言者亦出于言，互相为出，均不可执之为主。

自其为之主以始者帝也，其充而相持、和而相守者是也；非离阴阳，而异乎梦寐。自其为之主以继者震也，其气动以充理而使重者是也；非以阴为体以听阳之乘去，而异乎暗痿。帝者始，震者继，故曰："帝出乎震。"又曰："出可以守宗庙社稷，以为祭主。"

尸长子之责，承宗社之大，盖其体则承帝而不偏承乎阴阳，其用则承乾而不承坤。何也？坤已凝而阳生，则复是已，是人事之往来也。未成乎坤而阳先起，则震是已，是天机之生息也。复为人事之改图，故屡进而益长；震为天机之先动，故再"震"而遂泥。帝不容已于出，而出即可以为帝，故言不言，行不行，动静互涵，以为万变之宗。帝不容已于出，故君在而太子建，出即可以为帝，故君终而嗣子立。受命于帝而承祚于乾，故子继父而不继母；理气互充于始而气以辅理于继，故动可以为君而出可以为守。借曰坤立而阳始生以为震，因推坤以先震，立静以君躁，则果有纯坤之一时也。有纯坤之一时，抑有纯乾之一时，则将有未有乾、未有坤之一时，而异端之说，由此其昌矣。

是故以序则震为乾之长子，而不生于阴；以位则居寅卯之交，春不继冬，木不承土，阳以建春，春以肇岁，震承乾而乾生于震。震之出于帝，且与乾互建其功而无待于乾，奚况于坤之非统而何所待哉！是故始之为体，则理气均；继之为用，则气倍为功而出即为守。气倍为功，则动贵；出即为守，则静不足以自坚矣。建主以应变者，尚无自丧其匕鬯夫！

# ䷳ 艮

## 一

因性而授之以处之谓位，得处而即于安之谓所。有定性，无定位；有定位，无定所。定所也者，先立一道以便性而不迁也。处高拒卑，制物以己，而制遇以心也；或物起相干，而绝忧患以自镇也；抑物至利交，而杜情好于往来也；如是而后得以有其定所。故有定所则己成，己成则物亦莫乱之，而物成。各擅其成，己与物有不相保，皆所不谋，而惟终恃其成，而后其为定所也，长建而不易。于其定所见其定位，于其定位行其定性，此绝忧患，杜情好，不介通，不立功，而自成乎己者也，则艮是已。

夫无定所以为定位，则出入皆非其疾，位以安安而能迁，曰素位。无定位以为定性，则尊卑皆非可逾，性以下济而光明，曰尽性。素者，位之博也；尽者，性之充也。迁以安者，有事以为功于位也；下济而光者，情交以尽性而至于命也。功立则去危即安，身有可序之绩；情交则先疑后信，人有相见之荣。绩著于身，而非以私己，不得訾之以为功名之侈；荣被于人，而非以徇世，不得薄之以为情欲之迁。是身非不可获，而人非不可见也。

夫功名之与情欲，毋亦去其不正者而止，岂必复然高蹈，并其得正者而拒之哉！拒其正者，则位不博而性不充。不博，则逼侧而位无余；不充，则孤畸而性有缺。于以谢事绝交，恃物之自成，而小成于己，而毁居成后者，以非其时而不谋，斯岂非与咎同道者哉？然且艮终不以咎为恤。

高在上者，阳之位也；亢不与者，阳之情也。保其位，任其情，二、五得位，而曰"我终处其上"；四阴同体，而曰"不可与为缘"。尊位在彼，则处其上者直寓也，位寓则身废；同体不容相舍，则靳其交者已隘也，性隘则庭虚。乃艮终不以此为恤者，彼诚有所大恤，而视天下皆咎涂也；谓承乾三索之余，而处阴方长之世也。

气处余者才弱，忧患不在世而在己。欲忘忧患，则先忘其召忧召患之功名。敌方长者意滥，情好虽以正而或淫于邪。欲正情好，则先正其无情无好之崖宇。且功不可强立，情不可偶合。归于无归而情不固，徒然侈其性、离其位以自丧，艮亦惟此咎之为恤，而遑有其身以与人相见乎？

故其成也，无得于身，而身亦不失；无缘于人，而人终不得而干之。阴且惮以思止，阳因止而犹存。立纲正极，保其性，固其位。是天下之恃有艮者，功无可建，即无功以止忧患；情有不施，即无情以讫嗜欲。拯衰者德宏而道大，砥俗者严气而危行。量其世，量其才，君子长保艮以自守，而不敢浮慕于圣人，斯其所以无咎也与！


二


夫乘消长之会，保亢极之刚，止功不试，止情不交，以专己之成者，奚可不择地以自处哉！

夫地有远迩，有险夷，有同别，有彼己。危哉！九三之处地，参于四阴之中，密迩而蹈险，同异类而失己援，犹且以为所而止焉。越人之睹章甫也则怪之，群鷃之睨一鹏也则笑之。匪直怪之，将起而敌之；匪直笑之，念有以污之。横绝其类而使不得合，则戈矛起于凤夜；岳立其侧而形其所短，则簧鼓彻于听闻。四阴之限，岂阳所宜寝处而无嫌者乎？

我不敢知戈矛之不伤我躬也，则亦不敢知簧鼓之不移我志也。不幸而躬伤，君子犹可安于义命；尤不幸而志移，贞士将尽丧其生平。是故火之熏也，日蒸月化，而物且变莹白为黯黕矣。其受变而改其素，人惜遁之未远。其不受变而蒙其难，亦何必以察察际汶汶，而竞大辂柴车之余勇乎？

抑投躬于非类之炎灼，而仅保自免之危情，则不变者十三，而变者十七，亦人情难易之大都矣。箕子之于纣，孔子之于季斯，操其屈伸，用其权度，义重而道弘，则同污而自靖。且彼之功侔天地，而情贞日月者，志不存于用艮也。

若夫抱独立之素者，则无闷以自安。必将远而不与之迹，别而不与之同，离乎险以全乎己，而后闷不足以加之。闷不足以加，则离人珍独，亦足以伸正气而为流俗之砥柱。若其情固违之，身且即之，温峤之幸成，撩病虎而盗睡骊，盖亦危矣。贾损之介恭、显以行其志，身死而名辱，盖自贻也，将谁咎之可哉！谢朏扁舟造都，熏以得染，不足道已。孔北海之于曹操，嵇中散之于司马，施止于属目，其尚逊管宁而愧孙登与！

"厉熏心"矣，而不系之以凶悔者，何也？身伤则凶，而仅免于咎；志移则悔，而苟免于凶。不能保二者之何居，所以危三者愈甚矣。名可闻，身不可得而见，所谓"不获其身"、"不见其人"者，用此道以自存也。

## 三

或曰："万物之化，始于阳，卒于阴。"此据相嬗之迹，而非其甚深之藏也。盈万物而皆卒乎阴，则其末且虔刘陨折，而莫与之为继。然则始以为生，终以为成，皆阳与为功矣。何以知之？以"敦艮"之"厚终"者知之。

夫万物"成言乎艮"而以厚终，则岂有不厚终者哉？益以知亥、子之间，非果有混沌而未开辟之日。天地之始，天地之终，一而已矣。特其阴中阳外，无初中乘权之盛，而阳之凝止于亢极以保万物之命者，正深藏以需后此之起。故曰："天地之大德曰生。"天地生于道，物必肖其所生。是道无有不生之德，亦无有卒于阴之理矣。

夫艮则有否之象焉。上九阳寄无位，升而不可复，止而不足以行。阴之浸盛，则汰于否之相敌。以貌取者，鲜不疑阳之薄荡无基，而灭替以为之终。乃阳之坚植于外者，不惊其逼，不决于去，泰然安居，处殒落而自息其生理，以养天地之化，而报道之生，则可不谓极厚者与！万物方以此终，即以此始。终于厚者始于厚。厚者，义之至，仁之尽也。故曰"始终于艮"。艮可以终而可以始，化万物者，无不厚之日。旧谷之登，新谷之母也。而何疑其有卒乎阴之一日哉！

故剥消而复长，人事之休咎也；艮止而震起，天理之存存也。商、周尽人以合天：继剥而观息于静，其《归藏》首坤；由复而备致其盛，故《周易》首乾。夏后本天以治人，先震以立始于终，故《连山》首艮。首艮者，首其厚终以成始也。

人事之利害百变乎后，而天道立于其上，恒止而不迁。阴众而阳不伤，乱极而治有主，皆天所治人之事，而不屑屑然从既生既盛以致功，乃可以历百变而不拔。

禹之治水也，以为治其流不如治其源，故先条山而后析水，则夏道固详于山矣。其建治教之宗，则存乎《洪范》。《洪范》之畴，建用皇极。极，在上者也；建者，则其止也。《洛书》之数，戴九履一。一为皇极，则艮之一阳是已。于以成终，故极建在上；于以成始，故一履于下。乃其数则尽乎九而不及十。天德之存存，以阳始，以阳终，不使阴得为之卒焉。

其制治之道则尚忠。忠者，心之自尽。自尽而不恤物交之利害，存诚以治情欲之迁流。圣人而修下士之祗敬，天子而躬匹夫之劳苦。功配天地而不矜，名满万世而不争。盖处于盛而以治衰之道居之，则极乎衰，而盛者非不可复用也。

是故继揖让之终而持其流，创世及之统而贞其始。自敦其厚，化不得而薄之。其兴也，有浚行之天，有圮族之父。其衰也，有洛汭之奔，有有穷之篡；而兴无所待，衰不沦亡。非犹夫商、周之兴，世德开先以用其盛，而迨其陵夷，一解而不可复张也。何也？非以终道治始，则变故猝起于不谋，怀来固薄，必无以裕之于终矣。"敦艮"之"吉"，非大禹其孰能当之！有王者起，建永终之图，其尚审于择师哉！

# ䷴ 渐

性情以有节而正，功效以易地而施。不授以节，逢欲非遂志之利；苟据其地，虚名丧实用之资。故阴不以升为嫌，阳不以降为损。

夫阴阳数敌，各据其地以顺其所欲，性情无介以通，功效以小成而不建，夫乃以为否道之成。二、五者，否之主也，或据"磐"以图安，或登"陵"以自尊，安者戒其危而不往，尊者耻于下而不来。三、四位非其任，鉴两君之重迁，奋于事外，因乎密迩，易位以合少长之欢，抑可谓节性而不丧其功矣。

而或则疑之。疑之者，匪直疑阳之来三，而甚疑阴之往四也。图远以逼尊，则疑其志逊而行亢；就迩以谋合，则疑其情正而礼愆。其何以保之子之贞乎？

夫阴阳之合，男先下女，泽山之所以通气也。阳极而无所往，用其衰以来主于内，则咸处其盛；阳稚而滨于交，用其新以来主于内，则渐固处其衰。或散地而得应，或邻畛而失应。是且以盛衰而分离合之多少矣。乃多所合者，近取之身，而手足心口，交营以交感；少所合者，远取之物，而且前且却，暂处以图安；则咸易而渐抑难矣。阳有御寇之心，阴无必得之梢，于此而能舍其党以上宾，召失位之阳以来主，则阴亦贤矣哉！

故下女者男之常，而女归者女之变也。变而之正以得正，恃正而滋不正之虞；变而之不正以得正，既正而望大正之终；则有间矣。故咸亨而专期女以贞，渐利贞而早决女归之吉。

由是言之，四之往也，矫拂恒经以听命于不相求之阳，大功允归，恒性未乱，固不得以就近而迁、逼尊而处，为之疑矣。

今夫鸿之来宾而往避也，与寒暑恒相为反以逃其亢。而且往且来，日密移于栉比之南北，非有速于往来也，而日渐进以就阴阳之和，是不亦恒劳而渐保也乎？则因几以变，消否渗而节阴阳者视此矣。

或曰："寒暑者，阴阳之正，不可避也，而避之，是'躁胜寒，静胜热’之说也，岂以受性命之正哉！则于鸿奕取焉?”曰：阴之必寒，阳之必暑，正也。怙于下以有祁寒，亢于上以有盛暑，亦其过也。过在阴阳，而物或因之以为否。否有定数而无定气。密迁以就其和，则寒暑非有不可变之势。亦足见阴阳之与冲和，夹辅流行，非必于卯酉之仲，春秋之分，刻限以求和于定时矣。

　　善事天者，避其过，就其和。臣得匡君，子得干父，而密用转移于无迹之檗括，则情理交协，允合于君子之用心矣。不逢其欲，不丧其实，则虽否塞之世，而冲和之气固未尝亡。欲为功于天地者，自有密运之权，斯以变而不失其正。不然，无所违之，无所就之，以恝于往来，则乘秋而击，为鸷鸟而已矣；当春而振，为昆虫而已矣。其将以鸷鸟、昆虫为性命之正哉？

# ䷵ 归 妹

物之始盛也，性足而效有待。性足则必感而发诸情，效有待则必动而致其功。其感而不容已于动者，变也。立功以时而定情以节，则变而不失其正也。变而不失其正，物亦取正焉。

虽然，自有变正，而不正亦由此而兴矣。故功兴而妄，情兴而淫。天地不能保其贞，而况于人乎？雨日交而虹霓现，昏姻通而奔乱生，其始皆非有不正以为之阶也。

是故天地通而泰交，亦既盛矣。抑阴阳各自为体，而化未运，则其交也，性足而情未畅，效著而功犹未起。因而保泰，必需其动以有为；因而固交，必需其感以相入。不然者，亦非可恃泰以长年。斯岂非天地之大义，而人之终始与！

而天地之际，亦密迩矣。因其密迩，功易就而情易谐。三与四不揆而兴，奏最者不待劳力于经时，得朋者勿俟裹粮以远适。阳动而上，曰我以致功；阴感而下，曰我以合情；所归妹矣。阳亏其实，阴失其贞，为妄为淫，岂得免于“征凶”而“无利”也乎？

夫其变而不正也，岂有他哉？利其易而已矣。是故时险而用易，则坦而易亲，渐之所以得贞也。时夷而用难，则勤而不匮，随之所以成德也。蛊消否而用难，归妹保泰而用易，则各失其道矣。然而以难处险，则量未裕而功自成；以易处夷，则情乱于苟从而功堕于无待。蛊无悔而归妹凶，固有别矣。

是以君子终用其难，而小人每歆其易。见利而托义，四与有愆焉！顺感而终淫，三之贱其可辞乎？正其义不谋其利，慎其始以正其终。礼乐必百年而兴，征伐、刑政视此矣。婚姻必六礼而合，君臣、朋友视此矣。君子终不肖阴阳之苟合，以贪利而媟情，归妹之凶，可以免矣。

# ䷶　丰

日中则昃，阳消而阴也；月盈则食，阴消而阳也。阳消则阴息，阴消则阳息，消乘盈而息起虚。人由盈以虚，而不得不消于鬼神；鬼神寓虚于盈，而不得不息于人。不知人之必鬼神，则将爱生而恶死；不知鬼神之必人，则将忻死而厌生。爱生者贪生者也，忻死者绝其生者也。

贪生一，而为苟免，为淫祀，或诡其说为熊经鸟伸、吐故纳新，推而之于悬解以逍遥，缘督以养生，穷极于虚玄，而贪生之情一也。绝其生者一，而为任侠，为兼爱，或诡其说为蔑弃彝伦、残毁肤发，推而之于无生以为缘起，无余以为涅槃，穷极于深幽，而绝其生之见一也。

夫贪非其生而以为贵生，不知人者也。绝其生非可以死而以为达死，不知鬼神者也。是故圣人尽人之性，而知鬼神之情。尽人之性，时盈则持满，时虚则保和，达才而正情，故其死也，焄蒿昭明，可以配天而作祖。知鬼神之情，始乎虚者无妄，终乎盈者无妄，立命以养和，故其生也，反本亲始，可以体仁而合天。

所以然者，何也？唯圣人为能戒丰，而彼惟不丰之为忧也。忧其不丰，或羡生之丰而巧争其衰槁，或计生之不足以丰而别觊其出离，则所以窃窃焉欲致于丰者，私生死而昧于时，有不恤矣。圣人惟不私其丰而恃之，故勿忧于丰，而尤以为戒。则人有其丰焉者，鬼神亦有其丰焉者；戒人之丰，虚乘于盈，终不恃生以可久；戒鬼神之丰，虚以起盈，终不趣灭以为乐。唯日孳孳而不给于生，而可惧非死，豫谋其必息，而任今日以无穷之生。其通鬼神之变以贞死者，亦无假于别求，而可贱非生。故为人谋之，为鬼神谋之，一因天地日月之理以慎用其明动，则性尽而息也不妄，情周知而消也不妄。其不然者，人之消也，听之气数，而非己之任；鬼神之必息，亦何依以责既屈之知能而致其戒哉！而《易》何以曰："而况于人乎，而况于鬼神乎！"

# ䷲ 旅

圣人仁不求功，智不求名，仁智非以有所期而成。然功名者，亦非圣人之所废。非功非名，无与于万物，而万物亦无恃以立也。

虽然，亦因其时而已矣。时之盛也，则圣人主时，仁成而功溥，智成而名彰，谷应川流，万物繁然以显其荣泽，功名捷得而不爽，圣人亦终不爽其无求功名之志。时之衰也，则时宾圣人，仁无托以成功，智无丽以成名，圣人为物忧患，将爽其志以利用夫功名，然且暗然掩其仁智之荣泽，故勋业寓于文章，文章存乎忧患。此则圣人之难也。

夫上有君，下有民，皆时会之所趋也。君民期圣人以为主，则圣人始无欲而终无为，而在己仁智，在物功名，非有与也。君民胥无待于圣人，而圣人宾，乃圣人固不能恝置天下而靳其仁智，无所欲而欲，知不可为而为。貌取而不相知者，几疑圣人之亵仁而丧智，故曰圣人之难也。

是故旅之变否也，阳逊天位而止乎下，阴非尊贵而丽乎中。六五德中而权藉不足，若强起代权以主其世，是五主天下而天下且宾五矣。且阳之集于三也，刚来而穷，浮寄于上下之间而成乎止，与上相配偶而不相应，不相应则情不及所当感，而况于五！浮寄以止，则苟于求安而无志于求明；穷，则天命将舍而不足与谋。五为离主，道在施明，而三障之以不延于下。栖栖汲汲，世莫我知，质柔而为宾，亦孰与听之乎！

是故雉者，五之固有也，而代物忧患，不得已而大欲存焉，知不可为而为焉。固有而不见推于世，若非所固有而往有之。非所固有，是雉外而起射之矣。射者，不可必得之词也。固有而射，射而得雉之非难，射而不得雉之难也；不得雉而矢在之非难，不得雉而矢亡之尤难也。雉所获也，矢所用也。功名相左则所获者虚，仁智徒劳则所用者亦丧矣。

夫五岂果有亡矢之患哉？后世见之为文章，当时见之为忧患。而仁无可施之福泽，智无即格之幽明，则貌取而不相知者，固笑其一矢之仅亡也。而圣人亦怃然深思，谓吾矢之未尝不亡也。射而亡，不射而亦亡。不亡因于不射，不射乃同于亡。矢在而射，亡不亡非其所恤，所射在雉，获不获非其所期，而后圣人乃真有其矢而固有其雉；《礼》《乐》正，《诗》《书》定，行在《孝经》，行在《春秋》，当时之功名阙然，万年之誉命鼎鼎矣。

彼惮牺曳尾之流，自以为保矢于不亡，而矢非以射，器不称名，名不称德，彼亦保非其矢，而焉用保为！故曰以仲尼为旅人，非仲尼其孰足以当之！周公东征而赞《易》，成王卒寤，公归，斧虽破而矢不亡，时为之也。时为之，亦存其义以俟后此之圣人而已矣。

# ䷸ 巽

　　进者巽之才也，退者巽之德也。才乘其时，德敦其位。以时则阴且消阳而才可任，以位则下以承上而德不淫。故巽之于初，疑进疑退，无信志也。志不信，无以信天下矣。才若可信，而非可信者也，因以用才则乱；德若不可信，而固可信者也，果于修德则治。是以君子望初之深，而因示以所利；利在"贞"而不在"武"，贞既利而武亦无疑矣。裁其窥侵之技，责以负戴之忱，则武用登而天下之疑可释矣。

　　夫君子以其德教为天下裁其进退，念虽孔挚，而不能施责望于不自信者之心。彼且不自信矣，而恶乎望之！督之以威而益其忮也，奖之以福而增其骄也。然而终以保武人之"志治"，则何也？

　　世虽阳壮，化不能废阴；治虽崇文，人不能废武。然或以成僭逼之萌，或以效只承之命，则存乎其位矣。时者天也，位者人也。争时而承之，微天而已非可恃；素位而安之，尽人而世莫我尤。故巽阴之下起也，亦阴阳之会，疑战之府也。而位固处于卑散，情自系乎仰给。位可居也，情可谐也，其不欲骤起以逼阳，志亦明矣。故才德争其诎伸，而机括堪为敛戢，则俯思退听，抑惨杀以从阳治者，君子可终保其志已。

　　及乎六四，重申以阴杀而有功矣。有功之可恃，不如无位之能贞也。故二纷"史巫"之求，以起初于侧陋；五秉"先庚"之令，以警四于居功。甚哉！择位而居，能消时之险阻而平之，阳有所自全，阴有所自正。故曰"利见大人"，以荣阴之善下也。

# ䷹ 兑

## 一

巽以近阴为美，兑以远阴为正。均于正中，而"孚剥"之"厉"，非"有终"之"吉"也；均于无位，而"和兑"之"吉"，无"资斧"之"丧"也。且夫远之将以正志，而情相间则无功；近之将以合交，而势相昵则失己。俯恤其内，仰承其外，二者亦无悬绝之贞淫，而何以得失之迳庭耶？

尝谂之。阴阳之有长少，则有余、不足之数因之。阳躁而乐施，阴静而吝与，故阳始于有余，终于不足；阴始于不足，终于有余；盖静躁之效也。故阳一索而虩虩以动，再而险以不盈，三而翕然止矣；阴一索而习习以和，再而相附以炎，三而发气满容，肆然以得意于物矣。然则兑者，阴之有余也。用阴之有余，饰己之方少，欣然行志意于天下，其情狠矣。悦以相诱，狠以相制，则阳之宜与远而不宜与近，岂顾问哉？

且夫巽之得中而近柔者，将以正阴而成其顺也。顺者巽固有之，而因以正之，则因以成之。在外不入而周旋不舍，荡涤其游蒙以使物受其洁齐。巽之二、五为功于初、四者，要非能争阴之垒而强以所不听也。阴之初入，才不胜德。因不足之才，登固有之德，行权之功侔于保合矣。

若其在兑也，阴德穷而才见者也。德穷而怙尊高，才见而饰言笑，而抑相与为缘，则且孰与正之！毋亦仅与成之乎！仅与成之，渐染其柔曼，而隐助其刚狠，亦内顾而可为寒心矣。

借曰"履中之位固在也"，夫位者仅以临下而有其权，夫岂仰欢而犹足恃乎？故赫赫之威，销于婉笑；堂堂之势，屈于甘言；狎以相忘，习而益弛。彼阴中之方稚者，尽用其有余以淫逼其上，始则"孚于兑"，继则"孚于剥"，尚得谓刚中之足据哉！策马近关而逾垣空谷，毋亦悔其远之不早与？

　　然则二何以免于厉耶？三失据而相就，上居亢以相牵，失据则以得悦为幸，居亢则以取必相持，强弱势殊，而五之剥切矣。二位不当而危，五位正当而安，危则处乐而有戒心，安则遇欢而无固节，敬肆殊情，而五之厉甚矣。故夫时乘盛满而物感丰盈者，其尤为忧患之归，愈知所戒也夫！

## 二

　　物有宜疾，君子疾之。虽有好音与其令色，遥望之如滫垢，必芟之如荆棘。"商兑未宁"而后疾焉，不已晚乎？吾惧其商之迟回而疾之荏苒也。乃以恕待人而乐其成者不然。以其时量其心，略其心序其绩，断然以"有喜"归之。盖审知其处此之难，而终能贞恶以自全者之未易也。

　　夫耳目不纷，嗜好不起，崭然以绝非正之感者，类有余地以自息。其息于余地矣，耳目无所交，嗜好无所投，山之椒，水之涘，可以乐饥而忘年，而天下且荣之曰"不淄"。四非无愿于此，乃求所息而固不得也。将息于所与为邻，则"来兑"者狃之矣。将息于所与为体，则"引兑"者招之矣。人欲逃其刑戮，我欲逃其荣泽，俯仰而皆导我以淫豫。避世不可，避人不能，扪心自谋，而盈目无托，谁为余地以听其崭然？其商也，诚不容已于商也。而四犹且安其位以自退，与三殊体，与上隔援，厌彼劳劳，全其皓皓，斯不亦斟酌无迷，而怀来有素者乎？然而神听和平，物亦莫能伤之矣。其庆也，非其所期也。则君子亦乐道其"有喜"，而无容訾其初心之不决也。

　　六朝之季，处未宁之地者，或内绝强臣之欢而外投戎羯，或外脱异域之网而内附篡攘。商之未详，迟回以丧其守者众矣。晏子不从昏淫，不与崔庆，商之已详，而不知退之为愈也。况里克之中立祈免者乎？耳目交而不乱，嗜好投而不疑，非贞生死以遗荣利者，其孰能之！

　　或曰："兑阴外说而中狠，商而不与，忮害随之，而何庆之有？"夫莫寿于龚生而膏兰非夭，莫富于首阳而薇蕨非饥。君子道其常，则四之于庆，诚多有之，而又何让焉！

# ䷺ 涣

阳保聚以上亢，阴护党以下凝。虽然，亦各安其位而利之矣。乃欲亏其所党，解其所聚，毋亦非其所欲迁？唯不乐已成而挠之使败，然后功可得而起。

涣之时亦难矣。阳往而不复，安于上以奠其居，亢不以为恤，否不以为忧。使越疆而迁焉，是始犹夫奔也。况乎奔而入于险中，虽终得所愿，始固非其愿焉者也。然则成涣之功者，四之绩亦烈矣哉！故曰："挠万物者莫善于风。"始则挠而败其塞，终则挠而散其险，解悖吹郁，疾于影响。呜呼！可不谓盛与！

夫涣四之得此也，唯无私而已矣。阴奋出以就四，虚其所处之位以召阳来处，则二是已。藉其居二也，于已为安，于物为主。于已安，则重迁；为主于物，则物归而不能相舍。逮夫既去之后，所与为等夷者，犹昕夕引领，庶几抚我以慰其思也，此亦物情之最难决者矣。平居相保，断去于一朝；余慕未忘，牵留而不顾；岂果轻去其群而忝于情也哉？以义裁情，捷往赴义。昭质益彰，不蔽于私昵；大劳不倦，不安于小成。"光大"之怀，所可告于天人而无愧也。

呜呼！安小成而蔽私昵者，非直利赖存焉；为物所牵而不能制义者，多有之矣。彼刚正者或且不能自割，而况于柔之善牵者乎？戴之为邱，推之挽之以为宗；思之不忘，萦之维之以为好；利之所集也，势之所趋也，小义之不可裁，私恩之不可负也，而易望其解悖吹郁之一日哉？因物之戴，聊与为主，迟回未决，而骑虎之势成，宋祖不能自免于陈桥。况曹操之仅还四县，而欲孙权之不踞炉著火耶？

舍中正，即散也，升邱而观天位之光，受命以还，开户以荡物之险，其唯大人乎！则天下为功，而鬼神可格。刘虞有其德而无其才，陶侃有其才而无其德，固未足以几此也。圣人以正待人，而不疑于忧患，挠之乃以通之，危之乃以拯之，光大无惭，而鬼神可假，曾何险阻之足云！

# ䷻ 节

阴阳分而数均，阳皆内，阴皆外，<small>二阳上二阴，一阳上一阴。</small>则德正。夫如是，节且侔功于天地矣。而抑有不然者。文质，相成者也；恩威，相倚者也；男女，相谐者也；君子小人，相养者也。故泰之道盛矣，不惜五位以居阴也；享其实，不并取其名也。既济之道得矣，授阴以二使贞遂也；正其分，不更替其权也。故质宾文而文亦有尚，恩宾威而威亦有功，男宾女而女亦有位，君子宾小人而小人亦有居。既均其数，又宾其德，犹复两宅其中，以制柔于散地，节于是而苦矣。

可以惟吾意之所欲为，施之物而不敢违，传之天下后世而不得议，吾自甘之，能俾天下之不苦之乎？孤行自尚，苦不可贞，亦危矣哉！履正位而不惭，制万有而为之主，五可行也，二则何居？察闺门之细过，则衅起于萧墙；尸百执之小事，则人离其心德。虔矫逮于用恩之地，则和气戾于周亲；坚忍去其不容已之文，则至情困而吝僝。规规然以宰制天下之大纲，为门庭之细目，蔑论人也，即自顾其身心，亦茶檗终年而不见道之可乐矣。乃苟以谢于人曰："我与彼之数均而非有余也，我自宜为主，而宾之乃以安之也。又谁信之！

呜呼！古今之不相若，厚薄之差也。三代不可复矣，刑赏皆其忠厚，清议亦尚含弘。至于汉而德意犹有存者，故史迁、班固之传酷吏也，皆有砺节亢行，损物而先自损者也。至于宋而公论移矣。包拯之酷也，而天下颂之。然在当时，犹有忧其乱天下者。流及于海瑞，而合廷野之人心，蔑不翕然焉。夫拯与瑞，则"不出门庭"之智计而已。管仲匡天下，而犹曰"器小"，况拯与瑞之区区者乎！泰逊天位以永安，既济予禴祭以锡福，君子之道固如此。"不可贞"者，自鸣其贞，而天下之害烈矣。始于相苦也，终于相激也，故天下之害烈也。

# ䷼ 中 孚

夫欲施信于天下，则内不失己，外不废物，以作之量。废物，则己无所载，大过揾阴，栋之桡也；失己，则物无与依，小过去中，飞鸟之凶也。称情以为本末，而末无废位；要礼以为重轻，而重无失权。阳中而阴内，夫乃以情理尽而疑贰消，则中孚是已。

且夫阳，主阴者也。主阴者，统阴而交之也。统之而与为交，而先授之以必疑必贰之势，推衅端者必以咎阳心之不固焉。将往主之，必先有以宅之；揾之而疑生，则亦纳之而疑释矣。将欲交之，必固有以与之；居约而予之者俭，则意不厌而贰；如其处实而予之者丰，则欲可给而壹矣。

是故三、四位散，二、五位正，中孚之奠阴阳于所丽者，既截然以分其贵贱之区。然兑、巽皆阴，二、五得中而非其世，则权终不盛；三、四为兑、巽之主，宅散而不得正，则位非所安。而中孚之交、尽于情理者，二、五积阳于初、上，固得辅以自强；三、四连阴于异体，乐处内以益亲。得辅以强，阳有留中而不替；处内益亲，阴且外比而不忧。揆之理，絜之情，存大正而授物以安，疑贰之消，不待合于介绍矣。

夫阴阳非类也，其相与非应也，时与位其尤不齐也，而且孚以无间，由是天下岂有不可施之信哉！

执己之坚而揾物，然后物起而疑之；随物以谐而丧己，然后物得而贰之。况夫阴之柔弱而仅相保者，亦深愿树阳以为藩屏，而冥处于奥区乎！

故就暖以息肩，深藏以保富，授之乐土而无吝，贞其疆域而不干，则始于说以消怼，终于顺以革忨，"豚鱼"可格，无往不孚，阳之所受，亦弘矣哉！枢机在我，而"好爵"无私，孚乃"化邦"，岂有爽与！

若夫贬己徇物以效其恳恳，拒物全己以守其硁硁，而徇物则贼己，拒物则绝好，信之蔽也贼，末之免矣。上忨而不亲，初"有他"而不定，己与人之间，情理未尽，则仅为二、五之辅而不足也。

# ䷽ 小 过

中孚，阳之盛也，而卦皆阴；小过，阴之盛也，而卦皆阳。德不乘时，才不胜势，故以中孚之阳履乎中，且保阴而结以信，况小过之阴柔，而能怙过以终乎？虽然，乘有余而取赢，不量德而求胜，则阴恒有之而未肯戢也。

今夫鱼，阴也，故中孚以之；鸟，阳也，故小过以之。鱼火属而性沉，鸟水属而性浮。中孚象离，小过象坎。火必丽木，依于实也，故鱼投之空则死；水流于不盈之地，托于虚也，故鸟蹠乎实则擒。然阳躁而和，和者无必得之势；阴静而狠，狠者无思徙之心；故鸟可下而鱼不可使上。火丽实而利于虚，水流虚而载于实，则情与德有相贸之殊致，以各成其利赖。而要之，上野而下室，上往而下来，上威而下恩，上施而下受，莫不以下为吉焉，是以鸟可下而鱼必不可使上也。下者进，上者退，进者伸，退者屈，故阴阳亦莫不争下以为吉。

中孚之阴，小过之阳，皆在中而未有上下之势。未上未下，可上可下。于是中孚之阴，小过之阳，各有欲下之情，其理势然也。

阳无必得之势，阴无思徙之心。在中孚，而阴之欲沉，阳和而不争，虽处极盛，仅与敦信以遂其志。幸而阴安其未上未下者，则阳坦然矣。在小过，则阳为震艮之主，可决阴以必下而遂其志；然阴且怙其盛满宅中之势，挟阳以破樊而游于虚。虚者阴之乡，下者阳之利，背利以适非其乡，而阳犹靡然以听其以，以者不以者也，靡然听其以而莫能自主。

呜呼！妇乘夫，子胁父，臣制君，挟以翱翔而不适有居。甚矣，阴之狠也！惟然，而阳之或"戕"或"厉"，终不能免于悲鸣矣。而乃以激天下忠臣孝子之心，懑菀愤起，而争之以下。故极重而返，乱极而复，挟主周旋而能长保其飞扬跋扈之雄，有是理哉！逆弥甚，失弥速，见睍消，密云散，君子有以预知其"大吉"矣。

夫阴阳之往复，物理诚有之，而人之于性情也亦然。性处情中，而情盛乘权，则挟性以浮游于无实之地，逐物迁流，丧其起元之贞，性亦无如之何矣。迨乎吝而失，失而悔，退忧戕败，进处危机，则情发于中而生怨艾之音，亦中人以上之必然者。然后矫所挟以来复，性情各安其所，而终返乎其根。故曰"人恒过，然后能改"。

惟然，而"弋取"之劳亦甚矣。非不惮其"在穴"之难，获者不能得也。故震之□伟矣。治乱之数，止不胜止，动则兴也。理欲之数，遏不胜遏，求乃得也。九三之"防"，所由不及九四之"遇"也。夫"密云"无久沍之阴，"在穴"有得禽之理，情不敌性，邪不胜正，虽"或戕之"，大有为者之资也。以为无可奈何而安之若命，"飞鸟以凶"，尚谁咎乎！

# ䷾ 既 济

一阴一阳之谓道，无偏胜也。然当其一一而建之，定中和之交，亦秩然顺承其大纪，非屑屑焉逐位授才而一一之也。此天地之所以大，虽交不密、叙不察，而无损于道，则泰是已。若屑屑焉一一建之，因一一和以交之，此人事之有造，终不及天地之无忧矣。故济者人事也。舟之方之，榜之帆之，以通旁午，以越险阻，亦劳矣哉！

天地之可大，天地之可久也。久以持大，大以成久。若其让天地之大，则终不及天地之久。有"初"有"终"，有"吉"有"乱"，功成一曲，日月无穷。方其既而不能保，亦不足以配天地之终始循环，无与测其垠鄂者焉。

岂惟其衰，盛亦有之。阳内进而长，阴外退而穷，各就其位，互致其交，此得不谓人事之最盛者与？而君子鳃鳃然思而防之，方自此始，则何也？

天下之方兴也，国是无大辨于廷，清议无成言于野，非有楚楚然必定之清浊也。承经纶之方起，上下各尽其能而如不逮，固无余力以及此焉。而万物之相与各趋其用也，用之既趋，功必求当，人心有余，而规模日起。择位争时，以大剖阴阳之界，经制明而公论彰，区别建立之繁，无遗地而亲疏分，势乃由此而定。则尽人事者，固已极盛而无所加。一以为阳，确然而授之以位；一以为阴，确然而授之以位。安不惩之素，合不僭之交，竭往来之情，历正变之久，相与争于繁芜杂互之地，乃以得此一日，则中流鼓枻而津岸已登矣。夫此一日者，岂可久之日哉！自屯之始交而方遇此一日也，顾未济之且乱而仅有此一日也，则其为几，亦岌岌矣。

且夫阳来下以致功，阴往上以受感，阳安而阴恒危。阳躁而乐，阴静而忧，乐者忘而忧者思。以其忘危，敌其思安。鼓瑟于宫中，而聚谋于沙上，是阳固受阴以且惧且谋之药石而激之兴也。又况夫迭建迭交，琐琐焉以夹持之也！如是，则小固未亨而亨自此而起。小之亨，大之乱，如衡首尾之低昂而无爽矣。是故乱终自此而生。

二处誉，则七日勿逐以老敌；四处惧，则终日疑戒以求安。非上六之无位以穷者，皆未有须臾忘也。清浊太别而疑战承之，岂或爽哉！甘、傅申训之后，尹、仲作诵以还，汝南月旦之方明，洛、蜀是非之既定，商、周、汉、宋，此四代者，亦由是而不延，故君子诚患之也，诚防之也。

老子曰："大道废，有仁义；智慧出，有大伪；六亲不和，有孝慈；国家衰乱，有忠臣。"其感此而激为言，似之矣。虽然，存亡者天也，得失者人也。三年伐鬼方而既惫，抑不克鬼方而抑何以为高宗？时会迁流，因而自弛，则亦终无此既济之一日，又岂可哉！不能使河无波，亦不能使无渡河也。

人事之所争，屑屑而不能及天地之大者，命也。学焉而必致其精微，以肖天地之正者，性也。知其不能及天地，故君子乐天；知不能及，而肖其正以自奠其位，故君子尽人。穷理尽性而至于命，亦曰防之，而岂早计以吹齑之幸免与！

秦燔《诗》《书》，仁义废矣；晋尚玄虚，智慧隐矣；平王忘犬戎之雠，孝慈薄矣；谯周、冯道受卖国之赏，忠臣寝矣。曾不足以防患，而终于沈溺。老氏将谁欺哉！

君子之慎微明辨，争位于纷杂之余，正交于肆应之地者，不敢惮劳，非曰永固，亦以延天地之盛于一日，则后起者弗以澌灭而不可继。固勿庸以既济为戒涂，而倒行于雌雄、黑白之间，依"不盈"、"不足"以自保也。

# ䷿ 未 济

## 一

水火之为功，不及天地之盛，因是而为害亦不如阴阳亢战之穷。逊其可大，故其成也小；让其可久，故其毁也不长。故天地而无毁也。藉有毁天地之一日，岂复望其亥闭而子开，如邵子之说也哉！成之小者不足以始，故《易》首乾坤而不首坎离。据"天一生水"，则当首坎矣。毁之长者不可以终，故《易》终未济而不终坤。

且夫火，阴也，而以阳为郭；水，阳也，而以阴为舆。非郭不守，非舆不载，凭之以为固，含之以为光。既不能显出其神明，以备阴阳之盛；抑不欲孤恃其锋棱，以致穷亢之灾。得数少而气承其伸，则物不能长盛而不终，亦非有久终而不返。水火之撰，固有然矣。

若夫天地之所为大始者，则道也，道固不容于缺也。不容于缺，必用其全。健全而乾，顺全而坤。因是而山、泽、雷、风、水、火，皆繁然取给于至足之乾坤，以极宇宙之盛，而非有渐次以向于备。何也？道无思而无为。渐次以向于备，则有为啬留，有为增益，是且有思而有为，其不足以建天地之大也久矣。

震、巽、坎、离、艮、兑，男女之辨，长少之差，因气之盈缩而分老壮，非长先而少后也。终古也，一岁也，一日也，一息也，道之流动而周给者，动止、散润、暄说皆备于两间，万物各以其材量为受，遂因之以有终始。始无待以渐生，中无序以徐给，则终无耗以向消也。其耗以向消者或亦有之，则阴阳之纷错偶失其居，而气近于毁。此亦终日有之，终岁有之，终古有之，要非竟有否塞晦冥、倾坏不立之一日矣。

尝试验之。天地之生亦繁矣，倮介、羽毛、动植、灵冥，类以相续为蕃衍。由父得子，由小向大，由一致万，固宜今日之人物充足两间而无所容。而土足以居，毛足以养，邃古无旷地，今日无余物，其消谢生育，相值而偿其登耗者，适相均也。是人之兵疫饥馑，率历年而一遇，则既有传闻以纪之。若鸟兽草木登耗之数，特微远而莫察，乃鸷攫、冻暍、野烧、淫涨之所耗者，亦可亿而知其不盈。则亦与夏昼冬夜长短之暗移，无有殊焉。要其至足之健顺，与为广生，与为大生，日可以作万物之始。有所缺，则亦无有一物而不备矣。无物不备，亦无物而或盈。夫惟大盈者得大虚。今日之不盈，岂虑将来之或虚哉！故《易》成于既济而终未济，未济之世，亦乾坤之世，而非先后之始终也。

未济与乾坤同世，而未济之足以一终者，何也？阴阳之未交也，则为乾坤。由其未交，可以得交。乃既交而风雷、山泽亦变矣。其尤变者，则莫若水火。一阳而上生一阴，一阴而上生一阳以为离。一阴而上生一阳，一阳而上生一阴以为坎，互入以交，三位相错，间而不纯。既或以为坎，或以为离矣，因而重之：离与坎遇，离三之阳，上生一阴，因以成坎，而为既济；坎与离遇，坎三之阴，上生一阳，因以成离，而为未济。互交以交，六位相错，间而不纯。阴阳之交，极乎是而甚。故此二卦者，乾坤之至变者也。由其尽交，非有未交，交极乎杂，无可复变，是故有终道焉。

既济得居，未济失居，杂而失居，伤之者至矣。水胎阳而利降，火胎阴而利升。既济水升火降，升者有余位以降，降者有余位以升。未济水降火升，降极而无可复降，升极而无可复升。性流于情，情孳于生，交极位终，则既济成而未济终。固一日之间，一物之生，皆有此必终之理行乎阴阳，听万物材量之自受，则未济亦可以一终矣。

然而交则极也，阴阳则未极。阴阳之极者，未交则乾坤也，已交而得居则泰也，已交而失居则否也。乾坤之极，既已为始；否之极，又不可终。非乾则坤，非坤则乾。十二位之间，向背而阴阳各足，既不容毁乾而无坤，毁坤而无乾，又不得绝否之往来以终于晦塞。惟夫往来皆杂，十二位相错，而未有绝者，则未济遂足以一终。

乃一阴立而旋阳，一阳立而旋阴，阴阳皆死生于俄顷，非得有所谓"地毁于戌，天毁于亥"也。盖阴孤而不可毁阳，阳孤而不可毁阴。未济之象，亦一阴一阳之道，而特际其乱者尔。

先天之位，未济居申，申者日之所入也。日绕于大圜之墟，而出入因地以渐移，则申有定位而无定时。无定时，则亦且无定位。是终日可寅，终日可申，终日终而终日始，拘于所见者莫之察尔。且申为秋始，秋司刑杀。百谷落而函活藏于甲核，昆虫熊燕蛰而生理息于膻宫，则亦貌杀非杀，而特就于替也。未济亦替而已矣，岂有杀哉！非杀不成乎永终，天地无永终之日矣。

且雷、风、山、泽之代天以主物也，非暄润不为功。故人物非水火不生，而其终也亦非水火不杀。雷、风、山、泽，不能杀物者也。因其任杀，故亦可以一终。而水火之杀，则亦惟水火之不盛也。阳亢而阴凝则盛，故雷风之用著，水火之用微；山泽之体实，水火之体虚。阴间乎阳而为离，阳不得亢；阳间乎阴而为坎阴不得凝。其在未济也，离火南上而息乎金，失木之养；坎水北下而注乎木，失金之滋；尤非有炎烁泛澜之势也。特以交之已杂，成乎一时之衰，而物遂受其凋敝。故盛为生，衰为杀。盛衰者偶也，生杀者互相养者也。岂有极重难返之势，以迄于大终而待其更始乎！

释氏之言曰："劫之将坏，有水灾焉，有火灾焉。"以未济观之，火上散而水下漏，水火不给于暄润，则于人物为死，于天地为消。其无有焞焞之焰，滔滔之波，以灭万物、毁二仪而坏之，亦明矣。

天地之终，不可得而测也。以理求之，天地始者今日也，天地终者今日也。其始也，人不见其始；其终也，人不见其终；其不见也，遂以为邃古之前，有一物初生之始；将来之日，有万物皆尽之终；亦愚矣哉！

是故穷理尽性以至于命者，原始要终，修其实有，取之现存，以尽循环无穷之理，则可以知生死之情状而不惑，合天地之运行而不惭，集义养心，充塞两间而不馁。呜呼！尽之矣。

## 二

凡夫万有之化，流行而成用。同此一日之内，同此天地之间，未有殊才异情，能相安而不毁者也。

　　情以御才，才以给情。情才同原于性，性原于道，道则一而已矣。一者，保合和同而秩然相节者也。始于道，成于性，动于情，变于才。才以就功，功以致效，功效散著于多而协于一，则又终合于道而以始，是故始于一，中于万，终于一。始于一，故曰"一本而万殊"；终于一而以始，故曰"同归而殊途"。

　　夫惟其一也，故殊形绝质而不可离也，强刑弱害而不可舍也。舍之以为远害，离之以为保质，万化遂有不相济之情才。不相济曰未济，则何以登情才而成流行之用乎？舍之离之，因万化之繁然者，见其殊绝之刑害，而分以为二。既已分之，则披纷解散，而又忧其不合，乃抑矫揉销归以强之同，则将始于二，成于一。故曰，异端二本而无分。

　　老氏析抱阴负阳之旨，而欲复归于一；释氏建八还之义，而欲通之以圆。盖率以道之中于万者以为大始，而昧其本。则情才之各致，或有相为悖害者，固变化之不齐，而以此疑为不足据，乃从而归并于无有，不亦宜乎！

　　夫同者所以统异也，异者所以贞同也，是以君子善其交而不畏其争。今夫天地，则阴阳判矣；雷风、水火、山泽，则刚柔分矣。是皆其异焉者也。而君子必乐其同，此岂有所强哉？迅雷之朝，疾风以作；名山之下，大泽以流；震巽、艮兑之同而无所强者固然矣，而抑又不足以相害。若夫水火，吾未见其可共而处也，抑又未见其处而不争也。处而不争，则必各顺其性，利其情，相舍相离，而后可同域而安。火炎上，因而上之；水润下，因而下之；则已异矣。炎不熯水，润不灭火，则又以为同矣。呜呼！此未济之世，远害而"亨"，而卒以"无攸利"于天下，而《易》且以一终者也，可不慎与！

　　今夫物之未生，方之未立，一而已矣。成材而为物，则翼以翔空，跖以蹈实，而辨立；准情而建方，则耳目知左，手足知右，而居奠。虽有父母师保，而不能强之以不异。虽然，其异焉者中固有同然者，特忘本者未之察耳。

　　故极乎阴阳之必异，莫甚于水火。火以熯水，所熯之水何往？

周易外传卷四

527

水以灭火，所灭之火何归？水凝而不化，燠之者所以荡而善其化；火燥而易穷，灭之者所以息而养其穷；则莫不相需以致其功矣。

需以互交，先难而后易，情德而貌刑，故忘本者尤恝然而畏其争。将以为本异而不可同也，于是析兄弟之居，察情欲之辨，解而散之，因而仍之。因而仍之以为自然，解而散之以为解脱。之说也，其于道也，犹泮涣绕之于渊鱼也。万化之终协于一以藏大始者，固不因之以匮。彼益傲然曰："其成也固然，而欲互交以致功者，亦拂阴阳之性而无当于成败。"其迷也，亦可谓大哀也矣。

天地之正，不听彼之乱之。圣人之教，辅相以合之者，又维系之。彼既任其相离相舍，则亦徒有其说而无其事，故无能大损于道也。藉其不然，胥古今上下以未济，则一终者将以永终，且亦不可以得一终也，则可不谓大哀者与！

呜呼！君子之慎未济也，亦为其难而已矣。情异则利用其才，情才俱异则胥匡以道。沈潜刚克，高明柔克，以自治也；礼以齐之，刑以成之，以治人也。然后凝者不以寒沈而泄，燥者不以浮焰而衰。斟酌融通，虑始难而图成易。则天地之间，昭明流动，保合而无背驰瓦解之忧，元化且恃之以成矣。是故未济之慎，则其可以济之秋也。

夫水沈而舟浮，舟静而楫动，而理之相因一也。从其情才之迹而任之，以舟撑舟，以水运水，人且望洋而退，岂有赖哉！故卦凶而爻或免，亦以其应而已矣。火之刑水，其害薄；水之刑火，其害酷。离可以引退，不恤其害，犹与交应，则离贤矣。明者下烛而有孚，险者怙终而自曳。六三位进而才退，弃余光而保险，未济之害，独多有之，则凶亦至矣。离贤于坎，坎利于离，得害多者，君子之常；避祸速者，小人之智。成未济者坎也，而老子曰"上善若水"，其为术可知矣。

# 周易外传卷五

## 系辞上传第一章

章句依朱子《本义》

### 一

夫《易》，天人之合用也。天成乎天，地成乎地，人成乎人，不相易者也。天之所以天，地之所以地，人之所以人，不相离者也。易之则无体，离之则无用。用此以为体，体此以为用。所以然者，彻乎天地与人，惟此而已矣。故《易》显其用焉。

夫天下之大用二，知、能是也；而成乎体，则德业相因而一。知者天事也，能者地事也，知能者人事也。今夫天，知之所自开，而天不可以知名也。今夫地，能之所已著，而不见其所以能也。清虚者无思，一大者无虑，自有其理，非知他者也，而恶得以知名之！块然者已实而不可变，委然者已静而不可兴，出于地上者功归于天，无从而见其能为也。虽然，此则天成乎天，地成乎地。人既离之以有其生而成乎人，则不相为用者矣。此之谓"不易"也。

乃天则有其德，地则有其业，是之谓乾坤，知、能者，乾坤之所效也。夫知之所废者多矣，而莫大乎其忘之。忘之者，中有间也。万变之理，相类相续而后成乎其章，于其始统其终，于其终如其始。非天下之至健者，其孰能弥亘以通理而不忘？故以知：知者惟其健，健者知之实也。能之所穷，不穷于其不专，而莫穷乎室中而执一。执一而室其中，一事之变而不能成，而奚况其赜！至善之极，随事随物而分其用，虚其中，析其理，理之所至而咸至之。非天下之至顺者，其孰能尽靅靅之施而不执乎一？故以知：能者惟其顺，顺者能之实也。

夫太极〇之生元气，阴阳者，元气之阖辟也。直而展之，极乎数之盛而为九。九者数之极，十则仍归乎一矣。因坤之二而一盈其中为三，统九三而贯之为一，其象奇——。始末相类，条贯相续，贞常而不屈，是可彻万里于一致矣。而三位纯焉；因而重之，六位纯焉。斯以为天下之至健者也。元气以敛而成形，形则有所不逮矣。地体小于天。均而置之，三分九而虚其一为六，三分三而虚其一为二，其象偶——。天之所至，效法必至，宁中不足而外必及。中不足者，以受天之化也。虚其中以受益，勉其所至以尽功，是可悉物理而因之，而三位纯焉；因而重之，六位纯焉。斯以为天下之至顺者也。故曰"乾知大始，坤作成物"。无思无虑而思虑之所自彻，块然委然而不逆以资物之生，则不可以知名而固为知，不见其能而能著矣。而夫人者，合知、能而载之一心也。故曰"天人之合用"，人合天地之用也。

夫弥亘初终而持之一贯，亦至难矣。虚中忘我，以随顺乎万变，勉其所至而行乎无疆，亦至繁矣。则奚以言乎"易简"也？曰：惟其纯也。乾者纯乎奇矣，坤者纯乎偶矣。当其为乾，信之笃而用之恒，不惊万物之变而随之以生识，则历乎至难而居天下之至易。当其为坤，己不尸功而物自著其则，受物之取而咸仍其故，则历乎至繁而行天下之至简。乾则以位乎天者此，以达乎人者此，以施乎地者此；六爻三才也。坤则以应乎天者此，以运乎人者此，以成乎地者此。因而重之，罔不皆然，此之谓纯。

夫天秉乾德，自然其纯以健，知矣；地含坤理，自然其纯以顺，能矣。故时有所鼓，时有所润，时互用而相为运，时分用而各有成。震、巽、坎、离、艮、兑之大用，而在六子之各益者，天地初未尝有损，杂者自杂，不害其纯，则终古而无不易也，无不简也，皆自然也，吉凶其所不讳也。圣人所忧患者，人而已矣。故显其用于《大易》，使知欲得夫天下之理者，合天地之用，必其分体天地之撰而不杂者也。

夫知，用奇也则难而易，用偶也则易而难；能，用偶也则繁而简，用奇也则简而繁。然而天下之辨此者鲜矣。

知者未尝忘也。甫有其知，即思能之，起而有作，而知固未全也。因事变而随之以迁，幸而有功焉，则将据其能以为知，而知遂爽其始。故知，至健者也，而成乎弱。弱而不能胜天下，则难矣。

能固未欲执一也。方务能之，而恃所能以为知，成乎意见，以武断乎天下，乃其能亦已仅矣。物具两端，而我参之以为三，非倚于一偏而不至也，则并违其两，但用其独。故能，至顺者也，而成乎逆。逆而欲与物相亲，则繁矣。

是何也？人受天地之中以生，而不能分秩乎乾坤，则知能顾以相淆，健顺顾以相困矣。夫人亦有其动焉，亦有其入焉，亦有其幽明之察焉，亦有其止焉，亦有其说焉。然而惟能以健归知，以顺归能，知不杂能，能不杂知者，为善用其心之机，善用其性之力，以全体而摩荡之，乃能成乎德业而得天下之理。藉其不然，天之明固在也，地之力固在也，莫知所秩，乘志气之发而遂用之，故德二三非其德，业将成而或败之矣。是以《周易》并建乾坤以为首，而显其相错之妙。天事因乎天，地事因乎地。因乎天而坤乃有所仿，因乎地而乾乃有所成。故《易》者，圣人之以治天下之繁难而善其德业者也。

虽然，亡他焉，全体之而得矣。全体之，则可以合，可以分。诚积而必感，自摩之以其几；道备而可给，自荡之以其时。乾坤定则贵贱位，刚柔断，聚以其类，分以其群，象不眚，形不枏，皆定之者不杂也。是故可鼓可润，可寒可暑，可男可女，圻合而不乱。贤人以之为劝为威，为行为藏，为内治为外图，成震、巽、坎、离、艮、兑之大用。故曰"《易》，天人之大用也"，盖纯备之、分秩之之谓也。

二

"鼓之以雷霆"，震也。"润之以风雨"，巽也。"日月运行，一寒一暑"，坎、离也。离秉阳以函阴，为日；坎秉阴以承阳，为月。日运行乎阳中，为昼；月运行乎阴中，为夜。日运行乎离南，<small>赤道之南。</small>月运行乎坎北，<small>二至月道极乎南北。</small>则寒；日运行乎坎北，<small>赤道之北。</small>月运行乎离南，则暑也。"乾道成男"，艮也；"坤道成女"，兑也。乾坤怒生之气，为草木禽兽，其大成者为人。天地慎重以生人，人之形开神发，亦迟久而始成。乾坤之德，至三索而乃成也。于此而见阴阳致一之专，于此而见阴阳互交之化，然皆其迹而已矣。盖学《易》者于此而见阴阳皆备之全焉。

雷霆、风雨，相偕以并作，则震、巽合矣。日月、寒暑，相资而流行，则坎、离合矣。男女相偶，以正位而衍其生，则艮、兑合矣。震之一阳，自巽迁者也。巽之一阴，自震迁者也。坎、艮之阳，自离、兑迁也。离、兑之阴，自坎、艮迁也。迁以相摩，则相荡而为六子；未摩而不迁，则固为乾、坤。故震、巽一乾坤也，坎、离一乾坤也。艮、兑一乾坤也。惟其无往而非纯乾纯坤，故乾坤成卦，而三位各足，以全乎乾之三阳、坤之三阴，而六位备；因而重之，而六位各足，以全乎乾之六阳、坤之六阴而十二位备。《周易》之全体，六阳六阴而已矣。其为刚柔之相摩，荡为八卦者，无往而不得夫乾坤二纯之数也。其为八卦之相摩，荡为六十四卦者，错之综之，而十二位之阴阳亦无不备也。无不备，无不纯矣。

故非天下之至纯者，不能行乎天下之至杂。不足以纯而欲试以杂，则不贤人之知能而已矣。故曰："所恶于执一者，为其贼道也，举一而废百也。"霸者之术，亦王者之所知，而王道规其全，则时出为事功，而无损于王者之业。异端之悟，亦君子之所能，而君子体其全，则或穷于孤至，而无伤于君子之德。

故天下无有余也，不足而已矣；无过也，不及而已矣。撰之全，斯体之纯；体之纯，斯用之可杂。几不能不摩，时不能不荡。以不摩不荡者为之宗，以可摩可荡者因乎势，以摩之荡之者尽其变。故可鼓也，可润也，可运也，可成也。而未鼓、未润、未运、未成，乾坤自若也。方鼓、方润、方运、方成，乾坤自若也。统六子而为乾坤，六子之性情咸具，而但俟其生。与六子而并为八卦，父母之功能固著，而不倚于子。故致一者其机也，互交者其情也，皆备者其诚也。诚者亡他，皆备而已尔。

呜呼！使君子而为小人之为，则久矣其利矣；使圣人而为异端之教，则久矣其述矣；使王者而为桓、文之功，则久矣其成矣。小人之利，君子亦谋之以育小人；异端之教，圣人亦察之以辨异端；桓、文之功，王者亦录之以命牧伯。而特更有大焉，彻乎万汇之情才而以昭其德；更有久焉，周乎古今之事理而以竟其业。刚极乎健，而非介然之怒生与惰归之余勇。柔极乎顺，而非偶用之委蛇与不获已之屈从。天下之德固然，贤人之相肖以成位乎中者，其能歉乎哉？

未至于此者，学之博，行之笃，弗能弗措，以致曲于全，尚庶几焉。老氏仅有其一端之知，而曰"曲则全"，其劣著矣。雷风不相薄，水火不相射，男女不相配，自有天地以来，未有能为尔者也。执一废百，毁乾坤之盛，而骄为之语曰"先天地生"，夫孰欺？

## 三

大哉《周易》乎！乾坤并建，以为大始，以为永成，以统六子，以函五十六卦之变，道大而功高，德盛而与众，故未有盛于《周易》者也。

《连山》首艮，以阳自上而徐降以下也；《归藏》首坤，以阴具其体以为基而起阳之化也。夏道尚止，以遏阴私而闲其情。然其流也，墨者托之，过俭以损其生理。商道拨乱，以物方晦而明乃可施。然其流也，霸者托之，攻昧侮亡以伤其大公。

呜呼！道盛而不可复加者，其惟《周易》乎！周道尚纯，体天地之全以备于己。纯者至矣，故《诗》曰"于乎不显，文王之德之纯"，文王之所以配天也。。

乾坤并建于上，时无先后，权无主辅，犹呼吸也，犹雷电也，犹两目视、两耳听，见闻同觉也。故无有天而无地，无有天地而无人，而曰"天开于子，地辟于丑，人生于寅"，其说诎矣。无有道而无天地，而曰"一生三，道生天地"，其说诎矣。无有天而无地，况可有地而无天，而何首乎艮坤？无有道而无天地，谁建坤艮以开之先？

然则独乾尚不足以始，而必并建以立其大宗，知、能同功而成德业。先知而后能，先能而后知，又何足以窥道阃乎？异端者于此争先后焉，而儒者效之，亦未见其有得也。夫能有迹，知无迹，故知可诡，能不可诡。异端者于此，以知为首，尊知而贱能，则能废。知无迹，能者知之迹也。废其能，则知非其知，而知亦废。于是异端者欲并废之。故老氏曰"善行无辙迹"，则能废矣；曰"涤除玄览"，则知废矣。释氏曰"应无所住而生其心"，则能废矣；曰"知见立知即无明本"，则知废矣。知能废，则乾坤毁。故曰："乾坤毁则无以见《易》。"不见《易》者，必其毁乾坤者也。毁乾坤，犹其毁父母也矣。故乾坤并建，以统六子，以函五十六卦之大业，唯《周易》其至矣乎！

抑邵子之图《易》，谓自伏羲来者，亦有异焉。太极立而渐分，因渐变而成乾坤，则疑夫乾坤之先有太极矣。如实言之，则太极者乾坤之合撰，健则极健，顺则极顺，无不极而无专极者也。无极，则太极未有位矣。未有位，而孰者为乾坤之所资以生乎？

且其为说也，有背驰而无合理。夫乾坤之大用，洵乎其必分，以为清宁之极，知能之量也。然方分而方合，方合而方分，背驰焉则不可得而合矣。

其为说也，抑有渐生而无变化。夫人事之渐而后成，势也，非理也。天理之足，无其渐也，理盛而势亦莫之御也。《易》参天人而尽其理，变化不测，而固有本矣。奚待于渐以为本末也？如其渐，则泽渐变为火，山渐变为水乎？

其曰"乾坤为大父母"者，不能不然之说也；其曰"复姤小父母"，则其立说之本也。宋郑夬、秦玠亦有此说。不然，则父母而二之，且不能解二本之邪说，而彼岂其云然！

自复而左，左生乎颐，明夷左生乎贲，临左生乎损，泰左生乎大畜。自姤而右，右生乎大过，讼右生乎困，遁右生乎咸，否右生乎萃。而无妄无以生明夷，升无以生讼，则复姤又不任为小父母。

乾右生夬，履右生兑，同人右生革，无妄右生随。坤左生剥，谦左生艮，师左生蒙，升左生蛊。而泰无以生履，否无以生谦，则乾坤又不任为大父母。

如其以泰生临，履生同人，明夷生复，否生遁，谦生师，讼生姤，为往来之交错，则姤复为云仍之委绪。以无妄生同人，明夷生临，履生乾，升生师，讼生遁，谦生坤，为中外之之绕，则乾坤为奕叶之苗裔。

凡此者，既不能以自通，抑不足以自固。而但曲致其巧心，相为组织，遂有此相因而成乎渐者以为之序，相背而分其疆者以为之位，而其说遂以立。

夫乾尽子中，何以为乾？坤尽午中，何以为坤？子中无乾，何以为子？午中无坤，何以为午？抑与其"天开于子，地辟于丑"之说相叛，而率之何以为道？修之何以为教？则亦谈天之艳技而已。

夫天，吾不知其何以终也？地，吾不知其何以始也？天地始者，其今日乎！天地终者，其今日乎！观之法象，有乾坤焉，则其始矣；察之物理，有既济未济焉，则其终矣。故天可以生六子，而必不能生地；天地可以成六子，而六子必不能成天地。天地且不相待以交生，而况姤复乎？乃且谓剥之生坤，夬之生乾，则其说适足以嬉焉尔矣。

考邵子之说，创于导引之黄冠陈图南，传于雕虫之文士穆伯长，固宜其燖乱阴阳，拘牵迹象之琐琐也。而以为伏羲之始制，旷万年而何以忽出？此又不待智者而知其不然矣。

"乾知大始，坤作成物。""是故刚柔相摩，八卦相荡。"夫子之学《易》，学此者也。非仲尼之徒者，惟其言而莫之违，而孰与听之？

# 系辞上传第二章

阴阳与道为体，道建阴阳以居。相融相结而象生，相参相耦而数立。融结者称其质而无为，参耦者有其为而不乱。象有融结，故以大天下之生；数有参耦，故以成天下之务。象者生而日生，阴阳生人之撰也；数者既生而有，阴阳治人之化也。

阴阳生人，而能任人之生；阴阳治人，而不能代人以治。既生以后，人以所受之性情为其性情，道既与之，不能复代治之。象日生而为载道之器，数成务而因行道之时。器有小大，时有往来，载者有量，行者有程，亦恒龃龉而不相值。春霖之灌注，池沼溢而不为之止也；秋潦之消落，江河涸而不为之增也。若是者，天将无以佑人而成天下之务。

圣人与人为徒，与天通理。与人为徒，仁不遗遐；与天通理，知不昧初。将延天以佑人于既生之余，而《易》由此其兴焉。

夫时固不可微也，器固不可扩也。微时而时违，扩器而器败。则抑何以佑之？器有小大，斟酌之以为载；时有往来，消息之以为受。载者行，不载者止；受者趋，不受者避。前使知之，安遇而知其无妄也；中使忧之，尽道而抵于无忧也；终使善之，凝道而消其不测也。此圣人之延天以佑人也。

虽然，亦待其人矣。器不足以承佑，圣人之于人犹天也，不能保诸既佑之余。然则能承圣人之佑者，其惟君子乎？

且夫兴鬼神以前民用者，龟筮之事，是不一类，而恒不能壹因于道。象而不数，数而不象，有遗焉者矣。器与时既不相值，而又使之判然无以相济也。若夫象肖其生，数乘其务，吉凶之外有悔吝焉，昼夜之中有进退焉，则于以承佑也甚易矣。然而舍君子则固不胜者，愚不肖不与其深，贤智恒反其序也。故君子之器鲜矣。

何也？《易》之有象也，有辞也，因象而立者也；有变也，有占也，因数而生者也。象者器之始，居乎未有务之先；数者时之会，居乎方有务之际。其未有务，则居也；其方有务，则动也。居因其常；象，至常者也。动因乎变；数，至变者也。

君子常其所常，变其所变，则位安矣。常以治变，变以贞常，则功起矣。象至常而无穷，数极变而有定。无穷，故变可治；有定，故常可贞。

无穷者，何也？阴阳形器之盛，始乎天地，而察乎臣妾、鼠豕，不胜繁也；始乎风雷，而极乎劓刖、号笑，不胜迁也。有定者，何也？非其七九，则其六八也；非其七八，则其九六也。

君子无穷其无穷，而有定其有定。所观者，统乎设卦之全象；所玩者，因乎变动之一爻。居不以苟安为土，纤芥毫毛之得失，皆信其必至；动不以非常为怪，仓卒倒逆之祸福，一听其自然。信其必至，故度务之智深；听其自然，故敦止之仁壹。智深而必无少见多怪之惊，仁壹而必无周旋却顾之私，则可安可危，而志不可惑也；可生可死，而气不可夺也。是以能于《易》而承天之佑也。

其非君子也，则恒反其序。反其序者，执象以常，常其常而昧其无穷；乘数以变，变其变而瞀其有定。是故耳穷于隔垣，笙簧奏而不闻；心穷于诘旦，晴雨变而无备。偷窳于今日之暇，局促于咫尺之安，专之以为利，保之以为欢，而天下则固然其将变矣。此亦一端矣，彼亦一端矣，则又迎之而笑，距之而啼，因杌而疑鬼，因牛羊而梦王公。吉不胜喜，喜至而吉尽；凶不胜惧，凶去而惧未忘。仆乱怅皇以邀福而逃祸者，卒不知祸福之已移于前也，而况能先祸福以择名义之正也哉？蒙瞀塞目于黼黻，稚子掩耳于雷霆，象非其象而数非其数，乃以怨天之不佑也，天且莫如之何，而况于圣人乎？

呜呼！圣人之承天以佑民者至矣。《诗》《书》《礼》《乐》之教，博象以治其常；龟筮之设，穷数以测其变。合其象数，贞其常变，而《易》以兴焉。智之深，仁之壹，代阴阳以率人于治，至矣，蔑以尚矣。而非君子之器，则失序而不能承。故天之待圣人，圣人之待君子，望之深，祈之夙。而学《易》之君子，将何以报圣人耶？

# 系辞上传第三章

得数之体，多者为大，少者为小。阴阳动静乎太极，阳倡而阴和，倡者捷得而廉，和者徐收而贪。故阳一而阴二，则阴多也；阳数一、三、五、七、九，积二十五，阴数二、四、六、八、十，积三十，是阴犹多也；大衍之数五十五，去中五以用五十，阳未用而早卦其五，是阴又多也。三百八十四位之象，阴阳各半，阴抑不处其少也。然而阴卒以少为小，岂其才之不给，盖情之不逮矣。

夫数，将以用之也。有数而不用，均于无数；用而苟恤其私，均于不用。故能用者少而有余，不用者多而不足。纣之亿万，不寡于周之十人也？唐高之一旅，非富于子孙之天下也？阴阳均受数于太极，逮其既用，阳之揲四，凡七凡九，而余者或十三，或二十一。阴之揲四，凡六凡八，而余者或十七，或二十五。阴之所余，恒多于阳之一揲。不以揲而以余，阴非不足，而吝于用，于是阴遂成乎小焉。

夫崇己以替天下，则笾豆见色；利天下而节于己，则膏泽不屯。人莫窥其所藏，而窥其所建，于是乎阳任大而无惭，阴欲辞小而不得。

何也？廉于取者其施必轻，贪于求者其与必吝。受数少，则富不足以自矜，而与物若借；受数多，则情常怙于取赢，而保己恒深。鹿台、钜桥之发，卦桩之世不能也，而必见于开创之日；酒浆、干糇之愆，薇蕨之士亡有也，而多得之千金之子。薰风之吹，不能如朔风之久，及其怒号披拂，荣百昌之生也，昼夜而有九春之势，惟其用之大也。

夫俭其身以利天下者，宜天下多以利报之，则大易而小险，情相称也。然而数则有不然者。莫大于龙，而亢或有悔；莫小于鱼，而贯或承宠。且不但此也。阳一索而震，动物者先自惧也；再索而坎，固物者先自劳也；三索而艮，止物者先自戢也。则皆险也。阴一索而巽，入物者己自遂也；再索而离，丽物者己自明也；三索而兑，说物者己自和也。则皆易也。是故卦小而易，卦大而险。天下替而己崇，天下利而己损，物之不齐，亦莫能得其施报之平矣。

　　然而《易》之有辞，恒消息其险易以剂之平。称阳而险之，或以阻其乐施之气；称阴而易之，或以奖其蓄厚之私。是故因其所之，以指吉凶，而存介以忧，存悔以无咎，则奖阳而沮阴，权行乎其间焉。大壮之"尚往"，夬之"中行"，泰然足以大施于物，然且劝之以必进；大过之"灭顶"，节之"贞凶"，荼然不保其小于己，然且慰之以非罪。终不戒阳奢而忧阴以凉也。且夫险者平之基，易者危之府。忧于其介，悔于其震，阴阳之险易，亦岂有恒哉！

　　若夫异端之窃《易》也，亦知贵阳而贱阴也，而恒矫阴阳之性情以为小大。保阳于己，数盈而不勤于用；外阴于物，数歉而乘之以游。其精者以为贵生，曰"不凝滞于物，而与物推移"。其粗者以为养生，曰"进阳火而退阴符"。与物推移，则无贵于大矣。阴符必退，则有受其小者矣。凭险而弃易，以自得其易。易在己，则险在两间。始于贵阳，而究与阴同功，是逆数以斗阴阳之胜矣。

　　呜呼！阳之大也，惟其用之天下而大也；其险也，则忧悔之所由以致功也。己不足以死者，物不足以生。不靳生以死天下，是为大人而已矣。

# 系辞上传第四章

引阴阳之灵爽以前民用者，莫不以象数为其大司。夫象数者，天理也，与道为体，道之成而可见者也。道非无定则以为物依，非有成心以为期于物。予物有则，象数非因其适然；授物无心，象数亦非有其必然矣。适然者尊鬼，必然者任运。则知有吉凶，而人不能与谋于得失。

神祠之莛卜也，何承天之棋卜也，《火珠林》之钱卜也，皆听其适然而非有则也，尊鬼之灵以治人，而无需于人谋。或为之说曰："齐戒之诚，神明之通也。"夫自以其诚为神明，则曷不断之心，而又推之于不可知也乎？以诚迓神，诚者人之心，神者天地之道，有往来焉，而岂神之无道以但听于心耶？

此其说猥陋而不足以眩知者，则又有进焉者：或凭宿舍，或凭日月，或凭候气，皆取其必然而非无心也。取其必然，则固以所凭者为体，故禽壬、奇门、太乙之类，其说充塞，而皆依仿历法之一端以为体。体循于化迹，而不知其所由；变因其已成，而非有神以司其动；则亦任运而无需于鬼谋。即使先知之以为趋避，则亦登祸福而废善恶，乘捷以争阴阳之胜也。

乃彼自成乎技，而未敢窃《易》以与圣人争鸣，则又有托于《易》以鸣者：纳甲以月为体，卦气以辰为体，滥而及于五行之生克，占日之孤虚。缩天地之大德，而观之于一隙，既已乱矣。然乱之于数，而未敢乱其理也。又有进焉者：京房之律也，魏伯阳之《契》也，扬雄之《玄》也，关朗之《包》也，司马公之《虚》也，蔡氏之《畴》也，则要理以为体矣，因要理以置之于其方矣。

夫律者上生下生，诚肖乎七八九六之往来，而黄钟之数十一，则天五地六之一数也。数全而仅用其二，以之建方，以之立体，是拘守其一，而欲蔽其全矣。故《易》可以该律，律不可以尽《易》，犹《易》可以衍历，历不可以限《易》。盖历者象数已然之迹，而非阴阳往来之神也。故一行智而京房迷矣。

伯阳之以十二时火符进退为复姤，以子寅为屯蒙，执而不可易。故交变错综之捷于往来者，不能与知，而画阴阳之墟使相敌战，因摈自姤以往为必退之符，则将使天地之气断而不续，有小智之观时，而无大仁之安土也。

卦言乎象，爻言乎变。故四千九十六，从人事之类以取决于阴阳，《元包》、《潜虚》，录卦而废爻，方有涯，体有定，则将使人事之理有静而无动，守不流之仁，而无旁行之智也。

《畴》演《洛书》，而七十二之位，不能摩荡于风雷水火之变，是冬无燠日而夏无阴雨也，尧、汤不异治而政教不合施也。建一极以准福极，则无知命之变迁，而亦无敦土之繁备也。

乃其尤倍者，则莫剧于《玄》焉。其所仰观，四分历粗率之天文也；其所俯察，王莽所置方州部家之地理也。进退以为鬼神，而不知神短而鬼长；寒暑以为生死，而不知冬生而夏杀。方有定，而定神于其方；体有限，而限《易》以其体。则亦王莽学周公之故智，新美雄而雄美新，固其宜矣。

要而言之，之数者皆索神于方而泥数于体，其于《易》也，犹爝火之于日月。何也？"神无方而《易》无体"，《易》与神合，而非因物以测神。神司变而物蔽物，《易》弥纶天地，而彼袭天地之绪余，则得失之相去，岂特寻丈哉！

夫数之有七八九六也，乾坤之有奇偶也，分二、挂一、揲四、归奇之各有象也，四营之积一三二二，十有八变之乘三六以备阴阳也，三百六十、万一千五百二十之各有当也，六变而七、九化而八之以往来为昼夜也，象数昭垂，鬼不得私，而任谋于人。五十而用四十有九也，分而为二，用其偶然而非有多寡之成数也，幽明互用，人不得测，而听谋于鬼。待谋于人而有则，则非适然之无端；听谋于鬼而无心，则非必然之有畛。是故推之律而在，推之历而在，推之符火而在，推之候气而在。凡彼所推者，皆待生于神。待者一隅，所待者大全。大全，则固未可以方方矣。

若夫五十六卦之综也，捷往捷来，而不期以早暮。乾、坤、坎、离大过、颐、中孚、小过之错也，捷反捷复，而不期以渐次。始交而屯，不以复、泰，一终而未济，不以剥、否。一奇一偶而六，六而四十八，四十八而三百八十四，三百八十四而四千九十六，四千九十六而出入于三百八十四之中。推之律而无定，推之历而无定，推之符火而无定，推之候气而无定。凡彼所推者，皆因生得体。因生者非可因，所因者无不可因，无不可因，则固未可以体体矣。

是何也？方者方而非众方，体者体而非众体；东西纬而不可伸以为经，南北经而不可展以为纬。耳目法天以虚，使举实而无力；手足法地以实，使察虚而无权。故将以智取方，而智不能守；以仁守方，而仁不能取；以智用体，而智不能举；以仁举体，而仁不能用。方体有限，而仁智偏诎也。

若夫道之于阴阳也，则心之于人也。方者其所字也，体者其所使也。俄而立于此，则此为东南，此为西北；俄而移于彼，则彼为西东，彼为南北。方其使耳目以视听，而手足不以实为扞格；方其使手足以持行，而耳目不以虚相游荡。方惟其所字而皆非乱也；体惟其所使，而皆不废也。一彼一此，则知可取；一彼一此而不乱，则仁可守；使之必任，则仁可举；使在此而彼不废，则智可用。是以智仁并用于心，而人鬼交谋于道。

盖无方者，无方之不在；无体者，无体而不充；惟其有则，惟其无心而已矣。待谋于人者其有则，听谋于鬼者其无心，《易》之所以合神而与天地准也。由是而守其则，则可以安土敦仁而能爱；信其无心，则可以乐天知命而不忧；而弥纶天地之道建矣。

夫有则者，因气而无定则；无心者，万物皆见其心；则是恼悦者不足以遇之，希夷者尤不足以君之也。岂彼一技一理，足以与其大哉！然而乐广之言，犹曰"《易》以无为体"，是益求虚而陷于滞矣。

有所谓为体者，既困《易》于体之中；有所谓无者，又立无于《易》之外。无不给有，天下无需于《易》而《易》废；体非其用，圣人用《易》而与《易》相违乎？夫不见七八九六之成于无心以分二，而无心所分之二，受则于七八九六而不过也乎？故托玄、老以窃《易》，覆使《易》有体而滞焉。善言《易》者，合天地以皆备，穷幽明物理以见心，其得辄立一体以拟之哉！

# 系辞上传第五章

## 一

"书不尽言，言不尽意"，是故有微言以明道。微言绝而大道隐。托之者将乱之，乱之者将叛之，而大道终隐于天下。《易》曰："一阴一阳之谓道。"或曰，抟聚而合一之也；或曰，分析而各一之也。呜呼！此微言之所以绝也。

以为分析而各一之者，谓阴阳不可稍有所畸胜，阴归于阴，阳归于阳，而道在其中。则于阴于阳而皆非道，而道且游于其虚，于是而老氏之说起矣。观阴之窍，观阳之妙，则阴阳瓦解，而道有余地矣。

以为抟聚而合一之者，谓阴阳皆偶合者也。同即异，总即别，成即毁，而道函其外。则以阴以阳而皆非道，而道统为摄，于是而释氏之说起矣。阴还于阴，阳还于阳，则阴阳退处，而道为大圆矣。

于是或忌阴阳而巧避之，或贱阴阳而欲转之，而阴阳之外有道。阴也，阳也，道也，相与为三而一其三，其说充塞，而且嚣嚣然曰："儒者言道，阴阳而已矣。是可道之道，而非常道也；是沤合之尘，而非真如也。"乱之者叛之，学士不能体其微言，启户而召之攻，亦烈矣哉！

尝论之曰：道者，物所众著而共由者也。物之所著，惟其有可见之实也；物之所由，惟其有可循之恒也。既盈两间而无不可见，盈两间而无不可循，故盈两间皆道也。可见者其象也，可循者其形也。出乎象，入乎形；出乎形，入乎象。两间皆形象，则两间皆阴阳也。两间皆阴阳，两间皆道。夫谁留余地以授之虚而使游，谁复为大圆者以函之而转之乎？其际无间，不可以游。其外无涯，不可以函。虽然，此阴阳者，恶乎其著而由之？以皆备而各得耶？《易》

固曰："一阴一阳之谓道。"一之一之云者，盖以言夫主持而分剂之也。

阴阳之生，一太极之动静也。动者灵以生明，以晰天下而不塞；静者保而处重，以凝天下而不浮；则其为实，既可为道之体矣。动者乘变以为常，锐而处先，故从一得九；静者居安以待化，辟以任受，故从二得十；则其数，既可备道之用矣。夫天下能治其所可堪，不能强其所不受，固矣。是以道得一之一之而为之分剂也。

乃其必有为之分剂者：阳躁以廉，往有余而来不足；阴重以啬，来恒疾而往恒迟；则任数之固然而各有竭。阳易迁而奠之使居，阴喜滞而运之使化，迁于其地而抑弗能良。故道也者，有时而任其性，有时而弼其情，有时而尽其才，有时而节其气，有所宜阳则登阳，有所宜阴则进阴。故建一纯阳于此，建一纯阴于此，建一阴老而阳稚者于此，建一阳老而阴稚者于此，建一阴阳相均者于此，建一阴阳相差者于此，建一阴阳畸倍者于此，建一阴少而化阳者于此，建一阳少而主阴者于此，建一相杂以统同者于此，建一相聚以析异者于此。全有所任，而非刚柔之过也；全有所废，而非刚柔之害也。两相为酌，而非无主以浑其和也。

如是，则皆有分剂之者。子得母多而得父少，不奖其多，子必继父以立统。德逸于知而劳于能，不奖其逸，德要于能以成章。故数有多少而恒均，位有亢疑而恒定，极乎杂乱而百九十二之数不损。耳目长而手足短，长以利远而短以利近；手足强而耳目弱，强以载大而弱以入微。孰为为之而莫不为，则道相阴阳；孰令听之而莫不听，则阴阳亦固有夫道矣。

动因道以动，静因道以静，任其性而有功，弼其情而非不乐也。尽其才而不倦，节其气而不菀也。人之生也固然。溯而上之，有天有地，以有山泽、水火、雷风，亦岂有不然者哉？

惟然，非有自外函之以合其离也，非有自虚游之以离其合也。其一之一之者，即与为体，挟与流行，而持之以不过者也。无与主持，而何以情异数畸之阴阳，和以不争而随器皆备乎？和以不争，则善也，其有物之生者此也，非有先后而续其介以为继矣。随器皆备，则性也，非待思为而立其则以为成矣。

是故于阴而道在，于阳而道在，于阴阳之乘时而道在，于阴阳之定位而道在，天方命人、和而无差以为善而道在，人已承天、随器不亏以为性而道在，持之者固无在而不主之也。一之一之而与共焉，即行其中而即为之主。道不行而阴阳废，阴阳不具而道亦亡。言道者亦要于是而已。

是故有象可见，而众皆可著也；有数可循，而无不共由也。未有之先此以生，已有之后此以成。往古来今，则今日也。不闻不见，则视听也。斡运变化而不穷，充足清宁而不乱。道之缊，尽此而已。如曰抟聚而合之也，分析而置之也，以是谓之曰一，道恶乎而不隐，《易》恶乎而不废哉！

二

人物有性，天地非有性。阴阳之相继也善，其未相继也不可谓之善。故成之而后性存焉，继之而后善著焉。言道者统而同之，不以其序，故知道者鲜矣。

性存而后仁、义、礼、知之实章焉，以仁、义、礼、知而言天，不可也。成乎其为体，斯成乎其为灵。灵聚于体之中，而体皆含灵。若夫天，则未有体矣。

相继者善，善而后习知其善，以善而言道，不可也。道之用，不僭、不吝，以不偏而相调。故其用之所生，无僭、无吝，以无偏，而调之有适然之妙。妙相衍而不穷，相安而各得，于事善也，于物善也。若夫道，则多少阴阳，无所不可矣。

故成之者人也，继之者天人之际也，天则道而已矣。道大而善小，善大而性小。道生善，善生性。道无时不有，无动无静之不然，无可无否之不任受。善则天人相续之际，有其时矣。善具其体而非能用之，抑具其用而无与为体，万汇各有其善，不相为知，而亦不相为一。性则敛于一物之中，有其量矣。有其时，非浩然无极之时；有其量，非融然流动之量。故曰"道大而善小，善大而性小"也。

小者专而致精，大者博而不亲。然则以善说道，以性说善，恢恢乎其欲大之，而不知其未得其精也。恢恢乎大之，则曰"人之性犹牛之性，牛之性犹犬之性"，亦可矣。当其继善之时，有相犹者也，而不可概之已成乎人之性也，则曰"天地与我同根，万物与我共命"，亦可矣。当其为道之时，同也共也，而不可概之相继以相授而善焉者也。惟其有道，是以继之而得善焉，道者善之所从出也。惟其有善，是以成之为性焉，善者性之所资也。方其为善，而后道有善矣。方其为性，而后善凝于性矣。

故孟子之言性善，推本而言其所资也，犹子孙因祖父而得姓，则可以姓系之。而善不于性而始有，犹子孙之不可但以姓称，而必系之以名也。然则先言性而系之以善，则性有善而疑不仅有善。不如先言善而纪之以性，则善为性，而信善外之无性也。观于《系传》，而天人之次序乃审矣。

甚哉，继之为功于天人乎！天以此显其成能，人以此绍其生理者也。性则因乎成矣，成则因乎继矣。不成未有性，不继不能成。天人相绍之际，存乎天者莫妙于继。然则人以达天之几，存乎人者亦孰有要于继乎！

夫繁然有生，粹然而生人，秩焉纪焉，精焉至焉，而成乎人之性，惟其继而已矣。道之不息于既生之后，生之不绝于大道之中，绵密相因，始终相洽，节宣相允，无他，如其继而已矣。以阳继阳，而刚不馁；以阴继阴，而柔不孤；以阳继阴，而柔不靡；以阴继阳，而刚不暴。滋之无穷之谓恒，充之不歉之谓诚，持之不忘之谓信，敦之不薄之谓仁，承之不昧之谓明。凡此者，所以善也。则君子之所以为功于性者，亦此而已矣。

继之则善矣，不继则不善矣。天无所不继，故善不穷；人有所不继，则恶兴焉。利者，倖得倖失者也；欲者，偶触偶兴者也。仁者，存存者也；义者，井井者也。利不乘乎倖得，安身利用不损乎义，惟其可贞也；欲不动于偶触，饮食男女不违乎仁，惟其有常也。乍见之怵惕，延之不息，则群族托命矣；介然之可否，持之不迁，则万变不惊矣。学成于聚，亲故相资而新其故；思得于永，微显相次而显察于微。其不然者，禽兽母子之恩，嚏嚏嗫嗫，稍长而无以相识；戎狄君臣之分，炎炎赫赫，移时而旋以相戕；则惟其念与念之不相继也，事与事之不相继也尔矣。从意欲之兴，继其所继，则不可以期月守；反大始之原，继其所自继，则终不以终食忘。何也？天命之性有终始，而自继以善无绝续也。川流之不匮，不忧其逝也，有继之者尔；日月之相错，不忧其悖也，有继之者尔。知其性者知善，知其继者知天，斯古人之微言，而待于善学者与！

故专言性，则"三品"、"性恶"之说兴；溯言善，则天人合一之理得；概言道，则无善、无恶、无性之妄又熸矣。大者其道乎！妙者其善乎！善者其继乎！壹者其性乎！性者其成乎！性可存也，成可守也，善可用也，继可学也，道可合而不可据也。至于继，而作圣之功蔑以加矣。

# 系辞上传第六章

拟《易》以所配，其义精矣。非密审其理者未易晰也。故天阳而地阴，天地亦阴阳也。春夏阳而秋冬阴，四时亦阴阳也。而仅配阴阳于日月者，谓夫阴阳之例成而不易者也。

天道有阴，地道有刚，以言天地，不可矣。四时密相禅，而生杀各有时，以言四时，不可矣。故日月而后其配确也。日行出为昼而入为夜，月明生于夜而死于昼，相与含吐而各保其时，相与匹合而各贞其德。各保其时，则广有畛而大有涯；各贞其德，则有通理而无变化。斯以为阴阳之例成而不易者尔。

若夫广大者，阴阳之用也；变通者，阴阳之制也。

其为用也，日月、风雷、山泽，赅而存焉，非日月所能尽也。合一岁以成功，储其无穷以应气机，非四时之有待也。非天地，其孰有此不匮之神耶？

其为制也，四时均此一日月，而无分阴分阳之象；统此一天地，而流行于广大之中。当其移易也，微动而无垠；当其著效也，专致而不备。故冬之变春，老阴之上生一而七也；夏之变秋，老阳之下化一而八也；春之通夏，少阳之上生二而进九也；秋之通冬，少阴之下化二而退六也。任生者奇，任成者偶。六而七，九而八，各用奇而生；七而九，八而六，各用偶而成。生者外生，成者内成。外生变而生彼，内成通而自成。故冬以生温于寒，夏以生凉于暑；夏以成温而暑，冬以成凉而寒。力有余而数未尽，则损益各二以尽之。数已终而力竭，功必以渐而不可骤，则损益各一以渐易之。酌其虚盈，变必通，穷必变；酌其多少，为度于数；故曰阴阳之制也。

七曜之或进或退，通也，而历以推；十二宫之上生下生，变也，而律以调。律历本于《易》之变通，而于阴阳之例而为质，广大之体而为用者，则未之有准也。故《易》可以推律历，律历不可以尽《易》。无所准于天地，则德行废；无所准于日月，则成质亏。久矣，卦气之说碍于一隅矣。

是故备乎两间者，莫大乎阴阳，故能载道而为之体。以用则无疆，以质则不易，以制则有则而善迁。天之运也，地之游也，日月之行也，寒暑候气之节也，莫不各因其情以为量，出入相互，往来相遇，无一定之度数，杂然各致，而推荡以合符焉。

故圣人之于《易》也，各因其材以配之，形象各得，生成各遂，变化各致，而要不相为凌背，则吉凶著而化育成矣。若守其一隅，准诸一切，则天理不相掩，而人事相违，又恶足以经纬乎两间哉？故曰"神无方而《易》无体"，广大之谓也。

乃为《月令》之说者曰："春夏阳，秋冬阴。王者继天而为之子，春夏用赏，秋冬用刑。"是春夏废阴而秋冬废阳也。赏以法阳，刑以法阴，一如日月之悬象，俪一成而不易，昭垂于庶民，使其以昼夜之行为吉凶，则刑赏之法日月是已。变刑而先赏，变赏而先罚，通赏以五等，通刑以三刺，则变通以情理，犹冬无凄阴，夏无酷暑也。赏以劝善而恶者愧，刑以惩恶而善者安，非刑无阳而赏无阴，则上下进退之生积备矣。岂规规然画四时以生杀乎？如其画赏于春夏，画刑于秋冬，抑无以待人事之变，而顺天命天讨之宜。卒有肘腋之奸，待之数月而戎生于莽；大功既建，而印刓未与；倘其不逮期而溘先晨露，将无含憾于泉壤哉？故曰"赏不逾时，罚不旋踵"。无所待以昭大信也。

然则《月令》之书，战国先秦道丧而托于技，盖非圣之书，而吕不韦、刘安以附会其邪说。戴氏杂之于《礼》，后儒登之于经，道愈烈矣。变复之术，王充哂之，亦知言者夫！

# 系辞上传第七章

天地无心而成化，故其于阴阳也，泰然尽用之而无所择：晶耀者极崇，而不忧其浮也；凝结者极卑，而不忧其滞也。圣人裁成天地而相其化，则必有所择矣。故其于天地也，称其量以取其精，况以降之阴阳乎？

圣人赖天地以大，天地赖圣人以贞。择而肖之，合之而无间，圣人所以贞天地也。是故于天得德，于地得业。尊天之崇，不以居业；顺地之卑，不以宅德。借不然者，违其量不择其精。务过高之佹行，不与百姓相亲；安不足之凉修，不与禽狄相别。行过高，而业不称义之宜；修不足，而德不掩道之充。乃为之说曰："大德若不足。"或为之说曰："究竟如虚空。"恒得阴阳之过而倒循之，其邪说诐行之成，有自来矣。

夫以崇法天，以卑效地，圣人以择之既精者判然而奠位。然非其判然奠位而遂足以贞天地也。

天终古而崇，无所留以为滞；地终古而卑，无所隙以为浮，其位是已。而一往一来，一动一静，其界也迥别而不相袭，其际也抑密迩而不容间。故天崇而以其健者下行，地卑而以其顺者上承，虚实相持，翕辟相容，则行乎中者是已。"行乎其中"者，道也，义也。道以相天而不骄，义以勉地而不倍。健顺之德，自有然者，而道义行焉矣。

继善以后，人以有其生，因器以为成性，非徒资晶耀以为聪明，凝结以为强力也。继其健，继其顺，继其行乎中者，继者乃善也。行乎其中者，则自然不过之分剂，而可用为会通者也。

知因虚以入实，其用下彻；礼因器以载道，其用上达。下彻者，要崇而纳之于不浮；上达者致卑而升之于不滞。绍介以使之相见，密络以不使之相离。故知、礼者，行乎天地之中，以合其判然者也。

惟然，故圣人有门以上而遵道于天，有门以下而徙义于地。天不以处之尊，恝然舍人而养其高；地不以位之实，頹然舍人而保其广。于彼不舍者，于此得存。故存天存地，而行乎其中者，成性固存之矣。

奚以明其然也？天虚而明，地繁而理。礼法繁理，手足为容；知效虚明，耳目任用。下彻者虚明之垂也，上达者繁理之积也。虚明下彻，故日星风雨，足以析物之根荄而酌为授；繁理上达，故草木虫鸟，足以类化之菁华而登其荣。是故知无不察，所知者不遗于毫毛；礼无不备，所体者不舍乎仁孝。蓍龟感于无形，吉凶者居室之善否也；俎豆修于在列，昭明者上帝之陟降也。不然，异端浮其量以为知，崇而不来，觉识无以作则；祝史滞其文以为礼，卑而不往，歌哭无以发情。知礼不相谋，崇卑不相即。笃实之性，去于异端；哀乐之性，去于祝史。去者不存，不存则离。天亢上而地沈下，匪特其中之离也，抑无以安其位矣。

大哉！圣人之用《易》也。择其精，因其中，合其妙，分以剂之，会以通之，人存而天地存，性存而位存，析乎其有条也，融乎其相得也，斯则以为"存存"也。玄者之窃《易》曰："存存者，长生久视之枢也。"释者之窃《易》曰："存存者，不生不灭之真也。"夫百圣人存之而如一圣人，一圣人存之而正万愚不肖，要以设人位而贞天地之生。彼之固命以自私，灭性以远害者，其得窃文句之似以文其邪哉！

# 系辞上传第八章

大过之初，阴小处下，履乎无位，其所承者，大之积刚而过者也。以初视大，亢乎其相距矣；以大视初，眇乎其尤微矣。以其眇者视其亢者，人之于天，量之不相及也。阳虽亢而终以初为栋，阴虽眇而终成巽以入，人之事天，理之可相及者也。若此者，其象也。圣人因以制事天之典礼，斟酌以立极，则非拟议不为功。《易》曰："藉用白茅，无咎。"非拟议之余，因象以制动，亦恶足以知其慎哉！

是故圣人之事天也，不欲其离之，弗与相及，则取诸理也；不欲其合之，骤与相及，则取诸量也。荐之为明德，制之为郊禋，不欲其简，以亲大始也；不欲其黩，以严一本也；则取诸慎也。

日至以月之，上辛以日之，驿白以牲之，三月以涤之，升歌以和之，天尊而人事事之，以登人而不离于天。陶匏以将之，三燔以献之，茧栗以进之，玄酒以求之，大裘以临之；天迩而神事事之，以远天而不亵于人。不敢亵者量，不忍离者理。通理以敦始，故方泽不敢亢于圜丘；称理以一本，故上帝不可齐于宗庙。《传》曰"绝地天通"，"错诸地"之谓也，虽有几筵重席，不敢登矣。《诗》曰"上帝临女"，"藉之用茅"之谓也，视诸扫地无坛，则已加矣。扫地以质，藉茅以文。要求诸质，进求诸文，求诸文而藉之茅焉。虽然，亦止于此而已矣。不逮此者则已简，过此者则已黩，岂慎也哉！

且夫人之生也，莫不资始于天。逮其方生而予以生，有恩勤之者而生气固焉，有君主之者而生理宁焉。则各有所本，而不敢忘其所递及，而骤亲于天。然而昧始者忘天，则亦有二本者主天矣忘天者禽，主天者狄。羔乌之恩，知有亲而不知有天；蹲林之会，知有天而不恤其亲。君子之异于禽也，岂徒以禋祀报始哉？巡守则类焉，民籍则献焉，钦承以通之，昭临女之毋贰也，故曰"乾称父，坤称母"。若其异于狄也，则用重而物则薄也，天子之外未有干焉者。等人而专于天子，而抑又用之以薄，非能侈然骤跻于帝之左右矣。狄之自署曰"天所置单于"，黩天不疑，既已妄矣。而又有进焉者，如近世洋夷利玛窦之称"天主"，敢于亵鬼倍亲而不恤也，虽以技巧文之，归于狄而已矣。

呜呼！郊祀之典礼至矣哉！不敢昧之以远于禽，不敢主之以远于狄。合之以理，差之以量。圣人之学《易》，于斯验矣。德业以为地，不敢亢人以混于杳冥；知礼以为茅，不敢绝天以安于卑陋。故曰："惟仁人为能飨帝"。"知其说者之于天下，其如示诸掌乎！"慎之至而已矣。

大过之初六，克肖之矣。柔而安下，不敢或黩；成巽顺入，不敢或简。故曰"齐乎巽"。齐也者，齐<sub>侧皆</sub>反也。祓一其德以即于慎，岂有咎与！而不见夫上六乎？跻而升积阳之上，以致其说，无礼而黩，有巫道焉，则地天通而阴阳乱，"灭顶"之凶，亦可为不慎者之戒矣。

# 系辞上传第九章

太极之在两间，无初无终而不可间也，无彼无此而不可破也，自大至细而象皆其象，自一至万而数皆其数。故空不流而实不窒，灵不私而顽不遗，亦静不先而动不后矣。夫惟从无至有者，先静后动而静非其静；从有益有，则无有先后而动要以先。若夫以数测者，人由既有以后测之而见者也。象可以测数，数亦可以测象。象视其已然，静之属；数乘其自有，动之属；故数亦可以测象焉。要此太极者混沦皆备，不可析也，不可聚也。以其成天下之聚，不可析也；以其入天下之析，不可聚也。虽然，人之所以为功于道者，则断因其已然，而益测之以尽其无穷；而神而明之，分而剂之，裒而益之，则惟圣人为能显而神之。

其测以数者奈何？太极之一○也，所以冒天下之数也，而恶乎测之？测之者因其所生。动者必先，静者必随，故一先二，二随一，相先相随，以臻于十。和者非有益于倡者，则无所事于和矣。一而二，二而三，三而四，由是而之于十，皆加一者，相对之数也。阴欲值阳而与之对，必虚阳之所值而实其两端，以辟户而受施，不然则相距而龃龉，故一不可对三，二不可对四。一对三则中央相距，二对四则两端相距也。二一而二，二二而四，由是而二五而十，皆倍加者，阴承阳一，因其增益之性以为习，使可辟而有容也。一而三，三而五，由是而之九，皆增二者，阳感阴化，因其所辟而往充其虚也。从一合六以得七，由是而从五合十以得十有五者，则生数之终，加其所进以为成，成不能成，功因乎生也。生数止五，成数尽十者，从太极测之而固有之也。

太极，○之实有也。动者横以亘，无不至也，故为径；静者张以受，无不持也，故为交；动流而不滞，故为圆；静止而必齐，故为方；外齐者、其中径也，故为弦。于径测之，亘一而一矣；于交测之，╳而二于所径矣；于圆测之，○流动中规，而三于所径矣；于方测之，□四距中矩，而四于所径矣；于弦测之，上弦◠二有半，下弦◡二有半，合以计之，而五于所径矣。五则中实，中实则可为主于外，而地效其充以相成。生始于阳而终于阳，成始于阴而终于阴，性情之起，功效之登，一也。

于方测阴而得四，阴体定矣。以其交者而自实，以方函交，⊠而六于所径矣。交、方皆阴也，阴数纯备而为老阴。阳函阴，动有静，以圆纳方，□而七于所径矣。阳外成，则体阳而为少阳。天包地外，而亦行乎地中。天行地中，施其亘化，以方纳圆，径一充之，⊟而八于所径矣。阴外成，则体阴而为少阴。天固包地，尽地之用，地道无成，竭其功化以奉天。以圆纳方，方有其交，⊠而九于所径矣。浑天之体，于斯而著，故为老阳。"阳知大始，阴作成物"，物数之成，于阴而讫，合径一、交二、圆三、方四，⊠而十于所径矣。至于十，而所以测太极之术尽矣。无以测之，而天地之数一终矣。

若夫有径一而无竖丨者，天地之际甚密，不可以上下测。测之以竖者，《太玄》《元包》《潜虚》之所以成乎其妄也。太极之有十，浑成者也。非积而聚之，剖而析之也，而何所容测焉？

乃数因于有象，象则可测矣，可测则可积矣。故积之以二十有五，积之以三十，而天地之数纪焉。积之者，天地以为功而无穷，圣人既于其象而灼知之。虽然，固然之积引于无穷者，尤存乎分剂而衰益之，则《易》兴焉。

天地之数五十有五，大衍之数五十。其差五者，以积计之，裁地之有余，同天之不足。健行者速而得廉，顺行者迟而得奢，亦勉地而使配天行也。且静者无由以得数，因动而随，则虚中而留其两端，数斯立矣。两端建而中皆虚一，所增者仅与天及，外密而反以中疏，是五位皆缺其一，而数亦二十有五矣。

以乘计之，北南东西者，阴阳老少之位，中无定位，以应四维。阴不适主，阳之珠聚者，与太极同而无所歉。故以天乘地而为五十。天乘地而非地乘天者，一可以生十，二必不可以成九，数之固然也。裁而成之，称量而程之，而大衍之数登焉。

大衍五十，而一不用。一者，天之始数也，亦地之始数也。一一而二，二固始于一也。由是而十，由是而五十，皆以一为始。太极之有数生于动，《易》之变化，亦动也。动，君动，则一可不用，以君四十有九。故自此而七八九六，合符而不爽，岂非其固然者哉！

不用之一，以君动而不以君静，故大衍之数，常者五十，而乘乎变者四十有九。一因动以为君，未动则合五十而为一。合而为一者，太极混沦周遍之体，而非动而倚数，于五十之中立一以为一矣。立一以为一，而谓之太极，韩康伯之臆说也；立一于数外，与四十有九参立，乃自外来而为之君，此老氏之所谓一也。《易》固不曰"挂一以象太极"，太极不可与阴阳析处而并列也。由是而变矣，则数以测象矣。自挂一象三以后，及于万一千五百二十之象，万物皆有成则之可法；分而为两，无成数而托于无心者，神之所为无心而成化也。有成则者，范围天地之成化，所以显道；无成数者，上迓太极之无心，所以神德行也。道显于有则，故恒而可由；德神而无心，故与时偕行。故曰："神无方而《易》无体。"非然，则吉凶仰成于必至，谁与为"震无咎"之功，谁与为"忧悔吝"之几也哉？以天治人而知者不忧，以人造天而仁者能爱，而后为功于天地之事毕矣。

乃若四营、十八变之数，有则者亦与无心者相间，而后道无不显而德无不神。象两象三，四时闰期，万物之数，象各有当，其有则焉固矣。

其揲四之数，六揲而二十四，七揲而二十八，八揲而三十二，九揲而三十六。六七八九，《河图》之成数，水火木金之化也。归奇之十三、十七、二十一、二十五，三四五六以乘四而加一，其一为余，余者奇之归，皆挂一不用以为一爻之君也。初变之余皆五九，再变、三变之余皆四八者，因其盈而多余之，因其虚而少余之，自然之樽节而不滥也。三变之数，中分无心，其所变者初揲一、二揲二、三揲三、四不足于揲，自五以至四十四，凡百九十六变，奇九十，偶百有六。三变之偶多于奇者十六，积十八变而多于奇者九十六。偶多而奇少者，称其固有之数，阳少而阴多也。而筮者之所得，未尝见偶多于奇，周流于六十四，各足于百九十二，阴虽多而无心之化必平也。

大衍之数，六积而三百；天地之数，六积而三百三十。裁地以相天，则诎其三十，相天以冒地，则伸其三十。故乾坤之策三百六十，天行之度，不息之健，虽少而恒速，亦固有之也。

四十有九，六积而二百九十有四，六十四积而万八千八百十六，老阳之余七十八，少阳之余百二十六，少阴之余百有二，老阴之余百五十，乾坤之余二百二十八，二篇之余七千三百八十。其不逮四十有九之策万一千六百有四，较之二篇之策不相值者七十有四。凡此皆无心而不期于肖也。铢铢而期之，节节而肖之，是阴阳无往来，而吉凶无险阻矣。揲者有则，天地之成理；余者无心，天地之化机。以化归余，而不以余归揲。君子贞其常以听变，非望之福不以宠，非望之祸不以惊，优游于变化之至，固不敢截然均析以为体，如邵子之四块八段，以归于无余也。

呜呼！道之大也，神之无方也，太极之动，奇——偶——而已。非可与神者，其孰能与于斯！然而圣人终尽之于乾坤，则奇——偶——者，万物之取以为实而随化皆始者也。圣人约之于仁知，贤者充之以知能，"可与酬酢，可与佑神"，此物之志也夫！

# 系辞上传第十章

天下非特有深也，累浅而积之，则深矣。天下非特有几也，析大而详之，则几矣。舍浅而浚之，略大而察之，谓有深且几者立于天下之外，捷取焉而以制天下，岂不悖哉！然则天下非特有神也，行乎浅而已深，图乎大而已几，有所以至，而人莫测其即此而至，斯天下之至神者矣。是故至深者天下也，至几者天下也。莫深于天下之志，莫几于天下之务也，故足以相因而底于成与通也。

奚以明其然也？天下之志亦浅矣，而求其通，则深矣。天下之务亦大矣，而溯所成，则几也。中人以上极于圣，中人以下极于顽，或敝屣天下，或操刃锱铢，或愿尽闺堂，或图度荒裔，其不相通也，而欲通之，则杳乎其未易测矣。一事之本末，变之不胜其繁；一代之成毁，开之不俟其巨。质文之尚，达乎幽明；喜怒之情，动乎海岳。俟之后王而万祀，逮之编氓而九州。其不易成也，而欲成之，则纤乎其无所遗矣。夫未易测者以为通，无所遗者以为成，圣人之于天下，鼎鼎焉，营营焉，爱而存之，敬而尽之，存其志，尽其务，其不敢不忍于天下者，以是为极深而研几也。

是故不曰："我高以明，而天下之志不足知；我静以虚，而天下之务不足为。"极天下之固有，攘君诤母，皆志之所必悉；极天下之大有，酒浆瓜枣，皆务之所必勤。固有者象也，大有者变也。小大有象，往来有变。无小无大，无往无来，一阴一阳之间，有其至赜而极详者。岂以增志之所本无，而强务以所不必也哉！

是故金夫之女，负乘之子，不食之飞，得敌之鼓，志无穷而象与之无穷；濡之衣袽，系之苞桑，前禽之失，得妾之子，务靡尽而变与之靡尽。未易测者，小大之生生不可测也。无所遗者，往来之亹亹不可遗也。若此者，藏天下于爻，府天下于卦，贞天下于乾易坤简，以其易简，推之近远，抵之幽深，会其参伍，通其错综，然后深可极而几可研。要岂立易简于事外，以忍于不知，而敢于不为也哉？

是故志下通于愚贱，而顽谗可格；务积成于典礼，而天鬼不违。

《诗》曰："求民之莫，"极深之谓也；《书》曰"所其无逸"，研几之谓也。夫乃以大通而集成矣。

彼何晏、夏侯玄之流，麦菽不知，萧墙不戒，遁即荒薄，而窃其目以相题，戕其身而祸人家国，盖有由矣。《春秋》之纪事也，篡君召王，无不志也；蜮蜚鹢石，无不详也。采物之覆亡，阴阳之愆伏，与《易》为表里。故曰："《易》言其理，《春秋》见诸行事。""守经事而知宜"，以极深也；"遭变事而知权"，以研几也；而固已早合于神矣。太子弘废商臣之篇，王安石恣"烂报"之诬，宜其与何晏、夏侯之徒异车而同债也。

# 系辞上传第十一章

是故性情相需者也，始终相成者也，体用相函者也。性以发情，情以充性。始以肇终，终以集始。体以致用，用以备体。阳动而喜，阴动而怒，故曰性以发情。喜以奖善，怒以止恶，故曰情以充性。三时有待，春开必先，故曰始以肇终。四序所登，春功乃备，故曰终以集始。无车何乘？无器何贮？故曰体以致用。不贮非器，不乘非车，故曰用以备体。六者异撰而同有，同有而无不至。至，则极，无不至，则太极矣。

"《易》有太极"，固有之也，同有之也。太极生两仪，两仪生四象，四象生八卦，固有之则生，同有之则俱生矣。故曰"是生"。"是生"者，立于此而生，非待推于彼而生之，则明魄同轮，而源流一水也。

是故乾纯阳而非无阴，乾有太极也；坤纯阴而非无阳，坤有太极也。剥不阳孤，夬不阴虚；姤不阴弱，复不阳寡，无所变而无太极也。卦成于八，往来于六十四，动于三百八十四，之于四千九十六，而皆有太极。策备于五十，用于四十九，揲于七八九六，变于十有八，各尽于百九十六，而皆有太极。故曰"《易》有太极"，不谓"太极有《易》"也。唯《易》有太极，故太极有《易》。

所自生者肇生，所已生者成所生。无子之叟，不名为父也。性情以动静异几，始终以循环异时，体用以德业异迹，浑沦皆备，不漏不劳，固合两仪、四象、八卦而为太极。其非别有一太极，以为仪、象、卦、爻之父明矣。

故太极之于《河图》，未有象也，于《易》未有数也，于筮未有策也，于卦未有占也。象皆其象，数皆其数，策皆其策，占皆其占。有于《易》以有《易》，莫得而先后之。

故吉凶日流于物，大业日兴于事，知礼日行于两间，道义日存于人心。性善而情善，情善而才善，反身而诚，不远而复，天下之道冒，而圣人之藏亦密矣。冒者于彼于此而无不被，密者于彼于此而无或疏也。是太极有于《易》以有《易》，《易》一太极也，又安得层累而上求之？

《乾凿度》曰"有太易，有太初，有太始，有太素"，危构四级于无形之先。哀哉！其日习于太极而不察也！故曰："阖户""辟户"。有户，则必有材以为户者，则必有地以置户者。阖，则必有阖之者；辟，则必有辟之者。为之置之，阖之辟之，彼遂以是为太极也，且以为太易、太初、太始、太素也。夫为之置之，必有材矣，大匠不能抟空以造枢楗；阖之辟之，必有情矣，抱关不能无司以为启闭。材则其阴阳也，情则其往来也。使阴阳未有之先而有太极，是材不夙庀，而情无适主；使仪象既有之后遂非太极，是材穷于一用，而情尽于一往矣。又何以云"乾坤毁则无以见《易》"也乎？

故不知其固有，则绌有以崇无；不知其同有，则奖无以治有。无不可崇，有不待治。故曰"太极有于《易》以有《易》"，不相为离之谓也。彼太易、太初、太始、太素之纷纭者，虚为之名而亡实，亦何为者耶？彼且曰："有有者，有无者，有未始有夫有无者。"或且曰："七识以为种子，八识以为含藏，一念缘起无生。"呜呼！毁乾坤以蔑《易》者，必此言夫！

# 系辞上传第十二章

## 一

夫缊者，其所著直略切也。著者，其所归也。归者，其所充也。充者，其所调也。是故无以为之缊，既郛立而不实，亦瓦合而不浃矣；既绝党而相叛，亦杂类以相越矣。而不见天地之间乎？则岂有坚郛外峙，而庬杂内塞者乎？

今夫阳以成男，阴以成女，其以达情，即以达性也。饮以养阳，食以养阴，其以辅形，即以充神也。然而牝、牡异质，姬、姜异宗，水、土异产，甘、咸异味。夫妇之合，非巧媒所能介也。荣卫之分，非良庖所能齐也。于此于彼而各有宜，于此于彼而互有成，宜以不乱，成以不过。则谁为为之而有非其著焉者也？

以为即器而保器，器无情者也，而恶乎保之？以为离器而用器，则器贱矣，贱者惟贵者之所使，则胡不惟其情之所便以相昵，惟其形之所可受以相取，而又恶乎相调而各有司耶？且盈天地之间，则皆有归矣。有其表者，有其里者，则有其著者，著者之于表里，使其二而可以一用，非既已二而三之也。盈天地之间，何非其著者之充哉！

天位乎上，地位乎下，上下之际，密迩而无毫发之间，则又恶所容其著者？而又非也。天下济而行，地上承而合。下行之极于重渊，而天恒入以施。上合之极于层霄，而地恒蒸以应。此必有情焉而必有性焉，必有以辅形而有以充神焉。故乾曰"时乘六龙以御天"，乾者所以御天而下济也；坤曰"牝马地类，行地无疆"，坤者所以行地而上承也。盈天地之间皆器矣。器有其表者，有其里者，成表里之各用，以合用而底于成，则天德之乾，地德之坤，非其缊焉者乎？

是故调之而流动以不滞，充之而凝实而不馁，而后器不死而道不虚生。器不死，则凡器皆虚也；道不虚生，则凡道皆实也。岂得有坚郊峙之以使中屡空耶？岂得有厖杂窒之而表里不亲耶？故合二以一者，既分一为二之所固有矣。是故乾坤与《易》相为保合而不可破，破而毁，毁而息矣。极乎变通，而所缊者常与周旋而不离，而《易》备。

故夫天下之赜，天下之动，事业之广，物宜之繁，典礼之别，分为阴，分为阳，表里相待而二，二异致而一存乎其人，存乎德行。德行者，所以一之也。在天地为乾坤，在人为德行。乾坤固以其德行充两间而调之，而后器不死而道不虚生。

由此思之，七八九六之数，上生下生之变，吉凶悔吝之词，以实道而虚器，大哉，充满流通于天地之间，岂不一诚而无妄哉！若夫悬道于器外以用器，是缊与表里异体；设器而以道鼓动于中，是表里真而缊者妄矣。先天之说，橐籥之喻，其于《易》之存人以要天地之归者，又恶足以知之！

## 二

"谓之"者，从其谓而立之名也。"上下"者，初无定界，从乎所拟议而施之谓也。然则上下无殊畛，而道器无异体，明矣。天下惟器而已矣。道者器之道，器者不可谓之道之器也。

无其道则无其器，人类能言之。虽然，苟有其器矣，岂患无道哉！君子之所不知，而圣人知之；圣人之所不能，而匹夫匹妇能之。人或昧于其道者，其器不成，不成非无器也。

无其器则无其道，人鲜能言之，而固其诚然者也。洪荒无揖让之道，唐、虞无吊伐之道，汉、唐无今日之道，则今日无他年之道者多矣。未有弓矢而无射道，未有车马而无御道，未有牢醴璧币、钟磬管弦而无礼乐之道。则未有子而无父道，未有弟而无兄道，道之可有而且无者多矣。故无其器则无其道，诚然之言也，而人特未之察耳。

故古之圣人，能治器而不能治道。治器者则谓之道，道得则谓之德，器成则谓之行，器用之广则谓之变通，器效之著则谓之事业。

故《易》有象，象者像器者也；卦有爻，爻者效器者也；爻有辞，辞者辨器者也。故圣人者，善治器而已矣。自其治而言之，而上之名立焉。上之名立，而下之名亦立焉。上下皆名也，非有涯量之可别者也。

形而上者，非无形之谓。既有形矣，有形而后有形而上。无形之上，亘古今，通万变，穷天穷地，穷人穷物，皆所未有者也。故曰："惟圣人然后可以践形。"践其下，非践其上也。

故聪明者耳目也，睿知者心思也，仁者人也，义者事也，中和者礼乐也，大公至正者刑赏也，利用者水火金木也，厚生者谷蓏丝麻也，正德者君臣父子也。如其舍此而求诸未有器之先，亘古今，通万变，穷天穷地，穷人穷物，而不能为之名，而况得有其实乎？

老氏瞀于此，而曰道在虚，虚亦器之虚也。释氏瞀于此，而曰道在寂，寂亦器之寂也。淫词炙輠，而不能离乎器，然且标离器之名以自神，将谁欺乎？

器而后有形，形而后有上。无形无下，人所言也。无形无上，显然易见之理，而邪说者淫曼以衍之而不知惭，则君子之所深鉴其愚而恶其妄也。

故"作者之谓圣"，作器也；"述者之谓明"，述器也。"神而明之，存乎其人"，神明其器也。识其品式，辨其条理，善其用，定其体，则默而成之，不言而信，皆有成器之在心而据之为德也。

呜呼！君子之道，尽夫器而止矣。辞，所以显器而鼓天下之动，使勉于治器也。王弼曰："筌非鱼，蹄非兔。"愚哉，其言之乎！筌、蹄一器也，鱼、兔一器也，两器不相为通，故可以相致，而可以相舍。形而上者谓之道，形而下者谓之器，统之乎一形，非以相致，而何容相舍乎？"得言忘象，得意忘言"，以辨虞翻之固陋则可矣，而于道则愈远矣。

# 周易外传卷六

## 系辞下传第一章

章句依朱子《本义》

### 一

为治水之术者曰"陻其所自溢",是伯鲧之术,而白圭袭之者也。则为安身利用之术者曰"杜吉凶悔吝之所从生",亦犹是而已矣。

天下固有此泽洞浩瀚之流行于地中,中国自足以胜之。惊其无涯而陻以徼幸,禁其必动,窒其方生,汩乱五行,而不祥莫大焉。知吉凶悔吝之生乎动也,则曰:"不动不生,不生则不肇乎吉,不成乎凶,不贻可悔,不见其吝,而以逍遥乎苍莽,解脱乎火宅。"呜呼!无以胜之,而欲其不生,则将谓"稻麦生夫饥,丝麻生夫寒,君师生夫乱,父母生乎死",亦奚为而不可?其云"大盗生于圣人,无明生于知见",犹有忌而不敢昌言。充其所操,惟乾坤父母为古今之大害,而视之若仇雠。乃要其所挟,则亦避祸畏难之私,与禽兽均焉而已矣。

夫圣人亦既知之,曰"吉凶悔吝生乎动"者矣。而吉者吾道也,凶者吾义也,悔者吾行之几也,吝者吾止之时也。道不可疑,义不可避,几不可逆,时不可违,恒有所奉以胜之。故袗衣、鼓琴而居之自得,夏台、羑里而处之不忧。怨艾以牖其聪明,而神智日益;退抑以守其坚忍,而魄骨日强。统此者,贞而已矣。惟其贞也，是以无不胜也。无不胜，则无不一矣。

且夫欲禁天下之动，则亦恶从而禁之？天地所贞者可观，而明晦荣凋弗能禁也。日月所贞者可明，而阴霾晕珥弗能禁也。天下所可贞者君子之一，而得失忧虞弗能禁也。当其吉，不得不吉，而固非我荣；当其凶，不得不凶，而固非我辱。

如曰"无吉则无凶，无凶则无悔吝"，则莫如舍君子而野人。野人之吉凶，不出乎井庐者也，则莫如舍野人而禽鱼。禽鱼无所吉，而凶亦不先觉也，则莫如舍禽鱼而块土。至于块土，而吉凶悔吝之端泯，终古而颓然自若也。乃天既不俾我为块土矣，有情则有动，且与禽鱼偕动焉；抑不俾我为禽鱼矣，有才则有动，且与野人偕动焉。抑彼自谓绌才去情，以偕乎野人，而抑以擅君子之实，思以易天下，有道则有动，必将与君子偕动焉。姑且曰"胡不如野人之贸贸？胡不如禽鱼之狘狘？胡不如块土之冥冥？"以摇天下蒽畏偷安者，而自命为道。

呜呼！勿忧其无冥冥之日也。死则亦与块土同归，动不生而吉凶悔吝之终离，则虚极静笃，亦长年永日而宴安矣。故其为道也，与禽为嬉，与鱼为泳，与土为委，与野人为偷，与死为灭，与鬼为幽。

乃其畏凶而惮悔吝也，畏死而已矣。畏凶者极于死，畏悔吝者畏其焦肺怵心以迫乎死，然而与死为徒焉。此无藉之子逃桁杨而自雉经之智计，亦恶足比数于人类哉！

其为心也，非无所利于吉也。畏不得吉，无可奈何而宁勿吉也。夫君子则无所利于吉，而何畏乎非吉？故守贞而一之，而道乃无穷。其示天下，不可无吉也，无吉则道不行；不可无凶也，无凶则义不著；不可无悔也，无悔则仁不复；不可无吝也，无吝则志不恒。

故不知进退存亡，而龙德乃备；不惮玄黄之血，而天地以杂而成功。则天下日动而君子日生，天下日生而君子日动。动者，道之枢，德之牖也。《易》以之与天地均其观，与日月均其明，而君子以与《易》均其功业。故曰"天地之大德曰生"。离乎死之不动之谓也。

彼异端者，导翁妪瓮粟之欲，守稚子衽席之逸，虽虺瑣曼延，而虑不出乎此；乃窥《大易》之言，曰："'吉凶悔吝生乎动'，吉一而凶三。天下皆羿之彀，不如窒其动以绝其源。"洄洄汪浃，亦何从而测其所归哉！

二

乐行而不释其忧劳，忧违而不改其欣适，贞夫一矣。则得失皆贞也，吉凶悔吝可以俱忘，而奚有于卜筮以审其疑耶？

夫天下之有所大疑者二，得之思保之，未得思致之，未失思存之，失而思安之：位也，财也。天下之得失尽于此而已矣。蔑君罔亲而图之者，奸人也。屈节芟廉以利之者，庸人也。图功取誉而终身以之者，当世之士也。如是，则圣人奖当世之士，而启庸愚奸宄以争疑信于不必得之中，则何贞之有哉！

曰：非然也。位者仁之藏，"何以守位曰仁"，"仁"字当如字。财者义之具也。故天下无吉凶，而吉凶于财位；君子无吉凶，而财位有吉凶。此所谓与百姓同其忧患者也。察原观化，浑万变而一之，浑涵于仁义之大有，则位恶得而不宝，财恶得而不聚乎！

且位恶从而设于伦类，财恶从而流行于事物哉？愚者见位，知其贵而已也，而骄肆以丧其仁；愚者见财，矜其富而已也，而鄙吝以堕其义。故位非其位，而财非其财。若夫位则有所自设矣，若夫财则有所自殖矣。

天地之大德者生也，珍其德之生者人也。胥为生矣，举蚑行喙息、高骞深泳之生彙而统之于人，人者天地之所以治万物也；举川涵石韫，蓁荣落实之生质而统之于人，人者天地之所以用万物也。胥为人矣，举强武知文、效功立能之牛理而统之以位，位者天地之所以治人也；举赋职修事、劝能警惰之生机而统之以财，财者天地之所以用人也。

不得其治，则叛散孤畸，而生气不禽，天地于此有不忍焉；不任以用，则委弃腐萎，而生道不登，天地于此有不倦焉。故翕天下以位而人统乎人，人乃以统乎物；登天下以财而人用乎人，人乃以用乎物。故天地于其所生，无所靳置于已生之余。莫之喻而喻，使之自相贵而位以定；莫之劝而劝，使之交相需而财以庸。然则位者，天地不忍不治之仁，因以秩之；财者，天地不倦于用之义，因以给之。

圣人钦承于天，而于天步之去留，天物之登耗，殚心于得失之林，弗容已矣。其得也，吉也；其失也，凶也；其悔也，欲其得也；其吝也，戒其失也。请命于天，与谋于鬼，大公于百姓，兴神物以使明于消息存亡之数，尚德而非以奖竞，崇功而非以导贪，而天地之德，亦待圣人而终显其功。

呜呼！彼骄语贫贱，何为也哉？"金夫不有躬"，非其财也；"负乘致寇至"，非其位也。"君子于行，三日不食"，以安位也；"困于赤绂，乃徐有说"，以节财也。非然者，贫其身以贫万物，巽于床而丧资斧；贱其身以贱天下，折其足以覆公悚。于陵仲子以馁成其不义，延陵季子以让成其不仁，君子将厚责之，况乎剙越人熏穴之言，拾食蛤遨游之说，桎梏宝命，尘垢天物，以绝仁弃义，而刜天地之生者哉！

故圣人之于《易》也，据位、财为得失，以得为吉，以失为凶，以命之不易、物之艰难为悔吝，与百姓同情，与天地同用，仁以昌，义以建，非扁心之子所可与其深也。故《洪范》以福极为向威，《春秋》以失地亡国为大恶，诚重之也。非徒与陶、猗争区区之廉，莽、操争硁硁之节也。

# 系辞下传第二章

法象莫大乎乾坤，法皆其法，象皆其象，故曰大也。资始资生，而万物之数皆备；易知简能，而天下之理皆得。是尽天下之象而无以当之。故佃渔耒耜以给养，交易以利用，弧矢门柝以御害，舟楫服乘以致远，宫室棺椁以卫生而送死，书契以纪事而载道，民用之所以浃，王道之所以备，而皆不足以当乾坤。

衣裳之垂，其为生人之用，亦与数者均尔。且其始于毛革，继以丝枲，冬以温，夏以清，别嫌疑，厚廉耻，犹其切焉者也。若夫上衣下裳，施以绣，间以绘，采以五，章以十二，配以六冕，缀以韨佩，应乎规矩，中乎准绳，炎非以适，寒非以温，为之也劳，服之也若赘。乃圣人独取乾坤之法象以当之，而以天下之治系之。呜呼！孰有知其为天地之大经，人禽之大别，治乱之大辨，以建人极而不可毁者乎？

夫法象之于天地，亦非其功德之切，与于人物者也。悬日月星辰于上，而人有不可法之知；奠海岳邱原于下，而人有不可效之能。始有所以始，而可观者非能为美利；生有所以生，而昭著者非能为变蕃。然而文之所著，变之所自察；理之所显，化之所自宜。无功之功，启群伦之觉；无用之用，安万汇之宜。天地不事以其德业詹詹与万物寡过，而治莫尚焉矣。故水、火、雷、风，不能越其广大；六子、五十六变，不能乱其崇卑。

大哉法象乎！而生人之事，圣人所以继天而致治者，孰足以当此乎？天位尊，地位卑，上下定矣；天成象，地成形，文章著矣。上下定，故万物戢然而不敢干；文章著，故万物䜣然而乐听其命。则天地可得而治万物，人可得而治物，君子可得而治野人。而非此者，则乱。

古之圣人，思有以治天下，而其心殚矣。久而乃得之于法象焉。人之所可受吾治者，惟其敬爱而已矣。怵然不敢干之心生，则敬兴；䜣然乐听其命之心生，则爱兴。触目而天地之法象在焉，莫或不敬也，莫或不爱也。人成位乎中，而君子者野人之耳目也。人成位乎中，则可以效法天地而无惭；君子为野人之耳目，则利用其敬爱法象之心，以作其敬爱而受治。

故衣裳之垂也，上下辨焉，物采昭焉，荣华盛焉。洁齐，以示无散乱也，宽博，以示无虔鸷也。天地方圜之仪则、天产地产之精华咸备焉，阴阳损益之数，律度规矩准绳自然之式咸在焉，以示人极之全也。而天下悉观感以生其敬爱，于是而圣人者亦有其无功之功，以与天地相参。故惟衣裳可以配乾坤，而非他制器尚象所得而拟焉者也。

呜呼！衣裳之于人，大矣哉！可敬者义之府也，可爱者仁之缊也；是善恶之枢也，生杀之机也，治乱之司也，君子野人之辨也，而尤莫大乎人禽之别焉。鹪鸪负叶以覆露，水鹳畜礜以御寒，欧蛋文身以辟蛟，涉貊重貂以履雪，食衣裳之利而去其文，无以自殊于羽毛之族而人道亡，则乾坤之法象亡矣。黄帝以前，未之备也，及其有之，而乾坤定；赵武灵以后，沦于替也，浸以乱之，而乾坤伤。妲己男冠以亡殷，何晏女服以覆晋，宋齐邱羽衣而灾及其身，王旦披缁而辱逮于死。小变而流于妖，祸发于当年；大变而滥于禽，祸且移于运会矣。古之圣人，法象治之而有余；后之王者，干戈争之而不足。《易》曰："《易》不可见，乾坤或几乎息矣。"是殆《易》毁而乾坤将息之日也与！悲夫！

# 系辞下传第三章

天下无象外之道。何也？有外，则相与为两，即甚亲，而亦如父之于子也；无外，则相与为一，虽有异名，而亦若耳目之于聪明也。父生子而各自有形，父死而子继；不曰道生象，而各自为体，道逝而象留。然则象外无道，欲详道而略象，奚可哉？

今夫象，玄黄纯杂，因以得文；长短纵横，因以得度；坚脆动止，因以得质；大小同异，因以得情；日月星辰，因以得明；坟埴垆壤，因以得产；草木华实，因以得材；风雨散润，因以得节。其于耳启窍以得聪，目含珠以得明，其致一也。象不胜多，而一之于《易》。《易》聚象于奇偶，而散之于参伍错综之往来，相与开合，相与源流。开合有情，源流有理。故吉凶悔吝，舍象而无所征。乾非六阳，无以为龙；坤非六阴，无以为马。中实外虚，颐无以养；足欹铉断，鼎无以烹。推此而言，天下有象，而圣人有《易》，故神物兴而民用前矣。

汉儒说象，多取附会。流及于虞翻，而约象互体，大象变爻，曲以象物者，繁杂琐屈，不可胜纪。王弼反其道而概废之，曰"得象而忘言，得意而忘象"。乃《传》固曰："《易》者，象也。"然则彚象以成《易》，举《易》而皆象，象即《易》也。何居乎以为兔之蹄、鱼之筌也？

夫蹄非兔也，筌非鱼也。鱼、兔、筌、蹄，物异而象殊，故可执蹄筌以获鱼兔，亦可舍筌蹄而别有得鱼兔之理。畋渔之具夥矣。乃盈天下而皆象矣。《诗》之比兴，《书》之政事，《春秋》之名分，《礼》之仪，《乐》之律，莫非象也，而《易》统会其理。舍筌蹄而别有得鱼得兔之理，舍象而别有得《易》之涂耶？

若夫言以说象，相得以彰，以拟筌蹄，有相似者。而象所由得，言固未可忘已。鱼自游于水，兔自窟于山，筌不设而鱼非其鱼，蹄不设而兔非其兔。非其鱼兔，则道在天下而不即人心，于己为长物，而何以云"得象""得意"哉？故言未可忘，而奚况于象？况乎言所自出，因体因气，因动因心，因物因理。道抑因言而生，则言、象、意、道，因合而无畛，而奚以忘耶？

盖王弼者，老、庄之支子，而假《易》以文之者也。老之言曰："言者不知。"庄之言曰："言隐于荣华。"而释氏亦托之以为教外别传之旨。弃民彝，绝物理，胥此焉耳。

呜呼！圣人之示人显矣。因像求象，因象成《易》。成而为材，动而为效。故天下无非《易》而无非道，不待设此以掩彼。俱无所忘以皆备，斯为善言《易》者与！若彼泥象忘理以支离附会者，亦观象以正之而精意自显，亦何必忘之而始免于"小言破道"之咎乎！

# 系辞下传第四章

　　君用独以统群，民用众以从主。君制治而民从法，故莫要于立君以主民，而民但受治焉。

　　君子恒顺，小人恒逆，而卦之阴阳肖之。奇一也，偶二也。阳卦以一阳统二阴，以奇为君，以偶为民，是一君而二民也，故曰顺。阴卦以二阳归一阴，以偶为君，以奇为民，是二君而一民也，故曰逆。

　　试论之。道之流行于人也，始于合，中于分，终于合，以始终为同时同撰者也。始者生也，终者死也，中者今日是也。

　　君子以人事天，小人以鬼治人。以人事天者，统乎大始，理一而已。理气一也，性命一也，其继也，合于一善而无与为偶。故君子奉一以为本，原始以建中，万目从纲，有条不紊，分之秩之，两端审而功满天下。一念之诚，一心之健，推而准之于无穷，皆是物也。若其所终，则无事逆挽以求合。言满天下，行满天下，斯以为全归而已矣。故谨于知生，而略于知死。

　　若夫小人之道，则亦有一之说矣，而必先之以二。君二者，因中以归终也。"载营魄"以始，"抱一"以终；"万法"以始，"归一"以终。从多致寡，从寡致无，以鬼统人，而返人于鬼。是故期于知死，而忽于知生。先后制从之间，逆计而挽其末流，则志慑而气亦萎矣。

　　故圣人之与异端，均言一矣。彼曰"归一"，此曰"一贯"；彼曰"抱一"，此曰"一致"。抱以归者所终也，处后而从治之绩也；贯以致者所始也，处先而制法之主也。故君子君一，而小人民一。民一而未尝不一，小人乃无忌惮而以一傲君子矣。

　　是以异端必滥于鬼，而圣人必本于天。唯然，故习于小人之道以应吉凶之务者，亦君子恒顺而小人恒逆。君子之动也，荣辱贵贱、安危生死之殊绝，喜怒忧乐、酬赏重罚之淆用，敦土以旁行，安身以定交，皆本一诚以先，而洋溢敷施，万变而无必然之信果。究其所归，尧、禹异治，姬、孔异教，天下见君子之大，而不见君子之一。君得所丽，民得所纪，亦犹深宫无亵见之天颜，而比屋有可书之间党矣。

小人之动也，一荣一辱而志移，一喜一怒而情变；持两端以揣势，分两念以图全；一以为祸福而瞿然恐，一以为善恶而厌然畏。早作夜思，双行于义利而庶几其可合。机深巧售，终以自得，曰吉凶之万变于前而终归于画一之算也。则小人亦利赖其一以安矣。先利而后义，先成败而后是非。要其所君，则中庸模棱为固藏之宗主，拥戴而高居者也。

呜呼！以一为君，德主天而行主义。以二为君，德尚鬼而行尚利。鬼、利者，阴之性也。一乱其统，疾入于小人之道而不复。巽之"频"，兑之"来"，离之"沱若"，且不自保，而况其变焉者乎！

# 系辞下传第五章

## 一

天地之间，流行不息，皆其生焉者也。故曰"天地之大德曰生"。自虚而实，来也；自实而虚，往也。来可见，往不可见。来实为今，往虚为古。来者生也，然而数来而不节者，将一往而难来。一嘘一吸，自然之势也，故往来相乘而迭用。相乘迭用，彼异端固曰"死此生彼"，而轮回之说兴焉。死此生彼者，一往一来之谓也。夫一往一来，而有同往同来者焉，有异往异来者焉，故一往一来而往来不一。化机之妙，大造之不可为心，岂彼异端之所得知哉！

尝论之：天地之大德则既在生矣。阳以生而为气，阴以生而为形。有气无形，则游魂荡而无即；有形无气，则骴骼具而无灵。乃形气具而尚未足以生邪！形盛于气则壅而萎，气胜于形则浮而枵，为夭、为尪、为不慧，其去不生也无几。唯夫和以均之，主以持之，一阴一阳之道善其生而成其性，而生乃伸。则其于生也，亦不数数矣。

男女构精而生，所以生者诚有自来；形气离叛而死，所以死者诚有自往。圣人之与异端，胥言此矣。乃欲知其所自来，请验之于其所自往。气往而合于杳冥，犹炊热之上为湿也；形往而合于土壤，犹薪炭之委为尘也。所以生者何往乎？形阴气阳，阴与阳合，则道得以均和而主持之。分而各就所都，则无所施和，而莫适为主。杳冥有则，土壤有实，则往固可以复来。然则归其往者，所以给其来也。

顾既往之于且来，有同焉者，有异焉者。其异者，非但人物之生死然也。今日之日月，非用昨日之明也；今岁之寒暑，非用昔岁之气也。明用昨日，则如镫如镜，而有熄有昏；气用昨岁，则如汤中之热，沟浍之水，而渐衰渐泯。而非然也。是以知其富有者惟其日新，斯日月贞明而寒暑恒盛也。阳实而翕，故昼明者必聚而为日；阴虚而辟，故夜明者必疑而为月。寒暑之发敛而无穷，亦犹是也。不用其故，方尽而生，莫之分剂而自不乱，非有同也。

其同者，来以天地之生，往以天地之化，生化各乘其机而从其类，天地非能有心而分别之。故人物之生化也，谁与判然使一人之识亘古而为一人？谁与判然使一物之命亘古而为一物？且惟有质而有形者，可因其区宇，画以界限，使彼此亘古而不相杂。所以生者，虚明而善动，于彼于此，虽有类之可从，而无畛之可画，而何从执其识命以相报乎？夫气升如炊湿，一山之云，不必其还雨一山；形降如炭尘，一薪之粪，不必其还滋一木。有形质者且然，奚况其虚明而善动者哉？则任运自然，而互听其化，非有异也。

是故天地之以德生人物也，必使之有养以益生，必使之有性以纪类。养资形气，而运之者非形气；性资善，而所成者丽于形气。运形者从阴而浊，运气者从阳而清。清浊互凝，以成既生以后之养性，浊为食色，清为仁义。其生也相运相资，其死也相离相返。离返于此，运资于彼。则既生以后，还以起夫方生。往来交动于太虚之中。太虚者，本动者也。动以入动，不息不滞。其来也，因而合之；其往也，因往而听合。其往也，养与性仍弛乎人，以待命于理数；其来也，理数绍命，而使之不穷。其往也，浑沦而时合；其来也，因器而分施。其往也，无形无色，而流以不迁；其来也，有受有充，而因之皆备。抟造无心，势不能各保其固然，亦无待其固然而后可以生也。

清多者明，清少者愚；清君浊者圣，浊君清者顽。既已弛人而待命矣，听理数之分剂，而理数复以无心，则或一人之养性散而为数人，或数人之养性聚而为一人。已散已聚，而多少倍蓰因之以不齐。故尧之既崩，不再生而为尧；桀之既亡，不再生而为桀。藉其再生，则代一尧而国一桀矣。

清聚者，积中人而贤，积贤而圣；清散者，分圣而数贤，分贤而数中人。浊散者，分顽而数中人，分中人而数贤；浊聚者，积贤而中人，积中人而顽。清本于阳，二十五而不足，故人极于圣，而不能无养。浊本于阴，三十而有余，故人极于顽，而不知其性。又极而下之，则狗马鹿豕、蚓蠋枭獍之类充矣。要其方往而方来之际，或聚或散，固不可刻桅以问遗剑也。

使此一人焉，必死于此而生于彼，魂魄既分于升降，又各寻其合，而营营往来，交午于道，亦纷诡而必迷矣。故往之或来，来之必往，可信其自然，以为天地之大德。而往来之冲，聚散多寡之际，听乎理数之无心，则所谓"过此以往"者也。有心可亿以因心，无心无定以召亿。"未之或知"，岂复有知此者哉！虽欲知之，而不能强无心者以听我，徒眩而忧。忧而召妄，固将悲其往而幸其不来，则生老病死皆苦，抑将灭情绝识，居长策于无生矣，则又何贵乎知之耶？不必知之，而圣人之利用以贞来而善往者，固有道矣。

生化之理，一日月也，一寒暑也。今明非昨明，今岁非昨岁，固已异矣。而实而翕者，明必为日；虚而辟者，明必为月；温而生者，气必为暑；肃而杀者，气必为寒；相因以类，往来必贞。故人物之生，莫之壹而自如其恒。特其用也，阳数寡动，以喜来而大；阴数多静，以喜往而小。养与性均，以有生。养数多，下逮乎虫鸟；性数少，递杀于中人。多者不恤其往，寡者重予以来，圣人之所以必尽性而利天下之生也。

性之数既寡，而人抑不能存之，且亏替之。大宝在位，而聪明强力之足任，则为功于往来以节宣阴阳者，存乎其人矣。充性以节养，延于他日，延于他人，而要有余清；充养以替性，延于他日，延于他人，而要有余浊。故成周之刑措百年，衰晋之五胡云扰，善恶之积，亦有往来，率数百年而一复。然且圣人忧之者，化不可知而几甚危也。

是故必尽性而利天下之生。自我尽之，生而存者，德存于我；自我尽之，化而往者，德归于天地。德归于天地，而清者既于我而扩充，则有所埤益，而无所吝留。他日之生，他人之生，或聚或散，常以扶清而抑浊，则公诸来世与群生，圣人固以赞天地之德，而不曰"死此而生彼"，春播而秋获之，铢铢期报于往来之间也。

是故《诗》《书》《礼》《乐》以敦其教，纲常秩叙以峻其防，功不预拟于将来，事必先崇于今日。为坤益之，勿吝留之，正婚姻以厚男女之别，谨飨食以制饮食之度，犹日无朒朓而月有盈虚也，犹寒暑相半而和胜于寒以助温也，则圣人与天地之相斟酌深矣。

且今日之来，圣人之所珍也；他日之往，圣人之所慎也。因其来而善其往，安其往所以善其来。物之来与己之来，则何择焉！是则屈于此而伸于彼，屈于一人而伸于万世，长延清纪，以利用无穷。尺蠖之信而龙蛇之存，其机大矣。故生践形色而没存政教，则德遍民物而道崇天地。岂舍安身以求入神之效也乎？惟然，故不区画于必来，而待效于报身也；抑不愁苦于必往，而苟遁于不来也。

然则天下之淫思而过虑者，何为也哉？释守性以为己贞，老守命以为己宝，以同所异而异所同，立藩棘于荡平之宇，是亦共、欢朋党之私，屠酤固恠之情已耳。故曰："君子和而不同。"与天下万世和也，而不怙必同于己也。

然则何以见其义于咸之九四也？艮，男之成也；兑，女之成也。三、四之爻，男女相感之际，人道之终始、往来之冲，而取诸身者为心。心感而思，感思以止，秉贞而尽道之常，不安养之悦以叛性，不专己而绝物，故曰："圣人感人心而天下和平。"天下和平，则己之思虑释矣。若夫迷于"往来"之恒理，惑其"憧憧"，而固守己私，以觊他生之善，谓死此生彼之不昧者，始未尝不劝进于无恶。而怙私崇利，离乎光大以即卑暗，导天下以迷，而不难叛其君亲。圣人有忧之，故于此三致戒焉。

呜呼！圣人之时，彼说未来也，而知人思虑之淫，必有疑于此者，故早为之剖析于千岁之上，可不谓"前知"者与！列御寇西方圣人之说，又何诬焉！虽然，圣人之于此，广矣大矣，《易》道备矣，岂独为咸四言之与？

二

"归"者其所自来也，"致"者其所自往也。天下有所往非其所自来者乎？则是别有一壑，受万类之填委充积而消之，既归非其归，而来者抑数用而不给矣。由此言之，流动不息，要以敦本而亲用，恒以一而得万，不强万以为一也，明矣。

异端之言曰"万法归一"，一归何处？信万法之归一，则一之所归，舍万法其奚适哉？是可截然命之曰"一归万法"，弗能于一之上索光怪泡影以为之归。然而非也。万法一致，而非归一也，致顺而归逆也。

夫彼之为此说也，亦有所测也。谓天下之动也必增，其静也必减；其生也日以增而成，其死也日以减而灭。千章之木，不给于一塓之灰；市朝之人，不给于原阜之冢。初古之生，今日而无影迹之可举。因而疑天下之始钜而终细也。独不曰前此之未有，今日之繁然而皆备乎？

且以为由一而得万，如窍风之吹于巨壑，或疑其散而不归；浸以万而归一，如石粟之注于蠡瓢，不忧其沓而难容邪？强而归之，必杀其末以使之小，是以轻载重，以杪承干，而化亦弱丧以不立矣。

且夫"同"而"一"者非其少也，"殊"而"百"者非其多也。天下之生，无不可与道为体；天下之理，无不可与道为本。成熟扩充，以臻于光大，随所入德而皆有其大备，而量有不齐，则难易差焉。故君子择其精粹以为之统，则仁首四端而孝先百行，其大凡也。立本者，亲始者也。序立而量能相给也，亦非有一之可执以臣妾乎万有，况得有一立于万有之余，以吸万而为之藏哉！

天地之间大矣，其始终亦不息矣。盈然皆备而咸保其太和，则所谓"同归"而"一致"者矣。既非本大而末小，亦非本小而末大。故此往彼来，互相经纬而不碍。夫道，则必与天地相称也。彼之言曰"世界如腰鼓颡"矣，抑以道为两端小而中大，则是天地之两端有余，而道之中央无顿舍也，其亦不相掩以相称矣。

且其谓津液暖气之属归乎地水火风，亦既粗测夫即化之归，而要以致辨于知死。知死而不知生，是故地水火风之精粹，听往来以利天下之用，来归以为生者，顾略而不审。又恐其断灭而说不立也，则取夫既同既一之化，栉比而丝续之，曰"死此而生彼"。乃"殊途""百虑"之不可齐者，横立此疆彼界于大同之中，思其无可思，虑其无可虑，乱终始之条理，而曰"芥子纳须弥"。"纳"者不受而强致之也，亦未知芥子须弥之同原而异理也。鹜天下于往来而昧其生道，则其为害岂胜道哉！

子曰"天下同归而殊途，一致而百虑"，一本万殊之谓也。借曰"殊途而同归，百虑而一致"，则二本而无分矣。同而一者，所以来也；殊而百者，所以往也。过此以往，为殊为同，为一为百，不容知也。子曰"未之或知"，岂复有知之者？而必推本以观其往来，岂强知之哉！亦以明其不可知者而已。殊途百虑，不胜知矣。稍进而亲始不胜知者，亦可以止思虑之滥，而作"憧憧"之防。"书不尽言，言不尽意。"圣人之意，莫与绎之，将谁纪以别于异端？

# 三

下生者其本立，积之再三者其本盛，故乾坤其蔑以加矣。未至乎乾坤者，艮，阴之盛也；兑，阳之盛也；泰，阴阳之盛也。阴盛于艮，乾道乃致一而成之；阳盛于兑，坤道乃致一而成之；阴阳盛于泰，损乃致一而成之。三致一阳于上，上乃下交而为友。未盛者，授之成而不能成，欲致之而未可致也。故曰："天地纲缊，万物化醇。"时雨将至，炎气隆隆；宿霭欲消，寒清肃肃。炎之薄，而密云无以成其膏泽；寒之浅，而旭日无以成其涤清。天地且不能强致，而况于人乎？

三人行，则可损一人矣。三人损一以行，则友得矣。藉其惟一人之踽踽，欲往合而定交，非徒其损极而无以自存，佻佻之子，物亦且疑之，而孰令听之乎？故曰"介于石，不终日"；匪介于石焉，终日而犹忧其速也。武王之所以养之于十三祀，而奢定于一朝也。故曰"安其身而后动"；其身不安焉，民不与而伤之者至矣。孔子之所以天下莫与而莫能伤也。故曰"成器而动"，"动而不括"；器不成焉，弗能不括而遽释也。孟子之所以三见齐王而不言事也。

是故损之为德，俭人之所修；致之为功，惠人之所乐；友之为益，通人之所尚。而纲缊者，莫之能逮。夫纲缊者，而岂易言哉！旁薄以充阳之能，欲怒以发而不为震之"虩虩"，欲洊以至而不为坎之"不盈";凝固以厚阴之藏，欲利其入而不为巽之"纷若"，欲丽其明而不为离之"突如"；动静交贞以奠阴阳之所，欲往合其孚而不为恒之"浚"以"振"也。夫然后以之损而可损，钜桥之发，非李密敖仓之发也；以之致而可致，冏、毕之命，非襄王河阳之命也；以之友而可友，庸、蜀、羌髳、髳之合，非苏秦洹水之合也。

故威不厚者不可以恩，恩不笃者不可以威；知不彻者不可以行，行不慊者不可以知。周公七年而定宗礼，非叔孙绵蕝而创汉仪也；孔子五十而学《大易》，非王通泚笔而作《元经》也。博学不教者，内而不出；多闻而阙者，必慎其余。道溢于事，神充于形。神充于形，则不谓之耳目而谓之聪明；道溢于事，则不谓之功名而谓之学问。

故损其有余以致诸天下之不足，雷雨之屯犹惜其不满，火风之鼎犹虑其不足以安。然后行者其三人也，非睘睘而呼将伯也；致者可一人也，非连鸡而相观望也。故曰"乾道成男，坤道成女"，震、巽、坎、离让其成以俟艮、兑久矣。偕行者众，而投之于可迁之地，求之不深，足之不折，天地且然，而况于人乎？

大哉！絪缊之为德乎！阳翕以固，景融所涵，极碧霄，达黄垆，而轮囷不舍。阴辟以演，滋膏所沁，极碧霄，达黄垆，而洋溢无余。不息者其惟诚也，不间者其惟仁也，不穷者其惟知也。

故君子以之为学，耄勤而不倦；以之为数，循循而不竭；以之为治，彻百姓之场圃筐簾而皆浃乎深宫之志；以之为功，体万方之壶浆歌舞而毋贰其旄钺之心。而后道侔于天，而阳施于首出；德均于地，而阴畅于黄裳；天下见其致而乐其仁，天下见其损而服其义，天下见其一而感其诚。亦孰知损之而不匮，二阳仍定位于下。致之而不劳，三、上非用爻。自有其植本之盛乎？

"三"者，数之极也，天地人之合也；"行"者，动之效也，阴阳之和也；"损"者，有余之可损也；"致"者，致之所余而能受也；"得其友"者，交无所歉而后无所疑也。皆絪缊之所可给也。致其一焉，斯醇矣。故举天地之大德，万物之生化，而归之于损三，岂虚加之哉！

# 系辞下传第六章

道之见于数者，奇偶而已矣。奇一偶二，奇偶合而三，故八卦之画三，而数之分合具矣。

然此者，数之自然，未能以其德及乎天下也。推德以及天下，因其自然而复为之合。三亦奇也，偶其所奇而六，故六十四卦之画六，而天地之德合。合以成撰，撰备而体不缺，德乃流行焉。二其三，三其二，而奇偶之变具矣。

然此者，天地之德固然，人未有以与之也。迓天地之德，以人谋参之，因其固然而复为之合。六亦偶也，奇其所偶而十八，故四营之变十有八，则三极之往来尽矣，而奇偶之分合止矣，过此者皆统于此矣。

要而论之，奇偶合用以相乘，《易》与筮均是物也。筮者，人之迓天者也；三其六，以奇御偶，圆数也，圆而神者以通神明之德。《易》者，天地固然之撰也；二其三，以偶御奇，易简之数也，易以贡者以体阴阳之物。故筮用十八，而《易》尽于六。六则德以合矣，体以全矣，无有缺焉，抑岂有能缺者哉？

夫阳奇阴偶，相积而六。阳合于阴，阴体乃成；阴合于阳，阳体乃成。有体乃有撰。阳亦六也，阴亦六也。阴阳各六，而见于撰者半，居为德者半。合德、撰而阴阳之数十二，故《易》有十二；而位定于六者，撰可见，德不可见也。阴六阳六，阴阳十二，往来用半而不穷。其相杂者，极于既济未济；其相胜者，极于复、姤、夬剥；而其俱见于撰以为至纯者，莫盛于乾坤。故曰："乾坤，其《易》之门邪！"

乾之见于撰者六阳，居以为德者六阴；坤之见于撰者六阴，居以为德者六阳。道有其六阳，乾俱见以为撰，故可确然以其至健听天下之化；道有其六阴，坤俱见以为撰，故可隤然以其至顺听天下之变。尽见其纯，以受变化之起，则天下之相杂相胜者生矣。借非然而已杂已胜矣，天下亦且日以杂胜为忧，而务反之纯，安能复与之为相杂而为相胜乎？故门立，而开阖任乎用。牖无阴，开而不能阖；墙无阳，阖而不能开。德不备而撰不能以相通矣。

由此观之，阴阳各六，而数位必十有二，失半而无以成《易》。故因其撰，求其通；窥其体，备其德；而《易》可知已。于乾知六阴，于坤知六阳也，其杂胜也，能杂于六，而有能越于十二者哉？

何以明其然也？《易》以称天地之量，而不能为之增减。增者外附，而量不容；减者内馁，而量不充。乾无六阴，阴从何来？而坤为增矣。坤无六阳，阳从何来？而乾为增矣。相胜者，夬、姤一阴，而五阴何往？复、剥一阳，而五阳何归？相杂者，阴阳之或少或多，已见者在，而未见者何亡？以为本无，则乾坤加于数外矣。以为本有，则余卦宿于象中矣。以为一有而一无，一多而一寡，则无本之藏，离合起灭于两间，亦妖眚之不数见，而疢疟之时去来矣。

夫由乾而知道之必有六阳也，由坤而知道之必有六阴也，乾坤必有而知数位之十二皆备，居者德而见者撰也。是故有往来而无死生。往者屈也，来者伸也，则有屈伸而无增减。屈者固有其屈以求伸，岂消灭而必无之谓哉？

阴阳各六以为体，十二相通以合德，而可见者六以为撰。既各备其六以待变化，故不必其均而杂胜起。要非可尽之于可见，而谓爻外无位，位外无数乎？爻外有阴阳，杂者岂忧其越哉？由可以来，知其未来者之必有数以储俟；由可以往，知既往者之必有位以居停；由相胜相杂而不越于乾坤，知未见之数位与已见者而相均。爻外有阴阳，而六外有位，审矣。

然可见者，所撰者也。有撰者可体，故未有撰者可通。圣人依人以为则，准见以为道，故曰："过此以往，未之或知也。"未过此者可知以所见，形色之所以为天性，而道之所以不远人与！

今夫门有开阖，则近而比邻，远而胡、越，皆可用吾往来也。今有人焉，行不自门，驰魄飞形而以往以来，为怪而已矣。故用而可见者以为之门，乾坤各见其六以待变化之起，则亦民行济而得失明矣。若其实有夫十二者，则固不可昧也。故学《易》者设十二位于向背之间，立十二数于隐见之异，以微显阐幽，则思过半矣。

# 系辞下传第七章

时有常变，数有吉凶。因常而常，因变而变，宅忧患者每以因时为道，曰"此《易》之与时盈虚而行权"者也。夫因常而常，气盈而放逸；因变而变，情虚而诡随；则常必召变，而变无以复常。今夫月之有盈虚也，明之时为生死，而魄自贞其常度也。借明死而遂失其十有三度之节，则终古虚而不足以盈矣。而何云"因变而变"邪？故圣人于常治变，于变有常，夫乃与时偕行，以待忧患。而其大用，则莫若以礼。

礼之兴也于中古，《易》之兴也亦于中古。《易》与礼相得以章，而因《易》以生礼。故周以礼立国，而道肇于《易》。韩宣子观《易》象与《春秋》，而曰"周礼尽在鲁矣"，殆有以见其然也。

《易》全用而无择，礼慎用而有则。礼合天经地纬，以备人事之吉凶，而于《易》则不敢泰然尽用之，于是而九卦之德著焉。《易》兼常变，礼惟贞常。《易》道大而无惭，礼数约而守正。故《易》极变而礼惟居常。

其以中古之天下已变矣，变不可与变，则莫若以常。是故谨于衣裳袂裣，慎于男女饮食而定其志，则取诸履；哀其多以为节，益其寡以为文，执平施之柄，则取诸谦；别嫌明微，克己而辨于其细，则取诸复；失位而必应，涉于杂乱而酌情理以不拂于人心，则取诸恒；柔以惩忿，刚以窒欲，三自反以待横逆，则取诸损；因时制宜，如风雷之捷用而条理不穷，则取诸益；君子为小人所掩，守礼自尽，不竞而辨，则取诸困；挹之于此，注之于彼，施敬于人而不孤恃其洁清，则取诸井；情之难格，行之以顺，理之已正，出之以让，权度情理，以入乎险阻，则取诸巽。

夫九卦者，圣人以之实其情，酌其理，束其筋骸以强固，通其志气以清明，岩岩乎其正也，折折乎其安也，若不知有忧患之故，而卒以之涉忧患，而道莫尚焉。盖圣人反变以尽常，常立而变不出其范围，岂必惊心耀魄于忧患之至，以与为波靡也哉？

故得舆如剥，中行如夬，在苦而甘如节，有积而必散如涣，乃至飞于天而如乾，行于地而如坤，非无以大治其变者而有所不敢用，则以智勇加物而己未敦，道义匡物而情未协，固不如礼之尽诸己而达于情，为能约阴阳之杂而使之整也。故晏子曰："惟礼可以已乱。"刘康公曰："威仪所以定命。"安危之理，生死之数，于此焉定矣。

夫礼，极情守经以用其盛，非与忧患谋，而若与患忧反。故世俗之言曰"救焚拯溺而用乡饮酒之礼"。诮其不相谋而相反也。而非然也。苟乡饮酒之礼行焉，君子以叙，小人以睦，闾井相亲，患难相恤，于以救焚拯溺也，固优为之，岂必求焦头从井之功于饮博椎埋之攘臂者乎？变者其时，常者其德。涉其迹者疑其迂，体其实者知其大。而奈何曰"因变而变，而奚礼为"也？

老子曰："礼者忠信之薄而乱之首也。"因之以剖斗折衡，而驵侩乱于市；因之以甘食美居，而嗜欲乱于堂。诈伪方兴，而愚天下以乘其变，而天下亦起而愚之矣。文王因之，则无以事播恶之主；周公因之，则无以革淫酗之俗；孔子因之，则无以惧乱贼之党。故三圣人者，本《易》以制礼，本礼以作《春秋》，所谓以礼存心而不忧横逆之至者也。

且夫圣人之于礼，未尝不因变矣。数盈则忧患不生，乃盈则必溢，而变在常之中；数虚则忧患斯起，乃虚可以受，而常亦在变之中。故天地必有纪，阴阳必有序。数虽至变，无有天下地上、夏寒冬暑之日也。圣人敦其至常而不忧，则忠信无往而不存，斯以厚其藏而物咸受治，亦因乎理之有定者焉尔。

彼驰骋天下而丧其天则者：一为聃、周之徒，游万物而自匿，则以礼为薄；一为权谋之士，随万物而斗智，则以礼为迂。此李斯之所以亡秦，而王衍诸人之所以祸晋也。而末世之忧患不瘳矣。

# 系辞下传第八章

经文"其出入以度外内"句、"使知惧"句，详见《稗疏》。俗以"其出入以度"断句者不通。

今且设神物于前而不能自运也，登爻象于书而不能自诏也，立位于六而不能使数之即位也，该数于奇偶而不能使位之受数也，然则兴神物、合爻象、奠数于位、通位于数以用《易》者，岂非人哉？故曰："苟非其人，道不虚行。"

是故六位无常，刚柔相易，其变亦大矣。天地固有其至变，而存之于人以为常。尽天地之大变，要于所谋之一疑；因所谋之一疑，通天地之大变。变者非所谋，谋者不知所变。变在天地而常在人。

四营十八变之无心，人自循其常耳，非随疑以求称所谋而酌用其多寡也。执常以迎变，要变以知常。故天地有《易》而人用之，用之则丽于人，而无不即人心之忧。故曰：变在天地，而常在人。

若夫世之言《易》者，居而不迁：居之以律，居之以气，居之以方，居之以时，则是《易》有常而人用之以变也。于变以得常，则人凝性正命，以定阴阳之则；取常以推变，则人因仍苟且，以幸吉凶之移。故彼言《易》者，有吉凶而无忧患，历忧患而不知其故。盖外内有定形，不从其出入以致吾度，数伸而理屈，罔于其故而莫知所惧，而何以云"洁静精微，《易》之教也"哉？

夫立法以制之从，师保之职也；从无造有以成其性命，父母之道也。父母无心以授之生，而必与以成；师保立法以导之从，而不保其往；故师保不足以配父母之大。《易》以无心之变为其生生，授人以变，而人得凝以为常，明其故以处忧患，而非但示以吉凶。则如所性之受于父母，而尽之在我，不仅趋其所趋，避其所避，规规然奉师保之诏以为从违，而冀以去祸而就福。故《易》者，正谊明道之教，而非谋利计功之术也。神道以教，而用终在人。典常在率辞之后，而无有典要立于象数之先。然则邵子且未之逮也，而况京房，管辂之徒乎！

# 系辞下传第九章

夫象者材也，爻者效也。效者，材之所效也。一木之生，枝茎叶花合而成体者，互相滋也；一车之成，辐毂衡轴分而效用者，功相倚也。其生也，不相滋则破而无体；其成也，不相倚则缺而废用。故爻倚象以利用，抑资于象以生而成体。吉凶悔吝之效，未有离象以别有指归者也。故曰："观其象辞，则思过半矣。"

有如曰："《易》者意也。意者，乘人心之偶动而无定则者也。"无定则以求吉凶之故，抑将索之位与应而止。比之初亦坤之初矣，履之五亦乾之五矣。位齐应均，而情殊道异，则位岂有定，而应岂有准哉！

夫筮以得象，则自初至上而积为本末。《易》之有卦，则六位皆备，而一成始终。积以相滋，而合之为体，是故象静而爻动，动者动于所静，静者固存也。仅乘其感，以据所处之位而为得失，感之者无本，据之者滞，将任天下之意知，诡天则以为善败，恶能原始要终，以为通变之质乎？是君子以人合天，而不强天以从人，则奈何舍所效之材，以惟意是徇耶？

夫《易》，广矣，大矣。学《易》者或有所择矣，然亦择材而非择效。择材则专，择效则固也。故颜子用复，曾子用泰，以择德也。文王、箕子同事暗主则皆用明夷，既济、未济共临坎险则胥伐鬼方，以择用也。择德者从其性之所近，择用者从其心之所安，咸必其材之具成，而后始成乎其章。故利用者，亦以静为主，而动于其静。故动亦大矣，非乘于一效之偶著，而舍所主以从之，为能应天下之赜也。盖静者所生，动者其生。生于所生，则效固因材而起矣。

乾惟利贞，是以上过贞而龙亢。坤唯先迷，是以初在迷而履霜。师利丈人，是以三稚而舆尸。履阳不疚，是以阴孤而虎咥。复期七日，是以上失期而君凶。剥戒攸往，是以五承宠而得利。遁小利贞，是以二能执革。壮宜大正，是以五必丧羊。夬无即戎之功，是以前趾而不胜。姤非取女之道，是以无鱼而起凶。萃亨于大人之见，是以三、上遇小而咨嗟。升志在南征之行，是以上六北辕而不富。兑道在贞而乖于苟说，故三凶于上。巽命必申而利于攸往，故四吉于初。

凡此者，或《象》方致誉，而爻以凶；或《象》非有功，而爻无惧。然且即《象》以推，存亡具在，况其相因以起义，《象》爻道合，如无首之后夫，女贞之中馈者哉！然则《象》外无爻，而效必因材也，不亦审与！

唯析《象》爻以殊物，则抑谓三圣之异宗。多歧既以亡羊，后来弥多标指，故且曰"有文王后天之《易》，有庖羲先天之《易》"。天且剖先后以异道，而况于圣人！则羲、文自为门户，周、孔各为朋党，亦奚恤哉！

彼将曰"《易》者意也，圣人各以其意遇之也。"圣人有其意，则后之为术数异端者亦可有其意矣。私意行则小智登，小智登则小言起。故或以律为《易》，或以兵为《易》，或以节候为《易》，或以纳甲为《易》，或以星度为《易》，既偶测其偏，而纳全体于一隅；由是而王辅嗣以重玄为《易》，魏伯阳以炉火为《易》，李通玄以十玄六相为《易》，则滥淫于妄，而诬至道以邪辞，亦曰"意至则《易》存，意不禁则《易》无方"。故《易》讼于庭而道丧于室，非一晨一夕之故矣。

且夫《象》之效而为爻，犹爻之效而为变也。极四千九十六于三百八十四之中而无异占，极三百八十四于六十四之中而岂有殊旨哉！焦延寿尝屑屑以分矣，卒无别研之几，故但有吉凶而无忧患之故，则亦恶用此纷纷射覆者为也！

故君子之于《易》也博，用其简；细人之于《易》也锢，用其繁。用其简，则六十四《象》之中以备杂物撰德而不遗；用其繁，则极延寿之四千九十六占，以迄于邵子万万有奇之策，以测其始终本末而不能该。故曰："观其《象辞》，则思过半矣。""易简而天下之理得。""日新"、"富有"，岂他求之哉！

或曰："元亨利贞，《象》与《文言》殊矣，则文王、孔子非异意与？"曰："四德者，合体用而言之也。体一成，而用有先有后，有生有成。仁生礼，义成信，故"元亨"，以元故亨，"利贞"，贞而得利。二篇之辞，终无曰"元利"而"贞亨"者，体用相因之序也。《文言》四德之目，又岂邵子四块八方、瓜分瓦合之说邪？而又何疑焉！

# 系辞下传第十章

"悉备"者，大全统乎一端，而一端领乎大全也。《易》之六位，有天道焉，有地道焉，有人道焉，为《易》所备，而非奉以为典要也。

道一成而三才备，卦一成而六位备。六位备而卦成，三才备而道成。天地有与来，而人有与往。都往来之通，凝天地之交，存乎其中，人乃以肖道而主天地。凝而存之，成位乎中，故于德有中焉，于位有中焉。德有中，贞之以二为中也；位有中，悔之以五为中也。然德位有定矣，神而明之，通人于天地，非有定也。时在退，初、四但为藏密之人事；时在进，三、上俱为尚往之人谋。故曰：三才之道，《易》所悉备，而非有典要之可奉也。

且夫天地之际，间不容发，人与万物，皆天地所沦肌浃髓以相涵者也。道所必动，生生者资二气以蕃变之。乃物之生也，因地而形，因天而象，赅存乎天地，不能自有其道而位亦虚。人之有道也，成性存存，凝继善以妙阴阳之会，故其于天地也，数有盈虚，而自成乎其道。有其道者有其位，无异本者无异居。故可别可同，而与天地相往来焉。喜德者，阳之生；怒刑者，阴之发。情以盛之，性以主之。于天地之外而有道，亦入天地之中而备其道，故人可乘六位以御天而行地。故天地之际甚密，而人道参焉。相容相受，而人终不自失。别而有其三，同而统乎人。《易》之所以悉备乎广大也。

今夫凡言位者，必有中焉，而《易》无中，三之上、四之下无位也；凡言中者，必一中焉，而《易》两中，贞之二，悔之五皆中也。无中者散以无纪，而《易》有纪；两中者歧而不纯，而《易》固纯。

何以明其然也？有中者奇，无中者偶，奇生偶成。聚而奇以生，散皆一也；分而偶以成，一皆散也。故曰："喜怒哀乐之未发谓之中。"未发者，四情合一，将盈天下皆一，无非中矣；已发者，各形为理，将盈天下皆道，不见中矣。朴满一实，终始内外，浑成一中，而无有主辅之别，当位皆实，中不可得而建焉。故《易》立于偶以显无中之妙，以著一实之理，而践其皆备者也。一中者不易，两中者易。变而不失其常之谓常，变而失其常，非常矣。故曰："执中无权，犹执一也。"

中立于两，一无可执，于彼于此，道义之门。三年之哭无绝声，哀亦一中矣；燕射之礼无算爵，乐亦一中矣。春补秋助而国不贫，恩亦一中矣；衅社挐戮而民不叛，威亦一中矣。父师奴，少师死，俱为仁人；伯夷饿，太公封，俱为大老。同其时而异其用，生死进退而各一中矣。则各致其一而皆中也。

其不然者，移哀之半，节乐之全，损恩之多，补威之少，置身于可生可死之中，应世以若进若退之道，乃华士所以逃讥；而见一无两，可其可而不可其不可，畸所重而忘其交重，则硁硁之小人所以自棘其心也。

一事之极致，一物之情状，固有两途以合中，迹有异而功无殊。两中者，尽事物而贞其至变者也。故合体天地之撰而用其盈，则中之位不立，辨悉乾坤之德而各极其致，则中之位可并设而惟所择。故曰：三才之道，大全统乎一端，而一端领乎大全也。非达乎天人之际者，无以喻其深矣。

若陋者之说《易》曰："初为士，二为大夫，三卿，四公，五天子，上宗庙。"或曰："三为臣，五为君，上为师。"以人之位，限天之理；以物之滞，锢道之灵。技术之鄙，训诂之愚，学《易》者斥而绝之久矣。

# 系辞下传第十一章

夫以易心而行危道者，汤、武是已。其行危，其时盛，故处危而不疑。处危不疑，道一而已矣。顺百姓之心，而无惭于后世；承非常之庆，而不背于先猷。以德以福，一而已矣，故道不疑而心恒易。其心易者其辞易，故《书》简而直，《诗》至而和。

若夫以危心而行危道者，其惟文王乎？其君明夷也，其世密云也，决于飞而非其小心，安于潜而无其余位，进则革命于崇朝，退则不保其囚戮。季历之事，势不能为；武王之举，心不忍发；迟回郑重，终守侯服。非仅末世难济之可忧，抑亦盛德难终之足恤矣。盛德欲终，惧以终始，则心不敢易而疑生焉。心不易者词不易，故岐土无诗，崇征无誓，简直和至之言沮，而洁静精微之义著也。呜呼！此文王之所以为盛德也。

灵承者天，周知者人，昭对者心。以俯以仰，以外以内，以出以入，而皆有参差两不相承之数，则疑天疑人，而还自疑其心。于是精白齐被，疑其所疑，舍天人之信，而迄用其疑。是故《易》者，谋天下之疑也。谋天下之疑，道恒不一。不一，故大。大，故百物备焉。阴阳之险阻，祥变之消长，悔吝之往来，可生可死，可危可安，可难可易，一皆象数之固然，为百物之自有。阅百物而莫不自有其道，故进不必为武王，退不必为季历，以退让事天，以忧闵恤人，以战栗存心，无所从违而道乃定。故备百物以安于数，要危惧以养其德。安数者乐天，养德者敦仁，尽仁知于震动之介，而德终以不衰。

是故以德，则文王阳也，纣阴也；以位，则殷阳也，周阴也。有德不恃，故阳亢而戒其灾，阴中而幸其有庆；守位不革，故阳失当而代为之忧，阴乘时而不欲其长。命与义争而命胜者，天也；理与命争而理胜者，文王也。争则危，危则疑。疑以教天下之疑，而民用之，吉凶悔吝，咸得用其疑以存忧患而审几微。抑将曰天下之大疑，有甚于文王与纣之事者乎？而文王犹然其无咎矣，则危何不可使易？倾何不可使平？研几于百物不废之中，而载惧以终始，则亦何咎之有哉！故文王以西伯终，《周易》以未济终，惧以终也。

自公羊高谓文王受命称王，而异说滋。董仲舒、何休、蔡邕附会而为之征，而圣人之道隐。夫文王受理而不受命。假使受命而不必受理，则道一而无疑，事不危而辞易，陈诗以歌先公之德，称誓以暴独夫之罪，当不俟武王而早为之矣。乃斤斤然仅托危辞于《易》象乎？

六国亡，秦欲亟自尊以争衰周之统，九鼎、三川未亡，早计而捷得之，故为之说曰，"先受命而后伐商"，以自文其僭诞也。汉儒因之，不亦愚乎！武王有《诗》《书》，文王有《易》，圣人之情见乎辞矣。

# 系辞下传第十二章

阳健阴顺，积阳以纯健而乾成，积阴以纯顺而坤成。积故能至，纯故至，而天下之至者莫至也。至健而易，至顺而简，易简而险阻知，唯其纯也。

若夫一变而六子，再变而五十六卦，阴阳多少之数畸而不积，杂而不纯，然且吉凶定而亹亹成，以分功于乾坤，则何也？

曰：因此而知阴阳之数，凡卦而皆六，未有缺矣。阴阳各六而十二，其来也有位，其往也必有居。以其来知其往，亦因而知向背之位，凡卦皆十二位，而未有缺矣。

昨日谋之，今日行之，是行者来之位，谋者往之位也。今日行之，他日改之，是行者来之位，改者往之位也。不可见而有其理，方可见而有其事。理与事称，六位相准而必均。然而盈虚多寡之不齐，则谋与行舛错于物变，而行与改参差于事情也。理与事称，吉凶非妄，而事有理。事与理称，吉凶不虚，而理有事。事有合离，理有柔刚，理事各半。事在理之中，而居理之半；理在事之中，而居事之半。合离柔刚各分其所半，互相乘以成乎半。故阴阳之各六，与十二位迭运于往来而相若焉。

数与位之相若，则与六位相若也，与一位亦相若也。故一往一来，而健顺之至者，恒一成具在而无不足。往来相期，存发相需，多寡相倚，理事相符。有其至积，成其或畸，有其至纯，治其或杂。六子五十六卦，皆具六阴六阳于向背之六位，无不具者无不至，无不至者无不知，而又何疑焉？

老阳之积，老阴为冲，少阴为委。老阴之积，老阳为冲，少阳为委。其冲也，道以配而相制；其委也，道以渐而不穷。故用九用六之余于爻外，输其委也；八错五十六综，反其冲也。有所可输，有所必反。是阴阳本至，而一日、一事无或歉缩矣。一日无缩，一事无歉，故可尽无穷于一象，而皆其健顺之至。用其往者以待其来，居其来者以听其往，故阴阳无极盛不复之理，恒用其半以运于无穷。而纯以必杂，杂而不失；积以必畸，畸而不亡。数赅而存，位留而有待。故乾可以有坤，坤可以有乾，乾坤可以有六十二卦，六十二卦可以有乾坤。乾坤恒有，则健顺恒至，恒至而恒无不知，则六十二卦之效法听治于一存一发之乾坤，而又何疑乎？

且夫天下何以有险阻耶？健者过刚以峻岌，阴往遇之，坚峭而不能入，则阻生；顺者过柔以湏弱，阳往莅之，沉没而不能出，则险生。是险阻者，阴阳德行之固有，而相交不偶之必然也。

健以成阻，顺以成险。当其至，则本天亲上，本地亲下，相与应求，而德位称所驰骋，故乾易而未有险，坤简而未有阻。其偶有者，亦初、上之即于冲委尔。及其积者可畸而必畸，纯者可杂而必杂，畸杂以交相遇莅，阴行于阳而触于峻岌，阳行于阴而陷于湏弱。险阻者，六十二卦之固有也。

因其畸杂而险阻生，有其至足而险阻在。相敌则疑，偏孤则忧。以至生不至，则险阻起；以至治不至，则险阻消。消之者，即其起之者也。健顺本予天下以险阻，按其怀来，知其情伪，达其性情，辨其药石。使非至足者交乘乎向背以相往来，亦孰从于其不足知其有余，于其有余知其不足，以备悉乎险阻之故，而通其消息哉？

夫不至而险阻生，至而易简得。不至者因于至，故险阻亦至者之必有，易简亦不至者之赅存。向背往来，蒸变参差而无所少，其数全也，其位全也，数全、位全，而时亦全也。故曰：无有乾而无坤之一日，无有坤而无乾之一日，无阴阳多少不足于至健至顺之一日。要所用者恒以其数位之半，相乘于错综而起化。故气数有衰王而无成毁，蒸陶运动以莫与为终始，古今一至，而孰有不至者哉？

邵子曰："天开于子，消于亥；地辟于丑，消于戌。"不知至健之清以动者，何容施消？至顺之浊以静者，何所以受其消也？此殆陈抟狎侮阴阳之言，非君子之言理气之实也。

# 周易外传卷七

## 说　卦　传

### 一

天下有截然分析而必相对待之物乎？求之于天地，无有此也；求之于万物，无有此也；反而求之于心，抑未谂其必然也。故以此深疑邵子之言《易》也。

阴阳者二仪也，刚柔者分用也。八卦相错，五十六卦错综相值，若是者，可谓之截然而分析矣乎？天尊地卑，义奠于位；进退存亡，义殊乎时；是非善恶，义判于几；立纲陈常，义辨于事；若是者，可谓之截然而分析矣乎？

天尊于上，而天入地中，无深不察；地卑于下，而地升天际，无高不彻。其界不可得而剖也。进极于进，退者以进；退极于退，进者以退。存必于存，邃古之存，不留于今日；亡必于亡，今者所亡，不绝于将来。其局不可得而定也。天下有公是，而执是则非；天下有公非，而凡非可是。善不可谓恶，盗蹠亦窃仁义；恶不可谓善，君子不废食色。其别不可得而拘也。君臣有义，用爱则私，而忠臣爱溢于羹墙；父子有恩，用敬则疏，而孝子礼严于配帝。其道不可得而歧也。

故麦秋于夏，萤旦其昏，一阴阳之无门也。金炀则液，水冻则坚，一刚柔之无畛也。齿发不知其暗衰，爪甲不知其渐长，一老少之无时也。云有时而不雨，虹有时而不晴，一往来之无法也。截然分析而必相对待者，天地无有也，万物无有也，人心无有也。然而或见其然者，据理以为之铢两已尔。

今夫言道者而不穷以理，非知道者矣；言道者而困其耳目思虑以穷理于所穷，吾不敢以为知道者也。夫疏理其义而别之，有截然者矣；而未尽其性也，故反而求之于吾心无有也；而未至于命也，故求之于天地无有也，求之于万物无有也。天地以和顺而为命，万物以和顺而为性。继之者善，和顺故善也。成之者性，和顺斯成矣。

夫阴阳者呼吸也，刚柔者燥湿也。呼之必有吸，吸之必有呼，统一气而互为息，相因而非反也。以燥合燥者，裂而不得刚，以湿合湿者，流而不得柔，统二用而听乎调，相承而无不可通也。呼而不吸，则不成乎呼；吸而不呼，则不成乎吸。燥之而刚，而非不可湿；湿之而柔，而非不可燥。合呼吸于一息，调燥湿于一宜，则既一也。分呼分吸，不分以气，分燥分湿，不分以体，亦未尝不一也。

是故《易》以阴阳为卦之仪，而观变者周流而不可为典要；以刚柔为爻之撰，而发挥者相杂而于以成文；皆和顺之谓也。和顺者性命也，性命者道德也。以道德徙义，而义非介然；以道德体理，而理非执一。大哉和顺之用乎！

故位无定也：坤位西南而有东北之丧，小畜体乾巽而象西郊之云，解体震坎而兆西南之利，升体坤巽而得南征之吉；行六十四象于八方之中，无非其位矣。序无定也：继乾坤以屯蒙，而消长无端，继屯蒙以需讼，而往来无迹；运六十四数于万变之内，无非其序矣。

盖阴阳者，终不如斧之斯薪，已分而不可复合；沟之疏水，已去而不可复回；争豆区铢累之盈虚，辨方四圜三之围径，以使万物之性命分崩离析，而终无和顺之情。然而义已于此著矣。秩其秩，叙其叙，而不相凌越矣。则穷理者穷之于此而已矣。

今夫审声者，辨之于五音，而还相为宫，不相夺矣。成文者，辨之于五色，而相得益彰，不相掩矣。别味者，辨之于五味，而参调以和，不相乱矣。使必一宫一商，一徵一羽，序而间之，则音必暗；一赤一玄，一青一白，列而纬之，则色必黯；一苦一咸，一酸一辛，等而均之，则味必恶。取人禽鱼兽之身，而判其血气魂魄以各归，则其生必死；取草木果谷之材，而齐其多少华实以均用，则其效不成。子曰："使回多财，吾为尔宰。"假令邵子而为天地宰也，其成也毁，其生也死，又将奚赖哉？

故参天两地，一义也；兼三才而两之，一义也；分以两，挂以奇，变以十八，一义也；天地山泽雷风水火之相错，一义也；出乎震，成言乎艮，一义也；始以乾坤，历二十六卦而继以坎离，历二十卦而继以震艮，历四卦而继以巽兑，一义也。皆命之所受，性之所成，和顺因其自然，而不限以截然分析之位者也。

理数既然，则道德之藏，从可知已。诚斯几，几斯神。几不可期，神不可测，故曰："神无方而《易》无体。"故疑邵子者，非徒疑之于性命也，且疑邵子之于理也，执所见以伸缩乎物，方必矩而圜必规，匠石之理而已矣。京房分八宫为对待，不足于象，而又设游魂、归魂以凑合之，尤其不足言者也。

故所恶于执中之无权者，唯其分仁义刚柔为二而均之也。穷理而失其和顺，则贼道而有余。古今为异说不一家，归于此而已矣。

## 二

两间之有，孰知其所自昉乎？无已，则将自人而言之。今我所以知两间之有者，目之所遇，心之所觉，则固然广大者先见之；其次则其固然可辨者也；其次则时与相遇，若异而实同者也；其次则盈缩有时，人可以与其事，而乃得以亲用之者也。

是故寥然虚清，确然凝立，无所不在，迎目而觉，游心而不能越，是天地也。故曰"天地定位"，谓人之始觉知有此而位定也，非有所在有所不在者也。

有所不在者，平原斥碛之地，或穷年而不见山，或穷年而不见泽。有所在，故舟居而渔者，穷年见泽而不见山；岩栖而鉏者，穷年见山而不见泽。乃苟见之，则一如天地之固然，峙于前而不移也。故曰"山泽通气"，陟山而知地之固不绝于天、临泽而知天之固不绝于地，非截然分疆而不相出入也，固终古恒然，无与为期者也。

抑有不可期而自有期者，遇之而知其有，未遇不知其何所藏也。盖阴阳者恒通，而未必其相薄，薄者其不常矣。阳欻薄阴而雷作，阴欻薄阳而风动，通之变也。变则不数与之相遇，历时而知之，始若可惊，继乃知其亦固然也。故曰"雷风相薄"。惟其不可期也，而为两间之固有，其盈也人不得而缩之，其缩也人不得而盈之；为功于万物，而万物不得执之以为用。若夫阳燧可致，钻木可取，方诸可聚，引渠可通，炀之瀹之而盛，扑之陻之而衰，虽阴阳之固然，而非但以目遇，以心觉也，于是而始知有水火，故终之曰"水火不相射"，合致其功于人，而人以合阴阳之感者也。

可亲者顺之德，有功者健之德。道定而德著，则曰"山泽通气，雷风相薄，水火不相射"；德至而道凝，则曰"水火相逮，雷风不相悖，山泽通气"。其理并行而不相拂矣。

夫动乎暄润之几，成乎动挠之用，底乎成以欣说乎有生，此变化以成物有然者，然而非己所固然而见其然矣。无已，则察乎他物以知之。固然而有天地，见其位定；固然而有山泽，见其气通；时而知有雷风，见其相薄；与其事而亲之以有功，则知有水火，疑其相射而终不相射也。此人之所目遇而心觉，知其化有然者。

惟然，故"先天、后天"之说不可立也。以固然者为先天，则以次而有者其后矣。以所从变化者为先天，则已成者为后矣。两者皆不可据也。以实言之，彻乎古今，通乎死生，贯乎有无，亦恶有所谓先后者哉！无先后者，天也，先后者，人之识力所据也。在我为先者，在物为后；在今日为后者，在他日为先。不贰则无端委之殊，不息则无作止之分，不测则无渐次之差。故曰："神无方而《易》无体。"

东西南北者，人识之以为向背也。今、昔、初、终者，人循之以次见闻也。物与目遇、目与心谕而固然者如斯，舍所见以思所自而能然者如斯，要非理气之但此为先，但此为后也。

理之御气，浑沦乎无门，即始即终，即所生即所自生，即所居即所行，即分即合，无所不肇，无所不成。彻首尾者诚也，妙变化者几也。故天之授我以命，今日始也；物之受性于天，今日始也；成形成色，成生成死，今日始今日终也。而君子以之为体天之道：不疑未有之先何以为端，不亿既有之后何以为变，不虑其且无之余何以为归。夭寿不贰而死生贞，学诲不倦而仁智定。乃以肖天地之无先无后，而纯乎其天。不得已而有言，则溯而上之，顺而下之，神明而随遇之，皆无不可。而何执一必然之序，隐括大化于区区之格局乎？

"天地定位"至"八卦相错"为一章，"数往者顺"三句为一章。《本义》拘邵子之说，合为一章。其说牵强支离，出于陈抟仙家者流，本不足道，而邵子曰此伏羲八卦之位。伏羲至陈抟时，将近万年，中间并无授受，其诞可见。盖抟师吕岩，或托云"伏羲不死而授之嵩"也。

# 三

象自上昭，数由下积。夫象数一成，咸备于两间，上下无时也，昭积无渐也，自然者无所谓顺逆也。而因已然以观自然，则存乎象；期必然以符自然，则存乎数。人之仰观俯察而欲数之，欲知之，则有事矣。有事则有时，有时则有渐故曰：象自上昭，数由下积。

象有大小，数有多寡。大在而分之以知小，寡立而合之以为多。象不待合小以知大，数不待分多以知寡。是犹掌与指也：立全掌之象于此，而拇、食、将、无名、季指之别，粲乎分之而皆可知。掌象不全，立一指焉，弗能知其为何指也。若以数计指也，则先拇以为一，次食以为二，次将以为三，次无名以为四，次季以为五，而后五数登焉。未有先五而后得四三二一者也。

故象合以听分，数分以听合也。合以听分，必先上而后下；先下而后上，则上者且为下所蔽矣。分以听合，必先下而后上；先上而后下，则下者枵而上无所载矣。象，阳也；数，阴也。日月之照，雨露之垂，自高而及下；人物之长，草木之茂，自卑以至高。

是故《畴》成象以起数者也，《易》因数以得象者也，《畴》，人事也，而本乎天之自然；《易》，天道也，而行乎人之不容已。《畴》因《洛书》，起九宫而用阳；《易》因《河图》，以十位合八卦而用阴。《畴》以仿，《易》以谋。仿务知往，谋务知来。《畴》征而无兆，《易》兆而无征。

《畴》之始五行，以中五始也。《洛书》象见于龟，龟背隆起，中五在上。次五事，以戴九先也。次八政五纪而后皇极，履一在下也。

详具《思问录外篇》，蔡氏旧解非是。五行，天也，天所垂也。人法天。天垂象，人乃仰法之，故《畴》先上而后下。

若《易》之本于《河图》也，水一火二，水下火上，则先一而后二，先少而后多矣。先少而后多，故卦首初，次二，次三，次四，次五，以终于上。十八变之策，由少而多；六爻之位，由下而上。下不先立，则上浮寄而无所承。《易》因数以得象，自分以听合，积下以累上，所由异于《畴》之因象以起数也。

夫上下定分也。自上下者顺、自下上者逆，故曰"《易》逆数"也。夫数则岂有不逆者哉！逆以积，积以成，人迓天而后天牖人。其往也逆，则其来也顺。非数有顺者而《易》不用，顾用其逆者以巧为合也。

故乾一索而得震，再索而得坎，三索而得艮；坤一索而得巽，再索而得离；三索而得兑；无非逆也。其曰乾一、兑二、离三、震四，阴自上生，以次而下，乃生乎巽、坎、艮、坤，以底乎纯阴而阳尽无余，吾未知天地之果有此象焉否也？若夫数，则必无此悬虚建始于上，而后逮于下之理矣。

《易》之作也以蓍，蓍之成象也以数，故有数而后有象。数自下积，而后象自上昭。自有《易》以来，幽赞于神明，而倚数者必无殊道。伏羲氏邈矣，见闻不逮，授受无人矣。以理度之，亦恶能外此哉？故言《易》者，先数而后象，先下而逆上，万世不易之道也。

## 四

著其往，则人见其往，莫知其归矣；饰其归，则人见其归，莫知其往矣。故川流之速，其逝者可见，其返而生者不可见也。百昌之荣，其盛者可知，其所从消者不可知也。虽然，耳目之限，为幽明之隔，岂足以知大化之神乎？大化之神，不疾而速，不行而至者也。故曰："阖户之谓坤，辟户之谓乾，一阖一辟谓之变，往来不穷谓之通。"

阖有辟，辟有阖，故往不穷来，来不穷往。往不穷来，往乃不穷，川流之所以可屡迁而不停也；来不穷往，来乃不穷，百昌之所以可日荣而不匮也。故阖辟者疑相敌也，往来者疑相反也。然而以阖故辟，无阖则何辟？以辟故阖，无辟则何阖？则谓阖辟以异情而相敌，往来以异势而相反，其不足以与大化之神，久矣。

是故动之使合，散之使分也，其势殊矣；润之使柔，暄之使劲也，其质殊矣；止之使息，说之使作也，其功殊矣；君之使动，藏之使静也，其德殊矣。则宜乎阴阳有各致之能，相与偶立而不相浃，而非然也。

统此大钧之中，雷浡风申，晴薰雨蒸，川融山结，健行而顺受，充盈于一日，沦浃于一物，而莫之间矣。抑就其分用者言之：雷迅则风烈，风和则雷起；极暄而雨集，至清而日霁；山夹硐以成川，川环邱而成嶂；天包地外而行地中，地处天中而合天气。故方君方藏，其错也如响之应声；方动方散，方润方暄，方止方说，如影之随形。为耦合也，为比邻也。无有南北隔乎向背，东西四隅间乎方所，划然成位，而各止其所，以不迁也。

位乾健于南，而南气何以柔和？位坤顺于北，而北气何以刚劲？位离于东，而春何以滋膏雨？位坎于西，而秋何以降水潦？则震、巽、艮、兑之非定位于四隅，抑又明矣。顾不谓乾不可南，坤不可北，离不可东，坎不可西也。错综乘乎化，方所因乎时，则周流八方，唯其所适，而特不可以偶然所值者为之疆域尔。

故动散合势，暄润合质，说止合功，君藏合德；一错一综而阖辟之道立，一错三综而阖辟之道神，八错二十八综而阖辟之道备。故方言雷而即言风，方言雨而即言日，方言艮而即言兑，方言乾而即言坤。钧之所运，轴之所转，疾以相报，合以相成。一气之往来，成乎二卦，而刚柔之用全。则散止以著动说之往，君暄以饰藏润之归。君子之于《易》，无往而不得妙万物之神，曾何局于方，划于对，剖于两，析于四，淆于八之足云！

五

震东、兑西、离南、坎北，因《河图》之象，奠水、火、木、金之位，则莫之与易矣。若夫乾坤者，经乎四维者也。乾非隅处于西北也，位于西北而交于东南，风者天之余气也，风莫烈于西北，而被乎东南。故巽为乾之余，而受位于乾之所经。坤非隅处于西南也，位于西南而交于东北；山者地之委形也，山莫高于西南，而迤于东北，故艮为坤之委，而受位于坤之所经。震、兑、坎、离之各有其位，受职于天地，居其所而不相越。天地经水、火、金、木而运其化，故络贯乎其间，而与巽艮合其用。乾坤非隅也，行乎四维而各适有正也。震、兑、坎、离非正也，受乾坤之化而各司其一偏也。谓之"正"，谓之"隅"者，人之辞也。大圜普运，无往而非正也。此八方配卦之大纲也。

夫八卦有位焉，虽天地不能不与六子同乎其有位也，昭著乎两间者有然也。乾坤有神焉，则以六子效其神而不自为功者也，体两间之撰则实然也。位者其体也，神者其用也。体者所以用，而必有其定体，虽无用而自立乎其位；用者用其体，而既成乎用，则无有定位而效其神。神不测，则六子之用，相成相济而无其序。

乃丽乎万物而致功，则神且专有所主而为之帝，帝则周流于八方，以有序而为始终，故《易》不可以一理求者也。参观之而各有其理，故在帝言帝，于是而万物之生成有序，亦因之以为序焉。故曰"帝出乎震"，帝于震乎出，非谓震方之德为所出之帝也。

由是以行乎巽而"齐"，行乎离而"相见"，行乎坤而"致养"乎地，行乎兑而"说"，行乎乾而争功于天，行乎坎而"归"，行乎艮而一终以更始，历其地则致其功，逮其期则见其效，而果谁为之帝乎？

妙万物而丽乎物者也，或动或挠、或燥或说、或润或止者也。故六子之神，周流乎八卦，而天地则在位而为午贯之经，在神则为统同之主。妙矣哉！浑沦经纬，无所拟而不与道宜。故"神无方"者不可为之方，"《易》无体"者不可为之体。同别合离，体用动静，罔不赅存于道，而《易》妙之。惟然，则岂滞于方所者之所与知哉！

夫《易》于象有征焉，于数有实焉，于化有权焉。拟之以其物，奠之以其位，象之征也。上生者积以生变，下生者节以成合，逆而积之，得乃知之，数之实也。彻乎数而与之为损益，行乎象而与之为盈虚，化之权也。

拟物者必当其物，以乾为金，以艮为土，则非其物也。奠位者必安其位，位乾于南，位坤于北，则非其位也。阳可变八，而所下生者七，阴可合七，而所上生者八；乾生兑，坤生艮，则非所生矣。逆而积之而数非妄，得乃知之而数无方，而变从上起，限以其序，则无实而不可与尽变矣。彻乎数而皆在，往来无时也，而序之以天时人事之一定，则有不周矣。行乎象而皆通，帝之由出以成，阅八位而皆有功也，而限之以对待倚伏之一局，则不相通矣。

况夫位者，资数以为实，资化以为权，而尤未可据者也。大畜之"天衢"，在明夷而为"入地"；小过之"西郊"，在既济而为"东邻"；贲无水而"濡如"，随无山而"用亨"；暌火亢之极而"遇雨"，巽东南之卦而"先庚"。然则数淯而起变，化运而因时，帝之所临，初无必然之衰王；神之所集，何有一定之险夷？故冀、代之士马，或以强，或以弱；三涂、岳鄙之形胜，或以兴，或以亡。天无拘方之生杀，人无据位之安危，其亦审矣。

盖乾坤之德具行于六子，六子各禀乾坤之撰，六子之用遍历乎八卦，乾坤亦载六子之施：《易》之所以妙万物而无典要，故六十四象、三百八十四变之大用显焉。典之要之，而《易》理限于所域，此后世术数之徒所以终迷于大化也。

不然，天无乎不覆，地无乎不载，健顺之德业无乎不行，且无有于西北、西南之二隅，又何乾南坤北之足言乎？今夫天圜运于上，浩乎其无定畛也；人测之以十二次，而天非有次也。配之以十二辰者，不得已而为之验也。局之以分野者，小道臆测之陋也。黄道密移，而皆其正，昏旦日改，而皆其中。《易》与天合者，可以悟矣。

# 六

天地府大用而官之，震、巽、坎、离、艮、兑受材于乾坤而思肖之，繁然各有其用。故天地之间，其富矣哉！圣人受材以肖阴阳之德，阴阳之富有，皆其效法也。将繁然而尽用之乎？繁然尽用之，则纯者、驳者、正者、奇者弗择而求肖之，必将诡而趋于不经。故有所用，有所不用；有所用以兴利而不以立教，有所用以立教而不以兴利。惟圣人为能择于阴阳之粹精，故曰："赜而不可恶，动而不可乱。"

是故震雷、巽风、坎水、离火、艮山、兑泽，象之盛者也，他有象而不足以拟其盛也。然而大过、益、升、井、鼎、渐、涣、中孚，则退风之功而升木于用者，乘木而观往来之通塞，贤于风之拂散而无功也。故君子择于巽而利用木也。

《传》曰："雨以润之，日以烜之。"舍水火而用雨日，日不耦月而配雨，择之尤严者也。雨性足于润，日性足于烜，乃以润以烜，岂徒以其性之足者哉！徒以性，则水丰于雨，火烈于日矣。以者，有所施也；润之烜之，有所丽也。施以为恩，丽以为效，则润烜之德，水火不及雨日之用矣。何也？水火之德不胜刑，雨日之刑不胜德。雨俭于水，故鲜沦没之害；日和于火，故无焚灼之灾也。

天地之生化消息夫万物者，有以藏之，有以散之，有以止之，可以弗忧其盛而难继矣。而尤授水火以刑害之权，则万物其伤矣乎！老氏之言曰"上善若水"，其有刑之心也夫！故言刑名者、言兵者皆祖之。然后知天地之生，圣人之德，用雨日而非用水火也。

乃若天地之最无以为功于万物者，莫若月焉。继日以明，而不能废夜作之炬；秉阴以清，而不能减暑夕之炎；照物若暴，而不能蓑濡湿之气；漾物若流，而不能津既暖之草。一盈一虚，资日而自掩其魄，类无本者。疾行交午，以争道于阳，类不正者。特其炫洁涵空，微茫晃烁，以骀宕人之游情，而容与适一览之欢，见为可乐，故释氏乐得而似之。非色非空，无能无所，仅有此空明梦幻之光影，则以为"法身"，则以为"大自在"，则以为"无住之住"，以天下为游戏之资，而纳群有于生化两无之际。然则非游惰忘归之夜人，亦谁与奉月以为性教之藏也哉？故其徒之覆舟、打地、烧庵、斩猫也，皆月教也。求其明且润者而不可得，乃曰此亦一明也，亦一润也，岂不悲乎！

故圣人知月非天地之用，而终不以月为用。中孚之四，小畜之上，阴中而"月望"，"月望"而阳疑，故"既雨"不能免小畜之凶，"匹亡"而后谢中孚之咎。则斟酌其功过之实，以为扶抑，其亦审矣。

故天地之所可弗用者月也，其次则风也。佐阳以行令而不能顺承以兴利，则可散而不可聚。乃释氏则又效之以为教矣，其言曰："愿风持世界。"无实于己，而但求动焉；蘋末之起无端，怒号之吹自已。盖将以散之者持之，而破亡摧折之余，其得存于两间者能几也，而曾足以持之不毁乎？

是故《易》之于水火也，不用以教而用以利，用以利而尤不尽用之。敛其炎，取之于日；节其淫，取之于雨。其于风也，不用以利而用以教，用以教而尤不尽用之。或取之木，以使有实；或取之风，取其及远而已矣。其于月也，无所取之也。故《诗》曰："彼月而食，则维其常。"天地之间，即无月也，而亦奚损？而或以侵阳，则害生焉。是故伐鼓责阴，而端冕请阳，贵日而贱月，则利存而教正。君子择阴阳之德而慎用之，岂徒然哉！彼纳甲之例，以月为卦体，盖陋而不足录矣。

七

阴阳不孤行于天地之间。其孤行者，歆危幻忽而无体，则灾眚是已。行不孤，则必丽物以为质。质有融结而有才，才有衰王而有时。为之质者常也；分以为才，乘之为时者变也。常一而变万，其一者善也，其万者善不善俱焉者也。才纯则善，杂则善不善俱；时当其才则善，不当其才则善不善俱。才与时乘者万，其始之因阴阳之翕辟者一，善不善万，其始之继善以成者一。故常一而变万，变万而常未改一。是故乾坤六子，取诸父母男女，取诸百十有二之象，无不备焉。

呜呼！象之受成于阴阳，岂但此哉：而略括其征，则有如此者。大为天地而无惭，小为蟹蚌荸蕨而无损；贵为君父而非僭，贱为盗妾而非抑；美为文高而不夸，恶为臭眚毁折而不贬；利为众长而非有缺，害为寡发耳痛而弗能瘳；皆阴阳之实有而无所疑也。

实有无疑，而昧者不测其所自始，而惊其变。以为物始于善，则善不善之杂进，何以积也？必疑此不善之所从来矣。以为始一而后不容有万，则且疑变于万者之始必非一也；故荀悦"三品"之说以立。其不然者，以不善之无所从来，抑且疑善所从来之无实，故释氏之言曰："三界唯心，万法唯识。"如束芦之相交，如蕉心之无实，触目皆非，游心无据，乃始别求心识消亡之地，亿为净境，而斥山林瓦砾之乡以为浊土。则甚矣，愚于疑者之狂惑以喙鸣也！

夫天下之善，因于所继者勿论已。其不善者则饮食男女以为之端，名利以为之缘。非独人有之，气机之吐茹匹合，万物之同异攻取皆是也。名虚而阳，利实而阴；饮资阳，食资阴；男体阳，女体阴。无利不养，无名不教；无饮食不生，无男女不化；若此者岂有不善者乎？才成于抟聚之无心，故融结偶偏而器驳；时行于推移之无忧，故衰王偶争而度舛。乃其承一善以为实，中未亡而复不远，是以圣人得以其有心有忧者裁成而辅相之。

故瞽者非无目也，蹇者非无足也，盗之憎主非无辞也，子之诤母非无名也；枭逆而可羹，堇毒而可药；虽凶桀之子，不能白昼无词而刃不相知之人于都市。有所必借于善，则必有所缘起于善矣。故曰常一而变万，变万而未改其一也。

是以君子于一得善焉，于万得善不善之俱焉，而皆信以为阴阳之必有。信而不疑，则即有不善者尘起泡生于不相谋之地，坦然不惊其所从来，而因用之以尽物理。奚况山林瓦砾，一资生之利用，而忍斥之为浊乎！

是故圣人之教，有常有变。礼乐，道其常也，有善而无恶，矩度中和而侧成不易，而一准之于《书》；《书》者，礼乐之宗也。《诗》《春秋》兼其变者，《诗》之正变，《春秋》之是非，善不善俱存，而一准之于《易》；《易》者，正变、是非之宗也。

《鹑之奔奔》、《桑中》诸篇，且有疑其录于《国风》者矣。况如唐太子弘者，废读于商臣之弑，其能免于前谗而后贼也哉？天下之情，万变而无非实者，《诗》《春秋》志之。天下之理，万变而无非实者，《易》志之。故曰：《易》言其理，《春秋》见诸行事。是以君子格物而达变，而后可以择善而执中。贞夫一者，所以异于执一也。

# 序 卦 传

《序卦》非圣人之书也。

乾坤并建而捷立,《周易》以始,盖阴阳之往来无淹待而向背无咎留矣。故道生于有,备于大,繁有皆实,而速行不息,太极之函乎五行二殊,固然如斯也。

有所待非道也;续有时则断有际,续其断者必他有主,阴阳之外无主也。有所留非道也;存诸无用则出之不力,出其存者必别有情,往来之外无情也。是故六阴六阳,十二皆备,统天行地,极盛而不缺,至纯而奠位,以之为始,则万物之生,万物之化,质必达情,情必成理,相与参差,相与夹辅,相与补过,相与进善,其情其才,其器其道,于乾坤而皆备。抑无不生,无不有,而后可以为乾坤,天地不先,万物不后。而《序传》曰:"有天地,然后万物生焉。"则未有万物之前,先有天地,以留而以待也。是以知《序卦》非圣人之书也。河内女子献于购书之时,传于专家之学,守文而困于理,昧大始而破大成,故曰非圣人之书也。

其为说也,有相因者,有相成者,有相反者。相因者,"物生必蒙"之类也;相成者,"物稚不可不养"之类也;相反者,"物不可以苟合"之类也。因之义穷则托之成,成之义穷而托之反,唯其意之所拟,说之可立,而序生焉,未有以见其信然也。

天地之间,皆因于道。一阴一阳者,群所大因也。时势之所趋,而渐以相因,遂私受之,以为因亦无恒,而统纪乱矣。且因者之理,具于所因之卦,则屯有蒙,师有比,同人有大有,而后卦为赘余矣。况如随之与蛊,渐之与归妹,错卦也,相反之卦也,本非相同,何以曰"以喜随人者必有事","进必有所归"耶?如是者,因义不立。

受成者器,所可成器者材,材先而器后。器已成乎象,无待材矣。前卦之体象已成,岂需待后卦乎?假无后卦,而前卦业已成矣,何以云"履而泰然后安","革物者莫如鼎"耶?若无妄之承复,萃之承姤,阴阳速反而相报,非相成明矣。而曰"复则不妄",

"相遇而后聚"。如是者，成义不立。

阴阳各六，具足于乾坤，而往来以尽变。变之必尽，往来无期。无期者，惟其无心也。天地之既无心矣，淫亢孤虚，行乎冲委，而不辞其过。故六十四象有险有驳而不废，一隆世之有顽谗，丰年之有莠稗也。险而险用以见功，驳而驳用以见德，胥此二气之亭毒。险易纯驳，于彼于此，不待相救而过自寡。谓寡过者必待后起之救也，吾未见贲立而噬嗑之合遂不苟，遁来而恒可舍其所而弗久居也。以此卦之长，补彼卦之短，因前卦之屈，激后卦之伸，然则南粤之暄，致北胡之冻，诘旦之风，解今日之暍乎？是以极重相争者与艰难之际，抑亦乱必安之土而强施檃括于阴阳矣。如是者，反义不立。

三义不立，而舞文以相附合，故曰非圣人之书也。

然则《周易》何以为序耶？曰：《周易》者，顺太极之浑沦而拟其动静之条理者也。故乾坤并建而捷立，以为大始，以为成物。资于天者，皆其所统；资于地者，皆其所行。有时阳成基以致阴，有时阴成基以致阳。材效其情而情无期，情因于材而材有节。有节则化不溢于范围，无期则心不私于感应。

藉其不然，无期而复无节，下流且不足于往来；有节而复有期，一定之枢，一形之堃，将一终而天地之化竭矣。此京房八卦世应之术、邵子八八相乘之数所以执一以贼道，而《周易》之妙则固不然也。

故阳节以六，阴节以六，十二为阴阳之大节而数皆备；见者半，不见者半，十二位隐见俱存，而用其见之六位，彼六位之隐者亦犹是也。故乾坤有向背，六十二卦有错综，众变而不舍乾坤之大宗。阖于此阖，辟于此辟，节既不过，情不必复为之期。消长无渐，故不以无心待天佑之自至；往来无据，故不可以私意邀物理之必然。岂必乾左生夬，下生姤，坤左生剥、下生复之区区也耶？

虽然，博观之化机，通参之变合，则抑非无条理之可纪者也。故六十四卦之相次，其条理也，非其序也。夫一阖一辟而情动，则皆道之不容已。故其动也极而正，不极而亦正。因材以起万变，则无有不正者矣。乾坤极而正者也。六十二卦不极而亦正者也。何也？皆以其全用而无留无待者并建而捷立者也。

坎离、小过中孚合其错，而阴阳各六，视乾坤矣。六十四卦向背颠倒，而象皆合错。象三十六，其不可综者八。凡综之象二十八，其可综者固可错也。合四卦而一纯，则六阴六阳之全再备矣。错者捷错，综者捷综，两卦合用，四卦合体，体有各见而用必同轴。故屯、蒙之不可离析，犹乾坤也；颐、大过之无所需待，犹乾坤也。非始生必蒙，不养则不可动也。化不停，智之所以周流；复不远，仁之所以安土也。乾坤并建以捷立，自然者各足矣。

天地自然，而人之用天地者；随其隐见以为之量。天地所以资人用之量者，广矣，大矣。伸于彼者诎于此，乃以无私；节其过者防其不及，乃以不测。故有长有消，有来有往，以运行于隐见之殊，而人觉其向背。《易》以前民用，皆言其所向者也，则六位著而消长往来，无私而不测者行焉。消长有几，往来有迹，而条理亦可得而纪矣。

乾坤定位，而隐见轮周，其正相向者，值其纯阳，旋报以纯阴，则为乾坤；欹而侧也，则或隐而消，或见而长，为泰、否、临、观、剥、复、遁、大壮、夬、姤。故消长之几为变化之所自出，则之十二卦者以为之经。

乾坤合用，而乘乎不测，以迭相屈伸于彼此，其全用而成广大之生者，则为乾坤；乾不孤施，阴不独与，则来以相感，往以相受，分应于隐见之间，而为坎、离、震、艮、巽、兑。故往来之迹，为错综之所自妙，则之八卦者以为之经。此二经者，并行而不悖者也。

自两卦而言之，错者捷错，综者捷综，乾坤通理皆在，而未尝有所缺于阴阳健顺之全。自八卦之所统、十二卦之所络而言之，往来不以均，消长不以渐。交无适交，变无定变，故化不滞，进退乘时之权也。盛不益盛，衰不浸衰，故道不穷，阴阳弥纶之妙也。自六十四卦、三十六象兼二经而并行者言之，于消长有往来焉，于往来有消长焉。消长不同时，往来不同域，则流形无畛，而各成其沂合。

盖以化为微著，以象为虚盈，以数为升降，太极之动静，固然如此以成其条理。条理成，则天下之理自此而出。人以天之理为理，而天非以人之理为理者也。故曰相因，曰相成，曰相反，皆人之理也。《易》本天以治人，而不强天以从人。观于六十二卦之相次，可以亡疑已。其图如左：

因三画八卦而重之，往来交感，为天地、水火、雷山、风泽之定体，其卦八，其象六。

乾☰ 坤☷ 坎☵ 离☲ 震☳ 艮☶ 巽☴ 兑☱

乾坤首建，位极于定，道极于纯，十二位阴阳具足，为六子五十六卦阖辟显微之宗。乾见则坤隐。坤见则乾隐。隐者非无也，时之所乘，数之所用，其道在彼不在此也。以其隐而未著，疑乎其无，故方建乾而即建坤，以见阴阳之均备。故《周易》首乾坤，而非首乾也。

其次为坎离。卦以中位为正，坎得乾之中，离得坤之中也。乾坤、坎离有错而无综。天虽周行而运行乎上，地虽四游而运行乎下，而卑高不移，虚实不改。水火不变，不从不革，不曲不直，其性不易，其质不迁。

四卦为往来之定经，而震艮、巽兑以交为往来，一经一纬之道也。阴阳之动，一上一下，变之复也；阳先阴后，理之顺也；故震艮先而巽兑后。震艮、巽兑有错有综，震错巽，艮错兑；用综而不用错，阴阳不宅其中，则以捷往捷来见运行之神。乾坤、坎离既已著阴阳十二之全有矣，于此而著气机流行之妙，经以设而静，纬以积而动也。凡综卦合四卦而见阴阳之本数，非震艮之有八阴，巽兑之有八阳也。

因六爻而消长之，乾坤、泰否、临观、剥复、遁大壮、夬姤阴阳屈伸之数，其卦十二，其象七：

乾☰ 坤☷ 泰䷊ 否䷋ 临䷒ 观䷓

剥䷖ 复䷗ 遁䷠ 大壮䷡ 夬䷪ 姤䷫

乾坤首建，极阴阳之至盛，以为变化之由，故曰："乾坤其《易》之门邪！"消长之数，皆因此而生。惟极盛也，而后可以消，可以长，可以长而有其消，可以消而复能长。若谓自复而上，历临、泰、大壮、夬而至乾；自姤而上，历遁、否、观、剥而至坤；则是本无天地，因渐而成矣。无其理，无其实，无其象，无其数，徒为戏论而已。此京房候气之鄙说也。

　　乾坤立而必交，其交有多寡，多因谓之长，寡因谓之消，非消遽无而长忽有。其交之数，参伍不容均齐，阴阳之妙也。继乾坤以泰否，不以复姤，则非渐长；不以夬剥，则非渐消。继之以泰否者，乾坤极盛，泰否次盛。其位实，其德均，其变纯。六阴六阳隐见于向背，则为乾坤。凡二卦而阴阳全，错综于向背，六阴六阳，其位固纯，则为泰否。即一卦而阴阳全具，则泰否亦立于极盛以起变者也。

　　又次而临观，又次而剥复。消长之机，阳先倡之，长则必有消，用之广则必反之约，故次以二阳之卦二，次以一阳之卦二也。阳变则阴必合，故次以二阴之卦遁、大壮，次以一阴之卦夬、姤也。临阳长也而先观，复阳生也而次剥；遁阴长也而先大壮，姤阴生也而次夬，阴阳迭为主，一翕一辟，而先后因之也。

　　由乾坤而生泰否以下之十卦，十卦皆乾坤所有之通变也。由乾坤泰否而及临观以下之八卦，八卦皆天地相交之变通也。以次而变合，不以次而消长，天地浑沦无畛之几固然也。乾坤定位以交感而成六子，六子立而与乾坤分功，则乾坤亦自有其化矣。

　　凡乾坤之属，其卦二十六，其象十四：

屯䷂　　需䷄　　　师䷆　　小畜䷈

泰䷊　　同人䷌　　谦䷎　　随䷐

临䷒　　噬嗑䷔　　剥䷖　　无妄䷘

颐䷚　　大过䷛

坎离之属，其卦二十，其象十：

咸☷☶咺　　遁☰☶丬	　晋☲☷草田　　家人☴☲湘

蹇☵☶橛　　损☶☱槑　　夬☱☰矨　　萃☱☷忄

困☱☵丼　　革☱☲瞢

震艮之属，其卦四，其象二：

渐☴☶丬旧　　丰☳☲瀻

巽兑之属，其卦六，其象四：

涣☴☵屮　　中孚☴☱　小过☶☳　既济☵☲婈火

乾坤之德纯，其数九十而得中，乾坤之数，老阳则五十四，老阴则三十六；少阳则四十二，少阴则四十八，皆合为九十。故其卦多。坎离之位正，其数九十，与乾坤均。坎之数，老阳则十八，老阴则二十四，为四十二；离之数，老阳则三十六，老阴则十二，为四十八，合为九十。坎之数，少阳则十四，少阴则三十二，为四十六；离之数，少阳则二十八，少阴则十六，为四十四，亦合为九十。阴阳合德，水火相入，热入汤中，油升焰内，浑合无间。故其卦次多。震艮毗阳，巽兑毗阴，德既不合，用亦相违，其数非过则不及，震艮老阳皆十八，老阴皆二十四，为四十二，合八十四。少阳皆十四，少阴皆三十二，为四十六，合九十二。巽兑老阳皆三十六，老阴皆十二，为四十八，合九十六。少阳皆二十八，少阴皆十六，为四十四，合八十八。故其卦少。巽兑之属虽六卦，而既济未济与乾坤相为终始。乾坤，纯之至者也；既济未济，杂之尤者也。一致而百虑，故始乎纯，终乎杂。则既济未济不系乎巽兑而自为体，是巽兑之属四，与震艮均也。颐、大过，乾坤之用终；中孚、小过，六子之用终。颐、大过、中孚、小过，四隅之经，与乾坤坎离相为维络者也。故既济未济绍合天地之初终，而错综同象，为卦变之尽神者，以成乎浑沦变合之全体焉。

天地之交感以阳始，故一索得震，再索得坎，而为屯；再索得坎，三索得艮，而为蒙。阳倡其先，阴定其体，故为物始生而蒙昧之象焉，此以继天地之生者也。自此而天以其神生水者为需、讼，地以其化成水者为师、比，而皆以受天地之中者成天地之化矣。天乃以其全体生巽生兑，而下交乎阴，为小畜、履。天既施阴，则合乎地而为泰、否，天于是乎成火而为同人、大有。地受天施而效其化，亦以其全体应乎阳，生艮生震，而为谦、豫。天地屡交以施生，则其化且错，故随、蛊阴阳交杂而自相错。随、蛊者杂之始，少长相耦而不伦，而天地之纯将变矣。地于是乎生巽、兑而为临、观，以效天化之履、小畜也。而又杂变乎噬嗑、贲，震杂离，离杂艮，亦阴阳之不相伦而尤杂者也。凡相杂者，以未定者为未离乎纯；已定其伦，则成乎杂矣。故随、蛊、噬嗑、贲未成乎杂，而地之生剥生复犹纯也。乃孤阳之仅存，而地之用亦讫矣。地之生也，极乎震、艮；天之生也亦因之，故无妄、大畜为天化之终也。震艮者，帝之终始，故合而为颐，而天地之终始备；其杂为大过，则泽风以备地化而应乎颐者也。颐之有位者纯乎坤，大过之有位者纯乎乾，盖亦乾坤之变，而反常之象有如此者，而颐象离，大过象坎，则又以起坎离焉，此二卦者，天地水火之枢也。

坎、离者，阴阳相交之盛者也。阳得乾之中而为坎，阴得坤之中而为离，于是而备阴阳交感之德。故其为属也，始乎咸、恒：离中之阴升而上，坎中之阳升而三；离中之阴降而初，坎中之阳降而四；水火升降之始也。坎中之阳升而三以应乎天，则为遁；坎中之阳降而四以聚乎阳，则为大壮；皆坎之合乎乾者也。而晋、明夷，离之丽乎地者也。离中之阴降而四，为家人；升而三，为睽；火之自化者也。坎中之阳升而三，为蹇；降而四，为解；水之自化者也。离中之阴升而三，坎中之阳升而上，为损；坎中之阳降而初，离中之阴降而四，为益；水火之交化者也。离中之阴升而上，为夬；降而初，为姤；火之应乎天者也。离中之阴升而上，为萃；降而初，为升；火之应乎地者也。坎欲交离，而离中之阴升而上，为困；降而初，为井；火不与水应而杂者也。于是水用不登，而火道亦替。离中之阴降而初，为鼎；升而上，为革；火自化而无水以济之，水火之道变矣。故曰"革去故"而"鼎取新"也。凡水火之属，火之化多于水者，水生于天，行于地，与雷、风、山、泽为依，而火自生灭于两间，其为独用多也。若屯蒙、需讼、师比、同人大有，则义从天地，水火不得而私之；既济未济，水火之交不失其位，与泰否同其为经者，则阴阳终始之几，坎离固不得而属之。

震艮、巽兑，阴阳杂而不得中，故其卦仅有存者。巽道犹存而震变，阳杂起而上于三，则为渐；震道犹存而巽变，阴杂起而上于三，则为归妹；交错之卦，象之杂者也。震存可以交巽，而巽阴升乎二，不与震应，为丰；艮存可以交兑，而兑阴降乎五，不与艮应，为旅；此震巽、艮兑之将交而以杂不合，杂之尤者也。巽存可以交震，而震阳升乎二，不与巽应，为涣；兑存可以交艮，而艮阳降乎五，不与兑应，为节；此巽兑之变与丰旅其尤杂者也。故是四卦相错，杂出于震、艮、巽、兑之间，互为往复，其相比附也，密迩呼应。杂不可久，将反贞也。反其贞，而巽、兑交而为中孚，震、艮交而为小过。于是而震艮、巽兑之体定，杂之必贞也。震艮、巽兑之体定，而有坎离之象，则六子之体咸于此定，故继以水火交合之定体焉。既济、未济，水火交定，而乾坤相交之极致，亦于是而成。一上一下，水火相交而成化；一阴一阳，乾坤相错而成章。其于震、艮、巽、兑也，则既济震阳上升于五，巽阴上升于二，艮阳下降于五，兑阴下降于二；未济则震阳上升于二，巽阴上升于五，艮阳下降于二，兑阴下降于五；皆升降相应，往来而得中者也。自屯蒙以来，阴阳相交相错，迨是而始定，乃殊途之极则，百致之备理也。故列乾坤于首，以奠其经；要既济未济于终，以尽其纬；而浑沦无垠。一实万变之理皆具，此《周易》之所以合天也。

凡错而不综之卦八，即以错相从，见六阴六阳皆备之实：

乾䷀☷坤　　颐䷚䷛大过

坎䷜☲离　　中孚☱䷽小过

乾、坤、中孚、小过以为终始，颐、大过、坎、离以位乎中，天地水火之有定体也。颐、大过外象坎离，内备乾坤之德，其有位者，一乾坤之纯也。中孚、小过外象乾坤，中含坎离之理，其致用者，一坎离之交也。凡不综之卦，非不可综也，综之而其德与象无以异。其志定，其守贞，其德凝，故可以始，可以终，可以中，而为变化之所自生也。

凡错综同象之卦，其卦八，其象四：

泰　　　随　　　渐　　　既济

否　　　蛊　　　归妹　　济未

错综同象，其德成乎异之甚，虽变更来往而亦不齐也。故泰通而否塞，随从而蛊改，渐贞而归妹淫，既济成而未济毁；非若屯、蒙相仍，师、比相协，同人、大有相资，损、益相剂之类也。泰、否者，乾坤之大机，随、蛊、渐、归妹者，雷风山泽之殊用；既济、未济者，坎离之极致。随、蛊从乎乾坤，雷风山泽之承天地也；渐、归妹之际乎震、艮、巽、兑，从其类也。

凡综卦有错，用综不用错者，以大化方来方往，其机甚捷，而非必相为对待，如京氏邵子之说也。故曰“《易》圆而神”，“神”以言乎其捷也。“圆”以言乎其不必相为对待也。其卦四十八，其象二十四：

屯　　　需　　　师　　　小畜

临　　　鼎　　　晋　　　同人

豫　　　遁　　　噬嗑　　剥

无妄　　咸　　　家人　　井

夬　　　升　　　损　　　解

震　　　丰　　　巽　　　涣

卦相次而各成象，象立而有德，因德以为卦名而义行焉。其综卦相次者，以捷往捷来，著化机之不滞，非因后起之名义而为之次，明矣。故二卦相综，名义有相反者，如剥复、家人睽之类；有相合者，如屯蒙、咸恒之类；抑有以错而相反者，如需晋、剥夬之类；有因错而相合者，如蒙革、师同人之类；抑有于错于综，名义绝不相涉者，如小畜于履，谦于豫之类。盖卦次但因阴阳往来消长之象，天之所以成化也；名义后起于有象之余，人之所以承天，初非一致也。

乾坤为化之最盛，以该十卦之成，凡消长者皆自此而出。凡乾坤之属，其卦八，其象四：

屯䷂    需䷄    师䷆    小畜䷈

泰否者，三阴三阳适得其均，消长之不偏者也。分体乾坤之纯，故足以继乾坤之盛。凡泰、否之属，其卦六，其象三：

同人䷌    谦䷎    随䷐

临观二阳之卦，泰否之阳渐消。凡临观之属，其卦二，其象一：

噬嗑䷔

剥复阳再消而为一阳，阳之消止矣，消则必长。泰、临皆先而复独后剥，以起阳也。凡剥复之属，其卦八，其象六：

无妄䷘    颐䷚    大过䷛    坎䷜    离䷝    咸䷞

遁大壮，阴之消以渐也。凡遁大壮之属，其卦八，其象四：

晋䷢    家人䷤    蹇䷦    损䷨

夬姤阴消之极，消亦且长，于是而阴阳交相为进退，以极变化之繁。至于既济未济，而后复于泰否之交。凡夬姤之属，其卦二十，其象十一：

萃䷬䷮　困䷮䷜　革䷰䷝　震䷲䷏

渐䷴䷱　丰䷶䷩　巽䷸䷝　涣䷺䷩

中孚䷼　小过䷽　既济䷾䷿未济

凡二变而得阴消之卦三十二，二阴则四阳，二阳则四阴。乃消之卦多系之阴消阳长，而不系之临观、剥复者，阳不可久消，阴不可久长，《周易》扶抑之权也。

乾坤者众变之统宗，故其属卦八，酌其中也。泰否则减，而属卦六。临观，二而已。剥复而复八，消极则长也。遁大壮阴消之始，其卦八。夬姤阴消之极，阴消而阳大有功，故属卦最多。天化之昌昌于此，人事之赜赜于此也。

《象》曰："刚柔始交而难生。"刚柔者，乾坤也。屯、蒙阳生阴中，以交阴而消之，消之故难生。一阳始交于二阴之下，继交于二阴之中，为屯；继交于二阴之中，遂交于二阴之上，为蒙；阳道不迫以渐升也。阳用其少以丽于阴之多，变之始也。始交乎阴，不致一而内外迭用二阳，变之未甚，其数犹丰也。需、讼二阴交阳之卦，阴之未长者也。乾以二阳交阴为屯、蒙，坤以二阴交阳为需、讼，阴阳盛，各致其交，于此四卦为始合。阳生得中，阴生不得中，阴之始化不足以中，柔道然也。初长而即消：师、比，乾之消也；小畜、履，坤之消也。凡消长之理，不遽不渐，出入百变，旋往旋复，旋复旋往。验之呼吸，而知阳消则阴长，阴消则阳长。阳长而小畜、履失中，阴长而师、比未失中，刚道然也。要所谓消长者，自其显而见者言之；若合其隐而藏者，则无有消长。故屯、蒙之错为鼎、革，屯、蒙生也，鼎、革化也，生化合而六阴六阳之用全矣。需、讼之错为晋、明夷，皆争卦也，消长渐盛而争矣。师、比之错为同人、大有，皆和卦也，阴函阳而不使失中，阳亦养阴而使得中也。小畜、履之错为谦、豫，阳安阴，阴亦不得危孤阳也。

凡错卦合四卦而道著，皆仿此。六十二卦皆乾坤之有，而独此八卦系之者，自其化之纯盛者而始动于微则如此。

否长二阳于初、三为同人，泰长二阳于四、上为大有。长必二者，大化无渐长之几，能长则必盛也。阳长而阴不失其中，阳之消阴，不遽夺其正位，君子道也。泰长二阴于初、二，为谦，否长二阴于五、上为豫，阴阳迭为消长，消长必二，阴阳之变同也。阴长而据阳之中位，小人道也。且消长所临必参差，亦于此而见化机无对待之理矣。前有师比小畜履，后有同人、大有、谦、豫，夹泰否于中，消长相互，天地之交乃定也。阴长不已，无即至于临观之理；阳长不已，无即至于遁大壮之理。消长必乘乎大变，随蛊者，大变之卦也。泰仅留上一阴下一阳，而中位皆变，为随；否仅留上一阳下一阴，而中位皆变，为蛊，二卦错综同德，其变大矣。变之极而后临观乃来，阳非极变，不遽消也。

临观，泰否之消者也。消不可久，消盛则变。复长一阳而杂之阴，居中位得势而安。噬嗑阳迁于四，与所长之上九合而函五；贲阳迁于三，与所长之初九合而函二。盖临观、剥复之际，阳道已微，不能顺以受消，杂乱起而后阳乃不绝。故噬嗑为强合，贲为强饰。其错为井困。噬嗑、贲刚合柔，井、困柔掩刚，皆以迎其长而息其消也。

剥复，阳消之极矣。消之极，则长之不容不速。其长也，必有所因。剥余艮上之一阳，复余震下之一阳，而震、艮皆阳体，故可以召阳而为君。坤之错乾也，长之速而反其所错，为无妄、大畜，其错为萃、升。当午长乍消之际，消者相保，以诚而聚，以聚而兴，四卦之德，所以继剥复、夬姤后。

剥复之属，无妄、大畜而已。自颐至于咸、恒六卦，则统三十二阳卦而尽其消长之变。剥长为大畜而艮体存，复长为无妄而震体存。震艮者，阳之所自终始，故合震艮而为颐。颐、大过、坎、离、咸、恒，皆乘消长之机，相摩相荡而为之枢者也。颐之错为大过。至于颐而阳卦之变止矣，则见其所隐，而大过以来。颐，阳消之极也，有位之位，皆阴处之。大过，阳处于位而阴摈矣，阴消之尤也。迭相为消，所以为变化之枢也。消则必长，失则必得，往来之机，速于响应，故颐有离象而失位，二阳旋得乎中，则为坎；大过有坎象而失位，二阴旋得乎中，则为离。颐、大过、坎、离定位于中，而阴阳消长乃不失其权衡。权衡定而阴阳渐返于均，则大过阴生于二而为咸，生于五而为恒。抑此二卦，乃坎离中爻之升降，相摩荡以复泰否之平，而特为感通以可久，则自泰否以来，消长之机一终，而阴消之卦起矣。咸、恒之错为损、益。咸、恒起遁、大壮，损、益起夬、姤，其义一也。阴阳均定，而消长生焉。咸、恒、损、益，久暂多寡之待酌者也。

　　遁、大壮，阴于是而消矣。消则必长，晋、明夷阴长而据其中，阴进而阳伤也。其长甚则又消，家人、睽阳又长而阴反其消。明夷阳上长居九五之中而为家人，晋阳下长居九二之中而为睽，闲其务，散其进也。阴不久消，长乎初、上而为蹇、解，其中犹家人、睽也。此四卦互相为错，捷隐捷见，盖自遁、大壮以来，阴阳衰王之冲，不适有宁，再消再长而定之以损、益。损三之阳不复为泰以益上，益四之阳不复为否以益下，所以平其争而后阴安于消也。则夬、姤可来矣。晋、明夷者，需、讼之错也。需、讼阳初起而疑，晋、明夷阴将伏而争，皆大变之机也。

　　夬、姤，阴消之极矣。故阴愤盈而骤长，阳乃聚处而保其位于五，为萃；于二，为升。长极而渐消，阳乃渐生以得中，而终陷于阴中，为困、井。困、井杂矣。水火相贸，因困、井之巽、兑，而水贸为火，以增长乎阳，为鼎、革。阳之暴长，凡三变而始消，阴之难于消也如此。亦惟其难于消也，相持之久而终诎，故其消以定，于是而为震、艮。阴虽长而体则阳，阳乃召阳以长居于中位，而为渐、归妹。渐、归妹，错综合之卦也。变之尤也。自是而丰、旅、涣、节，阴阳皆均。阴上下皆中而为丰、旅，阳上下皆中而为涣、节，四卦交错以相均。震、艮、巽、兑，四卦相错以互胜。消长迭乘，而一阴一阳之局汔成，则阴阳各相聚合以持消息之终。阳长而保阴以为中孚，阴长而含阳以为小过。中孚一离也，小过一坎也。相杂而安，则天地之化，于斯备矣。长之无可复长也，消之无可复消也，而一阴一阳尽。泰否之交，既济未济，斟酌常变，综之则总十卦消长之文，错之则兼乾坤六阳六阴之质，无有畸焉，无有缺焉。故《周易》者，浑成者也。

是故《易》有太极，无极而太极。无所不极，无可循之以为极，故曰无极。往来者，往来于十二位之中也。消长者，消长于六阴六阳之内也。于乾、坤皆备也，于六子皆备也，于泰、否、临、观、剥、复、遁、大壮、夬、姤皆备也，于八错之卦皆备也，于二十八综之卦皆备也。错之综之，两卦而一成，浑沦摩荡于太极之全；合而见其纯焉，分而见其杂焉，纯有杂而杂不失纯，孰有知其始终者乎？故曰："太极无端，阴阳无始。"

为之次者，就其一往一来之经纬而言之尔。往来之序，不先震、巽而先坎、离；消长之几，不先复、姤而先泰否。道建于中以受全体，化均于纯以生大用，非有渐也明矣。如以渐而求之，则乾必援震，坤必授巽，乾必授姤，坤必授复，强元化以稚、老、生、死之几，而元化之始终可执，其不肖天地之法象明矣。

无待也，无留也。无待，则后卦不因前卦而有；无留，则前卦不资后卦以成。浑沦之中，随所变合，初无激昂，又何有相反？而规规然求诸名象以刻画天地，不已固乎！

二经交错，各行其化，属卦之多寡，阴阳之登耗，不相值也。故六子之属，与十二卦之属，犬牙互相函受，而无同分之畛以成断续之迹。取诸法象，则日月五纬经星之相错，旷万年而无合璧连珠之日，《易》亦如是而已矣。故曰"神无方而《易》无体"。

动静，其几之见尔；吉凶，其时之偶尔；贞淫，其象之迹尔。因而为之名，名不相沿，如鱼鸟木石之各著也；因而有其义，义不相倚，如君父刑赏之各宜也。在天有不测之神，在人有不滞之理，夫岂求秩叙于名义，以限天人之必循此以为津途哉？故曰《序卦》非圣人之书也。

# 杂 卦 传

　　夫错因向背，同资皆备之材；综尚往来，共役当时之实。会其大全而非异体，乘乎可见而无殊用。然则卦杂而德必纯，德纯而无相反之道，其亦曙矣。而《杂卦》之德恒相反者，何也？道之所凝者性也；道之所行者时也；性之所承者善也；时之所承者变也；性载善而一本，道因时而万殊也。

　　则何以明其然邪？一阴而不善，一阳而不善，乃阳一阴一而非能善也。坚软合则熨之而不安；明暗交，则合之而必疑；求与勤，则施之而不忘；非能善也。其善者，则一阴一阳之道也：为主持之而不任其情，为分剂之而不极其才，乃可以相安相忘而罢其疑，于是乎随所动而皆协于善。

　　虽然，阴阳之外无物，则阴阳之外无道。坚软、明暗、求与，赅而存焉，其情不可矫，其才不可易也。则万殊仍乎时变，而必有其相为分背者矣。往者一时，来者一时，同往同来者一时，异往异来者一时。时亟变而道皆常，变而不失其常，而后大常贞终古以协于一。小变而输于所委，大变而反于所冲，性丽时以行道，时因保道以成性，皆备其备，以各实其实，岂必其始之有殊心，终之无合理，而后成乎相反哉？故纯者相峙，杂者相迁，听道之运行不滞者，以各极其致，而不忧其终相背而不相通。是以君子乐观其反也。

　　杂统于纯，而纯非专一也。积杂共处而不忧，如水谷燥润之交养其生，生固纯矣。变不失常，而常非和会也。随变屡迁而合德，如温暑凉寒之交成乎岁，岁有常矣。杂因纯起，即杂以成纯；变合常全，奉常以处变；则相反而固会其通，无不可见之天心，无不可合之道符也。

　　是以乾为刚积，初则"潜"而不"飞"；坤用柔成，二则"直"而不"括"。比逢乐世，"后夫"抱戚于"无号；师蹈忧危，"长子"谐心于"三锡"。未济男穷，"君子"之晖有"吉"；夬刚道长，"独行"之惕"若濡"。即此以推，反者有不反者存，而非极重难回以孤行于一径矣。

反者，疑乎其不相均也，疑乎其不相济也。不相济，则难乎其一揆；不相均，则难乎其两行。其惟君子乎！知其源同之无殊流，声叶之有众响也，故乐观而利用之，以起主持分剂之大用。是以肖天地之化而无惭，备万物之诚而自乐。下此者，惊于相反而无所不疑，道之所以违，性之所以缺，其妄滋矣。规于一致而昧于两行者，庸人也。乘乎两行而执为一致者，妄人也。

夫君子尽性不安于小成，因时不徼其极盛。性无小成，刚柔之向背而同体；时不徼盛，忧乐之往来而递用。故道大无私，而情贞不乱。其不然者，一用其刚，一用其柔，且有一焉不刚不柔，以中刚柔而尸为妙；一见为忧，一见为乐，且有一焉不忧不乐，以避忧乐而偷其安。则异端以为缘督之经，小人以为诡随之术矣。

异端者，小人之捷径也。有庄周之"寓庸"，斯有胡广之"中庸"；有庄周之"至乐"，斯有冯道之"长乐"。曰："盛一时也，衰一时也，盛德必因于盛时，凉时聊安于凉德。古人之道可反，而吾心之守亦可反也。吾自有所保以怙成于一德，而他奚恤哉？"怙成于消而迷其长，严光际光武而用蛊；怙成于往而迷其来，许衡素夷狄而用随。其尤者：谯周卖国而自鸣其爱主，可云既济之定；张邦昌篡位而苟托于从权，且矜大过之颠。匡之以大，则云"吾从其一致"；责之以正，则云"吾善其两行"。始以私利为诐行，继以猖狂为邪说，如近世李贽之流，导天下以绝灭彝性，遂致日月失其贞明，人禽毁其贞胜，岂不痛与！

天之生斯人也，道以为用，一阴一阳以为体。其用不滞，其体不偏。向背之间，相错者皆备也；往来之际，相综者皆实也。迹若相诡，性奚在而非善？势若相左，变奚往而非时？以生以死，以荣以贱，以今以古，以治以乱，天不可见之天心，无不可合之道符。是故神农、虞、夏世忽徂，而留于孤竹之心；《周礼》、《周官》道已坠，而存于东鲁之席。亦奚至惊心于险阻，以贼道于贞常也哉！

是以君子乐观其杂以学《易》，广矣，大矣，言乎天地之间则备矣。充天地之位，皆我性也；试天地之化，皆我时也。是故历忧患而不穷，处死生而不乱，故人极立而道术正。《传》曰："苟非其人，道不虚行。"圣人赞《易》以俟后之君子，岂有妄哉！岂有妄哉！

# 周易大象解

# 序

　　《大象》之与《彖》《爻》，自别为一义。取《大象》以释《彖》《爻》，必龃龉不合，而强欲合之，此易学之所由晦也。《易》以筮，而学存焉。唯《大象》则纯乎学《易》之理，而不与于筮。盖筮者，知天之事也。知天者，以俟命而立命也。乐天知命而不忧以俟命。安土敦仁而能爱以立命，则卦有小有大，有险有易，有顺有逆，知其吉凶而明于忧患之故，吉还其吉，凶还其凶，利害交者于情伪之感，以穷天化物情之变，学《易》之道虽寓其中，而固有所从违，以研几而趣时，所谓"动则玩其占"也。若夫学《易》者，尽人之事也。尽人而求合乎天德，则在天者即为理，天下无穷之变，阴阳杂用之几，察乎至小、至险、至逆，而皆天道之所必察。苟精其义、穷其理，但为一阴一阳所继而成象者，君子无不可用之，以为静存动察、修己治人、拨乱反正之道。故否而可以"俭德辟难"，剥而可以"厚下安宅"，归妹而可以"永终知敝"，姤而可以"施命诰四方"；略其德之凶危，而反诸诚之通复，则统天地雷风电木水火日月山泽已成之法象，而体其各得之常，故乾大矣而但法其行，坤至矣而但效其势，分审于六十四象之性情以求其功效，乃以精义入神，而随时处中。天无不可学，物无不可用，事无不可为，由是以上达，则圣人耳顺从心之德也。故子曰："五十以学《易》，可以无大过矣。"《大象》，圣人之所以学《易》也。"无大过"者，谦辞也。圣人之集大成，以时中而参天地，无过之尽者也，圣学之无所择而皆固执者也，非但为筮者言也。君子学圣人之学，未能至焉，而欲罢不能，竭才以从，遗其一象而即为过，岂待筮哉！所谓"居则观其象"也。呜呼！此孔子之师文王而益精其义者，岂求异于文王乎！神而明之，存乎其人，非圣人而孰能与于斯！读《易》者分别玩之，勿强相牵附，以乱《爻》《象》之说，庶几得之。

　　　　衡阳王夫之序

# 周易大象解

## 乾

≡≡≡ 乾上
≡≡≡ 乾下

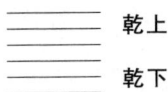

天行健，君子以自强不息。

"以"，用也，体此卦之德以为用也。道一而用之殊，所谓"同归而殊涂，一致而百虑"也。"乾以易知，坤以简能"，同归一致也。六十四象，因象以成德，因时位而成象，时措之宜，各有所用，殊涂百虑也。以博济为行，健于载物而不知息，其流为释、墨，不知用乾者也。以推移为势，顺以自息而不能强，其流为庄、列，不知用坤者也。推此而言，乾坤失用，则咎吝及之，况他象乎！子曰："加我数年，卒以学《易》，可以无大过"，知所用之谓也。"耳顺"则各知所适，"不踰矩"则于我皆安其止，而后可以远过。故易者圣学之大用，非极深研几以通志成务，其孰能与哉？纯而纯用之，杂而杂用之，隆而隆用之，污而污用之。天地有此象，则有此道，君子以此道而应此理，各体其宜，而后同归一致，非执一而废百，斯圣学所以善用天德也。

六十二象自乾坤而出，象有阳，皆乾之阳也；象有阴，皆坤之阴也。学《易》者所用之六十二德，皆修己治人之事。道在身心，皆"自强"之事也；道在民物，皆"载物"之事也。"自强不息"非一德，"厚德载物"非一功。以"自强不息"为修己之纲，以"厚德载物"为治人之本，故曰："乾坤者其《易》之门户"，道从此而出，德从此而入也。

苍苍者无正，浩浩者无极，天不可以体求也。理气浑沦，运动于地上，时于为行，物于焉生，则天之行者尔。天体不可以人能效，所可效者，其行之健也。唯异端强求肖天体，而君子安于人道而不敢妄。乾道大矣，君子仅用之于"自强不息"，不敢妄用之也。妄用天者为妄人。

自少至老，为而不倦，初、上之行也。自穷而达，不失不离，二、五之行也。自危而安，不变其塞，三、四之行也。君子于道周遍省察，知其宜于修身之用，以之去私，期乎必净；以之复礼，期乎必纯；以之尽心，期乎必至，斯乃如天之自健其行，而不于事物见健焉。"品物流形"，非天之有意也。"万国咸宁"，非君子之有心也。道大而用之以约，所以为无妄，无妄则诚矣。

阳气奋兴，自下而起，"自强"之道也。乾体已成，因而重之，不舍其健，至于上而无间，"不息"之几也。

太虚无健，其"行健"也。君子无强，唯"自强"也。

# 坤

```
☷  坤上
☷  坤下
```

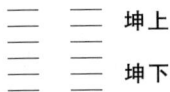

地势坤，君子以厚德载物。

六阳既纯，上升而为天；六阴自纯，下降而为地。地之顺，地之"势"也，因以为"德"。中无不虚，自得之数无不约，斯以受物为量矣。夫子之于父，且有干蛊；臣之于君，且有匡救，非必顺也。唯物之资我以生者，已而各有其志欲，各有其气矜，积以相加而不相下，则可顺而不可逆。乃君子之顺物，厚其德而已矣。物气之悍，不能俱靡，而但载之以敬；物志之盈，不能屈徇，而但载之以恕。无不敬而终身于恕，所谓"直方"，所谓"通理"也。若夫欲张固翕，欲取固与，则"坚冰"之隐慝矣；固翕乃张，固与乃取，则疑阳之"龙战"矣。君子奚取焉！

# 屯

<pre>
═══  ═══   坎上
═══  ═══   震下
</pre>

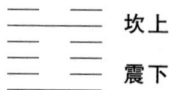

云雷，屯。君子以经纶。

"云"上而凝，"雷"动而奋，踌躇满志而果于为之象也。"经纶"者，君子开物创治之大业也。不凝如云，不足以行。不奋如雷，不足以断。未为之先，无绸缪深厚之心，方为之际，无震迅发起之气，无以取不秩不叙之天下分合而使之就理。若夫当守成恭己之世，忧物之不必忧，为事之可不为，郁蒸躁迫，求试其才，非能用屯者也。

# 蒙

```
━━━ ━━━  艮上
━━━━━━  坎下
━━━ ━━━
```

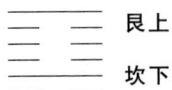

山下出泉，蒙。君子以果行育德。

"泉"方出山，去江海远矣。不疑其远，百折必达，其行"果"矣；果则天下无不可成之行也。抑泉源之出，或在平陆，其流易竭；蕴畜之于出，涓涓混混，不息不迫，则行虽果而居之有余。君子体斯为"养蒙"，为"发蒙"，果、育相资，行成而德不匮，则善用蒙者也。

# 需

≡≡ 坎上
≡ 乾下

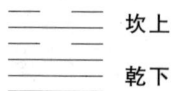

云上于天，需。君子以饮食宴乐。

"云上于天"而不雨，期过，则虽雨而不济物之用，故曰："需者，事之贼也。"其唯饮食宴乐乎！可以饮食，可以宴乐矣，而犹需之，得则享之而无惭，不得则抑不害廉。酒清肴干，终日百拜，而后举逸逸之酬；后天下以乐，而后鼓乐田猎，民皆欣欣以相告，是君子以之特异于小人。舍此未有用需者也。

# 讼

<pre>
══════   乾上
══  ══
──  ──   坎下
</pre>

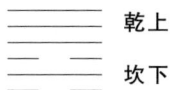

**天与水违行，讼。君子以作事谋始。**

人与己违则讼人，道与欲违则自讼。君子之用讼也，不以讼人而以自讼，善于讼矣。虽然，事之向成，欲妨于道而始愧，害生于利而始悔；愧悔生忐忑，忐忑生妄动，未见自讼之为益也。作事之始，两端之谋，皆似可行，心意交争，辨其贞胜，是非得失较然画一，天高水流不相胶溷，无愧无悔，乃以坦然行于至正而不疑。

# 师

```
━━  ━━   坤上
━━  ━━
━━━━━   坎下
```

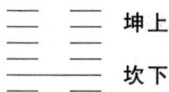

**地中有水，师。君子以容民畜众。**

地中之水，无见水也；君子有民，无见民也。君子观于地之容水，以静畜动，而得抚民之道焉。士安于塾，农安于亩，淳者漓者、强者弱者，因其固然，不争不扰而使之自辑，弗能泆出以行其险，则虽以之行师焉可矣。

# 比

```
━━ ━━  坎上
━━ ━━  坤下
```

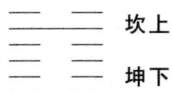

地上有水，比。先王以建万国，亲诸侯。

比非交道之正也，唯开代之王者能用之。用之"以建万国，亲
诸侯"，归附而不流，大小相涵而不紊者也。德非先王，事非封建，
而违道以徇人，树援以固党，其敢于用比乎？

# 小畜

```
═══════  巽上
══ ══
═══════  乾下
```

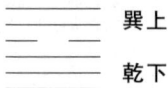

风行天上，小畜。君子以懿文德。

"文德"者，礼乐之事，建中和之极以尽美善，所以"懿文德"也。"风行天上"，未加于物，风之畜也，而四时之气，于兹潜运，是无为之化，不言之教也。其于人治，则礼乐是已。君子体此以修明于上，无所加于民，而移风易俗，不知其然而自化；与观之"观民设教"者，互相用而风化行矣。

# 履

```
━━━━━  乾上
━━ ━━  兑下
```

上天下泽，履。君子以辨上下，定民志。

风、火、泽，皆坤之属也。"本乎地者亲下"，而风火上行，唯泽流下，与上悬绝。履之为象，一阴介五阳之间，分内外之限，上下之辨昭然殊绝矣。君子之于民，达志通欲，不如是之间隔，唯正名定分、别嫌明微，则秩然画一，俾民视上如泽之必不可至于天，以安其志，乃以循分修职，杜争乱之端，所为严而不伤于峻，远而不忧其乖。

# 泰

```
☷  坤上
☰  乾下
```

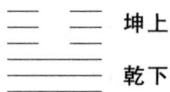

天地交，泰。后以裁成天地之道，辅相天地之宜，以左右民。

"裁成"地者天也，"辅相"天者地也。天道下济，以成地之能；地道上升，以相天之德。体其道以施于民，君通民之志欲，而民喻君之教化，乃以左右匡提而成大治。其道至大，非君天下者，不足与于斯。

# 否

```
▅▅▅▅▅▅▅    乾上
▅▅ ▅▅
▅▅ ▅▅      坤下
```

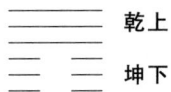

天地不交，否。君子以俭德辟难，不可荣以禄。

上不交下，无之可也。下不交上，士之节也，而抑非君子之正。唯阳亢失守，寄生天位，已成乎必乱之象，则难至必辟，上不我交，己无责焉。功非己立，民非己援，德既可俭，奚有于禄？辟禄绝交，守其塞焉可矣。

# 同人

```
═══════  乾上
═══════
─── ───  离下
```

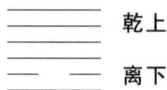

天与火，同人。君子以类族辨物。

火在天中，受明以虚，明内映也。"类族辨物"，井然不昧于中，而明不外发，无遏扬之事，百族与处，贤不肖各安其所，万物并兴，美恶各从其实，以辨为容，所以受天下也。明有存发，道有张弛，同人、大有之所为异其用乎！

# 大有

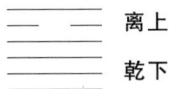

离上

乾下

火在天上，大有。君子以遏恶扬善，顺天休命。

"火在天上"，其明发矣，"遏恶扬善"，举措大行，非但"类族辨物"，使善恶各从其类而已也。斯二道者互相为用，乘乎时位，而不但乘乎时位。明有所必发，虽匹夫而操南面之权，进退诸侯，以承天也。明有所必涵，虽天子而以人治人，仁知、百姓，各奠其所，以因物也。观于同人、大有，而君子所以用《易》者，经纬张弛之妙，类可推矣。

# 谦

```
☰☰  坤上
☰☰  艮下
```

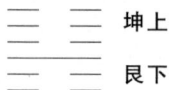

地中有山，谦。君子以裒多益寡，称物平施。

平地不可力增，高山不可强削，物之情势则然，而欲平之，徒乱而已。"地中有山"，替高就卑，务为坦易，此亦不可数为之功矣。君子用此，唯用之于施。施者，君子所以惠小人也。君子而交君子，以贞以谅，无所用谦焉。凡施之道，益其寡者，多者自裒；于多无损，于寡有益。茕独免于冻馁，豪强自无居藏之利，所谓"称"也。不然，如王莽之限田，削天下以皆寡而已。故救荒有赈恤，而无可平之价；定赋有宽贷，而无可均之役。非于施与之外别有裒益，审矣。

# 豫

震上
坤下

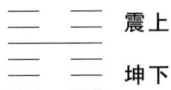

雷出地奋，豫。先王以作乐崇德，殷荐之上帝，以配祖考。

"雷出地奋"，不可久居者也。阳气归天，地不敢有，而后其动也盛。志不可满，乐不可极。功已成，德已崇，乐乃以作，荐之上帝，荐之祖考，而己不敢有取悦仁孝之心，斯可矣。铺张盛治，以鸣己之豫而不让，"丰亨豫大"之说起，宋乃以亡。

# 随

```
━━ ━━  兑上
━━━━
━━ ━━  震下
━━━━
```

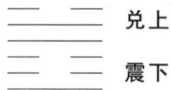

泽中有雷，随。君子以向晦入宴息。

雷入泽中，意不在动。长从少，男从女，阳从阴，君子无所用之。唯以向晦入宴息，则可息动而从说，以顺人情。一张一弛，文武之道。随，弛道也，唯君子能用之而不靡。

# 蛊

```
⚏ 艮上
⚎ 巽下
```

山下有风，蛊。君子以振民育德。

风在山下，动及物也；山止乎上，养之厚也。动物无吝，振起顽懦，而养之成德，君子新民之道也。

# 临

```
☰☰  坤上
☰☰  兑下
```

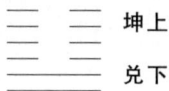

泽上有地，临。君子以教思无穷，容保民无疆。

泽上之地，泽之浃入于地者厚矣。说司"教"，顺司"容保"。坤、兑相得，用之以"保民"而施教，取地之普载为"无疆"，取泽之不竭为"无穷"。君子之临民，不尚威而尚德，有如此。然兑不以悦民而以教，亦必异于违道干誉之小惠与！

# 观

```
━━━━━━━    巽上
━━  ━━
━━  ━━    坤下
```

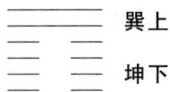

风行地上，观。先王以省方，观民设教。

坤有民象，地为方圻，风司教化。"风行地上"，省之观之，乃以设教，其用与小畜别矣。盖礼乐之大用，不可逮于愚贱，故用小畜。敷五教，防淫辟，必随俗施正，俾民咸喻而不迷，则用观。小畜以端本立极，观以因时广化。而设教者，必审民俗之刚柔朴巧而顺导之，故非"行地"不为功。

# 噬嗑

```
═ ═    离上
═ ═    震下
```

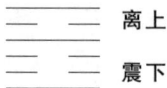

雷电，噬嗑。先王以明罚敕法。

《本义》云："雷电当作电雷。"

法立于断，画一素定，明著于上，以示天下，使人皆晓然知而畏之，"电雷"所以为"明罚敕法"也。求情以明，勤其审察，知周乎下情，然后从而断之，雷火之所以为"折狱致刑"也。盖讲法不患不明，而辨析纤曲，则吏缘出入，而民可规避。若行法之下，必审求其情，无隐不悉，而后敢决焉，乃以刑必当辜，而民以不冤。明断皆祥刑之道，而先后本末不同如此，非君子孰能辨之！

# 贲

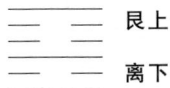

山下有火，贲。君子以明庶政，无敢折狱。

"明庶政"，明逮下也。"无敢折狱"，止其明也。"山下"，幽暗之地，火施其明，烛尽纤隐。君子立法创制，必详必析，小物细事，无所忽忘，无有疑似，使愚贱利用，经久可行。至于折狱，则自非干犯名义，无可曲避。奸宄侵牟，具有显迹者，而钩考阴私，旁引授受，以夸摘发，则法如秋荼，而民无所措手足矣。六十四象，皆唯取法，独贲与夬有鉴戒之辞焉。盖察者知之贼，躁者勇之蠹，藏于密而养大勇者，尤必慎于此也。

# 剥

```
━━  ━━  艮上
━━  ━━
━━  ━━  坤下
```

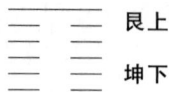

山附于地，剥。上以厚下安宅。

五阴在下，其所积"厚"矣，一阳在上，其所附"安"矣。然孤托一阳于群阴之上，非无权藉者所敢用也。唯为人上者，抚有众民，养欲给求，乃以固结人心，为磐石苞桑之计，而安其位。虽然，此衰世之事也，不足以有为，而养晦图存，为可继而已。故不言先王，不言大人君子，而言"上"。

# 复

```
☷  坤上

☳  震下
```

雷在地中，复。先王以至日闭关，商旅不行，后不
省方。

复之道大矣，而仅取之"至日闭关"者何也？复者，天地之心
也。天地者，阴阳循环，吉凶并行，合理欲、迭治乱以为心而不疚
者也。故"雷在地中"，动于隐暗，无事迫为昭苏，但以微阳存来
复之几，即以养万物之生于幽蛰，而不忧其不长。人而仅恃其微动
之几，则不可以振积阴而必其善。夜气仅存者，未有不为旦昼之牿
者也。唯圣人在天子之位，以法天而调人物，故有所休息，以俟人
物之定，于至日昭其义焉。然亦不废其理而已矣。一日之弛，百日
之张，先民之行，劳民之事，自至日而外，未有用此者也。

# 无妄

```
═══════  乾上
═══════
══  ══
══  ══  震下
```

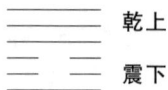

天下雷行，物与无妄。先王以茂对时，育万物。

"茂"，盛也。雷之应候发声，与时相对，兴起万物而长养之，必然不爽。天之与物以诚者，莫此盛焉。先王应民物之气机，诚动于中，而功即加于物，不必如后世《月令》之书，附会拟似。自然与人物之情理，相应不差，而勃然甚盛，无俟风雨有迹而神行焉，其道则取诸此。

# 大畜

```
☰☰  艮上
☰   乾下
```

天在山中，大畜。君子以多识前言往行，以畜其德。

函"云行雨施，品物流形"之理于山中，其畜大矣。凡畜，恶其盛也。积而能散，安而能迁，君子无固畜焉，其唯前言往行乎！善之在古今，莫非理，即莫非人也。其在于心，则莫非德矣。多畜而德弘，乃以无执一之害。非然，则畜一德而据之，虽嘉言善行，亦为贼德之资，况畜非所畜者乎！识善言，不必见诸言也；识善行，不必见诸行也。止如山而备天之理，舜之居深山之下以之。

# 颐

```
☰☰  艮上
☰☰  震下
```

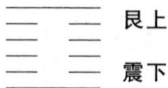

**山下有雷，颐。君子以慎言语，节饮食。**

颐者，言语所自出，饮食所自内也。而观其象，居止以受动，阳在外而闲四阴于内，则"节""慎"之道存矣。不知颐道者，以随意而言，随欲而食，谓之率性，而君子不谓性焉。不能已于动，尤重其止。如山下之雷，无穷极恣肆之动，则以之言语饮食焉可矣。

盖尝论之：言语之慎，饮食之节，若细行也，而人欲之流止，天理之存亡莫甚焉。君子小人之大闲，此心之存去，皆于此决矣。夫天之生人，形色皆性，岂使之有口以导入于恶哉！反身而诚，践颐之象，顺颐之贞，但能止之于俄顷之动，则习而安焉，自远于咎。物不能引我以非道，则大勇浩然之气可养；我不轻随物以妄流，则渊深不测之神可凝。自有天下国家以至于庶人，善恶、吉凶、荣辱之枢机，胥于此焉决矣。子曰："以约失之者鲜。"言语饮食，约泰之权衡也。

# 大过

```
━━━━  兑上
━ ━   巽下
```

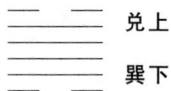

泽灭木，大过。君子以独立不惧，遁世无闷。

泽虽灭木，木不受灭，淹之愈亟，其浮愈疾。又其为象，四阳
亘中，与初上龃龉异志，不相浃洽，以之治世，未有得焉。唯夫
"独立不惧"者，有可惧者也；"遁世无闷"者，有可闷者也。履凶
游浊，守贞笃志，正己而不与俱汩，斯焉可矣。以为非过，则且为
"惧""闷"所乱，而灭其贞矣。

# 坎

```
☵  坎上
   坎下
```

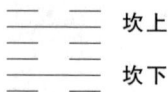

水洊至，习坎。君子以常德行，习教事。

水之"洊至"，不舍昼夜，波流如一，而后水非前水，则用其日新以为有恒者也。德行之常，非必一德；教事之习，非仅一教。有本而出，源源不舍，则德日以盛，教日以深，斯君子用坎之益也。"洊至"之势盛，可以征才；"洊至"之威张，可以明刑。而君子敛才而用之于德，缓刑而用之于教。盖乘势者险在己，殚威者险在物，择于习坎，而唯德教之敦，故足尚耳。

# 离

```
—— ——  离上
—— ——  离下
```

明两作，离。大人以继明照于四方。

明之已盛，君子所惧也。唯居天位者，四方待照，则明患其不至，不忧其盛矣。有"用晦"者，有"继明"者。"用晦"以养其体，"继明"以大其用，不偏废也。老氏一以闷闷孩天下，申韩一以察察矜私智，恶足以称大人之事哉！

# 咸

```
━━ ━━
━━━━━  兑上
━━━━━
━━━━━
━━ ━━  艮下
━━ ━━
```

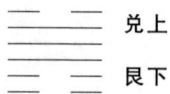

山上有泽，咸。君子以虚受人。

泽山通气，通之者泽也。"山上有泽"，山乃窍虚；泽虚山实，虚实相容，所为相受也。虚者，君子所以受人也。君子于己皆实，受物则虚，善用虚实矣。若宅心皆虚，不尽其实，则是不诚无物，恶足以受天下哉！老庄之诡于《易》也以此。

# 恒

```
☳☳  震上
☴☴  巽下
```

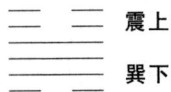

雷风，恒。君子以立不易方。

恒者，不随顺于物而自守之道也。雷风，阴阳之长。雷动不可遏，风行不可反，君子之守以之。受物以咸，自立以恒，道斯两得矣。小人反是：自立无常，随感而动；受物不虚，怙过不迁。君子小人皆出入于《易》象之中，而特其用之也异，类如斯。

# 遁

```
═══════  乾上
═══ ═══  艮下
```

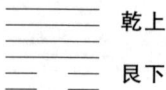

天下有山，遁。君子以远小人，不恶而严。

山阶于天，处峻绝之极矣。峻以绝物，遁道也。君子之遁，遁以己，不遁以物。居上而不流，"严"者其本也。"不恶"者，不屑恶而自远也。惟遁则可以严，惟遁则可以不恶。若愤世疾邪，抑与之交相屈信于是非，不胜而后避之，晚矣。

# 大壮

<pre>
═══  ═══   震上
═══════    乾下
</pre>

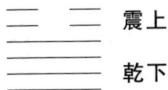

雷在天上，大壮。君子以非礼弗履。

欲严非礼之防，非壮不可。大壮，大者壮也。秉礼自强，筋骸束，肌肤固，心志定，如乾健行，如震雷动，则虽有留连不去之二阴，不能相诱以之于邪辟。君子进德，从容驯至而勿助长。唯克己之功，则可用壮。而壮在秉礼，不在战胜，抑非若异端之亟绝伦物以为勇猛也。

# 晋

```
≡≡  离上
≡≡  坤下
```

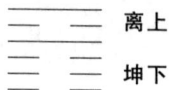

**明出地上，晋。君子以自昭明德。**

"明出地上"，物咸受照。然日之升也，岂有心于照物而为物出哉！唯其有明，是以必照耳。故君子之昭，自昭者也；庸人之昭，昭人者也。夫明德之藏，非揭竿建鼓以使天下知者。诸葛孔明有言："澹泊可以明志。"无私无欲，则不待表著于人，而如日之升，有目者共睹之矣。君子之过，天下皆见，况其无过者乎！

# 明夷

```
☷  坤上
☲  离下
```

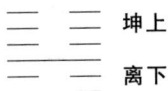

明入地中，明夷。君子以莅众，用晦而明。

"明庶政"，则法山下之火；"莅众"，则法地中之日。求治之小心，君人之大德，各有所当也。建极于上，则法日之升于地；施治于下，则法地之藏夫日。道盛而民可由，德至而民不可知，抑各有所当也。"用晦而明"，虽伤其明，何伤乎！小人自谓能欺君子，而卒以成君子之大智。盖愚贱之情，尽于私利，私利之欺，俄顷而已，不能遁照于诘旦，何伤乎！

# 家人

```
━━━━━  巽上
━━ ━━  离下
```

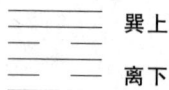

风自火出，家人。君子以言有物而行有恒。

"风自火出"，和煦而无盛烈之致者也。言不薪尽古今之变，但适事物之宜；行不薪备经纬之能，但保初终之素。无速于致远之心，而守约者其施将博，此君子所取法于家人者也。

# 睽

```
——  —— 离上
——————
—————— 兑下
```

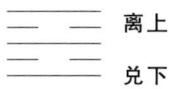

上火下泽，睽。君子以同而异。

火上炎，泽下流，情亦睽矣，而各成其用，固不相害。唯不相害也，故可以睽。君子之用睽，用之于所同者，以各成其用也。同而异，则为和；同而同，则为党；异而异，则为争。各成其用，无所争矣。若夫皎皎孑立，以与异己者竞异，虽道之正，犹为畸人，况其非正而独与斯人忿戾者乎？

# 蹇

```
══ ══    坎上
══ ══
══ ══    艮下
```

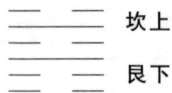

山上有水，蹇。君子以反身修德。

夫欲反身修德者，其若蹇乎！事不求成，功不求立，名不求达，实不求遂，其言讷，其行朴，约如不敢，迟如不欲。故山上之水，幽咽静流于坎坷，乃以不竭；蹇躄者之行，趑趄迟步于道左，乃以不颠；君子之自修，从容抑畏而无驰驱之心，乃以不疾。

# 解

```
☰☰ 震上
☰☰ 坎下
```

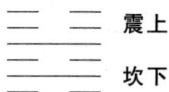

雷雨作，解。君子以赦过宥罪。

雷出雨降，其作甚疾；散郁舒忧，其用甚快。君子于民，不能过徇以遂其忻惊，唯时一用之于赦宥。盖非常之恩，如盛夏雷雨，偶一作耳。

# 损

```
☰☰  艮上
☱☱  兑下
```

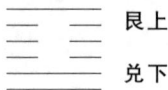

山下有泽，损。君子以惩忿窒欲。

刚过则忿，柔过则欲。兑下二阳之很，以六三之柔，悦以释之，"惩忿"之象也；艮下二阴之溺，以上九之刚，静以止之，"窒欲"之象也；皆以损情之有余而使之平也。夫损者，损情而已矣。若道，则不可得而损也。乐而不以为淫，怒而不以为戾，和平欣畅之心，大勇浩然之气，非欲非忿，而欲损之，释氏所为戕性残形以趋涅槃，老氏所为致柔守镈以保婴儿，皆不知损而戕道以戕性矣。

# 益

```
═══════  巽上
══  ══  震下
```

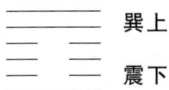

　　风雷，益。君子以见善则迁，有过则改。

　　损以治情，益以进道，知所损益，可与入德矣。用损者静以止，悦以安，其事不迫，迫则灭情且以灭性矣。用益者如风之烈，如雷之迅，其事不疑，疑则废事即以废道矣。此圣学、异端之大致，不可不辨也。损自泰来，益自否变。情泰则损，所以保泰。道否则益，所以倾否。阴不上交，阳来初以绥之，以弭其过；阳不下交，阴往四以顺之，以就于善。终日孳孳，无怀安之情，君子求益之功欤！

# 夬

```
━━━━  兑上
━━━━  乾下
```

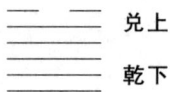

泽上于天，夬。君子以施禄及下，居德则忌。

泽必下者，而上于天，无留处之势，必决之道也。流必下，不俟崇朝。君子颁禄，无疑无吝，唯用此道，乃尽天下之才。顾其施也，以天禄授天民，非己德也。君居以为德，而欲市不测之恩，则以赏行意，上骄士而士亦骄上，故无心则决于杀而天下服，有心则决于施而天下叛。

# 姤

$$\begin{array}{l}\equiv\equiv \text{ 乾上}\\ \equiv\equiv \text{ 巽下}\end{array}$$

天下有风，姤。后以施命诰四方。

天下之风，行之远矣。承天施命，和巽不迫，乃尽天下以信从。盖言语感人，其感已浅，苟非大顺其情，未可倾动。君子议道自己，有不能遍喻之愚贱者，必畅达而广谕，则用姤。故《典》、《谟》简而《诰》、《誓》详，各有攸当也。

# 萃

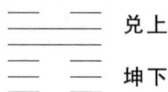

兑上

坤下

泽上于地，萃。君子以除戎器，戒不虞。

地之载泽也，纡以为渎，潴以为渊，畜之不溢，泄之不竭，有积聚之象焉。不豫者不足以备，无备者不足以待变。治之无形，不待事至而后图，如泽气之蒸云雨，无形无象，治戎器于偃武之日，以积聚为道者也。夫君子有国，财散无所事萃，其萃聚者唯戎器，则上非货殖，而国无弱道斯可耳。既不可弛武备而不修，抑不可散民间以启乱，无事则藏，有事则给，所谓觌文匿武，建威销萌，皆此道也。

# 升

```
☷  坤上
☴  巽下
```

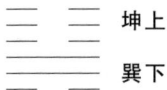

地中生木，升，君子以顺德，积小以高大。

《本义》依王肃本，谓"顺"当作"慎"。按积小以高大，木生于地，皆顺象也，坤、巽皆顺义也，自当依郑如字。

木之生也，苊茸柔弱，拔擢而上，破地之坚，句萌之微，可致乔茂，唯其"顺"而已矣。君子之升，所为异于进锐退速，贪大而忽小者也。小德之积，以善养心。德既在我，义类必充。驯至其极，下学而上达，盖因心理渐开之自然也。若老氏以至柔驰骋天下之至刚，是谓逆理。

# 困

```
━━━  ━━━   兑上
━━━━━━
━━━  ━━━   坎下
```

泽无水，困。君子以致命遂志。

泽非不可有水也。泽居上而不受水，乃自困也。君子之于危乱，非无君可事，无民可使，躯必不可保，妻子必不可全也，不受福泽，自致于困也。困其身，而后身不辱；困其心，而后志不降。匪石之坚，不求转也；无道之愚，以弃智也；非困则志不可得而遂矣。岂与句曲弘景、豹林种放同其康豫乎？憔悴枯槁以行乎忧患而保其忠厚，知困而已，岂知亨哉！

# 井

```
━━ ━━  坎上
━━━━━  巽下
```

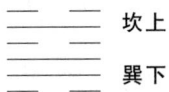

木上有水，井。君子以劳民劝相。

坎，劳卦也。巽为施命劝相之事。劝相之以安于劳，斯以"井养而不穷"。故牧养之勤，不如畋渔之逸；耕耨之获，不如采薪之捷。唯告以人生之在勤，而鼓舞之以尽利，则天下皆可养之土，无不养之人，犹之不恃溪流之可抱瓮，而恃井之上以木也。知逸获之利不可终日，而民自足以厚生。斯道也，抑唯用之民耳。孳孳然计木上之且可有水，从无生有，规利以自劳，则小人而已矣。故禹、稷勤民之畎浍，而孔子曰："吾不如老农"，"耕也馁在其中"。养民则劳，自养则否，易地皆然。孔、禹之所以圣也。

# 革

```
———  ———    兑上
———  ———    离下
```

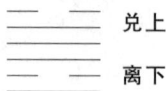

泽中有火，革。君子以治历明时。

泽中之火，阴火也，晴雨之候，将革矣。革者，非常者也。三代有必因之礼，百王有不易之道。旦夕数变，非治道也；初终数改，非德行也。唯治历明时，则无常可守，非革不能。君子之慎用革，而但用之于此，合天变也。因此知守一定之法，以强天从己者，其于历远矣。求之安，则姑安焉，更数十年而不须通变者，未之有也。善治历者，俟后人。不善治历者曰："天已尽吾算测之中，守成法而不变，可以终古。"求不诬天而乱时也，得乎？

# 鼎

```
══ ══   离上
══════
══════  巽下
```

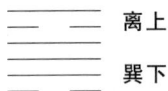

木上有火，鼎。君子以正位凝命。

大位既定，天命在躬，居上以凝，宜若无事焉，而非无事之可以胜其任也。夫风自火出，和煦内动，则化止于家；火以风炎，昭明广及，则化成天下。秉大明于上，施巽命于下，则虽当继绪之时，必有维新之政，以之成熟万物，登之典礼，然后内不虚先王之器，上不负皇天之托，承运之后所为异于克家之子也。不言大人者，守成之主，君子之道也。

# 震

|  |  |  |
|---|---|---|
| ▭▭ | | 震上 |
| ▭▭ | | 震下 |

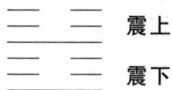

洊雷，震。君子以恐惧修省。

"恐惧"之下，其情易荼；"修省"之功，缓则罔济。必如"洊雷"之震，兴起迫厉，乃克为功。不慑于外，不懈于中，君子之震，所以主宗庙社稷者在此。震过于动，疑非静理，乃道不得静，勿容自逸。若矫情镇物，因循蒙安，非君子之尚久矣。特勿取乎张皇危厉，以滋纷挠而已。

# 艮

```
☶  艮上
☶  艮下
```

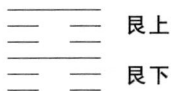

**兼山，艮。君子以思不出其位。**

兼山之艮，止之尤者也。夫人有所行，而将入乎邪辟，以不知返者，非大止之，无以救过。然待其行而遏之，未有能止者也。即或暂止，而乍伏之动，其动必骛。君子知万物之几，皆原于思。物未至前，思一妄动，则邪妄之条理，忽尔粲然，由是而驰骛以赴其所思，莫之能御矣。君子未行之先，亟止其思，当位求实，虚妄不作，则心静而行自身有防，即有无心之过，亦不待俄顷而自息。故艮者治心之道，非治身之术也。

# 渐

☰ 巽上

☶ 艮下

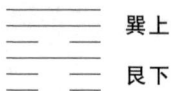

山上有木，渐。君子以居贤德善俗。

《本义》云："贤"字疑衍。

艮，所"居"也；巽，所"善"也；居之厚而后被于民，有本之教也。风升于山则渐高，木生于上则渐盛，教先以己德则渐成。起敝俗于蛊坏之余，则蛊以振民为育德之效；移风化于荡平之世，则渐以居德为善俗之基。道各有宜，而渐之入人深矣。

# 归妹

```
══ ══   震上
═══ ══  兑下
```

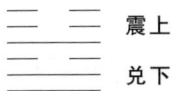

泽上有雷,归妹。君子以永终知敝。

以少女归长男,有不能偕终之嫌焉,悦而归之无疑。泽自下,雷自上,不相得而固合,可以永终矣。不能偕终者,"敝"也。唯"知敝"而必与之"永终",斯以为君子。知父母之疾不可起,而必药必祷;知国之亡不可兴,而必出必仕。以得所归为悦,以动为尽道,何贰行鲜终之有?"天下有道,不与易也","道之不行,已知之矣":此君子所以异于功名之士也。

# 丰

```
══ ══   震上
══ ══   离下
```

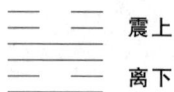

雷电皆至，丰。君子以折狱致刑。

雷起而电即至，其雷必迅。明无所留，断无所待，明威烈矣，此君子之所不敢轻用也。狱已辨，刑已审，折而致之，则以迅决为道。所以然者，淹留牍牒，蔓延证佐，则有罪者窥觊营避，而无辜之民弃本业、负粮粮以待讯，君子之所弗忍也。法简民安，不伤于猛，用此道为宜。

# 旅

```
━━━  ━━━    离上
━━━  ━━━    艮下
```

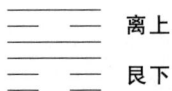

山上有火，旅。君子以明慎用刑，而不留狱。

火丽高而"明"，山受照而"慎"，既明以慎，用刑之道尽矣。片言可折，因其是非而无立威之心。火过而山自如，罚如其罪而无余怒，故杀人伤人而天下安之。

# 巽

```
━━━━━  巽上
━━━━━
━━━━━
━━━━━  巽下
━━━━━
━━━━━
```

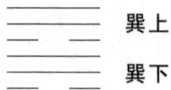

随风，巽。君子以申命行事。

"命"不嫌于"申"，行事之命也。用民力，成民务，先事戒之，当事申之，先后相随无异风，终始相告无异命，民乃易从而事不废。若立法施教，则无事喋喋多言，以滋渎厌。

# 兑

```
▅▅▅ ▅▅▅    兑上
▅▅▅▅▅▅▅
▅▅▅ ▅▅▅    兑下
▅▅▅▅▅▅▅
```

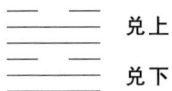

丽泽，兑。君子以朋友讲习。

两泽并流，有相竞之势，而抑有同流之情。言迭出而不穷，道异趋而同归，朋友讲习，以此为得。若失以分交、以情交、以事交而用此道，不失之谄，则失之渎。君子慎之！

# 涣

```
━━━━━  巽上
━ ━
━━━━━  坎下
━ ━
```

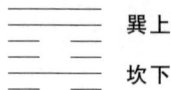

风行水上，涣。先王以享于帝，立庙。

风行水上，无所留吝，极文章之观，尽物力之美，以之享帝立庙，致孝于鬼神，不从俭矣。雷出地中，风行水上，非盛德履天位以崇德报功，未之敢用，盈不如虚，泰不如约也。宋当贫弱之季，而邪臣以"丰亨豫大"之说耗散天下，宜其亡已！涣与节错而道异。节者君子之常守，涣者圣人之大用，非深于《易》者不能择也。

# 节

```
坎上
兑下
```

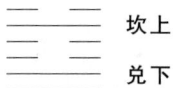

泽上有水，节。君子以制数度，议德行。

以泽受水，其容有量，少则涸，多则溢。体斯以制度数，量入而出，称事而食，无过，节也。体斯以议德行，惠而不费，泰而不骄，无过，节也。以泽节水水上穷，以法制用用不匮，以道裁事事不紊。节者，养有余之道也。而鄙夫以吝当之，天地悬隔。

# 中孚

<pre>
═══════      巽上
═══ ═══
═══ ═══      兑下
═══════
</pre>

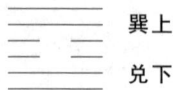

泽上有风，中孚。君子以议狱缓死。

巽命以施泽于下，宽道也。君子之宽，非纵有罪以虐无辜，姑缓之而更议之。兑以详说，巽以徐行，孚于中而后法行焉。可生者生，不可生者亦无怨矣。唯其无纵虐之心，故既和且顺，而不伤柔弱，抑不致民于死，奚必以刚济之！

# 小过

```
☰☰  震上
☰☰  艮下
```

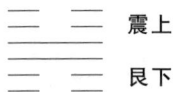

山上有雷，小过。君子以行过乎恭，丧过乎哀，用过乎俭。

阳亢、阴"恭"，阳乐、阴"哀"，阳丰、阴"俭"，皆德之阴者也。小过，阴过也。君子或过于小，宁出于此，无溺于怠，无靡于欲也。动有止，高山之雷不迅，虽过，不忧其泆矣。

# 既济

```
━━━━━  坎上
━ ━ ━
━━━━━  离下
━ ━ ━
```

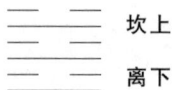

水在火上，既济。君子以思患而豫防之。

火上炎则水竭，水下溢则火灭。水上火下而既济，中必有济之者矣。息水火之争，而成爕熟之用，存乎思所以防之。故君子不忧天下之患，而得其所以防之，禹、稷、共、鲧可同廷而不忮，干戈礼乐可并用而不乖。载人于水者舟，载水于炷者釜，载身于世、载不齐之物于一心者道也。道豫立，则载而济矣。

# 未济

```
═══ ═══   离上
═══ ═══   坎下
```

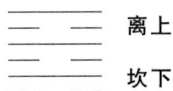

火在水上，未济。君子以慎辨物居方。

火本炎上，水本流下，物各有方，居得其辨矣。六位皆失，水火不交，以此而居，非安居也。然天下之物，各有情，各有才，各有位，各有用，调运转移者人之能，而固然不相通者物之性。知其燥自燥而湿自湿，美自美而恶自恶，得自得而失自失，吉自吉而凶自凶，贞淫良楛，静躁险易，皆物理之固然。故天之所生，地之所长，物之所成，事之所起，无非未相为济者。慎辨其分，而后可合；慎奠其居，而后可移。明以照险，则虽险不害，所为善因物之不足以成己之有余也。

周

易

稗

疏

# 周易稗疏卷一

## 上经

### 乾

《说卦》云"乾，健也"者，以在人之德加诸卦之辞，谓在卦为乾者，于人之德性为健也。凡字之有释，自鸟兽草木之有异名，人之有姓名爵号，可以彼释此而更无异义。若其他言事言理，则一字有一字之实义，可以意相通而不可以相代。如云"学，效也"，岂可云"效而时习之"乎！乾非徒健，健不即乾，明矣。故可云"天行健"者，合"天行健"三字而共赞一乾，不可云"天行乾"也。乾之为字，从倝从乙。倝，日出之光气；乙，气之舒也。六阳发见，六阴退处于内，如朝日之升，清朗赫奕，无继阴之翳滞，物以之苏，事以之兴，此乾之本义，而元亨利贞四德皆备，固不可徒以健名之。

### 或跃在渊

言或跃而或在渊也。渊托体于地上，而又于地之崖岸为下。托体地上，故曰"下不在田"，于平地为下，故曰"上不在天"。居上卦之下，则疑于"跃"；居下卦之上，则疑于"在渊"。故曰"或"之者，疑之也。"在渊"者，伏而未跃也；跃则出于渊矣。

## 亲上亲下

亲上者，三辰也，依天而行。亲下者，草木也，依地而生。若动物则得天地之中气，依地以处而绝乎地，依空而游而不至于天；其性本乎天也，其形本乎地也；死则魂升于天，魄降于地，鸟兽亦然。生则两未有亲也。旧说以兽亲于地，鸟亲于天，非是。鸟固依地而止，其升亦凭地气。地气不至，鸟亦无凭以升。谓兽本乎地，则人亦本乎地乎？其不以动物而言，审矣。

## 西南得朋东北丧朋

旧以世所传八卦方位言之。按方位之说有二。一则日者葬师旧所流传，依附"帝出乎震"之文，东震、西兑、南离、北坎、东北艮、东南巽、西南坤、西北乾。若依此说，西南乃坤之位，非朋矣。东北，艮位；艮为山，山者地之加厚者也，何云"丧朋"？则此说不立。其一，邵康节所传于穆、李、陈抟，谓之先天者。坤位在北，何以"丧朋"？巽位西南，非坤朋也，何以云"得"？则此说亦不立。此据文王演《易》之地而言。岐周之西南乃陇蜀，接西番之地，崇山叠嶂，地气博厚，故曰"得朋"；东北为关东豫兖之野，平迤而属于海，地气已薄，故曰"丧朋"。"丧朋"则不怙其积厚之势，而和衍以受天施，故曰"乃终有庆"。

## 括囊

有底曰囊，囊之口在中，两头著底，今之被袱也。其一头著底者，则郑司农所谓直囊也。四居上下二象之中，如囊之口，阴柔缩结，故为"括囊"之象。

## 黄裳

《本义》云："黄中色，裳下饰。"然则《象传》所云"美在其中"者，黄为中，岂裳为美乎？衣裳之制，衣下掩裳际，复有黻佩带绅加其上，是衣著于外，裳藏于内，故曰"在中"。黄裳者，玄端服之裳，自人君至命士皆服之。若下士则杂裳，不成章美。故以黄为美饰。五位中而纯阴不杂以居之，斯以为"在中"之美也。

## 磐桓

磐，大石之平者。桓，植两木而交相午贯，公圭脊上双纹似之，《檀弓》所谓"桓楹"是也。一阳在下，坚立以载群阴，上承九五，故有磐石、桓木安贞建立之象。旧说以为踌躇不进之象，非也。俗有"盘还"之语，"还"本音"旋"，俗讹读如"环"；桓音完，音义各别。震体动而屯不宁，非可容其盘还游衍者，于义不通。

## 乘马班如

班，列也。马相别而鸣曰班。《春秋传》："有班马之声。"相别则非一马，且非并驾而行之马，故"乘"当音剩，四马也。一乘之马，相别而行，则税驾之象也，故又曰"邅如"。卦有四阴，为四马。或从初，或从五，上下异乡，故二、四、上皆言"班马"。

## 蒙

蔓草加于草木之上曰蒙。《诗》曰"葛生蒙楚"，而《尔雅》云"蒙，玉女。"玉女，女萝也。女萝附草而蒙其上，故有蒙名。弱蔓之草，必有所附。童子弱昧，必依附先生以强立，故曰"童蒙"。此卦阳蒙阴上以忘险，故取象焉。旧释未明。

## 不利为寇

举兵攻人曰寇。寇非贼之谓也。《书》言"寇贼"，谓来寇之贼耳。《孟子》"齐寇""越寇"，皆敌国也。若贼，则岂待蒙之上九始不利哉！

## 云上于天

《易》之取象，必两间实有此象，故水不可加于天，而需之坎曰云。言天者，自地以上皆天也，故云与泽得上之。泽，雨也。火得有于其上者，光烛于空也。雷出地而震于空，声乃壮矣。至山则曰"天在山中"，山中之空即天也。若"天与水违行"，则以经星之天而言。经星之天左旋，而水右行以归于海，故曰"违行"，莫非自然之象。苟非自然，则俗盲卜人轨革卦影，兽头人声，男冠妇袂以惑世诬民者，岂圣人立诚之辞也哉！

## 不速之客

不速，需也。自初至三，皆见险在前，迟回不进。"于郊""于沙""于泥"，皆不敏速疾行之象。世俗以醮客之晨再请曰"速"，乃似驱使迫促之辞，不恭莫甚焉，盖读《易》不审而误耳。速客之速当作"宿"，见《仪礼》。需卦本坎延乾进之象，何云不召之客？四阴连类，徒言三者，六四坎体，非外至之客也。

## 带

带无鞶名。鞶者声鞶缨，车饰也。带所以系佩緌及芾者。《书》

曰："车服以庸。"车之等视其服，故再命赐服，不言赐车。言服则车在其中。《象传》徒言"受服"，以此。

## 否臧

否，马、郑、王肃皆音方有反。韩康伯读作否泰之否，于义不通。否，不然也。谓以律为不臧，则必黩武致败也。晁氏谓先儒多音不，不知"不"自有否音。

## 左次

兵法：前左下，后右高。高者在后，据险以结屯；下者在前，驰野而趋利。前左不行，则后右皆止。不言前而言左者，军虽不进，前军犹必远哨以防敌，惟左则屯聚以止耳。

## 不宁方来

"不宁方"，谓不宁之方，犹《诗》言"干不庭方"，非未然而且然之词。不宁，志不定也。自二而外，皆非五之正应，故恐五之不受己而怀疑惧，然以类上比，莫敢不来也。

## 自我西郊

所从来曰"自"。自西郊者，自西而乡东也。凡云乡东行，乃不雨之征，谚所谓"云乡东，一场空"也。盖乾位西北，险虽上升，而至阳之气驱之以行，故不得雨。若上九重阳上覆，阴不得升，则又降而为雨矣。此亦文王之德将欲东行三州而不得之象，故曰"我"。

# 何其咎

旧说以"何"为语助诘问之词。若云"何咎之有"则不当云"何其"；若云"何其咎之甚也"，则《象传》不得云"其义吉"。凡言"无咎"，则吉在其中。先言吉，后可言无咎，吉者未必其无咎也。已言无咎，则不复言吉，无咎则吉矣，虽有不吉，君子不以为凶也。"何"字之义，本训担也负也，从人从可，人所可胜之任则担负以行也，正音胡可反，读如伙，转读如贺。其借为"谁何"之何者，乃人负物以来，诘问其所何者为何物，转音"河"者，语急之声也。俗专用何为"谁何"字，而于"负何"之何加草，作荷华之荷，始自传写《论语》者之误，相承不改。若《易》"何校"、《诗》"何蓑"，则仍本字。此云"何其咎"者，以小畜本阳盛之卦，乾德欲行，而为六四之阴所阻，初乃与四为应而受畜，则不能无咎。特以初德在潜，以反归不进为道，独任其咎，而不以累二、五，是善则归君、过则归己之义，故曰"其义吉"也。与姤九二"义不及宾"之义同。

# 履虎尾

凡《象》皆先自言卦名，后乃系以象占之辞。此徒连"虎尾"为句，则卦名履者省文也，实则"履虎尾"为卦之名义也。履者，践所欲行之路而措之足，顺而安也。履乃忧患之卦。孤险进蹑，得位之刚，则但言"履"其词平，其义安，非此卦之象；必言"履虎尾"，而后其词危，其义险也。与"同人于野"必言"于野"，以见非徒二之同五，而五阳皆其所同；"否之匪人"，非天上地下之为否，唯三、四失位，人道不交，阳往而之于非人之道，乃有此象；"艮其背"，阳升而阴得中，非有艮止之情，特以孤阳居上，更无可行之地，不得不止；故徒言同人、否、艮，不足以肖卦德，必合下文而后其义显也。

## 拔茅茹

旧以"拔茅"为句，"茹"字连下"以其汇"为句，于文义不通。茅、茹，二草名。茹，虑也，一名茅蒐，今谓之茜草。其草蔓生，与茅俱枝茎坚韧，拔之不绝，必连其根汇而拔之。泰之三阳，否之三阴，皆相连成体而无间断，故有此象。茹，平声，读如"如"，与茹菜之茹上声、读如"汝"者不同。

## 帝乙归妹

旧说谓帝乙为纣父，而《本义》云帝乙归妹之时亦筮得此爻，而后获祉。文王作《周易》，周公系《爻辞》，与商筮之用《归藏》者，象占各异，安得沿袭商筮以占吉凶？况归妹《爻辞》亦云"帝乙归妹"，又何说邪？元亨利贞，穆姜筮之即凶。帝乙之吉，非其位、非其时者，安能吉也！抑按史称帝乙元妃，无子早没，故微子之母为滕妾，元妃没，乃摄内主而生纣，为适子。帝乙之妃既夭而无出，帝乙又一传而殷以丧亡，何凶如之，安得"以祉元吉"邪！殷之天子皆以十干为号，其号乙者，汤称天乙，又有祖乙、小乙，不但纣父之为乙；则必有得淑女，广继嗣，以受天祜者，非纣父明矣。其云"归妹"者，乃阳下于阴之辞。二为帝，五为妹，阳反居中于内，阴反正位乎外，男来就女之象。婚姻之礼，至周始定。自周以前，男来就女，如今之赘婿，虽天子之贵，亦或用此制，故曰"归妹"，言往归于妹，与渐之言"女归"者异。泰有此象，王氏曰"女处尊位，降身下二"，是帝乙之女归夫家，非归妹也。考古者必以其时，于《易》而得周以前之昏礼焉。周礼定而秦汉益严，故有赘婿谪戍之法。至唐宋以下而又乱。今则子舍父母而事他人、冒他姓者，伦愈斁矣。

## 苞桑

苞，枹木也。《尔雅》："枹，遒木魁瘣。"郭璞曰："树木丛生，根枝节目盘结瘣磊。"盖桑田之桑，分畦而种，枝干条达，虽为柔韧之木，而枝弱尚易折断，唯当道而生者，本干瘣魁，系风马逸牛于其干，则必不能逸。大人居否世而固本自强、得贤为辅之象似之。

## 匪其彭明辨晢

许慎说"彭，鼓声也"。彭以聚众而进之。四居四阳之上而近于五，似将统率前进，以逼六五之孤阴；乃为退爻，而与离为体，愈近于君，其志愈下，非敢尸号召之任者，故曰"匪其彭"。知分义之宜然，故曰"明辨晢"也。晢与晰字相近，俗读往往误合为一。晰从析从白，白也。晢从折从日，明也，音折。

## 殷荐之上帝以配祖考

殷，旧释盛也。乃连"荐"为文，不云作盛乐，而云盛荐，于文义不安。郊祀之礼，事天以诚不以文，未闻极其盛美。后世用大乐，备宫县。梁武帝博考礼文，订正改撤，是也。唯大雩用盛乐者，以阴阳不和而不雨，故乐极其盛，以感召和气，既非以崇德，且雩祭遍祀山川百神，不止上帝。按《尧典》："以殷中春。"殷，中也。郊以日至，乃冬气之中。祖考之祭亦在四仲之月，故曰殷。雷之出地在仲春，亦中候也。

"以配祖考"，旧说以祖考配帝，亦非是。郊之配唯祖，而考不得与。且祖配帝，非帝配祖，当云配以祖考，荐之上帝，不应云"以配祖考"。盖配之为言合也。乐以象德，所以象祖考之德；感以其志气而合漠，故曰"以配"。凡此类皆顺文求之，斯得其解，不可屈文义以就己说，则无不可通矣。

## 王用亨于西山

文王之称王，周公制礼而追王之，文王固受殷铁钺之赐，为西伯以事殷，终身安于侯服。其谓文王受命称王者，乃为《公羊》之学董仲舒、何休、蔡邕之徒曲相附会之邪说，宋儒辩之详矣。何《本义》至此而又以为文王邪？且周人之称文王，必连谥称之。盖连谥以称，则明其为追王。若舍谥而直言王，若《书》所言"王若曰"之类，则必其王天下者，未尝径以王称文王也。

《本义》又云文王郊祀于岐山，筮得此爻。尤为曲说。当殷命未讫之日而郊祀，曹操、刘裕之所不敢为，而文王为之乎？且升之六四，辞亦云然。岂文王之亨西山，既筮得随，又筮得升乎？况王者之大祀，卜而不筮，少牢以下乃筮，礼有明文，何容燖乱！筮之设也，人皆可就决疑，故曰"以前民用"。即令文王享祀，偶筮得此，亦不可执一事之吉凶以概天下后世尊卑常变之通用，则其为象非以己占之验言之，明矣。

谓西山为岐山者，亦非也。文王治岐，岐山正在其封内，不得云西。言西者，中国之山，唯西为高。王，有天下者之通称，谓九五；西山居至高之地，谓上六也。卦以阳随阴为义。上处天位之上，人无足以当之者，其唯鬼神乎！而上六体阴，山本地类，五以阳刚履中位，而曲意尽诚以随上六，故其象如此。此以赞九五之德，而在上六则为穷无可随，下听人随之象，不纯乎吉。使祀而筮得此爻，亦鬼神不康不歆之兆，故《象传》曰"上穷"，义愈著矣。

## 先甲后甲 先庚后康附

郑氏以为"先甲三日"，辛也；"后甲三日"丁也；取自新丁宁之义，而《本义》因之。王氏以为甲者创制之令，若汉之有令甲、令乙。孔颖达两取其义。要皆求解不得，而曲取后代之枝说以附会之。其以辛为新者，说出于刘熙《释名》。熙书皆迂谬不足取。辛本五味之一。《书》："从革作辛。"其字从辛音愆辠之辛，又为金钢触人、痛楚泣出之义，本无自新之意。丁之为丁宁者，钲也。钲之声丁丁宁宁然。借为告戒重复之意者，以钲所以警众于行阵者也。徒言丁而不言宁，其不可作详勉教戒之词，明矣。以歇后语作隐谜，俗谬莫甚焉。康成《易》注纯用纬书，故其悖诞如此。王氏言创制，近之矣。而以汉令甲、令乙证之，则亦非也。令甲、令乙者，令之卷帙次序之名也。甲者卷之首耳，何有于创制之义？汉人以缣纸代竹简，故有此名，非可引以证文王之经文。且抑何以通之于巽之"先庚后庚"邪？

以实言之，甲者事之始，庚者时之变，先者先事而告戒，后者后事而申饬，皆巽风申命之谓。蛊，风始出山，当事之始，言创建功于事未起而先命之，事已行而又戒之也。重巽而居外卦之中，为更改后图之象，故言庚。庚于时为秋，乃寒暑生杀变易之候。"先庚后庚"，言未庚以前，已庚之后，申命以善始终也。其云"三日"者，誓戒以三日为期也。义自昭然，何待摭拾琐说以巧为附会哉！

## 至于八月有凶

旧说或以八月为遁卦值位者，以康节所传陈抟之圆图，遁居正西也；或以八月为值观卦者，以魏伯阳《参同契》之卦气，观居西位也。二说皆出自纬书。京房学宗谶纬，始以卦配月，而黄冠假之为丹术，为君子儒者所不屑道。且以遁为临之错卦，观为临之综卦，皆以相反之义言之。若以错综相反言吉凶，则泰当云至于否而凶，屯当至于鼎而定、至于蒙而亨，何独临之至于遁、观而凶乎？临六爻皆变而始成遁，初、二、五、上四爻变而始成观，相去悬远，不大变不至于彼。《彖》为静而不变之占，何得豫忧其至于遁、观之月邪？卦之有错综，犹人之有生死也。岂于方生之时，而曰至于死之日有凶乎？足知二说之皆谬矣。

八月，兑位正西。八月秋中，兑道之成也。临之内卦为兑，自初至三，皆为兑体，而成乎兑者六三之阴也。初、二以阳临阴，虽体兑而以感应为道，则皆吉者，未成乎兑，故免乎凶也。至于三而兑成，则为“甘临”，于是乎凶。言“有”者，忧之则可不凶；不忧而甘，则凶其所必有矣。即《爻》论《象》，即卦体以论占，明白简易。崇经纬纬，则《易》道大明。《经》之乱，谶纬乱之。京房、陈抟之流、相袭而成诐辞，如此类者，不可不亟为辨正。

## 灭趾灭鼻灭耳

灭犹没也，如水淹物，湮没其中而不见也。内则“灭鼎”及大过“过涉灭顶”，皆隐没不见之谓。“屦校”，足械，今徒罪人所著者。“何校”，犹今之枷也。“屦校”著于胫，从上视之，则不见趾。“何校”在项，从下视之，则不见耳。“肤”，大脔无骨。贪食无状，捧而啮之，则上掩其鼻。旧未注明，疑于绝灭，则“噬肤”何至劓其鼻，“过涉”何至劓其首邪？

## 得金失

《周礼》大司寇以两造两剂禁民狱讼，入束矢钧金，然后听之者，谓民之狱讼不由乡遂县方，违司寇之禁，径诣于朝，如今越诉笞五十之律，非凡狱讼者皆纳金与矢而后听也。管仲治齐，乃令凡讼者皆令出金与箭，以供军用，乃使富者可恣其告讦，贫民含冤而不能理，此霸国之乱政，非先王之法也。《本义》引以释此爻，误矣。且噬嗑强不合而合，初、上有被刑之象，四、五乃理直而得伸者，原非听讼之人。若《大象》云“明罚敕法”，自别一义。凡《经》中《爻辞》，俱与《象》通，周公祖述文王之旨也。其不与《大象》相通者，周公非豫为孔子释也。《爻辞》为占《易》者言，《大象》为学《易》者言。故屯之“经纶”，蒙之“果行育德”，《爻辞》不申此义，不可以《大象》释《爻》明矣。九四方被啮合之累，安得听人之讼而受金矢？且幸得曰得，不幸而得亦曰得；法所宜受，不可曰得。纳钧金束矢既为常法，则不当曰得。岂幸民之讼而利其得乎？

以实求之，金矢者，以金为镞之矢也。古有荓矢、枉矢、杀矢之别，唯杀矢则金镞，其他或不用金，如今骲箭之类。初、上强欲啮合，九四刚不受啮，故操矢相向。初、上以矢射四，四获其矢而反射之，故初、上得凶，而四得吉。以卦象求之，其义自见，勿容杂引曲说以害意也。

# 七日来复

旧说谓自姤而来，历遁、否、观、剥、坤，至复为七日。此以卦变徇卦气而言之也。乃卦气之见于《参同契》者，一卦一月，而非一日一卦。若卦变，则因已成之卦，一爻变动，如噬嗑之于颐是也；一爻移易，如损、益之于泰、否是也。未有相反之甚，如姤与复而可云自彼而来。复卦自二以上，本纯坤之体，唯初爻得阳。则来复者，自坤而言也。坤一变而即得复，故曰"不远复"。不远，则非历七卦明矣。盖七者少阳之数。坤为老阴，乾为老阳，故乾曰"用九"，坤曰"用六"，不用七、八。数至于纯坤而无可消矣，于是其复速疾，而七起焉。言日者，一昼一夜，数极则反之谓。积阴至于六日则必复，寒暑阴晴之常也。而不正之气化，抑不尽然。故唯速反于七，为天行之正，而唯颜子能见之。彼留连于遁、否、观、剥者，盖迷而不复，至于十年而不克者耳。卦气之说，沙随程氏斥其出自纬书，是也，则又恶足信哉！

# 至日闭关商旅不行后不省方

言至日者，概乎至日以后之辞也。若但长至之一日，闭关而止商旅，则行人姑待于施舍，为戏而已。省方非一日之事，吉行五十里，则一日往反，不出郊关，何得云方！盖自至日以迄乎雷出于地，惊蛰之后，古历惊蛰正月中。而后启关以听商旅之行，后乃出行以省方。日至以后，两月之中，纯阴固结于上，复之象也。于时寒气方盛，民当入室以息老慈幼，若任商旅之嗜利奔驰，则触寒威以伤生，而废父子兄弟岁时聚顺之好。后若省方，则车徒跋涉，吏民迎候，履冰践雪，怨咨繁兴，皆非以保养孤阳而顺天行。故两月之中，下静处之令，以法复卦之德。今制腊月十五日起至正月十五日止，非军国大事急须奏报者皆停止，犹其遗意也。

## 曰闲舆卫

郑氏云"曰当作日"。《本义》因之。按曰、日二字，隶文相近，而篆文大异。此爻未有每日皆闲之义。舆，司军者，《春秋传》所谓"舆臣台"也。卫，徒之从军者。君行师从，卿行旅从，皆卫也。闲，习其事也。曰，犹爱也，而有告戒之意，犹《诗》"岂不曰戒"之"曰"。良马方逐，申戒仆从，以素所闲习者，护车而勿败绩，斯以为艰贞之吉。

## 何天之衢

旧于"何"字皆置不解。若以为赞叹之辞，则与"之衢"二字文义不相通。足知"何"亦"负何"之何。负天之衢者，犹庄子所谓负云气、背青霄也。凡《经》文"何"字皆上声。

## 朵颐

《本义》云："朵，垂也，欲食之貌。"夫下颔曰颐，贱丈夫之欲食者，亦唯垂涎，颐固不可下垂也。且《经》云"舍尔灵魂，观我朵颐"，则朵颐者我也，观之者尔也，岂自朵颐而自观乎？朵之本训，树木之垂朵朵也，谓枝叶华实累然其多也。此言贪躁之人见我馔具之丰，注目凝视，惊诧而觊分其润。咎不在朵颐而在观，虽未忮求而情已淫，故曰"亦不足贵"。若垂涎则贱甚，岂但不足贵哉！

## 藉用白茅

古者席地而坐，别无食床，今之桌子。其爵俎豆边皆措于地，无藉之者，《礼》文具可考征。唯郊祀上帝，《礼》无其文。则此以茅之白秀铺地而藉，盖郊也。故《系传》曰："微物而重用之。"郊坛地狭，登、降、献、荐，执事者趋跄于侧，虑易倾仄，故以茅藉之而使安妥。君与执事，虔恪将享，万不至于倾覆，而尤必藉之，故曰"慎之"。至所以用茅者，事天以质，不敢以人为之美荐也。初六载三阳以上事九五之天位，故其象若此。

## 樽酒簋贰用缶

"樽酒簋贰"四字为句，《象传》既有明文，而晁氏以"贰"字连下"用缶"为句，谓《象传》"贰"字为衍文，徒以私意改经文，而文义不通。《本义》从之，过已。樽以盛酒，簋以盛黍稷。于樽言酒，而以簋字连之为句，则岂簋亦酒器乎？而缶又何所盛邪？缶，瓦也。樽，或铸金，或刻木而加饰。簋，刻木施丹漆，或加玉饰。"用缶"，言樽、簋皆用陶器，非彫琢金木之美。贰，间也。酒，燕礼。簋则食礼以盛食音嗣者。燕、食不同日而举，详见《周礼》《仪礼》。今既设燕礼之樽，又陈食礼之簋，相间以待宾，且樽、簋不用美饰之礼器，而用陶器，约之甚矣。饮食宾于室，荐酒食者不从户入而从牖入，其简愈甚，疑有咎矣。以其柔顺承刚之诚，则物微礼简而情则笃，故终无咎。征实以考证，文义自明。不然，则有樽有簋盛酒食，缶何盛邪？割裂经文，徒滋熻乱，奚当哉！

# 周易稗疏卷二

## 下经

### 咸其腓

腓在胫上股下，或行或止，一听于股而不自动，此近验之身而灼知之者。旧说云：腓欲行则先动。欲行者心也，先动者股也，腓岂欲行，又岂先动者乎！六二本静爻，又为艮体，无先动之象，故曰"凶居吉"。能静而不自动，则虽凶居而亦吉。凶字自连居字为句，犹言处危。而《象》曰"顺不害"，言能顺乎股也。旧说失之。

### 滕口说也

旧说滕与腾通。按腾者，骏马超骧之谓，使口说如之，则亦卓绝之伟论矣。滕字从水，水涌出曰滕。叔绣之封，以为国名者，地近汶水，伏流坌涌，不择地而泛滥，故地以滕名。此云"滕口说"者，乃闻感即应，无所择而务口给，所谓波涛之口也。不当作腾骧之腾。

### 锡马蕃庶昼日三接

"锡"义有二：有自上赐下者，如《春秋》"来锡公命"是也；

有自下献上者，如《书》"九江纳锡大龟"是也。天子既有以康诸侯矣，用是而诸侯皆效顺以修职责。马者，享礼之庭实也。三阴连类以进，莫不来享，故其马蕃庶，而天子勤于晋接，以嘉受之。三接者，三阴皆接也。王接诸侯之礼凡三等，在殷则爵三等，公也侯也子也；在周则同姓异姓庶姓也。旧释未明。

## 愁如　王母

愁音锄侯反。释作忧者，乃六朝以后之字义。古音子油反。《乡饮酒》义："秋之为言愁也。"愁，坚固也。二与五正应，晋之尤笃者，故曰愁如。王母，旧以为天子之母，古无此称。王之为言大也。王母，大母也。生谓之王父母，没谓之祖妣。阴居尊位，大母之象。

## 嗃嗃嘻嘻

嘻嘻，旧以为嬉笑之嬉。嘻乃叹声，本无嬉义；而九三以刚居刚，亦无戏沦柔谐之象。按：嗃嗃、嘻嘻，皆取喻于火声。《诗》"多将熇熇"，猛烈之状、火始然之声也。《春秋传》"赫赫谑谑"，谑谑乘赫赫之余，火将息之声也。九三以刚处刚，离道方成，故曰"嗃嗃"；而上承六四，风将散之，故曰"嘻嘻"。所以失与不失，兼有其象。

## 以辟咎也

辟，旧音避者非，当音必亦反，禳也，除也，去也。避咎者，咎已成而逃之，小人之幸免也。辟者，咎未成而除之，君子之大用也。《孟子》曰："患有所不辟。"岂诡遇恶人以逃祸责乎？九二以上失位之爻，皆恶人也。初九以刚制之于早，见之乃以治之，故除其不祥于未乱，而得无咎。

## 蹇利西南不利东北

先儒以臆度而为之释曰：西南平易，东北险阻。以实考之，域中之名山大川，其险皆在西南。山则昆仑、葱岭、峨嵋、点苍，水则弱水、流沙、三峡、盘江，皆西南也。东北青、兖，平衍千里，何得云西南平易、东北险阻哉！蹇之为卦，得位可行，而初、上皆柔而不行，是畏难已甚，濡滞而不敏，非本不可行也。故在险而蹇则利，已出险而向平衍之地而犹蹇则不利，此所以宜于西南、不宜于东北也。解之《象》曰"利西南"者，以柔道解散失位之悖，则随行皆顺，故虽西南不易解者亦利，若东北之利则不待言也。以其失位，无东北平易之象，故不言东北。以卦义及事理推之，知旧说之非矣。

## 益之用凶事告公用圭

《周礼》大宗伯以凶礼哀邦国之忧。"凶事"者，凶礼之事也。凶礼有五：以丧礼哀死亡，以荒礼哀凶札，以吊礼哀祸灾，以禬礼哀围败，以恤礼哀寇乱。凡国有凶事，则上告之天子，下告之友邦，而受其赙襚归鳖之益。《春秋》许不告灾，则君子知其先亡。告亦必有将往之仪，如藏文仲以纪磬、玉瓃告籴于齐是也。用圭，则尤其重者。六三以阴求益于阳，求益者近于利，非君子之道，唯凶事则可耳，故无咎。"公"谓四也。九四曰"告公从"，四从三告也。旧释未明。

## 苋陆夬夬

马、郑、王肃皆以苋陆为商陆。陆德明、邱光庭以苋为今之苋菜、陆为商陆。乃商陆，小草，他不经见，尤不可独谓之陆。且此二草，于"夬夬"之义无当。按：苋字当从艹而不从草，音胡官反，山羊细角者也。陆，平原也。兑之象，羊。夬卦五阳上戴一阴，其阴纤弱，而爻象分歧，故为细角羊，行于高平之陆，得草而自恣。欲行不决为"夬夬"。夬夬者，迟疑舒缓之词。九四从下，不速其行，如牵羊之鞭其后，然至于平原，则地散而愈不速矣。苋即四所牵之羊也。五到位而安，故曰陆。苋、苋字相近，故传注相承而误。

## 顺德积小以高大

《本义》云："顺当作慎"。今按地中生木，无有慎象，而自本达茎，以生枝叶，则其积之也顺。坤，顺也。巽亦顺以入也。君子之德，下学而上达，顺德之序也。若急图高大而忽其小，则躐等而逆矣。自当如字。

## 改邑不改井

井之为字，篆本作井。其外四画相交而成九区，田之畛域也。其中一点，穴地以达泉也。《司马法》四井为邑，以积为邱甸而出赋，此兵制也。三代封建，沿革不一，人民登耗不恒，故分此邑之余以补彼邑，互相推移而改邑。若井，以分田制税，公田之中，庐舍之间，当中作井，而九百亩之田环之，沟、洫、隧、路、塍、埒，视以为经界之准而永无所改。经界既正，无余无欠，此井无所丧，彼井无可混，得居中之井永为标准也。盖经界之设，必有表识，使民不得混乱。木既易朽，石亦可移，絫土为封，岁久亦且崩塌。北方土厚水深，穴井及泉，动逾数仞，永难堙塞。此先王立法之精。而井卦一阴间以一阳，又一阳间以一阴，南北异向，邑有推移而井终不乱，以绝吏民之争乱，丧得两忘之象。故《象辞》云然。释《易》者于此不察，以《象辞》为亡实之设言，是轨革卦影之邪妄，岂圣人之言而若此哉！

## 旧井无禽

旧以禽为鸟兽者，非是。井非鸟兽栖止之地，藉令有之，正惟荒废之井，人迹不至，鸟或暂集，而日汲之新井所必无。若云水浊而禽亦不饮，鸟兽岂择清泉而后饮哉？按：禽，获也。汲而得水，以获为利。今此井泥，人不食之，固无复治之者。日久淤塞，泉脉不通，则虽往汲而亦无所获矣。始则尚有水而人不食，久则虽欲汲而终无水，故曰"时舍"，以舍之故，遂至于无也。

## 射鲋

鲋，鲗也，今谓之鲫。凡鱼皆待积水深广而后可活，唯鲫鱼得少水霑濡而足。或以湿纸裹之，可行数十里，复畜之池。从旁注之曰射。井谷者，井一面崩塌若谷，水不能渟，涓涓细流旁出，唯可以注射鲋鱼而已。

## 巳日乃孚

辰巳之巳与已止之已，字画无异，皆音详里反，亦无异音。俗写辰巳字屈下画使短，不钩向上，及以已止之已音羊里反，而辰巳之巳音自，皆塾师之谬也。巳之转训为止为既者，以阳气至巳而尽出，至午则阴生矣。故许慎曰："阳气巳出，阴气巳尽。"此言"巳日乃孚"者，谓日在禺中，六阳出地之时也。当革之初，人心犹多疑贰，必王道大行，昭著于天下，如日之加巳，然后无不从。"乃"者，难词也。二为离明之主而得位，故与《象》同。

## 得妾以其子

己所生之男女，通谓之子。《礼》所谓"女子子"也。《诗》

"大邦有子"、"齐侯之子"，皆女子也。"以"如《春秋》"蔡侯以吴子"之"以"，以卑用尊而能左右之也。《诗》"侯强侯以"，亦有相携相助之意。六五以柔居中位而贵，离为中女，则少也，嫡所生之女子子也。巽为长女，而一阴在下，位处乎卑，妾也。初六能以其柔顺佐佑六五，使安位于外，故有妾贤而能提携赞襄其女子子以妇道之象。旧说未详，似谓得妾而生子。爻无此象，于文义亦不能通。

## 终莫之胜吉

莫之胜吉，犹言不胜其吉也。胜，平声，故《象传》连五字为句。若于"胜"之绝句，则是妇之不孕者终不能孕，何以得吉？而又何以云"得所愿"乎？不孕者，不相接也。待三年而始孕，贞静之至也。得妇如此，其吉无涯量矣。旧说未详。

## 承筐无实刲羊无血

筐非奁具也，《士昏礼》所谓"筓"也，织竹为之，实榛、栗、枣，修以赞见舅姑者。刲羊者，合卺之牢鼎，士而用大夫之少牢，摄礼也。无血之羊，非特杀者。士女皆以吝而废礼，恶俗也，故"无攸利"。旧说未详。

## 涣奔其杌

《程传》以"杌"为"机"。机与几同，见《春秋传》。几，所据以为安。九来居二而得中，义亦可通。然卦自否变，否四之阳，越三而来二，故曰奔。奔入险中，以为坎主，则非平易可安之地，非几象也。杌者，伐木不尽之茎干，碍人之行，险象也。入险以消否，本无避难之情，故曰"得愿"。"悔亡"与无悔异。无悔者，本无悔也。悔亡者，疑有悔而能亡也。杌非可安，故疑于有悔；得愿，故亡。

## 我有好爵

爵所以行献酬者。好，去声。好爵，相好之爵。《燕礼》：请安于宾，彻俎而荐羞，无算爵，以尽欢者也。"靡"与縻通，留也。六三阴柔，躁于前行，故二与初相和，而以欢好留之。阳自相孚，而后以孚异类，如酬爵之行，主自饮而后送于宾也。旧释未详。

## 过其祖

过、遇，不及之义，旧说总未分晓。小过，小者过也。"过"字之义，如"师也过"之过，与"不及"为对，非经过之过，如"过我门"之过。以卦名义观之可见。"过"者，求盈而胜彼；"不及"者，欲企及而不逮，"遇"则恰与之合也。故曰"臣不可过"，言臣之功名权势，不可胜其君，胜其君则恃功凌上，为不道之臣矣。"弗过"，言不能过也；"遇之"，相得而道合也。"弗遇过之"，过已甚而骄亢，故"凶"。

## 密云不雨自我西郊

此与小畜《象》同，而卦象本不相肖，故邱光庭谓小畜阴气少，小过阳气少，不能和而为不雨，其说近是。然此卦之象，尤为显著，不待深求。重阴在上，为阳气所隔，不能与初、二之阴相接，故云密而雨不降。《传》曰"已上"，义取诸此。

# 东邻杀牛不如西邻之禴祭

《本义》谓此乃文王与纣之事。按文王在殷，尽服事之忱，受铁铖之赐，不得与殷相伍而称邻。周公岂以掩文王之至德而亢言之？且纣之于文王，以德言之，则圣狂迥异；以福言之，则兴丧悬隔，岂待相校而云"不如"！文王之德虽俭，而非俭于事神；纣虽奢淫，而非特丰于祀。足知《本义》之疏矣。自上临下，上者左而下者右。左为东，右为西，《礼》文每以此言。东西邻者，九五之邻，上六其东邻，六四其西邻也。上六已济而骄，六四求济而慎，故五之福之，独施于四。"衣袽"之戒，"禴祀"之诚也。"濡首"之厉，"杀牛"之不顺也。禴为四时之正祭，虽不如烝尝之备物，而抑必用太牢，则禴未尝无牛。独言杀牛者，特牛之祭郊也。上六跻于至高之位，僭行郊礼，故神不享而福不降。禴祭以慎受福，亦非以俭而胜丰。以《礼》文考之，以文王之德思之，则《本义》之不当从，明矣。

# 周易稗疏卷三

## 系辞上传

### 八卦相荡

"鼓之以雷霆"，震也。"润之以风雨"，巽也。"日月运行，一寒一暑"，坎离也。"乾道成男，坤道成女"，艮兑也。此所谓八卦相荡也。阳纯乎气而上升，故一阳生于下，则鼓动群阴，而震为雷。阴成乎质而下垂，故一阴在下，则受阳施以浃于物，而巽为风雨。日冬至则远人，阳之隐也；月中冬之望，道行于北而近人，阴之见也；一阳藏于阴中，故坎为寒。日夏至而近人，阳之见也；月中夏之望，道行于南而远人，阴之隐也；一阴藏于阳中，故离为暑。人物之生，阴阳均受，而戴之在上者成乎体质，致一者其所成也。艮一阳外成，故成男；兑一阴外成，故成女。是以咸卦取象于人身。震坎艮，阳荡阴，刚摩柔也。巽离兑，阴荡阳，柔摩刚也。巽为风而兼言雨者，阳气凝聚于上，阴不得升，则复下，雨所由降也。《象》象以坎为雨，自其既雨而为水者言也。此以巽为雨者，自其与风俱自空而拂地者言也。故曰《易》无达象，不可执一以限不测之神化，类如此。岂术士射覆之小智所能知哉！

### 乾知大始坤作成物

《本义》谓知为主。按：知之训主，如唐宋官制不正，职衔在彼，而差遣在此，如"知留后事"，"知留内铨"之类，乃暂令预知其事，而非其官守之意。今郡守称知府，县令称知县，皆承其敝，非名言之允宜也。勿论《六经》，即汉晋人亦无有以知为主者。《下传》云："知崇礼卑。"知去声者，无不知之谓。则乾以明照为用，明矣。知与作对，又与能对。若云乾主大始，则亦作也，能也，何以别于坤之简能而成物也？天以气化，以神用。神气之灵为聪明。今观万物之生，其肢体、筋脉、府藏、官骸，与夫根茎、枝叶、华实，虽极于无痕，而曲尽其妙，皆天之聪明，从未有之先，分疏停匀，以用地之形质而成之。故曰："乾知大始，坤作成物。"以人言之，则强固而任能者，五谷六牲之养，地之材质所成；而虚灵知觉，则天不息之神，流行于官窍。阳气一散，则有耳而不能闻，有目而不能见，有脾而不能思，有肝而不能谋，有肺而不能虑，有肾而不能识。其为乾之以知生物，尤为明验，曾摄职而主其事之谓乎？

## 变化者进退之象也
## 刚柔者昼夜之象也

此二句合释上"刚柔相推而生变化"之义，当参互读之。不然，则昼岂刚，夜岂柔乎！犹言刚柔之生变化，昼夜进退之象也。变化以动爻之占而言，如乾卦初得九则变姤，而占在初九之类。自九而下之八，退也；自六而上之七，进也。老阴变少阳曰变，变则长。老阳变少阴曰化，化则消。阳明而阴暗。昼已极则夜，阳退而化阴也；夜已极则昼，阴进而变阳也。进无可进则退，退无可退则进。若少阳少阴，八方退而为六，七方进而为九，进退不失其故常，则变化不生，则六爻皆少之象无之。卦无一爻之占以此。

## 弥纶

"弥"字本从镸、从尔。镸，亘也；尔，盛也，如《诗》"彼尔维何"，绵互周遍之谓。如云"年弥高，德弥邵"，愈久而不穷也。如云"仰之弥高，钻之弥坚"，极至而无尽也。如云"弥缝其阙"，绵互周遍而缝之也。"纶"乃治丝而合之之谓。"弥纶"者，周遍天地，终始皆与道合。今俗书省糸从弓，故其义不明。如文场有密封，本当作密。北人无入声，读密为平声，遂讹为弥。《本义》云："弥有终竟联合之意。"不知联合乃缝字之义，弥唯言其终竟耳。下文谓《易》合天，纶也；其兼尽者则弥也。通一章读之，其义自见。

## 冶容诲淫

冶训为妖艳之词者，非生成之妍美，乃妆饰之谓也。慢藏，慢其藏也。冶容，冶其容也。冶，镕也，镕金于冶，变其坚朴之质，使流动而有光彩，如教导妇人以妆饰为艳丽，故曰"诲淫"，诲之以淫也。

## "天一地二"至"所以成变化而行鬼神也"

"五十有五"，河图之画也。"天地"谓阴阳也。"成变化"，言乾坤六子所由成也。乾之化为巽、离、兑，坤之变为震、坎、艮。"行鬼神"者，吉凶所由兆也。吉凶之生，有理而不测，鬼神之神也，故曰"与鬼神合其吉凶"。

天之一、三、五、七、九，地之二、四、六、八、十，从其用而言也。合则中实而奇，分则中虚而偶。奇者，大而见少；偶者，小而见多。地之三十，以分见多，其实则少于天三之一也。"相得"：一、六，二、七，三、八，四、九，五、十，相与以得。位"各有合"者，越其位而合三为一卦也。一、五、七合而为乾，二、十、六合而为坤，三、十、八合而为坎，四、五、九合而为离，一、三、二合而为兑，二、四、一合而为艮，九、六、八合而为震，八、七、九合而为巽。因其合之象而定其位，通其气，相薄不相射，以成变化，而天地所以吉凶生死乎万物者行焉。此圣人所以因河图而画八卦，八卦既成，又从而两之，以极其所合之变化，则六十四卦成，而吉凶之几，无不备于其中。

《经文》之义尽于此，而释《经》者未能合图与卦以求其至当之解，乃以意为推测，谓一与二相得，三与四相得，五与六相得，七与八相得，九与十相得，既罔所取义，苟简以求通。若夫以五行配合，而云"天一生水，地六成之"云云者，不知其出于何人，亦不知其何所取义。

《易》列八卦，分为八象，天、地、雷、风、水、火、山、泽，三圣立教昭然，从未有五行之说。五行始于《洪范》，乃言天之所以协民居而为民用之所需者，人君当修治之，以厚民生而利其用，与变化鬼神之道，全无干涉。自京房始承纬书之邪说，而以五行混入八卦之中，以坎、离、震、兑分配水、火、木、金，差可成说；而《易》于震不言木，于巽言之，则亦显与《易》背，且无以处土，而以坤、艮当之，又非河图中宫之象。据《周易》方位言之，则艮居东北，坤居西南，不可强合。即以陈抟所伪作伏羲卦位言之，则坤北而艮西北，亦非土位。至乾、巽无可安顿之处，则合乾于兑以为金，合巽于震以为木。卦之与行，或八或五，其数不齐，则水、火独止一卦，余皆二卦，敆零支补，乖谬无伦，尤为可哂。

至云"地二生火"，"地四生金"，则使地司生而天司成，爓乱天地之大经，颠倒莫甚焉。此说从无解释，芒然不可分晓，唯沙随程氏《周易古占》略为分疏，其说以阳起子中，阴起午中起数，阳从子数一，至申为九；阴从午数一，至未而二，至辰而十。天一子也，地六亥也，亥子水也；地二未也，天七午也，未午火也；天三寅也，地八丑也，寅丑木也；地四酉也，天九申也，酉申金也。其说止此，殊为浅陋。其于成变化、行鬼神之妙用，全无所当。至以天五为辰，地十为卯，为土生成之数，尤无说以文其妄陋。且十二支而徒缺巳戌，尤为可笑。且河图本画，阳无二、四、六、八、十，阴无一、三、五、七、九，而此说以子一丑二寅三、午一未二申三，夹杂天地互数之，愈不成说。凡此类皆同儿戏，徒乱圣经。

京房背焦赣之师说以崇谶纬，邵康节阴用陈抟之小道而仿丹经，遂使"天一生水"云云之遁辞，横行天下，人皆蒙心掩目，奉之为理数，且引以证此章之旨，是释《经》之大蠹，言道之荆棘也，不容不详辩之。

## "乾之策二百一十有六"一段

策数以二老起算，实则二少亦同。《本义》云："少阳未极乎盈，少阴未极乎虚。"非也。即如其说，亦当云"少阳未极乎虚，少阴未极乎盈"。少阴之过揲三十二，六之为一百九十二；少阳之过揲二十八，六之为一百六十八；合之亦三百六十。二篇之策，万一千五百二十，二老之数既然。少阴之积，得六千二百四十四；少阳之积，得五千三百七十六；亦万一千五百二十。盖起于九、六，七、八。九、六合为十五，七、八亦合为十五，则从此乘之积之，无不合也。《本义》疏矣。

三百六十当期之日，损其气盈，益其朔虚，而定以十二月三十日，亦论其梗概而已。康节执此以起无穷之数，徒为玩具，于大化固无当也。故筮法可取象于历，而不可以筮法限历之算。一行所以虽巧而未尽乎变也。

王太史肯堂曰："河图之数，天终乎九，地终乎十，相因为九十；虚中而游四时，为四九三百六十。《洛书》之数四十五，实中而建八节，四八三百二十；中五，八五为四十，亦三百六十。太极勾三、股四、弦五、积六，三四相因得十二，为月数；五六相因得三十，为日数；十二乘三十，亦三百六十。"其说亦似可通，然皆迁就整齐，与天行之神妙不合。

且如万一千五百二十，当万物之数。物之数，虽圣人不能知。约而言之，动植而已。就动而言之，羽毛鳞介赢而已；就植而言之，草木金石而已。细而别之，耳所闻、目所见者且不可悉数，况耳所未闻、目所未见，其能以数纪之，以万尽之乎？《易》言其象，象者仿佛之词。《春秋传》曰："万，盈数也。"当万物之数，象其盈天地之间也。邵子据加一倍之算法，限色声香味以有定之数，岂有当哉！

## 参伍错综

"参"者，以彼参此；"伍"者，相与为耦也。如阳参入于阴中为坎，阴参入于阳中为离；一阳参入于五阳之中为师、比、谦、豫，二阳参入四阴之中为屯、蒙之类，皆参也。阴阳各自为伍，为泰为否；二阴为伍，上承一阳为艮，下乘一阳为震；二阳为伍，上载一阴为兑，下履一阴为巽；及二阳连类居四阴之中，为萃为升；二阴连类居四阳之中，为大畜为无妄之类，皆伍也。

"错"者，镰金之械器，汰去其外而发见其中者也。"综"者，系经之线，以机动之，一上而一下也。卦各有六阴六阳，阴见则阳稳于中，阳见则阴隐于中。错去其所见之阴则阳见，错去其所见之阳则阴见，如乾之与坤、屯之与鼎、蒙之与革之类，皆错也。就所见之爻，上下交易，若织之提综，迭相升降，如屯之与蒙，五十六卦皆综也。旧未注明，不知此乃读《易》之要，不可忽也。

## 两仪生四象

生者，非所生者为子，生之者为父之谓。使然，则有有太极无两仪，有两仪无四象，有四象无八卦之日矣。生者，于上发生也，如人面生耳、目、口、鼻、自然赅具，分而言之，谓之生耳。邵子执加一倍之小数，立一二画之象，一纯阳，一纯阴，一阳上阴下，一阴上阳下，谓之四象；更加一画，而其数倍为八卦；遂画四画之象十六，五画之象三十二，无名无义，但以八生十六，十六生三十二，三十二生六十四，教童稚知相乘之法则可，而于天人之理数毫无所取。使以加一画即加一倍言之，则又何不可加为七画以倍之为一百二十八，渐加渐倍，亿万无穷，无所底止，又何不可哉！不知《易》但言四象生八卦，定吉凶，生大业，初不可损而为二爻，益而为四爻五爻，此乃天地法象之自然，事物变通之定理，不可以算博士铢积寸累有放无收之小术，以乱天地之纪也。四象者，通之象二，乾坤也；变之象二，阴阳六错，震、坎、艮一象也，巽、离、兑一象也，故又曰"《易》有四象。"若以二画之象为四象，则《易》所本无，不得言有矣。要而言之；太极即两仪，两仪即四象，四象即八卦，犹人面即耳目口鼻；特于其上所生而固有者分言之，则为两、为四、为八耳。邵子之术，繁冗而实浅，固其不足从，以《经》考之自见。故读《易》者以不用《先天图说》为正，以其杂用京房、魏伯阳、吕岩、陈抟之说也。

# 系辞下传

## 何以守位曰仁

"仁"当如字。"位"与"财"配，"仁"与"义"配。"天地之大德曰生"，是总挈语。立人之道，曰仁与义，不当独言义也。"位"象卦中之位，"财"象位上之爻。当位得中者，守位之仁也。爻之得位，相应相孚者，理财禁非之义也。吕氏谓"仁"当作"人"，顺文直下而害于理，不可从。

## 一君二民二君一民

旧说谓阳爻为君，阴爻为民，阳卦一阳二阴为一君二民，阴卦一阴二阳为二君一民，于理不顺。如郑之有突与子仪，卫之有衎、剽，仕者无选而两事之，可云二君，然岂仅有一民乎？君子之事君也，固专壹而无贰心，然三代不同于后世，道不行则又仕于他国，岂孔子之出疆载贽亦小人之道乎？且阳爻为君，则乾有君而无民；阴爻为民，则坤有民而无君矣。盖君者所主也，民者所治也。一，奇也，阳爻之画一也；二，偶也，阴爻之画一也。即所谓"天一地二"也。阳为性，为义；阴为情，为利。阳卦以奇为主而治偶，以性正情，以义制利。震动之，坎居中而宰之，艮止之，阴皆听命，君子之道也。阴卦以偶为主而治奇，以情干性，以利妨义。巽以求入，离以相丽，兑以相说，阳群起而从之，小人之道也。熟绎本文，验之于事理，知旧说之非矣。

## 其出入以度外内使知惧

旧以"其出入以度"五字为句，"外内使知惧"为句，不成文，则云有阙。今按："度"云者，有常度也。乃《易》往来之变，初无常度，故曰"周流六虚，不可为典要"。此卦变彼卦，不相因以为次序。乾、坤次以屯、蒙，屯、蒙次以需、讼，其变无端，不可预测，使人不得以私意拟之，以机智防之，而免于惧；抑不得委于时命消长之固然，而忘其惧。非若京房之乾必生姤，姤必生遁，以来回而反于大有；亦非若邵子之乾一兑二，截然顺布八宫，或方或圆，如制衣者之尺寸有成法也。使必有度以出入，则因任自然，可先事而料其一定之吉凶，如《火珠林》之以答匹夫匹妇之疑问而释其忧惧，岂圣人归保父母之明威哉！"度"当音铎，连"外内"七字为句。"出入"，刚柔之往来，"外内"，内卦外卦之定位也。言使人于不测之往来，揆度其位之所在，或承或乘，或当或不当，或应或不应，使知事变之无方，不可率意妄行，听祸福之自至，而于人事之酬酢莫敢不战战栗栗，以思免咎矣。故《易》者因占以致戒者也，岂《火珠林》《先天数》以尺度之死法，妄言必然之休咎，慰妄亡人之疑虑者所可拟哉！

## 周之盛德

"盛德"与《论语》"至德"义同，谓忠厚之至，欲纣之图存永命，使殷先王保其宗祧也。旧说谓周危而使之平，犹之可也，又云殷易而使之倾，则殷本不宜知，文王行险以利纣之恶，陷使倾覆，是萧道成朱温之大恶，何云盛德乎！文王闵纣之失德，必丧殷师，欲谏则徒为比干之死而无补，欲不言则不忍其亡，故演《易》以明吉凶之所自，使知危者可使复平，而唯慢《易》而不知惧者，则人将起而使之倾。纣能因此以自警，则武王之师可以不兴，而天下之民脱于赪尾矣。此周之德所以盛也。曰"文王与纣之事"者，言文王事纣之事也。旧说悖理，不可从。

# 周易稗疏卷四

## 说　卦

### 生　蓍

生，始制用之也。蓍，蒿属，一名因陈。因，俗作茵，非。凡蒿茎皆冬枯死，至春别发新苗。唯此蒿宿梗不死，至春因其旧茎而发枝叶，故名曰因陈。蓍从艹从耆。耆，高年之谓，亦因陈之意。宿茎不凋，则其枝条长而坚韧，故可用为筮策。今此草所在而有，其丛生而枝茎繁盛者，因地之肥泽耳。《说苑》："见妇人刈蓍薪而遗其蓍簪。"蓍适足为薪，非幽赞神明而始生之瑞草明矣。圣人取以为筮筴，以其条直，因乎自然，不假人之修治也。今陕西有一丛百茎者，土人采之，谓为文王墓草，以充馈遗，岂亦圣人之德所致邪？生蓍者，圣人所以幽赞神明也。神明不能以善恶吉凶之几明诏于人，故圣人始制用蓍以筮，助神明之聪明而显之，《经》文之义如此。若《史记·龟筴传》云"王道得而生满百茎"，其说出自战国术士之口，《本义》用之，徒为诞而已。

### 参天两地

三、二者，本数也。参、两者，参之、两之，从而分析以数之也。天本无三，地亦非二。以形言之，天包地外，天大而地小；以气言之，阳盈而阴虚，地得天三分之二，故谓之二，由地之二而见天之三。此圣人所以以三数天，以二数地，而为九，为六，为三十六，为二十四，为二百一十六，为百四十四，皆倚此以立也。其画之为象，则阴爻一，三分而缺其一，阳则兼有二而实其中，以成乎三，其画一，所谓以一函三，亦函地二而更盈其一也。圣人因阴阳已然之迹以起数，而非天地之有数。参之、两之者，人也。故数不可以穷神，而术者知数而不知数之所自起，宜其徒乱天地之常也。

## 数往者顺知来者逆是故易逆数也

《本义》以乾、兑、离、震为已生之卦，巽、坎、艮、坤为未生之卦，两端相迎为次序，谓之曰逆，云此伏羲之《易》也。勿论遥指一无从授受之伏羲，与庄周之言泰氏、许行之言神农以压倒文、周、孔子者，同其夸诞；孔子所赞者《周易》也，《连山》、《归藏》，当时尚存，而无所杂引，即使伏羲之《易》果存，亦置而弗论。故《序卦》明以《周易》之序为序，《杂卦》亦以错综相比并论，一皆《周易》之次，何但于此言先天，又不明言，而但云顺逆，以启后人之疑？康节所传者，陈抟以授穆修，修以授李挺之者也。抟又传自吕岩。乾南左旋，坤北右转，乃阴阳交媾之说。其坤起正北，历艮、坎、巽、乾、兑、离、震左旋之方位，则六壬家正月亥将之次第，盖合黄冠日者之小术，为还丹火候之定局。为君子儒者，用以释先圣之正教，不亦过乎？诚以《经》文合筮法之实理言之，则"数往者顺"，相譬之词；"知来者逆"，正言《周易》。故曰："易，逆数也。""逆"如《周礼》"复逆"之逆，谓自下达上也。自上而下谓之顺，自下而上谓之逆。数已然于既往，则自上而下。如序五帝，则伏羲为一，神农为二，至舜为五。又如累十二棊子，则以居上者为一，至最下者为十二，所谓顺也。欲知将来之吉凶，则善恶有基，得失有本，必从下而上。故《易》卦以下一爻为初，筮法先得初，次得二，次三，次四，次五，以终于上，而数乃合十八变之积，以成吉凶之象，所谓逆也。如乾之策二百一十六，从下一爻三十六起数。卦画之生因乎数，数由下积；卦既成而后成乎象，则象自上垂。故但云逆数，不云逆象。如康节之言，则象亦逆矣。

且其以兑次乾者，阴处上生；而其自巽而坎而艮，又自下生；两端交凑于中，震巽交媾于内，则又半逆半顺，而非但云逆数矣。康节之说，求之一部全《易》，无可证据，不获已而曲引此段《经》文以文其诐辞。当时二程子已知其不足学。蔡神与熹习《葬经》，尚术数，乃从而表章之。朱子与神与父子交，因为所惑，使《周易》之大义白日昼晦，良可惜也。

## 雷以动之以下八章

凡此八章，次序各别。"雷以动之"章，首震巽，次坎离，次艮兑，终乾坤者，盖以卦德之用言。德以渐而成，用以渐而进，故阴阳从下起。雷风者，大化发用之始也。次上而坎离，见其功。次上而艮兑，收其效，乃以成乾坤之大用。君德成而藏之固，大用之所以不穷，无有骤跻乎至健大顺，躐等速成之道也。"帝出乎震"一章，则以四时生物之化而言。因四时而定八方，取诸地有四游之义。盖虽有纯乾之卦，而实言天气之行乎地中者，故与六子同序，而坤居离兑之中，乾居兑坎之介。若以实言之，则此乾坤与六子，皆乾君坤藏之发见于生物者也，此又一义也。其言"帝"，言"万物"，皆以植物之生化言之。若人与鸟兽则无定时，不待春生，夏长，至秋实而冬落成也。"乾健也"以下诸章，则就卦之本体而言。"乾健也"一章，其德之体。"乾为马"以下，则其生物而成乎物之体者。故建乾坤为宗主之君、富有之藏，而六子以次而效其成能，又一义也。因此可见《周易》之广大不测，因时以大明终始，而无一成之典要，特无乾兑离震巽坎艮坤之序耳。陈抟之传，为方士之术，益明矣。

## 大赤

五色之赤，见之经传者，无大小之异。今世有所谓大红者，乃宋以后用红蓝花及梅子取汁，染为极艳之色，夺古正色之朱，非古所有也。按：《礼》五辂有建大赤者。大旗而色赤，其色昭明，而揭于竿上以指麾，故乾象。

## 苍筤竹

筤音虚党切，蓝色也。苍者，今天青色。苍筤竹者，嫩竹枝茎苍翠也。震木道未成，仅为竹而未老，一阳初生之象。

## 坚多心

木有中边，其中可谓之心。然心一而已，何得云多！此心乃枝之心，之心也。木之瘿，其纹盘曲，而中结为心。多心者，多瘿也。坎，险也，而为劳卦，难于斫治，故有此象。

# 杂 卦

### 大过颠也 以下八卦

杂卦俱以错综二体相连，因《周易》本然之次而相并以论。徒此下八卦参差不等，故《本义》疑之。而颠、刚、行、正、定、终、穷，古韵相叶，则非有错简。大过、颐错而不综，归妹、既济、未济皆既错而又综。卦体既杂，故不同余卦而自为一例。唯中孚、小过不应不相配说，夬、姤尤宜与剥、复一类，此为可疑。意者欲以夬终之，寓扶阳抑阴之旨，且可生起乾卦为运行不穷之化，而中孚、小过，《大象》为离、坎，水火不相射，故与既济、未济皆不相并论。此抑见圣人于卦之序，不主故常、变化无方之妙，非后世言《易》者臆测为一成之局所能与也。

未济为"男之穷"者，程子得之西蜀隐者曰："三阳失位。"然阳失则阴亦失，而归妹上六阴未失位，义不可通。盖未济阳往而不返，归妹阴骄而上，六五得中，尤增亢傲。亢则必折，故与未济同其失焉。隐者之说，知其一而未知其全也。

周

易

考

异

# 周易考异

**亢龙有悔**

《说文》亢作忼，音口朗反，又苦浪反，即忼慨之忼。忼者，直前不让之意，故曰"知进而不知退。"今文作亢，于象义未尽。

**履霜坚冰阴始凝也**

郭京《举正》云："坚水二字衍文。"胡氏《春秋传》引此，亦无"坚水"二字。又"始凝"之凝，正作冰，音鱼陵反。"坚冰"之冰当作"仌"。凝乃俗字。

**以从禽也**

郭京《举正》作"何以从禽也。"于"无虞"之义为允。

**乘马班如**

《说文》班作驙，音张连反，马载重难行也。

**泣血涟如**

《说文》作"泣涕㦄如"。㦄，力延反，泣下也。涟，古与澜通，漫洄也。

**再三渎**

"亵黩"字本宜作黩。《春秋》"黩武"字从黑，烦辱也。从水之渎，乃"沟渎"字。俗写更减水作渎，从氵，尤不成字之甚。

**田有禽利执言**

郭京曰："定本'利执之'。'之'行书向下引脚，类行书'言'字，故误。言，当作之。"

**比吉也**

郭京曰："'也'字衍文。"

**九四履虎尾愬愬**

《说文》"愬愬"作"虩虩"。

**皆失实也**

郭京云："'失'当作'反'。"此宜以"失实"为允，不必从郭说。

### 随大亨贞无咎而天下随时

郭京云："'亨'下有'利'字。"合之《经》文为允。

### 噬干肺

肺，说文作𦝫，从肉从𣍈，食所遗也。今文依扬雄作肺，音缁美反，音与文皆不同。

### 贲亨小利有攸往

郭京云："定本'不'字，草书势如'小'字。当作'不利'。"按：《经》言刚上文柔，故小利，则郭说非也。

### 天文也

郭京曰上有"刚柔交错"句。《本义》用之。今按："刚柔交错"句出王氏注，非必《经》文云然，或别有阙文。

### 剥剥也

郭京云："'剥也'当作'剥落也'。"

### 动而健

郭京云："'健'上有'愈'字。"

### 育万物

郭京云："无'万'字。"

### 童牛之牿

《说文》："告"者，牛触人，着横木以告之。故借为文告之告，或借音部。则此"牿"字本宜作告，从牛从口，已有禁止之义。其从牛从告之牿，牛马牢也，见《书·费誓》。

### 祇既平

祇，《说文》作"褆既平"，音市支反，安福也。险不满则受福于平也。若"祇"字，则止有神祇、祇敬二义，于"既平"之义无涉。若俗用为"只"，但语助词，乃晋人法书字，不可用书经典。

### 百谷草木丽于土

《说文》作"丽于地"。丽，吕支反，草木相附而生也。

### 日昃之离

说文"昃"正作"仄"，音阻力反。一本作昊，亦非。《春秋》"日昃乃克葬"，音莫，与此不同。

振恒凶

《说文》作"楮恒"。楮，章移反，柱砥也，盖即今之礩石，古用木为之。上六为楮者，犹大过初上为栋也。积阴在上，震动不宁，而巽本下柔，强欲撑支，故"大无功"。无功者，求有功而功不成也。

丧羊于易

郭京作"丧牛"，但以互体、大象俱兑，正当作"羊"。

其牛掣

《说文》作"其牛角"，音尺制反，一角仰也。一角仰则一角俯，乖丑之貌，与"其人天且劓"同象。若"掣"，音昌列反，钳掣也，不可作"滞滞"之滞释。王辅嗣以为滞隔不进，未是。

君子以反身修德

郭京举正"反"作"正"。

允升

《说文》"允"作"㽦"，音与"允"字同，进也。初处下，故曰进。

幽不明也

郭京云："无'幽'字。"今按："幽"字诚为赘出。

于臲卼

《说文》作"于㮾𣕊"。㮾，鱼祭反。𣕊，五结反。㮾，木相摩也。𣕊，徐锴曰："物不安则出不在也。"㮾摩不安则出离之，故"吉行"。

瓮敝漏

瓮字本从缶，作甕。缶自缶，陶器也。瓦则以覆屋者。舜先有陶器，桀乃作瓦，故罂瓶之属，皆不宜从瓦。

亨饪也

《说文》作"𦎧饪也"。𦎧，俗加火作熟，非。

而大亨以养圣贤

郭京云："无'而大亨'三字。"按：养圣贤虽必丰，而不可加于天地，则不当特言"大亨"。

**女归吉也**

郭京云："无'也'字。"

**君子以居贤德善俗**

郭京云："'俗'上有'风'字。"

**不如其娣之袂良也**

郭京云："无'也'字。"

**士刲羊无血**

《左传》"血"作"衁"，音呼光反。杜预云："血也。"与六五"良"字韵叶。

**丰其屋**

《说文》作"寷其屋"，音与丰同，大屋也。

**吉行也**

郭云："'吉'下有'志'字。"则"吉"字连上为句。

**阒其无人**

徐铉曰："窥其户，阒其无人。窥，小视也。阒，大张目也。言始小视之，虽大张目，亦不见人，义当只用阒字。"今从门误。阒，扃鹹反。

**斯其所取灾**

郭京云："'斯'当作'厮'。厮，贱人也。"郭盖据王辅嗣之说。王注云："而为斯贱之役也。"

**巽**

徐铉曰卦名当作"巺"，与"选"字所从之"巽"不同。上从顨，顨亦具也。具而荐之，巺顺之义。卦下一阴荐进于阳，与姤同意。

**乘木有功也**

郭云："句上有'利贞'二字。"

**用拯马壮**

《说文》作"用抍马壮"。"抍救"字本从手从升。从丞从手，则是承字。

**繻有衣袽**

《说文》作"需有衣絮"。需，待也。待亦豫戒之意。王辅嗣曰：宜作"濡"。六五，离火之主，未有霑濡之象，固宜作需待之需。絮，女余反，缊也。袽，俗字，不典。

**见天下之至赜**

徐铉曰："赜字不合《六书》之义。此亦假借之字，当作啧。《传》曰：'啧有烦言。'赜左从臣，无所取。"今按："赜"字或萧齐之主改造以为己名，令字形茂美，实则古所无也。后言"天下之至赜"，同。

**成天下之亹亹**

徐铉曰："《易》有亹亹，字书所无，不知何以下笔。"今文又讹作舋。古文亦无此字。惟河西有浩亹水，音门。又《诗》"凫鹥在亹"，水门也。《左传》：郑人杀昭公而立公子亹。注不着音，当读如"浩亹"之亹。此"亹亹"自当依徐铉所定作"娓娓"。娓娓，不穷之意。

**是故夫象**

郭京云："无'夫象'二字。"

**夫乾确然**

《说文》作"隺然"。隺，胡沃反，高至也。若坚确之确，俗或作确，于此不通。

**服牛乘马**

《说文》作"犕牛"。犕，平秘反。借令作"服"，当音房富切。

**不见利不劝**

郭京云："'劝'当作'动'。"

**天地细缊**

《说文》作"天地壹壹"。壹壹，交而不泄之意。壹，读如字。壹，音于因反。今用"细席""缊袍"字，于义无取。

**危以动则民不与也**

郭京云："'与'当作'辅'。"按下有"则民不与"句，不当复出。

**乾以君之**

郭京云："'君'当作'居'。"

**莫熯乎火**

《说文》熯作暵，呼旰切。从日，不从火，与《诗》"我孔熯矣"，音义皆别。

**为的颡**

《说文》"的"作"馰"，音与"的"同，白额也。按：马额白者谓之"的卢"，的字从白亦通。

**物生必蒙**

郭京云："'物'当作'始'。"

**蒙者蒙也**

郭云："'蒙云''也'字上有'昧'字。"良是。

**比者比也**

郭云："'者'下有'亲'字。"按"比也"之比，或当音毗二反。

**蒙杂而着**

郭云："杂当作稚"，于义可通。但古无稚字，正作穉，则不与杂字相近，不至传讹。

郭京举正有经文可通。但据王辅嗣韩康伯所解，辄为改易者，皆不取入。

# 附　　录

## 四库全书总目提要

　　《周易稗疏》四卷附《考异》一卷，国朝王夫之撰。夫之字而农，号姜斋，汉阳人，前明举人。是编乃其读《易》之时，随笔劄记，故每条但举经文数字标目，不全载经文；又遇有疑义，乃为考辨，故不逐卦逐爻一一尽为之说。大旨不信陈抟之学，亦不信京房之术，于先天诸图，纬书杂说，皆排之甚力，而亦不空谈玄妙，附合老庄之旨，故言必征实，义必切理，于近时说《易》之家，为最有根据。其中如解讼卦"鞶带"云："带无鞶名。鞶者鞶缨，车饰也。带所以系佩繸及茀者。"考《左传》"后之鞶鉴"，杜豫训鞶为带。《说文》鞶字，许慎亦注为大带。安得曰"带无鞶名"！又"何天之衢"，梁武帝解何为荷，见于《经典释文》。夫之虽亦以为负荷之义，乃引庄子"负云气"为证，而不援梁武之说，亦偶然失考。至于"旧井无禽"，训禽为获，尤不免于穿凿附会。然如引《礼》"人君至命士黄裳，下士杂裳"，以证黄裳之美，引《左传》"班马"，证"乘马班如"当读乘马去声；引兵法前左下后右高，证"师左次"；与论帝乙非纣父，"王用亨于西山"非文王，以及临之八月、复之七日、易之逆数、河图蓍策之辨，皆具有条理。卷帙虽少，固不失为征实之学焉。

# 四库全书简明目录

《周易稗疏》四卷附《考异》一卷，国朝王夫之撰。皆随笔劄记，以剖析疑义。大旨不信焦、京，说不信陈、邵，亦不取王弼之清言。惟引据训诂，考求古义，所谓征实之学也。

# 王船山先生年谱简编

先生姓王氏，名"夫之"，字"而农"，别号"姜斋"。中岁称"一瓠道人"。晚岁仍用旧名。居于湘西之石船山，自为之记。问字者称为"船山先生"。所评选绪论名曰《夕堂永日》，人士赠答者又称"夕堂先生"。

王氏系出太原。元至正以前失谱不详。始祖仲一，扬州高邮人，明洪武间以从渡江功，官山东青州左卫正千户。迁衡。祖成袭职，永乐间以从南下功，升衡州卫指挥佥事，晋同知世袭，始迁于衡阳。

第二世祖全袭世职。

第三世祖能袭世职。

第四世祖纲袭世职，迁江西都指挥佥事。

第五世祖震，字东斋，袭世职，迁镇守柳庆参将。

高祖宁，号一山居士。

曾祖雍，号静峰，隆庆庚午岁贡，官武冈州训导，升江西南城县教谕。

祖惟敬，字少峰。

父朝聘，字逸生，一字修候，万历乙卯、辛酉两中副榜，学者称武夷先生。

前母綦孺人。

母谭孺人。

兄弟三人。长兄介之，字石子，一字石崖，    耐园，又号鉴斋，私谥贞献，崇祯壬午举人。次兄参之，字立三，一字叔稽，号�斋，宏光选贡。先生其季也。

**明万历四十七年　己未（一六一九），先生一岁。**

九月初一日子时，先生生。

**万历四十八年　庚申（一六二〇）是岁八月以后为泰昌元年，**

先生二岁。

十二月初一日武夷先生诞辰，是日极寒。

**天启元年　辛酉**（一六二一），先生三岁。

是年武夷先生乡试中副榜，赴京师国子监。

石崖先生入学。

**天启二年　壬戌**（一六二二），先生四岁。

是年先生当入家塾，从伯兄石崖先生读书。

**天启三年　癸亥**（一六二三），先生五岁。

**天启四年　甲子**（一六二四），先生六岁。

是年武夷先生仍在京师未归。

**天启五年　乙丑**（一六二五），先生七岁。

**天启六年　丙寅**（一六二六），先生八岁。

是年武夷先生当自京师归。

**天启七年　丁卯**（一六二七），先生九岁。

是年先生两兄当应乡试。

**崇祯元年　戊辰**（一六二八），先生十岁。

是年春，武夷先生赴京师吏部谒选。

**崇祯二年　己巳**（一六二九），先生十一岁。

**崇祯三年　庚午**（一六三〇），先生十二岁。

是年武夷先生犹在京师谒选未归。

**崇祯四年　辛未**（一六三一），先生十三岁。

是年武夷先生投劾不仕，自京师归。

**崇祯五年　壬申**（一六三二），先生十四岁。

是年督学王志坚试衡州，先生入学。

**崇祯六年　癸酉**（一六三三），先生十五岁。

是年先生当往武昌应乡试。

**崇祯七年　甲戌**（一六三四），先生十六岁。

是年始学为诗。

**崇祯八年　乙亥**（一六三五），先生十七岁。

**崇祯九年丙子**（一六三六），先生十八岁。

是年先生当往武昌应乡试。

崇祯十年　丁丑（一六三七），先生十九岁。

崇祯十一年　戊寅（一六三八），先生二十岁。

是年，元配陶孺人来归，处士万梧女，年十七。

暇日与同人为文酒之会。

崇祯十二年　己卯（一六三九），先生二十一岁。

是年先生当往武昌应乡试。

崇祯十三年　庚辰（一六四〇），先生二十二岁。

是年石崖先生自京师应廷试归。

崇祯十四年　辛巳（一六四一），先生二十三岁。

崇祯十五年壬午（一六四二），先生二十四岁。

七月，至武昌应乡试。黄冈熊茂才为先生序诗。

九月，榜发，中式第五名《春秋》经魁。录文进呈。房官欧阳霖。正考官翰林郭之祥，副考官给事孙承泽。

冬，同赴计偕。道梗，泊舟南昌度岁。

崇祯十六年　癸未（一六四三），先生二十五岁。

春，由南昌回衡阳。

秋八月庚寅，流贼陷衡州，购捕绅士。

冬十月，先生之舅氏谭翁玉卿引先生及武夷先生避于衡山莲花峰下双髻峰。

崇祯十七年　甲申，是岁十月朔大清顺治元年（一六四四），先生二十六岁。

春，出莲花峰。

夏四月，闻庄烈帝殉社稷，涕泣不食者数日，作悲愤诗，今逸。

五月壬寅，福王由崧自立于南京，改次年为宏光元年。

冬十月，重游莲花峰。

顺治二年　乙酉，福王宏光元年，唐王隆武元年（一六四五），先生二十七岁。

夏五月癸卯，大清兵下太平，福王被执。

闰六月丁未，唐王聿键立于福州，改七月朔日以后为隆武元年。

是年，仲兄砎斋先生得选贡。与砎斋先生同侍武夷先生游永兴石角山。

楚抚堵允锡、学使高世泰修莲花峰方广寺朱文公张宣公二贤祠，先生昆仲及同人赞襄其事。

**顺治三年　丙戌，唐王隆武二年（一六四六），先生二十八岁。**

秋八月辛丑，大清兵下汀洲，唐王聿键被执送福州，杀之。

九月，点定本科乡试墨牍。

冬十月壬午，桂王由榔监国于肇庆。

十一月甲辰，唐王聿监国于方州。

丙午，元配陶孺人卒，年二十五，为作像赞。

丁未，唐王聿即位，改明年为绍武元年。

庚申，桂王立于肇庆，改明年为永历元年。

十二月丁亥，大清兵下广州，唐王聿被杀。

是月至湘阴，上书于兵部侍郎江北巡抚章旷，指画兵食，请调和南北，以防溃变，不省。

游湘乡，登浮（乡）湘亭，与洪业嘉、龙孔蒸、欧阳淑唱和，有《桃花绝句》数十首，今逸。

始有志于注《易》。

复奉武夷先生之命编《春秋家说》。

编《莲峰志》五卷、《岳余集》一卷成。

**顺治四年　丁亥，桂王永历元年（一六四七），先生二十九岁。**

春正月，客湘乡。

夏五月，与夏文学汝弼同登车架山白石峰，主萧常赓家。

秋八月，还衡阳视武夷先生疾，遂偕石崖先生随侍武夷先生上南岳峰顶。

十一月十八日，武夷先生卒，年七十八。

是年砎斋先生卒。

是年文有《孝烈传》一篇。

**顺治五年　戊子（一六四八），先生三十岁。**

春夏间居莲花峰，益讲求易理。

秋，葬武夷先生于南岳潜圣峰下。

葬元配陶孺人于王衙山。

冬十月，与同年管舍人嗣裘举兵于衡山，战败军溃，由耒阳、永兴、桂阳、郴州走桂林，遂至肇庆。复由浈阳峡过清远，仍还肇庆。瞿留守式耜特疏奏荐，先生固请终制，桂王深奖许之。

**顺治六年　己丑（一六四九），先生三十一岁。**

春正月发肇庆，经梧州、府江、平乐、佛山抵桂林，由湘江至南岳还衡阳省亲。

二月十八日服阕。

三月，为土人所困，几于不免。既脱难，谭太孺人谕令速去，以诗别石崖先生。

夏四月，复由间道赴肇庆。桂王命为行人司行人。

秋，至德庆堵制相允锡军中。

冬十一月，搜辑亲祭大臣礼仪。

**顺治七年　庚寅（一六五○），先生三十二岁。**

春正月，至桂林，继室郑孺人来归；襄阳人，吏部尚书继之侄孙女，文学仪珂女，年十八。

是月，桂王自肇庆还梧州。

偕中书管嗣裘劝大学士严起恒谏诏狱救少詹事刘湘客，给事中蒙正发、金堡、丁时魁。

夏四月，与行人董云骧交章请允严起恒以礼去国，凡三上疏，皆纠劾大学士王化澄，不听。

五月，王化澄因攸县狂人作《百梅诗》冒先生名为序，借为衅端，将构大狱，置之死地。

先生移疾俟谴。兵部尚书万翱、南京兵部尚书鲁可藻疏请逮治。郧国公高必正力争得免，乃去官。

秋七月，去梧州，由昭平至平乐。先生至桂林，依留守瞿式耜。

九月，至永福。

冬十一月初五日大清兵克桂林。先生时在永福水砦。

闰十一月十七日，留守瞿式耜、总督张同敞殉难。先生仍困于永福水砦，不获南趋桂王。郑孺人劝由间道归楚。自桂林破后，霆雨六十日，不能取道，绝食者四日，屡濒于死。作《桂山哀雨》四诗，今逸。

**顺治八年　辛卯（一六五二），先生三十三岁。**

春正月雨霁，自永福水砦挈家由间道归楚，拟省母疾。及至衡阳，谭太孺人已葬于南岳潜圣峰下，合祔武夷先生之墓。遂决计隐遁。

夏间侨寓祁阳，与刘舍人惟赞所居邻近，时相往还。

冬，复还衡阳。

**顺治九年　壬辰（一六五二），先生三十四岁。**

春，至衡岳莲花峰，过西明寺。

是年侨居邵阳耶姜山旁蒸水之原，李定国兵下衡州，招之，不往。

**顺治十年　癸巳（一六五三），先生三十五岁。**

夏四月作《章灵赋》。

**顺治十一年　甲午（一六五四），先生三十六岁。**

秋八月，避兵于永州零陵北洞猺中。

九月，从子敉避兵他所，为游骑所杀，作哀吟以悲之。

复迁于常宁山中，授徒自给，所寓与士人殷铭邻近，本旧相识，因为序其时艺。

**顺治十二年　乙未（一六五五），先生三十七岁。**

春，迁居郴州兴宁山中，借僧寺授徒，为从游者说春秋。始作《周易外传》。

复迁居常宁西庄园，变姓名为猺人。其时邑士王文俨隐于东卜园，敬其志节，恒供赡之。

是年始撰《老子衍》。

**顺治十三年　丙申（一六五六），先生三十八岁。**

春三月，编黄书成。

秋，暂往兴宁。

冬，暂还衡阳，登衡山双髻峰，仍至常宁。

**顺治十四年　丁酉（一六五七），先生三十九岁。**

春三月去常宁还衡阳，居岳后双髻峰。

自辛卯返楚后，随地托迹，所至之处，人士俱极依慕。

**顺治十五年　戊戌（一六五八），先生四十岁。**

秋九月朔，编家世节录成。

是年居岳后双髻峰。门人衡山戴日焕来谒。

**顺治十六年　己亥（一六五九），先生四十一岁。**

是年仍居岳后双髻峰。

**顺治十七年　庚子（一六六〇），先生四十二岁。**

是年由岳后双髻峰徙居湘西金兰乡茱塘，造小室，蓬檐篾壁，名败叶庐。

**顺治十八年　辛丑（一六六一），先生四十三岁。**

夏六月二十一日，继室郑孺人卒，年二十九。

秋，葬郑孺人于大罗山。

**康熙元年　壬寅（一六六二），先生四十四岁。**

春二月十三日，桂王为大清兵由缅甸执至云南省城。

夏四月二十五日，桂王为吴三桂所害。

**康熙二年　癸卯（一六六三），先生四十五岁。**

**康熙三年　甲辰（一六六四），先生四十六岁。**

是年始游湘西小云山，与欧大生、刘近鲁同登。嗣后岁一登之不倦。

**康熙四年　乙巳（一六六五），先生四十七岁。**

春正月，和《梅花百咏》。

三月初三日，作《潇湘小八景词自记》。

秋八月，和王稚登《梅花绝句》。

**康熙五年　丙午（一六六六），先生四十八岁。**

**康熙六年　丁未（一六六七），先生四十九岁。**

是年因避横逆，暂至湘乡。同年刘孝廉象贤为之排解，招泛虎塘，请作谱序，复以其女许字先生次子敔。

**康熙七年　戊申（一六六八），先生五十岁。**

夏，暂至湘乡，与同年李孝廉国相泛湄水。

与刘象贤游虎塘，待徐训导芳未至，因暑病先归。

秋七月望日，编《春秋家说》成。编《春秋世论》亦成。编

《五十自定稿》成。

**康熙八年　己酉（一六六九），先生五十一岁。**

夏，与唐端笏游阁岩，因寓居岩中，为之剖析学术源流。

秋，复同游昭阳庵，过朱翠涛听月楼。

九月，和郭司马《都贤洞庭秋七律》三十首，复和闽僧晓堂《芦雁绝句》十八首。

冬十月，筑土室于茱萸塘。曲葺茅屋，开南窗，名观生居。

是年纳侧室某氏。

**康熙九年　庚戌（一六七○），先生五十二岁。**

秋九月，作《前雁字诗》五律十九首。复作《后雁字诗》五律十九首。

冬，作仿体诗一卷。

**康熙十年　辛亥（一六七一），先生五十三岁。**

是年作《潇湘大八景》词。

**康熙十一年　壬子（一六七二），先生五十四岁。**

春，暂至湘乡。

**康熙十二年　癸丑（一六七三），先生五十五岁。**

秋七月，与唐古遗、须竹兄弟游钟武故城。

冬十一月二十一日，吴三桂反于云南。

十二月小除夕阳，吴逆兵陷沅州，湖南震动。

**康熙十三年　甲寅（一六七四），先生五十六岁。**

春，吴逆兵陷常德、浓州、长沙，复陷岳州。湖南各郡并为其所据。先生出避于外。

正月，至湘乡。

夏，迁衡阳，游伊山。

秋，与唐端笏及黄生至湘阴，泊青草湖。

冬，由衡山归。

**康熙十四年　乙卯（一六七五），先生五十七岁。**

春初，至长沙。

二月，过湘潭昭山。

三月，至水口。

四月，自衡州府城归山。

秋七月，由衡州府城至枏伊山。

八月，与故给事蒙正发往江西萍乡。

九月，由江西萍乡还湖南。阻风泊湘潭，访故将张永明。

过湘乡东台山，还衡阳。

筑湘西草堂于石船山。

冬，草堂成。

**康熙十五年　丙辰（一六七六），先生五十八岁。**

春三月，寓居双髻峰。华亭章有谟来游于门，偕唐端笏问礼。

复还湘西草堂。

是年戴日焕复至衡山来谒，同宿僧寺。

是年撰《周易大象解》一卷成。

**康熙十六年　丁巳（一六七七），先生五十九岁。**

春，游衡山，登回雁峰。

秋，编《礼记章句》四十九卷成。

**康熙十七年　戊午（一六七八），先生六十岁。**

春，吴逆谋僭号于衡州，其党有知先生名者，属为劝进表。先生力拒，遂逃之深山。

秋八月二十一日，吴逆死于衡州。

九月初一日，先生六十生辰。徐芳寄体物祝寿，作启答之。

冬，同唐端笏送李国相葬后，泝湘过衡州府城还山。

**康熙十八年　己未（一六七九），先生六十一岁。**

春正月，大清兵克复岳州、长沙。二月，克复衡州，贼党奔溃审扰。

先生与章有谟避地楂林山中石鸡村，著《庄子通》。

三月，复归湘西草堂。送章有谟还吴淞。

六月，编《庄子通》一卷成。

**康熙十九年　庚申（一六八○），先生六十二岁。**

春正月，门人唐如心来谒。

夏四月，过李为好山居。

**康熙二十年　辛酉（一六八一），先生六十三岁。**

秋八月十五日，自观生居归湘西草堂。

是年为僧先开编《相宗络索》。

**康熙二十一年 壬戌（一六八二），先生六十四岁。**

春正月，省石崖先生于长夏庵。

秋七月，熊男公过访。

九月，编《说文广义》三卷成。

**康熙二十二年 癸亥（一六八三），先生六十五岁。**

春三月朔，编《制义俟解》一卷成。

冬十月朔，编《噩梦》一卷成。

**康熙二十三年 甲子（一六八四），先生六十六岁。**

春正月，属松江董斯行请竟陵吴既闲撰《武夷先生暨谭太孺人墓志铭》。

夏五月初五日，作《制义俟解题词》。

**康熙二十四年 乙丑（一六八五），先生六十七岁。**

夏，游珍珠岩，宿明鸡寺。

秋八月，编《楚词通释》十四卷成。

是年作《周易内传》十二卷、《发例》一卷。

**康熙二十五年 丙寅（一六八六），先生六十八岁。**

春正月晦，石崖先生卒，年八十一。

夏五月中旬，跋《石崖先生耐园家训》。

**康熙二十六年 丁卯（一六八七），先生六十九岁。**

夏六月，朱翠涛过草堂问病。

秋九月，葬石崖先生。

**康熙二十七年 戊辰（一六八八），先生七十岁。**

春正月，罗桐候来访。

夏五月，编《南窗漫记》成。

**康熙二十八年 己巳（一六八九），先生七十一岁。**

秋，《编识小录》一卷成。

冬，刘思肯来访，重写小照。

**康熙二十九年 庚午（一六九〇），先生七十二岁。**

春正月，编《夕堂永日绪论内编》《外编》各一卷成。

是年编《俟解》一卷成。

又编《七十自定稿》成。

**康熙三十年　辛未（一六九一），先生七十三岁。**

秋，作《船山记》。

是年久病喘嗽。

自作《墓铭》。

**康熙三十一年　壬申（一六九二），先生七十四岁。**

春正月初二日辰时，先生卒。葬于金兰乡高节里大罗山。

湖州季简尤来吊。

董达自华亭来吊。

**康熙四十六年　丁亥（一七〇七），同邑绅士呈请入祀衡阳乡**
贤祠。